lonely planet

Indonesia

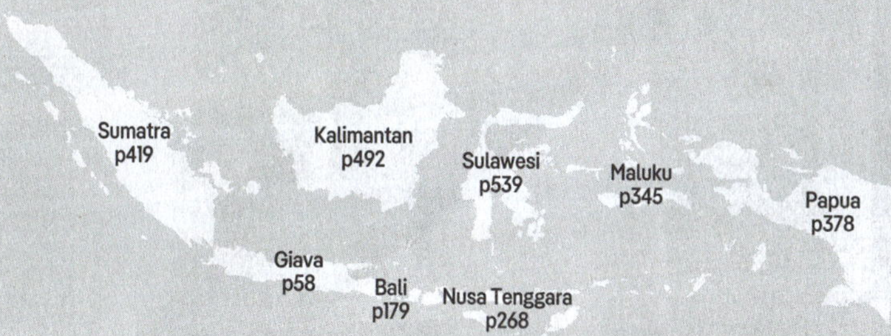

EDT

Jayne D'Arcy, David Eimer,
Paul Harding, Mark Johanson, Jason Lee,
Regis St Louis, Ryan Ver Berkmoes

HAPPYSTOCK/SHUTTERSTOCK ©

Cascata di Madakaripura (p135), Giava

SOMMARIO

Pianificare

La guida

Maschera Barong (p214), Bali

Praiyawang (p299), Sumba, Nusa Tenggara

Luwak **(zibetto) che mangia chicchi di caffè (p221)**

Immersioni, Raja Ampat (p382), Papua

AZHAR ASKARI/SHUTTERSTOCK ©

Pasar Terapung Lok Baintan (p517), Banjarmasin, Kalimantan

Da sapere

Storia e società

PURWANTO NUGROHO/SHUTTERSTOCK ©

Arcipelago di Derawan (p530)

INDONESIA

IL VIAGGIO INIZIA DA QUI

Quando mi viene chiesto quale sia la mia attività preferita in Indonesia, ho l'imbarazzo della scelta: amo spostarmi in barca tra le meravigliose isole del Mar di Banda, osservare gli oranghi nella giungla del Kalimantan, rilassarmi su una spiaggia del Lombok meridionale, ma anche fare snorkelling nel Parco Nazionale di Komodo, visitare i templi nei dintorni di Yogyakarta e fare trekking sulle montagne di Sulawesi. Ogni volta che concludo un viaggio in questa terra giuro a me stesso di ritornarci il prima possibile con una nuova lista di posti da vedere. L'Indonesia è così vasta e diversificata, con oltre 17000 isole disseminate su una lunghezza di 5000 km, che è l'equivalente di 100 paesi in uno. L'offerta è ricchissima: spiagge, vulcani, foreste pluviali, un'incredibile fauna selvatica, millenarie forme d'arte, culture, religioni e templi. Ma è soprattutto l'affascinante mix di persone (sempre pronte ad accoglierti con un sorriso) a colpirmi: un vero caleidoscopio naturale e culturale, un luogo meraviglioso per gli amanti dell'avventura.

David Eimer

Giornalista e scrittore, David vive a Bangkok e ama andare alla scoperta delle zone meno note del Sud-est asiatico. Ha scritto il capitolo sul Kalimantan.

La mia attività preferita è fare snorkelling nella barriera corallina dell'**Arcipelago di Derawan**, lungo la costa del Kalimantan orientale, tra tartarughe marine, mante giocherellone e banchi di pesci dai colori sgargianti.

CHI VA DOVE

I nostri autori ed esperti scelgono i luoghi che definiscono l'Indonesia.

ARTERRA PICTURE LIBRARY/ALAMY STOCK PHOTO ©

La prima volta che ho fatto una passeggiata lungo **Jalan Malioboro** (p86), la via principale di Yogyakarta, ho capito di essermi imbattuto in un luogo speciale, lontano anni luce dalle strade intasate e piene di smog di Giacarta, ma anche dalle spiagge sovraffollate di Bali.
Ho sperimentato un'atmosfera completamente inaspettata, quella di una città dove la gente si rilassa godendosi la vita attimo dopo attimo. Mi sono sentito veramente a casa e sarei rimasto volentieri lì per sempre.

Jason Lee

@the.travel.author

Jason è uno scrittore australiano e vive a Bali. Sempre in cerca di nuove mete da esplorare, potrete facilmente incrociarlo nel Sud-est asiatico o nell'Europa dell'Est.

GWMB/GETTY IMAGES ©

Le rocce granitiche del parco giochi geologico di **Pulau Belitung** (p477), sito UNESCO, mi ricordano quelle del Promontorio Wilsons, in Australia, dove sono nata. Con l'unica eccezione che su quest'isola tropicale, grande quanto Bali, ho potuto ammirarle pagaiando su acque turchesi, circondata da tartarughe e pesci variopinti. Sono poi tornata verso la spiaggia per godermi il tramonto dalla punta più orientale di Sumatra, con una Bintang ghiacciata.

Jayne D'Arcy

@jaynedarcy

Jayne scrive di viaggi e di sport avventurosi e ha lavorato a decine di guide Lonely Planet.

Facendo trekking nella **Valle del Baliem** (p405) potrete immergervi nel magnifico paesaggio degli altopiani occidentali, venendo a contatto con le tradizioni del popolo dani, che vi accoglierà con una calorosa stretta di mano in ogni villaggio. Potrete dormire in capanne dal tetto di paglia dette *honai* (in foto) e fare scorpacciate di patate dolci, beneficiando di un punto di vista privilegiato sulla cultura tradizionale di Papua.

PVINCE73/SHUTTERSTOCK ©

Mark Johanson

@MarkOnTheMap

Mark è un giornalista americano. Vive in Cile e scrive di viaggi, avventura e tematiche ambientali.

Non appena metterete piede nel paesino di **Bandaneira** (p367), dove il tempo sembra essersi fermato a qualche secolo fa, ogni traccia di stress svanirà nel nulla. È il posto perfetto per immergersi nella tranquilla vita locale, dove i bambini passeggiano per strada trasportando pesce appena pescato, le viuzze risuonano del chiacchiericcio dei venditori ambulanti e le capre brucano l'erba nei prati in mezzo alle rovine di vecchie fortezze.

STEPHANE BIDOUZE/SHUTTERSTOCK ©

Regis St Louis

@regisstlouis

Regis ha trascorso metà della sua vita a esplorare gli angoli più remoti del pianeta e ha firmato più di 100 guide di viaggio.

Rispetto ad altre zone dell'Indonesia, Sulawesi sembra un mondo a parte; niente può competere con l'altopiano di **Tana Toraja** (p559), raggiungibile con un viaggio in autobus notturno da Makassar a Rantepao. Non perdetevi le cerimonie funebri, le caverne, le tombe e le spettacolari vedute sulle vallate sottostanti, punteggiate di risaie e di villaggi ammantati di nuvole.

PAUL HARDING/LONELY PLANET ©

Paul Harding

@paulhtravel

Paul è un fotografo e scrittore di viaggio specializzato nel Sud-est asiatico e nell'Oceania.

TROY WEGMAN/SHUTTERSTOCK ©

Ho visitato Bali e Lombok per la prima volta nel 1993 e, ai controlli dell'allora minuscolo aeroporto, l'impiegato ha dato uno sguardo veloce al mio passaporto e mi ha detto (in un tono talmente dolce che avrebbe fatto sciogliere chiunque): "Le auguro di passare un compleanno meraviglioso qui a Bali". A Ubud, ho visto danzatori e musicisti materializzarsi tra le risaie, pronti a esibirsi. Ricordo ancora l'isoletta di **Gili Trawangan** (p333) con pochissime abitazioni e posti magnifici dove praticare snorkelling.

Ryan Ver Berkmoes

@ryanverberkmoes

Ryan ha girato il mondo scrivendo più di 150 guide di viaggio.

ALTRI CONTRIBUTI

Anna Kaminski

@anna.cohen.kaminski

Anna è una scrittrice di viaggi e ha contribuito a redigere una parte del capitolo su Bali. Scrive prevalentemente di viaggi avventurosi, cultura e gastronomia ed è autrice di Eyeball Tacos and Kangaroo Stew, *un memoir ispirato al cibo.*

Sarah Lempa

@travelempa

Sarah ha contribuito a redigere una parte del capitolo su Bali. Scrive di viaggi, psicologia e di una lista di altri argomenti, sempre in evoluzione.

Narina Exelby

@narina.exelby

Narina ha collaborato alla stesura del capitolo su Bali. È una scrittrice girovaga che vive tra il Sudafrica e l'Indonesia; è coautrice di How to Become a Professional Travel Writer.

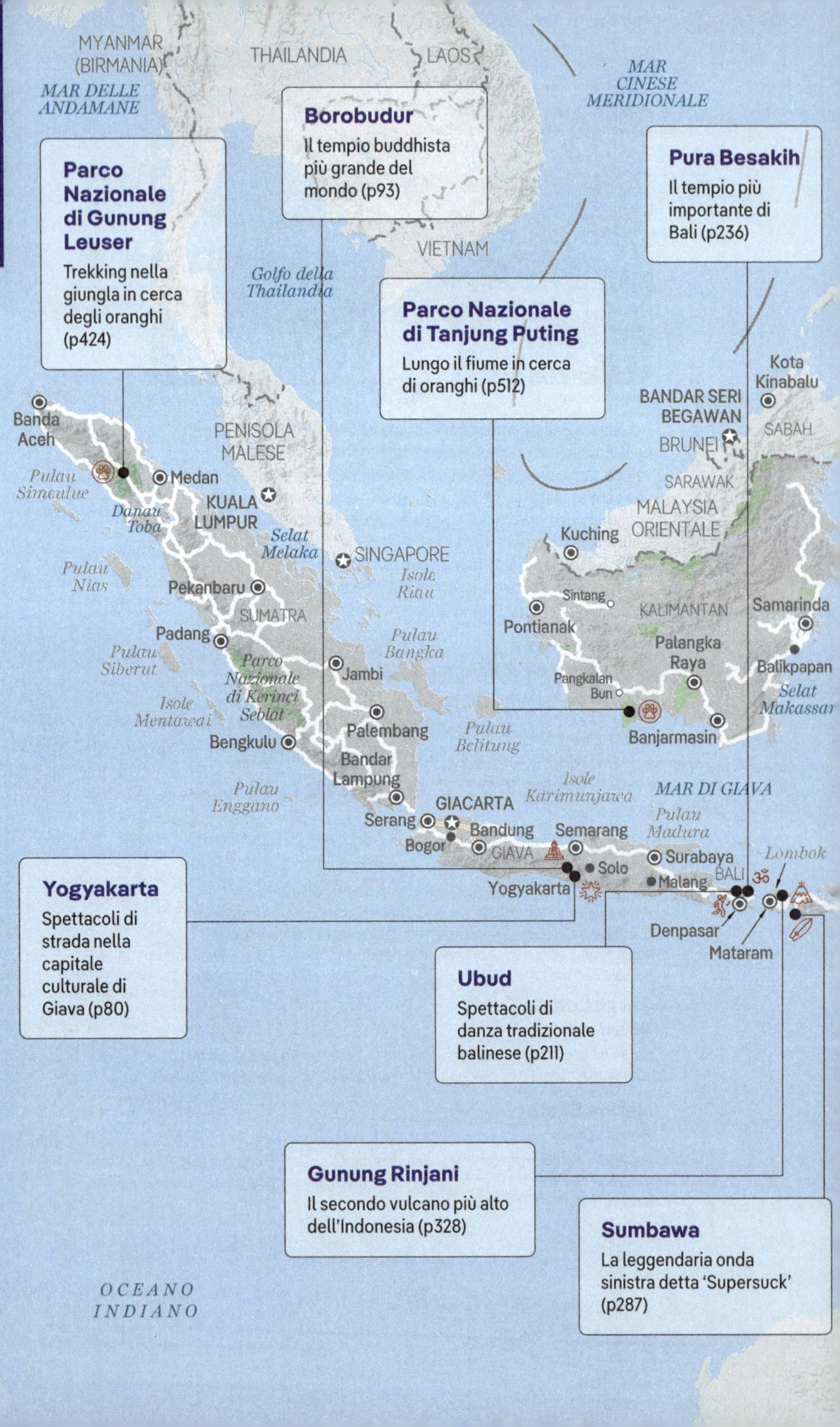

Parco Nazionale di Gunung Leuser
Trekking nella giungla in cerca degli oranghi (p424)

Borobudur
Il tempio buddhista più grande del mondo (p93)

Pura Besakih
Il tempio più importante di Bali (p236)

Parco Nazionale di Tanjung Puting
Lungo il fiume in cerca di oranghi (p512)

Yogyakarta
Spettacoli di strada nella capitale culturale di Giava (p80)

Ubud
Spettacoli di danza tradizionale balinese (p211)

Gunung Rinjani
Il secondo vulcano più alto dell'Indonesia (p328)

Sumbawa
La leggendaria onda sinistra detta 'Supersuck' (p287)

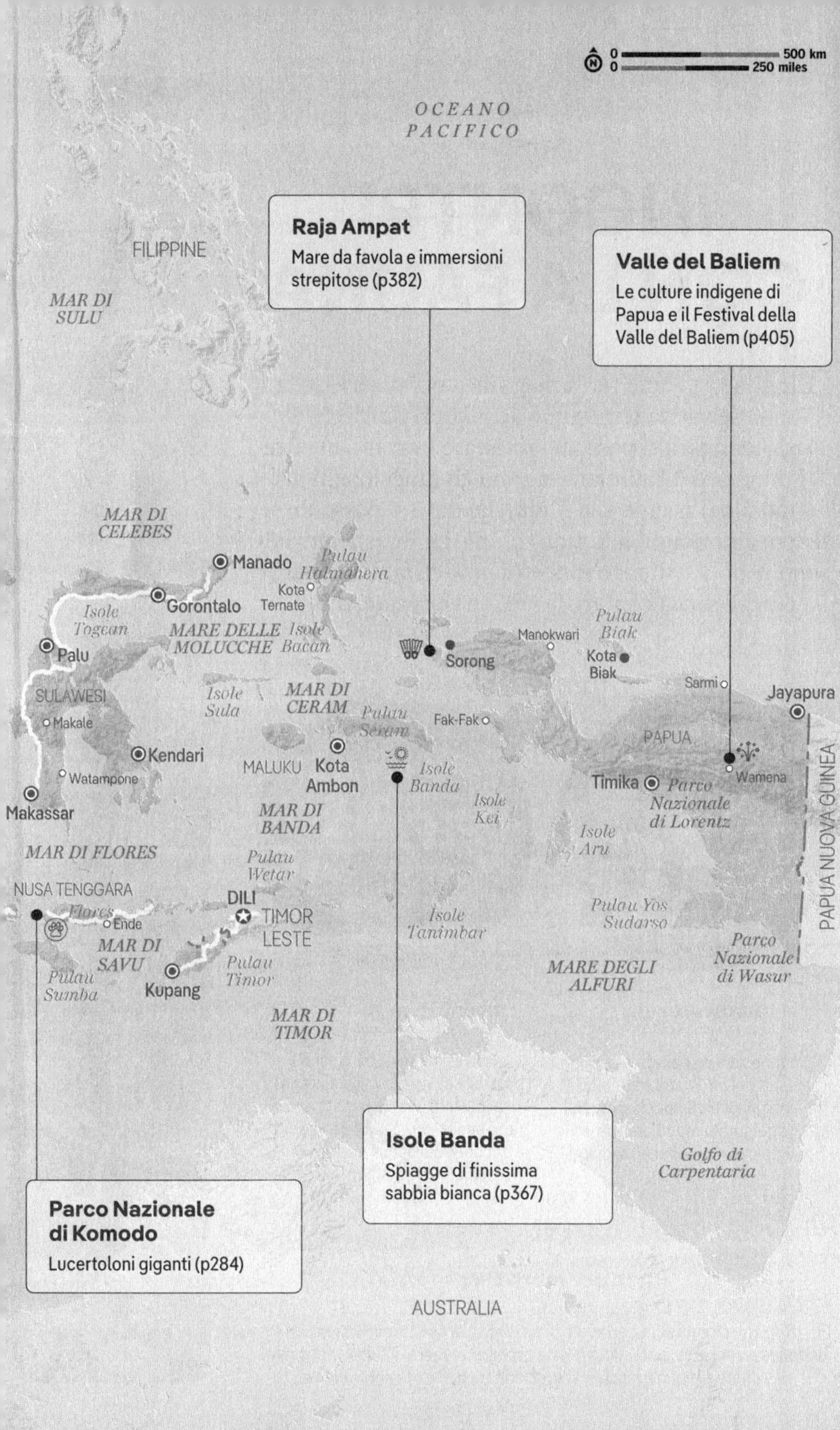
0 500 km
0 250 miles
OCEANO PACIFICO
Raja Ampat
Mare da favola e immersioni strepitose (p382)
Valle del Baliem
Le culture indigene di Papua e il Festival della Valle del Baliem (p405)
FILIPPINE
MAR DI SULU
MAR DI CELEBES
Manado
Pulau Halmahera
Kota Ternate
Gorontalo
Isole Togean
MARE DELLE MOLUCCHE
Isole Bacan
Palu
Sorong
Manokwari
Pulau Biak
Kota Biak
Sarmi
Jayapura
SULAWESI
Makale
Isole Sula
MAR DI CERAM
Pulau Seram
Fak-Fak
PAPUA
Kendari
MALUKU
Kota Ambon
Isole Banda
Timika
Parco Nazionale di Lorentz
Wamena
Watampone
Makassar
MAR DI BANDA
Isole Kei
Isole Aru
PAPUA NUOVA GUINEA
MAR DI FLORES
Pulau Wetar
NUSA TENGGARA
DILI
Flores
Ende
TIMOR LESTE
Isole Tanimbar
Pulau Yos Sudarso
MAR DI SAVU
Pulau Timor
Parco Nazionale di Wasur
Pulau Sumba
Kupang
MARE DEGLI ALFURI
MAR DI TIMOR
Isole Banda
Spiagge di finissima sabbia bianca (p367)
Golfo di Carpentaria
Parco Nazionale di Komodo
Lucertoloni giganti (p284)
AUSTRALIA

INCONTRI CON LA FAUNA

L'Indonesia è una terra magnifica per osservare la fauna selvatica terrestre o acquatica. Sull'isola di Nusa Tenggara si possono avvistare i varani, mentre Sumatra e il Kalimantan sono gli unici luoghi al mondo (insieme alla Malaysia) dove si possono vedere gli oranghi allo stato brado. Le foreste pluviali sono popolate di rare specie di orsi, elefanti, leopardi e tigri, senza contare la ricca e variegata fauna avicola e marina.

Birdwatching

L'Indonesia è un paradiso per gli amanti del birdwatching. Qui si trovano più di 1700 specie di uccelli – il 17% del totale mondiale – e molte sono tipiche di questo arcipelago.

Incontri con gli elefanti

Non esistono posti in cui sia possibile avvicinarsi agli elefanti in una maniera che sia rispettosa del loro benessere. Se volete vederli, recatevi nei parchi nazionali di Sumatra.

Super snorkelling

Non spaventatevi se non avete dimestichezza con le immersioni: in Indonesia anche lo snorkelling regala esperienze meravigliose. Indossate maschera e pinne e lasciatevi sorprendere dalla vita sottomarina.

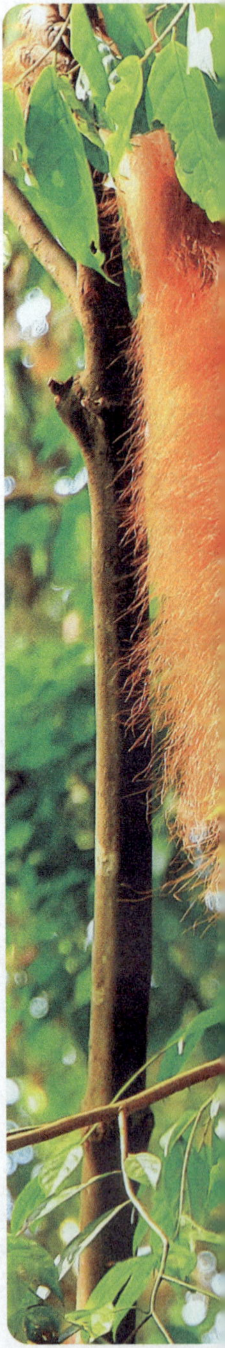

Oranghi, Parco Nazionale di Gunung Leuser (p424)

ESPERIENZE TOP FAUNA SELVATICA

Avventuratevi nel ❶ **Parco Nazionale di Lore Lindu** (p569) a Sulawesi, dove potreste incontrare buceri, bufali pigmei e tarsi.

Fate immersioni (o snorkelling) al largo delle ❷ **Isole Raja Ampat** (p382), ricche di vita subacquea, oppure ammirate gli uccelli del paradiso.

Addentratevi nella foresta pluviale del ❸ **Parco Nazionale di Kerinci Seblat** (p468) sull'isola di Sumatra, habitat delle tigri di Sumatra.

Nel ❹ **Parco Nazionale di Ujung Kulon** (p171) nella parte sud-occidentale di Giava, cercate i rinoceronti giavanesi.

Sempre a Sumatra, nel ❺ **Parco Nazionale di Gunung Leuser** (p424) avvistate oranghi e altri primati, elefanti, rinoceronti e tigri.

SPIAGGE DA SOGNO

L'Indonesia è al quarto posto nel mondo per la lunghezza delle sue coste e non mancano certo le spiagge. La sola Bali ne conta più di 40 e un po' dappertutto troverete dove fare surf o snorkelling, divertirvi o rilassarvi. Alcune spiagge sono prese d'assalto dai turisti, specie quelle situate alla confluenza tra Bali, Lombok e le Isole Gili, ma in tutto l'arcipelago ci sono centinaia di spiagge idilliache dove potreste essere i primi a mettere piede se arrivate presto al mattino.

DA SINISTRA: DYAH ISTIKOWATI/SHUTTERSTOCK ©, DUDAREV MIKHAIL/SHUTTERSTOCK ©, FABIO LAMANNA/SHUTTERSTOCK ©

Quando andare

Luglio, agosto e dicembre sono i mesi di maggiore affluenza sulle spiagge dell'Indonesia occidentale. Da ottobre ad aprile, le spiagge delle Isole Maluku e di Papua sono meravigliosamente vuote.

Per i bambini

Nusa Dua e Sanur, sull'isola di Bali, sono mete adatte alle famiglie poiché offrono spiagge poco profonde e quindi sicure. Anche Senggigi e Gili Meno sono un'ottima scelta per chi ha bambini piccoli.

Feste sulla spiaggia

Kuta, Legian e Seminyak sono un'icona della movida balinese, ma l'isola più festaiola di tutta l'Indonesia è Gili Trawangan.

Isole Banyak (p459)

ESPERIENZE TOP SPIAGGE

Immortalate la sabbia rosa di ❶ **Pantai Merah** (p284) sull'isola di Komodo nel parco nazionale omonimo.

Perdetevi nelle strisce di sabbia quasi disabitate che cingono la ❷ **Penisola sud-occidentale** di Lombok (p330).

Visitate le sperdute ❸ **Isole Banyak** (p459) per trovare le più belle spiagge di Sumatra.

Mescolatevi alla gente locale sulle spiagge della costa di ❹ **Gunung Kidul** (p88) nella parte orientale di Giava.

Affondate i piedi nella finissima sabbia bianca del minuscolo isolotto di ❺ **Pulau Nailaka** (p372) nell'arcipelago delle Banda.

SCALARE UN VULCANO

L'Indonesia è la nazione con il più alto numero di vulcani al mondo, perciò, se scalarne uno rientra nella vostra lista dei desideri, questo è il posto perfetto per farlo. Giava, Sumatra e Bali ospitano alcuni dei vulcani più esplorati, molti dei quali ancora attivi, ma ci sono anche altre opzioni in tutto il paese. Prima di affrontare la salita a un cono vulcanico, informatevi sul suo stato di attività.

Centri spirituali

La maggior parte dei vulcani indonesiani ha un significato religioso e alcuni, come il Gunung Agung di Bali, sono considerati il centro spirituale delle isole su cui si ergono.

Supervulcano Toba

Toba, sull'isola di Sumatra, è l'unico supervulcano di tutta l'Indonesia e, nonostante sia quiescente da 74.000 anni, è considerato ancora attivo.

Sotto il vulcano

Più di cinque milioni di indonesiani vivono vicino ai vulcani poiché le zone caratterizzate da vasti depositi di terreno vulcanico sono ricche di nutrienti ed estremamente fertili.

Gunung Bromo (p128)

ESPERIENZE TOP VULCANI

Affrontate la difficile scalata del ❶ **Gunung Api** (p370) per godere degli splendidi panorami sulle Isole Banda.

Raggiungete la cima del ❷ **Gunung Agung** (p236), la montagna sacra di Bali.

Salite fino al cratere del ❸ **Gunung Bromo** (p128) nella zona orientale di Giava. La gente del posto vi si reca ogni anno per portare offerte.

Ammirate le vedute paradisiache godibili dalla cima del ❹ **Gunung Rinjani** (p328), il secondo vulcano più alto dell'Indonesia.

Dopo aver attraversato una giungla e oltrepassato una serie di cascate, raggiungete la vetta fumante del ❺ **Gunung Sibayak** (p431) nel nord di Sumatra.

IMMERSIONI DA SOGNO

Nel Sud-est asiatico non c'è posto migliore dell'Indonesia per le avventure subacquee. Data la presenza di acque trasparenti e vivaci barriere coralline, non sorprende che in Indonesia si trovino molti punti di immersioni di altissimo livello. I sub alle prime armi avranno a disposizione una miriade di scuole, ma anche chi pratica lo snorkelling troverà il suo angolo di paradiso.

DA SINISTRA: VLADYSLAV LEHIR/SHUTTERSTOCK ©, DUDAREV MIKHAIL/SHUTTERSTOCK ©, MARTIN_HRISTOV/SHUTTERSTOCK ©

Imparare a fare immersioni

Dotate di acque calde, correnti miti e variopinti coralli, Bali e le Isole Gili sono luoghi perfetti per fare un corso PADI o SSI.

Dove fare immersioni

Nusa Tenggara, Papua e Sulawesi offrono strepitose opportunità per fare immersioni, ma in Indonesia è possibile farle un po' ovunque. Il Kalimantan e le Maluku sono di recente diventate ottime mete.

Quando fare immersioni

Il periodo che va da aprile a ottobre è il migliore per fare immersioni a Bali, Lombok, alle Isole Gili e a Sulawesi. Invece, il periodo compreso tra ottobre e aprile è l'ideale per immergersi alle Maluku e a Papua.

Raja Ampat (p382)

ESPERIENZE TOP
IMMERSIONI

Esplorate i siti di diving disseminati nell' ❶ **Archipelago di Alor** (p296), dove si trovano le barriere coralline più incontaminate.

Immergetevi in compagnia di mante gigantesche e innocue meduse nell' ❷ **Archipelago di Derawan** (p530), un paradiso subacqueo tra i meno frequentati di tutto il paese.

Addentratevi nel meraviglioso universo sottomarino dello ❸ **Stretto di Lembeh** (p583) per vedere bizzarre creature marine e per il muck diving.

Ammirate le specie marine e gli splendidi coralli dell'arcipelago delle ❹ **Raja Ampat** (p382).

Recatevi a ❺ **Tulamben** (p244) per esplorare il relitto del *Liberty*, uno dei punti di immersione più affascinanti di Bali.

SURF STREPITOSO

L'Indonesia richiama surfisti da tutto il mondo. Molti sono attirati dalla convinzione di trovare spiagge vuote e barrel perfetti che si infrangono contro la barriera corallina. La buona notizia è che queste immagini da sogno corrispondono alla realtà, ma se volete evitare file chilometriche, scegliete mete meno frequentate, come Nusa Tenggara e Sumatra. Come ogni altro posto, l'Indonesia alterna momenti di calma piatta ad altri in cui i venti gonfiano il mare.

Imparare a fare surf

Tutti i principali centri di surf dispongono di apposite scuole. Le onde morbide e i fondali sabbiosi delle spiagge di Kuta e Legian a Bali sono adatti ai principianti.

Quando fare surf

È possibile fare surf tutto l'anno, ma nell'Indonesia occidentale le onde migliori si formano per lo più da aprile a ottobre, che a Bali è anche il periodo di alta stagione.

Dove fare surf

Bali è la capitale del surf indonesiano, con onde eccellenti per tutti i livelli. Giava è meno affollata, mentre Sumatra e Nusa Tenggara vantano alcuni siti isolati ma eccezionali.

Isole Mentawai (p444)

ESPERIENZE TOP
SURF

A ❶ **Sumbawa** (p287) preparatevi ad affrontare Supersuck, l'onda sinistra più grande del pianeta.

Raggiungete le ❷ **Isole Mentawai** (p444) per le onde sempre perfette e i resort per surfisti.

Cavalcate le celebri onde che lambiscono la ❸ **Penisola di Bukit** (203), con break leggendari e i set di onde più grandi di Bali.

Cimentatevi con le onde lunghe della ❹ **costa meridionale di Lombok** (p313), dove ci sono numerosi reef break e surf camp.

Al largo della punta sud-orientale di Giava, mettetevi alla prova a ❺ **G-Land** (p146), con le onde sinistre più belle del mondo.

MERAVIGLIE NATURALI

Per avere un assaggio dell'ampia varietà di meraviglie naturali offerte dall'Indonesia, esplorate i suoi 54 parchi naturali, sei dei quali sono stati dichiarati Patrimonio dell'Umanità dall'UNESCO. I parchi sono perfetti per osservare la fauna selvatica, in particolare gli oranghi, gli elefanti, i leopardi e i varani, ma anche rare specie di uccelli e di piante. Al loro interno si trovano cascate, montagne, grotte, praterie e ampi tratti di giungla tropicale.

DA SINISTRA: ASIATRAVEL/SHUTTERSTOCK ©, PURWANTO NUGROHO/SHUTTERSTOCK ©, SERGEY URYADNIKOV/SHUTTERSTOCK ©

Quota d'ingresso

Molti dei parchi nazionali prevedono una quota d'ingresso di 150.000Rp (infrasettimanali)/225.000Rp (fine settimana), ma i più frequentati, come quelli di Komodo e delle Raja Ampat, applicano tariffe molto più alte.

Parchi nazionali marini

Alcuni dei parchi nazionali più strabilianti dell'Indonesia si trovano al largo della costa. Ci sono nove parchi nazionali marini che al loro interno ospitano alcuni dei principali siti di diving del paese.

Guide

In molti parchi nazionali è obbligatorio farsi accompagnare da una guida. Potrete ingaggiarne una da soli o farvela assegnare all'entrata del parco.

Varano di Komodo, Pulau Rinca (p286), Parco Nazionale di Komodo

ESPERIENZE TOP PARCHI NAZIONALI

Visitate l'arcipelago delle ❶ **Isole Togean** (p570), compreso nel Parco Nazionale Kepulauan Togean, spostandovi fra gli atolli.

Raggiungete in barca l'isola di Rinca all'interno del ❷ **Parco Nazionale di Komodo** (p284), patria dei lucertoloni più grandi del mondo.

Avvistate gli elefanti, i rinoceronti e rarissime specie di tigri presso il ❸ **Parco Nazionale di Way Kambas** (p485) di Sumatra.

Come nei migliori romanzi d'avventura, navigate lungo il fiume che scorre attraverso il ❹ **Parco Nazionale di Tanjung Puting** (p512).

Attraversate la foresta pluviale del poco noto ❺ **Parco Nazionale di Gunung Palung** (p506), tra cascate e piante rare.

Festival della Valle del Baliem (p409)

FANTASTICI FESTIVAL

In Indonesia si tengono molti festival religiosi e culturali tra cui quelli organizzati dalle popolazioni indigene. Quasi tutti includono lunghi festeggiamenti e banchetti. Parteciparvi è un ottimo modo per conoscere la gente del posto e imparare qualcosa in più su questo paese.

Festival religiosi

Le celebrazioni nazionali di maggiore portata sono a carattere religioso. Le più importanti includono le feste musulmane dell'Idul Fitri e dell'Idul Adha, il capodanno lunare balinese (Nyepi) e il Capodanno cinese.

Festival regionali

Ci sono numerose celebrazioni locali che vanno dai carnevali di Yogyakarta ai festival del caffè di Sulawesi. Informatevi per sapere quali eventi si svolgono nella zona in cui soggiornerete.

ESPERIENZE TOP FESTIVAL

Raggiungete il Dieng Plateau per partecipare al ❶ **Festival della cultura dieng** (p124), con concerti jazz, spettacoli pirotecnici e strani rituali che prevedono il taglio dei capelli.

Partecipate al ❷ **Festival di Meti Kei** (p374), che si tiene ogni anno a ottobre sulla più bella delle Isole Kei in onore delle maree.

Partecipate all' ❸ **Ubud Writers & Readers Festival** (p219) di Bali, la più prestigiosa manifestazione letteraria del Sud-est asiatico.

Imitate il popolo dayak prendendo parte al ❹ **Festival del raccolto** (p499), la più grande festa del Kalimantan che si tiene a Pontianak e nei villaggi limitrofi.

Prendete parte al ❺ **Festival della Valle del Baliem** (p409) con rievocazioni di antiche battaglie tribali, esibizioni di musica tradizionale e grigliate di carne di maiale.

TEMPLI

Per quanto l'Indonesia non sia famosa per i templi al pari di altre nazioni del Sud-est asiatico, a Giava e a Bali si trovano alcuni dei santuari più antichi e più belli della regione. Visitare questi spazi sacri, sempre molto animati, permette di comprendere meglio il passato e il presente di questo paese.

Abbigliamento appropriato

Trattandosi di luoghi di culto, è necessario vestirsi in maniera adeguata. Alcuni templi balinesi distribuiscono dei sarong ai visitatori (in alternativa si possono noleggiare).

Visite infrasettimanali

I grandiosi complessi di templi di Giava (Borobudur e Prambanan) possono essere molto affollati, specialmente al tramonto. Non andateci nei fine settimana e sfidate la calura del mezzogiorno se volete evitare la calca.

Templi ovunque

Tutti i villaggi balinesi sono dotati di templi, ma ve ne sono tanti altri dislocati sui pendii montuosi e vulcanici, in mezzo alle risaie e fra gli alberi.

ESPERIENZE TOP TEMPLI

Scalate le pendici del Gunung Batukaru per raggiungere ❶ **Pura Luhur Batukau** (p249), uno dei santuari più emblematici di Bali.

Attraversate il fossato ed esplorate i cortili del ❷ **Pura Taman Ayun** (p262), un vecchio tempio reale balinese.

Visitate il principale tempio hindu, ❸ **Pura Besakih** (p236), situato a quasi 1000 m di altezza sulle pendici del Gunung Agung, la cima più venerata di Bali.

A ❹ **Prambanan** (p82), nelle pianure centrali di Giava, passeggiate tra le rovine del più grande complesso di templi hindu dell'Indonesia (ce ne sono ben 240!).

A ❺ **Borobudur** (p93), visitate il complesso di templi buddhisti più vasto del mondo, nonché uno dei siti più affascinanti del Sud-est asiatico.

CULTURE TRADIZIONALI

Data la grande varietà di popoli e religioni, l'arcipelago indonesiano vanta centinaia di culture differenti. I visitatori hanno l'imbarazzo della scelta tra spettacoli di danza tradizionale balinese, palazzi reali d'interesse storico, spettacoli delle marionette del teatro delle ombre giavanese, gallerie d'arte contemporanea, cerimonie funebri dei toraja a Sulawesi, gare di danza dei dayak nel Kalimantan e simulazioni di battaglie tribali a Papua. Ovunque vi troviate, non perdete questo tipo di eventi. Molti prevedono spettacoli di musica e danza.

Festival

Le manifestazioni locali permettono di sperimentare le culture indigene e alcuni, come il Festival del raccolto dayak, incoraggiano i visitatori a buttarsi nella mischia.

Ubud

Ubud, dove la cultura tradizionale permea ogni aspetto della vita quotidiana, è la capitale artistica e culturale di Bali.

Yogyakarta

Il centro culturale indiscusso di Giava è Yogyakarta, dove l'arte raggiunge il massimo splendore.

Teatro giavanese delle ombre e delle marionette

ESPERIENZE TOP
CULTURA

Nel 'recinto' di templi di ❶ **Pura Dalem Ubud** (p214), potrete assistere a uno spettacolo di danza o di musica, anche in notturna.

Ammirate la collezione di marionette in mostra presso il ❷ **Museo Wayang** (p75), dove si tengono anche spettacoli gratuiti del teatro delle ombre e delle marionette.

Visitate la miriade di gallerie e laboratori di artigianato nei villaggi a nord e a sud di ❸ **Ubud** (p224).

Unitevi a danzatori provenienti da tutto il mondo che si radunano a Tenggarong per partecipare all'annuale ❹ **Erau International Folk & Art Festival** (p526).

Passeggiate lungo ❺ **Jalan Malioboro** (p86), la via principale di Yogyakarta: assisterete a spettacoli di musica e danza offerti da vivaci artisti di strada.

REGIONI E CITTÀ

Scegliete i posti che vi ispirano di più.

Sumatra

FORESTE PLUVIALI E FAUNA SELVATICA, ISOLE E VULCANI

Sumatra, l'isola più grande dell'Indonesia, vanta foreste pluviali ricche di fauna selvatica, onde eccellenti per il surf, magici mondi sottomarini e vulcani spettacolari. Con i suoi parchi naturali diventati ancora più accessibili negli ultimi anni e la scoperta di nuovi siti per il surf, quest'isola richiama un numero sempre crescente di viaggiatori ed è il posto perfetto per chi ha voglia di fare un salto di qualità.

Kalimantan

ORANGHI, FORESTE PLUVIALI E FIUMI

Il Kalimantan è un paradiso selvaggio, l'ideale per chi desidera una vacanza fuori dai circuiti turistici. Gran parte del suo territorio è ricoperto da una fitta giungla solcata da uno dei fiumi più lunghi dell'Indonesia, dove oranghi e altri animali tipici di queste zone vagano indisturbati nei parchi nazionali. Davanti alla costa sorge il poco noto Arcipelago di Derawan, dove vi aspettano ottimi siti di diving e luccicanti spiagge di sabbia bianca.

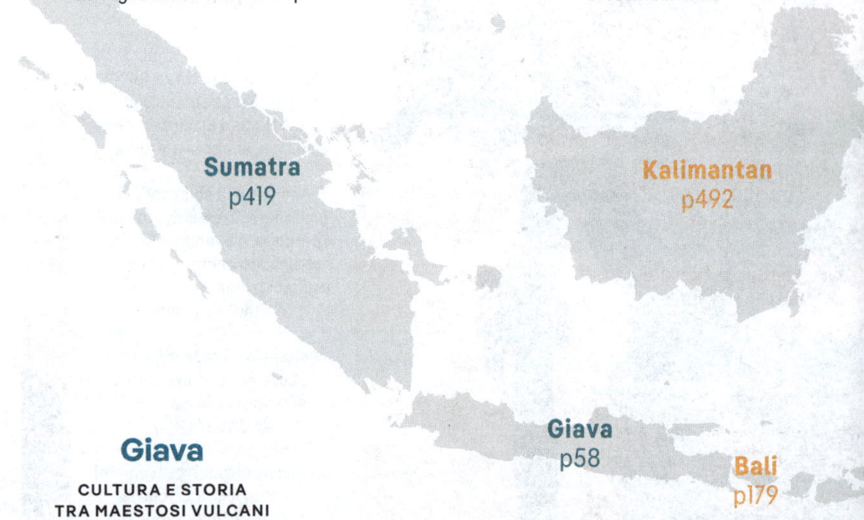

Giava

CULTURA E STORIA TRA MAESTOSI VULCANI

Giava è l'isola più popolosa della Terra e probabilmente anche la più eclettica. Sovrastata da vulcani fumanti e contornata da spiagge tropicali, possiede tutte le meraviglie naturali dell'Indonesia, e al tempo stesso è la sede di Giacarta, una vera e propria megalopoli, e della storica Yogyakarta, centro culturale del paese.

Bali

MAGICA, RICCA DI CULTURA, MERAVIGLIOSA

Bali è la meta più turistica di tutta l'Indonesia. Questa piccola isola offre spiagge chilometriche, onde fragorose ottime per il surf, imponenti vulcani, templi silenziosi, verdissime risaie terrazzate e, soprattutto, una popolazione carismatica che si impegna a mantenere viva la cultura tradizionale. Visitatela e capirete il perché della sua unicità.

Sulawesi

L'ISOLA PIÙ MISTERIOSA DELL'INDONESIA

Tra sperduti altopiani e isole, antichi megaliti, paesaggi carsici e una grande varietà di popoli e culture, Sulawesi offre una combinazione di mistero e avventura. Quest'isola, formata da un miscuglio di gruppi etnici, religioni ed ecosistemi, è circondata da acque e barriere coralline ricche di vita marina e propone attrazioni per tutti i gusti.

Maluku

IMMERSIONI, TREKKING E TEMPLI

Un tempo lo sperduto Arcipelago delle Maluku deteneva il monopolio del commercio delle spezie come la noce moscata e i chiodi di garofano, e la lotta condotta dalle potenze coloniali europee per accaparrarsene il controllo ha contribuito alla formazione del mondo moderno. Oggi le Maluku sono tra le isole meno visitate e più idilliache di tutta l'Indonesia: barriere coralline incontaminate, vulcani ammantati di foreste e magnifiche spiagge fanno da sfondo alle escursioni dei turisti più avventurosi.

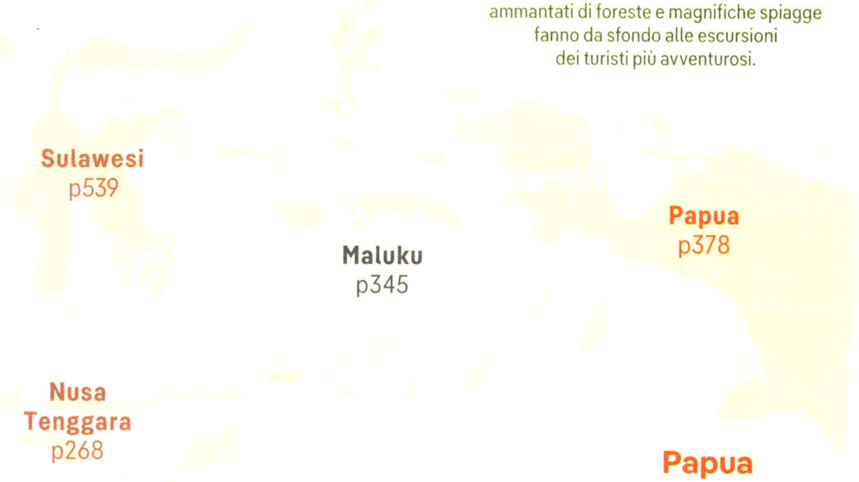

Nusa Tenggara

CULTURA MILLENARIA, NATURA EPICA E ONDE GIGANTESCHE

L'arcipelago di Nusa Tenggara è il meno visitato di tutta l'Indonesia. Si tratta di una terra montagnosa costellata di vulcani, con laghi variopinti, spiagge di sabbia rosa, onde incessanti ottime per il surf e villaggi tradizionali dove il bahasa indonesia (la lingua franca) è parlato a malapena. Tra le meraviglie naturali figurano i varani di Komodo e gli incontaminati ecosistemi marini. Se ne avete la possibilità, non mancate di esplorare questa regione unica.

Papua

LONTANA, SELVAGGIA E RICCA DI TRADIZIONI

Papua è l'ultima frontiera dell'Indonesia, dove le strade sono scarse e alcuni abitanti si procurano ancora il cibo cacciando con archi e frecce. Raggiungere questa regione non è né facile né economico, ma la straordinaria fauna selvatica, la grandiosità dei paesaggi e il carisma dei suoi abitanti la rendono una meta molto interessante.

Tulamben (p244)

ITINERARI

Spiagge, cultura e vulcani di Bali

Durata: 7 giorni **Distanza**: 136 km

Questo tour dell'isola di Bali vi porterà dalle spiagge zeppe di surfisti della costa occidentale alla tranquilla Ubud – 'l'altra Bali' – ricca di cultura, storia e templi. Da qui, dirigetevi a nord-est verso la vetta vulcanica del Gunung Agung, cuore spirituale dell'isola, per poi terminare il giro a Tulamben, sulla costa orientale, vera e propria mecca dei sub.

1

CANGGU 2 GIORNI

La frizzante **Canggu** (p184) non è solo un luogo ma anche uno stato d'animo. Questo tratto della costa occidentale di Bali ha numerose spiagge, alcune ottime per il surf, come Echo Beach, e vanta anche una quantità sempre crescente di boutique hotel, ville, caffè artistici e ristoranti alla moda. Non perdetevi la Canggu Beach Walk, che in un paio d'ore vi condurrà da Pantai Batu Belig a Echo Beach.

2

UBUD 2 GIORNI

Dirigetevi verso l'interno per raggiungere **Ubud** (p211). Comoda da girare a piedi o in bici, questa città è il cuore della scena artistica balinese; si può assistere a spettacoli di danza tradizionale oppure fare un giro delle gallerie d'arte e dei musei. Ubud è anche un centro termale e fulcro dello yoga. Esplorare i villaggi vicini pedalando tra il verde delle risaie è pura magia.

3

GUNUNG AGUNG ⏱2 GIORNI

Da Ubud proseguite verso nord per 10 km e raggiungete le risaie di Ceking, poi a est verso il **Gunung Agung** (p236), vulcano attivo che è anche la montagna più alta e venerata di Bali. Se non è in corso un'eruzione e siete in forma, scalate i pendii boscosi per ammirare la vista. In alternativa, visitate Pura Besakih, un complesso di 23 templi hindu, il più importante di Bali.

4

TULAMBEN ⏱1 GIORNO

Raggiungete **Tulamben** (p244), uno dei siti di diving più in voga dell'isola grazie al relitto del *Liberty*. È una zona perfetta per praticare snorkelling, poiché la poppa del relitto si erge dalle profondità piena di coralli e di pesci variopinti.

Deviazione: *Se il relitto del* Liberty *non vi ispira, costeggiate il litorale fino a Lovina, dove rilassarvi in spiaggia o in barca.*

ITINERARI

Tour di Giava

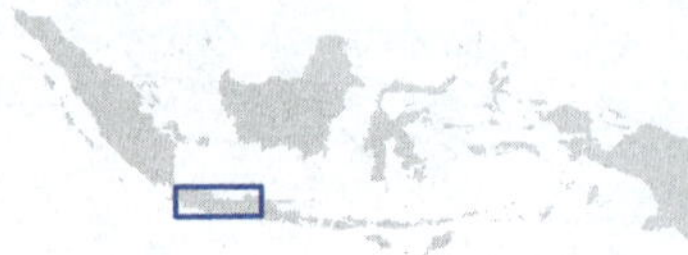

Durata: 7 giorni **Distanza**: 750 km

Effettuate il giro completo dell'isola di Giava, passando per Giacarta, i centri storici e culturali di Yogyakarta e Solo e gli spettacolari templi di Borobudur e Prambanan. Terminate il viaggio godendovi l'aria fresca sul Dieng Plateau, dove fotografare belle piantagioni di tè e laghetti di montagna.

1

GIACARTA 2 GIORNI

Lasciatevi conquistare dalle immagini e dai suoni della megalopoli di **Giacarta** (p64). Visitate i musei e gli edifici coloniali di Kota Tua, la città vecchia; salite in cima al Monas, il monumento nazionale indonesiano, per ammirare spettacolari vedute della città; tuffatevi nei rinomati centri commerciali e nei mercati e mangiate al Loewy, uno dei migliori ristoranti della città. Per finire, rilassatevi sorseggiando una Bintang.

2

YOGYAKARTA 2 GIORNI

Prendete il treno per **Yogyakarta** (p80), la capitale culturale di Giava. Fate un tour del Kraton (in foto), il settecentesco palazzo del sultano, esplorate la scena artistica e, in serata, mescolatevi tra gli artisti di strada che si esibiscono lungo Jl Malioboro, la principale arteria cittadina. Da qui potrete anche visitare il complesso di templi di Borobudur, una meta imperdibile raggiungibile in giornata.

DA SINISTRA: KHOROSHUNOVA OLGA/SHUTTERSTOCK ©, ADITYA_FRZHM/SHUTTERSTOCK ©

3

SOLO ⏱ 1 GIORNO

Virate a nord-est verso **Solo** (p97), fermandovi strada facendo per una visita allo spettacolare complesso di templi hindu di Prambanan, il più importante di tutta l'Indonesia. La storica Solo è uno dei centri nevralgici dell'identità culturale giavanese, oltre a essere nota per il batik e i *kris* (in foto), i tipici pugnali da cerimonia di Giava. È anche possibile assistere a concerti di musica tradizionale e a spettacoli di teatro delle ombre e delle marionette.

4

DIENG PLATEAU ⏱ 2 GIORNI

Dirigetevi a nord-ovest verso il **Dieng Plateau**, un altopiano situato a 2000 m di altitudine e immerso nelle nuvole. Dalla cima si gode di una vista mozzafiato su un paesaggio comprendente suggestive piantagioni di tè, laghetti di montagna, cascate, villaggi isolati e antichi templi. Inoltre, la presenza di un numero crescente di alloggi e di punti di ristoro ne fa un posto eccellente per rilassarsi e godersi i sublimi tramonti.

ITINERARI

Spiagge e varani

Durata: 8 giorni **Distanza**: 680 km

Attraversate Nusa Tenggara da est a ovest. Partite da Labuan Bajo, sull'isola di Flores, e raggiungete in barca il Parco Nazionale di Komodo per ammirare i varani e l'ecosistema marino. Dopodiché andate a Lombok in aereo e fate il giro della costa meridionale e sud-occidentale per poi prendere il traghetto per Gili Trawangan, la più festaiola delle isole indonesiane.

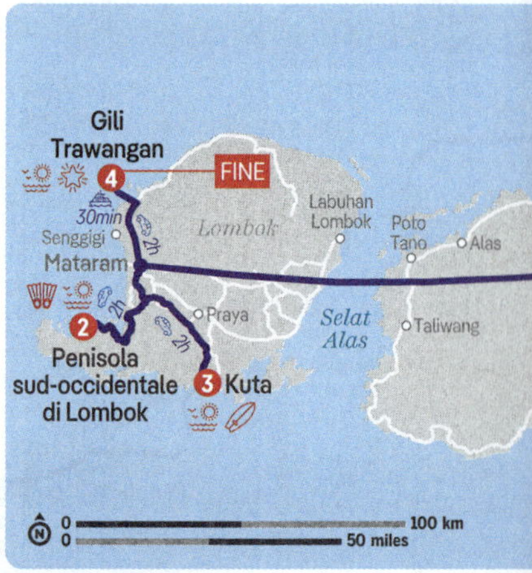

1

PARCO NAZIONALE DI KOMODO

⏱2 GIORNI

Da Labuan Bajo, sull'isola di Flores, salpate per una crociera di due giorni e una notte all'interno del **Parco Nazionale di Komodo** (p284). Partecipando a un tour dell'isola di Pulau Rinca, la patria dei varani, avrete praticamente la garanzia di avvicinarvi a questi animali entro i limiti consentiti. Le crociere includono anche alcuni eccellenti siti di snorkelling (e di diving).

2

PENISOLA SUD-OCCIDENTALE DI LOMBOK ⏱2 GIORNI

Da Flores raggiungete Lombok in aereo e proseguite per la **Penisola sud-occidentale** (p330), dove troverete spiagge deserte di sabbia bianca e isole incontaminate dove fare snorkelling. I barcaioli organizzano uscite giornaliere verso barriere coralline perfettamente integre e ricche di vita marina, ma ci sono anche break per il surf, placidi villaggi e numerosi resort alla moda. Alcuni viaggiatori decidono di fermarsi per intere settimane.

3

KUTA 2 GIORNI

Tagliate verso l'interno per raggiungere **Kuta** (p310), sulla costa meridionale di Lombok, dove baie a forma di mezzaluna e di ferro di cavallo nascondono spiagge di sabbia bianca lambite da acque turchesi, con sfondo di colline verdeggianti. Le spiaggia di Selong Belanak, a ovest di Kuta, è probabilmente la più bella dell'isola. Lungo la costa si trovano onde eccezionali per fare surf, un'ottima scelta di alloggi e una fiorente scena culinaria.

4

GILI TRAWANGAN 2 GIORNI

È arrivato il momento dei party in spiaggia! **Gili Trawangan** (p333), una delle mete top della movida vacanziera del Sud-est asiatico, è raggiungibile con una breve traversata in barca dalla costa occidentale di Lombok. Ma oltre alle feste sulla spiaggia e a schiere di chiassosi bar, su quest'isola c'è molto altro. Offre infatti anche siti di snorkelling, centri termali, lezioni di yoga, e moltissimi ristoranti di grido. Se avete ancora tempo, è uno dei posti migliori per imparare a immergersi.

HAPPY AUER/SHUTTERSTOCK ©

Il Gunung Sinabung visto dal Gunung Sibayak (p431)

ITINERARI

Sumatra: fauna, vulcani e laghi

Durata: 7 giorni **Distanza**: 245 km

La straordinaria fauna selvatica e i paesaggi del nord di Sumatra sono il fulcro di questo tour. Addentratevi nella foresta pluviale in cerca di oranghi e altri primati, godetevi l'aria di montagna di Berastagi, scalate uno dei vulcani più accessibili e per finire rilassatevi sulle sponde del lago più vasto del Sud-est asiatico.

1

BUKIT LAWANG ⏱3 GIORNI

Dalla località turistica di **Bukit Lawang** (p424) si accede al Parco Nazionale di Gunung Leuser, il luogo ideale per vedere gli oranghi a Sumatra. Per massimizzare le possibilità di avvistare questi animali, molti i visitatori optano per un trekking di due giorni nel parco con pernottamento nella giungla, ma si può anche partecipare a un'escursione di qualche ora. Lungo il fiume Bohorok è possibile anche fare rafting o tubing.

2

BERASTAGI ⏱1 GIORNO

Sulle montagne a sud-est del parco nazionale, a 1300 m di altitudine, sorge **Berastagi** (p431), una cittadina agricola fondata dai coloni olandesi per sfuggire al caldo della pianura. Qui l'aria è piacevolmente fresca e la vista dei due vulcani vicini è spettacolare. Fate un'escursione sugli altopiani di Karo, dove troverete villaggi in cui la cultura degli indigeni karo batak è ancora viva.

DA SINISTRA: SNAPTPHOTOGRAPHY/SHUTTERSTOCK ©, WINGKYPAPA/SHUTTERSTOCK ©

3

GUNUNG SIBAYAK ⏱1 GIORNO

Berastagi è il punto di partenza per i trekking diretti alla cima fumante del **Gunung Sibayak** (p431), uno dei più accessibili di tutta l'Indonesia. Se si è in forma, l'ascesa e la relativa discesa si possono completare in cinque ore. Se volete raggiungere la vetta all'alba, trascorrete la notte in tenda. Al ritorno verso Berastagi, fate una sosta presso le sorgenti termali di Semangat Gunung.

4

DANAU TOBA ⏱2 GIORNI

A sud di Berastagi si trova il **Danau Toba** (p435), il lago più grande del Sud-est asiatico, incastonato tra cime vulcaniche. Toba è il posto perfetto dove fermarsi qualche giorno per staccare la spina: il lago è balneabile e nelle zone limitrofe si possono fare escursioni a piedi e in bicicletta.

PAULHARDINGOO/SHUTTERSTOCK ©

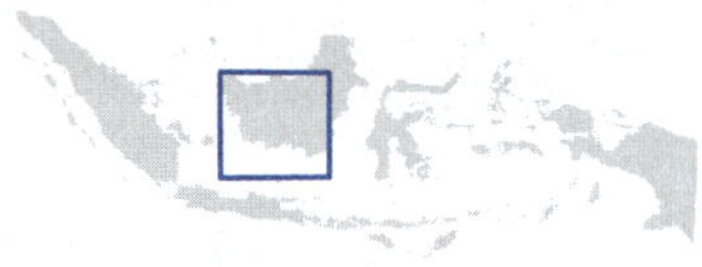

Mercato galleggiante, Banjarmasin (p516)

ITINERARI

Oranghi, mercati galleggianti e montagne

Durata: 7 giorni **Distanza**: 1450 km

Addentratevi per le strade meno battute del Kalimantan, una regione che occupa per quasi tre quarti l'isola del Borneo. Oltre a essere una zona ideale per osservare gli oranghi e altre specie, conta una serie di villaggi di montagna e cittadine fluviali dotate con galleggianti.

1

PONTIANAK ⏱ 1 GIORNO

Come prima tappa di questo tour, fermatevi nella multiculturale **Pontianak** (p498), capoluogo del Kalimantan occidentale. Situata all'altezza dell'equatore, questa cittadina ha una popolazione di etnia cinese e dayak e vanta un suggestivo lungofiume. Fate una puntatina allo storico quartiere di palafitte di Kampung Beting, gustate i piatti della cucina sino-indonesiana e sperimentate la fiorente cultura del caffè. Ogni anno a maggio si tiene il Festival del raccolto, una delle manifestazioni più belle del Kalimantan.

2

PARCO NAZIONALE DI TANJUNG PUTING ⏱ 3 GIORNI

Prendete un aereo per Pangkalan Bun, e in 30 minuti di auto arrivate al porto dove le case galleggianti risalgono il fiume che si addentra nel **Parco Nazionale di Tanjung Puting** (p512). Partecipando a una crociera di tre giorni e due notti, potrete quasi sicuramente vedere gli oranghi, nonché molti altri primati, rare specie di uccelli, e qualche sporadico coccodrillo.

DA SINISTRA: ARIYANI TEDJO/SHUTTERSTOCK ©, ARIKBINTANG/SHUTTERSTOCK ©

3

BANJARMASIN ⏱1 GIORNO

Da Pangkalan Bun raggiungete in aereo **Banjarmasin** (p516), probabilmente la città più vivace del Kalimantan. Partite presto e risalite il fiume in barca per visitare i mercati galleggianti, poi esplorate il lungofiume orlato di palafitte, moschee e palazzi storici. Terminate la giornata al bar-ristorante People's Place.

4

LOKSADO ⏱2 GIORNI

Dopo Banjarmasin, percorrete i sentieri che si snodano alle pendici dei **Monti Meratus in direzione di Loksado** (p520), un grazioso villaggio fluviale da cui si può intraprendere un'escursione alle vicine cascate e agli insediamenti dayak attraversando ripidi pendii e ponti sospesi. Se vi sembra troppo faticoso, seguite l'esempio dei visitatori locali che amano fare tubing lungo il fiume Amandit. In alternativa, ridiscendete il fiume su una zattera di bambù.

DA SINISTRA: SONY HERDIANA/SHUTTERSTOCK ©, MUAN SIBERO/SHUTTERSTOCK ©

QUANDO ANDARE

L'Indonesia è una meta adatta per tutte le stagioni. La stagione delle piogge varia da occidente a oriente, quindi c'è sempre una zona di bel tempo.

L'Indonesia presenta due distinte zone climatiche. I mesi di luglio e agosto corrispondono all'alta stagione a Bali, alle Isole Gili e a Giava, ma alle Isole Maluku e a Papua, nell'Indonesia orientale, è in corso la stagione delle piogge. Anche se qualche giornata di sole è comunque garantita, il monsone comporta alcune restrizioni per quanto riguarda le immersioni e gli avvistamenti di animali selvatici. In Indonesia la stagione secca va da aprile a ottobre, mentre i monsoni arrivano tra novembre e marzo. Alle Maluku e a Papua succede l'inverso. Le stagioni intermedie – maggio, giugno e settembre – sono perfette per visitare l'Indonesia occidentale poiché il clima è per lo più secco e le folle diminuiscono. Novembre, marzo e aprile sono i mesi ideali per le immersioni alle Maluku e a Papua.

Ultime notizie in fatto di alloggi

Nell'Indonesia occidentale i prezzi degli alloggi tendono a salire tra luglio e agosto, talvolta anche del 50%. In questo periodo e a dicembre è importante prenotare con largo anticipo. Le offerte migliori si possono trovare durante la stagione delle piogge quando i prezzi calano drasticamente.

IO VIVO QUI

Sesillia Overbeek gestisce un'azienda informatica a Giacarta.

Vivo a Kemang, nella zona sud di Giacarta, un'area che durante la stagione delle piogge è soggetta ad allagamenti, vista la presenza di un fiume. Basta che piova per un'ora perché si verifichi un'inondazione. Le strade diventano impraticabili, salta la copertura elettrica e le case si riempiono di acqua. In caso di vera e propria calamità, il governo fa evacuare gli abitanti per mezzo di imbarcazioni. La cosa che mi terrorizza di più è che talvolta mi entrano in casa serpenti e varani.

Festival della cultura dieng

STAGIONE DEI MONSONI

In Indonesia la stagione delle piogge è determinata dal monsone nord-orientale, che interessa la parte occidentale del paese, e da quello sud-occidentale, che colpisce la zona est. Le aree dove piove di più sono Sumatra ovest, Giava, Bali, Kalimantan e Sulawesi.

Il meteo mese per mese (Giacarta)

GENNAIO	FEBBRAIO	MARZO	APRILE	MAGGIO	GIUGNO
Media diurna max: **30,8°C**	Media diurna max: **30,5°C**	Media diurna max: **31,7°C**	Media diurna max: **32,2°C**	Media diurna max: **32,6°C**	Media diurna max: **32,2°C**
Giorni di pioggia: **19**	Giorni di pioggia: **17**	Giorni di pioggia: **16**	Giorni di pioggia: **11**	Giorni di pioggia: **9**	Giorni di pioggia: **7**

TEMPERATURE BASSE

Anche se il clima indonesiano è tendenzialmente caldo e umido, ad altitudini elevate le temperature possono abbassarsi. Le regioni più soggette a temperature rigide sono Papua, Sulawesi, Sumatra e Giava. Kota Mulia (Papua occidentale) è ufficialmente la città più fredda dell'Indonesia, con temperature che di notte scendono sotto i 10°C.

Feste nazionali

Il **Ramadan** corrisponde al nono mese del calendario islamico, quando i musulmani osservano il digiuno dall'alba al tramonto, ed è il più importante evento religioso dell'Indonesia. In questo periodo diversi negozi e ristoranti sono chiusi.
Date variabili

La più grande comunità cinese dell'Indonesia festeggia il **Capodanno cinese** in grande stile. I festeggiamenti più estrosi si tengono dove è presente una nutrita popolazione di etnia cinese, come Singkawang (p502) nel Kalimantan occidentale.
Gennaio/febbraio

Hari Waisak, noto anche come Vesak Day, è la principale festa buddhista dell'Indonesia. Monaci, pellegrini e visitatori si radunano a Borobudur (p94), il tempio buddhista più grande del mondo, per prendere parte alle celebrazioni.
Maggio

La **Festa dell'indipendenza** è contrassegnata da parate ed eventi che si tengono in tutto l'arcipelago. Nelle settimane che precedono la celebrazione, i visitatori possono vedere le scolaresche intente a esercitarsi per la marcia.
17 agosto

Feste strane e meravigliose

Nyepi (p205) è la festa hindu più importante di Bali. In questo giorno, tutti rimangono a casa nell'intento di convincere gli spiriti maligni che Bali sia disabitata, mentre la notte precedente si svolgono festeggiamenti in tutta l'isola.
Marzo/aprile

Le tradizionali cerimonie funebri di **Tana Toraja** (p565), a Sulawesi, hanno sempre un carattere festivo, dato che toraja provenienti da ogni regione dell'Indonesia tornano a casa per prendervi parte.
Luglio/agosto

Settanta giorni dopo la fine del Ramadan si svolge l'**Idul Adha**. In tutto l'arcipelago si possono vedere le capre pronte per essere sacrificate. La carne viene poi distribuita ai poveri.
Date variabili

Danze e musiche tradizionali sono il pezzo forte del **Festival della cultura dieng** (p124), che si tiene a Giava, sul Dieng Plateau. I festeggiamenti includono anche bizzarri riti che prevedono il taglio dei capelli, sia mai che vi occorra una spuntatina.
Agosto

IO VIVO QUI

Il risicoltore giavanese Purwati Setyorini abita a 15 km dal Gunung Merapi, il vulcano più attivo dell'Indonesia.

Durante le eruzioni più forti chi abita entro un raggio di 20 km dal Merapi è costretto a evacuare, ma in realtà le eruzioni sono un bene perché favoriscono la fertilità. Inoltre, l'arrivo dei turisti è un vantaggio per l'economia locale. Non ho paura di vivere nelle immediate vicinanze del vulcano e non ho mai pensato di spostarmi: mi piacciono l'aria e i panorami.

Gunung Merapi (p95)

CAMBIAMENTO CLIMATICO

Essendo un paese insulare, l'Indonesia è considerata estremamente vulnerabile ai cambiamenti climatici. La Banca Mondiale considera l'arcipelago a rischio per via dell'innalzamento del livello dei mari e delle temperature, oltre che potenzialmente soggetto a inondazioni e siccità.

LUGLIO	AGOSTO	SETTEMBRE	OTTOBRE	NOVEMBRE	DICEMBRE
Media diurna max: **32°C**	Media diurna max: **32,5°C**	Media diurna max: **33,1°C**	Media diurna max: **32,8°C**	Media diurna max: **32,5°C**	Media diurna max: **31,7°C**
Giorni di pioggia: **6**	Giorni di pioggia: **5**	Giorni di pioggia: **6**	Giorni di pioggia: **8**	Giorni di pioggia: **12**	Giorni di pioggia: **14**

A SINISTRA: COCOS.BOUNTY/SHUTTERSTOCK ©; ESTREMA DESTRA: CINEMATIC/ALAMY STOCK PHOTO ©

Balangan Beach (p204)

PRIMA DELLA PARTENZA

Cosa portarsi, leggere e ascoltare.

Abbigliamento

Indumenti leggeri e comodi Vi torneranno utili per affrontare la calura tropicale. Vi consigliamo di portare anche una giacca impermeabile che tenga caldo in alta quota e negli autobus dotati di aria condizionata, oltre a un vestito elegante se volete cenare in un ristorante di lusso a Giacarta o a Bali. In Indonesia si trovano le marche occidentali e i prezzi sono ragionevoli, ma sono rare le taglie forti.

Calzature Infradito e sandali sono lo standard, che si stia in spiaggia o meno, ma se prevedete di visitare posti esclusivi o di camminare parecchio indossate scarpe adeguate. Portatevi degli scarponi da trekking per le escursioni.

Etichetta

Sorrisi Nella cultura indonesiana l'armonia è fondamentale. Arrabbiarsi e litigare è considerato vergognoso. Qualunque sia la situazione in cui vi troviate, sorridete.

Relax In Indonesia la vita scorre lenta, per cui imitate gli indonesiani e rallentate.

Religione Bali, dove la religione principale è l'hinduismo, è un'eccezione per l'Indonesia. Tenete a mente che in gran parte del paese l'islam gioca un ruolo centrale nella vita quotidiana degli abitanti.

Cappelli Il sole dei tropici è particolarmente intenso anche se il cielo è coperto. È una buona idea indossare un cappello a falde larghe.

LIBRI

Revolusi (David van Reybrouck; 2020) La storia del paese dalla lunga colonizzazione olandese passando per l'occupazione giapponese e la svolta fondamentale (ovvero l'indipendenza nel 1945) fino a oggi.

Indonesia Etc (Elizabeth Pisani; 2014) Pisani ha descritto l'Indonesia in maniera fantastica durante il suo viaggio da un punto all'altro dell'arcipelago.

Le donne di Saman (Ayu Utami; 1998) Romanzo controverso scritto da una delle migliori autrici indonesiane contemporanee, racconta le vite di quattro donne sessualmente libere.

Questa terra dell'uomo (Pramoedya Ananta Toer; 1980) Il primo di una quadrilogia di apprezzati romanzi sull'Indonesia ambientati a partire dalla fine dell'Ottocento.

Parole

Salam Salve.
Selamat tinggal Arrivederci (quando si va via).
Selamat jalan Arrivederci (rivolto a chi va via).
Apa kabar? Come va?
Permisi Mi scusi.
Maaf Mi dispiace.
Silahkan Per favore.
Terima kasih Grazie.
Kembali Prego.
Ya/Tidak Sì/no.
Siapa nama Anda? Come si chiama?
Nama saya... Mi chiamo...
Bisa berbicara Bahasa Inggris? Parla inglese?
Saya tidak mengert Non capisco.
Berapa harganya? Quanto costa?
Saya mau beli... Vorrei comprare...
Di mana (stasiun)? Dov'è (la stazione)?
Jam berapa (bis yang berikutnya)? A che ora è (il prossimo autobus)?
Saya cari (hotel) Sto cercando (un hotel).
Ada (kamar kecil)? C'è (una toilette)?
Saya (sudah punya booking) Ho (una prenotazione).
Saya perlu (dibantu) Ho bisogno di (assistenza).
Saya minta (daftar makanan) Mi piace (il menu).
Bisa Anda (bantu) saya? Potrebbe (aiutarmi)?
Alamatnya di mana? Qual è l'indirizzo?
Saya tidak makan... Non mangio...
Ini enak sekali Era delizioso.
Bersulang! Alla salute!
Tolong bawa kuitansi Il conto, per favore.
Tolong saya! Aiuto!
Saya tersesat Mi sono perso/a.
Jangan ganggu saya! Mi lasci in pace!
Saya sakit Mi sento male.
Panggil dokter! Chiamate un dottore!

FILM

L'atto di uccidere (in foto; Joshua Oppenheimer; 2012) Documentario sulla purga anticomunista del 1956. Candidato all'Oscar nel 2014.

Marlina, omicida in quattro atti (Mouly Surya; 2017) Due donne in cerca di vendetta vagano per l'isola di Sumba.

The Raid - Redenzione (Gareth Evans; 2011) La polizia dà la caccia a un boss nei bassifondi di Giacarta. Un successo internazionale.

Vengeance is Mine, All Others Pay Cash (Edwin; 2021) Commedia nera che cerca di superare gli stereotipi maschilisti.

What's Up With Cinta? (Rudy Soedjarwo; 2002) Film YA in cui la reginetta della scuola si innamora del compagno ribelle.

MUSICA

Bintang di Surga (Peterpan; 2004) Album rock, uno dei più venduti in Indonesia.

Black Market Love (Superman is Dead; 2006) Le leggende del punk-pop di Bali al top.

Lagu Terbaik (Lesti Kejora; 2023) Celebre album di Lesti Kejora, attuale regina della musica *dangdut* (p626).

The Best of Inul Daratista (Inul Daratista; 2015) Album retrospettivo della regina della musica *dangdut*.

Tigri di Sumatra

PIANIFICARE IL VIAGGIO

OSSERVARE LA NATURA

L'Indonesia offre opportunità uniche per l'osservazione della natura. Oranghi, varani, elefanti e tigri costituiscono l'attrazione principale, ma ci sono anche altre specie interessanti tra cui uccelli rari, orsi, delfini, rane, squali ed esemplari di insetto stecco lunghi mezzo metro.

Dove andare

Nonostante la minaccia della deforestazione – legale e illegale – per l'agricoltura e le attività estrattive, l'Indonesia conta ancora diverse aree protette. Alcuni parchi sono associati a determinate specie di riferimento – Tanjung Puting e Gunung Leuser agli oranghi, Komodo ai varani, Way Kambas agli elefanti – il che aiuta molto a orientarsi; tuttavia vi si trovano anche altri tipi di animali, in particolare uccelli e primati. Più tempo trascorrete in un parco e maggiori sono le opportunità di avvistare animali rari, anche se alcune specie, come la tigre di Sumatra, sono estremamente sfuggenti.

Quando andare

I parchi nazionali sono aperti tutto l'anno, ma da novembre a marzo, periodo della stagione delle piogge, le inondazioni possono limitare l'accesso alle aree protette. In generale, durante il monsone la fauna selvatica terrestre e marina è più difficile da avvistare. I mesi di aprile e maggio, corrispondenti alla mezza stagione, sono il periodo migliore per vedere gli oranghi perché il clima è quasi sempre secco e le scimmie si spostano in cerca di cibo. I mesi di luglio e agosto coincidono con la stagione dell'accoppiamento dei varani, il che rende molto più arduo avvistarli.

Guide

In molti dei parchi nazionali è obbligatorio essere accompagnati da una guida, ma è sempre consigliabile ingaggiarne una. Avendo una conoscenza approfondita degli animali e del loro habitat, una buona guida è in grado di riconoscere un esemplare velocemente e sa in anticipo su quali aree puntare per gli avvistamenti a seconda della stagione. Le guide si occupano anche di garantire la sicurezza – il che è di fondamentale importanza. L'unica volta in cui un varano ha attaccato un essere umano è stata nel 2017, quando un turista singaporiano è partito per un'escursione senza guida.

Fauna marina

In Indonesia, all'incredibile varietà di animali terrestri corrisponde una meravigliosa fauna marina. Le acque indonesiane sono popolate da circa 5000 specie di pesci, tra cui 118 varietà di squali, e quasi 600 specie di coralli. Basta una sola immersione in uno dei siti di diving più noti, come alle Isole Raja Ampat, per vedere centinaia di specie differenti, tra cui le mante. Uno studio del 2022 ha rilevato la presenza di più di 1000 esemplari nella barriera corallina del solo Parco Nazionale di Komodo, una delle mete più gettonate al mondo per l'avvistamento di questi animali.

SERGEMI/SHUTTERSTOCK ©

Mante, Parco Nazionale di Komodo (p284)

POSTI MIGLIORI PER OSSERVARE LA NATURA

Arcipelago di Derawan (p530)
Meta top per le immersioni e lo snorkelling. Preparatevi ad avvistare mante, tartarughe marine ed enormi banchi di barracuda.

Parco Nazionale di Gunung Leuser (p424)
La meta principale per avvistare gli oranghi a Sumatra. È possibile vedere anche elefanti, rinoceronti e tigri.

Parco Nazionale di Komodo (p284)
L'unico posto al mondo in cui è possibile vedere i varani. Vanta anche ottimi siti di diving e snorkelling.

Parco Nazionale di Meru Betiri (p147)
Parco situato nella parte orientale di Giava, ospita una grande varietà di animali selvatici tra cui leopardi, scoiattoli giganti e i pitoni più grossi del pianeta.

Raja Ampat (p382)
Un paradiso per le immersioni e lo snorkelling, queste isole ospitano un'incredibile vita marina.

Parco Nazionale di Sebangau (p510)
Parco poco visitato ma gigantesco situato nel Kalimantan centrale, ospita circa 6000 esemplari di oranghi, parecchi gibboni e rare specie di cicogne.

Riserva Naturale di Tangkoko-Batuangas Dua Saudara (p582)
Il principale richiamo di questa riserva sull'isola di Sulawesi sono i tarsi, ma cercate di avvistare anche i cuschi, marsupiali simili a opossum.

Parco Nazionale di Tanjung Puting (p512)
Il posto migliore in Indonesia per osservare gli oranghi nonché molti altri primati.

Parco Nazionale di Wasur (p414)
Parco situato nella regione di Papua, ospita uccelli del paradiso, pappagalli rari, coccodrilli, canguri e wallaby.

Parco Nazionale di Way Kambas (p485)
Si ritiene che ospiti all'incirca 250 elefanti di Sumatra, l'occasione migliore per vedere questi animali allo stato brado.

FABIO LAMANNA/SHUTTERSTOCK ©

Kei Kecil (p373)

PIANIFICARE IL VIAGGIO

SPIAGGE E ISOLE

Milioni di visitatori si recano in Indonesia attirati dalla promessa di spiagge di sabbia bianca, acque cristalline e magnifici tramonti, ma dato che l'arcipelago conta più di 17.000 isole, trovare quella che fa al caso vostro può essere arduo. Di seguito, ecco alcuni consigli per aiutarvi a scegliere.

Quale spiaggia scegliere

IL PREZZO DEL PARADISO

La scelta di una spiaggia o di un'isola dipende in larga parte dai prezzi. Le spiagge di Kuta, Legian e Seminyak (a Bali) ospitano resort di medio livello con diversi pacchetti turistici, escursioni di gruppo e una vivace vita notturna. Invece Ungasan, sulla costa meridionale di Bali, presenta una scena più esclusiva, con resort di lusso, ville sulla scogliera e meno bar e club. In generale, l'offerta di alloggi economici è inversamente proporzionale alla popolarità delle isole o delle spiagge. Se volete alloggiare sulle isole più frequentate dell'Indonesia spendendo poco, scegliete le zone meno visitate oppure viaggiate in bassa stagione.

IN CERCA DI SOLITUDINE

In alta stagione si può avere l'impressione che mezzo mondo si sia dato appuntamento a Bali, Lombok e alle Isole Gili. Tuttavia, l'Indonesia possiede talmente tante spiagge e isole che è facile sfuggire alla calca. Le isole di Nusa Tenggara Est come Flores, Sumba e l'Arcipelago di Alor sono tutte dotate di spiagge di sabbia bianca: uno scenario da sogno di cui potreste essere gli unici protagonisti. Avventuratevi ancora più a est alle Maluku e vi si aprirà uno scenario degno di Robinson Crusoe: le

SICUREZZA

Su alcuni spiagge di Bali gli annegamenti sono comuni. Fate attenzione alle bandiere di segnalazione rosse e gialle, alle correnti di risacca e a quelle particolarmente forti. Negli ultimi anni diversi turisti sono annegati durante le uscite di rafting: non praticate questo sport nella stagione delle piogge. Mentre nuotate state attenti alle moto d'acqua, alle barche a coda lunga e ai motoscafi. Non date per scontato che possano vedervi. Sulle isole, le strade sono spesso malridotte e/o mal costruite e in forte pendenza. Ai motociclisti meno esperti si consiglia di rallentare e di limitarsi a usare le strade principali. Indossate sempre il casco.

Isole Kei e Pulau Morotai sono un'ottima scelta se volete fare una passeggiata lungo lingue di sabbia deserte. Sulle isole maggiori ci sono diverse spiagge graziose e meno turistiche, come quelle di Gunung Kidul, a sud di Yogyakarta, sull'isola di Giava.

DI ISOLA IN ISOLA

Spostarsi tra Bali, Lombok e le Isole Gili è facile e veloce, ma non si può dire lo stesso di tutte le altre isole: spesso gli spostamenti richiedono di prendere un aereo o fare una lunga traversata in barca. A ogni modo, ci sono diversi arcipelaghi in cui è possibile spostarsi da un'isola all'altra con una breve traversata in motoscafo o in barca a coda lunga. Le Banda e le Kei, nelle Maluku meridionali, sono vicine e si prestano a spostamenti veloci, e lo stesso vale per le Karimunjawa al largo di Giava, le Togean al largo di Sulawesi, le Banyak al largo di Sumatra e le Raja Ampat al largo di Papua. In alcune zone è possibile spostarsi in kayak.

Pulau Menjangan (p258)

IMPATTO DEL TURISMO

In alta stagione (luglio, agosto e dicembre), le infrastrutture presenti sulle isole e sulle spiagge più frequentate sono sempre più vicine a raggiungere il punto di saturazione. Gli ecosistemi sono minacciati dallo sviluppo edilizio, che porta le spiagge a riempirsi di hotel e resort, mentre il numero di moto d'acqua e imbarcazioni continua a crescere. Le isole fanno fatica a mantenere un livello adeguato di forniture di acqua dolce e a smaltire i rifiuti. L'inquinamento idrico e l'elevato tasso di visitatori possono danneggiare le barriere coralline. I visitatori possono contribuire a ridurre l'impatto dell'overtourism adottando i seguenti accorgimenti:

- Visitare le isole meno conosciute come quelle di Nusa Tenggara Est o le Maluku può essere più dispendioso in termini di tempo, ma ha il beneficio di alleggerire il carico che grava sulle isole più turistiche. Inoltre, i viaggiatori saranno ripagati da spiagge incontaminate e molto meno affollate, e da mari liberi da moto d'acqua.
- Viaggiare fuori stagione. I problemi legati all'overtourism si verificano non solo perché tutti scelgono le stesse mete, ma anche perché le visitano nello stesso periodo.
- Prima di prenotare, è bene controllare le credenziali ecologiche e gli standard di sicurezza degli operatori turistici e delle attrezzature fornite per le immersioni.
- Gettare i rifiuti facendo molta attenzione e minimizzare l'uso della plastica: nel 2022, nella sola Bali, è stato accumulato più di un milione di rifiuti di plastica.
- Adottare la massima prudenza quando ci si immerge o si pratica lo snorkelling. Evitare di toccare le barriere coralline con il corpo o con l'attrezzatura.

DA SINISTRA: WEKWEK/GETTY IMAGES ©, ARIS SETYA/SHUTTERSTOCK ©, TUKANGPHOTOSTOCK/SHUTTERSTOCK ©

Babi guling

IN TAVOLA

La cucina indonesiana è un mix di sapori diversi che riflettono la natura eterogenea e le vicende storiche di un'immensa nazione.

In Indonesia, il momento del pasto è un'occasione per assaporare l'essenza del paese. L'abbondanza di riso riflette l'elevata fertilità del territorio, le spezie richiamano epoche lontane caratterizzate dalla fioritura dei commerci e dalle invasioni straniere, mentre la salsa a base di *sambal* (peperoncino), dal sapore intenso, rispecchia la natura passionale della popolazione. Nel corso dei secoli, cinesi, portoghesi, colonizzatori e mercanti hanno contribuito a determinare gli ingredienti adoperati dalla cucina indonesiana, che è stata poi plasmata dalla varietà di paesaggi, popoli e culture che caratterizzano l'arcipelago.

In Indonesia il cibo è un'esperienza collettiva. Tutti i pasti sono consumati in compagnia, spesso seduti sul pavimento anziché attorno a un tavolo, utilizzando le mani al posto delle posate. Si prediligono i piatti a base di pesce e di frutti di mare e vengono usati diversi condimenti tra cui coriandolo, cumino, peperoncino, citronella, cocco, salsa di soia e zucchero di palma. L'aspetto più interessante della scena gastronomica è che, a parte alcuni piatti di base, non esiste una sola cucina indonesiana poiché ogni regione presenta le sue particolarità.

I classici della cucina indonesiana

Il *nasi campur* può essere definito il piatto nazionale indonesiano. Servito alle bancarelle, nei *warung* e nei ristoranti, consiste sempre in una combinazione di riso e vari contorni. Nei *warung* potete scegliere la combinazione che più preferite tra decine di piatti esposti. Il *sate* (spiedino di carne), il *nasi goreng* (riso fritto), i *mie goreng* (noodles fritti) e il *gado gado* (verdure con-

Migliori piatti indonesiani

BABI GULING
Maiale arrostito con un ripieno di peperoncino, curcuma, aglio e zenzero. Una specialità balinese.

RENDANG DAGING
Piatto di Sulawesi a base di manzo cotto a fuoco lento nel latte di cocco speziato.

GADO GADO
Tipica 'insalata' indonesiana di verdure e germogli di soia, con salsa alle arachidi.

COTO MAKASSAR
Zuppa di interiora di manzo insaporita con spezie e arachidi.

dite con salsa di arachidi) sono altri piatti molto diffusi. Alcune zuppe regionali, come il *coto makassar* (zuppa di manzo) e il *soto banjar* (zuppa di pollo con noodles), si sono ormai diffuse in tutto il paese.

Vegetariani e vegani

Tempeh e *tahu* (tofu) si trovano in abbondanza e vengono serviti sottoforma di grosse porzioni di *tempe penyet* (tempeh fritto), *tempe kering* (tempeh a cubetti saltato in padella con salsa di soia) e *tahu isi* (tofu ripieno e fritto). Trovare verdure fresche, invece, richiede un po' più di impegno; vi consigliamo di provare nei locali cinesi, dove si preparano sul momento piatti di *cap cai* (verdure miste). Molti ristoranti propongono riso fritto o noodles vegetariani. Male che vada, c'è sempre il *gado gado*. Un gran numero di locali, tra cui i ristoranti padang, offre il riso accompagnato da diversi contorni, perciò potete evitare i piatti a base di carne e optare per tofu, tempeh, piatti con jackfruit, uova e verdure a foglia. Inoltre, nei mercati locali si trova sempre della frutta squisita.

Sambal

Il condimento principe della cucina indonesiana è il *sambal*, una pasta di peperoncino piccante di origine giavanese disponibile in una miriade di varianti. Troppo spesso, però, i camerieri presumono che siate diffidenti e che preferiate quello confezionato, simile al ketchup. Voi insistete per farvi portare il sambal autentico – chiedete semplicemente '*sambal lokal?*' (*sambal* locale?) – quello preparato fresco con una combinazione di ingredienti tra cui aglio, scalogno, vari tipi di peperoncino, salsa di pesce, pomodori.

Nasi goreng

FRUTTI DELIZIOSI

L'Indonesia vanta frutti davvero squisiti:

Salak (in foto) si riconosce dalla buccia marrone che ricorda la pelle dei serpenti. La polpa è divisa in spicchi e il sapore si colloca a metà strada tra una mela e una noce.

Belimbing (carambola) è fresco e succoso; tagliandone uno capirete perché in inglese si chiama 'frutto a stella'.

Jambu air (mela d'acqua) frutto rosa a forma di campana dalla polpa succosa e rinfrescante.

Manggis (mangostano) piccolo frutto di colore violetto con spicchi di polpa bianca dal sapore delizioso.

Nangka (jackfruit) grosso frutto spinoso che può superare i 20 kg di peso. La polpa è gialla, umida, dolce e ha una consistenza leggermente gommosa.

Rambutan frutto di colore rosso brillante ricoperto da spine morbide; la polpa bianca interna assomiglia a quella del litchi.

Sirsak (graviola) frutto dalla buccia verde e dalla polpa bianca e carnosa, il sapore è simile a quello del limone.

BUBUR AYAM
Porridge di riso con bocconcini di pollo. Si mangia a colazione.

KETOPRAK
Noodles, germogli di soya e tofu conditi con una salsa a base di soya e arachidi.

NASI GORENG
Riso fritto con carne e verdure. Si trova dappertutto.

SATE AYAM
Spiedini di pollo marinato e cotto alla griglia.

Specialità

La cucina indonesiana può essere una sfida per il palato. Vi invitiamo a provare i seguenti piatti.

La ***ikan kuah assam*** (zuppa di pesce al tamarindo) è un piatto sensazionale, mediamente astringente, molto diffuso a Nusa Tenggara Est. Si tratta di un filetto di pesce o mezzo pesce (spine comprese) cotto al vapore e poi tuffato in un brodo di tamarindo piccante e oleoso. È un piatto semplice e corroborante.

Durian

Il **durian** non è molto invitante in quanto la buccia spinosa assomiglia a uno strumento di tortura e quando viene aperto rilascia un odore particolarmente intenso. Quando lo si assaggia per la prima volta, questo frutto cremoso e dal sentore sulfureo può generare disgusto perpetuo o una passione inesauribile, a seconda dei gusti.

Il ***siobak*** è una specialità balinese a base di macinato di maiale (testa, stomaco, lingua e setole).

Per fare il **succo di avocado**, si prende un avocado, si frulla con ghiaccio e latte condensato (o sciroppo di cioccolato) e si serve. Per gli indonesiani questa bevanda non ha nulla di strano dato che l'avocado è considerato un frutto, quindi adatto al dolce.

La ***papeda*** è una pasta appiccicosa ricavata mischiando con acqua la fecola estratta dal midollo della palma di sago – alimento amidaceo tipico delle pianure di Papua – e in genere si accompagna al pesce. Alcuni abitanti mangiano anche le larve che si trovano nei tronchi marciti delle palme di sago.

PASTI MEMORABILI

Shrimpis (p189) Questo ristorante alla moda di Seminyak (Bali) riscuote un grandissimo successo. Prenotate in anticipo.

Mediterranea (p84) Ristorante di Yogyakarta molto frequentato (e ragione). Piatti della cucina mediterranea a buon prezzo.

Terra (p312) Ristorante di Kuta (Lombok) che propone piatti vegani e privi di glutine. Dessert d'ispirazione.

Depot Se'i Babi Aroma (p291) A Kupang, Timor Ovest, potrete gustare una pancetta dal sapore unico.

Maruba (p434) Ristorante a conduzione familiare sulle sponde del Danau Toba. Serve piatti dell'autentica cucina batak.

Coto Nusantara (p544) Assaggiate la zuppa tipica di Sulawesi, il *coto makassar*, nella città in cui è stata inventata.

LE STAGIONI DEL CIBO

FEBBRAIO

Il riso piantato in autunno, cioè durante la stagione delle piogge, viene raccolto tra gennaio e febbraio, mentre il riso della stagione secca viene piantato tra febbraio e marzo e raccolto tra maggio e giugno.

LUGLIO

Gli indonesiani hanno una vera e propria passione per il caffè, che bevono a tutte le ore; producono una varietà di chicchi tra i più pregiati al mondo. A luglio inizia la stagione del raccolto a Bali, Giava, Sulawesi e Sumatra.

SETTEMBRE

Gli indonesiani adorano i manghi locali. In Indonesia questi frutti maturano da giugno a dicembre, ma è settembre il mese migliore per gustarli, assieme alle carambole e ai sirsak.

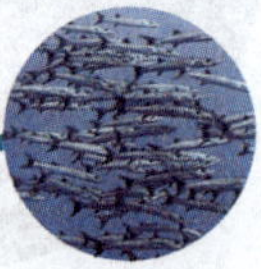

OTTOBRE

In questo mese i mari brulicano di barracuda, mahi mahi, pagri rosa indopacifici e tonni pinnagialla. Se vi trovate a Bali in questo periodo dell'anno, fate una capatina nei ristoranti di pesce di Jimbaran.

Nasi campur (p48)

Ubud (p211)

ATTIVITÀ OUTDOOR

L'Indonesia è una meta perfetta per le avventure all'aria aperta. Si possono fare escursioni a piedi e in bici e lo snorkelling è fenomenale.

L'entroterra indonesiano presenta ampi tratti di giungla in cui è possibile effettuare escursioni e fiumi impetuosi lungo i quali fare rafting o tubing. Inoltre, si può anche praticare l'arrampicata su roccia. Meno faticose ma ugualmente appaganti sono le escursioni in bicicletta che vi porteranno ad attraversare verdi distese di risaie e a fare il giro dei laghi vulcanici e dei templi antichi. Al largo delle coste indonesiane si trovano alcune delle barriere coralline più belle del pianeta: ammiratele facendo snorkelling, oppure affittate un kayak e pagaiate da una baia all'altra.

Escursionismo

In Indonesia, le escursioni a piedi permettono di lasciarsi alle spalle il caos della civiltà. I viaggiatori possono scalare le vette dei vulcani per ammirare l'alba o addentrarsi nella giungla; ci sono anche splendide distese di risaie terrazzate, colline e vallate impreziosite da cascate, villaggi tradizionali e laghi incantevoli. I più esperti possono esplorare le foreste pluviali del Kalimantan, mentre i più intrepidi potranno cimentarsi con il trekking del Borneo, o raggiungere gli altopiani di Papua da cui ammirare maestosi paesaggi di montagna e villaggi. Si potrebbero anche dedicare mesi a esplorare la regione di Tana Toraja (Sulawesi) o ad attraversare la giungla e le piantagioni di caffè intorno a Bengkulu (Sumatra). Si può fare trekking persino sulle isole più piccole. Bali è molto indicata per gli spostamenti a piedi, sia che si voglia girare per le

Emozioni forti

BIRDWATCHING
Nel **Parco Nazionale Kutai** (p523) vivono diverse centinaia di specie di uccelli rari.

TORRENTISMO E CLIFF JUMPING
Gli amanti degli sport adrenalinici possono visitare la **Green Valley** (p169) per fare torrentismo e cliff jumping.

KAYAK
Esplorate le acque cristalline delle **Raja Ampat** (p388) a bordo di un kayak.

AVVENTURE IN FAMIGLIA

Iscrivete gli adolescenti a una scuola di surf lungo **Pantai Kuta** (p192), a Bali, una spiaggia con onde morbide, ideali per i principianti.

Trascorrete una giornata al Taman Mini Indonesia Indah (p68) di Giacarta Est, un enorme parco divertimenti dotato di recinti per uccelli e rettili e ben 16 musei.

Avvistate i delfini e i pesci volanti su **Pulau Bunaken** (p578) a Sulawesi nord, uno dei migliori siti di snorkelling al mondo.

Fate una nuotata nel lago vulcanico di **Danau Toba** (p435), a Sumatra, e poi fate un giro in bicicletta nei villaggi circostanti.

Tuffatevi dai 26 scivoli del **Waterbom Park** (p195) di Bali, che dispone anche di un bar e di una spa.

Mettetevi in marcia per raggiungere il cratere del **Gunung Bromo** (p128), a Giava, un'escursione facile e sicura; anche i bambini possono salire su uno dei vulcani più epici dell'Indonesia.

risaie terrazzate sia per scalare un vulcano, mentre Lombok e Flores sono perfette per i trekking ai villaggi sperduti.

Snorkelling

Non è necessario essere dei sub per sperimentare la bellezza dei fondali marini indonesiani. L'intero arcipelago pullula di magnifici siti di snorkelling impreziositi da barriere coralline colorate e brulicanti di pesci. Inoltre, anche nuotando in superficie, è possibile anche avvicinarsi ad animali di grandi dimensioni come mante, squali del reef e tartarughe marine. Nel nord e nell'est di Bali bastano poche bracciate dalla riva per trovare i migliori siti di snorkelling e anche le piccole isole al largo di Giava dispongono di punti facilmente accessibili. I più belli si trovano a Nusa Tenggara – al largo della costa orientale di Lombok e nel Parco Nazionale di Komodo –, alle Isole Banda (Maluku) e alle Raja Ampat in prossimità della punta nord-occidentale di Papua.

Raja Ampat (p382)

Ciclismo

Di recente l'Indonesia ha conosciuto un vero e proprio boom di biciclette. Noleggiarne una per una giornata o partecipare a un tour organizzato è un ottimo modo per allontanarsi dai sentieri più turistici e rendere il viaggio più sostenibile. Yogyakarta e Solo pullulano di ciclisti e la bicicletta è il mezzo migliore per esplorare le campagne e i complessi di templi più famosi come quelli di Borobudur e Prambanan. Bali comprende diversi itinerari panoramici nei dintorni di Ubud e parecchie agenzie organizzano tour in bicicletta. Lombok e Gili Trawangan sono mete altrettanto buone per questo tipo di escursioni. Nell'Indonesia occidentale i periodi migliori per sfruttare i percorsi ciclistici sono le mezze stagioni – maggio e settembre – quando il clima è secco e non fa troppo caldo.

KITESURF
Pantai Lakey (p287) a Sumbawa est è uno dei posti migliori per praticare kitesurf.

MOUNTAIN BIKE
Percorrete i sentieri che attraversano i magnifici paesaggi della regione di **Tana Toraja** (p559), a Sulawesi.

TUBING SUL FIUME
Dopo il trekking nella giungla che circonda **Bukit Lawang** (p426), a Sumatra, tornate in città facendo tubing sulle rapide.

RAFTING IN ACQUE BIANCHE
Giava è l'isola migliore per il rafting. Affrontate le rapide di livello II, III e IV alla periferia di **Bogor** (p152).

THAILANDIA
LAOS
MAR DELLE ANDAMANE
MYANMAR (BIRMANIA)
CAMBOGIA
MAR CINESE MERIDIONALE
VIETNAM
Golfo della Thailandia
Kota Kinabalu
BANDAR SERI BEGAWAN
SABAH
BRUNEI
SARAWAK
MALAYSIA ORIENTALE
Banda Aceh
PENISOLA MALESE
Pulau Simeulue
Medan
KUALA LUMPUR
Danau Toba
Selat Melaka
SINGAPORE
Kuching
Pulau Nias
Pekanbaru
Isole Riau
Sintang
KALIMANTAN
Samarinda
SUMATRA
Pontianak
Padang
Pulau Bangka
Palangka Raya
Balikpapan
Pulau Siberut
Parco Nazionale di Kerinci Seblat
Jambi
Selat Makassar
Isole Mentawai
Pangkalan Bun
Palembang
Pulau Belitung
Banjarmasin
Bengkulu
Bandar Lampung
Isole Karimunjawa
MAR DI GIAVA
Pulau Enggano
GIACARTA
Pulau Madura
Serang
Bandung
Semarang
BALI
Lombok
Bogor
GIAVA
Surabaya
Solo
Yogyakarta
Malang
Denpasar
Mataram
Parchi nazionali
1 Parco Nazionale di Gunung Leuser (p424)
2 Parco Nazionale di Kerinci Seblat (p468)
3 Parco Nazionale di Lore Lindu (p569)
4 Parco Nazionale di Gunung Palung (p506)
5 Parco Nazionale di Ujung Kulon (p171)
Ciclismo
1 Ubud (p220)
2 Muaro Jambi (p473)
3 Gili Trawangan (p333)
4 Lombok (p310)
5 Danau Toba (p436)
OCEANO INDIANO
0 500 km
0 250 miles

ATTIVITÀ PER AREE

Dove trovare le migliori attività outdoor dell'Indonesia.

Camminate/ Escursionismo

1. Valle del Baliem (p408)
2. Tana Toraja (p565)
3. Bukittinggi (p447)
4. Gunung Rinjani (p328)
5. Cross-Borneo Trek (p508)

Snorkelling/ Immersioni

1. Raja Ampat (p382)
2. Arcipelago di Derawan (p530)
3. Isole Togean (p573)
4. Parco Nazionale di Komodo (p286)
5. Isole Gili (p335)

Surf

1. Penisola di Bukit (p203)
2. Isole Mentawai (p444)
3. Sumbawa (p287)
4. G-Land (p146)
5. Lombok (p313)

LA GUIDA

I capitoli di questa sezione sono articolati in centri di riferimento e aree circostanti. Per noi i centri di riferimento sono le località da scegliere come basi d'appoggio, dove vivere esperienze uniche, scoprire curiosità locali e approfittare dei consigli e delle segnalazioni di esperti e gente del posto. Sono anche le porte di accesso all'area circostante, dove potrete rendervi conto delle opzioni disponibili.

Danzatrice Legong (p215), Bali

Giava

CULTURA E STORIA TRA IMPONENTI VULCANI

Giava riunisce in sé tutto il meglio dell'Indonesia. Quest'isola vanta infatti vertiginosi vulcani, imponenti cascate e antiche vestigia storiche e culturali; oltre alla seconda città più grande del mondo.

AREE PRINCIPALI

GIACARTA
La capitale *de facto* dell'Indonesia.
p64

YOGYAKARTA
Sede di un sultanato e centro culturale.
p80

SOLO
Porta d'accesso agli altopiani del Gunung Lawu.
p97

SEMARANG
Cittadina di Giava Centrale ancora poco turistica.
p109

DIENG PLATEAU
Ospita il villaggio più in quota di Giava.
p120

MALANG
Cittadina che sorge a due passi dall'incredibile Gunung Bromo.
p128

BANYUWANGI
La punta di Giava est.
p142

BOGOR
Giardini botanici di fama mondiale.
p149

PARCO NAZIONALE DI GEDE PANGRANGO
Mettevi alla prova scalando i vulcani.
p156

BANDUNG
Architettura art déco e vivace vita cittadina.
p160

PANGANDARAN
Spiagge, foreste e canyoning avventuroso.
p166

PARCO NAZIONALE DI UJUNG KULON
Riserva naturale ricca di fauna.
p171

Giava è l'isola più popolosa al mondo e anche una delle più spettacolari in quanto possiede tutte le attrattive a cui è legata la fama di questo paese, e molto di più. Giacarta, capitale ufficiale fino ad agosto 2024, è una città che non si ferma mai, con strade perennemente congestionate dal traffico e il cielo coperto da una cappa di smog. Moderna e gigantesca, Giacarta è una continua sorpresa, e zone come la città vecchia celano segreti oscuri e una storia violenta e sanguinosa.

Nella parte ovest dell'isola sorge Bogor, sede del palazzo presidenziale e di uno dei giardini botanici più belli al mondo, mentre a sud si estende la città di Yogyakarta, da sempre centro culturale di Giava e di tutta l'Indonesia. Sede di un sultanato da quasi 300 anni, Yogyakarta è unica nel suo genere in quanto capoluogo di una regione a statuto speciale.

L'isola di Giava è attraversata da una dorsale di vulcani attivi, che vanno dal Gunung Merapi al Gunung Bromo, la cui vetta perennemente fumante attrae ogni giorno migliaia di visitatori. Ancora più a sud si trova il lago sulfureo di Kawah Ijen, altra meraviglia naturale.

A Giava non manca proprio nulla: tra cascate, vulcani fumanti, giungle brulicanti di vita, spiagge da sogno e strade congestionate dal traffico, è una delle isole più eclettiche del pianeta.

DANU ADITYA/SHUTTERSTOCK ©

Pranamban (p82)

Parco Nazionale di Ujung Kulon, p171

La riserva naturale più bella di Giava è lo scenario perfetto per escursioni in barca e a piedi.

Giacarta, p64

È caratterizzata da un'atmosfera moderna e dinamica dove le vestigia del passato coloniale si integrano con una scena gastronomica e una cultura del caffè vivaci.

Bandung, p160

Il centro, percorribile a piedi, è costellato da palazzi in stile art déco ed è zeppo di ristoranti e bar.

Bogor, p149

Facilmente raggiungibile in treno da Giacarta, questa città collinare vanta uno dei giardini botanici più belli dell'Indonesia.

Pangandaran, p166

Nel sud dell'isola si trovano spiagge incantevoli e un parco nazionale con una miriade di sentieri. Nell'entroterra si può praticare il torrentismo.

AEREO

In quanto sede del più importante aeroporto internazionale, Giacarta è la principale porta d'accesso all'Indonesia. Gli altri aeroporti con voli internazionali si trovano nelle città di Surabaya, Yogyakarta, Solo, Semarang e Bandung. I voli domestici sono economici, e poiché molti centri urbani dispongono di aeroporti per i collegamenti interni, volare può rivelarsi la scelta migliore.

AUTO

Giava ha una rete di strade statali e autostrade a pedaggio che collegano Giacarta agli altri centri principali dell'isola, ma in alcune zone il traffico rappresenta un grosso problema. Spostarsi in auto è una scelta gettonata data la presenza di traghetti diretti a Bali e a Sumatra.

TRENO

Giacarta ha un nuovo collegamento ferroviario ad alta velocità con Bandung. Il treno è un'opzione richiesta anche per raggiungere città come Yogyakarta, Surabaya e Banyuwangi. Sono disponibili diverse classi di viaggio, ma ricordatevi di prenotare.

Per orientarsi

Giava è l'isola più popolosa al mondo, tuttavia le infrastrutture di cui dispone non sono affidabili al di fuori dei centri cittadini. La qualità e la frequenza del trasporto pubblico dipendono dalla destinazione che si desidera raggiungere.

Ritmi di viaggio

Per quanto gli sfarzosi centri commerciali di Giacarta possano rappresentare una tentazione, non perdetevi la bella Yogyakarta. In alternativa, fate un'escursione al Gunung Bromo e al Kawah Ijen.

ADEL NEWMAN/SHUTTERSTOCK ©

Borobudur (p93)

Se visitate un solo posto

- Recatevi direttamente a **Yogyakarta** (p80). Questo sultanato, nonché 'regione speciale', è pieno di storia e cultura e offre attività per tutti i gusti. Esplorate il centro cittadino, visitando il **Kraton** (p80), il **Taman Sari** (p84) e le principali zone dello shopping. Provate lo street food, godetevi qualche spettacolo di danza tradizionale e infine trascorrete le serate rilassandovi in luoghi emblematici lungo **Jl Malioboro** (p86) e **Alun Alun Kidul** (p85).

- Se avete tempo per una gita fuori porta, visitate i complessi di templi di **Borobudur** (p93) e **Prambanan** (p82), entrambi visitabili in giornata.

Le stagioni

A Giava la stagione umida coincide con il risveglio delle meraviglie naturali, mentre la stagione secca è dominata dai festival, dalle celebrazioni e dal picco della stagione turistica.

MARZO

Giacarta prende vita grazie al **Festival internazionale del jazz**.

MAGGIO

A Borobudur, il compleanno del Buddha (che cade durante il primo plenilunio di maggio) viene commemorato con una serie di festeggiamenti di più giorni.

GIUGNO

Nei mesi di giugno e luglio, in alta stagione, si registrano le migliori condizioni meteo annuali.

KAMAR MINI/SHUTTERSTOCK ©, ZAKKI AHMADA/SHUTTERSTOCK ©, JOKO SL/SHUTTERSTOCK ©

Se avete 7-10 giorni a disposizione

- Arrivati a **Giacarta** (p64), prendetevi un po' di tempo per godervi la città. Fate un giro del quartiere di **Kota Tua** (p64) e poi prendete un autobus per il **Monas** (p66). Godetevi la serata girovagando per i centri commerciali di **Bundaran HI** (p70) e provate lo street food a **Sarinah Thamrin Plaza** (p70).

- Passate una giornata a **Bogor** (p149), visitando **Kebun Raya** (p149) e **Istana Bogor** (p150). In alternativa prendete il treno ad alta velocità per **Bandung** (p160) e visitate le piantagioni di tè e il lago **Kawah Putih** (p164).

- Proseguite per **Yogyakarta** (p80) e dedicate un po' di tempo all'esplorazione della città e dei dintorni prima di prendere il volo di ritorno.

Due settimane o più

- Dedicate diversi giorni all'esplorazione di **Giacarta** (p64), **Bogor** (p149) e **Bandung** (p160), poi recatevi a **Yogyakarta** (p80).

- Trascorrete una settimana a Yogyakarta, dedicando i primi giorni alla scoperta del centro cittadino: visitate il **Kraton** (p80) e il **Taman Sari** (p84) e fate il giro dei **musei** (p84). Impiegate il resto della settimana in escursioni giornaliere a **Borobudur** (p93), **Prambanan** (p82) e alle spiagge di **Gunung Kidul** (p88).

- Recatevi a **Malang** (p128) per ammirare l'impressionante **Gunung Bromo** (p128), poi fate una gita fuori porta a **Tumpak Sewu** (p140). Se avete più tempo, recatevi a **Banyuwangi** (p142) e raggiungete con un trekking il lago **Kawah Ijen** (p142).

AGOSTO
La Festa dell'indipendenza viene celebrata nel variopinto stile indonesiano. Il **Festival della cultura dieng** prevede il taglio dei dread per i bambini.

OTTOBRE
Gli amanti del batik si riversano a Solo per partecipare all'annuale **Festival del batik**.

NOVEMBRE
Con l'arrivo della stagione umida, le cascate di Lumajang sfoderano tutta la loro potenza.

DICEMBRE
In questo mese Giacarta si anima per il **Djakarta Warehouse Project**, la più grande rassegna di danza del Sud-est asiatico.

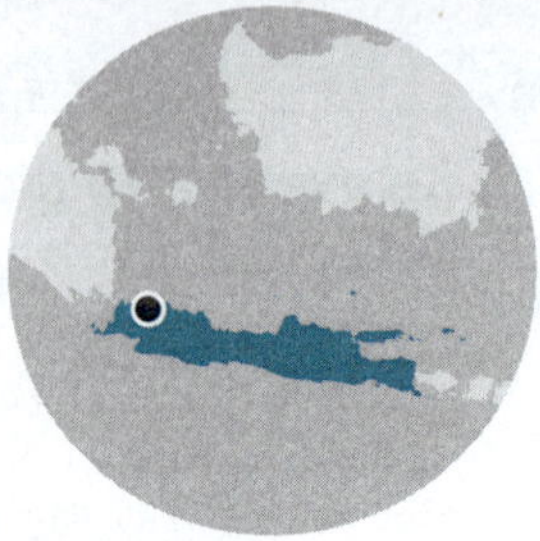

Giacarta

ARCHITETTURA COLONIALE | STREET FOOD | ISOLE TROPICALI

Giacarta, da poco sostituita nel ruolo di capitale ufficiale da Nusantara, ma ancora capitale *de facto* dell'Indonesia, sorge sulla costa nord-occidentale dell'isola di Giava: è una megalopoli a tutti gli effetti, affollata e trafficata, nonché la seconda città più grande del mondo.

Nota un tempo con il nome di Batavia, è ricca di vestigia storiche che si riflettono nell'eterogeneità dei suoi abitanti – cinesi, malesi, indiani, europei e indonesiani – che non hanno sempre convissuto in armonia, poiché la storia di Giacarta è stata segnata da conflitti interni, violenze e atrocità.

D'altro canto, oggi è una città che vive in pace. Ovunque, dal centro storico a Chinatown, il passato è ormai un ricordo lontano e la commistione di cucine, culture e stili ha contribuito a plasmarne il volto odierno.

TRASPORTI LOCALI

Acquistate una tessera prepagata che consente di utilizzare tutti i trasporti urbani usufruendo del sistema contactless. In alternativa, tenete d'occhio i bus turistici gratuiti che permettono di raggiungere la maggior parte delle attrazioni. Per spostarvi in città, utilizzate le app Gojek e Grab, più economiche dei taxi, utili per raggiungere posti non serviti dai mezzi pubblici. Per gli spostamenti locali, scegliete i *bajaj* (risciò a tre ruote): più rapidi delle auto e a loro agio nel traffico cittadino.

IL CONSIGLIO

Per cercare alloggio in città, usate la app di Airbnb. Un appartamento in centro potrebbe costarvi la metà del prezzo di una camera d'albergo.

Esplorare Kota Tua

Culla di una megalopoli

Uno dei posti più emblematici di Giacarta è **Kota Tua** (*Cartina p66*), la città vecchia. Un tempo conosciuta con il nome di Batavia, questa zona ospitava l'antico insediamento coloniale olandese e rappresentava il centro nevralgico del commercio delle spezie.

Il governo olandese in Indonesia fu piuttosto instabile e girando per Kota Tua vi farete un'idea delle condizioni di vita degli indonesiani in un passato che non è poi così lontano dai tempi moderni. La piazza principale, un tempo teatro di impiccagioni ed esecuzioni, è presidiata da imponenti edifici intonacati di bianco che ospitavano uffici governativi e che oggi sono occupati da musei. È la storia di Giacarta, un porto marittimo che oggi è cresciuto fino a diventare una delle città più grandi al mondo.

Il muro di cinta alto 7 m che proteggeva Kota Tua non esiste più, ma sono ancora visibili parecchie delle antiche vestigia

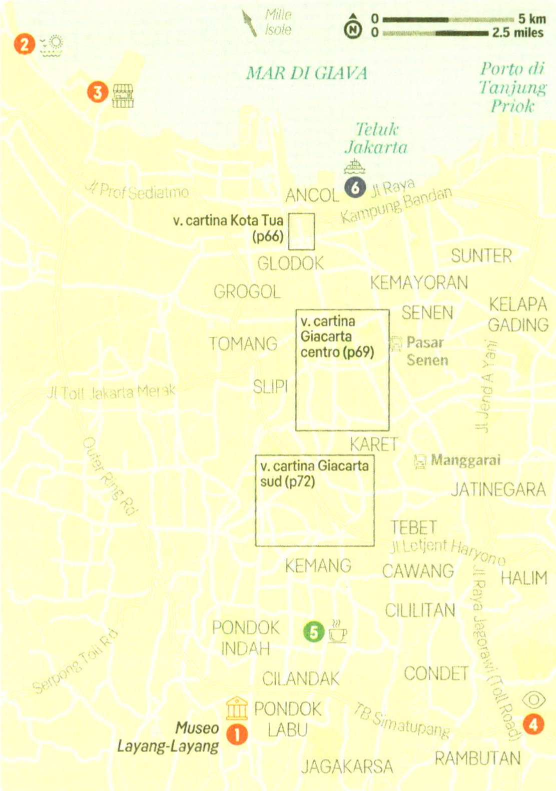

olandesi, cinesi e malesi. La zona vanta infatti un suggestivo mix di stili architettonici contrastanti, e vagare per i vecchi palazzi, curiosando nei musei al loro interno, è un'esperienza unica.

Nonostante il passato violento, Kota Tua rappresenta il principale luogo di aggregazione per la gente del posto: durante i weekend e le festività brulica di famiglie, teenager e turisti. Scattatevi un selfie sugli scalini del Museo Storico di Giacarta e fate foto con gli attori in costume che si aggirano per la piazza. Biciclette dipinte con allegri colori pastello aspettano solo di essere noleggiate.

Kota Tua si può raggiungere in molti modi, ma è regolarmente servita da treni e autobus, che rappresentano l'opzione più gettonata: la linea M1 Trasjakarta collega il Monas o Bundaran HI a Kota Tua. In alternativa, i taxi e le app Grab e Gojek possono tornarvi utili.

DA NON PERDERE
1 Museo Layang-Layang

DA VEDERE
2 Aloha White Sand Beach PIK 2
v. 3 Cove at Batavia PIK
3 Pantai Indah Kapuk (PIK)
v. 3 Pantjoran Chinatown PIK
4 Taman Mini Indonesia Indah
v. 3 Urban Farm PIK

LOCALI E VITA NOTTURNA
v. 3 Black Owl
5 Dia.Lo.Gue artspace

TRASPORTI
6 Ancol Marina

CIBI PIÙ AMATI

Parecchie città dell'Indonesia vantano le proprie specialità e sono famose perché offrono le loro varianti dei piatti nazionali. Qui di seguito vi segnaliamo due ristoranti tipici di Giacarta.

Roti Bakar Eddy (Blok M)
Il dessert a base di pane fritto è diffuso in tutta l'Indonesia. A Giacarta è disponibile in tutti i gusti, anche se la variante locale prevede l'aggiunta di una guarnizione al cioccolato o al formaggio.

Nasi Goreng Kambing (Jl Kebon Sirih)
Qui potete gustare il *nasi goreng* a base di carne di capra (*kambing*), diffuso in tutta Giacarta.

DA VEDERE
1 Museo Storico di Giacarta
2 Museo Bank Mandiri
3 Museo delle Belle Arti e delle Ceramiche
4 Museo Wayang

PERNOTTAMENTO
5 Bobobox Pods Kota Tua
6 Urbanview Hotel Kota Tua

PASTI
7 Café Batavia
8 Historia
9 Thien Thien Lai Chinese Restaurant

LOCALI E VITA NOTTURNA
10 Colosseum Club
11 Toko Merah

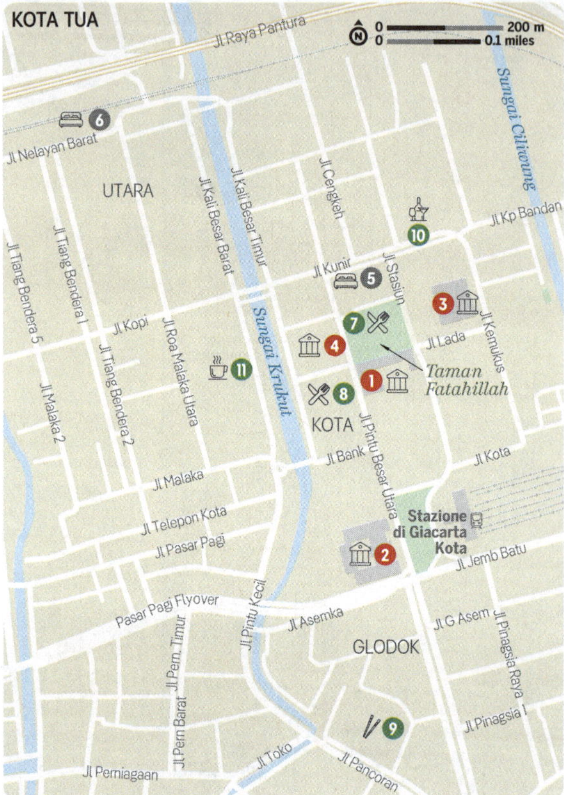

MAL AMBASADOR

Mal Ambasador (p72) è una vera e propria perla nascosta tra i centri commerciali di Giacarta. A parte la gente del posto, sono pochi a conoscerne l'esistenza. In questo centro commerciale troverete tutto ciò che ha a che fare con la tecnologia: laptop di ogni marca e modello, telefoni, macchine fotografiche e gadget di ogni tipo; inoltre si effettuano riparazioni. Uno dei piani più elevati del Mal Ambasador ospita un'area ristorazione con diversi piatti locali a buon prezzo. Non perdetevela!

Monas

Monumento nazionale di Giacarta

Il **Monas** (*Cartina p69*) è il monumento nazionale indonesiano. Si tratta di un obelisco alto 132 m e molto apprezzato dai turisti indonesiani tanto che nei fine settimana la fila di visitatori si allunga a dismisura. Eretto nel 1962 per volere del presidente Sukarno, il Monas commemora la lotta per l'indipendenza del popolo indonesiano e oggi costituisce la maggiore attrazione di **Merdeka Square**, servita da quasi ogni autobus della linea Transjakarta. Poiché sorge in una zona ricca di cose da vedere e da fare, può essere un ottimo punto di partenza per una giornata di esplorazioni.

Se prendete l'autobus tenete presente che, pur essendoci diverse fermate chiamate 'Monas', il monumento è accessibile solo tramite il cancello principale davanti alla fermata Balai Kota. Se invece arrivate in treno, la stazione di Gambir si trova proprio accanto al Monas. Qualsiasi taxi, Grab o Gojek vi porterà direttamente davanti al cancello di entrata. Una volta dentro, per trovare il cancello che dà accesso al complesso vero e proprio dovrete farvi strada in un labirinto di *warung*. Poiché la segnaletica lascia un po' a desiderare, cercate i cartelli con scritto 'Pintu Masuk'. Una volta entrati nell'area recintata, scegliete se andare a piedi o salire su un trenino diretto alla biglietteria. I biglietti per il Monas sono relativamente economici e salire sulla sommità per ammirare il panorama è altrettanto economico. Il complesso comprende anche un museo e una cronologia della storia indonesiana articolata in una serie di diorami che circondano la zona situata alla base della colonna.

Visitare il Monas non è semplice per le persone con disabilità. Essendo stato costruito negli anni '60, è del tutto privo di rampe di accesso. Il percorso che va dalla biglietteria sotterranea al tunnel che conduce alla sala alla base del monumento è accessibile solo tramite scalini. Lo stesso vale per raggiungere la base dell'ascensore all'interno della colonna, e dovrete usare di nuovo le scale per tornare al piano terra alla fine del tour, che termina al quinto piano. Il Monas è un'attrazione imperdibile per chi visita Giacarta in quanto dalla sommità si possono ammirare bellissimi panorami della città e dei dintorni. Se siete fortunati da visitarlo in una giornata di cielo limpido, dalla piattaforma più elevata potete godere di una vista ancor più spettacolare.

Scoprire lo street food di Giacarta

Cibo locale gustoso ed economico

L'Indonesia è famosa per lo street food e a Giacarta potrete trovare cibo dappertutto, specie al tramonto, quando da ogni angolo e in ogni vicolo (*gang*) spuntano bancarelle gastronomiche e sembra che la gente si materializzi dal nulla in cerca dei propri piatti preferiti.

Chi visita Giacarta – o l'Indonesia – per la prima volta potrebbe trovarsi in difficoltà a scegliere il posto giusto dove mangiare e i viaggiatori occidentali potrebbero guardare con sospetto alle bancarelle fatiscenti e all'attrezzatura spartana perché richiamano alla mente storie dell'orrore raccontate da clienti che si sono sentiti talmente male da essere finiti d'urgenza all'ospedale. Ma questi racconti, che risalgono a molti anni fa, sono lontanissimi dalla verità, poiché oggi le bancarelle dello street food non stanno più ore e ore sotto il sole cocente come una volta ma aprono a fine giornata, dunque il rischio che il cibo sia avariato è molto raro. Gli ingredienti sono preparati a parte per poi essere refrigerati

DOVE TROVARE IL MIGLIORE STREET FOOD

Jl Taman Sunda Kelapa
Davanti alla moschea Masjid Agung Sunda Kelapa.

Street Food Menteng
Jl Sidoarjo propone una varietà di cibi differenti.

Street Food Pecenongan
Ottima cucina cinese.

Street Food Sabang
Situato alla confluenza di Jl H Agus Salim e Jl KH Wahid Hasyim, vanta varie opzioni gastronomiche e alcuni dei *sate* (satay) più celebri di Giacarta.

Street Food Blok S
Jl Bira III è famoso tra i residenti di Giacarta sud.

Pasar Santa
Situato su Jl Cipaku I, questo mercato locale (*pasar*) è famoso per il suo street food (si trova al secondo piano).

MANGIARE A KOTA TUA: LA NOSTRA SCELTA

Café Batavia: Caffè dall'atmosfera nostalgica in un palazzo storico nel centro di Kota Tua. $$$

Toko Merah: Nuova e apprezzata caffetteria in uno degli edifici più antichi di Kota Tua. $$

Thien Thien Lai Chinese Restaurant: Da non perdere se vi piace la cucina cinese – una vera rarità in questa zona. $$

Historia: Ampio caffè-ristorante nel centro di Kota Tua, davanti all'entrata del Museo Storico di Giacarta. $$

CINQUE POSTI DA NON PERDERE

Ara, guida di Giacarta

Monumento Nazionale (Monas)
Un proverbio recita: "Se non sei stato al Monas, non puoi dire di essere stato a Giacarta!".

Città vecchia (Kota Tua)
Gli edifici d'epoca più belli della città.

Masjid Istiqlal e Cattedrale di Giacarta
Situate l'una di fronte all'altra, a simboleggiare la coesistenza tra religioni. Alle 18 le campane della cattedrale suonano con il richiamo alla preghiera islamica.

Taman Mini Indonesia Indah
Scoprite le differenze culturali tra diverse province e isole.

Museo Nasional
Uno dei musei preferiti dagli indonesiani.

Curiosità: a Giacarta i locali vi chiederanno di mettervi in posa per una foto.

o mantenuti freschi all'interno di vere e proprie ghiacciaie da cui vengono tirati fuori quando le temperature scendono.

L'unico problema consiste nello scegliere il posto migliore, per cui basta solo un pizzico di buonsenso. Tenete d'occhio i locali più affollati da gente del posto o, ancora meglio, da gruppetti di clienti autoctoni con l'aggiunta di qualche avventore occidentale e date un'occhiata alle condizioni. Ovviamente, trattandosi di street food, non c'è da aspettarsi l'equivalente di un ristorante a cinque stelle, ma una breve ispezione delle condizioni dei tavoli e degli sgabelli vi darà un'idea degli standard di pulizia. Con un po' di pratica, inizierete a farci l'occhio. Scegliete sempre le aree ristorazione con numerosi chioschetti. A Giacarta ci sono alcuni posti particolarmente conosciuti con un buon rapporto qualità-prezzo. Provateli e vi garantiamo che le vostre prime esperienze non avranno intoppi.

Esplorare Taman Mini Indonesia Indah

Un parco a tema adatto a tutti

Taman Mini Indonesia Indah (*Cartina p65*) è un parco a tema situato a Giacarta Est, ma invece di imponenti montagne russe o ruote panoramiche, troverete una miniera di informazioni sulla cultura e sulla storia dell'Indonesia. Il parco fu creato negli anni '60 e oggi è sotto la gestione del governo, che gli ha dato una necessaria rimodernata trasformandolo in una meta turistica imperdibile.

Taman Mini Indonesia Indah presenta tutte le culture che caratterizzano le oltre 17.000 isole dell'arcipelago e occupa un'area molto estesa di oltre 100 ettari dove a ogni provincia è assegnato un apposito spazio espositivo relativo all'architettura, alla cultura, all'abbigliamento e allo stile di vita di una particolare zona del paese, il tutto allestito con grande professionalità. Inoltre, sono presenti musei e mostre interattive. Il personale assegnato a ciascuna esposizione è originario di quella particolare regione dell'Indonesia ed è in grado di rispondere alle domande e di guidarvi alla scoperta della propria terra natia.

Il fascino di Taman Mini non si limita agli allestimenti culturali poiché il parco ospita numerosi musei e parchi interni. Per esempio, è presente un'immensa riproduzione di una fortezza, al cui interno si trova un museo militare. Il **Museo dei Trasporti** si riconosce subito per l'aereo della Garuda che fa bella mostra all'esterno, insieme a elicotteri e treni. In

VITA NOTTURNA A GIACARTA: LA NOSTRA SCELTA

Colosseum Club: Gigantesco locale notturno molto frequentato dai residenti ma un po' troppo costoso.

Embassy Lounge: Uno dei locali più alla moda di Giacarta. Atmosfera fantastica e musica dal vivo.

The H Club: Imponente discoteca con un incredibile impianto di illuminazione e audio.

Black Owl: Uno dei locali più gettonati di Giacarta. Dopo il tramonto, il ristorante si trasforma in un locale notturno.

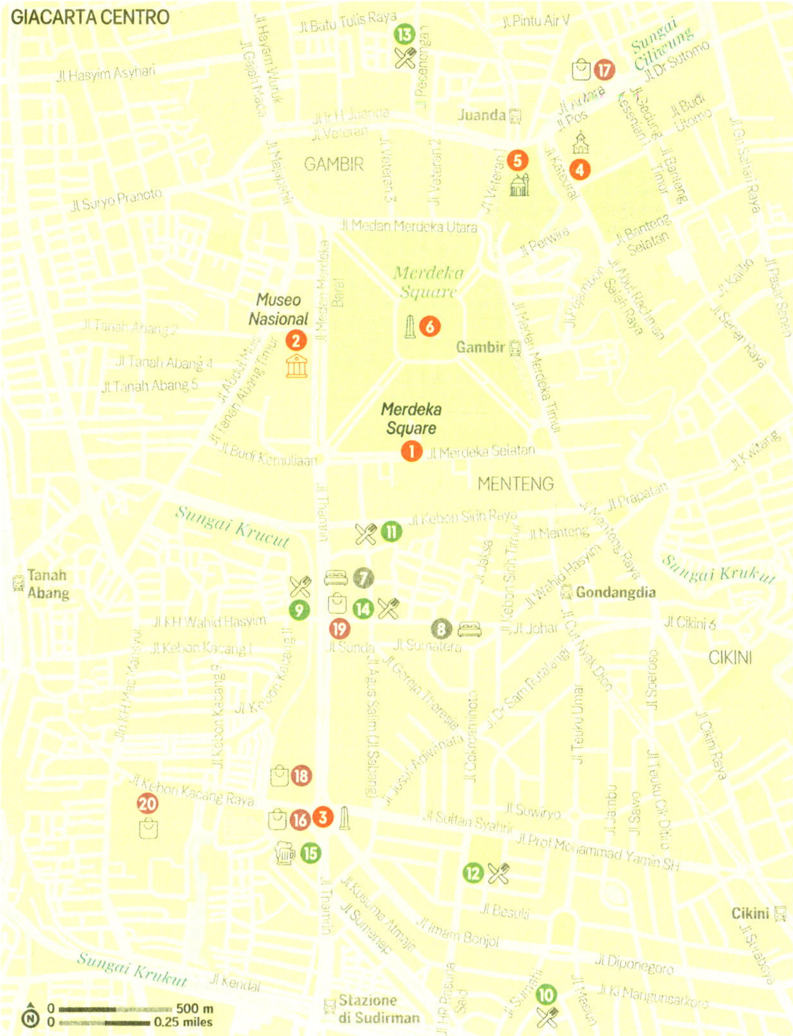

DA NON PERDERE
1 Merdeka Square
2 Museo Nasional

DA VEDERE
3 Bundaran HI
4 Cattedrale di Giacarta
5 Masjid Istiqlal
6 Monumento nazionale (Monas)

PERNOTTAMENTO
7 Ashley Tang Menteng
8 Stanley Wahid Hasyim

PASTI
9 Jaya Pub
10 Jl Taman Sunda Kelapa
11 Nasi Goreng Kambing
12 Street Food Menteng
13 Street Food Pecenongan
14 Street Food Sabang
v. 19 Titik Temu Sarinah

LOCALI E VITA NOTTURNA
15 Paulaner Bräuhaus

SHOPPING
16 Grand Indonesia
17 Pasar Baru
18 Plaza Indonesia
19 Sarinah Thamrin Plaza
20 Thamrin City

TRASPORTI
v. 18 Bundaran HI

SPOSTARSI NEL PARCO

Taman Mini Indonesia Indah è talmente vasto che per vederlo tutto avrete bisogno di un'auto. Le strade sono a senso unico, perciò ricordatevi di sostare presso gli spazi che volete visitare via via, altrimenti dovrete rifare l'intero percorso da capo. Se camminate, o non avete un mezzo di trasporto, potete usufruire di una funivia. Durante il tragitto, potete ammirare dall'alto il lago artificiale, completo di isolette che riproducono la forma dell'arcipelago indonesiano.

tutto ci sono ben 16 musei diversi, tra cui quelli sulla storia del petrolio e del gas, e il nostalgico **Museo dei Francobolli**.

Se non bastasse per tenere occupata l'intera famiglia, visitate anche il **parco ornitologico**, il **rettilario** e l'**acquario**. A Taman Mini c'è talmente tanto da fare e da vedere che molti visitatori scelgono di alloggiare nelle vicinanze per potervi ritornare più volte.

È anche facile da trovare. Se disponete di un mezzo privato, seguite le indicazioni su Google Maps. I biglietti si possono acquistare direttamente dall'auto. Con i mezzi pubblici, il miglior modo per raggiungere il parco è tramite l'autobus: le linee 7D, JAK6, T02 e T19 si fermano tutte al capolinea davanti al cancello principale.

Godersi lo shopping a Giacarta

Centri commerciali e negozietti tipici

I negozi di Giacarta sono imperdibili. Come per Singapore, Bangkok e altre capitali asiatiche, una visita alla città non può dirsi completa se non comprende un tour dei principali centri commerciali e dei mercati. Il centro cittadino è il posto migliore per cominciare la sessione di shopping. Prendete l'autobus, la metropolitana o un taxi e recatevi a **Bundaran HI** (*Cartina p69*) dove troverete un'infinità di opzioni.

Grand Indonesia è talmente vasto che è quasi impossibile non perdersi. L'area comprende due centri commerciali, detti East Mall e West Mall, collegati tra loro da un ponte sopraelevato, e può capitare benissimo di dimenticarsi da quale dei due si è entrati. Con i suoi otto piani e oltre 130.000 metri quadrati di superficie, Grand Indonesia ha tutto quello che si possa desiderare.

Sul lato opposto della strada si trova **Plaza Indonesia**. Se vi piace lo shopping di lusso e siete alla ricerca dei marchi migliori, è qui che li troverete. Colonne di marmo scintillante bordate d'oro e negozi dalle facciate di vetro che sprizzano lusso da tutti i pori sono l'emblema di questo prestigioso centro commerciale. All'interno vi è anche uno showroom di auto di lusso.

A 500 m di distanza, a una fermata di autobus, sorge **Sarinah Thamrin Plaza**, uno dei centri commerciali più apprezzati di Giacarta specie la sera quando centinaia di giovani residenti escono a passeggio lungo i vialetti mangiando street food e scattandosi selfie. I gradini all'ingresso rappresentano un punto di ritrovo molto gettonato e il design

MANGIARE A GIACARTA: LA NOSTRA SCELTA

Paulaner Bräuhaus: Ristorante tedesco in centro con buone birre e cibo sostanzioso. $$$

Henshin: Questo locale al 67° piano propone piatti della cucina peruviana ed è dotato di un bar sulla terrazza. $$$

Sulawesi@Mega Kuningan: Cucina tipica di Sulawesi sud. Un'ottima scelta per gli amanti dei sapori piccanti. $$

Bistecca: Ristorante esclusivo che propone le migliori bistecche di tutta la città. $$$

ISKANDAR CITA/SHUTTERSTOCK ©

Grand Indonesia

singolare dell'edificio è un'attrazione in sé e per sé. Il Sarinah è un centro commerciale specializzato in articoli di artigianato, con negozi indipendenti e souvenir di qualità che non si trovano nei mercati locali.

Questi sono solo tre dei tanti grandi magazzini di Giacarta, nonché i più noti e frequentati dai turisti. Se invece siete in cerca di qualcosa di più caratteristico, provate **Thamrin City**, a poca distanza dal Grand Indonesia: è famoso per il batik e per i vestiti tradizionali indonesiani. Vi sfidiamo a non perdervi nel labirinto di bancarelle, chioschi ed esposizioni temporanee sparsi nei suoi sei piani.

A Giacarta lo shopping è quasi un passatempo nazionale. Ci sono anche centri commerciali più datati: uno di questi si trova al **Pasar Baru**, un complesso di strade all'aperto e il quartiere commerciale più antico della città che durante i fine settimana si riempie di clienti nostalgici che cercano un assaggio dei bei tempi andati lontano dai moderni centri commerciali climatizzati. Qui potrete anche provare la cucina locale dato che i ristoranti sono antichi quanto la zona.

INIZIATIVA VERDE

Il Car Free Day di Giacarta è un'iniziativa volta a ridurre l'inquinamento in quella che è una delle città più inquinate del mondo. Ha riscosso un grande successo e tutti hanno dato il proprio contributo per garantirne la riuscita. Si tiene ogni domenica mattina in centro e l'abbassamento del livello di inquinamento continua a essere notevole. I residenti e i turisti invadono le strade approfittando dell'assenza di veicoli per andare a passeggio, in bicicletta, sui rollerblade o per fare jogging. Recatevi a Bundaran HI in una qualsiasi domenica mattina per sperimentare voi stessi i benefici dell'assenza di smog.

Loewy: Bistrò in stile anni '40 con un gustoso menu di piatti ispirati a Parigi e New York. $$

PokenBir Restaurant: Eclettico ristorante occidentale che propone per lo più piatti a base di carne di maiale. $$$

Bluegrass: Cucina occidentale dagli standard elevati. Il menu include bistecche e costolette di altissima qualità. $$$

Jaya Pub: Tradizionale pub in stile anni '70. Offre una scelta di piatti classici da pub con un buon rapporto qualità-prezzo e musica dal vivo. $$

PERNOTTAMENTO
1 Fairmont Jakarta
2 JW Marriott Hotel
3 Ritz-Carlton Jakarta

PASTI
4 Bistecca
5 Bluegrass
6 Crematology
7 Henshin
8 Loewy
9 Pasar Santa
10 PokenBir Restaurant
11 Roti Bakar Eddy
12 Street Food Blok S
13 Sulawesi@Mega Kuningan

LOCALI E VITA NOTTURNA
14 Embassy Lounge
15 Monolog Coffee Company
16 The H Club

SHOPPING
17 Mal Ambasador

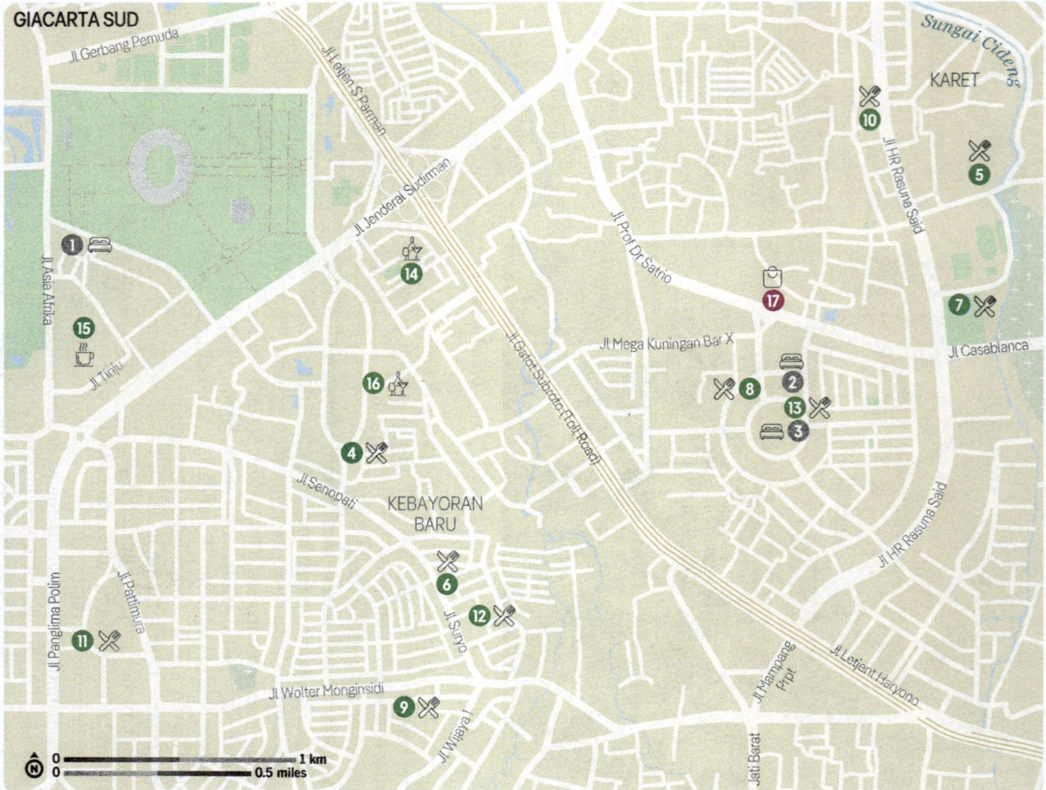

Hawaii di Giacarta

Il posto più trendy di Giacarta

Pantai Indah Kapuk (*Cartina p65*), anche noto come PIK, è un quartiere residenziale benestante di Giacarta nord. Un tempo, gran parte della zona era occupata da una palude di mangrovie, di fatto compresa nella baia di Giacarta, ma negli ultimi anni il terreno è stato bonificato e l'area ha subito un massiccio sviluppo edilizio. Poiché la città sta lentamente sprofondando nell'oceano, lo si può considerare una sorta di inversione di tendenza e un processo in divenire dagli esiti ancora incerti.

Negli ultimi due anni il PIK è diventato uno dei posti più frequentati della città, specie nei fine settimana e nei giorni festivi, poiché ha acquisito la fama di essere il centro gastronomico non ufficiale della città; e data la passione degli indonesiani per il buon cibo non c'è da meravigliarsi. Inoltre, dato che gli indonesiani amano visitare posti nuovi, gratuiti ed emozionanti, il PIK sembra destinato a godere di una popolarità perenne visto che con cadenza bisettimanale si aprono nuovi locali e lidi. Tra le più recenti aperture vi è il popolarissimo **Aloha White Sand Beach PIK 2**, una sorta di versione potenziata dell'originale White Sand Beach di PIK con un enorme parcheggio per moto sempre stracolmo. La spiaggia vede un incredibile viavai di visitatori ma bisogna tenere a mente che è artificiale e l'area sabbiosa è delimitata da cordoni che ne impediscono l'accesso. Nella baia di Giacarta è infatti vietata la balneazione date le scarse condizioni igieniche. Ma allora qual è l'attrattiva di Aloha White Sand Beach se non si può usare la spiaggia? Ovviamente i selfie e la possibilità di taggarsi sui social, dato che tutto, dai ristoranti alla spiaggia artificiale, è allestito per fungere da paradiso dei social. A giudicare dai risultati, Aloha White Sand Beach ha colto nel segno.

Hawaii contraffatte a parte, al PIK ci sono tantissimi altri posti da visitare: dai centri commerciali alle spiagge, dal **Pantjoran Chinatown PIK**, con un'atmosfera che richiama quella di un parco divertimenti, alla passeggiata gastronomica di **Cove at Batavia PIK**, nota come la 'piccola Batavia'. Dato che continuano a spuntare nuovi locali notturni, bar e complessi condominiali non c'è da meravigliarsi che il PIK sia diventato il posto più trendy della città. Tenete presente che la zona di Pantai Indah Kapuk è immensa e per spostarsi da una parte all'altra del complesso ci vogliono 20 minuti di macchina. È dunque impensabile girarla a piedi.

DOVE MANGIARE A PIK

Aloha White Sand Beach
Ristoranti che propongono ogni tipo di cucina occidentale, dalla pizza alle alette di pollo, con caffè alla moda e diversi spacci.

Cove at Batavia PIK
Lungomare dove tutto è a tema. Qui avete a disposizione ogni tipo di cucina possibile immaginabile, all'interno di edifici che sembrano provenire direttamente dall'Europa.

Pantjoran Chinatown PIK
Una Chinatown talmente ben costruita che vi farà pensare di trovarvi in Cina. Vi sono ristoranti cinesi e asiatici che propongono ottimi piatti e in fondo alla strada si erge una gigantesca pagoda a cinque piani.

Urban Farm PIK
Un'area ristoro più piccola e più caratteristica, con un'atmosfera rilassante, pittoreschi caffè e angoli colorati perfetti per scattare foto.

CAFFÈ A GIACARTA: LA NOSTRA SCELTA

Monolog Coffee Company: Apre presto per servire favolose colazioni e ottimo caffè.

Dia.Lo.Gue artspace: Piccolo e pittoresco caffè situato in un centro artistico dall'atmosfera particolare.

Crematology: Caffetteria spaziosa e confortevole, una delle migliori in città.

Titik Temu: Centralissimo, serve un buon caffè e pasti altrettanto buoni.

La più grande moschea del Sud-est asiatico

Un'icona di Giacarta

La **Masjid Istiqlal** (*Cartina p69*) è uno degli edifici più emblematici e riconoscibili di Giacarta, da non perdere per chi visita la città per la prima volta. Nona al mondo per grandezza, la moschea è una meraviglia assoluta, con un effetto sorpresa che incanta chiunque la visiti. In realtà il complesso è talmente vasto che anche nei momenti di grande afflusso – ospita fino a 120.000 fedeli – non risulta particolarmente affollato.

Il nome Istiqlal viene dall'arabo e significa 'indipendenza'; la moschea fu infatti costruita per commemorare l'indipendenza dell'Indonesia. L'interno ha un aspetto minimalista e moderno, con pareti di marmo scintillante e pavimenti pulitissimi. Aperta al pubblico nel 1978, Masjid Istiqlal domina lo skyline per la sua mole e per il minareto alto 90 m.

La moschea si affaccia direttamente su Merdeka Square e il Monas e la si può visitare tutti i giorni dalle 10. Sono disponibili tour guidati gratuiti prenotabili presso la biglietteria a destra dell'entrata principale. Qui vi verranno forniti indumenti appropriati e vi verrà chiesto di togliere le scarpe per tutta la durata del tour.

Cattedrale di Giacarta

Sede arcivescovile

La **Cattedrale di Giacarta** (*Cartina p69*), dedicata alla Vergine Maria, sorge proprio di fronte alla Masjid Istiqlal ed è un altro luogo iconico della città. Edificata inizialmente nel 1829, fu ricostruita e consacrata nel 1901 in seguito al crollo dell'edificio originario, avvenuto nel 1890. Il suo aspetto neogotico, con tre guglie in ferro battuto, una delle quali alta ben 60 m, è immediatamente riconoscibile. L'esterno della chiesa sembra fatto di pietra, mentre in realtà è di mattoni rossi intonacati. L'interno della cattedrale è bellissimo, con soffitti alti in legno di teak che sovrastano la navata centrale, lunga 60 m, e le navate laterali lunghe 5 m che conferiscono all'edificio la pianta a forma di croce.

La Cattedrale di Giacarta è aperta al pubblico tutto il giorno ma tenete presente che è un luogo di culto pienamente funzionante, in cui si tengono regolari messe, specie nei fine settimana e nei giorni festivi. Funge anche da location per i matrimoni, perciò siate sempre rispettosi nel visitarla e mentre scattate foto.

VISITARE LA CATTEDRALE E LA MOSCHEA

Situate nelle immediate vicinanze di Merdeka Square e del Monas, la Cattedrale di Giacarta e la Masjid Istiqlal sono facili da raggiungere poiché sia la principale linea di autobus della città sia l'autobus turistico gratuito passano vicino alla moschea. Tenete a mente che la Masjid Istiqlal è enorme, per cui, nel caso vi troviate in zona e vogliate raggiungere il cancello principale, valutate l'idea di prendere un *bajaj*. La posizione proprio di fronte alla Cattedrale di Giacarta fu scelta dal primo presidente indonesiano, Sukarno, a simboleggiare la filosofia della nazione – unità nella diversità – per cui tutte le religioni possono convivere armoniosamente.

L'idea è stata pienamente abbracciata da entrambi i luoghi di culto tanto che in occasione di eventi importanti in uno dei due edifici, l'altro mette a disposizione la propria area parcheggio. È stato anche costruito un 'tunnel dell'amicizia', per facilitare gli spostamenti dei fedeli da un edificio di culto all'altro.

UWE ARANAS/SHUTTERSTOCK ©

Cattedrale di Giacarta

Musei di Giacarta

Reperti storici e culturali

Giacarta vanta un ricco passato e una cultura profondamente radicata, rappresentata al meglio dai suoi favolosi musei, i quali forniscono spunti interessanti sulla storia della città e dell'Indonesia e sono quasi tutti facili da raggiungere.

Il posto migliore per scoprire la storia della città è Kota Tua dove sorge il **Museo Storico di Giacarta** (*Cartina p66*). L'edificio storico che lo ospita è situato sulla piazza principale e risale al 1710. Fu municipio durante l'occupazione coloniale olandese. Al suo interno scoprirete una miniera di reperti, che vanno dalla preistoria al 1945, anno dell'indipendenza.

Se siete interessati alle banche, subito dietro l'angolo c'è il **Museo Bank Mandiri**, che espone cimeli, attrezzature, valute e altri oggetti antichi. È molto frequentato dalla gente del posto quando fa molto caldo poiché è l'unico, nella zona, dotato di aria condizionata.

La punta di diamante di tutti i musei di Giacarta è il **Museo Nasional**, considerato uno dei migliori di tutto il Sud-est asiatico. Affacciato su Merdeka Square, vanta una delle collezioni più complete di sculture e manufatti provenienti da tutta l'Indonesia.

Situato proprio nel centro e di fronte al Museo Nasional sorge il Monas (p66), il monumento nazionale. Pur non essendo tecnicamente un museo, è una meta interessante e merita una visita, anche solo per ammirare il diorama della storia del paese.

Un altro museo interessante è il **Museo Wayang**, dedicato all'arte delle marionette, che giocano un ruolo importante

MIGLIORI TOUR

Jakarta Good Guide (@jktgoodguide) organizza passeggiate guidate gratuite, altamente consigliate per apprendere la storia di Giacarta e lo stile di vita dei suoi abitanti. Questi tour sono condotti con professionalità e forniscono una grande quantità di informazioni.

Uno dei più popolari è quello di Kota Tua – la città vecchia – dove vi verranno illustrati il contesto e il significato storico di tutti i siti più importanti, e vi verrà spiegato l'impatto del colonialismo olandese nella vita degli indonesiani odierni. L'associazione propone molti altri tour che toccano Menteng, Pasar Baru e Blok M. Di sicuro troverete quello che fa per voi.

CONSIGLI PER VISITARE I MUSEI

- L'Indonesian Heritage Society organizza visite guidate gratuite del Museo Nasional in diverse lingue. Per ulteriori dettagli, consultate il sito web (heritagejkt.org).
- Il Museo Nasional è chiuso per la preghiera il venerdì dalle 11.30 alle 13.
- Molti musei di Giacarta sono chiusi il lunedì.
- È sconsigliabile visitare il Museo Storico di Giacarta nelle ore più calde della giornata.
- Per visitare il Monas, cercate di arrivare presto. Già alle 10 di mattina le file possono essere lunghissime, soprattutto nei fine settimana e c'è soltanto un piccolo ascensore che porta in cima al monumento.

SAIKO3P/SHUTTERSTOCK ©

Museo Nasional

nella cultura indonesiana. Presso il **Museo Layang-Layang** potete trovare più di 350 tipi di aquiloni diversi. L'aquilonismo è uno sport molto diffuso in Indonesia, in particolare a Bali, dove ogni anno si tengono grandi competizioni.

Infine, se siete interessati alla pittura e alla scultura, dovete assolutamente visitare il **Museo delle Belle Arti e delle Ceramiche**: si trova a Kota Tua, accanto alla piazza principale.

Escursione alle Mille Isole

Idilliaco rifugio tropicale

Se state visitando Giacarta, intrappolati sotto una persistente cappa di smog, una vacanza da sogno su un'isola tropicale può sembrarvi lontana anni luce. In realtà, una giornata di snorkelling in acque turchesi e cristalline è molto più fattibile di quanto sembri, data la vicinanza delle cosiddette **'Mille Isole'**, raggiungibili da Giacarta con una breve traversata in barca.

La città è divisa in sei parti: cinque municipalità (Giacarta est, ovest, nord, sud e centro) e le Mille Isole. La suddivisione si evince anche dal simbolo della città, esposto ovunque: cinque quadrati che rappresentano le cinque municipalità e un triangolo a raffigurare le Mille Isole.

Situate a nord della costa della città, sono 342, tra cui piccoli atolli e isolette sabbiose disposte a formare una lunga striscia. Le più vicine sono avvistabili dalla città nelle giornate di cielo limpido. Di queste, solo 36 sono meta del turismo e solo 11 sono abitate. Ogni isola ha le sue particolarità e offre un'esperienza diversa.

Per i residenti di Giacarta, le Mille Isole sono una gettonatissima meta per il weekend e possono diventare particolarmente affollate, specie quelle che offrono i servizi migliori e sono rivolte al turismo giornaliero di fascia alta.

Sulle Mille Isole ci sono un sacco di attività tipiche di un'isola tropicale, la più gettonata delle quali è lo snorkelling. Su **Pulau Onrust** è possibile esplorare le vecchie rovine olandesi mentre su **Pulau Tidung** c'è il famoso 'Ponte dell'amore'. Oltre allo snorkelling, sono molto gettonate anche le immersioni subacquee, con escursioni alla barriera corallina e ai relitti sommersi. In alternativa valutate escursioni in bicicletta nella giungla, un po' di relax in piscina o un giro delle spiagge alla ricerca di quella più idilliaca.

Raggiungere le isole è facile. I traghetti partono per lo più da **Ancol Marina**, tutti i giorni. Le imbarcazioni più grandi partono la mattina presto, perciò è consigliabile arrivare all'imbarcadero intorno alle 7. È meglio prenotare in anticipo, specie nei periodi di punta, ma arrivando presto potete trovare un posto in barca senza problemi.

Per quanto le escursioni giornaliere siano popolari e decisamente fattibili partendo da Ancol, molti visitatori tendono a fermarsi almeno una notte. Se le condizioni meteo sono buone, le traversate in barca ad alcune delle isole più remote possono impiegare fino a tre ore, perciò se pianificate una gita di un giorno dovrete calcolare altre tre ore per il ritorno, con conseguente diminuzione del tempo da trascorrere sull'isola prescelta. Per consigli su quale delle Mille Isole scegliere, consultate la guida a p78.

BUONO A SAPERSI

- Se l'isola che scegliete di visitare è tra quelle più vicine alla costa, potete raggiungerla in breve tempo e passarci più ore. Tuttavia, le acque potrebbero essere meno pulite e probabilmente non balneabili.
- A circa un'ora di traversata da Ancol Marina, l'acqua è molto più limpida e le condizioni di balneazione sono migliori.
- Più l'isola prescelta è lontana dalla costa, minore sarà l'eventualità di doverla condividere con altre persone.
- Pernottando sull'isola avrete molto più tempo per godervela.
- Se soffrite il mal di mare, durante la traversata sedetevi sul ponte superiore.

COSA SCEGLIERE

Mille Isole di Giacarta

Le Mille Isole di Giacarta sono in realtà 342 e comprendono una grande varietà di paesaggi: dagli isolotti sabbiosi e disabitati alle isole ammantate di giungla e punteggiate di resort, bungalow sull'acqua e ristoranti galleggianti. Delle 36 aperte ai visitatori, 11 forniscono opportunità per immergersi nel tipico stile di vita dei resort tropicali, facendo snorkelling e immersioni in acque cristalline o rilassandosi in spiaggette private.

Dove andare se vi piacciono...

Snorkelling e immersioni

Pulau Pelangi Raggiungibile con una traversata di poche ore, Pelangi è un'isola tranquilla, appartata e idilliaca. Le acque e la barriera corallina vicino alla riva forniscono buone condizioni per lo snorkelling, e a 100 m di distanza dalla spiaggia c'è un bellissimo relitto perfetto per le immersioni subacquee.

Pulau Genteng Kecil Un po' fuori dai circuiti turistici, quest'isoletta è meno nota di altre isole limitrofe e, trovandosi a poca distanza da altre più grandi, rappresenta una buona scelta per un tour. L'area circostante è ideale per lo snorkelling e le immersioni, con qualche possibilità di avvistare lo sfuggente pesce pagliaccio.

Vacanze in famiglia

Pulau Ayer Situata a meno di 30 minuti di traversata da Ancol, negli anni '50 quest'isola fu il rifugio privato del presidente Sukarno. L'oceano circostante non è balneabile, ma il resort è ottimo per le famiglie con bambini, poiché dispone di piscina, sala giochi, aree svago e altri servizi.

Pulau Pramuka L'isola più popolosa, dove troverete un numero maggiore di servizi, tra cui negozi e banche. Buona per lo snorkelling. In più, è una riserva naturale per la salvaguardia delle tartarughe verdi.

Pulau Bidadari Essendo l'isola più vicina a Giacarta, l'acqua non è pulita; dispone però di una bella piscina e vale la pena per una gita di famiglia in giornata.

Pulau Putri Esplorate il fondale oceanico da un tunnel di vetro subacqueo o attraverso il fondo di vetro di un sottomarino. Potrete anche tuffarvi direttamente nell'oceano da uno scivolo.

Atmosfere da luna di miele

Pulau Macan Ecoresort isolano situato a un paio d'ore di traversata da Ancol, dotato di cottage che sorgono sul pelo dell'acqua.

Qualcosa di diverso

Pulau Onrust Sede dell'unico museo delle Mille Isole, Onrust vanta alcune vestigia storiche risalenti all'Ottocento, tra cui una fortezza olandese e altre rovine di epoca coloniale.

Pulau Tidung Situata a un paio d'ore di traversata da Ancol, Tidung comprende due isole, collegate da un ponte violetto detto 'Ponte dell'amore'. Entrambe sono ottime per nuotare e fare snorkelling.

FAHREZI ALWI/SHUTTERSTOCK ©

Ponte dell'amore, Pulau Tidung

QUALCHE INFORMAZIONE

Quando andare
Per quanto il meteo sia buono tutto l'anno, le condizioni ottimali si registrano da febbraio a giugno.

Evitate le folle
Queste isole sono prese d'assalto nei fine settimana e durante le festività. Al di fuori di questi periodi, potete averle tutte per voi.

Cosa portare
Portate contanti perché molte isole non hanno bancomat. Non scordate crema solare, acqua, cappello, costume, telo da spiaggia e cambio di vestiti.

Prima della partenza
Prima di affrontare la traversata fate una buona colazione, ma non mangiate cibi troppo grassi che potrebbero farvi stare male in caso di mare mosso.

Da soli o con un tour?

Organizzare la traversata in autonomia è possibile e si può prenotare una barca da Pantai Ancol presentandosi all'imbarcadero al mattino presto. Per risparmiare sui costi, è consigliabile sapere in anticipo quale isola vi interessa raggiungere. Se vi siete aggiunti al tour all'ultimo, tenete gli occhi aperti durante la traversata per non rischiare di perdere la vostra fermata. Organizzandovi in autonomia risparmierete soldi ed eviterete la formula 'all inclusive' garantendovi la possibilità di spostarvi da un'isola all'altra. Un'escursione giornaliera potrebbe rivelarsi troppo breve, ma tutto dipende da quanto è distante l'isola prescelta.

L'alternativa è partecipare a un tour o a una traversata organizzata. In questo caso, vi basta scegliere l'isola da visitare, mentre il viaggio di andata e ritorno, il pranzo, lo snorkelling e gli altri costi sono inclusi nel prezzo. L'imbarcadero si trova ad **Ancol Marina** a Giacarta. Si parte alle 7 e si è di ritorno per le 17. Una buon compagnia è **Sea Leader Marine** (sealeadermarine.com), che propone pacchetti a prezzi competitivi.

Yogyakarta

CULTURA UNICA | TEMPLI ANTICHI | PAESAGGI VARIEGATI

Yogyakarta è considerata all'unanimità la capitale culturale e artistica di Giava. Insieme a Solo, con cui è gemellata, è riconosciuta come culla della civiltà giavanese e occupa un posto speciale nel cuore dei suoi abitanti. Yogyakarta è l'unica città dell'Indonesia ancora governata da una monarchia e per molti secoli è stata la sede del potere di Giava. Nelle sue vicinanze furono costruiti i meravigliosi templi di Borobudur e Prambanan. Tra il XVI e il XVII secolo il potente regno di Mataram governò la regione.

Oggi Yogyakarta regala ai visitatori uno sguardo autentico sul passato pur essendo una città moderna e fiorente. Siti come il Kraton e il Taman Sari forniscono un assaggio della vita di corte: l'Alun Alun Kidul si anima la sera fungendo da punto di ritrovo in centro città. Passeggiare lungo Jl Malioboro è un vero piacere.

TRASPORTI LOCALI

La maggioranza dei monumenti celebri del centro di Yogyakarta sorge nei pressi di Jl Malioboro e del Kraton, ed è raggiungibile a piedi. Potete anche prendere un *becak* tradizionale o un *andong* (carretto trainato da un cavallo), nella zona di Jl Malioboro. Noleggiare uno scooter è comodo per spostarsi in loco, soprattutto se alloggiate fuori dal centro. Se desiderate esplorare i dintorni della città o non possedete i requisiti per noleggiare un mezzo, usate un'app come Gojek o Grab.

IL CONSIGLIO

Cercate un alloggio in centro. La maggior parte dei siti turistici di Yogyakarta si trova nei pressi del Kraton e di Jl Malioboro e sono raggiungibili a piedi dalla maggior parte degli hotel e degli ostelli del centro.

Scoprire la storia al Kraton

Uno spaccato di vita di corte

Il **Kraton** è la residenza del sultano di Yogyakarta, ed è situato nel centro cittadino. Pur essendo ancora pienamente operativo, è anche un museo aperto al pubblico per buona parte della settimana.

L'edificio originario del Kraton è ancora il palazzo principale nonché il pezzo forte dell'intero complesso. Costruito nel 1756, è rivolto a nord verso il Gunung Merapi, mentre il lato meridionale si affaccia sulla vicina costa dell'Oceano Indiano, in omaggio alla mitica Regina del Sud. Sia il Gunung Merapi che l'Oceano Indiano rivestono un significato speciale per i giavanesi, come si evince a Yogyakarta, non solo all'interno dello stesso Kraton, ma anche nella vita quotidiana della gente del posto.

Il padiglione centrale presenta un'aggiunta di ciascun sultano, che nel corso dei secoli ne ha ampliato ulteriormente le proporzioni. Oggi molti spazi ospitano musei dove sono esposti cimeli storici, manufatti e persino gli oggetti personali appartenuti al padre defunto dell'attuale sultano. Una visita al

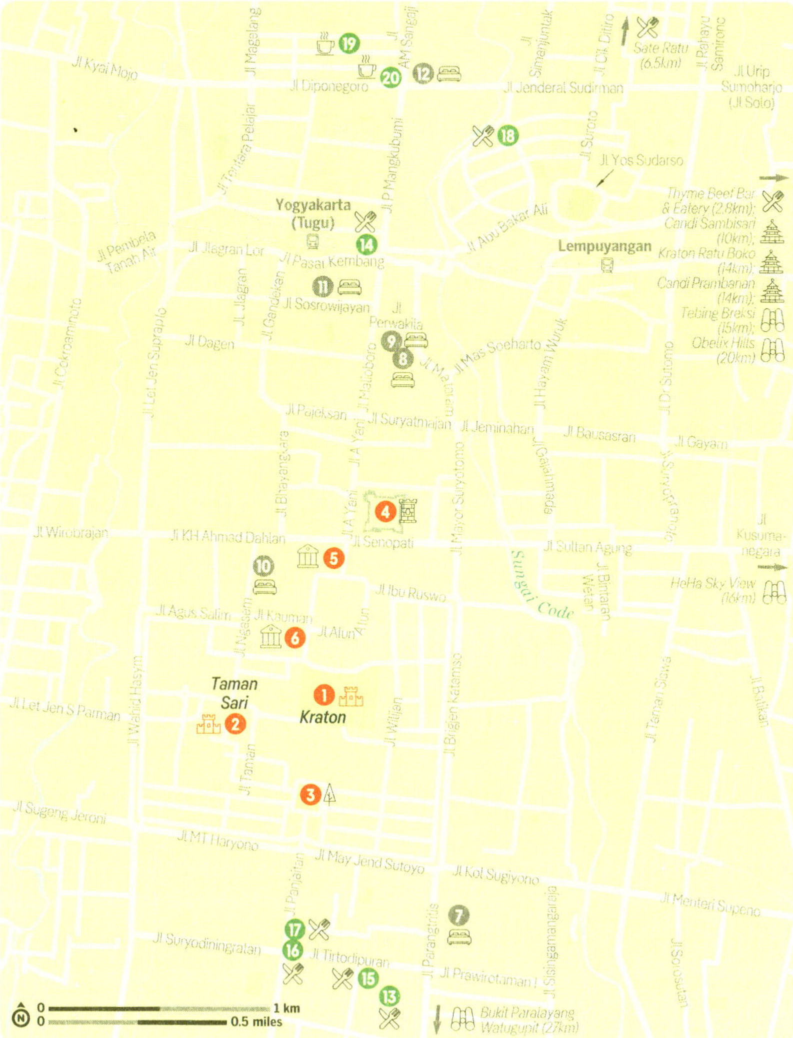

DA NON PERDERE
1 Kraton
2 Taman Sari

DA VEDERE
3 Alun Alun Kidul
4 Benteng Vredeburg
5 Museo Sonobudoyo
6 Museo Wahanarata

PERNOTTAMENTO
7 Good Karma Hostel
8 Losmen 2000 Tiga Malioboro
9 Novotel Suites Yogyakarta Malioboro
10 Omah Gerjen 29
11 Patra Malioboro Hotel
12 Phoenix Hotel

PASTI
13 Kesuma Restaurant
14 Loko Cafe Malioboro
15 Mediterranea
16 Nanamia Pizzeria
17 SixSenses Kitchen
18 The House of Raminten

LOCALI E VITA NOTTURNA
19 Blanco Coffee & Books
20 Kebon Ndalem Coffee & Eatery
v. 5 Nol Kilometer Coffee & Tea
v. 8 Noren Coffee & Roastery

MAZUR TRAVEL/SHUTTERSTOCK ©

Inquadrate il QR Code per saperne di più sui templi di Prambanan.

DA NON PERDERE

Prambanan

Prambanan fu costruito nell'VIII secolo ed è il più grande complesso di templi hindu dell'Indonesia (ve ne sono ben 240). È anche uno dei più vasti del Sud-est asiatico, secondo solo ad Angkor Wat. I tre templi principali svettano per 47 m e sono quindi più alti anche del famoso complesso templare di Borobudur.

IN PRIMO PIANO

- Lumbung
- Bubrah
- Sewu
- Rāmāyaṇa Ballet
- Museo Candi Prambanan
- Kraton Ratu Boko
- Ingaggiare una guida locale

Templi principali

I tre templi principali del complesso di Prambanan sono i più impressionanti; si proiettano verso il cielo con la loro tipica struttura appuntita e sono consacrati alle divinità hindu Brahma, Vishnu e Shiva. Per entrare all'interno del complesso bisogna percorrere un lungo sentiero e salire dei gradini. Non trascurate i cartelloni posti di lato in fondo ai gradini poiché recano informazioni sui templi e sul sito archeologico. Mentre fate il giro, fate attenzione a come varia l'inclinazione del sole. Allontanatevi dalla folla e spostatevi sul retro dei templi, dove trovate uno spazio erboso in cui è più facile scattare foto, poiché il soggetto non è in controluce.

Ricostruzione completa

Gran parte del complesso di Prambanan è ancora in rovina, a causa di alcuni terremoti verificatisi centinaia di anni fa. I templi principali sono stati ricostruiti, mentre il restauro di quelli minori è ancora in corso. Il processo di edificazio-

DIEGO FIORE/SHUTTERSTOCK ©

Tempio di Lumbung

ne dei templi originari non ha comportato l'utilizzo di malta o di cavi d'acciaio. Ogni blocco è stato scolpito per inserirsi perfettamente al proprio posto. Data la mancanza di fondi, i team di muratori e archeologi impegnati nel progetto di ricostruzione possono lavorarvi solo uno alla volta, rendendolo un processo eccessivamente lungo. Si stima che il restauro del complesso richiederà più di 200 anni.

Complesso di Prambanan

Nei pressi del complesso principale sorgono tre templi più piccoli: per raggiungerli uscite dalla parte opposta a quella da cui siete entrati e seguite il sentiero che conduce al primo tempio. Qui potete prendere una navetta per fare il giro (il tempio più lontano dista 1 km). I tre templi di questo complesso minore sono il **Tempio di Lumbung**, il **Tempio di Bubrah** e il **Tempio di Sewu**. Quest'ultimo è il più vasto e anche il più suggestivo, e vale la pena soffermarsi con attenzione.

All'interno del complesso troverete anche il **Rāmāyaṇa Ballet**, un teatro all'aperto dove dopo il tramonto si tengono spettacoli di danza con più di 200 ballerini. Per approfondire la storia di Prambanan, visitate il **Museo Candi Prambanan**, dove sono esposti manufatti, statue e fossili rinvenuti in zona. Se avete acquistato un biglietto cumulativo, non perdetevi il **Kraton Ratu Boko** (p85).

Leggenda locale

Secondo una leggenda locale il complesso fu edificato dal principe Bandung Bondowoso, che si era innamorato della principessa Rara Jonggrang. Lei rifiutò la proposta di matrimonio dicendo che avrebbe acconsentito alle nozze solo se lui avesse costruito 1000 templi. Nel giro di una notte, il principe eresse il complesso di Prambanan con l'aiuto di demoni evocati dalla terra. La principessa, però, gli giocò uno scherzo, bloccandolo all'ultimo minuto e impedendogli di finire il lavoro. In un moto di rabbia, lui la trasformò in pietra. Oggi i visitatori possono vederla pietrificata per l'eternità nell'immagine di Durga, nella camera nord del Tempio di Shiva a Prambanan.

INGAGGIARE UNA GUIDA LOCALE

Per sfruttare appieno la vostra visita, ingaggiate una guida locale all'entrata principale. Una guida rappresenta un valore aggiunto poiché vi porterà in posti a cui altrimenti non potreste accedere. Le guide conoscono i punti migliori per scattare foto, oltre alle scorciatoie per girare tra i templi e le rovine.

CONSIGLI

- Il complesso templare di Prambanan è chiuso il lunedì.
- Da Prambanan prendete la navetta gratuita per il Kraton Ratu Boko, la cui visita è inclusa nel prezzo del biglietto.
- Visitatelo al mattino presto per evitare la calura. In alternativa, scegliete le prime ore della sera se volete ammirare il tramonto.
- Entrate prima delle 17 per non rischiare di trovare la biglietteria chiusa.
- Per scattare foto senza avere problemi di retroilluminazione, andate dietro i templi principali.
- Per risparmiare, valutate l'acquisto di un biglietto cumulativo che include una visita ai templi di Borobudur.

UN PO' DI STORIA

Oltre al museo del Kraton e al Taman Sari, il cuore di Yogyakarta ospita molti altri musei davvero fantastici. Qui di seguito ve ne consigliamo tre.

Museo Sonobudoyo Situato su Jl Malioboro, non lontano dal Kraton, questo museo è dedicato alla storia culturale. In alcune serate vi si tengono spettacoli tradizionali dal vivo che mettono in scena leggende locali.

Museo Wahanarata Piccolo museo situato proprio dietro al Kraton. Ospita una collezione di carrozze reali tirate da cavalli.

Benteng Vredeburg Questa fortezza coloniale convertita in un museo storico si trova al Nol Kilometer (chilometro zero) di Jl Malioboro.

SERGII FIGURNYI/SHUTTERSTOCK ©

Taman Sari

Kraton offre un'occasione unica ed emozionante di sbirciare nelle vite di una monarchia indonesiana pienamente operativa. Mentre passeggiate all'interno del complesso, vedrete passare le guardie reali nell'esercizio delle loro funzioni, mentre il personale e gli inservienti di pulizia sono impegnati nel mantenimento e nella gestione del palazzo.

Il Kraton si può visitare ogni giorno della settimana ma è aperto solo dalle 8.30 alle 12.30, eccetto il venerdì e il sabato quando chiude alle 11. Il biglietto d'ingresso al palazzo include anche una guida.

Visitare il Taman Sari

Il parcogiochi di un sultano

Il **Taman Sari** si trova a pochi passi (o pochi minuti di *becak*) dal Kraton. Noto come il 'Giardino del sultano', ospita un meraviglioso complesso con mura antiche, un frutteto, piscine, tunnel e una moschea sotterranea.

Anche il Taman Sari fornisce uno spaccato unico della vita quotidiana del sultano. Costruito in origine come rifugio per la famiglia reale, questo complesso cattura l'attenzione di tanti visitatori.

MANGIARE A YOGYAKARTA

Mediterranea: Migliore ristorante italiano del centro, con prezzi ragionevoli. **$$**

Nanamia Pizzeria: Ottime pizze tradizionali servite in un ristorante spazioso, in cui si può anche mangiare all'aperto. **$$**

SixSenses Kitchen: Ristorante elegante ed esclusivo che propone piatti internazionali. **$$$**

Thyme Beef Bar & Eatery: Ottima steakhouse che propone piatti gustosi a prezzi migliori rispetto ad altri locali del centro. **$$**

Qui il sultano poteva sfogare la propria passione andando 'a caccia' di una moglie o di un'amante mentre queste facevano il bagno.

Oggi gran parte del complesso è ancora intatto, tanto che negli ultimi anni vi si sono trasferiti diversi residenti. La presenza di caffetterie e murales aggiunge un tocco di colore e conferisce una dimensione tutta nuova all'esperienza dei visitatori. Il Taman Sari è aperto tutto i giorni dalle 9 alle 15. Il biglietto d'ingresso include una guida che vi racconterà aneddoti del passato e vi accompagnerà alla scoperta di quello che un tempo è stato il parcogiochi del sultano.

Il tramonto visto da un palazzo in collina

Vedute panoramiche da antiche piscine

Il **Kraton Ratu Boko** è un sito archeologico situato in cima a una collina a circa 3 km dal complesso di Prambanan. In origine fu un vero e proprio insediamento, completo di *kraton* (palazzo), cinta muraria, piscine e un fossato ormai prosciugato. La maggior parte delle testimonianze raccolte sembra indicare che Ratu Boko fosse un palazzo fortificato. Passeggiare tra le rovine nel tardo pomeriggio con la luce del sole che svanisce all'orizzonte è un'esperienza suggestiva.

All'interno di Ratu Boko ci sono moltissime rovine, alcune segnalate altre no. Gli storici non hanno ancora appurato la funzione di queste strutture o il perché della loro edificazione, tranne per le piscine, che venivano usate dalle principesse e dalle concubine del re per fare il bagno. Questi bellissimi specchi d'acqua che riflettono meravigliosamente il sole, il cielo, le nuvole e le montagne in lontananza, impreziosiscono un luogo magnifico e tranquillo.

Visitare il Ratu Boku è semplice: vi si accede dalla strada che porta all'entrata principale. La tariffa d'ingresso scende se si acquista un biglietto cumulativo che comprende anche il complesso di Prambanan. Se dedicate la giornata alla visita dei templi, il Ratu Boko può essere il modo perfetto di terminare in bellezza ammirando uno spettacolare tramonto.

Tentate la fortuna ad Alkid

Bende per gli occhi e divertimento serale

Un paio di isolati dietro al Kraton sorge un ampio spiazzo erboso chiamato **Alun Alun Kidul** o Alkid, uno dei luoghi di ritrovo più frequentati della città, specie la sera, avvolto in

MIGLIORI POSTI PER AMMIRARE IL TRAMONTO

Essendo circondata da colline, Yogyakarta vanta alcuni posti meravigliosi per ammirare il tramonto. Di seguito, alcuni dei nostri punti preferiti.

Kraton Ratu Boko
Suggestive rovine archeologiche situate in una posizione perfetta per ammirare il tramonto.

Obelix Hills
Bellissima location in cima a una collina con ristoranti, angoli per scattare selfie e piattaforme panoramiche.

HeHa Sky View
Il posto più famoso per osservare tramonti nei dintorni di Yogyakarta.

Bukit Paralayang Watugupit
Meravigliosa collina che si affaccia sulla spiaggia a sud di Yogyakarta.

Tebing Breksi
Scogliera panoramica con diversi *warung* e angoli graziosi per scattarsi selfie.

The House of Raminten: Cibo tradizionale servito da camerieri che indossano vestiti tipici. Prenotate in anticipo. $$

Kesuma Restaurant: Cibo indonesiano delizioso e staff gentile che conosce l'inglese. $$

Loko Cafe Malioboro: Questo ristorante si trova nei pressi di Jl Malioboro, vicino alla ferrovia. Serve cibo locale e occidentale a un buon prezzo. $$

Sate Ratu: Se vi piace il *sate* dovete assolutamente provare questo locale. Il *sate* rosso è una vera delizia. $

PASSEGGIANDO LUNGO JL MALIOBORO

Il momento migliore per fare una passeggiata nel cuore della via principale di Yogyakarta è la sera. Partite dal ❶ **Yogyakarta Monument**. Risalente al 1889, la rotatoria, su cui si affacciano diversi caffè e ristoranti molto popolari si illumina in maniera fantastica. Proseguite lungo Jl Mangkubumi fino raggiungere ❷ **Tunqu Nangkring**, dove potete assaggiare la migliore pizza di strada della città. Accanto, provate il tradizionale *kopi joss* – un caffè in cui viene inserito un pezzo di carbone rovente. Da qui, continuate attraversando i binari della ferrovia fino a ❸ **Plang Malioboro**: il famoso cartello con su scritto 'Jl Malioboro', un luogo emblematico dove scattare fotografie anche se potrebbe esserci la fila. Proseguendo, arrivate a ❹ **Teras Malioboro 2**. Un tempo l'intera strada era bordata da numerose bancarelle che poi sono state spostate al centro comunale di ❺ **Teras Malioboro 1**, dove potete fare shopping o anche solo curiosare tra le merci esposte. La sera si tengono spettacoli di artisti e musicisti di strada all'aperto. Per acquisti più tradizionali, recatevi al ❻ **Pasar Beringharjo**.

Tornate indietro sulla via principale per visitare ❼ **Hamzah Batik** dove comprare tessuti di autentico batik e assistere alla loro produzione. Dopodiché, camminate verso l'incrocio principale, in corrispondenza del ❽ **Nol Kilometer**, un punto di aggregazione molto frequentato dalla gente del posto, dove frotte di residenti si siedono a godersi l'atmosfera. Da qui, proseguite fino al ❾ **Museo Sonobudoyo** e terminate il vostro giro osservando uno spettacolo di danza tradizionale. Altrimenti, valutate l'idea di prendere un *becak* per spostarvi verso l'Alun Alun Kidul.

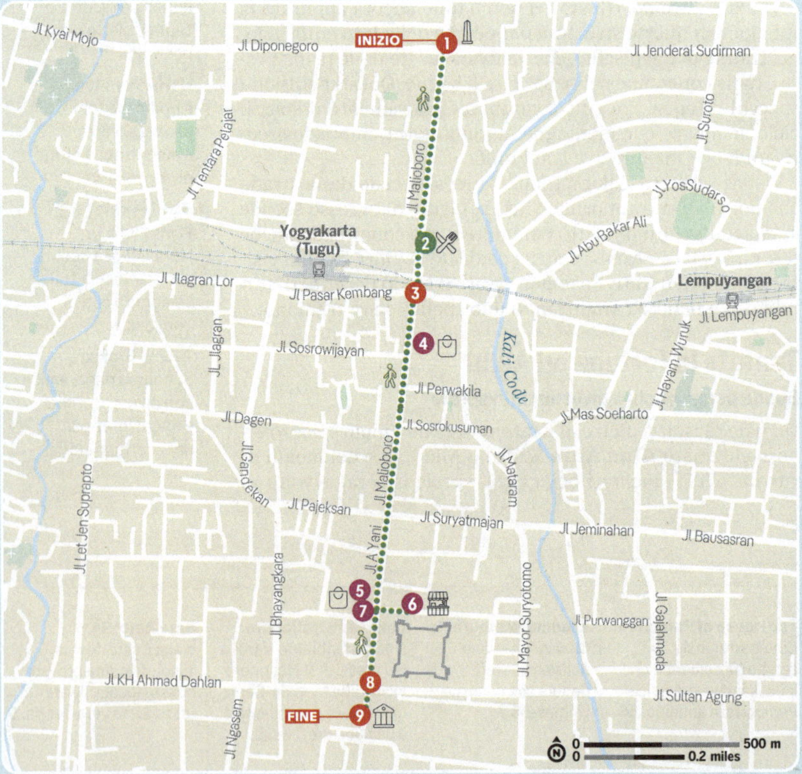

un alone di superstizione e mistero. Nel centro della piazza si ergono due grandi alberi di fico baniano, ciascuno racchiuso in un bellissimo recinto bianco. A separarli vi è un'area aperta di circa 25 m. Secondo una leggenda, chi riesce a passare con gli occhi bendati in mezzo a questi due alberi, potrà realizzare tutti i suoi desideri. Per quanto sembri facile, non lo è. Non solo si viene bendati, ma si deve anche cominciare a camminare da una distanza di 50 m, dopo aver fatto tre volte il giro della piazza.

Si può partecipare al gioco in ogni momento della giornata (anche noleggiando una benda), ma tenete presente che è di sera che Alkid prende veramente vita, quando frotte di residenti si riversano nel parco, portando con sé coperte da picnic e cibo da asporto. L'intero parco è circondato da una strada dove si possono noleggiare veicoli a pedali ricoperti di luci fluorescenti. Ovunque vi volterete vedrete bancarelle di street food e gente che si rilassa godendosi la serata.

Riscoprire Candi Sambisari

Un tesoro sotterraneo

Se vi piacciono i templi e non vi siete ancora stancati dopo aver visitato i due 'colossi' di Borobudur e Prambanan, recatevi a **Candi Sambisari**, un tempio molto tranquillo e poco visitato. Situato non troppo lontano dal centro di Yogyakarta, è in realtà uno dei più facili da raggiungere. Una delle attrattive di Candi Sambisari è proprio il fatto di poterlo esplorare in tutta tranquillità, una meta consigliata per gli amanti della storia e dei templi.

Da un punto di vista architettonico, assomiglia ad altri templi della regione, ma vanta una particolarità poiché l'intero complesso sembra sorgere nel sottosuolo, in una profonda cavità. La ragione è semplice: il Candi Sambisari fu costruito a livello del terreno, ma centinaia di anni fa fu completamente inghiottito e ricoperto da montagne di cenere e di detriti generati dalle eruzioni del Gunung Merapi. È stato riscoperto solo di recente, quando un contadino ha urtato con la zappa una strana pietra mentre lavorava nel suo campo.

SCOPRIRE IL BATIK

Originari di Yogyakarta e della città gemellata di Solo (dove comparvero alla fine dell'Ottocento), i tessuti batik sono diventati parte integrante della vita quotidiana. La parola 'batik' designa l'arte di creare decorazioni su tessuti usando la cera sciolta. Si tratta di una tecnica molto precisa, che richiede tempo e talento. A Yogyakarta ci sono posti come Hamzah Batik, lungo Jl Malioboro, dove potrete sedervi a osservare gli artisti mentre lavorano. Nel 2009, l'UNESCO ha inserito il batik indonesiano nel lista del Patrimonio Immateriale dell'Umanità, e il 2 ottobre di ogni anno in Indonesia si festeggia la giornata nazionale del batik.

VIAGGIO ACCESSIBILE

Yogyakarta è una città poco indicata per i portatori di disabilità e per le persone con mobilità ridotta, ma Difa Bike (difabike.com) fornisce motociclette dotate di sidecar adatte ai tour.

BERE UN DRINK A YOGYAKARTA: CAFFETTERIE DEL CENTRO

Nol Kilometer Coffee & Tea: Questo caffè in stile coloniale, spazioso e dall'atmosfera intima, si trova proprio nel cuore di Yogyakarta.

Kebon Ndalem Coffee & Eatery: Eccellente caffetteria affacciata sul monumento principale di Yogyakarta.

Blanco Coffee & Books: Caffè intimo e accogliente, con una buona connessione wireless.

Noren Coffee & Roastery: Caffetteria un po' nascosta dall'atmosfera rilassata, nei pressi di Jl Malioboro.

Dintorni di Yogyakarta

La 'regione speciale' di Yogyakarta vanta meravigliosi tramonti, chilometriche spiagge di sabbia dorata e antichi vulcani.

Località

Per esplorare i dintorni di Yogyakarta, noleggiate un'auto o uno scooter, oppure ingaggiate un autista. Vi aspettano tramonti sulle colline, una miriade di templi e il vulcano più attivo del mondo.

Verso sud, le spiagge dorate del Gunung Kidul attirano schiere di residenti ogni weekend e nelle vicinanze si staglia un antico vulcano dall'aura misteriosa che si presta a essere scalato con un'escursione notturna che solo i più arditi vorranno intraprendere.

Una voragine nella terra, accessibile solo tramite l'attrezzatura da scalata, si apre rivelando un'incredibile meraviglia sotterranea.

TRASPORTI LOCALI

Partite da Yogyakarta con il vostro veicolo o, in alternativa, noleggiate un'auto con conducente. I tour organizzati sono un'opzione intelligente per raggiungere i luoghi più lontani. È una buona idea combinare più esperienze in un giorno, per risparmiare tempo e denaro.

Gunung Kidul

DA YOGYAKARTA: **1 H 30 MIN**

Il soggiorno balneare perfetto

Per quanto anche Yogyakarta abbia le sue spiagge, le migliori in assoluto si trovano nella reggenza di **Gunung Kidul**, 70 km più a sud, dove i residenti di Yogyakarta amano recarsi per una gita fuori porta. Basta una breve visita per capire perché: la sabbia color giallo oro è pulita e le acque hanno le tipiche sfumature verdi e azzurre delle distese tropicali. La costa presenta suggestive formazioni rocciose, promontori e isole. Ogni spiaggia di Gunung Kidul è particolare e ce ne sono decine tra cui scegliere. Di seguito elenchiamo alcune tra le migliori.

Ngrenean Beach, piccola e sicura, è piuttosto riparata; non ci sono onde e presenta suggestive scogliere su entrambi i lati. La singolare **Baron Beach** presenta un fiume sotterraneo che a un certo punto risale in superficie. La piccola ma bella **Pantai Jogan** vanta una cascata che si tuffa sulla spiaggia, mentre l'appartata **Nglambor Beach** offre le migliori opportunità di snorkelling della zona. **Pantai Kekup** è una spiaggia molto scenografica – c'è anche un'isola che ricorda Tanah Lot, a Bali, ma senza il tempio.

Fate attenzione a Jomblang Cave, poiché talvolta possono esserci forti correnti di risacca e onde grandi e improvvise. In molte delle spiagge vicine a Yogyakarta è vietata la balneazione.

Jomblang Cave

Jomblang Cave

DA YOGYAKARTA: **1 H 30 MIN**

Prova di coraggio

Jomblang Cave è una delle tante meraviglie di Gunung Kidul. Questa dolina è stata 'scoperta' soltanto nel 1984 e aperta al pubblico nel 1999. L'attrattiva principale è la modalità di accesso: bisogna infatti calarsi a 60 m di profondità tramite una corda fissata a un'imbracatura di sicurezza. All'apparenza è un'attività rischiosa ma in realtà è del tutto sicura.

Al fine di mantenere un corretto equilibrio, occorre calarsi in coppia. Se siete da soli, sarete accompagnati da una guida. Jomblang Cave si distingue da altre attività simili perché la corda che vi cala nel vuoto, lunga circa 100 m, viene maneggiata da un gruppo di uomini del posto. Anche se in teoria si tratta di un'operazione rischiosa, ci sono parecchie misure di sicurezza: le corde, le carrucole e le imbracature sono in ottime condizioni e vengono sottoposte a regolare manutenzione. Inoltre, tutte le guide e gli operatori possiedono le qualifiche necessarie per gestire l'operazione in totale sicurezza.

Calarsi all'interno della dolina è l'inizio di un'avventura e, una volta raggiunto il fondo, la guida vi conduce all'entrata di un'altra gigantesca caverna passando per alcuni gradini melmosi. Aiutandovi con la sola luce delle torce e delle lampade, seguite la guida per diverse centinaia di metri fino a raggiungere il fondo di un'altra dolina più grande.

Il punto di arrivo è l'apice dell'escursione a Jomblang Cave, in cui è possibile vedere un fiume sotterraneo con diverse cascate e la bocca della dolina che si apre verso il cielo. Se

VIVERE COME LA GENTE DEL POSTO

Angelika Eva Marisa, imprenditrice locale, fornisce tre dritte ai visitatori che vogliono avere un assaggio di come si vive a Yogyakarta.

Kopi Joss
La migliore versione di questo caffè (*kopi*) tradizionale si può assaggiare da **Angkringan Kopi Jos**, vicino alla stazione ferroviaria di Malioboro. Si tratta di un caffè nero in cui viene inserito un pezzo di carbone rovente. Per un'esperienza più autentica, sedetevi sul marciapiede e chiacchierate con la gente del posto.

Pasar Beringharjo
Visitate questo mercato (*pasar*) tradizionale di Malioboro, assaggiate alcuni dei cibi locali e acquistate tessuti tradizionali batik a buon prezzo.

Becak e andong
Su Jl Malioboro usate questi mezzi di trasporto tradizionali per sperimentare la vera vita locale.

PANORAMI DA NON PERDERE

La regione che circonda Yogyakarta offre alcuni bellissimi panorami. Le cime delle colline costituiscono dei belvedere naturali, e molte sono dotate di punti panoramici. Di seguito elenchiamo i migliori e i più frequentati.

Puncak Pinus Becici
Bellissima zona boscosa. Offre terrazze panoramiche, sculture e tour in jeep.

Bukit Panguk Kediwung
Favoloso punto per osservare il tramonto. Un po' difficile da trovare, ma vale la pena visitarlo per le incredibili vedute.

Taman Buah Mangunan
Bei panorami, anche lungo il sentiero che porta al parco. Per intercettare i migliori, andateci al mattino presto.

TIRA JAY/SHUTTERSTOCK ©

Teleferica, Pantai Timang

ci andate nel momento giusto della giornata, quando i raggi del sole penetrano all'interno della cavità, potete assistere a un vero e proprio spettacolo e la guida vi indica gli angoli migliori per scattare foto.

Per raggiungere Jomblang Cave, digitate su Google Maps la località e seguite il percorso segnalato. L'ultimo chilometro di strada è piuttosto accidentato, anche se percorribile con una vettura normale. Il momento migliore per visitare la dolina è al mattino, quando i raggi del sole filtrano con la giusta angolazione. Evitate i fine settimana e le festività, di solito più affollati. Considerate anche che l'esperienza non è consigliabile a chi ha paura delle altezze o del buio.

CAFFÈ VICINO AL GUNUNG MERAPI: LA NOSTRA SCELTA

Cinema Bakery: Ottime torte, quiche e molto altro, in un bel patio all'aperto.

Warung Kopi Merapi: Uno dei luoghi di ritrovo più apprezzati, situato proprio alle falde della montagna. Buon cibo e caffè con panorami spettacolari.

Kopi Padasan: *Warung* dove si può prendere un caffè rilassante con vista sulle risaie e sul Gunung Merapi.

Nest Coffee & Donuts: Eccellente panetteria-caffetteria immersa nella natura.

Pantai Timang

DA YOGYAKARTA: **3 H**

Avventura in teleferica

A est di Yogyakarta, oltre alle spiagge di Gunung Kidul, si trova una piacevole spiaggetta chiamata **Pantai Timang** nelle cui immediate vicinanze sorge un'isoletta molto amata dai pescatori di aragoste. Il principale motivo di richiamo per i turisti è la teleferica color giallo acceso azionata manualmente che consente di raggiungerla dalla spiaggia. Su questo marchingegno di legno c'è posto per massimo due passeggeri e il tragitto per l'isola dura pochi minuti, durante i quali si sorvolano le onde sottostanti mentre quattro o cinque operatori manovrano corde e carrucole. All'arrivo, l'unico operatore presente all'altra estremità del tragitto blocca la teleferica mentre voi scendete. Sull'isola potete esplorare le scogliere e con un po' di fortuna anche gustare un'aragosta cucinata sul momento dai pescatori.

Per raggiungere Pantai Timang, dovrete organizzarvi da soli, affittando un mezzo (motorino o auto) oppure ingaggiando un autista. Essendo una località piuttosto sperduta, da Yogyakarta impiegherete due o tre ore. Date le cattive condizioni nel tratto finale del tragitto (2 km), dovrete salire su una jeep. Il trasporto costa circa 300.000Rp, ma se siete venuti da Yogyakarta in jeep non dovrete pagare extra e potrete accedere in autonomia alla spiaggia.

Il tragitto di andata e ritorno in teleferica costa 200.000Rp per gli stranieri (150.000Rp per i residenti). C'è anche un ponte sospeso che si attraversa pagando un biglietto di 100.000Rp.

Goa Tanding e Goa Pindul

DA YOGYAKARTA: **1 H 20 MIN**

Galleggiare su un fiume sotterraneo

In questa zona si può intraprendere una spedizione speleologica per cui non c'è bisogno di calarsi dentro una caverna. La regione del Gunung Kidul è infatti costellata di punti di interesse geologico e di recente è stato scoperto un sistema di fiumi sotterranei. Questi sistemi ipogei, di profondità variabile, sono navigabili e ospitano colonie di pipistrelli e uccelli e magnifiche formazioni di stalattiti e stalagmiti.

Il primo si trova a **Goa Tanding**. Questa caverna è stata scoperta da un contadino locale che, mentre era intento a scavare un pozzo, assestò un colpo a vuoto e perse tutti gli attrezzi che caddero nel fiume sottostante. Dopo una serie

COMBINARE LE ESPERIENZE

Quando visitate Gunung Kidul da Yogyakarta, cercate di combinare più esperienze. Se andate a Pantai Timang di mattina, nel pomeriggio visitate anche altre spiagge. Il momento migliore per visitare Jomblang Cave è al mattino, intorno alle 9, per una questione di luce. Da qui, potete raggiungere in poco tempo Goa Pindul o Goa Tanding per un pomeriggio tra rafting ed escursioni speleologiche. Prenotate in anticipo e passerete una giornata perfetta risparmiando tempo e denaro.

CAFFÈ NEI DINTORNI DI WONOSARI: LA NOSTRA SCELTA

Katamata Coffee & Roastery: Locale un po' nascosto vicino a Wonosari, gestito da una coppia del posto.

Kopi Kenang: Bar di Wonosari. Buon caffè, musica dal vivo e atmosfera fantastica.

d'TEKO: Questo caffè di Wonosari, intimo e dai prezzi contenuti, offre un'ampia scelta di cibi e bevande.

Pule Coffee and Eatery: Il menu è un po' striminzito, ma ci sono una bella atmosfera, ampi spazi e prese elettriche per i vostri dispositivi.

STORIE SURREALI

Tra la gente del posto circolano racconti soprannaturali sul Gunung Api Purba, un luogo in cui, secondo la leggenda, si radunano le anime erranti. Lungo l'itinerario sarebbero infatti avvenuti diversi eventi straordinari: incontri con strani individui invisibili ai più, sagome che si muovono tra gli alberi e voci infantili che sembrano provenire dal nulla. Pare che di notte, lungo il sentiero, sia stata vista anche una vecchia signora intenta a vendere *jamu*, una bevanda locale – una donna che però non esiste nella realtà. Per questo molti scelgono di fare il percorso in compagnia, e, se possibile, di evitare del tutto i trekking in notturna!

di accurate esplorazioni, il sito è stato aperto al pubblico per effettuare attività di rafting. Durante l'escursione, una guida vi mostra le colonie di pipistrelli, le antiche formazioni rocciose e persino il buco originale scavato dal contadino. In alcuni tratti il percorso è immerso nel buio più totale, rischiarato appena dalla luce della lampada frontale indossata dalla guida.

Terminata l'avventura potete proseguire con altre attività, ad esempio fare tubing a **Goa Pindul**, una grotta che fa parte dello stesso sistema ipogeo di Goa Tanding. Armatevi di giubbotto salvagente, casco e ciambella di gomma e seguite la guida fino al punto di partenza, dove vi lancerete in acqua per poi galleggiare dentro la grotta. Seguite il corso del fiume sotterraneo accompagnati dai racconti della guida che vi illustra la geografia e la storia del luogo. Arrivati in fondo alla grotta, ci si sposta velocemente verso la tappa successiva, un fiume più tradizionale su cui navigare passando sotto un paio di bellissime cascate.

Entrambe le escursioni consentono di fare il bagno nel fiume, utile nelle giornate di caldo soffocante. Nelle caverne sotterranee ci sono anche un paio di punti rocciosi da cui tuffarsi. Sono perfette per grandi e piccini, dato che i giubbotti salvagente e i caschi sono disponibili in tutte le taglie. Ci sono diverse compagnie che offrono buoni pacchetti: una delle migliori è **Panca Wisata Goa Pindul**. Portatevi vestiti di ricambio e un asciugamano.

Gunung Api Purba

DA YOGYAKARTA: **1 H**

Scalare un antico vulcano

Se vi piace il trekking e cercate un'occasione per allontanarvi un po' dalla città, non perdete la spettacolare ascesa al Gunung Api Purba (due ore tra andata e ritorno), una delle due cime che formano l'antico vulcano di **Nglanggeran**, risalente a 60 milioni di anni fa.

Molti escursionisti tendono a riservargli mezza giornata, prendendosi del tempo in più per godersi i formidabili paesaggi naturali.

Il percorso comincia con una serie di gradini che si inerpicano tortuosi verso l'alto, simili a una specie di vecchia scala muschiosa; e prosegue punteggiato da improvvisate strutture di legno, costruite per assistervi nella scalata di grossi massi e per spostarvi da una parte all'altra del sentiero, alla cui estremità vi aspettano due canyon, incastonati tra svettanti formazioni rocciose. Il sentiero si inabissa nelle profondità di queste gole, per poi riemergere sull'altro lato catapultandovi verso l'ostacolo successivo. Lungo il percorso ci sono diverse aree di sosta dislocate in punti strategici e dotate di panorami mozzafiato che invitano alla contemplazione del paesaggio e a godersi il momento presente.

Una volta arrivati in cima davanti a voi si aprirà una vista straordinaria punteggiata da guglie di roccia che si stagliano verso il cielo simili a orgogliose e silenziose sentinelle che vegliano sull'alba e sul tramonto (entrambi visibili dal

Borobudur

Gunung Api Purba), testimoni di un passato perso nella notte dei tempi e a lungo dimenticato.

Per questo trekking dovrete organizzarvi in autonomia. Potete acquistare i biglietti all'inizio del sentiero, proprio accanto alla strada.

Borobudur

DA YOGYAKARTA: **1 H**

Il tempio buddhista più grande del mondo

Chiunque visiti Yogyakarta prima o poi sentirà parlare dell'imperdibile tempio di **Borobudur**.

Costruito nell'VIII secolo, è composto da un singolo edificio che occupa un'area di 2500 mq. Il tempio consta di nove livelli ed è alto 35 m. Presenta inoltre un'incredibile serie di 2672 rilievi e 504 statue del Buddha. Intorno al X secolo, di questo complesso si sono perse completamente le tracce. Nonostante esistano diverse teorie che cercano di spiegarne i motivi, si ritiene che in gran parte sia stato sepolto da una pioggia di ceneri causata dall'eruzione del Gunung Merapi. In seguito a ulteriori eruzioni, si rese necessario lo spostamento del regno di Mataram a Giava est, fatto che determinò l'abbandono della zona e del Borobudur. Il tempio è stato riscoperto nel 1814 quando Thomas Stamford Raffles inviò nella giungla un'equipe di archeologi incaricati di verificare la veridicità delle voci che parlavano di un edificio religioso andato perduto. In passato si tentarono diversi progetti di ristrutturazione, ma solo negli anni '70 furono intrapresi grandi interventi di restauro. Nel 1991 Borobudur è stato inserito nella lista del Patrimonio Mondiale dell'Umanità.

Ad oggi, il tempio vanta due milioni di visitatori all'anno ed è aperto tutto il giorno, anche se i momenti migliori per vederlo sono l'alba e il tramonto. Pur essendo un sito turistico,

ALBA A BOROBUDUR

Uno dei momenti più gettonati per visitare Borobudur è l'alba, per poter immortalare il disco solare che si innalza al di sopra del tempio.

Durante la pandemia di COVID-19, il sito era stato chiuso e, nonostante ora abbia riaperto, al momento della stesura di questa guida non era ancora possibile entrare prima dell'alba.

Nelle immediate vicinanze ci sono due posti da dove potete ammirare il sole che sorge sul tempio: **Bukit Barede**, che apre alle 4 del mattino e applica una tariffa di entrata di 50.000Rp per gli stranieri; e, allo stesso prezzo, **Punthuk Setumbu**, molto gettonato per i tour.

ADE SUARDIKA/SHUTTERSTOCK ©

Hari Waisak, Borobudur

CONSIGLI PER L'HARI WAISAK

- Arrivate presto per evitare il traffico e assistere alla processione.
- Non perdetevi la cerimonia delle lanterne, alle 17.30.
- Indossate abiti bianchi. I pantaloncini non sono ammessi.
- Prenotate il biglietto (online) e spegnete il cellulare durante le sessioni di meditazione.
- Attenti ai biglietti falsi e ai bagarini.

non perdetevelo, perché è una di quelle esperienze da fare almeno una volta nella vita. Il complesso è vasto e anche se c'è un solo tempio, ci sono diversi modi per evitare la calca. Per esempio, pianificate la visita in un orario in cui non ci sono né autobus né orde di turisti, il cui numero comincia a scemare verso l'ora di pranzo, con una seconda ondata nel tardo pomeriggio. Nei dintorni del tempio ci sono eccellenti aree di sosta tra cui un ampio spazio erboso dove in qualsiasi momento della giornata (o quasi) potete trovare un posticino tranquillo per godervi un momento di solitudine.

Borobudur si raggiunge facilmente da Yogyakarta: è possibile partecipare a uno dei tanti tour organizzati che spesso includono la visita al tempio di Prambanan. Potete anche organizzarvi in autonomia o prendere l'autobus dalla stazione di Jombor.

Festeggiamenti dell'Hari Waisak

Hair Waisak, o Vesak Day, è una festa buddhista in cui si commemorano la nascita, l'illuminazione e la morte del Buddha. Viene celebrata nel mese di maggio e la data varia in base al calendario lunare. Il complesso di Borobudur è uno dei centri in cui si svolgono le celebrazioni; monaci, pellegrini e altri visitatori vengono da tutto il mondo per presenziare ai festeggiamenti.

L'evento si apre con un pellegrinaggio di massa a Borobudur da parte dei monaci provenienti dal Tempio Mendut e comprende alcuni momenti di meditazione. Si consiglia di arrivare presto, anche per evitare il traffico e la chiusura delle strade. È imprescindibile trattenersi fino a tardi poiché il lancio delle lanterne, che avviene al calare del buio, è uno degli eventi più emblematici, nonché l'unico a cui possono partecipare anche i visitatori.

Potete prendere parte all'Hari Waisak prenotando per tempo online. I biglietti per la cerimonia delle lanterne (300.000Rp) sono molto più cari di quelli riservati agli spettatori e non includono l'entrata a Borobudur. Per raggiungerlo, potete organizzarvi in autonomia oppure partecipare a un tour. A chi ha un budget limitato si consiglia di prendere l'autobus dalla stazione di Jombor a Yogyakarta.

Parco Nazionale di Gunung Merapi

DA YOGYAKARTA: **50 MIN**

Il vulcano più attivo dell'Indonesia

A vegliare sulla città di Yogyakarta e sui territori limitrofi ci pensa il **Gunung Merapi**, uno dei vulcani più attivi del mondo. Gli abitanti di Yogyakarta vivono sotto la minaccia costante di una nuova e violenta eruzione; l'ultima (2010) ha causato la morte di centinaia di persone e ha avuto un impatto devastante sulla fauna selvatica locale. Ciononostante, il Merapi occupa un posto speciale nel cuore dei residenti e dei giavanesi e ha un ruolo di rilievo nei miti e nelle leggende dell'isola. Il Kraton, il palazzo reale dove risiede il sultano di Yogyakarta, fu eretto per affacciarsi sul Gunung Merapi; sulle pendici del vulcano sono stati costruiti caffè e attrazioni che nei fine settimana richiamano orde di turisti dalla città.

Il **Parco Nazionale di Gunung Merapi** è facilmente raggiungibile da Yogyakarta poiché dal centro città partono diverse strade che portano direttamente alle sue falde; e a parte seguire Google Maps, non dovrete far altro che puntare il naso in direzione della montagna. Parecchie delle attrazioni ubicate nei pressi del Merapi si possono visitare come parte dei popolarissimi tour in jeep. Man mano che risalite le pendici del vulcano, vedrete comparire vari cartelloni che pubblicizzano decine di compagnie turistiche. Questi tour possono essere molto affollati, specialmente nei weekend, perciò cercate di arrivare il prima possibile. L'escursione si svolge per lo più su strada (asfaltata o meno), ma gli autisti e le guide vi porteranno in posti interessanti, altrimenti difficili da raggiungere.

Uno di questi è un inquietante museo che espone resti e manufatti scoperti dopo l'eruzione del 2010. Non perdetevelo, se siete curiosi di scoprire il potenziale impatto di un'eruzione vulcanica e le conseguenze devastanti sulle comunità locali.

ESCURSIONI A PIEDI O IN JEEP

Il sito web gunungbagging.com è una risorsa fenomenale per organizzare l'ascesa dei picchi e dei vulcani dell'Indonesia, con informazioni utili tra cui previsioni meteo aggiornate, consigli generali per il trekking e molto altro.

Vale la pena richiedere la membership se progettate un trekking in Indonesia poiché i membri possono ricevere le coordinate GPS, consultare un database completo sulle guide, scaricare ebook e PDF e accedere alla apposita community.

Una caratteristica dei viaggi in Indonesia, e in particolare a Giava, è la popolarità dei tour in jeep, disponibili ovunque. In molti casi si tratta di un semplice giro della zona, che però può risultare molto gratificante.

MISTICO MERAPI

Il Merapi occupa un posto importante nella vita degli abitanti di Yogyakarta e delle zone limitrofe; questa montagna è infatti avvolta in un alone di miti, tabù e credenze. Si pensa che sia presidiata da numerosi spiriti, regolarmente omaggiati con cerimonie e offerte volte a compiacerli. Spesso personificato, il Merapi deve essere sempre 'accontentato'; si ritiene infatti che se la montagna viene trattata bene, essa tratterà gli abitanti con altrettanta benevolenza. Il Merapi è dotato anche di un proprio custode spirituale, il quale risiede alle sue falde, ed è in grado di 'parlare' con la montagna. Può dunque consigliare e aggiornare le autorità locali sulle condizioni del vulcano.

New Selo

DA YOGYAKARTA: **1 H 50 MIN**

L'alba in cima al Merapi

Pur essendo soggetto a eruzioni distruttive con conseguenze devastanti per le comunità limitrofe, la flora, la fauna e l'ambiente, il Gunung Merapi continua a comparire nella lista dei desideri di ogni escursionista che visiti Giava. Il periodo migliore per scalare questo vulcano corrisponde alla stagione secca, che va da aprile a settembre, e ci sono periodi in cui la cima non è raggiungibile, di solito a causa dell'attività vulcanica.

Per scalare il Merapi potete organizzarvi da soli o ingaggiare una guida, opzione altamente consigliata. L'ascesa può rivelarsi particolarmente ardua anche per gli escursionisti più esperti, specie verso la sommità, dove si riscontrano forti pendenze. Un fatto da non sottovalutare poiché i vulcani non sono mai semplici da scalare, nemmeno con le migliori condizioni. Inoltre la discesa è più impegnativa per la presenza di pietrisco sdrucciolevole e ceneri vulcaniche e per l'instabilità del terreno.

L'escursione comincia nel villaggio di **New Selo** verso mezzanotte, poiché l'ascesa può durare tra le quattro e le cinque ore.

Una volta raggiunta la cima, avvicinatevi al cratere facendo molta attenzione poiché basta il minimo scivolamento per rischiare una catastrofe. Inoltre, i punti sicuri dove si può stare in piedi tra vento forte e freddo gelido sono più unici che rari.

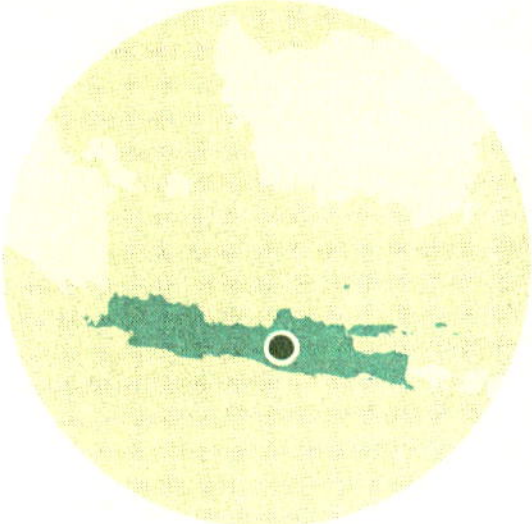

Solo

PALAZZI GEMELLI | BATIK | CIBO TRADIZIONALE

Surakarta, meglio nota come Solo, un tempo era un centro importante del regno di Mataram. Situata circa 55 km a nord-est di Yogyakarta, con cui è gemellata, Solo possiede un proprio Kraton ed è stata la sede di un sultanato.

Si tratta di una città in stridente contrasto con Yogyakarta, poiché tende a passare inosservata ed è più nota per essere centro degli affari. Ha un aspetto dimesso, come si evince dall'intonaco sbiadito e scrostato dei palazzi, ma sotto la facciata poco invitante si cela una città con un passato seducente e una storia ricca tanto quanto quella della più prestigiosa vicina.

Per chi è in cerca di un'esperienza più autentica a Giava Centrale, e desidera fuggire dal turismo di massa di Yogyakarta, Solo può rappresentare un piacevole diversivo.

MOAARIF/SHUTTERSTOCK ©

Palazzo Mangkunegaran (p99)

TRASPORTI LOCALI

Gli autobus (BST) sono la forma di trasporto locale più usata e quelli che operano sulla strada principale sono gratuiti. Essendo una città relativamente piccola, il centro si può girare a piedi. Per evitare il traffico noleggiate uno dei *becak* tradizionali, disponibili in molti angoli della città. Un altro popolare mezzo di trasporto sono le biciclette (*sepeda*) noleggiabili presso gli uffici turistici. In alternativa, e se intendete allontanarvi dal centro, utilizzate le app Gojek e Grab.

IL CONSIGLIO

Solo si può visitare in giornata partendo da Yogyakarta, ma vale la pena dedicargli qualche giorno in più, fermandovi una o due notti per godervela al meglio.

DA VEDERE
1 Kampung Batik Kauman
2 Kraton Surakarta
3 Palazzo Mangkunegaran

PERNOTTAMENTO
4 Holabeds Hotel
5 Solo Paragon Hotel & Residences

PASTI
6 Kayu Manis Coffee & Steak
7 Par Four Cafe
8 Tirai Bamboe Restaurant

SHOPPING
9 Pasar Klewer
10 Pasar Triwindu

CIBI LOCALI PIÙ AMATI

Wedangan
La parola *wedangan* designa un luogo in cui viene servito il *wedang*, una bevanda calda. Solo è disseminata di *wedangan* e il *wedang*, che una volta andava per la maggiore nei quartieri meno abbienti, oggi si sta diffondendo in tutta la città.

Nasi liwet
Il *nasi liwet* è uno dei piatti più apprezzati. È riso cotto nel latte di cocco con straccetti di pollo.

Visitare il Kraton di Solo

Residenza tradizionale del sultano

Il posto migliore per cominciare a conoscere Solo è il **Kraton Surakarta**, che un tempo era la sede del sultano e oggi è un museo. Raggiungerlo è facile, c'è un parcheggio proprio accanto alla biglietteria. Per un'esperienza più coinvolgente è possibile visitarlo con una guida che parla inglese. Dopo aver pagato il biglietto, potrete unirvi al gruppo e alla guida, ma prima di entrare nel complesso vi verrà chiesto di togliere le scarpe e di indossare un sarong per coprire le gambe nude. Un tour può durare fino a due ore. Le guide illustrano nel dettaglio la storia del sultanato e della città e vi conducono a visitare vari palazzi adibiti a musei zeppi di reperti e cimeli.

Il Kraton non è mai troppo affollato e anche se le tradizioni continuano a essere mantenute vive, l'atmosfera è molto più semplice e rilassata di quella che si respira nel Kraton di Yogyakarta.

Visitare il Palazzo Mangkunegaran

Residenza della famiglia reale

Non lontano dal Kraton, troverete un palazzo più moderno, anch'esso visitabile: il **Palazzo Mangkunegaran**. Anche se siete a Solo soltanto per un giorno, vale un tour, specie dopo aver visto il Kraton. Il complesso funge da residenza reale sin dal 1757 ed è parzialmente aperto al pubblico. Diversamente dal Kraton, Palazzo Mangkunegaran presenta due stili architettonici contrastanti poiché il tetto, i pilastri e in generale l'intera struttura sono in stile tradizionale giavanese, ma con un tocco distintamente europeo, introdotto dalla Compagnia Olandese delle Indie Orientali all'inizio dell'Ottocento.

Durante la visita, le guide vi accompagnano all'interno del complesso, fornendovi un resoconto completo della sua storia e illustrandovi le funzioni di ogni cortile e edificio, parecchi dei quali sono utilizzati dalla famiglia reale, mentre altri ospitano vari musei.

Se vi piace assaggiare il cibo locale, il rinomato ristorante Pracimasana fa al caso vostro. I prezzi sono di fascia media – non elevati come ci si aspetterebbe – il cibo è ottimo e il personale professionale e attento. È necessario prenotare in anticipo; potete farlo su Instagram (@pracima.mn).

Heritage Palace

Sogno di ogni instagrammer

Un'attrazione imperdibile nei pressi di Solo è l'**Heritage Palace**, una vecchia fabbrica di zucchero risalente al periodo dell'occupazione olandese e oggi convertita in un'importante meta turistica. L'intero complesso sembra essere stato progettato nell'ottica dei social media, in quanto ogni singolo spazio, dal cortile scoperto ai giardini all'interno dei palazzi dal classico design europeo, è perfetto per scattarsi un selfie.

Vanta anche una meravigliosa collezione di auto classiche e, per rimanere in tema di selfie, un ingegnoso museo di arte tridimensionale dove farvi scattare foto realistiche in luoghi famosi come la Torre Eiffel e la Grande Muraglia Cinese. Dulcis in fundo, troverete anche una 'casa capovolta', dove

IL LATO AUTENTICO DI SOLO

Titi Permata, originaria di Solo, fornisce alcune dritte su come scoprire il lato autentico della città.

Per me Solo rimarrà sempre un posto pieno di luoghi ospitali in cui rilassarmi e ritrovarmi con gli amici. Essendo io stessa una viaggiatrice, so bene quanto sia difficile, a volte, trovare luoghi che esprimano al meglio l'essenza di una città. Uno di questi è **Lokananta**, un piccolo bar all'interno di un vecchio e leggendario studio di registrazione. Un altro posto che merita una visita è l'idilliaco **Kale Locale**, un ristorante che profuma di batik.

MANGIARE A SOLO: LA NOSTRA SCELTA

Kayu Manis Coffee & Steak: Caffè dall'apparenza nostalgica, decorato con oggetti d'epoca. $$

Par Four Cafe: Rinomato ristorante occidentale; serve le bistecche e gli hamburger migliori di tutta la città. $$

Épice Restaurant: Situato nella lobby dell'Hotel Alila, è il posto migliore per gustare i piatti tipici di Solo. $$

Tirai Bamboe Restaurant: Questo ristorante a buffet è ottimo per le famiglie e per chiunque voglia assaggiare diversi tipi di pietanze locali. $$

UNA STORIA VIOLENTA

Il Palazzo Mangkunegaran è l'attuale residenza della famiglia reale. La città di Solo ha una storia complessa che ruota attorno a Raden Mas Said, il figlio di un principe esiliato dal sultanato di Mataram, e il ruolo del Palazzo Mangkunegaran è strettamente connesso a queste vicende.

Alla metà del Settecento, il principe si mise a capo di una ribellione contro il Mataram e i suoi alleati olandesi, a seguito della quale fu stipulato il famoso Trattato di Salatiga, che vide la creazione del ducato di Mangkunegaran. La zona fu suddivisa in tre regioni distinte, unendo Mangkunegaran a Yogyakarta e Solo. Il Palazzo Mangkunegaran fu costruito nel 1757 come residenza reale dell'omonimo sovrano.

Heritage Palace

posare per foto divertenti in camere, cucine e salotti a testa in giù: un'assoluta novità nella cultura del Sud-est asiatico.

Al di là dei selfie, l'Heritage Palace merita una vera e propria visita essendo l'unico zuccherificio convertito in edificio di interesse culturale grazie al grande lavoro di conservazione architettonica che ha contribuito a preservarlo. Si trova a circa 10 km da Solo.

Esplorare Kampung Batik Kauman

Tessuti batik di alta qualità

Se vi interessa il batik, dovete assolutamente recarvi a **Kampung Batik Kauman**. Il batik di Solo è unico nel suo genere e in questa parte della città potete vedere come viene prodotto, confezionato e venduto. I negozi di batik di questo villaggio, vecchio e logoro ma pulito e ordinato, vendono tessuti di qualità migliore rispetto ai mercati più economici e al loro interno potete assistere all'intero processo di produzione. Gli artigiani saranno felici di parlare con voi e di rispondere alle vostre domande mentre si dedicano alla decorazione dei tessuti.

Nella zona troverete anche ristoranti carini, accoglienti caffetterie e angoli colorati in cui scattare bei selfie. C'è anche una rinomata 'via degli ombrelli', con variopinti ombrelli sospesi. Prendetevi la libertà di girovagare per i vicoli – chissà quali tesori nascosti vi aspettano dietro l'angolo!

Uomo di Giava

Storia dell'evoluzione

Il **Museo Sangiran**, appena fuori dal centro di Solo, ha un'esposizione sull'evoluzione umana dove potete acquisire informazioni di prima mano sull'antichissimo fossile umano detto 'Uomo di Giava'. Fu scoperto proprio in questa zona, considerata dagli archeologi internazionali uno dei siti più importanti al mondo per studiare i fossili umani.

Il Sangiran è molto più grande di quello che sembra ed è difficile immaginare che esista un museo di questo livello al di fuori di Giacarta. L'allestimento è molto chiaro, con informazioni concise e facili da comprendere – un incentivo rispetto alla media dei musei indonesiani, che al di fuori di Giacarta e Yogyakarta sono privi di pannelli informativi in inglese. Il museo vanta anche esposizioni sulle origini dell'universo e informazioni di interesse geologico sulla cosiddetta 'Cintura di Fuoco', che ha avuto un ruolo chiave nella formazione dell'Indonesia, determinandone l'assetto attuale.

Per raggiungere il museo, organizzatevi in autonomia. Essendo situato 15 km a nord del centro, è possibile usare Gojek o Grab per il viaggio di andata e ritorno. Il parcheggio principale si trova a 10 minuti di cammino dall'entrata del museo ed è disponibile sia un *ojek* (moto adibita al trasporto passeggeri) sia un piccolo servizio di navetta.

MIGLIORI NEGOZI A SOLO

Solo rivaleggia con Yogyakarta per essere la patria tradizionale del batik. Il rinomato (e spesso affollato) **Pasar Klewer** è il posto migliore in città per comprare tessuti di qualità. Se desiderate acquistare oggetti di antiquariato o anche solo curiosare fra le bancarelle, **Pasar Triwindu** è il posto che fa per voi. Pieno fino all'inverosimile di tutto un po', dalle lampade alle statue, dai gioielli ai giocattoli tradizionali, questo mercato catturerà la vostra attenzione per ore. Come per altri mercati simili, fate attenzione ai prodotti contraffatti.

Dintorni di Solo

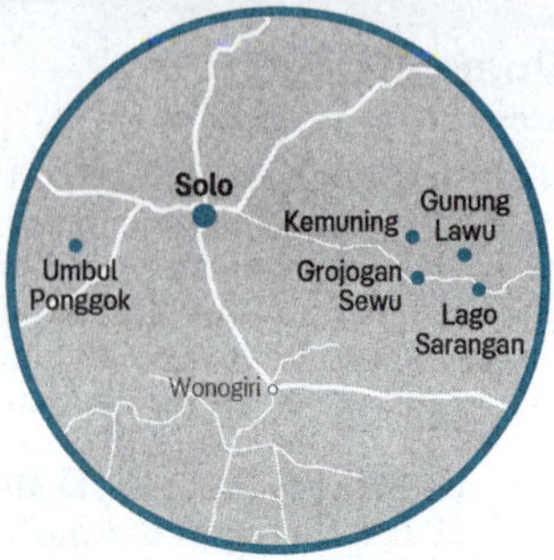

Nei dintorni di Solo, la cima sacra del Gunung Lawu veglia su laghi di montagna, gigantesche cascate e templi secolari.

Località

Dopo esservi lasciati alle spalle Solo, la strada comincia a salire e il picco del Gunung Lawu, un vulcano molto venerato situato sul confine con Giava est, domina lo skyline con la sua maestosa mole. Essendo una montagna sacra per gli hindu non è un caso che le sue pendici siano costellate di templi. Salire sul Gunung Lawu non è un'attività riservata ai soli fedeli, dato che i panorami che si possono ammirare dalla sua cima sono famosi in tutta l'Indonesia. Meravigliose piantagioni di tè, vertiginose cascate, laghi e formidabili complessi templari rendono questa zona di Giava irresistibile.

TRASPORTI LOCALI

Poiché i trasporti pubblici sono scarsi o quasi inesistenti fuori da Solo, valutate la possibilità di guidare voi stessi o di ingaggiare un autista. Le mete interessanti sono situate a poca distanza le une dalle altre e possono essere viste in un'unica giornata. La zona di Kemuning e il Gunung Lawu sono raggiungibili con gite organizzate a partenza giornaliera da Solo. Per ulteriori informazioni, consultate gli uffici turistici.

Grojogan Sewu

DA SOLO: **1 H 15 MIN**

Le 'mille' cascate

Un'ottima opzione per una gita di un giorno da Solo è la visita alle cascate di **Grojogan Sewu**, che in giavanese significa 'mille cascate', un'espressione che potrebbe suonare familiare a chi ha visitato Tumpak Sewu, vicino a Lumajang (Giava est), poiché le due parole hanno lo stesso significato in lingue leggermente differenti. A differenza di Tumpak Sewu, Grojogan Sewu non è caratterizzata da centinaia di cascate ma da una singola cascata: un poderoso flusso alto 81 m che si getta sulle rocce sottostanti. In questo caso, il nome della cascata si riferisce all'altezza, piuttosto che alla quantità di cataratte. Il momento migliore per ammirarla è durante la stagione delle piogge, quando è ancora più dirompente e lungo la falesia si formano altri salti più piccoli che si diramano su entrambi i lati del getto principale.

Il tragitto per raggiungere Grojogan Sewu offre vedute spettacolari anche se la principale attrazione è la cascata stessa. L'avventura inizia una volta raggiunto il parcheggio e la biglietteria. Qui dovrete affrontare la discesa di 1250 gradini, un'impresa eccezionale per molti visitatori e decisamente sconsigliata agli anziani e alle persone con mobilità ridotta. Arrivati alla cascata, preparatevi a incontrare decine di

DENISAURUZ/SHUTTERSTOCK ©

Grojogan Sewu

scimmie moleste. Sebbene siano carine, sono abituate ai turisti e chiunque abbia visitato luoghi come il Tempio Uluwatu di Bali sa quanto possano essere fastidiose. Nascondete il cellulare, il cibo, il cappello e gli occhiali da sole per evitare che vi vengano sottratti quando meno ve l'aspettate.

La cascata è uno spettacolo meraviglioso, soprattutto durante la stagione delle piogge. Se non desiderate fare il bagno e siete sprovvisti di asciugamano e vestiti di ricambio, cercate di non avvicinarvi troppo poiché il potente getto d'acqua inumidisce parecchio l'aria circostante e potreste bagnarvi. Se siete in buona forma fisica, Grojogan Sewu è un'ottima scelta per un'escursione giornaliera. Ricordatevi che, dopo aver disceso i 1250 scalini, dovrete poi risalire!

Lago Sarangan

DA SOLO: **1 H 30 MIN**

Relax in riva al lago

Il **Sarangan** è un piccolo lago di montagna situato a circa 1200 m. La sua posizione alle pendici inferiori del Gunung Lawu regala bellissime vedute del monte, delle colline e delle campagne circostanti. Situato oltre il confine di Giava est, lo si può raggiungere facilmente da Solo.

Ci sono un sacco di cose da fare e da vedere nei dintorni di questo lago, ma soprattutto conviene rilassarsi e godersi l'aria di montagna. Le passeggiate sulla riva, il nuoto e il trekking sulle colline sono tra le attività più praticate. Uno dei principali motivi per cui i viaggiatori locali amano esplorare il lago e i dintorni è l'ottima cucina del posto. Sarangan è famosa infatti per il *sate* di coniglio e il coniglio alla griglia, da provare assolutamente. Sulle sponde si trovano stand gastronomici e *warung*. Anche le attività sportive sono piuttosto diffuse. Si

LEGGENDE LOCALI

Molti luoghi dell'Indonesia sono ammantati di leggende; lo stesso vale per la cascata di Grojogan Sewu. La gente del posto crede che se una coppia non ancora sposata attraversa insieme il ponte davanti alla cascata di Grojogan Sewu sarà destinata a lasciarsi. Di solito i miti si originano in luoghi dove avvengono fenomeni strani e inspiegabili. C'è una leggenda simile legata al Bunut Bolong, un antico albero di Bali. Fate attenzione se visitate questi luoghi con il/la vostro/a partner!

USANZE LOCALI ED ESPERIENZE

Quella di Giava Centrale può rivelarsi una zona molto conservatrice, specie nelle cittadine e nelle zone di montagna meno turistiche ed è essenziale rispettare le usanze e le pratiche religiose locali. Non troverete grande disponibilità di alcol e il cibo occidentale potrebbe non esistere affatto: ci sono solo carretti per la vendita ambulante di cibo e *warung*. Avrete però la possibilità di immergervi totalmente nella vita locale. Mangiate in un *warung*. Comprate cibo sul ciglio della strada. Parlate con i residenti e godetevi il viaggio.

RUDI999/SHUTTERSTOCK ©

Motoscafo, Lago Sarangan

possono noleggiare motoscafi e acquascooter, che però nelle giornate più affollate tendono a guastare l'atmosfera del posto. Inoltre, come accade un po' troppo spesso in Indonesia, non sempre vengono adottate adeguate misure di sicurezza sui motoscafi, per esempio in merito alla messa a disposizione dei giubbotti salvagente. Se decidete di fare un giro in autonomia, attrezzatevi a dovere.

A parte questo, un'escursione giornaliera al Lago Sarangan può essere una scelta azzeccata se intendete sfuggire al trambusto di Solo e di Yogyakarta e può essere facilmente abbinata a una gita alla cascata di Grojogan Sewu o a una qualsiasi altra meta della zona.

MANGIARE A KEMUNING: CASE DA TÈ

Bale Branti: Meraviglioso ristorante tradizionale con menu locale e occidentale. $

Ndoro Donker: Vista sulle piantagioni di tè e atmosfera favolosa. Uno dei posti più rinomati in città. $

Bonteh: Tradizionale casa da tè immersa in una piantagione, con vedute bellissime. Spesso però è chiuso. $

Segoro Ijo: Questo ristorante si affaccia sulle piantagioni e serve un tè davvero buono. $$

Kemuning

DA SOLO: **1 H 15 MIN**

Fresca cittadina di montagna

Il bel villaggio di **Kemuning** rappresenta un'opportunità meravigliosa per una gita in giornata con partenza da Solo. Trovandosi alle falde del Gunung Lawu, le temperature sono molto più fresche rispetto a Solo e l'aria è pulita e frizzante. Il villaggio richiama parecchi visitatori e nella zona sono spuntate diverse attrazioni turistiche progettate strategicamente per sfruttare il fascino naturale e venire incontro alle imprese locali.

Essendo particolarmente adatto alla coltivazione di tè, Kemuning è anche il posto perfetto per vedere pittoresche piantagioni simili a quelle che si possono trovare in regioni analoghe, come il Dieng Plateau. Le piantagioni di questa zona sono vaste, ricche di bei panorami e create per l'intrattenimento turistico. **Kemuning Tea Garden** è un esempio perfetto: ci sono angolini per i selfie, passerelle e punti panoramici dappertutto e sono disponibili anche attività come i tour in jeep e il parapendio.

Non troppo lontano c'è un fiumiciattolo dove si può fare tubing con escursioni organizzate da **Kali Pucung Adventure**. Pur essendo progettate per lo più per i bambini, di fatto è un'attività adatta a tutta la famiglia. L'acqua è freddina ma il percorso è divertente e i prezzi sono convenienti.

Un altro posto dove si possono portare i bambini dopo una giornata di escursioni nelle piantagioni è **Taman Satwa Kemuning**, un bellissimo giardino che in realtà è un minizoo. Il biglietto d'ingresso costa 10.000Rp e c'è veramente di tutto: cervi, conigli, tartarughe, iguane, serpenti e scoiattoli e anche un parcogiochi.

Spingendosi un po' fuori città, le attrattive aumentano. Con tutta probabilità, la meta migliore della zona è la **Cascata di Jumog**, la più rinomata e visitata, con acque trasparenti ottime per nuotare, ristoranti, caffè e altre attività da fare nei dintorni. Non c'è da meravigliarsi che nei weekend e nei festivi venga presa d'assalto.

Situata a poca di stanza da Solo, Kemuning è un gioiellino sconosciuto ai più. Pur essendo regolarmente servita da autobus turistici, alcune zone, ad esempio le piantagioni di tè, potrebbero non esserlo. In questo caso è consigliabile affidarsi al trasporto privato o noleggiare una vettura con autista privato.

PANORAMI DA NON PERDERE

Kemuning Sky Hills
Bellissimo punto panoramico con un lungo ponte di vetro percorribile.

Candi Sukuh (p106)
Il Gunung Lawu visto da un tempio in cima a una collina.

Candi Cetho (p106)
Vedute panoramiche delle colline e delle campagne circostanti da un tempio hindu che si erge su un versante del Gunung Lawu.

Bukit Ganduman
Panorama di Kemuning visto da una piantagione di tè in cima a una collina.

Segoro Gunung
Bellissima zona boscosa con vedute panoramiche.

MANGIARE E BERE A KEMUNING: LA NOSTRA SCELTA

Medjora Cafe: In questo locale dall'atmosfera rustica viene servito cibo delizioso a prezzi abbordabili. $

Pendopo Ngopi: Locale confortevole che serve caffè locale e snack a prezzi stracciati. $

Pringgitan Cafe & Resto: Ristorante all'aperto. Cucina locale indonesiana con piatti discreti e a buon mercato. $

Soewatu Resto and Cafe: Ristorante molto grazioso con tavoli all'aperto e suggestivi panorami. $

CADUTA DI UN REGNO

I due templi hindu nei dintorni di Kemuning costituiscono una chiara testimonianza storica del fatto che questa regione, e in particolare la zona del Gunung Lawu, occupasse un posto di spicco nel regno di Majapahit. Si ritiene che vi sia un collegamento fra questi templi e la scomparsa dell'ultimo re locale, Brawijaya V. Si crede infatti che il re abbia abitato e meditato ai piedi del Gunung Lawu e, alla fine del suo regno, durante una guerra con il regno di Kediri nel 1478, Brawijaya sia fuggito verso la montagna piuttosto che affrontare la sconfitta, vivendo i suoi ultimi giorni da eremita.

Esplorare i templi

Le colline intorno a Kemuning ospitano due templi hindu straordinariamente belli ma difficilmente accessibili se non siete automuniti.

Il primo è il **Candi Sukuh**, situato diversi chilometri a sud da Kemuning e non lontano dalla cascata di Jumog. Si tratta di un tempietto hindu troncopiramidale dall'aspetto un po' tozzo la cui forma richiama i templi costruiti dalla civiltà maya. Per quanto costruito nel XV secolo, assomiglia molto di più ai templi in uso 1500 anni prima. Il piccolo complesso è circondato da numerose figure e statue e potrete visitarlo a patto che indossiate indumenti consoni (alla biglietteria vi verranno forniti i sarong). Il Candi Sukuh regala impagabili vedute panoramiche. È possibile salire alcuni gradini per raggiungere la sommità del tempio, da cui potrete abbracciare con lo sguardo l'intero complesso e ammirare le montagne in lontananza. Poiché il tempio sorge sulla cima di una collina molto ripida e il sito non è servito dai trasporti pubblici, dovrete arrivare con un mezzo privato (auto o scooter) o tramite un tour organizzato.

Il secondo tempio raggiungibile da Kemuning è **Candi Cetho**, un tempio hindu del XV secolo con uno stile completamente diverso da quello del Candi Sukuh e più simile ai tipici templi hindu di Bali. Situato alle falde del Gunung Lawu, Candi Cetho ha sei livelli accessibili tramite lunghe scalinate e sistemi di cancelli che immettono in ogni singola parte del complesso. In questo è molto simile al Pura Besakih, il tempo hindu più grande e sacro di Bali. Dal Candi Cetho si godono dei bellissimi panorami e tutti i livelli del tempio sono visitabili dai turisti tranne quando è in corso una cerimonia (i fedeli arrivano perfino da Bali). Candi Cetho è raggiungibile comodamente in macchina ed è incluso in vari pacchetti turistici con partenza sia da Solo sia da Yogyakarta.

Gunung Lawu

DA SOLO: **1 H 30 MIN**

Scalare una montagna sacra

Il Gunung Lawu è una delle montagne più sacre di Giava per gli hindu. Situato proprio sul confine tra Giava Centrale e Giava est, viene scalato da migliaia di persone all'anno. Questo trekking è considerato sicuro poiché, anche se il Lawu è uno stratovulcano, l'ultima eruzione risale al 1885. Gli escursionisti e gli alpinisti stranieri che si cimentano nella scalata sono veramente pochi ed è un peccato perché la montagna è meravigliosa e, per essere un'escursione tecnicamente piuttosto facile, regala i più bei panorami che si possano vedere a Giava.

L'ascesa al Lawu inizia a **Cemoro Sewu** o a **Cemoro Kandang**, a seconda di dove provenite, se da Giava Centrale o da Giava est. Pur essendoci due sentieri separati, non c'è molta differenza tra le due opzioni. In genere, gli alpinisti la affrontano di notte per raggiungere la cima in tempo per vedere l'alba. L'escursione richiede sei o sette ore, perciò è consigliabile partire verso le 22.30.

TAKASHI IMAGES/SHUTTERSTOCK ©

Candi Sukuh

Alternativamente la si può affrontare in giornata e passare la notte in campeggio a Pos 5. Nell'ultima stazione di sosta lungo il percorso troverete un piccolo *warung* (**Warung Mbok Yem**) gestito da una signora del posto, che serve cibo caldo. Da qui potete poi ultimare la scalata il mattino seguente.

Pur essendo lunga, l'ascesa al Gunung Lawu è un'esperienza molto gratificante, con panorami spettacolari lungo gran parte del percorso. Di tutti i vulcani di Giava, è uno dei più facili da scalare, con un sentiero interamente segnalato, parzialmente asfaltato e quasi del tutto sicuro. Potete registrarvi per la scalata al punto di partenza situato presso Cemoro Sewu. Portatevi dei vestiti caldi poiché in cima fa freddo ed evitate di indossare indumenti verdi a causa di una superstizione locale. Per maggiori informazioni, consultate il sito web gunungbagging.com/lawu.

Raggiungere il Gunung Lawu è semplice. Da Solo dista solamente un'ora e mezza di auto e meno di tre ore da Yogyakarta. Potete anche partire dalla città di Madiun, che si trova più o meno alla stessa distanza di Solo. Madiun è raggiungibile anche in treno da Surabaya.

TEMPLI HINDU A GIAVA

Quando si visita Giava, si nota subito che l'islam è la fede dominante. Potreste dunque chiedervi perché ci siano così tanti templi hindu sparsi in tutta l'isola. Alcuni dei più antichi, compresi quelli situati nei pressi del Dieng Plateau e di Ambarawa e il complesso di Prambanan a Yogyakarta, risalgono a diversi secoli fa. Questo perché centinaia di anni fa la gente professava per lo più l'hinduismo e i tanti templi che ancora permangono sono una vestigia di quei tempi e sono ancora visitati regolarmente dai balinesi e da altri fedeli hindu.

MITI E LEGGENDE

Il Gunung Lawu è al centro di parecchi miti e leggende. Alcuni sono ormai datati mentre altri permangono ancora oggi, trasmessi dagli alpinisti che hanno scalato la montagna. Tra questi spicca la leggenda del 'mercato del diavolo', che probabilmente prende il nome da un mito secondo cui il Lawu sarebbe la residenza ufficiale di Lucifero, il signore dei demoni. Molti escursionisti sostengono di aver udito distintamente i rumori tipici di un mercato affollato alle falde della montagna. Prima di ogni escursione, gli alpinisti vengono informati riguardo alle leggende per evitare che disturbino inavvertitamente gli spiriti della montagna.

ABDULLNEVAN/SHUTTERSTOCK ©

Umbul Ponggok

Umbul Ponggok

DA SOLO: **45 MIN**

'Rinfrescare' il feed di Instagram

Non troppo lontano da Solo sorge **Umbul Ponggok**, un'ampia piscina naturale alimentata da una sorgente di acqua dolce che sgorga dal basso. Un tempo, Umbul Ponggok era sfruttata dalla gente del posto non solo come fonte di acqua potabile, ma anche per alimentare le fabbriche di zucchero della zona. Dopo la chiusura degli stabilimenti, la fonte è stata utilizzata a scopo di irrigazione e in seguito le autorità locali ne hanno riconosciuto l'immenso potenziale turistico.

Umbul Ponggok è un posto meraviglioso per fare il bagno e per lo snorkelling. Nella piscina vivono infatti pesci colorati di grandi dimensioni, e le rocce sparse sul fondale forniscono infinite possibilità esplorative. Inoltre, è possibile scattare foto e selfie subacquei poiché sul fondo sono stati fissati svariati oggetti, tra cui una bicicletta, un motorino, un'area di campeggio, una panchina e persino un'ombrellone e una sedia.

Essendo l'acqua poco profonda, la piscina di Umbul Ponggok è sicura per le famiglie e comprende anche una vasca più piccola per i bambini. Nei dintorni ci sono tantissimi ristoranti. Per evitare le folle, non andate nei fine settimana.

Semarang

STORIA COLONIALE | ISOLE REMOTE | TEMPLI ANTICHI

Il porto di Semarang è il capoluogo di Giava Centrale. La sua storia si riallaccia all'epoca del dominio coloniale olandese quando rappresentava uno scalo chiave per la Compagnia Olandese delle Indie Orientali e il principale punto d'appoggio per la Compagnia Ferroviaria delle Indie Orientali. Buona parte delle architetture di Semarang risale infatti a questo periodo. Di recente, diversi monumenti sono stati completamente restaurati e nel weekend e durante le festività richiamano schiere di turisti insieme alla nostalgica e dinamica città vecchia.

Rispetto ai centri maggiori che detengono il monopolio del business turistico, Semarang è una città che tende a passare in sordina. La si può considerare un gigante che dorme, poiché ha molto da offrire a chi è in cerca di perle meno note ma ricche di storia e cultura.

La nostalgica Kota Lama

Passeggiata nel tempo che fu

Kota Lama è la bellissima città vecchia di Semarang, una chicca per gli appassionati di storia. Per quanto simile per certi versi a Kota Tua di Giacarta, Kota Lama sprigiona un'atmosfera particolare che secondo molti mette in ombra quella di Giacarta. Le strade e i palazzi di Kota Lama risalgono al Settecento, epoca del dominio coloniale olandese. L'architettura è impressionante ed è comprensibile che i visitatori provino un pizzico di nostalgia passeggiando per le sue vie.

Negli ultimi anni Kota Lama è letteralmente sbocciata. Semplici migliorie infrastrutturali, come l'utilizzo di cavi sotterranei anziché aerei, hanno trasformato la città vecchia in una delle mete preferite dalla gente del posto e dai turisti. Ogni sera, quando il sole tramonta dietro la cupola rossa della chiesa di **Gereja Blenduk**, le strade si riempiono di persone e antichi lampioni illuminano i marciapiedi mentre l'aria si tinge di bagliori dorati. In lontananza, una band suona nel **Parco Suari**. Accanto alla chiesa, un altro parco, il **Srigunting**, si anima per la presenza di artisti di strada e sul lato opposto

TRASPORTI LOCALI

Il modo migliore per spostarsi a Semarang è tramite le app Gojek o Grab, economiche e veloci. È più semplice muoversi se si dispone di un veicolo proprio, ma trovare parcheggio nei dintorni di Kota Lama o di Lawang Sewu potrebbe essere un problema. Sono disponibili collegamenti in autobus ma sono per lo più inaffidabili a meno che non ci sia qualcuno del posto che vi aiuti a raccapezzarvi nella gestione dei percorsi.

IL CONSIGLIO

Rimanete nelle vicinanze del centro vicino a Simpang Lima. Da qui potete facilmente raggiungere le principali attrazioni, compreso l'intrattenimento serale. Inoltre, avrete a disposizione un sacco di opzioni per i pasti.

CAR FREE DAY

Ogni domenica mattina Simpang Lima si popola di persone che fanno jogging, camminate e gite in bicicletta. Il Car Free Day è un'iniziativa governativa che ha il doppio vantaggio di concedere all'ambiente un po' di tregua dai gas di scarico delle auto e di consentire al pubblico di godersi appieno il centro della città. È un'iniziativa simile al Car Free Day che si tiene in centro a Giacarta, sempre la domenica mattina.

DA VEDERE
1 Gereja Blenduk
2 Lawang Sewu
3 Simpang Lima
v. 1 Parco Srigunting
4 Parco Suari

PERNOTTAMENTO
5 Bobobox Kota Lama
6 Hotel Ciputra
7 Hotel Tentrem Semarang
8 Sewu Inn

PASTI
9 Silverspoon Restaurant & Bar
10 Toko Oen

LOCALI E VITA NOTTURNA
11 Hero Coffee Indonesia
12 Loko Cafe Semarang
13 Miles Cafe & Eatery

ci sono fotografi intenti a immortalare momenti che saranno ricordati per sempre. Kota Lama è più di un classico quartiere in stile europeo nel cuore di Semarang. È un evento che prende vita ogni sera: un'esperienza imperdibile per chiunque visiti questa città.

Perdersi nel Lawang Sewu

Il palazzo dalle 'mille porte'

Situato nel cuore della città, in corrispondenza di una delle principali rotatorie, il **Lawang Sewu** è il palazzo storico più famoso di Semarang. È quasi impossibile non notarlo e di solito si trova in cima alla liste di mete da visitare. Il suo nome significa 'mille porte' e fa riferimento alle centinaia di porte di cui è dotato questo edificio, anche se la cifra è un tantino esagerata. Si tratta comunque di un palazzo molto grande, specie se si pensa all'epoca in cui è stato costruito, e conta talmente tante stanze che al suo interno è facile perdersi.

Costruito nel 1904 per ospitare gli uffici principali della Compagnia Ferroviaria delle Indie Orientali, con il passare del tempo è caduto in un totale stato di abbandono, per essere poi restaurato nel 2011 e aperto al pubblico come museo. Oggi potete visitarlo e passeggiare per i corridoi e le stanze, ammirare l'architettura senza tempo e lasciarvi stupire dalle dimensioni dell'edificio. I biglietti si possono acquistare presso l'ufficio principale, all'entrata, ed è possibile ingaggiare una guida. In genere sono guide locali che parlano solo bahasa indonesia ma se chiedete con gentilezza sono disponibili anche guide parlanti inglese.

Il palazzo è in gran parte vuoto e silenzioso e girovagando al suo interno troverete molte sale dove non c'è nulla se non ricordi invisibili del passato; alcune aree presentano una cronologia che illustra la storia della ferrovia e riporta aneddoti relativi al palazzo e alla compagnia che lo costruì. Poiché molti pannelli informativi sono in bahasa indonesia, vi conviene tenere Google Traduttore a portata di mano.

Portatevi una bevanda fredda per mantenervi idratati. Anche se Lawang Sewu ha centinaia di porte e finestre che regalano un po' di sollievo dalla calura, il cortile e le aree limitrofe sono roventi sotto il sole.

Se possibile, raggiungete il palazzo con il trasporto pubblico poiché i parcheggi sono scarsi. In alternativa, usate il parcheggio dell'attiguo centro commerciale.

Una sera a Simpang Lima

Divertimento per grandi e piccini

Simpang Lima, nel centro di Semarang, consiste in un'ampia distesa di erba situata alla confluenza di cinque arterie principali, e in pratica funge da gigantesca rotatoria. Tuttavia, è molto più di questo, tanto che diverse persone vengono dalle città limitrofe solo per visitarla. Di sera prende letteralmente vita. Il marciapiede che circonda il campo si anima di un viavai di biciclette dai colori fluorescenti e di macchinine giocattolo disponibili per il noleggio. La zona si riempie di famiglie e bambini piccoli seduti sulle ginocchia dei genitori o intenti a pedalare nei dintorni del campo.

RAGGIUNGERE LA CITTÀ VECCHIA

Il momento migliore per visitare Kota Lama sono le prime ore della sera quando la temperatura soffocante di Semarang scende, la gente comincia ad arrivare, i lampioni si accedono e spuntano dal nulla i venditori ambulanti. Per evitare il traffico e trovare parcheggio, se disponete di un mezzo, cercate di arrivare nel pieno del pomeriggio o nel tardo pomeriggio. A Kota Lama ci sono tante caffetterie dove rilassarvi prima dell'arrivo della folla e andarci presto consente di scattare qualche foto in posticini carini dove alla sera sareste costretti a fare la fila.

CAFFETTERIE NELLA CITTÀ VECCHIA: LA NOSTRA SCELTA

Miles Cafe & Eatery: Nascosto in una stradina secondaria, questo comodo caffè mette a disposizione parecchie prese elettriche.

Loko Cafe Semarang: Caffetteria situata presso la stazione dei treni. Ottimi caffè e atmosfera eccellente.

Hero Coffee Indonesia: Caffetteria di Kota Lama, comoda e intima, con interni spaziosi e rustici.

UNA STORIA INQUIETANTE

Il Lawang Sewu ha un passato violento e sanguinoso; si dice che sia uno dei posti più infestati di tutta l'Indonesia e ciò è comprensibile data la scioccante storia dell'edificio. Qui sono infatti avvenuti diversi eventi, in un tempo in cui la brutalità, le torture e gli omicidi erano all'ordine del giorno. Un ben noto episodio di violenza risale al 1945, quando all'interno dell'edificio scoppiò una rissa. I corpi delle vittime furono inizialmente sepolti al suo interno, e negli anni successivi trasferiti in un cimitero. Ancora più famigerate sono le celle al pianterreno, un tempo teatro di raccapriccianti torture. Attualmente l'area è chiusa al pubblico.

Simpang Lima durante il Car Free Day (p110)

All'interno di questo gigantesco spiazzo erboso ci sono decine di intrattenimenti adatti ai bambini: dal trucca-bimbi agli scivoli, ogni attività è progettata per rendere la serata indimenticabile per tutta la famiglia. Sul lato opposto della strada ci sono bancarelle gastronomiche che vendono ogni tipo di cibo possibile immaginabile.

Simpang Lima è facile da trovare perché è proprio nel cuore della città. Intorno alla piazza sorgono hotel a cinque stelle, imponenti complessi residenziali e sfavillanti centri commerciali. Non sarebbe un'eresia supporre che la città sia stata progettata in funzione di Simpang Lima.

MANGIARE A SEMARANG: LA NOSTRA SCELTA

Toko Oen: Questo rinomato locale a conduzione familiare serve piatti cinesi ed europei. **$$**

MENSA The Table: Cucina raffinata e interni eleganti e lussuosi. **$$**

Bleusky Lounge & Sky Bar: Ottima cucina occidentale e bellissimi panorami urbani. **$$**

Silverspoon Restaurant & Bar: Deliziosi piatti locali e occidentali serviti in un ambiente lussuoso. **$$$**

Dintorni di Semarang

Edifici storici, templi di montagna e nostalgici musei adornano i panoramici versanti montuosi e la verde campagna nei dintorni di Semarang.

La regione di Semarang passa largamente inosservata al viaggiatore medio. Percorrendo l'autostrada che taglia attraverso le montagne in direzione di Yogyakarta, si superano molti bei posti di interesse storico spesso sottovalutati. I pendii del Gunung Unganan, che domina la città, vantano invece tesori, tra cui templi e cascate. Cittadine di grande importanza storica ospitano rovine a lungo dimenticate dal passato misterioso. Alle falde del Gunung Unganan e del Gunung Merbabu, vi sono punti panoramici da cui ammirare l'alba e il tramonto, e tanti luoghi da esplorare. Al largo, vi aspettano le meravigliose Isole Karimunjawa. Quando tutte queste bellezze finiranno nei circuiti turistici, la vita da queste parti non sarà più la stessa.

Località

Ambarawa p113
Brown Canyon p117
Karimunjawa p118

Ambarawa

DA SEMARANG: **1 H**

Esplorare un vecchio forte olandese

Benteng Fort Willem I si trova nella cittadina di **Ambarawa**. Pur essendo un edificio fondante di questa città, non è molto noto ai turisti che visitano la regione, ma per la gente del posto è tutta un'altra storia visto il passato violento e sanguinoso che si porta dietro, ma anche per il fatto che è rimasto in piedi nonostante tutto. È difficile immaginare che questa fortezza diroccata, circondata da rigogliose risaie, funga ora da dimora per alcuni cittadini e da moderno penitenziario.

Tradizionalmente le fortezze vengono costruite per fungere da strutture difensive, ma non è il caso di Benteng Fort Willem I. Eretta nel 1835, è stata per parecchio tempo utilizzata come deposito logistico. Come testimonia lo stile in cui è stata costruita – con parecchie finestre, scale e stanze adibite ad alloggi –, entro le sue mura poteva ospitare più di 12.000 truppe. Durante l'occupazione giapponese, nel 1942, fu usata come prigione per i cittadini olandesi e giavanesi che si opponevano al nuovo regime, e vi si consumarono molte atrocità, tanto che diverse persone non ne sono più uscite.

È difficile credere alla veridicità di una storia così tumultuosa la prima volta che si visita questo posto. Per arrivare

TRASPORTI LOCALI

Per raggiungere posti come Ambarawa noleggiate un mezzo per ottimizzare il tempo. Le mete interessanti sono situate a poca distanza le une dalle altre e sono dunque tutte visitabili in giornata. I collegamenti in autobus partono dal centro di Semarang. Per raggiungere Karimunjawa, prendete il traghetto da Jepara, a nord di Semarang.

RESIDENTI DI LUNGA DATA

Anche se alcune parti di Benteng Fort Willem I sono adibite a penitenziario, gli edifici da cui la gente del posto si tiene alla larga sono quelli più periferici. Sembra infatti che in questi posti si siano verificati eventi inspiegabili. Si dice che una volta un portinaio locale abbia visto i fantasmi di soldati giapponesi pattugliare il forte nelle prime ore del mattino, e c'è un edificio in cui dei contadini dicono di aver visto spesso il fantasma di una madre che chiamava i propri figli che giocavano tra le rovine. Ci sono molte storie legate a questo forte che vi faranno accapponare la pelle: eventi strani che i residenti potranno raccontarvi, ma dovrete essere voi a chiederglielo.

al forte si deve percorrere uno stretto e polveroso viale d'accesso che passa attraverso distese di risaie. Il parcheggio si trova accanto a una baracchetta che sembra sul punto di capovolgersi al primo soffio di vento. Appena scendete dal veicolo siete accolti dai volti sorridenti di una coppia del posto sono i membri anziani della comunità che risiede entro le mura da generazioni e ne custodisce i segreti.

Dopo aver pagato il biglietto d'ingresso, siete liberi di girovagare ed esplorare. Alcuni cartelli segnalano i piani non accessibili ai visitatori poiché occupati dai residenti, ed è buona norma tenersi alla larga dalle aree attualmente adibite a penitenziario. Alcuni percorsi collegano i vari isolati e pietre coperte di muschio segnalano i margini dei pozzi, ormai in disuso. Sbarre di ferro arrugginite proteggono vecchie celle di prigionia rimaste vuote da decenni.

La fortezza rappresenta una buona opportunità per una gita tranquilla e rilassante da fare in giornata: giovani del posto si riuniscono in cerchio a chiacchierare e ridere seduti sull'erba mentre i visitatori posano per foto che hanno come sfondo le vecchie mura segnate dalle intemperie. Spingetevi un po' oltre la strada principale. Oltrepassate il tunnel d'entrata ed esplorate gli edifici più esterni, non si sa mai quali segreti potreste scoprire.

Escursione al Candi Gedong Songo

Il **Candi Gedong Songo** è un tempio situato sulle colline vicino ad Ambarawa. In origine consisteva di ben nove templi hindu di cui oggi ne rimangono soltanto cinque. Il complesso sorge a 1200 m e il percorso che parte dall'entrata e va al Tempio 5 prevede la salita di un paio di poggi piuttosto ripidi. Lo sforzo però è ricompensato poiché la zona gode di aria pulita, i templi sono suggestivi e i panorami meravigliosi.

Il complesso del Candi Gedong Songo fu eretto nel IX secolo e si pensa sia il più antico sito hindu di Giava insieme ai templi di Dieng, dall'aspetto molto simile, dunque persino più antico del Prambanan di Yogyakarta. Questo luogo bellissimo è facile da raggiungere in auto. Dispone di un ampio parcheggio e i biglietti si possono acquistare alla biglietteria di fronte. Portatevi buone scarpe da trekking, protezione solare e una bottiglia d'acqua. Se non vi va di camminare noleggiate un cavallo a Gedong Songo, vicino alle entrate del complesso; i prezzi variano a seconda della durata della cavalcata. Il primo dei cinque templi sorge proprio accanto al noleggio dei cavalli. L'escursione ai Templi 2 e 3 prevede

CAFFETTERIE DI AMBARAWA: LA NOSTRA SCELTA

Mitologi Djampee: Un vero tesoro nascosto, non lontano dal Benteng Fort Willem I, con *joglos* all'aperto e aree verdi. $

MbahDharmo Cafe & Resto: Bel posto con vista sulle risaie e prezzi ragionevoli. $$

Banaran Sky View: Cibo ottimo e caffè a prezzi modici, con una vista panoramica eccezionale. $$

d'Saben Coffee: Caffetteria locale economica con una bella vista sulle risaie dai tavoli del piano superiore. $$

Candi Gedong Songo

parecchie salite, seguite da un tratto in discesa dove ci si addentra in una valle, e poi di nuovo in salita fino ai Templi 4 e 5, che sono i più alti di tutto il complesso. Inoltre, in mezzo ai Templi 3 e 4, nel punto più basso della vallata, vi è una sorgente termale calda. Qui l'aria è impregnata di un odore di zolfo e si levano nuvole di vapore. Se avete scelto di camminare, è un posticino molto carino per fare una sosta lungo il percorso.

Una volta raggiunto il Tempio 5, potete decidere se tornare indietro rifacendo lo stesso percorso oppure seguire un percorso alternativo in discesa che vi porta direttamente all'uscita. A ogni modo, prima di andarvene, vale la pena fare una passeggiata per godere dei panorami, che nelle giornate di cielo limpido sono veramente spettacolari.

MITI E LEGGENDE

Una delle leggende più popolari legate al Candi Gedong Songo riguarda le sorgenti d'acqua termale all'interno del sito. Si crede che fare il bagno in queste acque sia estremamente salutare poiché le sorgenti avrebbero il potere di curare le malattie della pelle. Molte persone vengono qui in pellegrinaggio solo per questa ragione. Un'altra leggenda interessante riguarda il numero dei templi. Ufficialmente ce ne sono solo cinque, ma il nome del sito suggerisce che ce ne siano ben nove. Se riuscite a contarne nove, pare che vi porterà fortuna.

MANGIARE A KARIMUNJAWA: LA NOSTRA SCELTA

The Happinezz Hills: Offre una buona varietà di cibo del Sud-est asiatico e dei paesi occidentali. $$

The Haven Dining: Bistrò molto carino ma un po' caro rispetto ad altri locali. $$

Eat & Meet: Buon ristorante italiano in centro che serve gustose pizze fatte in casa. $$

Alun-Alun Night Market: Il posto migliore, in centro, per una cena a base di pesce fresco a prezzi economici. $

CITTÀ MILITARE

Ambarawa è sempre stata una città di una certa importanza nella regione di Giava Centrale per la sua posizione strategica e per i collegamenti tra Semarang e Magelang, Yogyakarta e Solo. Perciò Benteng Fort Willem I e la stazione ferroviaria (sede del Museo Kereta Api Ambarawa) acquisirono importanza sin dai primi dell'Ottocento. Ambrawa è storicamente conosciuta come una città militare: la fortezza e la stazione sono state usate, rispettivamente, come alloggio per le truppe e come centro di trasporto e di approvvigionamento. Durante l'occupazione giapponese della seconda guerra mondiale, il forte fu usato come campo di internamento e di prigionia.

EKSAPEDIA GALLERY/SHUTTERSTOCK ©

Museo Kereta Api Ambarawa

Un giro su uno storico trenino turistico

Ad Ambarawa, non troppo lontano da Benteng Fort Willem I, sorge il **Museo Kereta Api Ambarawa**. Questo museo delle ferrovie è davvero meraviglioso ed è una meta consigliata per chiunque sia appassionato di treni. Una visita alla stazione ferroviaria perfettamente conservata, risalente ai tempi della Compagnia Ferroviaria delle Indie Orientali, è un'ottima opportunità per apprendere la storia delle ferrovie giavanesi.

Il museo ospita più di 20 locomotive a vapore originali che, per essere vecchie di 200 anni, sono tutte in ottime condizioni, ben conservate e curate. Intorno al cortile sono esposte molte altre locomotive, la biglietteria d'epoca e le strutture ferroviarie originali, oltre a una cronologia completa della storia della ferrovia locale. È un bellissimo museo che piacerà a tutta la famiglia. Dopo tutto, i treni piacciono alla maggior parte dei bambini e in questo museo è anche permesso salire sulle locomotive.

BERE UN DRINK A KARIMUNJAWA: LA NOSTRA SCELTA

Cap'n'Chris: Bar molto carino con musica dal vivo.

Amore Cafe: Un posto fantastico per ammirare il tramonto. Serve anche cibo indonesiano.

Karimunjawa Coffee Shop: Eccellente caffetteria del centro con ottimi prezzi.

Kawela: Caffetteria dall'atmosfera bohémienne con un buon caffè e ottimi dessert.

Nei weekend e nei giorni di festa ci sono anche una band che suona e un pittoresco trenino turistico che effettua diverse corse al giorno. I vecchi vagoni, collegati a una locomotiva a vapore, permettono di fare un tuffo nel passato e sono un bel modo di impiegare un'ora; il treno avanza lentamente sulle rotaie attraversando lussureggianti risaie, con le montagne sullo sfondo e una fresca brezzolina che spira all'interno del vagone. Quando visitate il museo, ricordatevi di controllare gli orari, in modo da non perdervi questa esperienza.

Il Museo Kereta Api Ambarawa dispone di un ampio parcheggio e, anche se i biglietti d'ingresso sono ragionevoli, per salire sul trenino occorre pagare un supplemento.

Brown Canyon

DA SEMARANG: **35 MIN**

Bellissime formazioni rocciose

Di recente, il Brown Canyon ha visto un rapido aumento di popolarità. Si tratta di una zona caratterizzata da strane e pittoresche formazioni rocciose e colonne che nel tardo pomeriggio e al tramonto diventano un vero spettacolo per gli occhi. Com'è naturale che sia, il canyon attrae tante persone in cerca di una location instagrammabile.

Tuttavia, non si tratta di un fenomeno geologico naturale. La zona infatti è un sito attivo per l'estrazione della sabbia e alcune aree sono occupate da operai che vi lavorano ogni giorno. Le formazioni rocciose e le zone di estrazione non utilizzate sono aperte al pubblico, ma la strada d'accesso può essere pericolosa in alcuni punti.

Con l'avvento del turismo, il Brown Canyon è stato paragonato al Grand Canyon statunitense a scopo pubblicitario ma, a parte le forme e le caratteristiche delle formazioni rocciose, si tratta di un paragone esagerato poiché niente può competere con una delle formazioni geologiche più sbalorditive della Terra.

Il momento migliore per visitare il Brown Canyon è il tardo pomeriggio, quando la temperatura si abbassa e il sole disegna bei riflessi sulle rocce.

GIUSTO TEMPISMO

Se vi organizzate in anticipo e calcolate bene i tempi, potreste riuscire a vedere diverse attrazioni nei pressi di Amberawa in una sola giornata. Per esempio, provate il seguente itinerario: partite presto e recatevi al Candi Gedong Songo, dove la collina si inerpica in mezzo ai templi e le temperature sono più fresche. All'ora di pranzo, recatevi al Museo Kereta Api Ambarawa e fate un giro sul trenino turistico. Trascorrete poi il tardo pomeriggio al Benteng Fort Willem I.

CAFFÈ A KARIMUNJAWA: MIGLIORI TRAMONTI

Pantai Tanjung Gelam: Una spiaggia poco conosciuta con un piccolo *warung*.

Bukit Love: Il posto più rinomato di Karimunjawa per vedere il tramonto, con un piccolo caffè.

Bukit Joko Tuwo: Posticino in collina completo di caffetteria vicino a Bukit Love.

Sunset Beach: Posto eccellente per ammirare i tramonti, ma un po' affollato.

Karimunjawa

DA SEMARANG: **10 H**

Vacanza su un'isola

A 75 km di distanza dall'isola principale di Giava c'è un bellissimo arcipelago tropicale. Le **Isole di Karimunjawa** sono un paradiso dentro un paradiso, eppure la maggior parte dei turisti stranieri, nonché molti residenti, ne ignorano l'esistenza. In totale ci sono 27 isole, di cui soltanto cinque abitate, e la porta d'accesso a questo arcipelago paradisiaco è Pulau di Karimunjawa, dove troverete alloggi, ristoranti e servizi.

Per i suoi ritmi lenti, Karimunjawa è l'isola tropicale perfetta per sfuggire alla confusione che regna a Giava: i ritmi di vita sono più lenti e i visitatori non hanno nient'altro da fare che oziare in spiaggia. Karimunjawa offre però anche altre attrattive. Lo snorkelling va per la maggiore, poiché l'arcipelago è anche un parco marino nazionale e offre tutti i requisiti per praticarlo al meglio. La fauna marina comprende tartarughe e centinaia di specie di pesci.

In alternativa, andate in cerca di spiagge e tramonti, due cose che fortunatamente vanno a braccetto.

Diversamente da quasi tutto il resto dell'Indonesia in cui ci sono semplicemente stagioni secche e umide, Karimunjawa gode di un clima simile tutto l'anno e conta due stagioni, una detta 'del vento orientale' e l'altra detta 'del vento occidentale', che determinano da sempre l'accesso alle isole. Per molti anni Karimunjawa è stata difficile da raggiungere in barca tra dicembre e gennaio a causa del vento occidentale, che rendeva pericoloso l'accesso al porto per via del mare mosso. Con la costruzione di un nuovo porto, oggi l'isola ha due opzioni di attracco, che coprono entrambe le stagioni, rendendo la traversata e l'arrivo a Karimunjawa sicuri tutto l'anno. Le stagioni hanno anche un forte impatto sullo snorkelling e sulle immersioni ma dato che l'arcipelago conta numerosi siti di diving di altissima qualità si ha l'imbarazzo della scelta a prescindere dal periodo. A Karimunjawa il picco turistico va da marzo a settembre, quando le condizioni meteo sono ottimali.

Karimunjawa è visitata per lo più da indonesiani che arrivano da Semarang, o da Yogyakarta e Solo, entrambe dotate di aeroporti internazionali. Da Yogyakarta e Solo partono navette dirette al porto di Jepara, dove avviene il trasferimento in imbarcazioni dirette alle isole, disponibili tutto l'anno; oltre a essere a oggi l'unico modo per raggiungere Karimujawa. Per quanto lenti e ingombranti, i traghetti sono affidabili, e

IO VIVO QUI

Fajar, imprenditore originario di Karimunjawa, fornisce qualche dritta sul posto.

A Karimunjawa si viene per la sabbia pulita, l'acqua trasparente e l'atmosfera accogliente e si possono anche scovare vere e proprie perle nascoste. **Deepsky Villa**, per esempio, non è solo una struttura ricettiva ma anche un osservatorio con quattro telescopi, grazie ai quali ammirare il bel cielo notturno e vedere nel dettaglio la favolosa Via Lattea.

Se amate rilassarvi, i massaggi, la meditazione e lo yoga, recatevi al **Alam Kita Retreat**: è il posto ideale per staccare la spina.

MAZUR TRAVEL/SHUTTERSTOCK ©

Karimunjawa

partono da Semarang e da Jepara. Da Jepara la traversata dura dalle sei alle dieci ore, mentre da Semarang dieci. Da Jepara è meglio prendere il motoscafo, che riduce la durata del tragitto a sole due ore. Prima della pandemia Karimunjawa era servita da voli domestici in entrata e in uscita. Al momento della stesura di questa guida non c'erano compagnie aeree che effettuavano collegamenti con le isole.

LE SPIAGGE PIÙ RINOMATE DI KARIMUNJAWA

Sunset Beach
Spiaggia adatta per ammirare il tramonto benché un po' affollata; ci sono anche alcuni bar.

Pantai Tanjung Gelam
Migliore spiaggia per ammirare i tramonti; di facile accesso e meno affollata.

Pancuran Beach
Spiaggia nascosta, dotata di ristoranti.

Pantai Bobby
Spiaggia di sabbia bianca a cui si accede con un po' di difficoltà tramite un piccolo sentiero.

Pantai Annora
Ottima scelta quando soffia vento di ponente.

Laendra Sunset Beach
Spiaggia tranquilla e rilassata.

Pantai Batu Topeng
Su questa spiaggia si possono praticare sport acquatici tra cui lo sci d'acqua.

Dieng Plateau

PANORAMI SPETTACOLARI | LAGHI SULFUREI | CULTURA UNICA

Se state esplorando la zona di Giava Centrale, non perdetevi i meravigliosi panorami del Dieng Plateau. Situato a 2000 m di altitudine, questo altopiano vulcanico regala vedute strepitose, scenografiche piantagioni di tè e laghi di montagna.

Il Dieng occupa un posto importante nella storia di Giava. L'altopiano ospita infatti alcuni dei templi hindu più antichi dell'isola che, pur non essendo all'altezza del Prambanan, ogni giorno accolgono centinaia di visitatori, attratti dalle vedute mozzafiato che abbracciano laghi sulfurei, templi antichissimi e pittoresche piantagioni. Qui aprono continuamente nuovi caffè, ristoranti e punti panoramici: il Dieng sta acquisendo una popolarità tale da eguagliare quella dei maggiori centri turistici di Giava.

TRASPORTI LOCALI

Dalla vicina cittadina di Wonosobo partono minibus locali diretti al villaggio di Dieng. Da qui, se si è in buona forma fisica e con le calzature adatte, è possibile raggiungere a piedi molti dei siti più rinomati. Il giro completo del Dieng Plateau è fattibile in auto o in scooter. Affidarsi agli autobus turistici potrebbe limitarvi nella scelta di posti da visitare, poiché le strade sono ripide e talvolta strette. Provate un tour in jeep, dato che molti posti sono raggiungibili solo con un mezzo proprio o a piedi.

IL CONSIGLIO

Portate molte banconote di piccolo taglio poiché dovrete pagare per ogni belvedere, parcheggio o attrazione che visiterete; a Dieng i contanti sono un must. Inoltre, conservate sempre i biglietti d'ingresso perché potrebbero essere cumulativi.

Perdersi in una piantagione di tè

Tè, caffè e panorami da sogno

Sul Dieng Plateau ci sono molti esempi di turismo responsabile poiché le risorse naturali hanno un ruolo di primo piano. Per esempio, le piantagioni di tè – in origine di proprietà degli olandesi e poi acquistate dal governo locale, che da allora fa di tutto per proteggerle – preservano i metodi tradizionali di coltivazione rispetto all'utilizzo di macchinari, e questo fa sì che le emissioni di carbonio siano minime; di molto inferiori a quelle della moderna industria agricola meccanizzata. Costruendo alcuni punti panoramici e un paio di caffetterie, e aprendo le piantagioni al pubblico con tanto di cartelli di benvenuto e facce sorridenti, la gente del posto è riuscita a trasformare quella che è una delle risorse più prolifiche in una meta di interesse turistico. Le piantagioni di tè, con le loro foglie curatissime, le linee dritte, l'aspetto ordinato e uno sfondo di montagne e/o nuvole, sono il sogno di ogni fotografo, professionista o dilettante che sia, e il contrasto tra il verde brillante delle foglie di tè e l'azzurro del cielo è davvero incredibile. Non sorprende che i turisti, sempre numerosi, se ne siano innamorati.

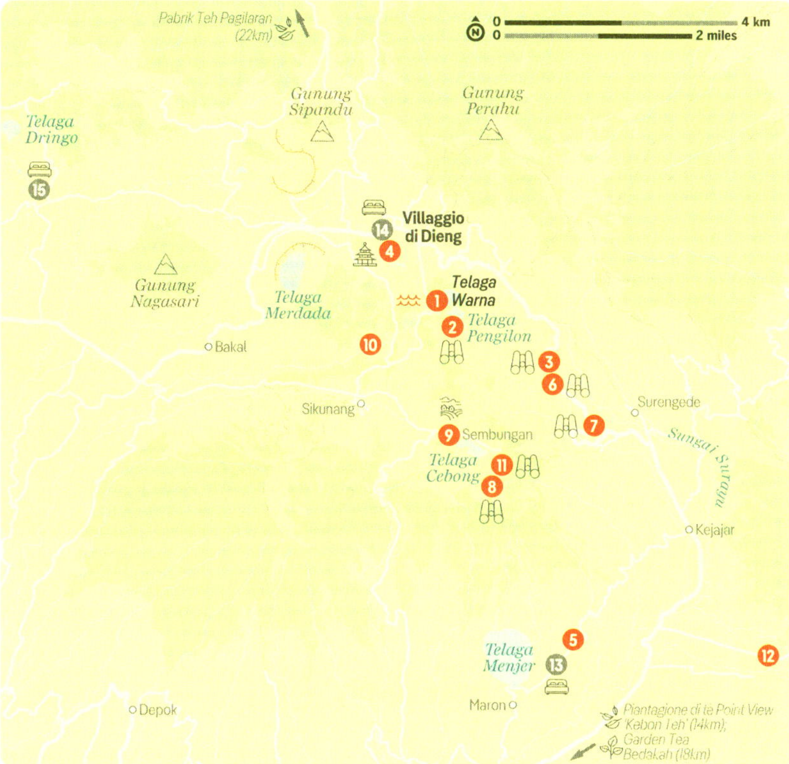

DA NON PERDERE
1 Telaga Warna

DA VEDERE
v. 4 Complesso di Arjuna
2 Batu Pandang Ratapan Angin
3 Bukit Awan Sikapuk
4 Candi Sembadra
5 Kebun Teh Panama
6 Maha Sky Batu Angkruk
7 Pintu Langit
8 Puncak Seroja
9 Sembungan
10 Kawah Sikidang Dieng
11 Bukit Sikunir
12 Wisata Kebun Teh Tambi

PERNOTTAMENTO
13 Agora Home
14 Green Savanah
v. 14 Homestay Cemara
15 Jolotundo Lodge

DIVERTIMENTI
v. 2 Dieng Theater

Sul Dieng Plateau c'è una miriade di posti da vedere. Gran parte delle piantagioni compare lungo la strada mentre siete intenti a esplorare la zona e il 90% dei visitatori vi fa spontaneamente un salto. Una delle nostre piantagioni di tè preferite è **Kebun Teh Panama**. Situata un po' più lontano dall'arteria principale, ha il vantaggio di godere di una parziale vista su un lago. Metteteci anche i meravigliosi panorami di montagna e potrete dire di aver speso bene i vostri soldi per la qualità delle fotografie che scatterete. La biglietteria si trova proprio all'interno dell'entrata principale e un po' più giù, lungo la strada di accesso, c'è una piccola caffetteria. Sparse in tutta la piantagione ci sono passerelle sospese ottime per

BIGLIETTI DA CONSERVARE

Il biglietto di ingresso alla zona di Dieng comprende l'accesso a varie attrazioni, come il **Dieng Theater**, in cima alla collina vicino a Batu Pandang Ratapan Angin. Un filmato vi fornirà una panoramica della regione, della sua attività vulcanica e della geologia. Risparmiate i soldi del parcheggio salendo le scale sul retro per raggiungere il belvedere da cui ammirare il panorama di Telaga Warna.

PIANTAGIONI DI TÈ DA VISITARE

Kebun Teh Panama (p121)
Piantagione affacciata su un lago, dotata di caffetterie e diversi punti da cui scattare foto.

Wisata Kebun Teh Tambi
Piantagione con una bella vista sulle montagne e passerelle sopraelevate. Si trova lungo Jl Tambi.

Pabrik Teh Pagilaran
Un po' più lontano troverete la piantagione di Pabrik Teh Pagilaran, dove si può assistere all'intero processo di produzione del tè.

Kebun Teh Bedakah
Piantagione estremamente pittoresca con bei panorami, angoli per scattarsi selfie e un caffè.

Piantagione di té Point View Kebun Teh
Piantagione poco frequentata, l'ideale per un'esperienza più autentica.

JASON LEE/LONELY PLANET ©

Kebun Teh Panama

scattare fotografie, oltre ad altre piattaforme sopraelevate e vari punti da cui osservare il panorama.

Terra fra le nuvole

Panorami, laghi colorati e tramonti

Il Dieng Plateau è famoso in tutta Giava per i panorami mozzafiato. Una semplice escursione in macchina sugli altopiani vi regalerà vedute talmente straordinarie che vi ritroverete costantemente a fissare la strada che si apre davanti a voi per intercettare un posticino in cui fermarvi. Con l'arrivo dei primi timidi turisti, sono stati costruiti caffè e ristoranti con vista sulle vallate limitrofe e belvedere dislocati sulle vette più elevate. Ci sono un sacco di opportunità per fermarsi a scattare foto e prendersi una meritata pausa. Tenete presente che il traffico nella zona può essere intenso e guidare può diventare noioso.

Nei pressi del Dieng ci sono tanti punti panoramici che scoverete durante la salita, e che spunteranno davanti a voi non appena la strada sale. Tra le bellezze più in vista spicca **Maha Sky Batu Angkruk**, accessibile anche alle persone anziane e con mobilità ridotta, con una miriade di angoli coloratissimi sparsi su varie piattaforme per scattarsi selfie con vista sulle valli sottostanti.

Sulla stessa strada ci sono anche molti posti dove alloggiare, tutti dotati di panorami incredibili. A Dieng, quasi ogni settimana, spuntano nuovi alloggi privati e B&B. Non è difficile capire perché la zona sia soprannominata la 'terra fra le nuvole', data la presenza costante di banchi di nuvole che fluttuano pigramente nel cielo aleggiando nei pressi dei punti panoramici, dei caffè e delle case private.

Molti punti panoramici sono sormontati da caffetterie, e quelli che non lo sono applicano una tariffa simbolica che comprende l'ingresso alla zona e il parcheggio. Uno di questi è **Batu Pandang Ratapan Angin**, situato su un picco che si affaccia sul famoso lago di **Telaga Warna**, con vedute (quasi) a 360 gradi.

Il punto panoramico più rinomato del Dieng è quello di **Bukit Sikunir**, famoso soprattutto per le sue albe; nel resto della giornata può essere spesso nuvoloso e può piovere, a seconda dei periodi. Sikunir Hill non è semplicissimo da raggiungere, dato che la strada è impervia, stretta e accidentata, più facile da percorrere in scooter o con un piccolo fuoristrada. La strada per Sikunir Hill vi porterà anche ad attraversare **Sembungan**, considerato il villaggio più elevato di Giava.

Si segnalano l'alba vista da Bukit Awan Sikapuk, non lontano da Maha Sky, o da Pintu Langit sulla strada per Dieng, oltre alle vedute lacustri di Puncak Seroja, raggiungibile tramite un'escursione con partenza dal parcheggio.

Templi e cave di zolfo

Storia e geografia locale

Due delle mete più visitate del Dieng Plateau sono i templi del **Complesso di Arjuna** e la cava sulfurea vulcanica del **Kawah Sikidang Dieng**. Quello che molti visitatori non sanno, però, è che si possono visitare con un unico biglietto.

Recatevi prima ad Arjuna, lungo Jl Arjuna Barat. Il parcheggio si trova accanto alla strada principale. In questa zona Google Maps tende a creare qualche problema, dal momento che molti dei tempi segnalati non esistono, ma una volta entrati ad Arjuna o nel **Candi Sembadra**, verrete indirizzati nel posto giusto. Un tempio lo troverete proprio accanto al parcheggio, ma il complesso principale si trova a circa 200 m lungo il sentiero. A metà strada trovate la biglietteria: l'ingresso costa 20.000Rp e, come si diceva, vi darà accesso anche al Cratere di Sikidang (non perdetevelo). Il Complesso di Arjuna non è grande e comprende diverse strutture risalenti più o meno al XVIII o al XIX secolo: i più antichi templi hindu di Giava. Una volta terminata la passeggiata in mezzo ai templi, potete uscire in due direzioni. Se avete lasciato la macchina al parcheggio passate per la stessa strada da cui siete venuti, per non ritrovarvi da tutt'altra parte.

Dal Complesso di Arjuna, recatevi al Cratere di Sikidang (quando arrivate, scansionate il codice a barre del biglietto cumulativo presso i tornelli). Il Cratere di Sikidang è affascinante poiché si trova in una zona vulcanica e la cava ribolle costantemente, generando un'onnipresente nuvola di vapore. Dall'entrata seguite semplicemente la passerella che conduce al cratere e poi proseguite fino all'uscita. A Sikidang non c'è molto altro da vedere, ma vi farete un'idea della natura vulcanica della zona. Ai negozi e ai *warung*, assaggiate alcuni snack tipici e fate il pieno di souvenir.

TEMPLI MANCANTI

I templi del Dieng Plateau sono tra i più antichi di Giava e i migliori si trovano nel Complesso di Arjuna. In totale vi sono nove templi ben conservati, anche se le fonti storiografiche olandesi risalenti all'Ottocento ne hanno registrati più di 117 e continuano a essere trovati resti di strutture e reperti sparsi nel sito. Che fine abbiano fatto gli altri 108 è un mistero, anche se la credenza più diffusa è che siano stati dilapidati dalla gente del posto, che avrebbe utilizzato le pietre per la costruzione delle strade. Il restauro dei templi rimasti è cominciato nel 1807 e nel 1830 il complesso è stato finalmente aperto al pubblico.

PERIODI MIGLIORI PER VISITARE DIENG

Jovita Pongoh, travel blogger locale, ci racconta quelli che secondo lei sono i periodi migliori per visitare Dieng.

Credo che chiunque ami l'Indonesia debba assolutamente visitare il Dieng Plateau per la sua unicità. Chi visita l'altopiano per la prima volta sa di trovarsi a un'altitudine considerevole, ma le sorprese non mancano. Nei mesi di giugno e luglio si assiste a un drastico calo della temperatura, che può scendere fino a 10°C, ma è proprio questo il momento in cui l'altopiano sprigiona tutta la sua bellezza. Il Festival della cultura dieng si tiene ad agosto, il periodo dell'anno che preferisco, ed è un modo meraviglioso per approfondire la propria conoscenza della regione.

Partecipare al Festival della cultura dieng

Concerti jazz, fuochi d'artificio e un bel taglio di capelli

Il **Festival della cultura dieng** si tiene ogni anno ad agosto sul Dieng Plateau. L'iniziativa è partita nel 2010 per promuovere da un punto di vista turistico il potenziale culturale della regione. Pur essendo un evento ancora piuttosto recente, la sua popolarità è cresciuta rapidamente. Uno dei motivi principali di questo successo è legato ai bambini dieng e alle loro *gimbal* (treccine rasta).

Sin dalla tenera eta, i più piccoli si fanno crescere i capelli e le annodano in treccine rasta naturali, un fenomeno che finora nessuno è riuscito a spiegare scientificamente. Secondo la gente del posto sono stati scelti dagli antenati per accettare il dono dei capelli *gimbal*, finché non decideranno di tagliarli. Si ritiene che farlo senza il benestare del bambino porti sfortuna non solo ai genitori e ai parenti ma anche all'intero villaggio.

Quando un bambino chiede di tagliarsi i capelli, esprime anche un desiderio, che i genitori sono obbligati a esaudire. Se la richiesta è eccessiva, si ritiene che non sia ancora pronto. La cerimonia del taglio dei capelli è un evento importantissimo nella vita dei bambini di Dieng e ha luogo durante l'annuale Festival della cultura dieng. I bambini si presentano uno a uno davanti al tempio principale del Complesso di Arjuna. I capelli tagliati vengono poi portati in riva al lago per essere gettati in acqua ed essere simbolicamente restituiti agli antenati.

La cerimonia si tiene l'ultimo giorno del Festival ma non è l'unico evento degno di nota. C'è un concerto jazz che si tiene quando la temperatura è gelida o addirittura sotto zero, conosciuto come **Jazz sopra le nuvole**; durante il giorno si svolgono spettacoli di danza e di arte tradizionale, mentre la sera ci sono i fuochi d'artificio.

Un altro evento molto amato è il tradizionale lancio delle lanterne nel cielo notturno, in passato cancellato per questioni ambientali; anche se è stato incluso nel palinsesto per i prossimi eventi, non è detto che abbia effettivamente luogo.

A Dieng gli alloggi per il periodo del festival vengono prenotati con diversi mesi di anticipo, anche più. I trasporti pubblici assicurano i collegamenti con la vicina Wonosobo da dove potete prendere un minibus che vi porterà a Dieng.

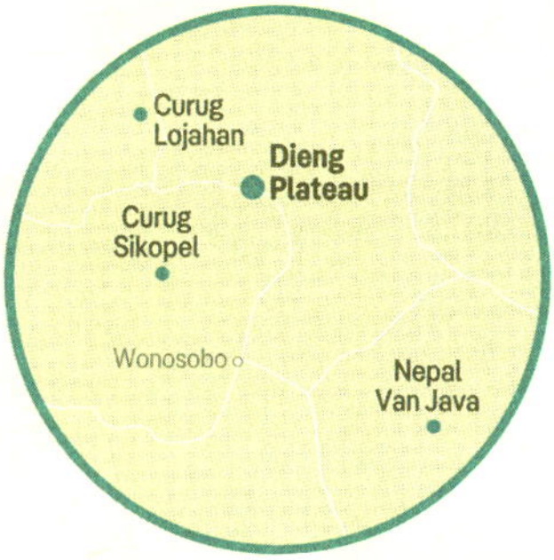

Dintorni di Dieng Plateau

Nei dintorni di Dieng vi aspettano giungle selvagge, piene di vertiginose cascate, e villaggi abbarbicati sui versanti di antichi vulcani.

Le regioni intorno al Dieng Plateau sono un agglomerato di dolci colline vulcaniche e avvallamenti che definiscono il territorio e le persone che vi abitano. Il paesaggio è ammantato da piantagioni di tè e di coltivazioni di tabacco e patate e, data l'altitudine, comprende pochi centri abitati. Chi si avventura per esplorare i sentieri meno battuti troverà tesori naturali che aspettano soltanto di essere scoperti. Se decidete di affrontare il difficile territorio e le lunghe escursioni spingendovi oltre i punti serviti dal trasporto pubblico, sarete ripagati con panorami su cui pochi altri hanno messo gli occhi e con ricordi che custodirete per sempre.

Località

TRASPORTI LOCALI

La regione montuosa del Dieng si gira al meglio con un mezzo privato, anche se alcuni punti panoramici e luoghi come Nepal Van Java sono difficili da raggiungere senza uno scooter, una moto o una jeep. Il trasporto pubblico è scarso, eccetto alcuni piccoli minibus per i collegamenti tra i centri principali come Wonosobo e Dieng. Organizzatevi per tempo e attrezzatevi bene, poiché lontano dalle poche cittadine della regione i servizi sono più unici che rari.

Nepal Van Java (p126)

ACCESSO RAPIDO FINO IN CIMA

Arrivare al villaggio di Nepal Van Java può essere una sfida. Lasciate il vostro veicolo nell'ampio parcheggio alla base del villaggio. La collina è estremamente scoscesa e arrampicarsi fino al centro può essere difficoltoso se non si è in buona forma fisica. La buona notizia è che dal basso si possono già vedere gran parte dei colori del villaggio. Tuttavia, per ammirare i panorami migliori della campagna circostante si deve salire fino in cima. I punti panoramici sono raggiungibili con un servizio 'taxi' in motocicletta: una salita rapida e decisamente emozionante!

Nepal Van Java

Nepal Van Java

DA DIENG PLATEAU: **2 H 30 MIN**

Visitare un pittoresco villaggio

Nepal Van Java è un villaggio molto colorato di Giava Centrale, situato sui pendii del Gunung Sumbing. Il nome 'Nepal Van Java' è stato adottato solo dopo che un turista ha notato una forte somiglianza con le casette dei villaggi nepalesi, che sembrano quasi 'impilate'.

Oggi, anche se è l'agricoltura la principale fonte di sostentamento, il villaggio è una rinomata destinazione turistica grazie all'impegno di diversi studenti del posto che lo hanno abbellito dipingendo le case con colori brillanti.

Gli abitanti sono simpatici e cordiali e hanno a cuore i visitatori che vengono a vedere il loro piccolo nido. Anche se i soldi spesi dai turisti possono significare davvero tanto per loro, non li obbligano a comprare o a spendere. Questo approccio è una boccata d'aria fresca, nonché una delle ragioni per cui i visitatori continuano a tornare.

È importante recarsi a Nepal Van Java con un veicolo o un motorino resistente e affidabile. La collina che porta al villaggio è molto ripida e una volta arrivati a destinazione bisogna parcheggiare in fondo, poiché l'accesso al villaggio è di per sé difficoltoso. Meglio arrivare nei giorni infrasettimanali poiché nei weekend e nei giorni festivi i parcheggi, per quanto ampi, si riempiono in fretta.

Curug Sikopel e Curug Lojahan

DA DIENG PLATEAU: 1 H

Alla ricerca di cascate

Se vi trovate nelle vicinanze del Dieng Plateau e ne avete abbastanza di piantagioni e panorami, perché non optate per una bella avventura alla ricerca di cascate? Nella zona ce ne sono di favolose, due a circa un'ora di macchina dal centro di Dieng. Tuttavia per arrivarci ci vuole un po' di impegno: una sfida che potrebbe non essere adatta ai deboli di cuore.

Curug Sikopel è una cascata gigante, alta 30 m, e manifesta tutta la sua potenza nei periodi di forte pioggia: è meglio non avvicinarsi troppo. Per raggiungerla bisogna fare su e giù fra montagne e colline passando per strade accidentate caratterizzate da profondi dislivelli. Assicuratevi che il vostro veicolo sia in buone condizioni, sia in grado di affrontare forti pendenze e sia dotato di validi freni per la discesa. Una volta arrivati alla cascata preparatevi a scendere parecchi gradini. Se arrivate durante la stagione umida, lungo il percorso sarete ripagati dalla vista di molte altre cascate.

La seconda cascata da non prendere sottogamba è **Curug Lojahan**. Riuscire a vederla richiede parecchio impegno. Il tragitto per raggiungerla, non sempre adeguatamente segnalato, rappresenta soltanto una piccola parte dell'impresa. Dopodiché, per arrivare alle cataratte dovrete camminare per due ore attraverso una fitta giungla. Lungo il percorso troverete sciami di insetti e animali selvatici; e probabilmente dovrete anche vedervela con una vegetazione ipertrofica. Si tratta di una cascata davvero isolata. I bambini non sono ammessi al trekking perché è veramente impervio, ragion per cui è sconsigliato anche a chiunque abbia problemi di deambulazione. Se soffrite di vertigini, potrebbe non essere l'escursione adatta a voi perché il tratto finale del percorso prevede di scendere all'interno di una gola con una lunga scala di legno e una corda sospesa lungo una parete di roccia. Dopo aver camminato per due ore, siate certi di riuscire ad affrontare questi due ultimi 'ostacoli' per poter raggiungere la cascata. Il premio finale vale tutto lo sforzo fatto perché ad aspettarvi c'è una delle cascate più straordinarie di Giava Centrale.

Prima di mettervi in viaggio, comunicate a qualcuno dove state andando poiché il personale non tiene traccia dei visitatori. Quando arrivate, parcheggiate in un luogo sicuro, dove ci sono altre persone. Indossate scarpe da trekking resistenti, portate con voi acqua e snack in abbondanza, protezione solare e per la pioggia, e un kit di primo soccorso. Il servizio telefonico potrebbe essere inesistente, ma è comunque consigliabile avere una SIM locale.

FONTANA DELLA GIOVINEZZA

In previsione di una visita alla cascata di Curug Sikopel, potrebbe farvi piacere conoscere i miti e le leggende locali che la circondano. La gente del posto considera sacra la piscina alla base delle cataratte poiché si crede che abbia il potere di preservare la giovinezza e la bellezza. Il nuoto è dunque incentivato e spesso si vedono gli abitanti del posto portarsi via un po' d'acqua raccogliendola in grandi bottiglie e orci. Un'altra leggenda riguarda una creatura mitica che risiederebbe all'interno delle cascate.

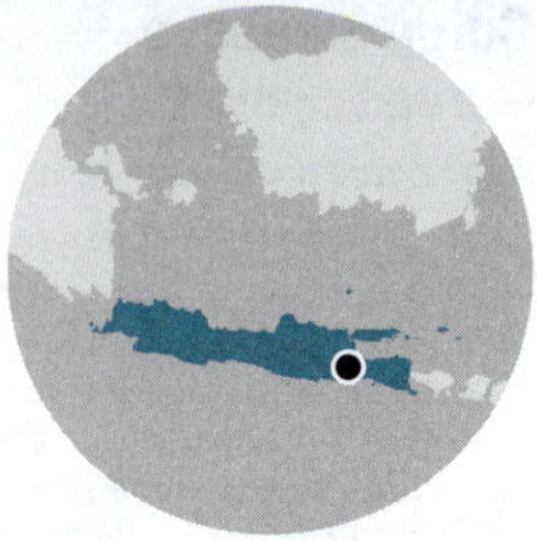

Malang

VULCANI ATTIVI | VERTIGINOSE CASCATE | PARCHI A TEMA

TRASPORTI LOCALI

Per spostarsi a Malang, la maggior parte dei visitatori utilizza un veicolo privato o le app Gojek e Grab. Forme di trasporto tipiche sono l'*angkot* (taxibus) e il *mikrolet* (piccolo taxi), ma bisogna avere familiarità con il posto per riconoscerne i percorsi e in più gli autisti non parlano inglese. In centro, nei fine settimana, è disponibile un servizio di autobus turistici gratuiti; se il tragitto è breve potete noleggiare un *becak*.

IL CONSIGLIO

Concedetevi un paio di giorni per un tour del Gunung Bromo (un autista viene a prendervi al vostro hotel). In genere questi tour iniziano a mezzanotte e finiscono a mezzogiorno del giorno dopo. A tour concluso, vi conviene considerare un pernottamento aggiuntivo in albergo per riposarvi e riprendervi da un'intera notte insonne.

Malang è una cittadina più tranquilla ed è la base ideale per esplorare le più belle mete naturali di Giava est. Circondata da picchi montuosi, ha un clima fresco rispetto alle città costiere più afose. La città di per sé è piena di verde e ha diversi viali, una caratteristica che la rende molto diversa da altre città indonesiane. I residenti vanno fieri di Malang: posti come Alun-Alun e il famoso villaggio colorato contribuiscono a distinguerla. La maggior parte delle persone che arriva a Malang, però, non viene per la città in sé, ma per visitare altre meraviglie, come il vicino Gunung Bromo e l'incredibile Tumpak Sewu.

A poca distanza sorge Batu, una città che ogni weekend e durante le festività si anima di gente desiderosa di raggiungere i parchi a tema, le cascate e i musei.

Scalare un vulcano attivo

Un'esperienza emozionante

Visitare il **Gunung Bromo** è una delle attività più straordinarie che si possano intraprendere, non solo a Giava ma in tutta l'Indonesia. Questo luogo così epico compare nella gran parte degli opuscoli, dei cartelloni pubblicitari e dei siti web turistici indonesiani poiché, pur essendo un vulcano, a differenza della maggior parte dei suoi colleghi è molto più facile da scalare e la sommità è raggiungibile con un breve trekking. In questo caso, stare sul bordo del cratere di un vulcano attivo e percepirne tutta la sua potenza è un'esperienza non più riservata soltanto agli alpinisti dotati di eccellente forma fisica abituati a scalare il vicino Semeru, o il Merapi di Yogyakarta.

Il **Gunung Bromo** è raggiungibile tramite un tour in jeep da Malang o anche da Surabaya, di solito con partenza a mezzanotte. Dopo il trasferimento in jeep, si prosegue verso il Parco Nazionale di Bromo-Tengger-Semeru. Per molti la prima sosta è il popolarissimo punto panoramico da cui ammirare il sorgere del sole (in realtà non c'è un unico belvedere,

DA VEDERE
1 Kajoetangan Heritage Village
2 Kampung Biru Arema
3 Kampung Tridi
4 Kampung Warna Warni
5 Kayutangan Heritage Street

PERNOTTAMENTO
6 De'Corner Guest House
7 Hotel Tugu Malang
8 Huize Jon Hostel Malang
9 The Shalimar

PASTI
10 Javanine Resto
11 La Regina Ristorante Italiano
12 SaigonSan Restaurant & Rooftop
13 Toko Oen

LOCALI E VITA NOTTURNA
14 DW Coffee Shop
15 Ijen Kopitiam
16 Java Dancer Coffee

TRASPORTI
17 Macito Tour Bus

ma diversi sparsi lungo il crinale che sovrasta la strada). In una mattinata tipo, vedrete chilometri di jeep allineate in ogni direzione, piene di visitatori venuti per la medesima ragione. Dopo che il sole è sorto, si scende dalla collina e ci si addentra nel deserto sabbioso e brullo del vulcano fino a raggiungerne le pendici. Si parcheggia a un paio di chilometri di distanza e si prosegue a piedi attraversando il resto della zona desertica e salendo i duecento gradini che conducono sul ciglio del cratere. Il rumore emesso dalla bocca più profonda del vulcano non è tanto diverso da quello di un motore a reazione, e vi darà solo un'idea della potente energia

TOUR FAI DA TE

Se volete fare un'escursione al Gunung Bromo in autonomia e contenere le spese, cercate un alloggio a Cemoro Lawang, il villaggio più vicino al Bromo. Arrivate fino a Probolinggo per poi affidarvi a un *bemo* (minibus). Una volta giunti a Cemoro Lawang potete affrontare l'escursione fino al cratere, al belvedere e ad altri punti panoramici. Bisogna però pagare una tariffa d'ingresso.

che ribolle proprio sotto ai vostri piedi. Dopo essere tornati a piedi alla jeep, il tour finisce con il viaggio che vi riporta al vostro hotel (potrebbero essere incluse soste presso un paio di suggestivi punti panoramici lungo il tragitto).

Tutti i tour del Bromo sono prenotabili online e, trattandosi di tour privati, i prezzi possono variare a seconda del numero dei partecipanti e agli extra che sceglierete di includere. I tour di gruppo sono adatti anche a chi ha un budget limitato.

Visitare il villaggio arcobaleno

L'incredibile trasformazione di un villaggio

Una delle mete più popolari di Malang è Jodipan, che in realtà si compone di tre piccoli *kampung* (villaggi) ed è noto con il soprannome di **'villaggio arcobaleno'**. Fino a non molto tempo fa l'intera zona era una baraccopoli in riva al fiume ed era uno dei luoghi più brutti, sporchi e malsani dell'intera Isola di Giava, tanto che il governo locale aveva deciso di demolirlo e di trasferire altrove gli abitanti. A quel punto un gruppo di studenti universitari escogitò un piano per salvarlo, proponendo di ridipingerne le case con colori vivaci per trasformarlo in una destinazione turistica. Il governo approvò il progetto e, con l'aiuto di una ditta di vernici, i ragazzi si misero al lavoro con risultati sorprendenti: resero il villaggio uno dei centri più attraenti e popolari di Giava. Oggi la gente del posto beneficia di una nuova fonte di reddito ed è contenta di vedere i turisti girovagare per le strade scattando fotografie e di fermarsi per una chiacchierata.

Il primo dei tre *kampung* a subire la trasformazione è stato il piccolo **Kampung Warna Warni**, un buon punto di partenza per la visita. Una volta entrati, siete liberi di girovagare per le strade come più vi piace. Troverete un sacco di posticini in cui scattare foto, fermarvi a bere una bibita ghiacciata o riposarvi ad ammirare il paesino e a osservare gli abitanti. Tutte le strade di Kampung Warna Warni sono in discesa e alla fine vi ritroverete in riva al fiume. Persino qui le cose sono cambiate in maniera incredibile; il canale intasato di liquami non c'è più e al suo posto scorre un ruscello pulito che fluisce liberamente e risuona delle risate dei bambini che giocano nuotando e immergendosi nelle sue acque. Al di sopra del fiume si estende una passerella color giallo acceso che brilla al sole. Salite i gradini accanto al fiume e attraversate il ponte per visitare il *kampung* successivo, **Kampung Tridi**, i cui abitanti hanno seguito

IO VIVO QUI

Vera Pasaribu, fotografa di viaggio originaria di Malang, elenca cinque cose da non perdere nella sua città.

Architettura
Malang ospita esempi meravigliosi di architettura olandese, come la chiesa, la cattedrale e il municipio.

Macito Tour Bus
C'è un autobus turistico (p132) messo a disposizione dal governo, che ferma nei siti più noti.

Kajoetangan Heritage Village
Qui i visitatori possono ammirare una serie di bellissime vecchie case situate proprio nel centro.

Cibo e foto
L'arteria principale di Kayutangan è un ricettacolo di delizie culinarie locali, ottima per i selfie!

Spiagge
Visitate la costa meridionale di Malang facendo una capatina su spiagge meravigliose.

CAFFETTERIE DI MALANG: LA NOSTRA SCELTA

DW Coffee Shop: Caffetteria accogliente e rilassante con arredi nei toni della terra. È frequentata soprattutto da studenti.

Java Dancer Coffee: Caffetteria piccola e raccolta, arredata in stile tradizionale; serve una varietà di caffè locali.

Bukit Delight: Situato un po' fuori Malang in cima a una collina con bei panorami e un'atmosfera romantica.

Ijen Kopitiam: Locale molto apprezzato dai residenti, in centro città; buon rapporto qualità-prezzo.

AKHMAD DODY FIRMANSYAH/SHUTTERSTOCK ©

Villaggio arcobaleno

l'esempio dei vicini concedendosi anche loro una rimodernata, con risultati analoghi. Proseguendo lungo il fiume, sull'altro lato del ponte stradale, vi è un terzo *kampung*, **Kampung Biru Arema**, tutto verniciato di blu in onore della squadra di calcio locale.

Il Kampung Warna Warni presenta diversi punti di accesso collegati alle strade. I parcheggi sono limitati e dislocati lungo Jl Ir H Juanda – se arrivate con un veicolo privato, potreste dovervi ingegnare un po' per trovare parcheggio. Nelle strade più grandi ci sono parcheggiatori locali in grado di assistervi. Il biglietto d'ingresso per ogni singolo villaggio costa 5000Rp.

LA LEGGENDA DEL BROMO

Bromo-Tengger si chiama così in onore della principessa di Mataram, Roro Anteng, e di suo marito, Joko Seger, che abitarono in questa zona nel XV secolo. La coppia soffriva per l'assenza di figli. Dopo aver pregato gli dei sul cratere del Gunung Bromo, il loro desiderio fu esaudito a una condizione: sacrificare l'ultimo nato alla montagna. Nel tentativo di eludere l'accordo, la coppia ebbe 25 figli, finché a un certo punto gli dei si adirarono obbligandoli a sacrificare il venticinquesimo. La gente del posto chiese dunque di allestire una cerimonia annuale per placare gli dei. Questo evento, detto 'Cerimonia del Kasado', si svolge ancora oggi.

MANGIARE A MALANG: LA NOSTRA SCELTA

Toko Oen: Famoso ristorante tipico che serve gustosi piatti della cucina indonesiana. $$

Javanine Resto: Ottimo locale per pranzi e cene di gruppo, situato nel cuore della città. Propone piatti occidentali e indonesiani. $$$

La Regina Ristorante Italiano: Centralissimo ristorante italiano con un ottimo rapporto qualità-prezzo. $$

SaigonSan Restaurant & Rooftop: Ottimo ristorante vietnamita-thailandese. $$

CITY TOUR GRATUITO

La città vecchia di Malang si può visitare viaggiando su un apposito pulmino turistico gratuito, detto **Macito Tour Bus**. Questo autobus scoperto può ospitare fino a 18-20 persone. Attualmente ve ne sono quattro che effettuano corse all'interno della città ogni giorno, escluso il venerdì. La maggioranza è dotata di accesso per i disabili. Per prenotare una corsa, scaricate l'app Macito sul cellulare, registratevi e selezionate l'orario che preferite e il posto a sedere. Il giorno del tour dovrete mostrare il codice della prenotazione presso il punto di raccolta lungo Jl Majapahit.

SONY HERDIANA/SHUTTERSTOCK ©

Strada Kayutangan Heritage

Serata in città

Musica dal vivo e atmosfera vintage

Nel centro di Malang c'è **Kajoetangan Heritage**, una zona che è stata trasformata in un'attrazione turistica in maniera molto simile a quello che è successo nel vicino villaggio arcobaleno. Si tratta di un quartiere residenziale, in cui gran parte delle vecchie case, degli edifici scolastici e dei negozi sono stati convertiti in gallerie. La strada principale, **Kayutangan Heritage**, è soprannominata la 'Malioboro di Malang' perché molto simile alla famosa Jl Malioboro di Yogyakarta. Decorata con una serie di lampioni vintage, Kayutangan Heritage ha un'atmosfera molto vivace.

Se volete godervi la tipica movida, il momento migliore per andarci è il pomeriggio; è consigliabile trattenersi fino a sera quando tutti i caffè sono aperti e sui marciapiedi si suona musica dal vivo.

Dintorni di Malang

Circondata da montagne, Malang è il punto di partenza per un tour dei vulcani, i trekking alle cascate e i parchi a tema.

Malang è la base perfetta per vedere il meglio di Giava est. La formidabile cascata di Tumpak Sewu si trova a un tiro di sasso da Malang ed è ineguagliabile. Anche il vicino villaggio di Lumajang vanta una serie di magnifiche cataratte che meritano una visita. La cittadina turistica di Batu, sulle montagne vicino a Malang, ospita diversi parchi a tema che ogni fine settimana e festivi richiamano migliaia di visitatori. Le cascate, le piantagioni di tè e i nostalgici musei di questa zona attraggono orde di visitatori provenienti da tutta Giava, ragion per cui Malang è considerata uno dei migliori poli turistici dell'isola.

Località

Batu

DA MALANG: **40 MIN**

A ciascuno il suo

Batu, una città di Giava est che sorge a breve distanza da Malang alle pendici di una catena montuosa, si trova in una zona leggermente più fresca, diventata meta d'elezione per brevi fughe e vacanze in famiglia. Il principale motivo di richiamo sono le cascate, che attraggono flussi di visitatori tutto l'anno, specie durante la stagione umida. Siti come **Coban Talun** mettono a disposizione fonti di intrattenimento aggiuntive come tour in jeep, campeggi, e persino un giardino. L'offerta comprende anche parapendio, raccolta della frutta e parchi a tema.

Coban Rondo è un altra zona di cascate distante mezz'ora da Malang, in cui si può trascorrere la giornata praticando diverse attività. Con i suoi 80 m di altezza, il salto è uno spettacolo unico e il sito richiama ogni giorno schiere di turisti e residenti. Tra le attività disponibili, vi è un gigantesco labirinto di siepi che vi terrà occupati per un po', in cerca dell'uscita. Se vi perdete non c'è da preoccuparsi data la presenza di piattaforme che consentono di barare. Tra gli altri intrattenimenti: tiro con l'arco, ATV, ciclismo, una teleferica e la raccolta delle fragole.

Per raggiungere la cascata, dovete proseguire in macchina entrando all'interno del complesso. Coban Rondo è immerso

TRASPORTI LOCALI

Da Malang si può raggiungere Batu in autobus ma poi è probabile che dobbiate affidarvi alle app Gojek o Grab per raggiungere la destinazione finale. Il modo migliore di spostarsi tra le colline è noleggiare un motorino. Per raggiungere posti un po' più lontani, come Lumajang e Tumpak Sewu, e affrontare strade poco affidabili, assumete un autista oppure prenotate un'escursione guidata.

LA LEGGENDA DI COBAN RONDO

Una leggenda locale sostiene che le coppie non sposate che visitano la cascata insieme siano destinate a lasciarsi. Il mito deriva dalla storia di una donna giavanese, Dewi Anjarwati, innamorata di Raden Baron Kusumo. Dopo un breve fidanzamento i due si sposarono e qualche giorno dopo andarono a far visita ai genitori di Dewi. Lungo il tragitto incontrarono uno straniero di nome Joko Lelono, che si innamorò all'istante di Dewi e sfidò a duello il marito; Dewi andò a nascondersi dietro la cascata per aspettare il consorte. Entrambi gli uomini morirono nel duello. Si dice che di notte il fantasma di Dewi si aggiri in lacrime alle falde della cascata in attesa del suo ritorno.

in un bellissimo contesto; il sentiero che conduce alle cascate passa attraverso un curatissimo giardino e man mano che ci si avvicina si incontrano scimmie che giocano e si dondolano tra gli alberi. Di solito si tengono lontane dai turisti, ma state attenti poiché sono dispettose.

Coban Talun e Coban Rondo sono solo due delle dodici cascate facilmente raggiungibili in auto da Batu.

Un mondo di parchi a tema

La compagnia Jawa Timur Park Group, che gestisce tre parchi tematici frequentati da migliaia di visitatori al giorno, è la principale artefice della trasformazione di Batu in una località turistica di tendenza, molto apprezzata dalle famiglie.

Jatim Park 1 è un parco divertimenti zeppo di attrazioni adatte a grandi e piccini. Il bello di questi parchi è che non si limitano a offrire divertimento sfrenato su giostre e montagne russe, ma mettono l'accento su un particolare tema coniugando intrattenimento e istruzione. Jatim Park 1 è un parco a tema scientifico, dove i genitori hanno l'opportunità di divertirsi con i propri figli e allo stesso tempo osservarli mentre imparano.

Jatim Park 2 è un parco gigantesco a tema zoologico, con un particolare focus sugli animali del continente africano. L'area zoologica è enorme e include le attrazioni di Tiger Land, Monkey World e Baby Zoo. Uno dei punti forti di questo parco è il tunnel dalle pareti di vetro che vi consente di attraversare una finta savana, un'esperienza molto simile a quella che si può fare attraversando un tunnel che passa dentro un acquario.

Jatim Park 3 si focalizza sui dinosauri e conta alcune esposizioni incredibilmente realistiche. Sempre in tema di realismo, il parco vanta anche un museo in stile Madame Tussauds detto The Legend Stars, dove potete posare con alcune delle vostre celebrità preferite.

Questi parchi, situati nel centro di Batu, sono facilmente raggiungibili, hanno prezzi economici e si possono acquistare biglietti cumulativi che danno accesso anche ad altre attrazioni della zona.

Storia dei trasporti

L'**Angkut**, il museo dei trasporti di Batu, è imperdibile per gli amanti delle automobili. La varietà di auto in mostra è impressionante, ed è in grado di catturare l'attenzione anche di chi non è particolarmente appassionato di veicoli.

Il museo coglie di sorpresa molti visitatori. L'esterno non è particolarmente degno di nota e anche quando farete la fila per i biglietti non avrete un'idea molto chiara di ciò che vi aspetta. L'atrio è pieno di auto e vi sono anche diverse moto d'epoca, un elicottero e persino un carro armato. Data l'imponenza dell'esposizione, si potrebbe credere che il museo sia tutto qui, ma salendo le scale che conducono al piano superiore, i visitatori sono catapultati in un vortice di esposizioni che spuntano da ogni angolo finché non si comincia seriamente a mettere in dubbio l'esistenza di tutti questi modelli di auto. Nel Museo Angkut troverete infatti di tutto, dalla Ferrari alla Studebaker, dalla Ford Model T alla Holden Camaro, e ogni modello è in condizioni perfette, degne di una concessionaria.

Jatim Park 3

A metà percorso ci si imbatte in una strada piena di ristoranti, negozi di souvenir e auto parcheggiate. La sezione è adibita all'organizzazione di spettacoli dal vivo. Controllatene in anticipo gli orari in modo da non perderli. Le esibizioni di guida sono sensazionali e i piloti davvero in gamba.

A seguire, il museo vanta una serie di sale espositive dedicate ai paesi del mondo e alle città che hanno fatto la storia dell'automobile. Un posto d'onore è riservato all'Inghilterra, all'Italia, alla Germania e agli Stati Uniti, che espongono le proprie auto più leggendarie.

Per guadagnare l'uscita bisogna passare attraverso una serie di vagoni ferroviari; un'idea piuttosto ingegnosa, nonché la maniera perfetta di terminare la giornata trascorsa nel museo.

Cascata di Madakaripura

DA MALANG: **1 H 45 MIN**

Una cascata spettacolare

La Cascata di Madakaripura è una delle meraviglie naturali più spettacolari di Giava e di tutta l'Indonesia. Con i suoi 200 m di altezza, è la seconda in Indonesia e la più alta di Giava. Situata vicino a Probolinggo, si trova sul lato settentrionale dell'isola, lontana da altre mete turistiche più gettonate, come le cascate di Tumpak Sewu nei pressi di Lumajang. Negli ultimi anni questo sito ha conosciuto un aumento di popolarità anche grazie all'aggiunta di un paio di tour che includono una sosta a Madakaripura.

Madakaripura è una cascata davvero suggestiva, immersa in una location meravigliosa raggiungibile mediante un'apposita escursione che di per sé rende la visita un'esperienza memorabile. Il percorso a piedi partendo dal cancello d'ingresso con annessa biglietteria è magnifico e non presenta

CONSIGLI PER VISITARE LE CASCATE

Visitare le cascate di Batu può essere una vera sfida data la conformazione del territorio e le conseguenti difficoltà di accesso al sito. Batu si trova in una zona montuosa, perciò preparatevi a mettere in pratica i seguenti consigli:

- Noleggiate un buon motorino. Se siete in due, un modello NMAX è migliore di un Vario.
- Portate una mantella impermeabile: in montagna il tempo può cambiare diverse volte in una sola giornata.
- Fate il pieno di carburante in città, perché nei pressi delle cascate le stazioni di servizio sono scarse.
- Portate snack e acqua.
- Pianificate tutto in anticipo. Datevi abbastanza tempo per completare la visita e poi ripartite per Batu prima che faccia buio.

BUEN RETIRO DEL GENERALE

Il nome Madakaripura deriva da una mescolanza di fonti, in cui è compreso il nome di Gajah Mada, comandante in capo del regno di Majapahit. Tradotto un po' alla buona, significa 'luogo dove Mada morì mentre pregava'. Si crede che Gajah Mada venne alla cascata dopo essere stato rimosso dal suo ruolo di generale a seguito di un incidente in cui si era reso responsabile dell'omicidio di centinaia di persone del regno di Sunda Galuh. Visse il resto dei suoi giorni pregando presso la cascata.

Un'altra credenza sostiene che i visitatori se ne debbano andare entro le 14, per evitare di annegare a causa della pioggia battente.

Un mito afferma che il karma si ripercuoterà su di voi in base alle intenzioni con cui visiterete la cascata.

SAKDAWUT TANGTONGSAP/SHUTTERSTOCK ©

Cascata di Madakaripura

particolari ostacoli. Per quanto agevole, vale la pena farsi accompagnare da una delle guide, che conoscono tutti i trucchi per scattare le foto migliori e possono indicarvi i percorsi meno impervi. Lungo il sentiero vi sono cinque cascate, tutte ugualmente impressionanti: vale la pena fare qualche sosta per osservarle nel dettaglio.

Il percorso che conduce alla cascata principale si inerpica attraverso un canyon che sembra uscito direttamente da un film della serie *Jurassic Park*. Le pareti di roccia, rivestite di vegetazione, si stringono su entrambi i lati e getti di vapore girano vorticosamente nell'aria; le cascate più piccole compaiono come dal nulla precipitando tutt'intorno. La gola si snoda in una serie di tornanti finché, quasi all'ultimo momento, si apre con un gran colpo di scena per svelare Madakaripura in tutta la sua gloria. Nulla potrà prepararvi alla vista di questa enorme cascata che si getta lungo la parete di roccia, magnificamente incorniciata da un anfiteatro naturale. Per crederci dovete vederla con i vostri occhi.

Potete raggiungere Madakaripura con un mezzo privato. Il sito è facile da localizzare su Google Maps, ma le strade possono essere inaffidabili; basta svoltare al momento sbagliato per ritrovarsi in mezzo al nulla. Fate sempre molta attenzione: la zona è diventata di interesse turistico solo di recente e l'aumento del traffico su strade già di per sé in degrado fa sì che le condizioni del manto stradale cambino con la stessa rapidità con cui cambia il tempo.

È più sicuro visitare la Cascata di Madakaripura con un tour guidato. Ce ne sono diversi, tra cui due che abbinano la visita a un'escursione al vicino Gunung Bromo. In alternativa, potete organizzarvi in autonomia optando per il noleggio di un'auto con autista: un'opzione altrettanto gettonata.

Dal momento che la cascata è vicina a Probolinggo, Malang e Surabaya, è possibile visitarla come parte di un tour giornaliero con partenza da una di queste località.

Lumajang

DA MALANG: 2 H

Un sogno per chi ama le cascate

Lumajang, a Giava est, vanta alcune delle cascate più belle, poderose e fotogeniche dell'Indonesia, forse del mondo intero; non è un caso che richiamino visitatori da ogni dove.

Tumpak Sewu (p140) è una delle cascate più famose dell'Indonesia, di sicuro la più impressionante. Il nome significa 'mille cascate' ed è facile capirne la ragione data la presenza di centinaia di cataratte che si gettano da un immenso anfiteatro roccioso.

Oltre a Tumpak Sewu, ci sono molte altre cascate altrettanto strepitose che sarebbero anche altrettanto famose se si trovassero in tutt'altro luogo. Ma poiché sono nelle immediate vicinanze di Tumpak Sewu, sono destinate a rimanere all'ombra della più celebre vicina, e ciò limita il numero di turisti. A ogni modo, è un vantaggio per gli amanti delle cascate, e per coloro che hanno il tempo di cercarle, poiché sono molto meno affollate e dunque garantiscono un'esperienza migliore.

Kapas Biru è una poderosa cascata che si getta da una bellissima parete rocciosa color arancio, circondata da una fitta giungla. Si tratta di uno spettacolo diventato virale sui social, anche se a dire il vero molta gente non conosce la sua esatta collocazione. È situata a poca distanza da Lumajang, non lontano dalla strada principale, ed è raggiungibile in 30 minuti di camminata (il percorso è piuttosto agevole). Come tutte le cascate indonesiane, per arrivare è necessario essere in buona forma fisica, dato che al ritorno il percorso è in salita. Durante il tragitto potreste anche imbattervi in un ponte malandato o in una scala.

Se proseguite lungo lo stesso sentiero per altri 20-30 minuti, raggiungete un'altra cascata, **Coban Sriti**, un tesoro nascosto, in grado di rivaleggiare con Kapas Biru. Questa seconda cascata si trova a breve distanza dalla prima, perciò concedetevi del tempo per ammirarle entrambe.

Un'altra imperdibile meta ancora poco conosciuta nei pressi di Lumajang è **Kabut Pelangi**, una cascata davvero impressionante che si infrange contro una serie di rocce coperte di muschio e vegetazione, ed è anche una delle più fotogeniche che troverete in Indonesia. Potete raggiungere Kabut Pelangi dopo altri 45 minuti di camminata. Lungo il percorso ci sono altre due cascate più piccole; inoltre, vi ritroverete ad attraversare un paio di ruscelli e vi bagnerete i piedi, perciò indossate un equipaggiamento adatto. Al ritorno il percorso è più impervio poiché presenta alcuni tratti in salita piuttosto impegnativi.

COME ARRIVARE A LUMAJANG

Veicolo privato
La strada per Lumajang è lunga e tortuosa, nonché piena di camion e autobus, perciò guidate con prudenza e fate diverse pause.

Tour o autista privato
È il modo più comune e sicuro di raggiungere le cascate della zona di Lumajang.

Treno
Se proseguite a est in direzione di Bali, potreste prendere il treno. Da Surabaya la ferrovia passa vicino a Lumajang, con fermate a Klakah e a Jatiroto. Entrambe le località si trovano a mezz'ora di auto da Lumajang.

CONSIGLI ESSENZIALI PER IL TREKKING

- Portate un equipaggiamento adatto per la montagna: scarponi da trekking, un impermeabile, indumenti caldi e una torcia/lampada frontale.
- Portate una custodia protettiva per l'attrezzatura fotografica, poiché il tempo può cambiare rapidamente.
- Intraprendere la scalata di notte vi consentirà di ammirare l'alba, fornendovi anche le condizioni migliori per affrontare il trekking.
- È consigliabile ingaggiare una guida locale per visitare posti come il Gunung Semeru, dove a volte basta imboccare il sentiero sbagliato per incorrere in conseguenze fatali.
- Non avvicinatevi troppo al bordo del vulcano, poiché il terreno è pericolante, e fate attenzione ai gas tossici e alle nubi sulfuree che potrebbero comparire all'improvviso.
- Portate abbondanti scorte di snack, cibo energetico e acqua.
- Non scalate mai da soli e non affrontate escursioni di questo tipo se non siete in buona forma psicofisica.

Gunung Semeru

DA MALANG: **1 H 30 MIN**

Mettersi alla prova scalando un vulcano

Con i suoi 3676 m di altitudine, il Gunung Semeru è il vulcano più alto di Giava e ogni anno ben 140.000 escursionisti decidono di affrontarne la scalata.

Pur essendo possibile salire senza una guida, è fortemente consigliato ingaggiarne una. In passato il Gunung Semeru è costato la vita a diverse persone, ragion per cui disporre di una guida esperta riduce considerevolmente il rischio di infortunarsi, perdersi o rimanere bloccati sui versanti di quello che è pur sempre un vulcano attivo.

Molte escursioni guidate al Semeru partono da Malang e in genere durano due o tre giorni. Si comincia presso il campo base, nel villaggio di Ranupane, dove si può fare rifornimento di provviste e di attrezzature. La prima parte dell'ascesa è caratterizzata da paesaggi meravigliosi, praterie e foreste pluviali, ma la vera sfida comincia a circa 2700 m di altezza. Il tratto finale della scalata ha inizio dopo mezzanotte, quando le condizioni del terreno e le temperature sono più favorevoli. A questo punto la salita si fa tosta, ed è necessario avere un discreto livello di forma fisica per affrontare i versanti pietrosi e sconnessi. Dal bordo del cratere si gode di un panorama incredibile del vicino Gunung Bromo e delle vette limitrofe. Per quanto sia di una bellezza innegabile, ricordatevi che proprio sotto di voi si apre la bocca del cratere del Semeru, che spesso emette nuvole di gas velenoso che in passato hanno causato la morte di qualche sfortunato escursionista.

Per poter scalare il Gunung Bromo è necessario prenotare l'entrata al Parco Nazionale di Bromo-Tengger-Semeru. C'è un limite di 600 persone al giorno, perciò prenotate con largo anticipo. Inoltre, per potersi registrare è necessario presentare un certificato di idoneità fisica rilasciato almeno un giorno prima da una clinica o da un medico. Il regolamento del parco nazionale sconsiglia di spingersi oltre il limite della zona segnalata come sicura. Gli alpinisti sono liberi di oltrepassarla e arrivare in cima, ma non saranno coperti dall'assicurazione.

Da Pantai Selok a Pantai Bajulmati

DA MALANG: **2 H**

Girare per le spiagge

Da Malang, spingetevi a sud verso la costa meridionale di Giava, dove si trovano imperdibili spiagge di bianca sabbia perlacea, acque blu e quasi nessun turista.

Per visitarle avrete bisogno di un mezzo. Alcune sono più difficili da raggiungere, ma pur essendo lontane dai circuiti turistici internazionali, le strade sono per lo più in buone condizioni. La presenza di turisti del posto significa che molte delle spiagge più grandi e più apprezzate offrono almeno i servizi essenziali.

Partendo da Malang, una delle prime che meritano una sosta è **Pantai Selok**, una spiaggia relativamente 'nuova', che vanta

MASDIM PHOTOGRAPHY/SHUTTERSTOCK ©

Gunung Semeru

sabbia di una meravigliosa sfumatura giallo-dorata e alcune formazioni rocciose sottomarine particolarmente fotogeniche.

Proseguendo verso est, a breve distanza da Pantai Selok sorge la spiaggia di **Kondang Merak**. Isolata e tranquilla, è perfetta per fare snorkelling tra scogli e coralli. Nelle immediate vicinanze si può campeggiare e le belle sabbie bianche sono perfette per rilassarsi e per ammirare i tramonti.

Per un'esperienza leggermente diversa, dirigetevi alla spiaggia di **Balekambang**. La strada che conduce a questa spiaggia è un po' inaffidabile, perciò fate attenzione se girate in motocicletta. Il panorama comprende un bel tempio costruito su un'isoletta a poca distanza dalla costa, molto simile al Tanah Lot di Bali, e raggiungibile anche con l'alta marea tramite un piccolo ponte pedonale.

Ancora più a est, c'è un'altra spiaggia molto rinomata per i tramonti, **Pantai Ngudel**, dove si può campeggiare. Questa lingua di sabbia bianca e pulitissima è punteggiata di *warung* e di angoli carini per rilassarsi all'ombra degli alberi.

La spiaggia più conosciuta della zona è probabilmente **Pantai Bajulmati**, una striscia di sabbia lunga 1 km che non solo vanta le strutture migliori di tutta la zona, ma anche un servizio di salvataggio: una vera rarità.

MIGLIORI SPIAGGE APPARTATE

Kondang Merak Beach
Meravigliosa spiaggia con eccellenti ristoranti di pesce direttamente sul lido; accessibile tramite una strada lunga e impervia.

Pantai Mbehi
Spiaggia piccola ma molto bella raggiungibile con un trekking di un'ora attraverso la giungla. Il sentiero di accesso si trova nei pressi di Jl Lintas Selatan.

Pantai Banju Anjlok
Spiaggia meravigliosa con una cascata che si getta direttamente sulla sabbia. In cima c'è una bellissima piscina naturale balneabile. Si raggiunge con un trekking di due o tre ore da Pantai Lenggoksono, oppure in barca.

Pantai Batu Bengkung
Spiaggia incontaminata con vasche idromassaggio naturali fra le rocce.

Pantai Jonggring Saloko
Bellissima e idilliaca spiaggia di sabbia bianca. Le cattive condizioni della strada limitano molto il flusso di turisti.

Orari di apertura
7-17

Tariffe di entrata
Punto panoramico 20.000Rp; Escursione alle cascate 10.000Rp

DA NON PERDERE

Tumpak Sewu

Le cascate di Tumpak Sewu, a Giava est, sono un'esperienza imperdibile. Centinaia di getti si tuffano dal bordo di un anfiteatro roccioso alto 120 m riversandosi in una profonda gola avvolta nella nebbia: Tumpak Sewu è un'avventura che ricorderete per tutta la vita.

IN PRIMO PIANO
- Punto panoramico di Tumpak Sewu
- Escursione alle cascate
- Cascate di Goa Tetes
- Base delle cascate di Tumpak Sewu
- Nuotare alle cascate
- Grotte di Goa Tetes
- Coban Sewu

Punto panoramico

Visitare Tumpak Sewu è semplice. Parcheggiate vicino all'entrata, pagate la quota d'ingresso al chiosco dei biglietti, poi seguite il sentiero che conduce al punto panoramico. Il momento migliore per andarci è al mattino presto, quando le nuvole di nebbia che si sollevano dal canyon sottostante creano effetti misteriosi. C'è anche un piccolo e fotogenico sentiero che si allontana dal belvedere, ma ve lo sconsigliamo poiché è estremamente pericoloso.

Se avete un drone, il punto panoramico è il posto perfetto da cui farlo volare: vi consente di scattare foto meravigliose delle cascate con il Gunung Semeru che si staglia sullo sfondo.

Accedere al canyon

L'escursione che conduce alla base delle cascate è piuttosto impegnativa. Indossate calzature resistenti e seguite il sentiero che costeggia il lato sinistro della zona dove si trova il belvedere. Il trekking comincia con un sentiero fangoso dotato di gradini, che presto lasciano il posto a rampe d'acciaio, passerelle e scale di legno. A circa due terzi del percorso, le scale finiscono e vi ritrovate aggrappati a una corda a farvi strada lungo una scarpata rocciosa mentre intorno a voi gorgoglia una cascata. Vi bagnerete parecchio, ma il premio finale vale decisamente lo sforzo.

Cascate e grotte

All'interno del canyon, seguite il sentiero diretto alle poderose e memorabili **cascate di Tumpak Sewu**. A un certo punto pagate un sovrapprezzo per spostarvi nella zona dove sorge un nuovo villaggio.

Lungo il tragitto di ritorno, che vi porterà ad attraversare di nuovo il canyon ma in un'altra direzione, raggiungete le **cascate di Goa Tetes**, si gettano da una parete rocciosa color arancio, formando vasche balneabili. Proseguendo oltre, e facendo attenzione, salite al di sopra delle cascate entrando nelle **grotte di Goa Tetes**, scavate nella parete di roccia.

Coban Sewu

Arrivando da Malang, la prima cosa che vedrete sarà la segnaletica per Coban Sewu. Si tratta in realtà della stessa cascata di Tumpak Sewu ma vista dal lato occidentale.

Vale la pena pagare il biglietto d'ingresso per entrare da questo lato, anche solo per vederla da un'angolazione differente e per trovare meno folla, poiché questo lato è frequentato per lo più dai residenti. Non è consigliabile accedere alla base delle cascate passando dal belvedere di Coban Sewu, poiché il sentiero e le scale sono estremamente pericolosi rispetto a quelli sul lato di Lumajang.

Esplorare la zona

Il modo migliore per spostarsi è noleggiare un veicolo o partecipare a un tour guidato. La zona di Batu è vicina a Malang, ma gli spostamenti tra una meta e l'altra sono più agevoli se avete un'auto o un motorino. Per raggiungere posti più remoti come Lumajang o Tumpak Sewu impiegherete dalle due alle tre ore di viaggio.

QUANDO ANDARE

A Giava la stagione delle piogge va da novembre ad aprile e può essere il periodo migliore per visitare le cascate di Tumpak Sewu. Se vi piace l'avventura, il modo migliore per godersi questa meraviglia naturale è arrivare alla base percorrendo il sentiero che passa per il canyon. In caso di forti piogge potreste trovarlo chiuso.

CONSIGLI

- Indossate scarpe da trekking impermeabili o sandali.
- Non è necessario ingaggiare una guida locale.
- Non perdetevi la base delle cascate.
- Portatevi una piccola quantità di contanti per pagare le spese extra.
- Portate snack e acqua.
- Preparatevi a bagnarvi un po', sia durante la discesa verso il canyon sia ai piedi delle cascate.
- Dalle grotte di Goa Tetes potete proseguire percorrendo il sentiero in salita che esce dal canyon.
- **Non** cercate di entrare dal canyon passando dal lato di Coban Sewu.
- Arrivate presto per evitare la calca e approfittare delle condizioni ottimali.

Banyuwangi

ESCURSIONI AI VULCANI | SPIAGGE APPARTATE | PARCHI NAZIONALI

TRASPORTI LOCALI

Banyuwangi è raggiungibile in treno da Surabaya passando per Jember, in traghetto da Gilimanuk (Bali), o in macchina da varie località di Giava. Se alloggiate in centro, potete girare per la città a piedi o prendere la versione motorizzata del tradizionale *becak*, detta *bentor* (disponibile quasi dappertutto nel centro cittadino).

Per raggiungere posti più periferici, gli alloggi privati e persino il Kawah Ijen, utilizzate Gojek o Grab, oppure noleggiate uno scooter.

IL CONSIGLIO

Se arrivate in città per scalare il Kawah Ijen e non avete un mezzo, con Grab potete farvi consegnare il cibo al vostro alloggio.

Banyuwangi è stata a lungo considerata dai turisti stranieri una semplice tappa di passaggio dove fermarsi prima di proseguire il viaggio verso la vicina Bali. Ma la città è anche la porta d'accesso a molte mete spettacolari nella parte più remota di Giava est.

Molti viaggiatori la scelgono per intraprendere l'ascesa notturna al Kawah Ijen. Il fenomeno delle fiamme blu ha reso la montagna famosa in tutto il mondo, portando il turismo in questa regione.

Gli amanti delle avventure troveranno parchi nazionali con una grande varietà di paesaggi, dalla savana alla giungla più fitta, imponenti vulcani spenti e spiagge isolate.

Vedere da vicino il Kawah Ijen

Fiamme blu e panorami spettacolari

Il **Kawah Ijen** è un luogo imperdibile per gli escursionisti ma accessibile a chiunque; ed è uno dei due unici posti al mondo dove si può assistere al fenomeno naturale delle 'fiamme blu'. Situato a un tiro di sasso da Banyuwangi e vicinissimo a Bali, il Kawah Ijen viene visitato ogni notte da centinaia di persone.

Ma perché proprio di notte? Perché è l'unico momento in cui sono visibili le fiamme blu. Le ore migliori per vedere le fiamme blu sono comprese tra l'1 le 4 del mattino, perciò si consiglia di arrivare a Ijen per le 2, all'apertura dei cancelli.

L'interno del cratere racchiude un bellissimo lago dalle acque turchesi amatissimo dai fotografi di tutto il mondo ma mortale al tatto essendo il più acido della Terra; si trova proprio accanto al punto in cui si manifestano le fiamme blu, perciò state molto attenti!

Dopo aver visto il fenomeno delle fiamme blu, risalite sul bordo del vulcano in tempo per godervi la meravigliosa alba dell'Ijen e scattate quante più foto potete.

In tempi recenti, il Kawah Ijen è diventato accessibile quasi a tutti, inclusi i portatori di disabilità fisiche. Ogni notte i

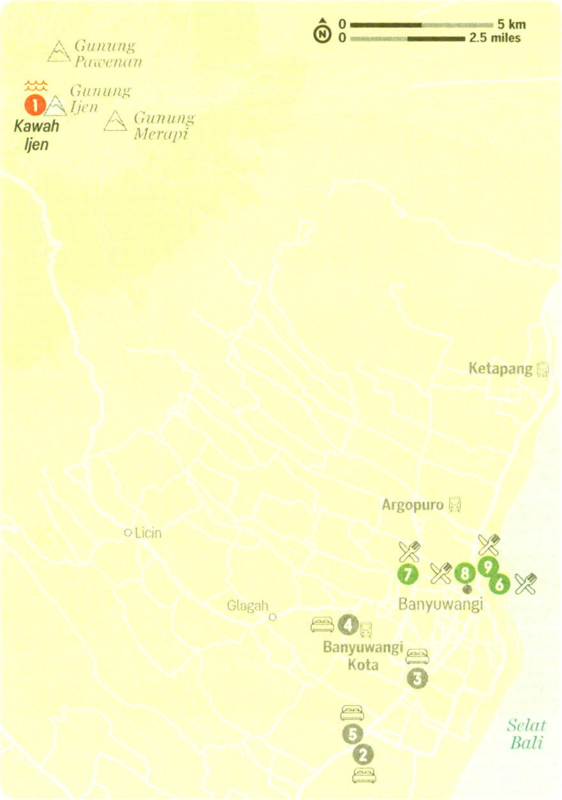

DA NON PERDERE
1 Kawah Ijen

PERNOTTAMENTO
2 éL Hotel Banyuwangi
3 Hotel Santika Banyuwangi
4 Juda Homestay
5 Kokoon Hotel Banyuwangi

PASTI
6 Banyuwangi International Yacht Club
7 Kedai Panorama Banyuwangi
8 Srengenge Wetan
9 Warung Ikan Bakar Hercules

facchini trasportano su e giù lungo il sentiero piccoli carrelli provvisti di sedili imbottiti, noleggiabili pagando una piccola somma in base alla profondità che si vuole raggiungere. Raggiungere le fiamme blu è comunque difficoltoso, perché i carrelli non arrivano fino a quel punto. Le altre attrattive, tra cui l'alba e i panorami spettacolari, sono comunque alla portata di tutti.

Di recente l'Ijen è stato chiuso per ragioni di sicurezza. Attualmente la scalata è possibile dietro presentazione di un certificato di buona salute rilasciato da un medico. Gli operatori turistici di buon livello potrebbero fornirvi assistenza a riguardo.

Per raggiungere il Kawah Ijen, potete prendere il traghetto da Gilimanuk (Bali) e poi proseguire in auto o in motorino. Molti decidono di pernottare a Banyuwangi, dove ci sono numerosi alloggi privati gestiti da proprietari meravigliosi in grado di rispondere a tutte le domande relative alla montagna e ai territori confinanti. Se siete già a Giava, prendete il treno per Banyuwangi da Surabaya.

I MINATORI DI IJEN

Una volta raggiunto il bordo del cratere del Kawah Ijen, si viene a contatto con i minatori di zolfo, formidabili operai che passano qui gran parte della loro vita impegnati nell'estrazione dello zolfo. Fanno un lavoro difficile, uno dei più ardui e meno pagati al mondo, che portano avanti in condizioni disumane e con scarse misure protettive per difendersi dagli elevati tassi di zolfo presenti nell'aria. Gli operai trasportano in spalla due o tre carichi di ceste di zolfo facendo avanti e indietro dalla voragine. Ogni carico può pesare fino a 90 kg e viene trascinato lungo un sentiero impervio e tortuoso nel buio più assoluto.

CONSIGLI PER L'ASCESA AL KAWAH IJEN

- Per vedere le fiamme blu, cominciate l'ascesa il prima possibile (i cancelli aprono alle 2 del mattino).
- Noleggiate una maschera antigas presso i *warung* vicino al parcheggio. Il costo è di 50.000Rp. Portate una lampada frontale o una torcia, anch'esse noleggiabili.
- Recatevi alle fiamme blu e poi riguadagnate la cima in tempo per ammirare l'alba.
- Le nuove normative prevedono la presentazione di un certificato medico.
- Portate snack da consumare durante il trekking e per la colazione. Potete anche comprare bustine di caffè, acqua e spuntini in un *warung* a metà percorso o nel tratto finale.
- Portate vestiti caldi da indossare sulla sommità.
- Preparatevi a fare la fila ai punti panoramici.

STANISLAV KACHYNA/SHUTTERSTOCK ©

Kawah Ijen

Terminata l'escursione, visitate l'estremità orientale di Giava, compresi i magnifici parchi nazionali e i break per il surf. Altrimenti, da Banyuwangi potete raggiungere Bali con una traversata in traghetto di un'ora.

MANGIARE A BANYUWANGI: LA NOSTRA SCELTA

Banyuwangi International Yacht Club: Nuovo yacht club con un'ottima selezione di piatti locali e occidentali. $$$

Warung Ikan Bakar Hercules: Locale consigliato dalla gente del posto; serve eccellenti pasti a base di pescato del giorno. $

Srengenge Wetan: Questo ristorante, in posizione centrale, è indicato per assaggiare i piatti tradizionali. $$

Kedai Panorama Banyuwangi: Propone deliziosi e rinomati piatti di mare, lungo il tragitto di ritorno dal Kawah Ijen. $$

Dintorni di Banyuwangi

Parchi nazionali brulicanti di fauna selvatica in ogni dove, insieme a spiagge meravigliose completamente prive di turisti.

Avventurarsi nei dintorni di Banyuwangi permette di conoscere una zona poco esplorata di Giava est. Le alte montagne e i vulcani fumanti degradano fino alle foreste, circondati da spiagge incontaminate.

In questa regione, spesso ignorata dai turisti, abbondano le meraviglie naturali. Visitate tre grandi parchi nazionali, dove antichi templi si nascondono tra la giungla, incontrate le tartarughe marine che si avventurano su spiagge remote e cavalcate onde di fama mondiale prima che si infrangano su litorali che (si dice) sono ancora frequentati da tigri secolari. Nei villaggi e nelle città prospera la vita locale.

Località

Pulau Merah

DA BANYUWANGI: **2 H**

Sole, surf e paesaggi costieri

L'‘Isola Rossa’, conosciuta a livello locale come **Pulau Merah**, è un vero angolo di paradiso. Lontana dai principali circuiti turistici abbastanza da passare inosservata, regala ai viaggiatori più avveduti che riescono a scovarla il giusto premio per i loro sforzi.

Sulla spiaggia di Pulau Merah è ancora possibile passeggiare lungo una perfetta striscia di sabbia bianca lasciando una serie di impronte. Qui si può ammirare il tramonto in tutta tranquillità e i pochi surfisti che si contendono un'onda al mattino sono già da considerarsi un bagno di folla. Con i suoi 4 km di sabbia bianca incontaminata, meravigliosi panorami costieri e un porticciolo da sogno orlato di palmizi, è facile credere di essere stati catapultati in paradiso. Pulau Merah non è semplice da raggiungere e non essendo servita dal trasporto pubblico è necessario ingegnarsi un po'. Affittate un'auto o uno scooter, oppure ingaggiate un autista privato per un'escursione in giornata. Ne varrà comunque la pena se siete in cerca di un posticino tranquillo per una breve vacanza al mare, con onde perfette, spiagge vuote e ristoranti a prezzi locali.

Tuttavia, non aspettatevi di trovare resort a cinque stelle. Dato che in Indonesia i piccoli angoli di paradiso come questo sono rari, parecchi visitatori si adattano a dormire una o due notti in un alloggio privato a due stelle per godere al

TRASPORTI LOCALI

Lontano da Banyuwangi il trasporto pubblico scarseggia, fatta eccezione per un treno che vi porta fino a Jember per poi proseguire per Surabaya. Per spostarvi oltre, affittate un'auto o un motorino, oppure ingaggiate un autista privato per le escursioni giornaliere. Potete spostarvi da un luogo all'altro tramite le app Gojek e Grab. Se praticate il surf, rivolgetevi ai pescatori locali per noleggiare barche da usare come mezzi di trasporto tra una spiaggia e l'altra.

meglio della quiete e della posizione appartata che la spiaggia è in grado di regalare.

Pantai Wedi Ireng

DA BANYUWANGI: **2 H**

La vostra spiaggia privata

Non troppo lontano da Pulau Merah c'è una spiaggia di cui pochi conoscono l'esistenza, anche se geograficamente si trova a un tiro di sasso dalla più famosa vicina. È anche una delle più belle di tutta Giava – e già questo la dice tutta.

Pantai Wedi Ireng è difficile da trovare e per raggiungerla ci vuole un po' di impegno. Non c'è una vera e propria strada che conduce alla spiaggia ed è necessario conoscere un po' i dintorni per localizzare il percorso. Ma non perdetevi d'animo, dato che esiste una segnaletica. Il primo cartello si trova a metà strada tra Pulau Merah e **Pantai Lampon**. Girate a destra e seguite la strada finché non volta a sinistra, poi prendete la prima a destra. Attraversate un paio di ponticelli e quando vedete un cartello dipinto di rosso con la scritta 'Wedi Ireng', svoltate a sinistra. Alla fine della strada, parcheggiate vicino a un piccolo *warung*. Pantai Wedi Ireng, però, non si concede tanto facilmente. Dopo aver parcheggiato, dovrete affrontare una lunga camminata di 4 km sotto il sole cocente, per cui fate abbondante scorta di acqua. Noterete che parecchi residenti si recano a Pantai Wedi Ireng in motorino ma noi lo sconsigliamo poiché durante la stagione umida il sentiero può diventare impraticabile e scivoloso nella zona ammantata di foresta pluviale.

Arrivati a destinazione, trovate ad accogliervi una piccola spiaggia dotata di sabbia bianca e acque calme e trasparenti che guardano su una laguna riparata con vista su alcune isole ed è molto probabile che avrete tutta la spiaggia a vostra disposizione.

Negli ultimi tempi a Pantai Wedi Ireng sono stati installati alcuni servizi, il che è abbastanza inusuale per un posto così isolato. Di recente è stato costruito un *warung* completo di servizi igienici. Lungo la battigia ci sono un paio di capanne in stile *bale* che offrono refrigerio e alcune panche collocate all'ombra degli alberi.

LA FANTOMATICA TIGRE DI GIAVA

Sono in tanti a credere che la tigre di Giava esista ancora. Ufficialmente dichiarata estinta sin dagli anni '70, un tempo risiedeva sull'isola di Giava; la popolazione era talmente numerosa che nell'Ottocento la specie fu classificata come flagello e fu emessa una taglia per incentivarne la caccia. La tigre cominciò presto a battere in ritirata, cercando rifugio nelle foreste più remote e nelle giungle più inospitali di Giava est. Gli ultimi avvistamenti accertati di questo felino sono avvenuti nel Parco Nazionale di Meru Betiri ma, nonostante diverse spedizioni, a oggi non è stata trovata alcuna prova che possa confermare la sopravvivenza della specie. La gente del posto ritiene che continui ad aggirarsi sulle spiagge e nelle giungle di Giava est.

Tra Alas Purwo e Baluran

DA BANYUWANGI: **1 H 30 MIN**

Esplorare i parchi nazionali

Lungo la costa che si estende all'estremità orientale di Giava est, ci sono tre importanti parchi nazionali, ognuno molto diverso dall'altro. Il più noto è il **Parco Nazionale di Alas Purwo**. Situato sulla punta sud-orientale di Giava, occupa una zona pianeggiante dominata da fitte foreste di mangrovie. Sul litorale meridionale del parco sorge la celebre località surfistica di **G-Land**, ritenuta uno dei posti migliori del pianeta per chi ama le onde sinistre grazie alla presenza costante di alcune tra le migliori onde al mondo.

JASON LEE/LONELY PLANET ©

Pantai Wedi Ireng

Gli indonesiani attribuiscono ad Alas Purwo un profondo significato spirituale. Il nome di per sé significa 'prima foresta' e secondo varie leggende la zona sarebbe la prima terra emersa dalle acque all'alba dei tempi, ragion per cui le foreste all'interno del parco sono disseminate di templi e le grotte di questa zona sono considerate luoghi sacri; molte persone vi si recano in pellegrinaggio per poi trascorrere giornate o settimane in preghiera e in meditazione.

Più a ovest si estende il **Parco Nazionale di Meru Betiri**, una riserva ricca di fauna selvatica, considerata l'ultima dimora della tigre di Giava, una specie oggi ritenuta estinta. Il parco in sé è costantemente minacciato dai cercatori d'oro della zona e la presenza di fitte giungle ostacola gli sforzi tesi a mettere un freno ai cacciatori di frodo. Il turismo sta prendendo sempre più piede, per lo più grazie alla **Sukamade Turtle Beach**, dove è possibile avvistare esemplari di tartarughe marine verdi che vengono qui di notte a deporre le uova. Per vederle potete affidarvi a guide locali che vi accompagnano alla spiaggia; dove nella stagione riproduttiva che va da ottobre ad aprile gli avvistamenti sono praticamente garantiti. Per fare questa esperienza, alloggiate presso il **Java Turtle Lodge**, che organizza tour guidati.

Il terzo parco nazionale occupa la zona nord-orientale dell'isola. Nonostante la presenza di un grosso vulcano inattivo, il **Parco Nazionale di Baluran** è famoso per il suo strepitoso paesaggio dominato dalla savana. In questo scenario simil-africano, si possono avvistare tori, bufali d'acqua, cerbiatti, aquile e persino pavoni.

FARE SURF NEI PARCHI NAZIONALI

I parchi nazionali di Giava est applicano una tariffa di ingresso di 150.000Rp a persona. Il biglietto si può pagare all'entrata presso le biglietterie. Se intendete recarvi a G-Land per fare surf, potete evitare di pagare la tariffa d'ingresso e il prezzo dell'alloggio all'interno del parco accedendo alla località surfistica via mare. A Grajagan, a circa 20 km di distanza sul lato opposto della baia, sono disponibili per il noleggio imbarcazioni locali. Pulau Merah dispone di campeggi per surfisti e si può prendere una barca al mattino per G-Land per cimentarsi con onde di livello avanzato.

PERCHÉ AMO L'ISOLA ROSSA

Jason Lee, autore Lonely Planet

Pulau Merah (Isola Rossa) offre ancora tutte quelle attrattive di cui mi sono innamorato la prima volta che ho visitato l'Indonesia: spiagge remote e incontaminate, onde lunghe e roboanti, e parchi nazionali con sentieri su cui non incontrerete anima viva. È l'Indonesia per cui ho lasciato la mia terra d'origine; l'Isola Rossa continua a regalarmi tutto questo ogni giorno. Qui la vita è semplice, la gente sorride e si trova sempre qualcuno sulla spiaggia pronto a fare amicizia davanti a uno splendido tramonto.

WISNUPRIYONO/SHUTTERSTOCK ©

Foresta di De Djawatan

Foresta di De Djawatan

DA BANYUWANGI: **1 H**

Perdersi in una selva

Circa 30 km a sud di Banyuwangi, sulla strada per Pulau Merah, si trova una foresta molto particolare, tuttavia la maggior parte delle persone che passa da De Djawatan non si accorge della sua esistenza, il che è un vero peccato. Creata circa un secolo fa, comprende centinaia di alberi della pioggia ed è uno spettacolo imperdibile. I rami contorti e nodosi di questi giganteschi alberi sembrano aggrovigliarsi tra loro in modo talmente serrato da intrecciare una sorta di tettoia e sono carichi di orchidee che formano una specie di drappo.

Se vi trovate nei paraggi, la Foresta di De Djawatan è un luogo meraviglioso per sostare dopo aver guidato ore sotto il sole; gli alberi celano un sentiero ottimo per trovare un po' di fresco e sgranchirsi le gambe. Vi si accede pagando una tariffa simbolica. La foresta è letteralmente circondata da posticini dove scattare selfie insieme a questi antichissimi alberi. Fate però attenzione alla posizione del sole e tenete presente che è un luogo molto popolare (specialmente per le foto prematrimoniali).

Come spesso succede in Indonesia, luoghi turistici come questo offrono una marea di altre attività contingenti; tra le più gettonate: tiro con l'arco, ATV, e i giri in *andong* lungo il perimetro di questa foresta che sembra uscita da *Il signore degli anelli*. Sul retro ci sono anche dei piccoli *warung*, dove acquistare snack e bibite. Non perdetevi la casetta costruita su uno dei grandi alberi che si trovano vicino all'entrata principale, insieme a un paio di ponticelli molto fotogenici.

Finita la visita, rilassatevi presso la caffetteria, dove troverete cibo e caffè a prezzi ragionevoli e uno dei più bei panorami di Giava.

Cercate di evitare i fine settimana e i giorni festivi; la mattina e il pomeriggio sono le fasce orarie più affollate per via delle temperature più fresche.

Bogor

PASSEGGIATE IN GIARDINO | CULTURA DEL CAFFÈ | PANORAMI DI MONTAGNA

Quando Sir Thomas Stamford Raffles stabilì la propria residenza di campagna a Bogor, nel breve periodo in cui Giava era sotto il dominio britannico, lo definì 'un romantico villaggio'. In questa oasi dove il tempo è imprevedibile – a quanto pare si verificano ben 322 tempeste all'anno – la fresca e tranquilla Bogor era il rifugio prediletto dei coloni desiderosi di sfuggire al caldo e alla folla della capitale.

Da allora le cose sono un tantino cambiate e oggi Bogor sperimenta l'eccesso di traffico che assilla perennemente Giacarta e gli stessi problemi relativi alla scarsa qualità dell'aria. Nonostante l'inesorabile spinta dello 'sviluppo', i magnifici giardini botanici del centro non hanno perso neppure un briciolo della loro bellezza originaria e, nelle parti più ricche di vegetazione, il cicaleccio degli insetti e il cinguettio degli uccellini attutisce il rumore del traffico che arriva a lambire i cancelli. La città possiede anche una Chinatown molto animata, con caffè e ristoranti a breve distanza dai giardini.

TRASPORTI LOCALI

In città il traffico è talmente intenso che spesso si fa prima a spostarsi a piedi. I taxibus (*angkot*) fanno avanti e indietro, in particolare tra il capolinea degli autobus e la stazione ferroviaria (Angkot 6). Nel tragitto di ritorno verso Jl Kapten Muslihat, vicino alla stazione ferroviaria, Angkot 3 fa il giro dei giardini botanici. Bogor è collegata a Giacarta tramite un servizio ferroviario molto frequente, con treni che partono ogni quarto d'ora dalla stazione di Kota. Il tragitto dura un'ora. Da Bogor, più o meno ogni ora tra le 14 e le 20 partono autobus diretti all'aeroporto. La fermata è accanto al centro commerciale Botani Square.

Piante tropicali e cinguettii

I lussureggianti giardini di Bogor

Nel cuore di Bogor sorgono i favolosi giardini botanici detti **Kebun Raya**; sono il polmone verde della città e occupano un'area di 87 ettari. La meta più apprezzata è la Casa delle Orchidee con i suoi fiori esotici e delicati, ma i giardini racchiudono più di 15.000 altre specie di piante tra cui 400 tipi diversi di palme (non perdete il *Saribus rotundifolius* alto

MANGIARE A BOGOR: MIGLIORE ATMOSFERA

Doea Tjangkir: Locale elegante, all'interno di un palazzo comunale. Propone piatti giavanesi come il *karedok* e il *soto ayam*, oltre a bistecche e all'anatra. $$

Gumati Resto: Vedute meravigliose della città e gustosi piatti della cucina sundanese, tra cui *sup ikan bambu* (zuppa di pesce e germogli di bambù). $$

Lemongrass: Tra i piatti proposti spiccano una versione sichuanese del *mie goreng* e una versione del *laksa* originaria di Singapore. $$

Medja: Ristorante dotato di un bell'atrio spazioso con fontane e cespugli. Propone buon cibo indonesiano con porzioni abbondanti da condividere. $$

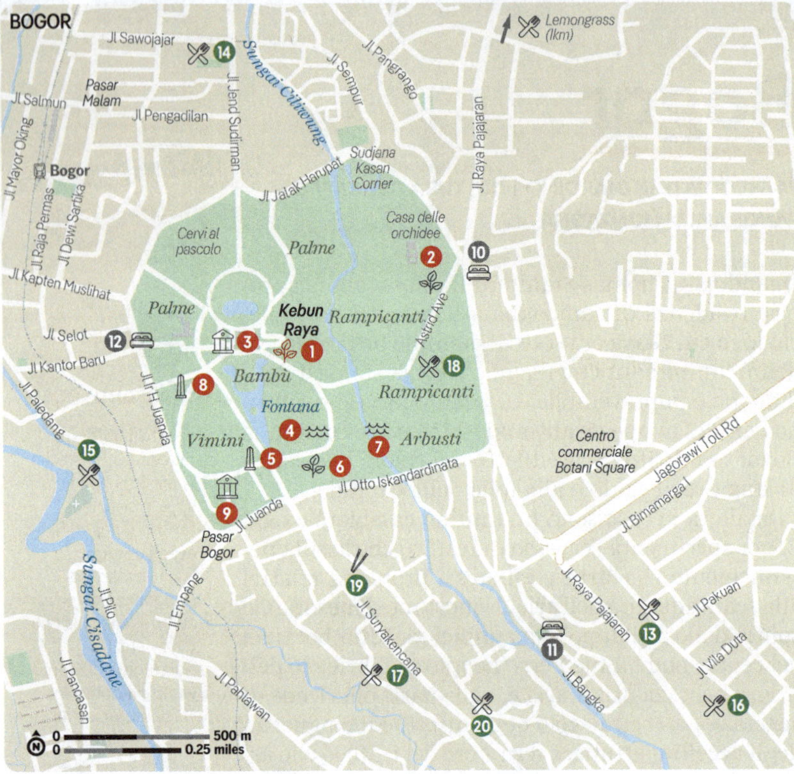

DA NON PERDERE
1 Kebun Raya

DA VEDERE
2 Griya Anggrek (Casa delle orchidee)
3 Istana Bogor
4 Kolam Bulat
5 Monumento a Olivia Raffles
6 Giardini Messicani
7 Sungai Ciliwung
8 Tomba di DJ de Eerens
9 Museo Zoologico

PERNOTTAMENTO
10 Hotel Grand Savero
11 Rion Bogor Hostel
12 Tom's Homestay

PASTI
13 De' Leuit
14 Doea Tjangkir
15 Gumati Resto
16 Medja
17 Mr Yos
18 Grand Garden Resto & Cafe
19 Resto Kencana
20 Soto Mie Agih

IL CONSIGLIO

Per evitare di incappare in uno dei famigerati temporali di Bogor, visitate i giardini botanici il prima possibile e concedetevi almeno mezza giornata per goderveli a dovere (potete terminare la visita presso l'ottimo ristorante dentro al parco). A parte i fine settimana, in cui c'è maggiore affluenza, questi giardini sono generalmente tranquilli.

ben 25 m). Alcune parti sono caratterizzate da giardini curati fin nei minimi dettagli, mentre in altre sezioni l'atmosfera è degna di una giungla lussureggiante, perciò tenete gli occhi aperti per avvistare uccelli colorati, farfalle ed enormi esemplari di volpi volanti che si nutrono di frutta.

L'entrata principale si trova all'estremità meridionale (in realtà leggermente a est) dei giardini. In zona potete noleggiare motorini o biciclette. Un buon punto di riferimento per orientarvi è il piccolo **monumento commemorativo** in onore di Olivia Raffles, prima moglie del governatore generale Raffles, la quale morì nel 1814 e fu sepolta a Batavia. Proseguite lungo il sentiero principale fino a raggiungere un laghetto pieno di fiori di loto, dietro al quale si erge il palazzo presidenziale **Istana Bogor**, una tappa obbligata per i visitatori indonesiani. Tenete lo sguardo fisso a terra per adocchiare i *kenari*, le mandorle tropicali tipiche delle Maluku. Svoltate poi a sinistra per visitare un piccolo e silenzioso cimitero, dove si trovano due lapidi olandesi tra cui la **tomba di DJ de Eerens**, ex governatore generale. Da qui, passate poi all'ombra di specie titaniche di bambù, come il *Bambu raksasa*, alto 30 m.

A questo punto, dirigetevi direttamente a sud e fate una deviazione passando per il **Museo Zoologico** (bisogna pagare un biglietto d'ingresso a parte), pieno di creature imbalsamate provenienti da tutta l'Indonesia. All'entrata principale, passate sotto un gigantesco scheletro di balenottera azzurra ricavato da un esemplare ritrovato nel 1916 su una spiaggia di Giava ovest. All'interno delle gallerie potete ammirare miriadi di magnifici insetti (dalla camaleontica *Kallima paralekta* alla gigantesca falena *Attacus atlas*), meditare sulla dolorosa scomparsa dell'ultimo esemplare di rinoceronte di Preanger, ucciso nel 1914, e vedere numerose specie di scimmie, uccelli e grossi gatti. C'è anche una riproduzione del *Pithecanthropus erectus*, meglio noto come 'Uomo di Giava', che al momento della sua scoperta, nel 1894, era l'ominide più antico mai ritrovato al mondo.

Una volta rientrati nei giardini, vi trovate davanti alla cosiddetta **Kolam Bulat** ('piscina rotonda'), una vasca tempestata di ninfee della specie *Victoria regia* – le più grandi del pianeta – su cui veglia un venerando esemplare di fico baniano. Più avanti sorgono i **Giardini Messicani**, dove ci sono vari cactus spinosi e numerose agave che non sembrano molto a loro agio in questo ambiente umido. Lasciatevi guidare dal gorgoglio dell'acqua fino a raggiungere il ciglio del **Sungai Ciliwung**, un ponte sospeso da cui si può godere di una bella visuale.

Infine, riposatevi al ristorante **Grand Garden Resto & Cafe** con bei panorami che si estendono fino agli stagni delle ninfee e una proposta di cibi indonesiani, occidentali e bevande (mocktail). Terminate il vostro giro del giardino visitando la suggestiva **Griya Anggrek** (Casa delle orchidee).

Prodotti di tutti i tipi

L'atmosfera frenetica di Pasar Baru

Jl Suryakencana, un'arteria che parte dai gradini davanti ai cancelli dei giardini botanici, vede sciami di persone uscire in massa dalle sale di cemento di Pasar Baru. All'interno, il mercato mattutino trabocca di prodotti di tutti i tipi, tra cui fiori, carne e pesce, vestiti di seconda mano e molto altro. Il profumo delle spezie misto all'odore della frutta troppo matura impregna l'aria caldissima e soffocante, causando un vero e proprio sovraccarico sensoriale. Buttatevi nel magico mondo della contrattazione per portarvi a casa un pezzettino della vera Bogor.

PIATTI TRADIZIONALI DELLA CUCINA SUNDANESE

Una delle ragioni migliori per visitare Giava ovest è il cibo. La cucina sundanese è molto apprezzata in Indonesia e in questa regione troverete verdure saporite e un sacco di combinazioni salutari ma sostanziose. Di seguito qualche piatto che vale la pena provare:

Karedok Insalata di fagiolini, germogli di soia e cetrioli condita con una salsa piccante alle arachidi.

Soto bandung Zuppa di manzo e verdure con citronella; anche il *soto ayam* (di pollo) è molto apprezzato.

Kupat tahu Riso pressato, germogli di soia e tofu con salsa di soia e arachidi.

Nasi liwet Riso con latte di cocco e diverse spezie.

Colenak Un dolce a base di manioca arrostita in salsa di cocco.

Ulen Un altro dessert a base di riso glutinoso, con salsa di arachidi.

MANGIARE A BOGOR: LA NOSTRA SCELTA

De' Leuit: Locale multipiano che propone interessanti variazioni di *sate*, riso misto, *gurame* (pesce) fritto, pollo fritto e piatti a base di verdure. $$

Resto Kencana: Ottimi piatti della cucina cinese serviti in un'elegante sala da pranzo decorata con lanterne di carta rossa e piena di foto d'epoca di Bongor. $$

Soto Mie Agih: Locale specializzato nel *soto mie* (zuppa di noodles). Un posto semplice ma molto frequentato tanto che potreste essere costretti a fare la fila per un tavolo. $

Mr Yos: Deliziosa panetteria-caffetteria, ottima per una sosta mentre si esplora Jl Suryakencana. Propone pasticcini friabili e molte altre dolci tentazioni. $

Dintorni di Bogor

Fuggite dal traffico di Bogor e immergetevi nella natura, tra foreste ricche di fauna selvatica, pittoresche piantagioni di tè e un litorale spettacolare.

Località

A parte i giardini fioriti, uno degli aspetti migliori di Bogor è la varietà di paesaggi affascinanti che ne impreziosiscono i dintorni. Il Parco Nazionale di Gunung Halimun-Salak, per esempio, vale tutto l'impegno necessario per raggiungerlo: questa distesa di natura selvaggia e incontaminata vanta montagne avvolte nella nebbia e trekking eccezionali. Vi sono anche diverse piantagioni, come la Nirmala Tea Estate dove potete riempirvi gli occhi con tutte le sfumature di verde possibili immaginabili. Più a sud, la strada attraversa risaie e colline ondulate per poi terminare nei pressi di Cimaja, un pittoresco tratto di costa noto a pochi surfisti che vengono qui per le ottime onde. Se il surf non vi interessa, il litorale è ideale anche per un tranquillo soggiorno nella natura.

TRASPORTI LOCALI

Nel parco c'è una zona ricca di cascate raggiungibile in *angkot* da Bogor. Per ulteriori spostamenti, avrete bisogno di un mezzo privato a meno che non partecipiate a un tour. Si accede al parco passando per Cibadak, sulla strada tra Bogor e Pelabuhan Ratu. Da Cibadak, proseguite per Cikadang e poi verso la Nirmala Tea Estate. Per Cimaja, prendete uno degli autobus da Bogor a Pelabuhan Ratu. Da qui continuate in *angkot*. A Cimaja si possono noleggiare motociclette e rastrelliere per le tavole da surf.

Parco Nazionale di Gunung Halimun-Salak

DA BOGOR: **1 H**

Cascate e teleferiche

Con i suoi 400 kmq di estensione, il Parco Nazionale di Gunung Halimun-Salak ospita due suggestive montagne spesso avvolte in una cappa di nuvole come anche le verdi vallate sottostanti. Il pezzo forte di questo parco è la ricca foresta montuosa che ammanta gli altopiani intorno al **Gunung Halimun** (1929 m), la vetta più alta in assoluto. Il paesaggio è incantevole e ci sono un sacco di animali selvatici (non facilmente avvistabili), tra cui entelli, gibboni e varie specie di uccelli.

Se siete in cerca di un luogo adatto per una breve fuga nella natura, il miglior punto d'accesso a questo parco nazionale si trova nella zona intorno alla **Curug Nangka**, il cui nome significa 'cascata di jackfruit' (ma ce ne sono diverse). Questo amatissimo rifugio vacanziero presenta sentieri agevoli (per lo più asfaltati e dotati di gradini) che portano a oltrepassare un gorgogliante ruscello di montagna che scorre su rocce umide e sdrucciolevoli su uno sfondo di felci, muschi e palme. La cascata più alta, detta **Curug Kaung**, si getta da un'altezza di circa 17 m e funge da doccia naturale, l'ideale dopo aver scarpinato per 20 minuti. Proprio al di sotto scorre un'altra cascata, detta **Curug Daun**, le cui acque vanno

GARENG PHOTOS/SHUTTERSTOCK ©

Risaie, Parco Nazionale di Gunung Halimun-Salak

ad alimentare una piccola piscina, perfetta per un'immersione completa.

È quasi certo che riuscirete a vedere i macachi dalla coda lunga che popolano questa zona del parco. All'interno della riserva ci sono dei *warung* e un'area campeggio dove si può affittare una tenda e un sacco a pelo (200.000Rp) per pernottare.

Per qualcosa di più adrenalinico, provate **Bogor Treetop Zipline Adventure**, un'attrazione situata proprio al di sopra dell'entrata principale del parco composta da teleferiche che fanno avanti e indietro nel canyon, regalando panorami spettacolari della foresta e delle cascate. Con ben otto linee, per un totale di 2,1 km, è una delle piste più lunghe di tutta l'Indonesia; il percorso completo dura circa un'ora. Il comprensorio dispone anche di un ristorante con vista panoramica, capanne a forma di A ben attrezzate e un campeggio.

Potrete raggiungerlo in *angkot*: il punto di partenza si trova davanti al **BTM mall** (all'angolo sud-occidentale dei giardini botanici di Bogor). Cercate quelli con scritto 'Ciapus' o 'Faten' sul parabrezza. Vi porteranno fino a una fermata nelle vicinanze dello Highland Park Resort Hotel, dopodiché vi aspetta una piacevole passeggiata di 1,3 km fino ai cancelli di entrata.

Escursioni nei parchi nazionali

Se volete fare escursioni in montagna all'interno del parco, potete scegliere fra tre ingressi ufficiali: Pasir Reungit (lato nord-ovest), Cidahu (lato sud-ovest) e Cimelati (lato sud-est). Qui potete pagare la tariffa di entrata (il costo si alza se intendete campeggiare) e ingaggiare una guida se non ne avete già una; a Bogor, Tom di Tom's Homestay (p177) può fornirvi assistenza. Portatevi acqua e snack in abbondanza. Fonti d'acqua

ULTERIORI COLLEGAMENTI DA BOGOR

Se non è Giacarta la vostra base, lasciare Bogor può rivelarsi un tantino complicato. Ci sono diverse autolinee che effettuano collegamenti per Bandung (tra cui la Maya Raya) con partenza dal terminal degli autobus di Baranangsiang e anche delle navette più piccole che partono da dietro il Bogor Trade Mall (ad esempio la Sinar Express). Nei fine settimana, quando il traffico è estremamente caotico, un'opzione più veloce potrebbe essere prendere il treno per Giacarta, scendere alla Stasiun Gondangdia, saltare su un *ojek* o percorrere a piedi i 1,2 km di strada per raggiungere la Stasiun Gambir, e poi da lì prendere il treno per Bandung. Se morite dalla voglia di vedere la costa, ci sono due autolinee (tra cui la Budiman) che effettuano corse giornaliere per Pangandaran con partenza la sera alle 20 e arrivo intorno alle 5 del mattino).

CASCATA DELLA GIOVINEZZA

Tom Arinto Soetomo, guida esperta di Bogor e proprietario di Tom's Homstay (p177) racconta di uno dei suoi rifugi naturali preferiti.

Recarsi alla Curug Nangka al mattino presto è un'esperienza meravigliosa. Prendete un *angkot* con partenza alle 4 in modo da arrivare alla cascata prima dell'alba quando non c'è anima viva. L'acqua che sgorga dalle montagne è ricca di minerali e forse anche di proprietà curative e farvi il bagno è una sorta di purificazione, oltre che un buon modo per aiutare il corpo a rilasciare ogni traccia di negatività. Dopo il bagno potete recarvi presso un belvedere situato nelle vicinanze (dove le teleferiche sorvolano la valle) e ammirare il tramonto sulle montagne boscose. È un modo fantastico e tonificante di cominciare la giornata.

EVERYTHING YOU NEED/SHUTTERSTOCK ©

Kawah Ratu

(depurata) si possono trovare in alcuni punti lungo il percorso, ma a volte scompaiono durante la stagione secca. I bastoncini da trekking sono utili per affrontare il terreno scivoloso, ripido e fangoso.

Con un trekking di mezza giornata potete raggiungere il **Kawah Ratu**, il cosiddetto 'Cratere della Regina', immerso in un paesaggio surreale fatto di piscine turchesi che esalano vapori, formazioni rocciose frastagliate che emettono fumo e odore di zolfo che impregna l'aria. La zona è raggiungibile con diversi sentieri. L'accesso migliore si raggiunge dal **cancello di entrata di Cidahu** (1108 m), sul lato sud (vicino alle terme di Javana) e proseguendo per 5 km fino al cratere. C'è un moderato dislivello (circa 250 m) e normalmente ci vogliono quattro ore tra andata e ritorno. Lungo il percorso ci sono diversi ruscelli, un eliscalo abbandonato e alcuni cartelli indicanti gli ettometri, molti dei quali sono spariti nel corso degli anni. È sempre meglio pranzare prima di raggiungere Kawah Ratu (o dopo), per evitare di trattenersi troppo a lungo in mezzo alle esalazioni sulfuree.

Gli escursionisti più ambiziosi e ben preparati possono percorrere il sentiero (girando a Bajuri – prima di raggiungere Kawah Ratu) per scalare il **Gunung Salak** (2211 m), piuttosto scosceso in alcuni punti; nei tratti più difficili ci sono delle corde legate agli alberi per agevolare il passaggio degli escursionisti. Il regolamento del parco raccomanda di calcolare almeno otto ore (all'andata) per raggiungere la vetta, ma se siete in buona forma fisica potete farcela in circa cinque ore. Se rimanete senza energie prima di raggiungere la cima, a **Pos Bayangan** c'è un buon posticino dove campeggiare liberamente.

Per completare la scalata del Salak in una giornata, il percorso indicato comincia vicino all'**ufficio all'inizio del sentiero di Cimelati**, a sud-est della montagna. È un percorso ripido ma lineare che parte a 800 m di altitudine. Attraversate la foresta, districandovi tra radici, rocce e fango, ma fate molta attenzione a dove mettete i piedi poiché alcuni tratti sono in forte pendenza. Man mano che vi avvicinate alla fine del percorso, la volta della foresta si assottiglia e se le nuvole si disperdono si aprono magnifiche vedute delle propaggini meridionali di Bogor e dei picchi del Gunung Gede e del Gunung Pangrango verso est. Per raggiungere la vetta calcolate quattro o cinque ore, più il tempo necessario ad ammirare il panorama.

Il terzo percorso comincia vicino alla **stazione d'ingresso di Pasir Reungit**, sul lato nord-ovest del Salak. Questo sentiero vi porta ad attraversare zone umide e fangose perciò indossate buone calzature impermeabili. Stati attenti anche alle sanguisughe.

Cimaja

DA BOGOR: **4 H**

Surf e meditazione

Cimaja è un'attraente località balneare di basso profilo circa 100 km a sud di Bogor, con una buona scelta di alloggi e numerosi punti per il surf di discreto livello. Vi si respira anche un'atmosfera mistica. Dopo aver ammirato il tramonto, tornando indietro tra le risaie lungo i canali, sentirete tra le fronde delle palme voci eteree che richiamano i fedeli alla preghiera, al punto che le caotiche metropoli di Giava vi sembreranno lontane anni luce. I ritmi lenti e la brezza dell'oceano sono novità talmente piacevoli che affascinano anche chi non è appassionato di surf. Per raggiungere questa località, dovete passare da Pelabuhan Ratu, un grande centro balneare non molto attraente; Cimaja si trova 8 km più a ovest.

In generale, la qualità delle onde non è all'altezza delle località balneari più famose dell'Indonesia ma, come ogni surfista ben sa, in questa nazione anche le onde di livello medio sono 10 volte migliori di quelle di altri paesi! Tra le più famose figura **Cimaja Point**, un'onda destra che forma una parete verticale con rare sezioni di barrel. È l'onda più consistente e affollata. **Indicator Point**, a breve distanza da Cimaja Point, con l'alta marea forma sempre un grande break, ma è solo per surfisti esperti. **Karang Hawu** vanta un beach break adatto ai principianti. Lungo la costa, su entrambi i lati di Cimaja, si annidano altri punti interessanti con buone onde.

In questa zona è possibile prendere lezioni di surf e dedicarsi alla pesca, al rafting e alle escursioni in motocicletta organizzate dallo staff di una delle guesthouse del posto.

LEGGENDA DEL SURF LOCALE

Nato a Cimaja nel 1985, da bambino Dede Suryana osservava i surfisti stranieri con invidia, così iniziò ad affrontare le prime onde. In poco tempo sviluppò una vera e propria ossessione per questo sport, tanto da non smettere più di allenarsi. Arrivava anche a fingere di sentirsi male per saltare la scuola e correre in spiaggia. I genitori, entrambi contadini, inizialmente non vedevano di buon occhio il suo hobby – finché non hanno bussato alla porta i primi sponsor. Nel 2003 il suo impegno diede finalmente i frutti sperati e all'età di 18 anni fece la storia del surf battendo l'allora campione del mondo Kelly Slater alle Hawaii nel Todd Chesser Memorial Contest. Da quel momento ha vinto parecchi campionati, condividendo le sue conoscenze con le giovani generazioni di surfisti indonesiani.

Parco Nazionale di Gede Pangrango

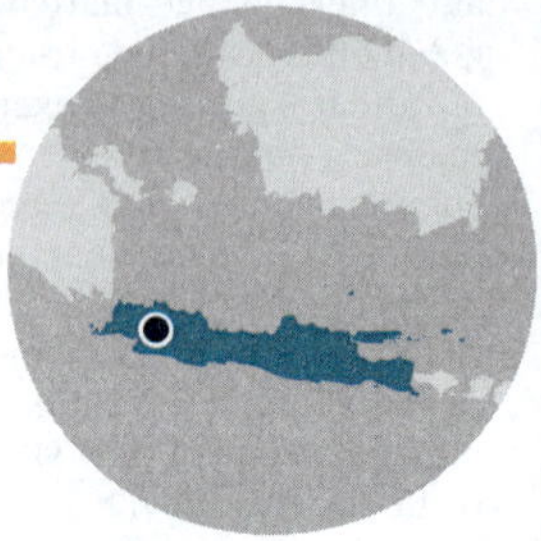

TREKKING | OSSERVAZIONE DELLA NATURA | ESCURSIONI NATURALISTICHE

Il Parco Nazionale del Gunung Gede-Pangrango prende il nome da due imponenti vulcani di Giava ovest ed è una straordinaria riserva naturale che nel 1977 ha ottenuto dall'UNESCO la qualifica di Riserva della Biosfera. I ricchissimi ecosistemi che abbracciano la pianura, la montagna, le foreste subalpine e le praterie d'alta quota sono popolati da una varietà impressionante di piante e animali selvatici. Tra le specie animali rare figurano l'entello crestato, il leopardo di Giava, il gibbone cenerino e il tragulo, oltre a circa 250 specie di uccelli. La relativa vicinanza di questo parco a Giacarta rende tale biodiversità un dato ancor più sorprendente, il cui equilibrio è costantemente minacciato dall'inquinamento e dalla deforestazione.

Molti visitatori vengono qui per cercare rifugio nella natura e per fare escursioni lungo bellissimi sentieri che si snodano tra laghi, cascate e panorami mozzafiato. Tanto di cappello a chi riesce a completare la scalata del Gunung Gede (2958 m), impegnativa ma priva di difficoltà tecniche, o del Pangrango (3019 m).

TRASPORTI LOCALI

Cibodas è la principale porta di accesso al parco, con frequenti collegamenti in *angkot* per raggiungere l'ingresso dei giardini di Kebun Raya Cibodas. Se cercate sentieri meno battuti, la soluzione più semplice è prendere un *ojek* o un taxi. Nei fine settimana e nei festivi il traffico è talmente intenso da bloccare le strade. Per evitare di sprecare la giornata nel traffico pianificate le escursioni in settimana.

IL CONSIGLIO

Al vostro arrivo al Parco Nazionale di Gungung Gede-Pangrango registratevi e ritirate il permesso presso l'ufficio PHKA davanti all'ingresso dei giardini (per gli stranieri costa ben 300.000Rp). L'ufficio dispone di un centro informazioni.

Scalare il Gunung Gede

La seconda vetta più alta di Giava ovest

Fra i pendii del Gunung Gede, un vulcano alto 2958 m, si cela uno dei sentieri escursionistici più emozionanti e impegnativi di Giava ovest. Il territorio comprende un'impressionante varietà di bellezze naturali, tra cui uno scintillante lago, cascate, sorgenti termali, un cratere dall'aspetto surreale e una rigogliosa prateria. La fauna selvatica ne accresce il fascino. Il parco è noto per la sua foresta alpina e l'avifauna, che comprende il rarissimo spizaeto di Giava. Secondo il regolamento ufficiale, per raggiungere la vetta del vulcano sarebbe opportuno ingaggiare una guida (al costo di 50.000Rp per un'escursione di due giorni), ma il sentiero principale è relativamente semplice da percorrere. Il Gunung Gede è chiuso agli alpinisti tra gennaio e marzo, e di solito anche ad agosto.

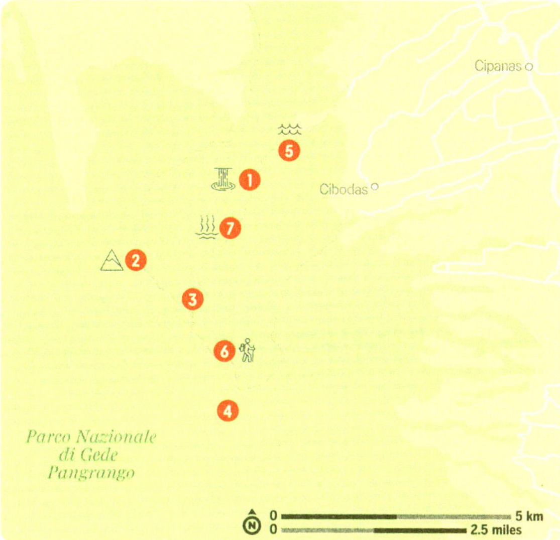

DA VEDERE
1 Cascate Cibeureum
2 Gunung Pangrango
3 Kandang Badak
4 Suryakencana Meadow
5 Telaga Biru

ATTIVITÀ, CORSI E TOUR
6 Gunung Gede
7 Sorgenti termali

L'escursione di 10 km (solo andata) che porta alla vetta impiega almeno 12 ore tra andata e ritorno, perciò partite il prima possibile e portatevi cibo, acqua, una torcia e indumenti caldi (di notte le temperature possono scendere fino a 5°C). Alcuni escursionisti partono alle 2 di notte in modo da raggiungere la cima al mattino presto, prima che si addensi la nebbia. Da Cibodas, il sentiero passa per **Telaga Biru** (15 minuti), un lago dalle acque color verde-azzurro. Le **Cascate di Cibeureum** (a un'ora di distanza) si trovano nelle immediate vicinanze del sentiero principale. Molte persone che vengono qui per un picnic arrivano fino a questo punto, anche se alcuni proseguono fino alle **sorgenti termali**, a tre ore e mezza di cammino dal cancello. Se si vuole intraprendere un'escursione solo alle cascate, il biglietto costa 150.000Rp più la tassa d'ingresso.

Il sentiero continua a salire per un'altra ora e mezza fino a **Kandang Badak**, dove è stata costruita una capanna all'altezza del valico tra le cime del Gunung Gede e del **Gunung Pangrango** (3019 m). Per scalare quest'ultimo prendete il sentiero che svolta a destra e camminate per tre ore. Molti escursionisti girano a sinistra per affrontare la scalata del Gede, più semplice ma ripida, della durata di un'ora e mezza, che vanta panorami più spettacolari. Il cratere del Gede si trova al di sotto della cima, e si può proseguire fino al **Suryakencana Meadow**.

Essendo vicino a Giacarta, il parco attrae una bella fetta di alpinisti della domenica (servono due ore e mezza per arrivare al centro informazioni di Cibodas nei giorni di bel tempo).

RIFORESTAZIONE

Uno dei progetti ambientali più ambiziosi legati al territorio di Giava ovest prevede la riforestazione di una zona degradata alla periferia del Parco Nazionale di Gunung Gede-Pangrango. L'iniziativa è stata lanciata nel 2008 dalla ONG Conservation International (CI) ed è volta a evitare l'estinzione delle specie endemiche, l'avanzamento della deforestazione e la distruzione di bacini idrografici vitali. CI ha coinvolto in questo progetto le comunità locali, aiutandole ad abbandonare l'agricoltura in favore di fonti di reddito più sostenibili. Sono stati piantati circa 120.000 alberi su una parete verde di 300 ettari. Pur essendo un progetto di piccole dimensioni, ha avuto un impatto positivo sia sul parco nazionale sia sulla comunità e si spera che venga preso a modello per altre parti dell'Indonesia.

Dintorni del Parco Nazionale di Gede Pangrango

Dopo aver fatto il pieno di avventure nel parco nazionale, immergetevi nella natura rigogliosa di questa regione esplorando giardini, risaie e piantagioni di tè.

Località

TRASPORTI LOCALI

Il bivio per Cibodas si trova lungo la Bogor-Bandung, alcuni chilometri a ovest di Cipanas. Gli autobus che collegano queste due città fermano nei pressi del bivio. I giardini – vero fiore all'occhiello – si trovano a 5 km dalla strada principale. C'è un servizio di *angkot* che fa la spola tra Cipanas e i giardini e prosegue fino al Parco Nazionale di Gede Pangrango (il tragitto dura circa 10 min se il traffico non è intenso).

Situata ai piedi del parco nazionale, la località di Cibodas ha assorbito lo sviluppo urbano delle città vicine, ma conserva ancora elementi del suo passato, quando era una cittadina di mercato fiorente ma tranquilla. È nota soprattutto per i celebri giardini botanici, dove la natura sembra sempre essere un passo avanti rispetto alle cesoie dei giardinieri.

Gli abitanti di Giacarta vengono nel weekend per godersi l'aria fresca e le bellezze naturali (pur con la costante del traffico congestionato). A est di Cibodas sorge Cianjar, una cittadina di mercato incastonata tra smaglianti risaie, dove si produce una delle varietà di riso migliori di Giava. L'espansione urbana ne smorza un po' il fascino, ma la zona dà accesso a sentieri escursionistici, villaggi collinari e incantevoli paesaggi rurali.

Kebun Raya Cibodas

DAL PARCO DI GEDE PANGRANGO: **10 MIN**

Giardini lussureggianti

I meravigliosi giardini di **Kebun Raya Cibodas** sono un prolungamento dei giardini botanici di Bogor. Situati lungo le pendici inferiori del Gunung Gede e del Gunung Pangrango a un'altitudine che varia tra i 1300 e i 1440 m, questi lussureggianti giardini sono tra i luoghi più umidi di Giava. Gli olandesi tentarono di coltivarvi il chinino (la cui corteccia veniva utilizzata per curare la malaria), ma il clima di Giava est si rivelò più adatto a questo scopo.

Vi si trova un'eccellente collezione di felci e palme, 65 specie di eucalipti e di *Pinus hartwegii*, oltre a serre traboccanti di cactus e piante grasse. Una strada ne costeggia l'intero perimetro, passando per il **Taman Sakura Garden** con i suoi alberi di ciliegio; inoltre vi sono sentieri che attraversano foreste di bambù fino a raggiungere la suggestiva **Cascata di Cismun**. Nel complesso, questi giardini hanno un aspetto

IPANG PHOTOGRAPH/SHUTTERSTOCK ©

Riung Gunung

più selvaggio e trasandato rispetto a quelli di Bogor, ma vale la pena vederli entrambi se ne avete il tempo.

Kampung Budaya Padi Pandan Wangi

DAL PARCO DI GEDE PANGRANGO: **30 MIN**

Vista sulle risaie

Se state cercando il panorama perfetto sulle risaie con lo sfondo delle montagne, non perdetevi il **Kampung Budaya Padi Pandan Wangi**, un 'villaggio culturale' a sud-ovest di Cianjar. Il paesaggio è solcato da pedane di legno rialzate che si snodano attraverso i campi, dove gli agricoltori sono sempre disponibili a chiacchierare con i visitatori mentre lavorano (ma è necessario masticare un po' di giavanese).

Riung Gunung

DAL PARCO DI GEDE PANGRANGO: **30 MIN**

A spasso fra le piantagioni di tè

La strada principale che da Bogor si dirige a est verso il bivio per Cibodas si snoda tortuosa fino a raggiungere il Puncak Pass, un valico montano a 1500 m di altitudine, ed è punteggiata da resort, giardini e piantagioni di tè. La zona è una meta popolare per brevi vacanze in montagna sin dai primi del Novecento. Un posto che merita una sosta è Riung Gunung, una scenografica piantagione di tè con sfondo di montagne. Ci sono venditori ambulanti che vendono bevande calde e cibo e potete girovagare per i sentieri spesso avvolti dalla nebbia. Se arrivate al mattino potreste vedere lavoranti con enormi ceste sulle spalle intenti a raccogliere le foglie di tè.

KOPI LUWAK

Il *kopi luwak* è una delle varietà di caffè più costose al mondo, ricavata da chicchi ingeriti e poi evacuati dalle civette delle palme (*luwak*) e prodotta a Giava ovest, Sumatra e Bali. Secondo gli intenditori, il fatto che i chicchi subiscano una parziale fermentazione dopo essere stati digeriti dall'animale ne riduce drasticamente il tasso di acidità conferendogli un gusto ricco e terroso e una consistenza molto più liscia. Al contempo, i detrattori di questo caffè additano le condizioni disumane a cui sono soggetti gli animali, spesso costretti a vivere al chiuso confinati in gabbie piccole e senza un'alimentazione adeguata. Molti animalisti invitano i visitatori ad astenersi dall'assaggiare questo caffè.

Bandung

ARCHITETTURA ART DÉCO | CUCINA SUNDANESE | ESPLORAZIONI URBANE

Bandung è una città che emana un'energia palpabile, tra mercati brulicanti, affollatissimi caffè all'interno di vecchi palazzi coloniali restaurati e una vivace scena artistica e culturale. Con i suoi 768 m di altitudine, e trovandosi ai piedi delle montagne, Bandung vanta temperature più fresche di Giacarta con cui però condivide il problema del traffico intenso (e dello smog); un aspetto non trascurabile per una città che conta due milioni e mezzo di abitanti.

Occorre fare un bello sforzo di immaginazione per riuscire a scorgere in Bandung la 'Parigi di Giava', un soprannome ereditato all'inizio del XX secolo quando la città era una località di villeggiatura per i proprietari delle piantagioni di tè e le strade erano punteggiate da boutique in stile europeo, hotel di lusso e ristoranti esclusivi. Nel secondo dopoguerra la città è cresciuta in maniera esplosiva e gran parte del centro storico è stato sventrato per far posto a centri commerciali, banche e grattacieli pieni di uffici. Pur non essendo una località gettonata per una breve vacanza, Bandung offre molto, tra cui musei ambiziosi, architetture impressionanti e una ragguardevole scena culinaria; caratteristiche che la rendono perfetta per una gita di un paio giorni.

TRASPORTI LOCALI

A Bandung spostarsi con i mezzi è complicato al punto che pochi viaggiatori si azzardano a farlo, anche perché i taxi applicano tariffe ragionevoli. Vi consigliamo la compagnia Bluebird, o Uber, Grab e Gojek. La stazione ferroviaria di Bandung si trova 1 km a ovest della vivace Jl Braga. Parecchi viaggiatori che arrivano da Giacarta con il treno ad alta velocità scendono a Padalarang, 17 km a nord-ovest del centro, per poi prendere lo shuttle gratuito diretto alla stazione di Bandung. Gli autobus urbani (detti *damri*) percorrono Jl Asia Afrika da ovest a est fino al capolinea di Cicaheum, collegando la stazione di Bandung al capolinea di Leuwi Panjang.

Museo Geologico di Bandung

Meraviglie preistoriche

Le ricche collezioni di questo interessante museo, ospitato in un edificio storico risalente agli anni '20, sono uno spettacolo affascinante, anche per i meno appassionati. Osservando i giganteschi scheletri in mostra, tra cui spicca quello di un elefante di 165.000 anni rinvenuto a Blora e rimasto integro all'85%, vi farete un'idea delle formidabili creature che un

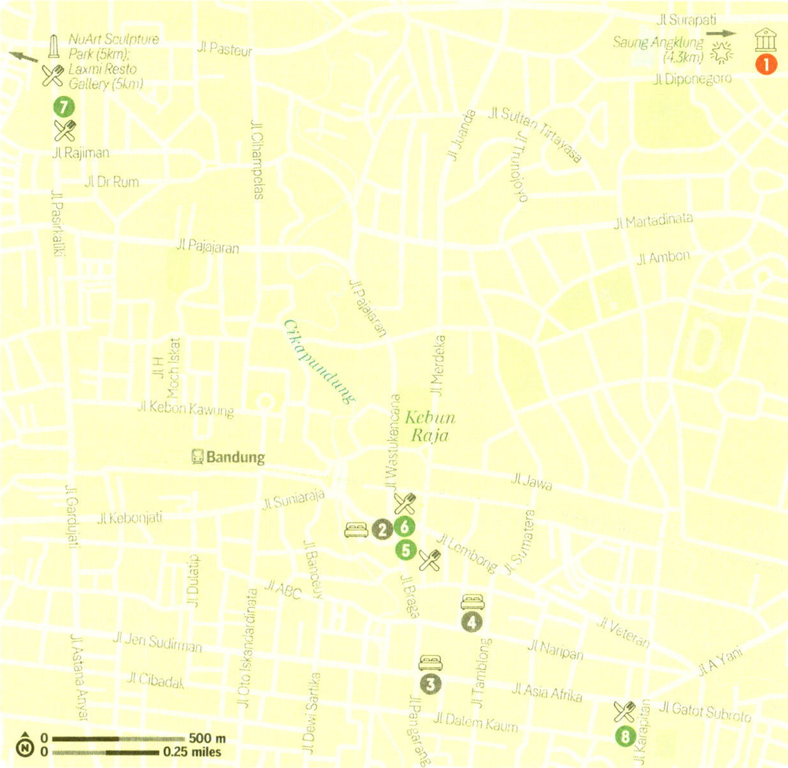

DA VEDERE
1 Museo Geologico di Bandung

PERNOTTAMENTO
2 Favehotel Braga
3 Savoy Homann Hotel
4 The Naripan

PASTI
5 Braga Permai
6 FORK
7 Gormeteria
8 Lengkong Night Street Food

tempo popolavano la Terra. Ci sono anche riproduzioni di teschi umani, come quello del famoso 'Uomo di Giava' rinvenuto sull'omonima isola sul finire dell'Ottocento. C'è poi un'altra sala dove sono esposti dei meteoriti, il più grande dei quali (detto Jatipengilon) pesa 156 kg ed è stato trovato a Giava est nel 1884. Non perdete le teche dedicate all'evoluzione geologica di

IL CONSIGLIO

A pochi passi dall'Alun-Alun di Bandung si trova l'efficiente Pusat Informasi Pariwisata (ufficio turistico). Nelle immediate vicinanze si trova la fermata del Bandros, un autobus turistico aperto sui lati che effettua un giro panoramico di un'ora. Il commento della guida (al costo di 20.000Rp) è disponibile soltanto in lingua indonesiana.

MANGIARE A BANDUNG: LA NOSTRA SCELTA

Braga Permai: Situato in Jl Braga, Permai è un punto di riferimento in città, con un menu straordinario di piatti della cucina indonesiana e occidentale. $$

FORK: Locale suggestivo, aperto 24 ore su 24, dove concedersi uno sfrigolante petto di pollo, pizze cotte nel forno a legna, pasticcini e caffè. $$

Lengkong Night Street Food: Di notte quest'area si trasforma in un vero spettacolo gastronomico. Provate il pollo affogato nel *sambal* o il gelato al durian. $

Gormeteria: Questo locale progettato ad arte a nord del centro propone un vasto menu. Assaggiate il salmone *ochazuke* (con riso al tè verde). $$

A SPASSO PER LA BANDUNG STORICA

Il centro di Bandung pullula di edifici impressionanti, strade affollate e bar. Partite da 1 **Alun-Alun Bandung**, luogo di ritrovo molto frequentato. Grandi e piccini si tolgono le scarpe per salire sull'erba sintetica all'ombra dei minareti gemelli (81 m) della 2 **Grande Moschea (Masjid Raya)**, che ospita fino a 13.000 fedeli. Dietro l'angolo sorge 3 **Asia Africa Monument** un monumento sormontato da un grosso mappamondo con di tutte le nazioni partecipanti alla Conferenza afroasiatica tenutasi nel 1955.

Attraversate con prudenza Jl Asia Afrika ed entrate nel palazzo che un tempo ospitava l'ufficio della 4 **Dutch Trading Company NHM**; oggi accoglie una banca. L'interno è ben conservato, con vetrate colorate e un fregio raffigurante scene di lavoro e scambi commerciali. Qualche isolato più a est, potete farvi una cultura sulla famosa conferenza di Bandung presso il 5 **Museo Konferensi Asia Afrika**, dove ci sono foto d'epoca di Sukarno, Ho Chi Minh, Nasser e altri leader. Nelle vicinanze si trova il 6 **Savoy Homann**, uno degli hotel in stile art déco più belli della città. Fermatevi per una pausa rinfrescante nell'atrium nel Garden Restaurant. Proseguite poi lungo 7 **Jl Braga**, la strada più fotogenica di Bandung. Qui si trova anche la 8 **Grey Art Gallery**, che espone le opere di grandi artisti della città come il compianto Jeihan Sukmantoro. Qualche porta più in là, il suggestivo 9 **Sin Sin** vende oggetti di antiquariato e d'artigianato di pregiata fattura. Terminate la passeggiata presso 10 **Wiki Koffie**, un locale dal fascino antico, dove rifocillarvi con caffè e snack.

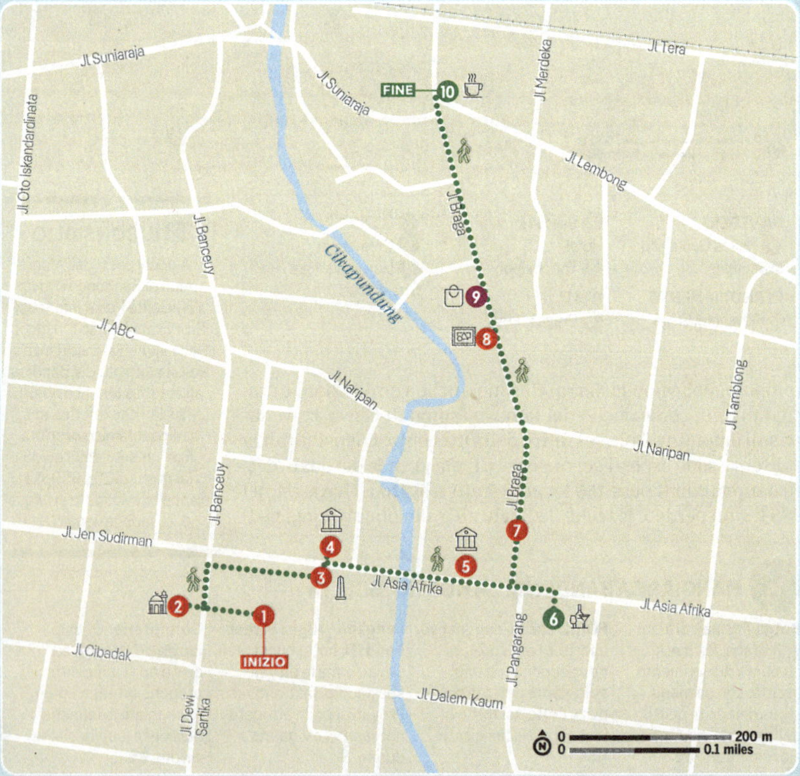

FAHREZI ALWI/SHUTTERSTOCK ©

Grande Moschea (Masjid Raya) di Bandung

Giava, dalle sue origini vulcaniche ai primi esseri umani che si stabilirono nella zona di Bandung.

Scoprire nuove forme d'arte

Estrose opere in mostra al NuArt

Il **NuArt Sculpture Park** occupa un'area di 4 ettari a nord-ovest del centro cittadino. Qui sono esposte le opere di Nyoman Nuarta, insigne artista di fama mondiale. La galleria, che si articola su due piani con alcuni lussureggianti giardini, ospita più di 100 opere. All'interno dell'anfiteatro si tengono regolarmente eventi artistici e presso la **Laxmi Resto Gallery** potete anche assaggiare piatti tipici balinesi.

Musica tradizionale ipnotica

Gli spettacoli del Saung Angklung Udjo

Il centro culturale **Saung Angklung Udjo**, circa 10 km a nord-est della città, ospita piacevoli concerti di *angklung* (strumento musicale di bambù), spettacoli di danza e processioni che si tengono periodicamente. Riuscire a trovare il programma aggiornato è un po' problematico per cui vi consigliamo di contattare l'ufficio turistico.

CONFERENZA AFROASIATICA

Usep Sunarto, guida di lunga data di Enoss Travellers, descrive uno degli eventi più decisivi della storia di Bandung.

La conferenza di Bandung, tenutasi nel 1955, fu la prima nella storia a cui parteciparono leader politici bianchi e neri seduti allo stesso tavolo trattandosi da pari. Il raduno si poneva simbolicamente contro il razzismo e il vecchio ordine coloniale. Solo circa metà dei paesi erano effettivamente indipendenti e il summit era destinato a fare da catalizzatore per le nazioni ancora non libere che intendevano riguadagnare la propria sovranità. L'Indonesia, per esempio, si impegnò ad aiutare la Malaysia a ottenere l'indipendenza, dichiarata nel 1957. La popolazione di Bandung è giustamente orgogliosa della Conferenza afroasiatica, un evento che i bambini studiano a scuola, non solo in Indonesia ma in tutta l'Asia.

Dintorni di Bandung

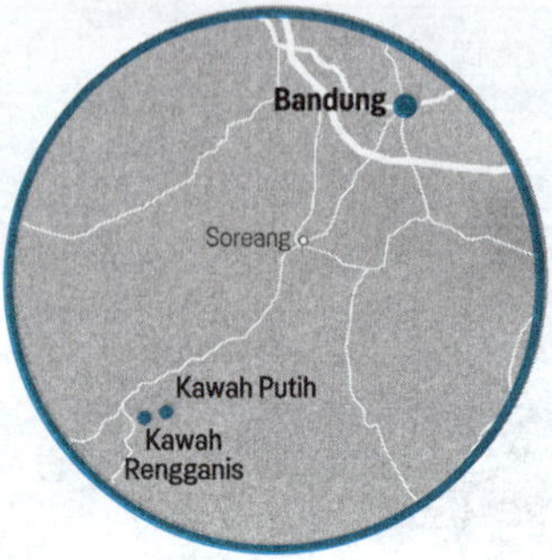

Lontano dal trambusto cittadino vi aspettano verdi colline ammantate di piantagioni di tè, laghi vulcanici fumanti e allettanti sorgenti termali.

Località

TRASPORTI LOCALI

In genere i viaggiatori partecipano a un tour organizzato da Bandung. Agenzie come Enoss Travellers (WhatsApp +62 896 5380 0077) o Raja Tour Bandung portano alle principali attrazioni situate a nord o a sud della città. Un itinerario molto gettonato comprende una visita a un villaggio rurale, al cratere e alle sorgenti termali. Spostarsi con i mezzi pubblici è possibile ma complicato. Raggiungete Ciwidey in autobus e poi prendete un *angkot* diretto a Kawah Putih.

Una buona ragione per visitare Bandung è utilizzarla come base di appoggio per esplorare paesaggi eccezionali, caratterizzati da verdissimi cespugli di tè potati ordinatamente, macchie di foresta tropicale e colline avvolte nella nebbia. Vale la pena prendersi un po' di tempo per godersi tutta la bellezza di questi meravigliosi panorami. Come in molte altre parti di Giava, nel sottosuolo si cela un'intensa attività vulcanica, una realtà di cui potete rendervi conto camminando sul ciglio dei laghi craterici e oziando fra i vapori delle sorgenti termali. Un'altra attrattiva della zona è il clima più fresco, che favorisce la coltivazione di frutti temperati: visitando i villaggi, non perdete i campi di fragole.

Kawah Putih

DA BANDUNG: **1 H 30 MIN**

Paesaggi surreali

Le nebbie sulfuree avvolgono i tronchi degli alberi indeboliti e anneriti che costeggiano le sponde di questo lago vulcanico dalle acque acide. Il **Kawah Putih** (Lago Bianco) è uno spettacolo ipnotizzante ma anche inquietante che piace molto ai turisti indonesiani e vale la pena visitare.

Arrivati all'entrata principale, potete raggiungere il cratere prendendo un'apposita navetta o con un mezzo alternativo se avete prenotato un tour organizzato. Questa seconda opzione vi consente anche di risparmiare tempo e di salire più in alto rispetto alle navette. Tempo permettendo, non perdete il sentiero punteggiato da belvedere con vista sul cratere. A seguire ridiscendete a valle e unitevi ai gruppi di turisti che affollano le sponde del lago, camminando sulla sabbia sulfurea.

Kawah Rengganis

Kawah Rengganis

DA BANDUNG: **1 H 30 MIN**

Crogiolarsi nelle sorgenti termali

Il **Kawah Rengganis** (detto anche Kawah Cibuni) è un bel fiume alimentato da sorgenti termali e avvolto da nubi di vapore provenienti dalle fosse vulcaniche. Una volta questo fiume non era molto conosciuto e i visitatori vi si recavano per rendere omaggio ad alcune tombe sacre all'islam e per sottoporsi a un bagno rituale. Attualmente il sito è stato trasformato in un comprensorio turistico con piscine con acqua a varie temperature (la più calda è la seconda dal basso) e cascatelle, dove ci si può sedere per lasciarsi avvolgere dall'acqua calda.

Potete raggiungere il fiume in due modi: pagando un biglietto che dà accesso a un ponte sospeso in stile Indiana Jones con bei panorami sulla valle sottostante, o recandovi direttamente alle piscine seguendo il sentiero non asfaltato che scende lungo la collina. C'è anche una zona dove farsi i fanghi da soli: basta prendere un secchio e riempirlo di fango per poi applicarlo a piacimento sulla pelle. Lasciate asciugare e poi sciacquatevi nelle piscine solforose.

LA BEVANDA PIÙ AMATA DEL MONDO

La regione di Giava ovest, che si estende per quasi 900 kmq, è la più grande produttrice di tè dell'Indonesia; qui si coltiva il 70% del tè indonesiano. La *Camellia sinensis*, un arbusto sempreverde dalle cui foglie si ricava il tè, ha bisogno di particolari condizioni climatiche per crescere: una temperatura media giornaliera compresa tra i 13 e 15°C, un tasso di umidità superiore al 70%, almeno 2000 mm di pioggia annuale e un terreno piuttosto acido. Le piantagioni di tè danno il meglio ad alta quota. Giava ovest possiede tutti questi requisiti, ragion per cui la raccolta delle foglie avviene tutto l'anno. Più del 40% della produzione viene dalla piccola agricoltura, che fornisce sostentamento a circa 80.000 famiglie, con un salario che pur attestandosi al di sopra della soglia di povertà corrisponde a un quarto dello stipendio medio di un lavoratore indonesiano.

Pangandaran

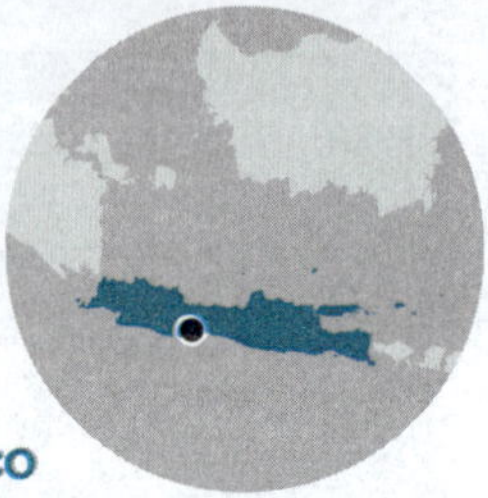

SPIAGGE | PASSEGGIATE NELLA FORESTA | PESCE FRESCO

Situata su un sottile istmo, con un'ampia striscia di sabbia su entrambi i lati e un parco nazionale ammantato da fitte foreste su un vicino promontorio, Pangandaran è la più importante località balneare di Giava ovest. È una zona molto urbanizzata, soprattutto a sud dove un'accozzaglia di torri in vetrocemento svetta sulla sponda del canale di fronte al parco nazionale. Tuttavia per la maggior parte dell'anno Pangandaran è un luogo silenzioso e tranquillo, ideale per fare passeggiate sulla spiaggia o nella foresta, ma affollato nei weekend e in alta stagione.

È anche la porta d'accesso a un impressionante parco nazionale ricco di fauna che occupa tutta la zona meridionale del territorio di Pangandaran.

TRASPORTI LOCALI

Raggiungere Pandarang può essere complicato dato che la stazione ferroviaria più vicina, da cui partono i collegamenti per Giacarta, Bandung e Yogyakarta, si trova a Sidareja, a 41 km. Molti espressi diretti a Giacarta e a Bandung partono dal capolinea, 1,5 km a nord della spiaggia. I *becak* costano 10.000Rp e bisogna contrattare; per il tragitto che va dal terminal alla spiaggia principale preparatevi a pagare intorno alle 20.000Rp. Grab e Gojek sono più economiche e affidabili. Il noleggio bici costa 30.000Rp al giorno, le moto, 100.000Rp.

Parco Nazionale di Pangandaran

Tra foreste, grotte e spiagge

Il Parco Nazionale di Pangandaran e la riserva forestale adiacente occupano un'intera penisola collegata alla terraferma da un sottile istmo. All'interno della riserva naturale protetta di 15 kmq si estende una fitta foresta popolata da istrici, *kijang*, buceri, varani e varie specie di scimmie, mentre le piccole baie racchiudono spiagge dove terminare in bellezza la giornata.

Il parco è solcato da una miriade di sentieri ben tenuti, che sfiorano piccole grotte (tra cui spicca **Gua Jepang**, usata dai giapponesi durante la seconda guerra mondiale), i ruderi del tempio hindu di **Batu Kalde** e una suggestiva spiaggia sul lato orientale. Ai due ingressi principali, trovate guide autorizzate che parlano anche inglese. Il biglietto di entrata si aggira tra le 210.000Rp (giorni infrasettimanali) e le 310.000Rp (weekend). Ingaggiare una guida per un'escursione di due ore è un filino più caro ma ne vale la pena per sfruttare al massimo la visita. Sono possibili anche trekking più lunghi e le guide possono offrirvi un'escursione di media difficoltà visitando diverse cascate a cui si accede passando per alcuni pendii boschivi.

Sul lato occidentale del parco si trova **Pasir Putih**, una spiaggia di sabbia bianca affacciata su una barriera corallina un po' malandata ma ancora popolata di pesci. La spiaggia è la migliore di Pangandaran per nuotare e si estende fino a un punto in cui durante le mareggiate si forma un discreto break (l'acqua è poco profonda e dunque non adatta ai principianti). Qui è

☑ IL CONSIGLIO

La spiaggia ampia e lunga è spesso sferzata da onde imponenti e correnti che non la rendono adatta al nuoto in molte zone. È comunque un ottimo posto per imparare a praticare il surf (è facile prendere lezioni).

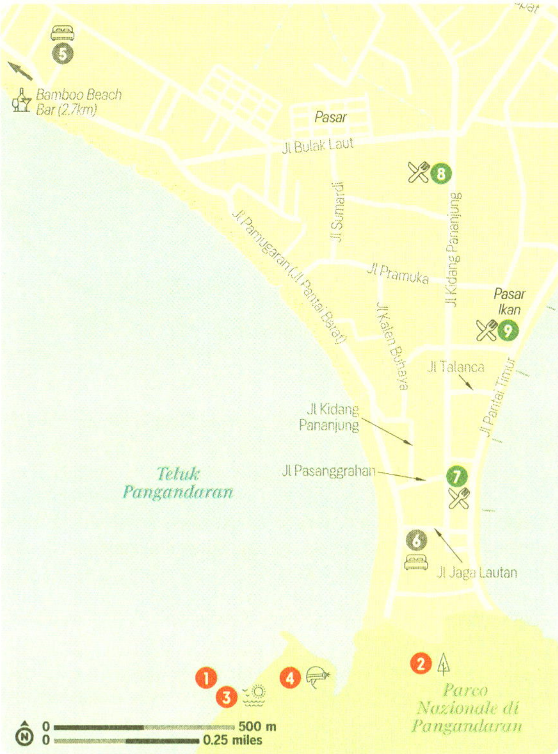

DA VEDERE
1 MV Viking Lagos
2 Parco Nazionale di Pangandaran
3 Pasir Putih

ATTIVITÀ, CORSI E TOUR
4 Gua Jepang

PERNOTTAMENTO
5 Mini Tiga Homestay
6 Nyiur Indah Beach Hotel

PASTI
7 Chez Mama Cilacap
8 Green Garden Cafe
9 Karya Bahari

ancorata la **MV Viking Lagos**, una grossa nave antartica un tempo adibita alla pesca illegale dell'austromerluzzo; venne affondata per ordine del Ministero della Marina come segno degli sforzi compiuti dal governo nel combattere la pesca di frodo.

CONSIGLI PER VISITARE IL PARCO NAZIONALE

Iwan Kurniowan, guida con più di vent'anni di esperienza.

Il parco pullula di zanzare perciò indossate pantaloni lunghi e scarpe da trekking e portate un repellente anti-insetti. Non dimenticate l'acqua! Le guide possono aiutarvi a trarre il massimo portandovi lontano dai sentieri battuti e facendovi visitare zone in cui è più facile avvistare la fauna. Se volete rilassarvi in spiaggia, con 150.000Rp a persona potete usufruire dei collegamenti in barca da Pantai Pangandaran a Pasir Putih (andata e ritorno), anche se bisogna comunque pagare la tariffa d'ingresso al parco. Va corrisposta al personale del parco all'arrivo.

MANGIARE E BERE A PANGANDARAN: LA NOSTRA SCELTA

Green Garden Cafe: Asep e Rini, i proprietari, improvvisano specialità come la *pindang gunung* (una zuppa di pesce) e pesce alla griglia. $$

Bamboo Beach Bar: L'ideale per prendere un aperitivo al tramonto, questo locale affacciato sulla spiaggia offre birra fredda e un menu vario. $

Karya Bahari: Rinomato ristorante dove potete selezionare il pesce, o i gamberi o i calamari che preferite direttamente dalla ghiacciaia. $$

Chez Mama Cilacap: Locale gestito da personale franco-indonesiano; numerose specialità indonesiane e pesce fresco. $$

Dintorni di Pangandaran

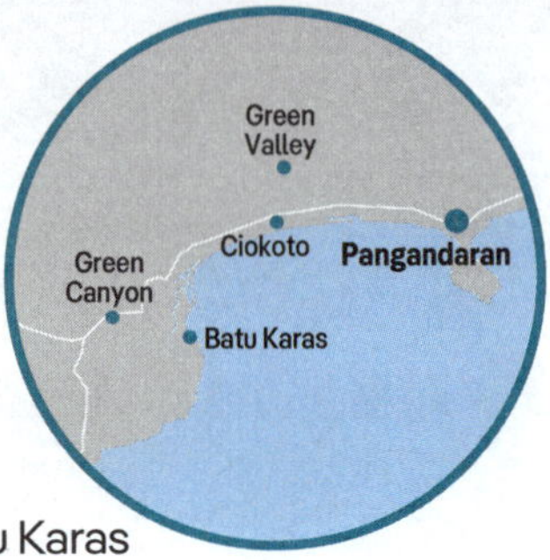

Godetevi un po' di relax sulle spiagge di Batu Karas oppure preparatevi a vivere avventure adrenaliniche esplorando la Green Valley e il Green Canyon.

Località

TRASPORTI LOCALI

Questa è un'ottima zona da esplorare in moto. A Pangandaran ci sono diverse guesthouse (in particolare **Mini Tiga Homestay**) che possono procurarvene una; se preferite un'escursione guidata (una buona idea se avete poco tempo), Mini Tiga organizza gite di un'intera giornata che includono la Green Valley e il Green Canyon, oltre a soste in vari villaggi rurali.

Il litorale nei dintorni di Pangandaran presenta belle spiagge che offrono discreti punti per il surf, oltre a comunità di pescatori e a una delle località balneari più suggestive di Giava ovest. Nell'entroterra il paesaggio è un mix di risaie e foreste, contornate da villaggi tranquilli ma industriosi. La gente del posto vive di agricoltura, coltivando frutta e verdura, producendo zucchero di palma e raccogliendo noci di cocco.

Inoltre, questa è una meta di prim'ordine per vivere avventure ecoturistiche; potete fare escursioni nella foresta e arrampicarvi lungo una serie di cascate, per poi ridiscendere lungo un fiume che attraversa la cosiddetta Green Valley, verde di nome e di fatto. Il Green Canyon offre opportunità di vivere esperienze altrettanto emozionanti: un pittoresco corso d'acqua, navigabile in barca, conduce a una serie di cascate mozzafiato che si gettano da pareti di roccia gocciolanti e ammantate di felci.

Green Canyon

DA PANGANDARAN: **45 MIN**

Esplorare un paradiso verde

Il tour più celebre con partenza da Pangandaran prevede un'escursione al **Green Canyon**, un luogo dove il colore verde si manifesta in una miriade di sfumature. Lungo il fiume color smeraldo che attraversa la giungla c'è un frenetico viavai di imbarcazioni che fanno la spola tra un piccolo porto turistico, una cascata e un bellissimo canyon dove si può nuotare (nonostante le forti correnti) e tuffarsi da un altissimo masso. Se si ha una macchina fotografica impermeabile, è il luogo ideale per immortalare la bellezza del canyon.

La gente del posto ha a cuore la salute del fiume tant'è che non vedrete rifiuti di plastica da nessuna parte; strada facendo, tenete gli occhi aperti per adocchiare i varani. I barcaioli vanno e vengono in soli 45 minuti, il che significa che avrete circa un quarto d'ora per nuotare ed esplorare la parte più stretta e bella del canyon. Se desiderate proseguire risalendo il fiume o intendete trattenervi di più dovete pagare un supplemento di 100.000Rp per ogni mezz'ora aggiuntiva.

Molti operatori turistici di Pangandaran organizzano gite di un giorno al Green Canyon al prezzo di circa 500.000Rp che prevedono anche una serie di escursioni 'rurali'.

Green Canyon

Per arrivare al porto fluviale del Green Canyon (dove si può noleggiare una barca), bisogna organizzarsi in autonomia per quanto riguarda i trasporti (moto, *ojek*, o taxi). L'ingresso, situato 1 km prima del bivio per Batu Karas, è segnalato in vari punti lungo la strada.

Green Valley

DA PANGANDARAN: **45 MIN**

Torrentismo e avventure

La splendida **Green Valley** è una piccola gola raggiungibile tramite una strada interna piuttosto dissestata che la collega al villaggio di Cipinda, a 8 km da Pangandaran. La strada porta a una diga, e con una facile passeggiata lungo il fiume si raggiunge la gola, dove potete nuotare, mentre i più coraggiosi (o più spericolati) possono divertirsi tuffandosi dai dirupi.

Attraversate a piedi la foresta e poi risalite il corso del fiume, inerpicandovi sopra e intorno a piccole cascate ed esplorando le caverne nascoste lungo le sponde. Infine, nuotate per un ultimo tratto lungo il fiume.

Ciokoto

DA PANGANDARAN: **45 MIN**

L'arte di costruire marionette

Circondato da altri piccoli villaggi e da strade attorniate da palme e risaie, il minuscolo insediamento di **Ciokoto** è sede di un piccolo **laboratorio di *wayang golek***, dove vengono

CANZONI DI PROTESTA

'Zep' Jun Jun, cantante e cantautore, parla delle eccellenze musicali indonesiane. *@joen.zep*

Iwan Fals è un grandissimo cantautore, una specie di Bob Dylan indonesiano. La sua musica affronta temi impegnati come le lotte sociali, la povertà e la corruzione politica. Una sua canzone, intitolata *Bento*, gli ha causato guai con la giustizia poiché criticava apertamente il regime di Suharto e gli è stato proibito di cantarla in pubblico. Doel Sumbang, nato a Bandung, è uno dei più grandi musicisti sundanesi. Pratica il genere pop etnico che celebra la vita di Sunda, dai paesaggi alla varietà della popolazione. Per qualcosa di un po' più innovativo, c'è Slank, un complesso musicale di Giacarta che fonde rock e blues, reggae e punk rock. Hanno scritto diverse canzoni, tra cui alcune a tema ambientale.

SURF A BATU KARAS

Batu Karas è uno dei posti migliori dell'Indonesia per imparare a fare surf e cimentarsi con il longboard. **The Point**, in fondo alla spiaggia principale per il surf, è un break perfetto per i principianti e per i longboarder, che possono raggiungerlo direttamente dalla spiaggia camminando nell'acqua. In questo punto le onde si arrotolano lentamente su un fondale sabbioso. Essendo un punto riparato, le onde si formano solo quando la marea è alta. Altri break degni di nota sono **The Reef**, raggiungibile con una passeggiata di 10 minuti da The Point, con un'onda destra più veloce, consistente e leggermente più cava, e la spiaggia di **Bulak Benda**, con un'onda destra più impegnativa in mare aperto, raggiungibile in 40 minuti in moto o in barca.

BASTIAN AS/SHUTTERSTOCK ©

Batu Karas

vendute marionette di alta qualità (da 800.000Rp). L'esperto intagliatore Rujikin ha imparato il mestiere dal padre e dà vita a opere finemente dettagliate. Osservarlo mentre plasma il legno è veramente affascinante: vi racconterà la storia del burattino che sta creando e allestirà persino un minispettacolo con personaggi iconici come Hanuman, il dio scimmia.

Batu Karas

DA PANGANDARAN: **1 H**

Surf e relax in un paesino costiero

L'idilliaco villaggio di pescatori e centro surfistico di **Batu Karas**, 32 km a ovest di Pangandaran, è uno dei luoghi più piacevoli di Giava ovest per rilassarsi e svagarsi. Bello come un dipinto, è un minuscolo paesino con una sola via e due spiagge separate da un promontorio boscoso. Sono sempre di più gli expat che si innamorano di questo posto e decidono di mettervi radici.

La spiaggia migliore per il surf è la più piccola, incastonata tra due promontori rocciosi. L'altra è una lunga mezzaluna di sabbia nera zeppa di barche da pesca che ogni sera prendono il largo in cerca di pesce fresco. Alcuni tratti sono più riparati e si può nuotare senza problemi, anche se molti visitatori vengono per le onde e le conversazioni girano tutte attorno al surf. Poiché nei weekend la spiaggia viene presa d'assalto dai turisti locali, i giorni feriali sono i migliori per fare surf e rilassarsi.

Parco Nazionale di Ujung Kulon

OSSERVAZIONE DELLA NATURA | TREKKING | LITORALE INCONTAMINATO

Il Parco Nazionale di Ujung Kulon, nell'estremità sud-occidentale di Giava e dichiarato Patrimonio dell'Umanità dall'UNESCO, è un avamposto di foresta pluviale primaria e vanta una natura selvaggia, spiagge immacolate e barriere coralline intatte. Essendo di difficile accesso, è un parco poco visitato, nonostante sia uno dei più affascinanti dell'isola.

Fanno parte di questo parco anche la vicina Isola di Panaitan (dove il Capitano James Cook ancorò la *HMS Endeavour* nel 1771) e le isole di Peucang e Handeuleum, situate al largo della costa. Gran parte del territorio della penisola è ammantato da una fitta foresta pluviale e da un mix di macchia, pianure erbose, paludi, pantani e spiagge sabbiose che si estendono lungo la costa occidentale e meridionale.

I più visitano l'Ujung Kulon partecipando a un'escursione organizzata da un'agenzia (vi consigliamo di prenotare una gita di un giorno con partenza da Giacarta), ma è possibile anche recarsi al villaggio di Tamanjaya e accedere al parco da lì o prendere accordi direttamente presso l'ufficio del parco a Labuan.

Escursioni e isole-base

Mete top all'interno del parco

Una delle escursioni più gettonate dura tre giorni e consente di raggiungere la costa occidentale passando per spiagge e guadi fluviali per poi proseguire fino a **Pulau Peucang**, ma esistono anche altre alternative, tra cui un itinerario che permette di ammirare splendidi panorami costieri e il faro di **Tanjung Layar**, la punta più occidentale di Giava. Se desiderate avvistare gli animali, vi consigliamo di partecipare a un'escursione giornaliera con partenza da **Tamanjaya**. Pulau Peucang, raggiungibile solo con un'imbarcazione a noleggio, è una delle mete più visitate del parco grazie a una buona scelta di alloggi. Sulla costa orientale, più riparata, Pulau Peucang vanta anche belle spiagge di sabbia bianca e barriere coralline

TRASPORTI LOCALI

Da Labuan c'è un collegamento diretto in autobus per Tamanjaya. Il viaggio dura circa tre ore e mezza e la partenza è intorno a mezzogiorno. Ci sono anche degli *angkot* che partono ogni ora fino alle 16 e impiegano due ore per arrivare a Sumur. Da qui si può prendere un *ojek* per Tamanjaya. La strada che collega Sumur a Tamanjaya è in pessime condizioni, soprattutto durante la stagione delle piogge. È possibile anche noleggiare un'imbarcazione da Carita, Labuan o Sumur. Considerata la lunghezza della traversata, è meglio non lesinare sul prezzo per avere una barca sicura. I motoscafi costano il doppio delle barche di legno ma valgono tutti i soldi spesi. I tour per surfisti si avvalgono di un mezzo proprio.

IL CONSIGLIO

L'ufficio PHKA di Labuan è un'utile fonte di informazioni. La quota d'ingresso al parco si può pagare all'entrata, presso l'ufficio di Tamanjaya o sulle isole. È utile cercare di procurarsi l'eccellente (ma difficilmente reperibile) *Visitor's Guidebook to the Trails of Ujung Kulon National Park*, disponibile presso l'ufficio del parco.

RINOCERONTI E ALTRI ANIMALI SELVATICI

Il rinoceronte di Giava era la sottospecie più diffusa in Asia, presente in ampie regioni del Sud-est asiatico, dell'India e della Cina. A causa di caccia, bracconaggio e della perdita dell'habitat, oggi è uno dei mammiferi di grossa taglia a maggiore rischio di estinzione. Si stima che siano rimasti tra i 60 e i 70 esemplari e tutti vivono all'interno del Parco Nazionale di Ujung Kulon. Per fortuna la popolazione sembra essersi stabilizzata e i rinoceronti continuano a riprodursi, anche se è raro avvistarli. È molto più facile imbattersi in *banteng*, cinghiali, lontre, cervi, scoiattoli, entelli crestati, gibboni e varani. Nel parco vivono leopardi e coccodrilli. In alcune baie nidificano le tartarughe verdi e c'è una ricca avifauna.

DA VEDERE
1 Gunung Raksa
2 Legon Butun
3 Legon Haji
4 Pulau Handeuleum
5 Pulau Panaitan
6 Pulau Peucang
7 Tanjung Layar

ATTIVITÀ, CORSI E TOUR
8 One Palm Point

(portatevi l'attrezzatura per lo snorkelling). **Pulau Handeuleum**, un'isola circondata da mangrovie, è meno visitata. Sebbene vi si trovino alcuni esemplari di cervi di Timor, non ha la stessa attrattiva di Peucang. È possibile noleggiare delle canoe per un breve giro sul fiume che attraversa la giungla. **Pulau Panaitan** vanta alcune belle spiagge e sentieri escursionistici. In un giorno di cammino si può andare dalla sede del PHKA di **Legon Butun** a quella di **Legon Haji**, oppure si può salire sulla vetta del **Gunung Raksa**.

Surf leggendario

L'onda più potente di Giava

Pulau Panaitan vanta diversi break imperdibili. Il più noto è il famigerato **One Palm Point**. Di primo acchito l'ipnotica onda, che si arrotola in modo esemplare per centinaia di metri lungo il litorale, sembra la più perfetta del mondo. Spesso non c'è quasi nessun altro surfista nei paraggi, perché la bellezza di questa onda riserva una bruttissima sorpresa. Anche con l'alta marea, l'onda si infrange su una barriera acuminata fatta di coralli vivi a una profondità di pochi centimetri. Di per sé è un'onda talmente lunga e veloce che è impossibile superarla e c'è il rischio di essere sbattuti con violenza contro il reef. Questo break è riservato ai soli surfisti esperti, che di solito indossano muta e caschetto per questioni di sicurezza. A meno che non siate vere e proprie stelle del surf, non pensateci neppure a farlo da queste parti.

Dintorni del Parco Nazionale di Ujung Kulon

Seguite la costa fino a Carita, da cui potete fare escursioni al vulcano Krakatau, oppure proseguite per Merak per poi prendere il traghetto per Sumatra.

Località

Carita p173
Anak Krakatau p174

Se siete arrivati fino a questo remoto angolo di Giava ovest, nella zona troverete ad aspettarvi una manciata di altri siti che vale la pena visitare. Il protagonista della regione è il famigerato vulcano Krakatau, con un passato molto instabile. L'eruzione del 1883 è stata di una violenza tale da causare ripercussioni sulle condizioni climatiche globali. Diversi tour operator organizzano gite in barca fino a un punto in cui è possibile avvistare il cratere fumante; volendo si può combinare un'escursione di più giorni nel parco di Ujung Kulon.

Più a nord si trova Merak, un'anonima città portuale da dove partono i traghetti diretti a Sumatra. Al largo ci sono diverse isole, incredibilmente ancora poco urbanizzate.

Carita

DAL UJUNG KULON: **30 MIN**

Pausa sulla spiaggia

Rispetto alla tentacolare Giacarta e ad altre aree metropolitane di Giava ovest, **Carita** è un mondo a parte. È una zona caratterizzata da colline color giada ammantate di palme e trapunte di fiumi verdi. La spiaggia sabbiosa di **Karang Bolong** presenta un piccolo break e nei weekend la zona è molto frequentata da turisti provenienti dalle grandi città. Anche se molti vengono solo per vedere il Krakatau o per visitare il Parco Nazionale di Ujung Kulon, Carita vanta alcuni posti carini dove pernottare e godersi qualche giorno in spiaggia. Se non avete fretta, fra le risaie a circa 2 km da Carita, sorge il villaggio di **Sindanglaut** (Fine del Mare), così chiamato perché fu proprio qui che il gigantesco tsunami provocato dall'eruzione del Krakatau del 1883 terminò la sua corsa distruttiva.

TRASPORTI LOCALI

Da Labuan, nel Parco Nazionale di Ujung Kulon, ci vogliono circa 30 minuti di viaggio in *angkot* per raggiungere Carita, il principale punto di partenza per le escursioni al Krakatau. Se venite da Tamanjaya, il tragitto (di circa tre ore e mezza) è lungo e faticoso, dato che c'è un solo autobus al giorno che collega Tamanjaya a Labuan. Se intendete recarvi a Sumatra in traghetto, ci sono collegamenti 24 ore su 24 tra Merak e Bakauheni, a Sumatra. Il viaggio dura circa due ore (45 minuti con il traghetto veloce).

UN'ERUZIONE DEVASTANTE

Considerato dagli antichi marinai un semplice punto di riferimento per la navigazione, il Krakatau prese vita nel tardo Ottocento. Il 27 agosto 1883 si verificò un'eruzione talmente violenta che sull'isola di Rodriguez, a più di 4600 km di distanza, un commissario di polizia riferì di aver udito deflagrazioni simili ad artiglieria pesante.

Dal Krakatau si levò una colonna di ceneri alta 80 km e furono emessi circa 20 km cubici di rocce. Le ceneri piovvero su Singapore, 840 km più a nord, e su navi che si trovavano a una distanza di 6000 km. Ancora più distruttivi furono i formidabili tsunami conseguenti all'eruzione che devastarono le coste di Giava e Sumatra, distruggendo 165 villaggi e mietendo più di 36.000 vittime. L'eruzione influenzò le condizioni climatiche mondiali: le nuvole di cenere circolarono attorno alla Terra per ben tre anni.

Vista del Rakata dal Krakatau

Anak Krakatau

DAL UJUNG KULON: **2 H**

Tour in barca del famoso vulcano

Quasi tutti gli abitanti di Carita propongono tour dell'Anak Krakatau. Queste escursioni potrebbero però essere annullate in caso di meteo avverso e in base al livello di attività vulcanica rilevata. Prima di scegliere l'imbarcazione che fa per voi ispezionatela a dovere perché il mare potrebbe essere molto agitato; vi consigliamo inoltre di controllare che a bordo ci siano una radio e giubbotti salvagente.

Un itinerario classico prevede l'attraversamento dello Stretto di Sunda in direzione di **Anak Krakatau** (il nome significa 'figlio del Krakatau'; una formazione rocciosa relativamente nuova che si erge a 500 m). Con un'imbarcazione veloce (bimotore) la traversata dura circa 90 minuti. Inizialmente si circumnaviga l'isola ammirando i panorami al di sotto del cratere del vulcano, poi si attracca alla spiaggia e si prosegue a piedi attraversando un paesaggio desolato. Con la spiaggia in sottofondo, il vapore emesso dal cratere e gli inquietanti laghi sulfurei hanno un aspetto ancora più surreale. Ci sono varie opportunità per scattare foto diverse dal solito e le guide possono indicarvi le altre isole dell'arcipelago del Krakatau.

Tornati sulla spiaggia, si risale a bordo diretti all'isola di **Rakata** (Grande Krakatau), la più grande e meridionale delle isole vulcaniche e anche la meglio conservata. Attualmente Rakata ha un'attività vulcanica minore rispetto ad Anak Krakatau e la periferia dell'isola è una zona ottima per lo snorkelling. A seguire potete pranzare all'ombra sulla spiaggia di Rakata, fare un bagno e magari anche schiacciare un pisolino. Con questa escursione si è di ritorno a Carita a metà pomeriggio, in tempo per prendere l'autobus per Giacarta; considerate che il viaggio da e per Giacarta dura ben tre ore.

La zona vanta fondali vulcanici singolari con buone opportunità per le immersioni. **Legon Cabe**, vicino a Rakata, è un luogo molto gettonato, con coralli duri e morbidi e svettanti pinnacoli, a testimonianza delle eruzioni passate.

Se avete a disposizione un giorno in più, trascorrete la notte campeggiando su una delle isole. Di solito le guide montano le tende sulla spiaggia di Anak Krakatau e la giornata termina con una grigliata di pesce. Avete ancora tempo? Proseguite con una visita all'Ujung Kulon facendo trekking nella foresta pluviale, risalendo in canoa il Sungai Cigenter e pernottando in un lodge a Pulau Peucang.

Se avete poco tempo, visitate il Krakatau in giornata partecipando a un'escursione con partenza da Giacarta. Svariati tour operator organizzano il trasporto dall'hotel tra le 5 e le 6 del mattino e in tre ore siete a Carita. Dopo colazione partite in barca dalla spiaggia di Carita dove farete ritorno verso le 16; dopodiché risalite in macchina per tornare a Giacarta.

Tra i vari tour operator, **Krakatau Tour** (krakatautour.com), con sede a Carita Beach, ha una buona reputazione e offre una varietà di tour, tra cui gite giornaliere al vulcano, soggiorni in campeggio, visite ai villaggi tribali, immersioni guidate ed escursioni al Parco Nazionale di Ujung Kulon. Vi consigliamo anche una guida locale che parla inglese di nome Hendi (WhatsApp: +62 877 7215 8455).

PROSEGUENDO PER SUMATRA

Situata 140 km a ovest di Giacarta, la città portuale di Merak è il punto di partenza e di arrivo per i traghetti che la collegano con Bakauheni, sull'isola di Sumatra. Da Bakauheni, i traghetti partono ogni 30 minuti, 24 ore su 24, e la traversata dura circa due ore. Sono disponibili anche servizi più veloci che impiegano 45 minuti, ma non operano in caso di mare mosso.

Merak e Giacarta sono collegate da frequenti autobus che impiegano circa due ore e mezza. Molti fermano a Giacarta, al capolinea di Kalideres, ma ci sono anche collegamenti da e per i terminal di Pulo Gadung e Kampung Rambutan. Ulteriori linee collegano Merak con Bogor e Bandung. Infine ci sono treni sporadici per Giacarta, ma solo in classe economica.

Sistemazioni consigliate

$** Prezzi economici **$$** Prezzi medi **$$$ Prezzi elevati

Jakarta p64

Bobobox Pods Kota Tua $ (Cartina p66) Capsule hotel, pulito e sicuro, a pochi passi dalla città vecchia e dalla stazione.

Urbanview Hotel Kota Tua $ (Cartina p66) Camere pulite con divieto di fumo, cosa rara in Indonesia. Situato a due soli isolati da Kota Tua e a 30 minuti dall'aeroporto.

Ashley Tang Menteng $$ (Cartina p69) Hotel in centro, vicino ai trasporti pubblici e alle attrazioni principali. Camere pulite e servizio di lavanderia gratuito. Ottimo rapporto qualità-prezzo.

Stanley Wahid Hasyim $$ (Cartina p69) Hotel di discrete dimensioni, in posizione strategica vicino al centro commerciale Sarinah Thamrin Plaza. Dispone di camere pulite e confortevoli.

JW Marriott Hotel $$$ (Cartina p72) Hotel meraviglioso e ospitale con un servizio fantastico e una colazione per cui vale la pena tornare.

Fairmont Jakarta $$$ (Cartina p72) Magnifico hotel con una ricca prima colazione, camere spaziose e strutture eccellenti.

Ritz-Carlton Jakarta $$$ (Cartina p72) Sontuoso hotel in posizione centralissima, con un servizio che non troverete da nessun'altra parte.

Yogyakarta p80 (Cartina p81)

Losmen 2000 Tiga Malioboro $ Sistemazione comoda, tranquilla ed economica adatta ai backpacker. Si trova vicino al centro.

Good Karma Hostel $ Buona opzione economica, un po' distante dal centro ma vicina a Jl Prawirotaman, un viale molto frequentato ricco di bar e caffè.

Patra Malioboro Hotel $$ Buon hotel, pulito, vicino alla stazione ferroviaria, e a Jl Malioboro dove è possibile trovare dell'ottimo street food.

Omah Gerjen 29 $$ Situato a pochi passi dal Nol Kilometer, dal Taman Sari e dal Kraton. Pulito e sicuro.

Novotel Suites Yogyakarta Malioboro $$$ Camere spaziose, colazioni eccellenti e posizione centrale direttamente su Jl Malioboro.

Phoenix Hotel $$$ Un hotel molto bello con design particolare, a pochi passi da Jl Malioboro.

Solo p97 (Cartina p98)

Holabeds Hotel $ Hotel grazioso e centrale. Ottimo per i backpacker.

Solo Paragon Hotel & Residences $$ Questo hotel fornisce un ottimo servizio a un prezzo conveniente. Al piano terra ospita un centro commerciale.

Grand Mercure Solo Brau $$ Un posto molto carino e a buon prezzo, con colazioni deliziose.

Alila Solo $$$ Probabilmente l'hotel migliore di Solo. Non centrale ma vale il prezzo.

Ayom Java Village Solo $$$ Leggermente distante da Solo; hotel tranquillo con una bella atmosfera e personale cordiale.

Semarang p109 (Cartina p110)

Sewu Inn $ Sistemazione in stile guesthouse, economica ma pulita e confortevole, vicino al Lawang Sewu.

Bobobox Kota Lama $ Bizzarro capsule hotel nel centro di Kota Lama, vicino alla stazione ferroviaria, ai trasporti pubblici e alla città vecchia.

Hotel Ciputra Semarang $$ Servizio di lusso a prezzo ragionevole. Questo hotel si trova nella parte migliore della città, su Simpang Lima, nelle vicinanze di tutte le attrazioni.

Hotel Tentrem Semarang $$$ Uno dei migliori hotel di lusso di Semarang, vicino a Simpang Lima, con personale ospitale e una colazione eccellente.

Padma Hotel Semarang $$$ Probabilmente il miglior hotel di Semarang, con vista meravigliosa sulle montagne, personale cordiale e una bella piscina per bambini.

Dieng Plateau p120 (Cartina p121)

Green Savanah $ Alloggio dall'atmosfera familiare situato nel centro di Dieng, vicino ai ristoranti e ad altri servizi.

Agora Home $$ Ville nuove molto confortevoli con vista sulle montagne e le piantagioni di tè. Nel prezzo è inclusa la colazione.

Homestay Cemara $$ Soggiorno in casa privata, pulita e comoda, con un proprietario simpaticissimo che vi farà subito sentire a casa.

Jolotundo Lodge $$$ Sistemazione comoda e tranquilla in stile villa. Il lodge è situato un po' fuori dal centro, con panorami incredibili.

Malang
p128 (Cartina p129)

Huize Jon Hostel Malang $ Ostello dall'atmosfera casalinga, a pochi minuti di cammino dal centro e dall'Alun Alun. I proprietari e il personale sono ospitali e cortesi.

De'Corner Guest House $ Sistemazione semplice e pulita che dato il prezzo si può considerare di qualità. Si trova in centro, a pochi passi da tutto.

Swiss-Belinn Malang $$ Hotel carino con stanze piccole ma dotate di tutto il necessario. Essendo situato vicino all'università, i prezzi dei generi alimentari sono piuttosto bassi.

Hotel Tugu Malang $$$ L'incantevole Hotel Tugu ammalia con il suo fascino, il suo patrimonio culturale e le camere decorate.

The Shalimar $$$ Boutique hotel di lusso in stile coloniale e in posizione strategica, con una bellissima piscina, gustose colazioni e una buona scelta di ristoranti nelle vicinanze.

Banyuwangi
p142 (Cartina p143)

Juda Homestay $ Alloggio spartano ma confortevole in una location perfetta per visitare l'Ijen. Nel prezzo sono incluse buone colazioni.

Hotel Santika Banyuwangi $$ Camere ampie e pulite e una piscina bella e soleggiata. Il personale è molto cordiale.

éL Hotel Banyuwangi $$ Una buona opzione a un prezzo medio, con piscina. È possibile scegliere fra colazione occidentale e indonesiana.

Kokoon Hotel Banyuwangi $$$ Il miglior hotel di Banyuwangi, e anche a buon prezzo. Qui tutto è perfetto, dalle stanze al livello del servizio, passando per la cucina.

Dintorni di Banyuwangi
p145

Red Beach Homestay $ Sistemazione spartana in casa privata a pochi passi da Pantai Pulau Merah. Il proprietario è cordiale e dinamico e le colazioni sono fatte in casa.

LinZ Beach House $$ Casa moderna sulla spiaggia, vicino a Pantai Pulau Merah. Dispone di tre camere ben tenute.

Bogor
p149 (Cartina p150)

Tom's Homestay $ In questa casa privata situata in ottima posizione le camere sono semplici ma si viene accolti con calore. Tom, il proprietario, conosce benissimo la zona e si offre come guida turistica.

Rion Bogor Hostel $ Situata circa 1,3 km a sud dei giardini botanici, Rion Bogor è una guesthouse con un buon rapporto qualità-prezzo, camere ordinate, proprietari cordiali e una piccola piscina.

Hotel Grand Savero $$ Hotel esclusivo con affaccio sui giardini botanici e camere ben tenute in stile classico.

Dintorni di Bogor
p152

Lodges Ekologika on Portibi Farm $$ Questa fattoria biologica alle falde del Gunung Salak dispone di graziosi bungalow con panorami magnifici e pasti eccellenti.

Villa Sawah Resort $$ Il design di questa struttura simile a un giardino fonde elementi giavanesi e balinesi e vanta vedute sulle risaie.

Cimaja Square $$ Incantevoli cottage dal tetto di paglia, tutti di buone dimensioni e immersi nelle risaie. Un'opzione tranquilla e invitante.

Bandung
p160 (Cartina p161)

The Naripan $ Una delle migliori opzioni vicino a Jl Braga per chi ha un budget limitato. L'esterno è un po' scolorito ma le camere sono confortevoli.

Savoy Homann Hotel $$ Risalente al 1921, questo storico hotel vanta un salone ristorante zeppo di palme, camere luminose e ampie, e aree comuni con dettagli in art déco.

Favehotel Braga $$ Affidabile hotel di catena con camere tirate a lucido, proprio al centro della movida di Braga.

Dintorni di Bandung
p164

SL Guesthouse $ Sistemazione unica nell'allegra casa di famiglia di Yidhi Suryana, che organizza anche escursioni alla scoperta dei villaggi rurali.

Malabar Tea Village $$ Guesthouse in stile coloniale in una posizione idilliaca all'interno di una piantagione di tè: l'ideale per staccare la spina per qualche giorno.

Pangandaran
p166 (Cartina p167)

Mini Tiga Homestay $ Sistemazione amatissima dai backpacker con una lunga tradizione e un ottimo rapporto qualità-prezzo. Dispone di camere spaziose e ordinate e di aree comuni decorate ad arte dove è possibile socializzare con gli altri viaggiatori.

Nyiur Indah Beach Hotel $$ Boutique hotel a pochi piani con una graziosa piscina orlata di palme e bellissime camere con finestre dotate di persiane.

Dintorni di Pangandaran
p168

The Ermaja's Pavilion $$ Edificio coloniale riconvertito e immerso in splendidi giardini; dispone di camere decorate con opere d'arte indonesiane e arredi in legno di teak.

Villa Monyet $$ Camere dal design fantasioso sparse all'interno di un parco. I proprietari sono cordiali e organizzano grigliate di pesce.

YAVUZ SARIYILDIZ/SHUTTERSTOCK ©

Risaie, Ubud

Bali

MAGICA, RICCA DI CULTURA, MERAVIGLIOSA

Basta menzionarla e si pensa subito a un paradiso terrestre, ma Bali è molto più di un luogo: è uno stato d'animo, un sogno, la quintessenza dei tropici.

Risaie terrazzate di un verde incredibile, onde adrenaliniche, riti suggestivi nei templi hindu, ipnotiche danze, spiagge lunghissime e un popolo irresistibile: Bali evoca immagini quanti sono i fiori degli onnipresenti alberi di frangipane.

Per quanto piccola – larga all'incirca 150 km e lunga 110 – quest'isola è una meta di primo piano in Indonesia ed è imbattibile dal punto di vista dell'accoglienza turistica, con un'offerta che spazia dagli alloggi per surfisti a lussuosi resort immersi nel rigoglioso paesaggio montano. Le possibilità di fare shopping sono illimitate e vi spingeranno a mettere la voce 'bagaglio supplementare' in cima alla lista. Inoltre, potete gustare ottimi piatti locali preparati con ingredienti freschi o affidarvi all'inventiva di chef di fama internazionale per un tour culinario. Per quanto riguarda la movida serale avete l'imbarazzo della scelta, dal bere una Bintang fredda al tramonto a scatenarvi in giro per discoteche. Se sentite il bisogno di un po' di relax, potete trascorrere un'intera giornata crogiolandovi in un centro benessere.

Piccola, però, non significa omogenea. Dalla lussuosa Seminyak si passa alla dinamica e modaiola Canggu. La scena artistica di Ubud fa da contrappunto ai trekking tra le nebbie dei vulcani mentre la costa è punteggiata da tranquille località balneari come Uluwatu, Amed e Pemuteran e al largo ci sono le isole placide di Nusa Lembongan e Nusa Penida.

Il mosaico di colori composto dalle offerte religiose che vedrete sparse un po' ovunque è una metafora di Bali stessa.

AREE PRINCIPALI

Pemuteran, p255

Cittadina tranquilla ma sempre più popolare, affacciata su una baia sabbiosa. Si trova nelle vicinanze delle meraviglie sottomarine di Pulau Menjangan, che vanta i siti di immersione migliori di Bali.

Munduk, p246

Questa incantevole cittadina circondata da piantagioni rappresenta la base migliore per i trekking ed è il centro ideale da cui partire per esplorare gli altopiani vulcanici.

Regione di Canggu, p184

Polo della movida di Bali. La zona è zeppa di caffè alla moda, cocktail bar, centri yoga, anonime rivendite di birra e vibranti discoteche. Divertitevi a guardare i surfisti al largo.

Kuta e Legian, p192

Kuta vanta una lunga e invitante spiaggia che pullula di surfisti, venditori ambulanti e turisti. Vista la presenza di discoteche, di notte la movida si fa sentire.

MOTO

Le moto – dai motorini ai *café racer* d'epoca – sono noleggiabili con facilità. Per i guidatori meno esperti, avere a che fare con le strade congestionate e gli spericolati motociclisti locali può essere un po' angosciante. Per chiamare un moto-taxi usate le apposite app oppure fermatene uno per strada.

AUTO

I taxi sono molto comuni e con le app Grab e Gojek chiamarne uno è un gioco da ragazzi. Una soluzione molto gettonata per vedere l'isola consiste nel noleggiare un'auto completa di autista privato per un giorno o per una settimana.

BARCA

Le imbarcazioni veloci collegano Nusa Lembongan e Nusa Penida con Sanur e altre cittadine costiere di Bali, oltre alle Isole Gili situate al largo di Lombok. Lungo la costa trovate barche con cui intraprendere immersioni ed escursioni guidate.

Per orientarsi

Nonostante le piccole dimensioni dell'isola, la popolazione di Bali, unita all'alto tasso di visitatori, fa sì che le strade siano sempre gremite, in particolare al sud, dove un breve spostamento può richiedere molto più tempo del previsto.

Ubud, p211

Meta d'elezione, Ubud è un punto di riferimento per le strutture ricettive, i divertimenti, i paesaggi lussureggianti, le pratiche di crescita personale e la cultura locale.

Amlapura, p240

Il palazzo regale di Bali è una delle tante porte d'accesso al fascino rilassato di Amed e del vicino litorale.

Ritmi di viaggio

Traffico a parte, il fatto che Bali sia un'isola non troppo grande significa che in una giornata si possono vedere diverse meraviglie; e che troverete sempre un tempio, un caffè o una spiaggia dove prendervi una pausa.

Munduk (p246)

Con tre giorni a disposizione

- Cominciate da sud, dal punto panoramico in cima alla scogliera che sovrasta **Pantai Bingin** (p204) e poi andate sulla Penisola di Bukit al centro spirituale (e santuario delle scimmie) di **Pura Luhur Uluwatu** (p201).

- Dirigetevi a nord passando per **Canggu** (p184) e sostate in uno dei suoi caffè. Proseguite verso nord per raggiungere il magnifico **Pura Taman Ayun** (p262), il tempio principale del *subak*, il sistema di gestione delle risorse idriche Patrimonio UNESCO; dirigetevi a ovest verso **Ubud** (p211), il fiore all'occhiello di qualsiasi itinerario.

- Concedetevi uno sfizio e alloggiate in uno dei tanti hotel di Ubud con vista sulle risaie e sui fiumi. Assaggiate gli stuzzichini offerti in un centro benessere e poi provate uno dei numerosi ristoranti di grido.

Le stagioni

Bali ha due stagioni: la stagione delle piogge (ottobre-aprile) e la stagione secca (maggio-settembre). Tenete presente che la stagione delle piogge può essere secca e la stagione secca può rivelarsi piovosa.

FEBBRAIO

La stagione delle piogge è al culmine e a Bali riprendono le attività dopo la pausa di gennaio.

MARZO

Dopo la stagione delle piogge, arriva la festa di **Nyepi** (p205): l'isola chiude le attività per 24 ore e tutti sono chiamati al silenzio.

MAGGIO

Bali fa il pieno di sole durante la stagione secca. A Ubud si tiene il **Bali Spirit Festival** (p219) dedicato allo yoga e alla musica.

Con una settimana a disposizione

- Con questo itinerario sette giorni voleranno via come il vento. Scegliete un hotel fronte mare a **Seminyak** (p189), **Kerobokan** (p189) o **Canggu** (p184); girate per negozi e trascorrete un po' di tempo in spiaggia. Fate un'escursione di un giorno al tempio di **Uluwatu** (p201), zeppo di scimmie, poi passate un po' di tempo a **Balangan Beach** (p204).

- Fate i bagagli e spostatevi verso la costa orientale. Vi consigliamo di visitare la spiaggia di sabbia nera di **Pantai Selukat** (p234), per ammirare i panorami e lo scalpitio delle onde.

- Visitate il vecchio palazzo di **Klungkung** (p230) e poi salite in collina per trascorrere alcune notti a **Ubud** (p211), godendovi le passeggiate nelle risaie, gli spettacoli di danza e gli ottimi ristoranti.

Con due settimane a disposizione

- Seguite l'itinerario di una settimana e poi da Ubud proseguite per **Munduk** (p246), tra montagne e cascate.

- Dirigetevi verso la punta nord-occidentale dell'isola e a **Pemuteran** (p255), ricca di hotel e resort. Fate immersioni o snorkelling nella vicina isoletta di **Pulau Menjangan** (p258), nel parco nazionale di Bali, dove si trova una parete di 30 m tappezzata di coralli. Seguite il litorale verso est e trovate un posticino tranquillo dove rilassarvi ad **Amed** (p243).

- A **Padangbai** (p238) prendete una barca per **Nusa Penida** (p209) e fate un salto sull'idilliaca isola tropicale di **Nusa Lembongan** (p206). Dopodiché, prendete un motoscafo per raggiungere la tranquilla località balneare di **Sanur** (p196).

GIUGNO

Coincide con l'alta stagione del surf. I surfisti si radunano sulla Penisola di Bukit. Il **Bali Arts Festival** (p200) comincia a metà giugno.

AGOSTO

Il periodo più affollato (il secondo è a luglio). I festeggiamenti per la **Festa dell'Indipendenza** cadono il 17 agosto.

OTTOBRE

Arrivano nuvole scure cariche di pioggia e le folle scemano. Si tiene l'**Ubud Writers & Readers Festival** (p219).

DICEMBRE

Bali viene presa d'assalto per le feste di Natale e Capodanno. Molti hotel e ristoranti registrano il tutto esaurito.

Regione di Canggu

ATMOSFERA TRENDY | CULTURA DEL CAFFÈ | BREAK PER IL SURF

TRASPORTI LOCALI

Canggu è nota per il traffico; a volte, guidando lungo Jl Raya Canggu, si impiega un'ora per percorrere 10 km. La soluzione migliore è noleggiare un motorino o cercare un passaggio tramite Grab o Gojek. Prima di mettervi alla guida, valutate l'idea di prendere lezioni (p187).

Il vostro albergo potrà aiutarvi a cercare una vettura con autista. Ignorate i tassisti abusivi, offrono servizi a prezzi gonfiati.

Canggu è ancora l'ultima arrivata, ma negli ultimi dieci anni quest'area ha conosciuto uno sviluppo tentacolare guadagnandosi la fama di località balneare più in vista dell'isola. Solo dieci anni fa le strade costeggiate da risaie erano considerate da molti una sorta di Far West, ma oggi i campi coltivati stanno rapidamente scomparendo e quello che una volta era un litorale di basso profilo ha finito per acquisire un fascino cosmopolita tutto particolare. 'The Gu', altro nome di Canggu, vanta alcuni degli stabilimenti balneari più acclamati del mondo e si contende con Seminyak il primato per la migliore movida, dato l'elevato numero di caffè e ristoranti alla moda. E, ovviamente, c'è il surf. Nella vicina Berawa non mancano le occasioni mondane e infatti è proprio qui, lungo una strada zeppa di caffè dall'atmosfera informale, che troverete gli stabilimenti balneari di livello mondiale sopracitati. Nel frattempo, a Pererenan, dove spuntano continuamente nuovi hotel, negozi e ristoranti, i ritmi di vita sono più lenti, almeno in confronto alla spiaggia di Batu Bolong.

IL CONSIGLIO

Evitate il traffico camminando sulla spiaggia tra Berawa, Canggu e Pererenan (se non altro, rimedierete una bella abbronzatura e migliorerete la vostra forma fisica). Se il livello del fiume lo consente, potete proseguire addirittura fino a Seminyak e Kuta.

Boom del turismo del surf a Bali

Le onde leggendarie di Canggu

Pantai Batu Bolong ha un break che pur non essendo all'altezza dei migliori reef break dell'Indonesia è probabilmente l'onda più famosa in assoluto per chi pratica il longboard. Ogni maniaco del surf o pezzo grosso del longboard che si rispetti è stato qui almeno una volta. Nota localmente come 'Old Man's' (come l'omonimo locale che organizza feste sulla spiaggia), Batu Bolong è un beach break con fondale sabbioso con onde che tendono a infrangersi al largo per poi riformarsi di nuovo.

Per fare surf a Canggu ci sono altre spiagge oltre a Batu Bolong. **Pantai Nelayan**, situata solo 500 m a est, è il paradiso

DA NON PERDERE
1 Pantai Batu Bolong

DA VEDERE
2 Pantai Batu Mejan
3 Pantai Berawa
4 Pantai Nelayan
5 Pantai Pererenan

ATTIVITÀ, CORSI E TOUR
6 AMO Spa
7 Espace
8 Goldust
9 Ramaya Day Spa
10 The Practice

PERNOTTAMENTO
11 Guru Canggu
12 Hotel Tugu Bali
13 Serenity Eco Guesthouse

PASTI
14 Bokashi
15 Deus Ex Machina
16 Good Mantra
v. 12 Kawisari Coffee Farm Shop & Eatery
17 Kynd Community
18 Lusa By/Suka
19 Made's Warung Berawa
20 Neighbourhood Food
21 Pels Supershop
22 Revolver
23 Satu Satu
24 Skool Kitchen
25 Varuna Warung
26 Warung Sunshine
27 Yuki

LOCALI E VITA NOTTURNA
28 Atlas Beach Club
29 Finns Beach Club
30 La Brisa
31 Lacalita Bar y Cocina
32 The Barn

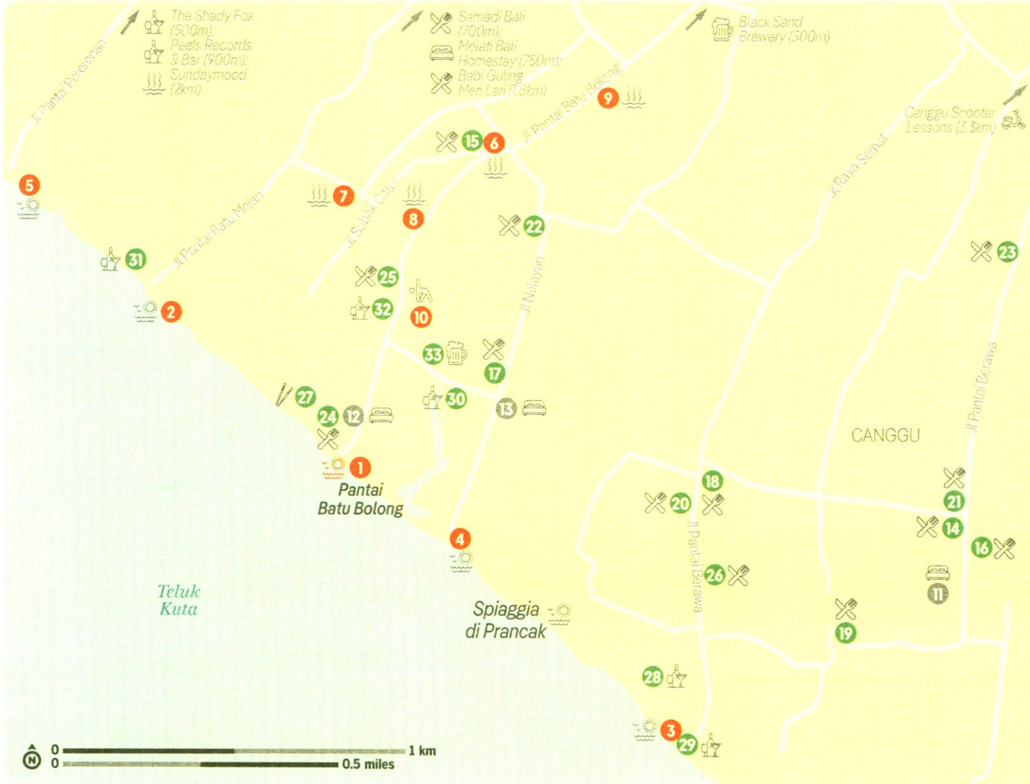

MIGLIORI SPIAGGE DI CANGGU

Pantai Berawa
Questa spiaggia dalla sabbia color grigio chiaro è la preferita dai proprietari di cani e dagli amanti dei tramonti.

Pantai Nelayan (p184)
Capanne e imbarcazioni da pesca conferiscono alla tranquilla spiaggia di Nelayan un carattere locale.

Pantai Batu Bolong (p184)
Capanni per il surf, *warung* e ombrelloni costeggiano la spiaggia tra Jl Nelayan e Jl Batu Bolong. In questa località surfistica ci sono noti ristoranti.

Pantai Batu Mejan
Noto anche come Echo Beach, questo lido vanta uno dei break migliori di Bali. Al tramonto, quando i venditori di birra mettono i cuscini sulla sabbia, diventa affollata.

Pantai Pererenan
Relativamente incontaminata e sgombra (per ora), con una manciata di bar e *warung*.

del kitesurfing (non adatto ai principianti). Se non siete abbastanza pratici, vi consigliamo comunque di farci un salto poiché lo shorebreak (onda che si infrange sulla riva) è più clemente.

Tipici caffè di Canggu

Un posticino trendy per tutti i gusti

Canggu vanta una quantità incredibile di caffetterie. Nel tratto di 500 m che va dalla spiaggia al Milk and Madu, un locale popolare affacciato su Jl Batu Bolong, ce ne sono quasi 20, una cosa normalissima per la regione di Canggu, dove a quanto pare quasi ogni settimana spunta un nuovo caffè. La scena è in continua evoluzione e ogni volta si aggiungono nuove location. Per molti viaggiatori provare un locale dopo l'altro è un'esperienza a se stante.

Cominciare o approfondire lo yoga

Trovare un corso adatto

Ubud è il cuore pulsante dello yoga a Bali, ma la frenetica Canggu, con la sua offerta crescente di palestre, non è certo da meno. Ce n'è per tutti i gusti e livelli: dai principianti agli esperti, dagli hippy agli instagrammer.

Vicino a Pantai Nelayan si trova **Serenity**, un resort di yoga a conduzione familiare basato sulla permacultura. L'offerta giornaliera include otto tipi di lezioni, tra cui qualcuna di yoga aereo. **Samadi Bali**, tranquillo centro benessere e centro yoga (con una boutique e un supermercato ecosostenibile) situato sulla trafficata Jl Padang Linjong, offre un percorso wellness che nutre il corpo e la mente. Un altro centro molto popolare, **The Practice**, situato su Jl Batu Bolong, ha uno stile contemporaneo ma tutte le lezioni che vi si tengono sono imperniate sulla disciplina tradizionale dello Hatha yoga.

Assaggiare una prelibatezza balinese

Squisito maiale allo spiedo

I caffè più trendy frequentati dai viaggiatori stanno aumentando esponenzialmente l'offerta di piatti vegani, ma il *babi guling* (maialino da latte cotto allo spiedo; p234) rimane un piacere per i carnivori impenitenti. Sono molti i *warung* specializzati nella preparazione di questo piatto (li riconoscerete dall'immagine del maialino infilzato su uno spiedo appesa

BERE A CANGGU: LA NOSTRA SCELTA

The Barn: Oltre ai classici piatti da pub, questo suggestivo locale in stile british serve 10 tipi di birre artigianali alla spina.

Lacalita Bar y Cocina: Bar-ristorante in stile messicano; ha la fama di servire le margaritas migliori di Bali (il menu ne contempla ben otto).

Black Sand Brewery: Vengono prodotti IPA, Kölsch, pilsner e ale, disponibili alla spina, insieme a versioni limitate e 'guest tap'.

La Brisa: Questo bar sulla spiaggia in stile bohémien propone una selezione di vini, mocktail, cocktail, distillati e birre. Al tramonto è speciale.

UMIKEM/SHUTTERSTOCK ©

La Brisa

all'esterno), ma il migliore della zona, secondo i residenti, è **Babi Guling Men Lari** situato su Jl By Pass Tanah Lot.

Prendere confidenza con le strade

Lezioni di scooter

Prendere lezioni di scooter mentre si è in vacanza potrebbe sembrare una stranezza ma data l'intensità del traffico che caratterizza la regione di Canggu, dovrebbe essere la base per chiunque voglia mettersi alla guida. Le strade sono sempre congestionate e gli scooter di solito vengono sospinti verso i punti più critici della carreggiata, dove il manto stradale è pieno di buche; inoltre, il flusso ininterrotto del traffico può essere difficile da gestire. A circa 20 minuti di macchina da Pantai Batu Bolong trovate l'autoscuola Canggu Scooter Lessons (@canggusccooterlessons) che nella tranquillità del suo parcheggio fornisce una preziosa introduzione di due ore all'uso consapevole delle due ruote per spostarsi sull'isola.

MIGLIORI SPA NELLA REGIONE DI CANGGU

Sundaymood
Specializzata nel benessere e nel recupero, propone bagni di ghiaccio e saune a raggi infrarossi a scopo terapeutico e rilassante.

AMO Spa
Oltre ai trattamenti tipici di ogni centro benessere, questa spa di lusso offre sessioni di terapia EV, body contouring, trucco permanente e pacchetti 'pro-age'.

Goldust
Il fiore all'occhiello dei servizi offerti da questo lussuoso centro è un trattamento viso con foglia d'oro 24K della durata di 90 minuti (1.450.000Rp).

Ramaya Day Spa
Ramaya è una delle spa più abbordabili della zona, un'ottima scelta per massaggi (i prezzi partono da 140.000Rp), manicure e pedicure.

Espace
Prenotatene uno a quattro mani.

MANGIARE A CANGGU: LA NOSTRA SCELTA

Varuna Warung: Cucina tradizionale; scegliete dal menu oppure optate per il *masakan padang* (menu a buffet). Serve piatti vegetariani. $

Yuki: Elegante ristorante giapponese con vista mare. Il cibo è eccellente e ci sono gustose opzioni vegetariane. $$

Deus Ex Machina: I piatti preparati da questo locale sono leggendari come l'attiguo negozio, che espone vestiti, moto e tavole da surf. $$

Skool Kitchen: Ristorante la cui filosofia si basa sul binomio 'cucina primitiva, servizio moderno'. Ogni piatto viene scottato su fuoco a legna. $$$

MIGLIORI LOCALI CON MUSICA DAL VIVO DI CANGGU

Gimme Shelter
Un bar in stile rock 'n' roll con musica dal vivo tutti i mercoledì, venerdì e sabato, il lunedì si tengono le serate karaoke. Nel cuore di Canggu.

Peels Records & Bar
Bar di Pererenan intimo e super-trendy con un'entrata 'segreta' e una atmosfera retrò.

Lusa By/Suka
Tutti i martedì, i mercoledì e il sabato si tengono concerti di musica acustica; ogni giovedì ci sono le serate pasta e jazz. Nella movida di Berawa.

The Shady Fox
Sembra un cocktail bar dall'atmosfera clandestina, ma i DJ e la musica dal vivo la fanno da padroni. È un locale di punta della movida di Pererenan.

Atlas Beach Club
Nel più grande nightclub di Bali, aspettatevi di trovare DJ ed eventi speciali. Un colosso di Berawa.

Atlas Beach Club

Paradiso della movida

La discoteca più rinomata di Bali?

Situato sulla spiaggia di Berawa, **Finns Beach Club** è un locale animatissimo dove ci si può scatenare sia di giorno che di notte: mentre i DJ e i cantanti riscaldano l'atmosfera, gli avventori ordinano drink dai bar sull'acqua, i pattinatori in pantaloncini attillati sfrecciano ai lati delle quattro piscine e personaggi con strobosfere al posto della testa ballano sfrenatamente. La movida qui non si ferma mai e c'è sempre qualcosa da fare. L'entrata è gratuita ma dovrete spendere una bella cifra per noleggiare un lettino: i prezzi si alzano in base al livello di esclusività.

MANGIARE A BERAWA: LA NOSTRA SCELTA

Warung Sunshine: Questo ristorante sul tetto (con sala dotata di aria condizionata) serve piatti indonesiani e occidentali. $

Neighbourhood Food: Caffè dall'atmosfera informale che supporta i produttori e gli artigiani locali. Il menu è ampio e serve piatti vegani. $$

Bokashi: Locale in stile giapponese ed ecosostenibile, comprende una casa da tè, un caffè e un negozio di alimentari. $$

Pels Supershop: Ristorante genuino, alla moda e 100% vegano. Serve dolci, bowl, smoothie, tacos, zuppe, frittelle, patatine fritte. $$

Seminyak e Kerobokan

BAR SULLA SPIAGGIA | LUSSUOSE SPA | PARADISO GOURMET

Seminyak e Kerobokan sono due quartieri fusi insieme dove il lusso si sposa con l'atmosfera vacanziera tipica delle località balneari, attirando come una calamita chi è in cerca di divertimento, stile e relax. La zona, con le sue boutique di alta moda e i negozi di abbigliamento allegri e a buon mercato, è una meta allettante per gli amanti dello shopping. Ci sono anche ristoranti dall'ottima reputazione, con una scena gastronomica in continua evoluzione animata da chef internazionali e balinesi abili nel creare piatti fusion e sapori unici. Lungo questo tratto di spiaggia si trovano alcuni degli hotel e degli stabilimenti balneari più amati di Bali. L'ampio lido sabbioso è pieno di gente che fa jogging o che porta a passeggio il cane; i venditori affittano lettini dove potete oziare tutto il giorno osservando il viavai di passanti e surfisti. Al tramonto, la spiaggia si riempie di persone venute per godersi lo spettacolo del sole che cala.

TRASPORTI LOCALI

Poiché i marciapiedi sono in buone condizioni, spostarsi a piedi è un ottimo modo per esplorare, soprattutto per fare shopping. Camminare sul litorale è una buona soluzione per muoversi in poco tempo. La spiaggia di Seminyak è costeggiata da una passerella di legno e il percorso lastricato arriva fino a Kuta. I motorini si affittano facilmente ma trovare parcheggio è una fatica. Grab o Gojek vi risparmieranno la seccatura di fermare un taxi. Nota: gli ingorghi stradali sono di proporzioni epiche.

Ah, la spa

Soggiorno all'insegna del più completo relax

Le spa stanno a Seminyak come i caffè a Canggu. Camminando lungo la strada incontrerete terapisti a ogni angolo che vi chiameranno urlando la parola '*massage*'. I centri benessere di Seminyak offrono trattamenti che combinano tecniche di guarigione tradizionale balinese e pratiche di wellness contemporanee.

MANGIARE A SEMINYAK: RISTORANTI DI PESCE

Shrimpis: Ristorante noto per l'ottima cucina di pesce, in particolare i gamberetti (allevati in loco) e le ostriche; si dice sia il migliore di Bali. $$

Seasalt: La vista sull'oceano completa un menu con piatti di pesce con un tocco giapponese. Tutto il pesce viene pescato in natura con metodi sostenibili. $$$

Ijen: Ristorante eco-responsabile che prepara innovativi piatti di pesce, generando pochissimi scarti. Provate i cocktail a rifiuti zero. $$$

Starfish Bloo: Trendy, arioso ed elegante, questo ristorante fronte mare fa uso di ingredienti locali. Molto rinomato il brunch domenicale. $$$

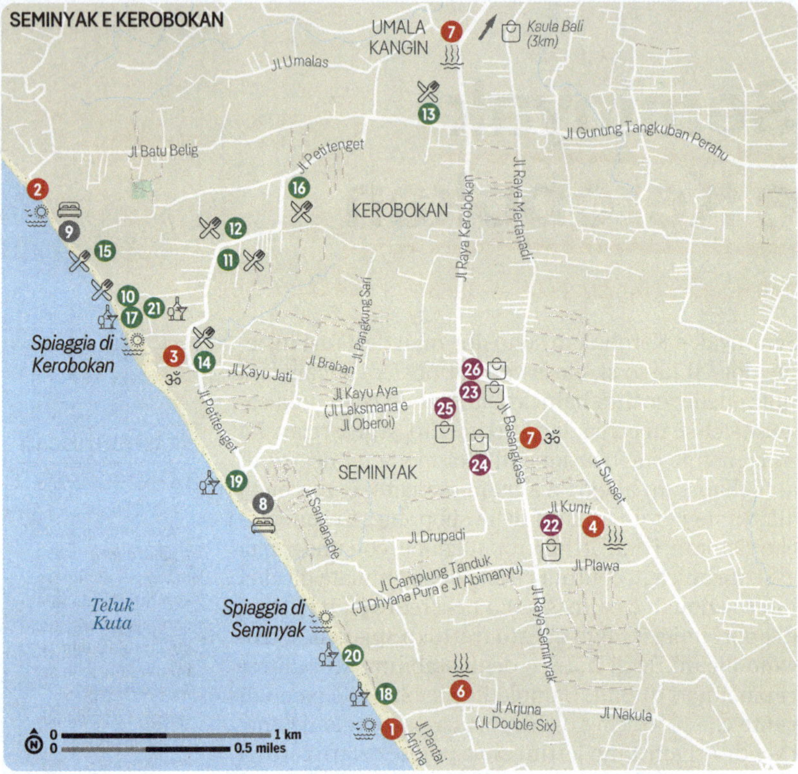

DA VEDERE
1 Double Six Beach
2 Pantai Batu Belig
3 Pura Petitenget

ATTIVITÀ, CORSI E TOUR
4 Chill Reflexology
5 Jari Menari
6 Lamora Spa
7 Natura Organics Spa

PERNOTTAMENTO
8 Oberoi Beach Resort
9 Potato Head Suites & Studios

PASTI
v. 10 Ijen
10 Kaum
11 Mauri
12 Merah Putih
13 Sardine
v. 17 Seasalt
14 Shrimpis
15 Starfish Bloo
16 Takumi Kaiseki & Omakase

LOCALI E VITA NOTTURNA
17 Beach Bar
18 Double-Six Rooftop Sunset Bar
19 Ku De Ta
20 La Plancha
21 Mrs Sippy
v. 10 Potato Head

SHOPPING
22 BINhouse
23 I Love Bali
24 Jewel Rocks
25 Magali Pascal
26 Mercredi

IL CONSIGLIO

La spiaggia di Seminyak è incantevole nelle prime ore del mattino quando è frequentata da jogger e persone che portano a spasso i cani. A prescindere dall'andamento delle maree, potete macinare ben più dei 10.000 passi preventivati.

Fascino della spiaggia di Seminyak

Una giornata sulla sabbia

La spiaggia di Seminyak si trova a metà del litorale che dall'aeroporto a sud di Kuta si estende fino quasi a Pura Tanah Lot; dalla spiaggia affollata di Legian (**Double Six Beach**), si passa alla più tranquilla **Pantai Batu Belig** dopo aver superato un tratto intermedio occupato da ombrelloni e stabilimenti balneari. Il lato settentrionale della spiaggia di Seminyak, fiancheggiato da ampi resort e stabilimenti, è di norma più tranquillo.

Sulla spiaggia si aggirano venditori di birra che affittano sedie a sdraio, imbonitori che tentano di vendere di tutto (sarong, braccialetti, altoparlanti, giochi di carte, palloncini e occhiali da sole) e massaggiatrici. Al tramonto, il personale del bar di Double Six porta pouf sulla sabbia, attacca ghirlande luminose sotto gli ombrelloni e allestisce piccoli palcoscenici.

Alta cucina

Ristoranti di fama internazionale

Seminyak e Kerobokan sono famosi per il melting pot di sapori e per la loro cultura gastronomica estrosa e dinamica **Takumi Kaiseki & Omakase** serve piatti top della cucina asiatica mentre da **Mrs Sippy** e **Ijen** (p189) trovate ottimi piatti di pesce cotti sul fuoco a legna. Altri locali eccellenti sono il **Merah Putih**, con un menu indonesiano, e **Mauri**, un ristorante italiano di alto livello. Tra i vari stabilimenti c'è una forte competizione ma Potato Head ospita sempre una varietà di chef e di barman internazionali; al suo interno c'è **Kaum**, un ristorante ispirato alla cucina indonesiana. A Kerobokan c'è un vecchio ristorante di pesce, **Sardine**.

Stabilimento con una marcia in più

Tour sulla sostenibilità

Seminyak è idolatrata per i suoi stabilimenti, dove rilassarsi su un soffice lettino accanto a una infinity pool, sorseggiando latte di cocco o cocktail tropicali con un sottofondo di melodie sensuali. **Potato Head**, che comprende uno stabilimento, cinque ristoranti e due hotel di lusso, conferisce all'esperienza una dimensione del tutto nuova. Il motto di questo apprezzato beach club è 'il divertimento fa stare bene' e sin dal vostro arrivo vi verrà spiegato il modo in cui il vostro impatto ambientale sarà ridotto. La filosofia green è illustrata in maniera esauriente in una serie di esposizioni.

Tempio custode di Seminyak

Ammirare l'architettura tradizionale di Pura Petitenget

Il tempio di **Pura Petitenget** si erge a guardia della spiaggia di Seminyak ed è uno dei templi marini di Bali (p265), costruiti per proteggere l'isola dagli spiriti maligni. Il suo nome significa 'scatola magica' e si riferisce al tempo in cui, secondo una leggenda, il sacerdote hindu Dang Hyang Nirartha trasformò Buto Ijo, una bestia malvagia, nel custode di un villaggio. Con i suoi iconici *candi bentar* (portali divisi) all'ingresso, il *meru* (santuario a più tetti) e le elaborate incisioni rupestri che adornano pareti e portoni, Pura Petitenget è un fantastico esempio di architettura templare balinese.

SEMINYAK PER GLI AMANTI DELLO SHOPPING

Emmelyn Gunawan, curatrice e fondatrice delle boutique di lusso Canaan Studio e Escalier. *canaan-studio.com, escalier-store.com*

Seminyak è un quartiere in cui spuntano sempre nuovi negozi. La via dello shopping è Jl Kayu Aya. Tra i punti vendita più emblematici: **Magali Pascal**, una boutique francese che vende vestiti in stile parigino; **Mercredi**, un negozio di articoli per la casa; e il minuscolo **I Love Bali**, che vende articoli per la spiaggia in stile hawaiano.

Amo passeggiare per Jl Drupadi, una strada pittoresca fiancheggiata da ville e spa, e fare un salto da **Jewel Rocks** che vende braccialetti fatti a mano. Spesso mi lascio ispirare da **BINhouse** su Jl Basangkasa, che espone pregiati tessuti batik.

BERE UN DRINK A SEMINYAK: MIGLIORI BAR AL TRAMONTO

Ku De Ta: In questo bar le serate sono inaugurate da una serie di DJ internazionali che animano le leggendarie *Sunset Sessions*.

Beach Bar: Le principali attrattive di questo bar all'interno del resort Alila Seminyak sono la vista sul mare e i cocktail con sottofondo di musica.

Double Six Rooftop Sunset Bar: Lettini circondati da una piscina a sfioro in cima a uno dei più grandi rooftop bar di Bali.

La Plancha: Il posto perfetto per ammirare il tramonto a Bali. Pouf colorati adagiati sulla spiaggia e ombrelloni decorati con lucine.

Kuta e Legian

SPIAGGE AFFOLLATE | ATMOSFERA VACANZIERA | OTTIMO SURF

TRASPORTI LOCALI

Pochi si ricorderanno di quando Kuta e Legian erano due villaggi distinti. Oggi lo sviluppo urbano e gli onnipresenti ingorghi stradali fanno sì che camminare sia il modo migliore (e spesso anche più rapido) di spostarsi in entrambe le località. Ci sono molti taxi, facilmente prenotabili tramite le app Grab o Gojek e molti *ojek*, anche questi prenotabili tramite app. La compagnia d'autobus Kura-Kura (kura2bus.com) collega Kuta e Ubud. Per gli spostamenti più lunghi in tutta l'isola, noleggiate un'auto privata con autista.

Kuta è una cittadina con cui i viaggiatori hanno spesso un rapporto di amore-odio ma che nasconde un fascino inaspettato. Oggi, a quasi 100 anni dalla costruzione del primo hotel fronte mare, l'edilizia selvaggia è per lo più sparita e sono pochissimi gli edifici che svettano sopra agli alberi. Se cercate sole, discoteche rumorose e ottimi drink, siete nel posto giusto. I vicoli laterali di Kuta non sono per tutti, poiché vi regna un certo squallore. Il Poppies, un hotel che una volta traboccava di gente, non si è ancora ripreso dai tempi della pandemia, ma la via principale, Jl Legian, è movimentata benché mal tenuta. La spiaggia è zeppa di distributori di birre ed è costeggiata da un nuovo lungomare dove fare piacevoli passeggiate. Il dedalo di vicoletti che caratterizza Legian e la sua magnifica spiaggia offre mete standardizzate in grado di accontentare tutti gli habitué del posto (soprattutto australiani).

L'onda del giorno

Surf senza pari a Kuta

Kuta non hai mai smesso di attrarre schiere di surfisti sin da quando Bobe Koke, il primo albergatore della zona, si fece spedire le tavole da surf direttamente dalle Hawaii nei primi anni '30. Oggi **Pantai Kuta** è uno dei migliori posti di Bali per imparare a fare surf, dato l'elevato numero di istruttori e di negozi che affittano tavole. Vi basta presentarvi presso uno di questi chioschetti per contrattare una lezione. Nonostante l'onnipresente folla di surfisti, se siete disposti a fare qualche bracciata in più o a spostarvi verso nord, troverete sempre un punto tranquillo dove cimentarvi con le onde.

DA NON PERDERE
1 Pantai Kuta

DA VEDERE
2 Monumento commemorativo di Kuta

ATTIVITÀ, CORSI E TOUR
3 Waterbom Park

PERNOTTAMENTO
4 Poppies Bali
5 Puri Damai

PASTI
6 Afterglow
7 Azul Beach Club
8 Brunch Club Bali
9 Don Juan Mexican Restaurant and Bar
10 Warung Indonesia
11 Warung Kolega

LOCALI E VITA NOTTURNA
12 Boshe VVIP Club Bali
13 Bounty Discotheque
14 Brother Bar
15 Hard Rock Cafe
16 Kuta Social Club
17 LXXY
v. 13 Paddy's Pub
18 Stark Craft Beer Garden
19 Zen Bar

SHOPPING
20 Joger

IL CONSIGLIO

A Kuta e Legian i marciapiedi sono in buone condizioni, tanto che vengono usati come scorciatoie dagli scooteristi frustrati dal traffico congestionato. State molto attenti quando uscite da una vettura ferma o quando salite sul marciapiede.

MONUMENTO COMMEMORATIVO DI KUTA

Il 12 ottobre 2002 è ricordato come uno dei giorni più tristi della storia contemporanea di Bali. Poco dopo le 23, una bomba esplose all'interno del Paddy's Pub, un bar di Kuta molto frequentato dai backpacker, e mentre gli avventori si riversavano per strada credendo di mettersi in salvo, un'altra bomba più grossa fu fatta detonare davanti al Sari Club. Le esplosioni uccisero 202 persone, tra cui 38 indonesiani, 88 australiani e 23 britannici. Oggi, a pochi metri dal punto in cui sorgeva il Sari Club, c'è un monumento commemorativo con i nomi di tutti coloro che persero la vita su Jl Legian. Le famiglie e gli amici delle vittime continuano a depositare fiori e fotografie in loro memoria.

EVGENY DRABLENKOV/SHUTTERSTOCK ©

Waterbom Park

Seguire la folla

Il negozio di souvenir più famoso di Bali

Joger, la leggenda dello shopping di Bali, è il negozio più famoso nel sud dell'isola. I turisti indonesiani fanno incetta di pupazzetti di plastica con gli occhioni dolci o magliette su cui campeggiano frasi ironiche, provocatorie o semplicemente incomprensibili (ce ne sono a migliaia e quasi tutte prodotte in edizione limitata). Effettivamente, l'insegna all'esterno del negozio recita 'Pabrik Kata-Kata', che significa 'fabbrica di parole'. Attenzione: il negozio è talmente affollato da risultare soffocante.

Una serata memorabile

Ammirare il tramonto a Pantai Kuta

Se siete dell'opinione che non ci sia molto da dire riguardo a un tramonto visto da una spiaggia, **Pantai Kuta** (p192) vi farà cambiare idea. Essendo rivolta a ovest, questa spiaggia di 3 km è famosa per i suoi tramonti spettacolari. Qui l'attività

BERE UN DRINK A KUTA E LEGIAN: LA NOSTRA SCELTA

Stark Craft Beer Garden: Birra artigianale balinese e cocktail serviti in un locale in stile rustico-industriale. Musica dal vivo ogni sera.

Don Juan Mexican Restaurant and Bar: Dagli sgabelli affacciati sull'animata Jl Pantai Kuta osservate il viavai dei passanti sorseggiando *micheladas*.

Brother Bar: Bar sul mare dall'atmosfera informale. Mette a disposizione gruppetti di pouf adagiati sulla sabbia, ottimi per osservare i tramonti.

Zen Bar: Bar sulla spiaggia dall'atmosfera rilassata, con ombrelloni e sedie di plastica. È uno dei pochi della zona che serve cocktail.

principale consiste nell'osservare le persone che affollano la spiaggia, perciò ordinate una Bintang o del latte di cocco fresco da un venditore ambulante e godetevi lo spettacolo: surfisti talentuosi che cavalcano le onde, cani e bambini che si rincorrono sulla sabbia, coppie in viaggio di nozze che si mettono in posa per un selfie e un'accozzaglia di viaggiatori e residenti intenti a ottimizzare la loro presenza su TikTok.

Avventure acquatiche

Scatenarsi sugli scivoli di Waterbom

Aperto nel 1993, **Waterbom Park** è considerato il migliore parco acquatico di tutta l'Asia ed è una delle mete turistiche più popolari di Bali. Si estende su una superficie di cinque ettari e conta in tutto 26 scivoli che si snodano a spirale fra curatissimi giardini tropicali. Già dai loro nomi – Smashdown 2.0, Boomerang, Fast 'n' Fierce – è evidente che Waterbom non è per i deboli di cuore. Nel parco ci sono anche parecchie aree relax. Nel 2023 Waterbom ha aperto una sezione Oasis Garden, con una piscina lagunare e una torre di 20 m con quattro scivoli.

Il pasto preferito dagli indonesiani

L'imbarazzo della scelta

La cucina padang (*masakan padang*) è probabilmente la più emblematica dell'Indonesia. Originaria dell'omonima regione di Sumatra, comprende sostanziosi piatti a base di curry, verdure saltate piccanti, carne grigliata e specialità fritte. Mangiare in un ristorante padang è una vera e propria festa per il palato. I tipici *warung* padang espongono le loro pietanze in una serie di ciotole e piattini in modo da dare un'idea del menu, mentre i ristoranti più grandi allestiscono un buffet dietro a un bancone di vetro – l'offerta può comprendere fino a 30 piatti, tra cui *rendang* di manzo, pollo in agrodolce, pesce grigliato, uova al curry, frittelle di mais e una varietà di *sambal*.

A Legian, vi segnaliamo **Warung Kolega**, un locale molto apprezzato ma non proprio economico, seppur con un buon rapporto qualità-prezzo: un piatto colmo di riso e varie pietanze a base di carne e di uova e *sambal* vi costeranno poco. **Warung Indonesia**, a Kuta, è rinomato per i suoi pasti eccellenti ed economici.

MIGLIORI LOCALI NOTTURNI A KUTA E LEGIAN

LXXY
LXXY è la discoteca più popolare della città. Qui le serate sono un vero spettacolo e sono spesso animate da alcuni dei migliori DJ indonesiani.

Hard Rock Cafe
Per una serata con musica dal vivo, l'Hard Rock Cafe è sempre una buona scelta. La lista delle bevande è notevole.

Paddy's Pub
Paddy's è uno dei bar più antichi di Kuta, un posto alla buona in cui si balla tutta la notte.

Boshe VVIP Club Bali
Questo locale notturno organizza spesso serate con band che suonano dal vivo e DJ, e dispone anche di alcune sale private per il karaoke.

Bounty
Bounty è il posto giusto per i drink a prezzi stracciati e serate di bagordi.

MANGIARE A KUTA E LEGIAN: LA NOSTRA SCELTA

Kuta Social Club: Rooftop club con piscina e un panorama che spazia fino a Bukit. Piatti ispirati alla cucina mediterranea e cocktail variopinti. $$

Afterglow: Ristorante fronte mare dall'atmosfera casual-chic con infinity pool. Il menu propone insalate, hamburger, piatti a base di pesce e grigliate. $$

Brunch Club Bali: Concedetevi una 'porncake', una torretta di pancake con una guarnizione a scelta tra panna montata, biscotti e salsa al cioccolato. $$

Azul Beach Club: Lussuoso ristorante all'aperto e tiki bar con atmosfere tropicali e vista sulla spiaggia. Ottimi i piatti a base di pesce e le insalate. $$$

Sanur

RESORT SPAZIOSI | SPIAGGIA TRANQUILLA | DIVERTIMENTI SULLA COSTA

Camminare sul lungomare di Sanur è un'esperienza molto rilassante. Ovunque alloggiate, che si tratti di un hotel di lusso o di un'umile casa privata, avrete sempre la possibilità di fare una bella passeggiata lungo il marciapiede che corre parallelo all'arenile collegando una serie di bar, ristoranti e hotel nonché alcuni tratti di spiaggia inaspettatamente deserti. L'atmosfera familiare e i moli affollati di motoscafi che assicurano i collegamenti con le isole vicine fanno di Sanur una località molto popolare, destinata a diventarlo sempre di più nei prossimi anni data la recente apertura del nuovo Ospedale Internazionale di Bali. La struttura è stata progettata con l'intento di sfruttare lo stesso mercato medico che ha arricchito la città di Bangkok. A sud ha aperto Icon Bali Mall, un nuovo centro commerciale affacciato sulla spiaggia che ha portato a un inevitabile aumento del traffico e, come da copione, non è in programma alcun adeguamento della rete viaria per ovviare al problema. A ovest, Sanur confina con Denpasar, il capoluogo dell'isola: tutti i servizi che offre sono raggiungibili in pochi minuti di macchina.

TRASPORTI LOCALI

Dato il traffico spaventoso di Bali, spostarsi in bicicletta non è un'opzione consigliata; fa però eccezione l'eccellente lungomare di Sanur, dotato di pista ciclabile. Per spostarsi nella zona di Sanur, usate Gojek o Grab per chiamare un taxi o un mototaxi.

Per uscire da Sanur, spostatevi in taxi, poiché il traffico veloce lungo la tangenziale Ngurah Rai può essere snervante. L'autobus turistico Kura-Kura ha una linea che collega Sanur con Ubud e Kuta.

Esplorare la barriera corallina di Bali

Kayak e SUP lungo la costa di Sanur

Il litorale di Sanur è protetto da una barriera corallina di 7 km che blocca l'impatto delle onde dando vita a una serie di spiagge in cui il mare è sempre calmo e trasparente, una vera novità lungo la costa meridionale di Bali. Anche con l'alta marea, il livello dell'acqua sale raramente al di sopra della vita, rendendo la 'laguna' un vero paradiso per chi fa kayak e SUP. Anche quando le onde si infrangono contro

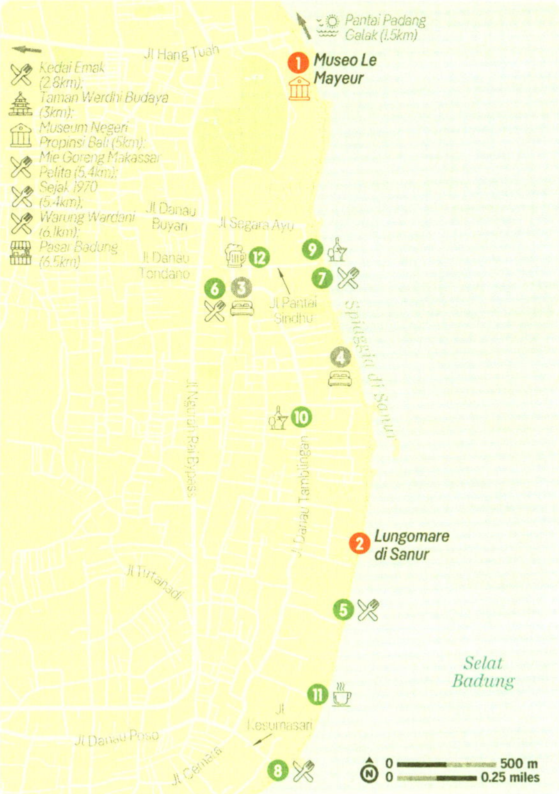

la barriera esterna, l'acqua è talmente calma che persino i novizi riescono a stare in piedi su un SUP. Prendere il sole mentre si galleggia da un punto all'altro del reef, passando sopra le stelle marine e in mezzo alle barche ancorate è un'esperienza di puro relax. Tenete gli occhi aperti per avvistare le imbarcazioni tradizionali dette *jukung*, una sorta di canoa a bilanciere con la punta a forma di 'naso di pesce spada' e un paio di occhi sgranati dipinti sulla prua. Nel punto più ampio della laguna, la distanza tra la spiaggia e il break che si infrange sul reef esterno è poco più di un chilometro. I SUP e i kayak si possono noleggiare sul **lungomare**.

IL CONSIGLIO

Pianificate le attività da fare in spiaggia in base alla marea. Quando il mare si ritira l'arenile si asciuga parecchio dato che la spiaggia è riparata dalla barriera corallina (un paradiso di tranquillità rispetto al resto della costa meridionale, sferzata dalle onde). I surfisti dovranno spingersi al di là del reef, ma se siete in cerca di onde meno affollate, potete sempre affidarvi alla disponibilità dei barcaioli.

MANGIARE A SANUR: LUNGO LA SPIAGGIA

Titie's Warung: Titie's è una buona soluzione per chi ha un budget limitato. Serve classici della cucina indonesiana ma anche panini e snack. $

Soul on the Beach: Apprezzato caffè arioso e rilassato. Propone un menu internazionale con piatti preparati con ingredienti freschi. $$

Stuja di Pantai: Ristorante sul litorale di Sanur, aperto tutto il giorno. Venite al mattino presto per prendere un caffè e un dolcetto. $$

Fisherman's Club: Elegante ristorante di pesce sul lungomare di Sanur, con comodi tavoli disposti all'ombra e un menu per bambini. $$$

FESTIVAL AD ALTA QUOTA

Viaggiando nella regione di Bali meridionale da maggio a settembre, non si può fare a meno di notare schiere di aquiloni che si librano nel cielo. Spesso sono giganteschi (larghi 10 m o anche di più, con code che possono raggiungere i 160 m) e volano ad altezze allarmanti. Molti sono dotati di dispositivi chiamati *gaganguan* che emettono ronzii inquietanti. La tradizione ha un profondo significato spirituale: gli aquiloni vengono lanciati per sussurrare alle orecchie degli dei affinché si ricordino di concedere un raccolto abbondante.

Ogni anno, a luglio, centinaia di squadre si radunano a **Pantai Padang Galak**, circa 1 km a nord di Sanur, per partecipare al **Bali Kite Festival**. Ci sono premi in varie categorie, per esempio per il design più originale e la durata del volo.

Scorpacciata di specialità indonesiane

Cenare al Sindhu Night Market

A prima vista, il suggestivo **Sindhu Night Market** di Sanur (talvolta chiamato Senggol Market) potrebbe sembrare piccolo, ma presso i suoi stand gastronomici si può assaggiare un'ampia varietà di gustosi piatti tradizionali indonesiani. Ciascuno ha una specialità di riferimento e le pietanze vengono preparate sul momento mentre si aspetta.

Se avete un debole per i dolci, non dimenticate di lasciarvi un po' di spazio per un dessert; vicino all'entrata del mercato c'è un chioschetto che vende ciambelle, *pisang goreng* (banane fritte) e *onde-onde* (polpettine di riso dolce ripiene di zucchero di palma fuso).

Meraviglie artistiche e architettoniche

Scoprire il Museo Le Mayeur

L'artista Adrien-Jean Le Mayeur de Merprès (1880–1958) giunse a Bali nel 1932 e tre anni dopo sposò la bellissima danzatrice Legong Ni Polok, appena quindicenne. A quei tempi Sanur era ancora un tranquillo villaggio di pescatori e la coppia visse nel complesso che oggi ospita il **Museo Le Mayeur**. Dopo la morte del marito, Ni Polok continuò a risiedere in questa casa fino alla morte, avvenuta nel 1985. Nonostante alcuni problemi di sicurezza (alcuni dei dipinti di Le Mayeur sono stati venduti alla cifra di US$150.000) e di conservazione, la collezione qui esposta comprende una novantina di quadri.

La casa è un esempio interessante di architettura in stile balinese, con persiane finemente intagliate con immagini che illustrano la storia di Rama e Sita, protagonisti del *Rāmāyaṇa*. Gli interni dell'edificio sono fatti di fibre naturali intrecciate. Alcuni dei primi dipinti di Le Mayeur sono quadri impressionisti realizzati durante i suoi viaggi in Africa, in India, nel Mediterraneo e nel Pacifico meridionale. I dipinti realizzati nel primo periodo di permanenza a Bali sono rappresentazioni romantiche della vita quotidiana e ritratti di belle donne balinesi (spesso la modella è la stessa Ni Polok). Le opere degli anni '50 sono le meglio conservate e hanno colori sgargianti: uno stile che in seguito si diffuse tra i giovani artisti balinesi. Cercate le foto in bianco e nero di Ni Polok.

BERE UN DRINK A SANUR: LA NOSTRA SCELTA

Byrd House Beach Club: Questa elegante 'casa sulla spiaggia' si estende all'ombra di alcune palme. Atmosfera rilassata e tramonto con bella vista.

Seagrass by the Beach: Ottimo per un drink al tramonto, questo ristorante sulla spiaggia propone una buona scelta di cocktail, vini e birre a prezzi ragionevoli.

Shotgun Social: Ristorante di tendenza ottimo per le famiglie, con ampio giardino e area giochi. Offre 16 tipi diversi di birre artigianali alla spina e molti cocktail.

Casablanca: Di giorno ristorante e di sera vivace locale notturno, propone una varietà di specialità per l'happy hour e ogni sera c'è un concerto di musica dal vivo.

DOLLY MJ/SHUTTERSTOCK ©

Pasar Badung

Fare acquisti nel mercato più grande di Bali

Ce n'è per tutti i gusti

Il termine *denpasar* significa 'accanto al mercato' e **Pasar Badung** (Mercato di Badung), il più grande mercato tradizionale di Bali, è un posto che non si ferma mai. All'interno di questo edificio a tre piani c'è sempre qualche contrattazione in corso, ed è un posto divertente e vivace che vale una visita anche se non si intende comprare nulla. Ogni piano è specializzato nella vendita di un particolare tipo di merce: al piano terra le spezie, al secondo frutta, verdura e carne, e al terzo articoli per la casa e oggetti religiosi.

Per vedere il coloratissimo reparto ortofrutta nel pieno delle sue attività, cercate di arrivare tra le 8 e le 10. I banchi all'interno dell'edificio chiudono quasi tutti entro le 16, quando l'attività commerciale si sposta nelle strade adiacenti. L'angolo sud-occidentale del mercato è quello più movimentato: schiere di camioncini carichi di prodotti ortofrutticoli freschi

IL FIORENTE CAPOLUOGO DI BALI

Tentacolare, frenetica e in continua espansione, Denpasar negli ultimi settant'anni è stata il fulcro della ricchezza e della crescita dell'isola. Per quanto caotica, è sufficiente trascorrere un po' di tempo passeggiando lungo i viali alberati di Renon, il distretto finanziario e governativo, relativamente benestante, per scoprirne il lato più signorile.

Pur non essendo un paradiso tropicale, è un pezzo della 'vera Bali' al pari delle risaie e dei templi. Per quasi un milione di abitanti rappresenta il cuore dell'isola, dove sorgono centri commerciali, parchi e Pasar Badung, un mercato molto frequentato.

MANGIARE A DENPASAR: LA NOSTRA SCELTA

Mie Goreng Makassar Pelita: Questo ristorante locale ha un piccolo menu di piatti tipici della cucina di Sulawesi. Porzioni generose e *nasi goreng* delizioso. $

Sejak 1970: Fra i ristoranti preferiti dai locali per il *nasi goreng*, in particolare il *nasi goreng special babi* (riso fritto con carne di maiale). I pasti costano meno di 30.000Rp. $

Kedai Emak: Ristorante giavanese in stile contemporaneo che serve cibo halal a buffet. Ci sono piatti a base di pesce e di carne e opzioni vegetariane. $

Warung Wardani: Apprezzato ristorante indonesiano noto per il suo squisito *nasi campur* (riso e contorni) e per il *sate* di pollo. $

LA BATTAGLIA DEI VILLAGGI

Il **Bali Arts Festival**, che si tiene presso il centro culturale **Taman Werdhi Budaya** di Denpasar, offre la possibilità di assistere a danze tradizionali, spettacoli musicali e mostre di artigianato. Gli spettacoli di danza ispirati al *Rāmāyaṇa* e al *Mahābhārata* sono grandiosi e la cerimonia e la sfilata di apertura scenografiche.

Questo festival è il primo evento dell'anno che vede radunarsi gruppi di danzatori e di musicisti provenienti da vari villaggi. La competizione è altissima e non è raro assistere a manifestazioni di orgoglio locale (si sentono frasi del tipo 'il nostro Kecak è migliore del vostro'). Avere successo è considerato un fatto positivo per l'intera comunità. Alcuni eventi si tengono in un anfiteatro con una capienza di 6000 posti a sedere. I biglietti sono disponibili prima di ogni spettacolo e i programmi si trovano online.

ALEKSANDAR TODOROVIC/SHUTTERSTOCK ©

Museo Negeri Propinsi Bali

provenienti da ogni parte dell'isola sgomitano per trovare parcheggio e procacciarsi acquirenti. Le *tukang suun*, donne il cui lavoro consiste nel trasportare a mano, per conto degli acquirenti, ceste di ortaggi che arrivano a pesare la bellezza di 50 kg, sono uno spettacolo stupefacente.

Museo statale di Bali

Manufatti antichi, gioielli culturali

Il **Museo Negeri Propinsi Bali** di Denpasar può essere considerato la versione balinese del British Museum o dello Smithsonian poiché racchiude ogni sorta di testimonianza relativa alla cultura tradizionale dell'isola. Ma diversamente da quanto accade nelle istituzioni di livello mondiale, bisogna impegnarsi parecchio per orientarsi, anche se la maggior parte degli oggetti è dotata di didascalie in lingua inglese.

Lo spazio espositivo occupa diversi edifici e padiglioni, molti dei quali rappresentativi dell'architettura balinese. Le collezioni comprendono reperti preistorici, manufatti tradizionali, Barong (creature mitiche metà leone e metà cane), oggetti cerimoniali e un ricco assortimento di tessuti. Da segnalare il Tabanan Pavilion, con un'impressionante collezione di *keris*, pugnali tradizionali con un alto valore simbolico e spirituale. Ignorate le sedicenti 'guide' che stazionano nei pressi dell'entrata.

Uluwatu

PANORAMI | SPIAGGE | SURF DI LIVELLO INTERNAZIONALE

Per come si presenta oggi, è difficile immaginare che un tempo la Penisola di Bukit era quasi disabitata. Da più di cinquant'anni, sin da quando venne cavalcata per la prima volta la sua onda leggendaria, il nome di Uluwatu è noto in tutto il mondo, non solo perché esprime la quintessenza del surf ma anche perché è meta di pellegrinaggio per migliaia di persone. Anche oggi Uluwatu più che un posto è una scelta di vita ed è difficile da definire come destinazione perché, a parte una piccola comunità che si prendeva cura del famoso tempio, non c'è mai stato un villaggio tradizionale in quello che in generale era considerato un luogo inospitale e spiritualmente inquietante. Oggi 'Ulu' non ha più un aspetto minaccioso (a meno che non siate un surfista alle prese con la Outside Corner) ed è facile rendersi conto del perché ogni aereo che vi arriva è zeppo di viaggiatori desiderosi di vivere un sogno.

TRASPORTI LOCALI

I famigerati ingorghi stradali (specie al tramonto) bastano a convincere la maggior parte dei visitatori a spostarsi in moto anziché in auto. Gojek e Grab sono convenienti assicurano una pronta risposta. La polizia è piuttosto inflessibile e di tanto in tanto i motociclisti devono pagare per aver ignorato norme che in altri paesi sono considerate normali (l'uso del casco e della tuta protettiva).

Uluwatu da brivido

Le onde più famose di Bali

Uluwatu è considerato uno dei luoghi migliori per praticare surf, grazie alle onde consistenti e al paesaggio spettacolare; le scogliere offrono un luogo da cui osservare le prodezze dei surfisti e la vista che si gode dal gruppetto di bar adagiati sui frangiflutti a Pantai Suluban è impagabile. Ci sono cinque break chiamati affettuosamente 'gli Ulu' ma non sono adatti ai principianti. La vicina **Thomas Beach** presenta onde più piccole, migliori per i novellini. Se avete esperienza, partendo dalla famosa grotta di **Pantai Suluban**, il punto di accesso agli Ulu, potete raggiungere a nuoto Racetracks, il tratto in cui le onde sono più rapide: con un mare di livello medio o anche più basso, avete accesso a uno dei barrel più perfetti del mondo. Per una guida ai break di Bukit, consultate indonesiansurfguide.com.

IL CONSIGLIO

Le scimmie che popolano la zona di Uluwatu e la Penisola di Bukit potrebbero sembrarvi simpatiche, in realtà rubano cibo e bevande oltre a sgraffignare gli occhiali da sole dalle teste delle persone. Mantenetevi a distanza, mettete al sicuro i vostri effetti personali e considerate che il loro morso può trasmettere malattie.

Un luogo magico

Visitare il famoso tempio di Uluwatu

Secondo gli antichi scritti balinesi, **Pura Luhur Uluwatu**, uno dei templi marini più importanti di Bali, sarebbe un portale magico in grado di trasportare chi lo guarda direttamente in

DA NON PERDERE
1 Pura Luhur Uluwatu

DA VEDERE
2 Pantai Suluban
3 Thomas Beach

PERNOTTAMENTO
4 Mû Bungalows Boutique Resort
5 Temple Lodge

LOCALI E VITA NOTTURNA
6 Dugong
7 Kelly's Warung
v. 2 La Terrazza
8 Ulu Cliffhouse

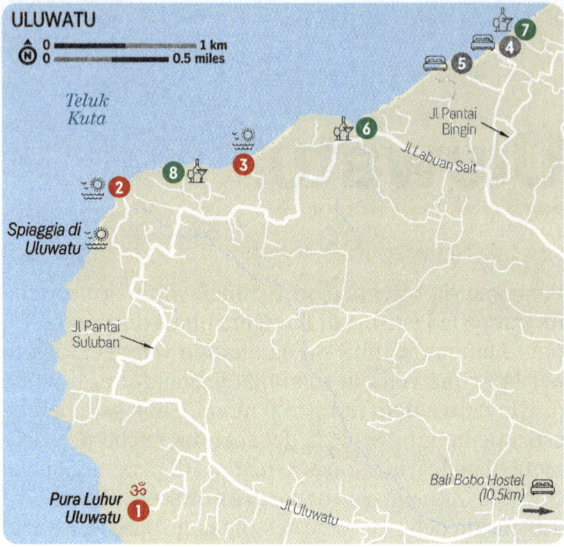

PIONIERI DEGLI ULU

Nel 1971, il regista Albert Falzon stava realizzando alcune riprese per *Mattina della Terra*, quando si imbatté nelle leggendarie onde di Uluwatu. Il surfista australiano Stephen Cooney (che all'epoca aveva quindici anni, e in seguito avrebbe raccontato la sua storia in un libro intitolato *Unearthed*) venne filmato mentre intercettava la prima onda mai cavalcata a Uluwatu. In pochi anni, Wayne 'Rabbit' Bartholomew e la leggenda del surf hawaiano Gerry Lopez vennero fotografati mentre sfrecciavano sulla cresta del barrel di Uluwatu.

paradiso. Il tempio sorge su una vertiginosa scogliera di 70 m che si innalza dall'Oceano Indiano e che già di per sé sarebbe un luogo ad alto tasso di spiritualità. Essendo stato costruito nell'XI secolo, il tempio è uno dei siti balinesi più carichi di significati spirituali; tuttavia, data la presenza di schiere di turisti a caccia di selfie, risulta difficile ricordarsi che si tratta prima di tutto di un luogo di culto.

Spettacoli al tramonto

Osservare uno spettacolo di danza Kecak a Uluwatu

Quando il sole comincia a scivolare sotto la superficie dell'Oceano Indiano, nell'aria intorno a **Pura Luhur Uluwatu** (p201) echeggiano i suoni di un canto ipnotico (*chak-chak-chak*) mentre i danzatori Kecak (pronunciato *ke-chak*) ammaliano gli spettatori. Lo spettacolo, che si tiene nella meravigliosa cornice delle maestose scogliere di Uluwatu, mette in scena episodi tratti dal *Rāmāyaṇa*. L'ambiente che fa da sfondo alle danze è di una bellezza impagabile, specie al tramonto. Preparatevi a rimanere imbottigliati nel traffico (prenotate un passaggio in moto tramite le app Grab o Gojek). Cercate di arrivare un'ora prima dell'inizio dello spettacolo.

BERE UN DRINK NELLA ZONA DI ULUWATU: COCKTAIL VERTIGINOSI

Kelly's Warung: Questo locale si trova al di sopra della spiaggia e al tramonto la vista sulle scogliere è magnifica. L'happy hour è dalle 15 alle 17.

Dugong: Affacciatevi sulla piscina a sfioro a forma di mezzaluna e ammirate l'oceano. Il menu comprende vini, cocktail e succhi.

Ulu Cliffhouse: Boutique hotel rilassato ma esclusivo. Al calar della sera, accomodatevi su un soffice lettino con un cocktail in mano.

La Terrazza: Ristorante italiano sulla scogliera che sorge in corrispondenza del break di Uluwatu. Prenotate per godervi il tramonto.

Dintorni di Uluwatu

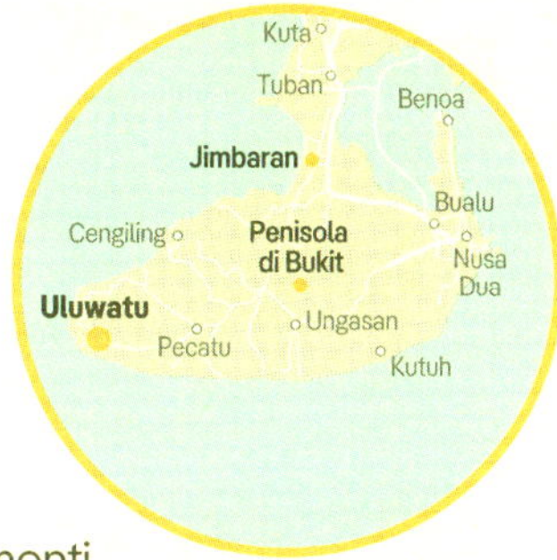

La Penisola di Bukit, rinomata per i suoi tramonti, è costellata di spiagge incantevoli, famosi break per il surf e hotel in cima alla scogliera.

È curioso che la Penisola di Bukit, che si protende a precipizio sulla punta meridionale di Bali, sia meno nota di Uluwatu. Sulle antiche mappe olandesi era indicata con il nome di Tafelhoek ('angolo del tavolo') e Bukit (che significa 'collina') era quasi disabitata a causa della mancanza di fiumi permanenti. Oggi la costa meridionale di Bukit e l'enclave alberghiera di Nusa Dua ospitano enormi resort di lusso. Anche se non potete permettervi di spendere US$3500 a notte per una villa, ci sono ostelli al costo di US$10 a notte e le spiagge e gli stabilimenti sono talmente variegati che ogni viaggiatore troverà il proprio pezzettino di paradiso.

Località

Spiagge della Penisola di Bukit

DA ULUWATU: **40–90 MIN**

Divertimento per tutti

La spettacolare costa di Bukit è costellata di calette e baie che celano una serie di allettanti spiagge quasi tutte diverse; ce ne sono per tutti i gusti: che cerchiate la solitudine, una nuotata o angolini panoramici per scattare foto. In generale si riempiono col passare delle ore (quelle rivolte a ovest vengono prese d'assalto al tramonto); nei weekend aspettatevi di trovare parecchia folla. Molte sono accessibili pagando una piccola tariffa d'ingresso.

PANTAI JIMBARAN

Con quasi 4 km di spiaggia a disposizione, a Pantai Jimbaran (p204) è facile trovare un posticino per rilassarsi. Il mare è calmo e perfetto per pagaiare. È anche un luogo splendido per avvistare gli aeroplani (la pista dell'aeroporto corre parallela alla spiaggia). Poiché la spiaggia è rivolta a ovest, è molto frequentata nelle ore del tramonto quando i ristoranti di pesce si riempiono di avventori.

THOMAS BEACH

La graziosa Thomas Beach è in apparenza isolata, essendo delimitata su entrambi i lati da una rigogliosa vegetazione. L'atmosfera è rilassata; sono presenti alcuni *warung* e si può

TRASPORTI LOCALI

Le strade principali della parte centrale di Bukit assomigliano più a tortuose (e spesso accidentate) stradine di campagna. Nelle ore di punta (specie verso il tramonto), il traffico è spaventoso come nel resto dell'isola e spostarsi in macchina può richiedere un'eternità. Si fa molto prima a prenotare un passaggio in moto usando le app Gojek o Grab. Alcuni motociclisti accettano due passeggeri dietro pagamento di un piccolo extra, ma potrebbero esserci conseguenze in termini di sicurezza.

LA STATUA PIÙ ALTA DELL'INDONESIA

Una delle prime cose che si vedono mentre si sta per atterrare a Bali è la statua di **Garuda Wisnu Kencana** (GWK), che con i suoi quasi 120 m è una delle più alte al mondo. Progettata dallo scultore balinese Nyoman Nuarta, rappresenta il dio hindu Vishnu mentre cavalca l'uccello mitico Garuda e fu realizzata con 3000 tonnellate di rame e bronzo: un capolavoro di arte, scienza e ingegneria. Se andate al GWK Cultural Park, vale la pena pagare il sovrapprezzo per partecipare a un tour all'interno della statua. C'è una mostra molto ben fatta con informazioni interessanti sulla progettazione e sul processo costruttivo.

nuotare o fare surf. Per accedere alla spiaggia bisogna macinare ben 130 scalini, il che contribuisce a mantenere lontane le folle.

BALANGAN BEACH

Balangan Beach è una spiaggia idilliaca. La fila di bar su palafitte (alcuni con possibilità di pernottamento) sembra uscita direttamente dal film *Robinson nell'isola dei corsari*.

PANTAI NUSA DUA

L'idilliaco litorale di Nusa Dua è ormai colonizzato da una fila di resort esclusivi; la spiaggia, però, è ancora accessibile ed essendo sabbiosa è l'ideale per le famiglie.

PANTAI PANDAWA

Pantai Pandawa è una spiaggia affollata e dotata di diversi servizi, tra cui il noleggio di canoe e biciclette e una miriade di ristoranti e negozi. Cercate un posto più tranquillo? Provate Timbis Beach (più a est).

PANTAI PADANG PADANG

Una spiaggia di grande successo, con un sacco di attività da fare: nuoto, tintarella, surf, lezioni di sur e caffè.

DREAMLAND

Un nome che è tutto un programma: Dreamland è una spiaggia vivace che richiama turisti ed expat (praticamente chiunque... con cane al seguito). Ed è ancora più spettacolare quando il mare si ingrossa.

PANTAI SULUBAN

Spiaggia adatta ai surfisti di livello avanzato (è il punto d'accesso ai break di Uluwatu). Dopo aver zigzagato tra i caffè addossati alla scogliera, ci si trova all'interno di una caverna calcarea da dove, con la bassa marea, si può accedere alla piccola 'spiaggia nascosta'.

PANTAI BINGIN

Con i bar, gli affioramenti di roccia e i pittoreschi santuari tradizionali, Bingin è una delle spiagge più fotografate di Bali.

Jimbaran

DA ULUWATU: **40 MIN**

Un banchetto a base di pesce appena pescato

Pantai Jimbaran è famosa per i ristoranti che costeggiano la baia con tavoli posizionati direttamente sulla sabbia, dove si può gustare pesce appena pescato. Al calar della sera, nell'aria si diffonde l'aroma delle griglie accese e i musicisti si aggirano fra i tavoli intonando serenate ai clienti.

MANGIARE SULLA PENISOLA DI BUKIT: LA NOSTRA SCELTA

Dwarung Local: Questo *warung* super popolare offre una miriade di gustosi piatti indonesiani. Ordinate dal menu o sceglietе dal buffet. $

Bali Buda Bukit: Colonna dell'alimentazione sana, Bali Buda propone un menu eclettico con piatti preparati con ingredienti biologici e a km0. $$

Arwana: Ristorante-griglieria sulla spiaggia che serve ostriche, aragoste e prodotti di prima scelta, ma anche brunch a base di pesce fresco. $$$

Rumari: Concedetevi una cena di lusso in questo ristorante; il menu di sette portate è ispirato all'arcipelago indonesiano. $$$

Cucina di pesce, Pantai Jimbaran

L'ampia spiaggia di Jimbaran vanta tre gruppi di ristoranti per un totale di circa 40 locali. Quelli di **Pantai Muaya**, al sud, sono di fascia media mentre l'agglomerato di **Queen Beach** è più spartano e i prezzi sono più bassi. Quelli di **Pantai Kedonganan**, vicino all'aeroporto, rappresentano il gruppo più numeroso e affollato: aspettatevi un sacco di luci al neon e prezzi più alti. L'ora di punta è al tramonto; entro le 20 i ristoranti si svuotano quasi del tutto.

Un museo di mostri mitologici

Secondo il calendario *saka*, il Capodanno balinese, detto Nyepi, rappresenta uno dei periodi più straordinari dell'anno: in questa giornata tutto si ferma e su Bali cala il più completo silenzio. Le strade vengono chiuse, le luci spente, è vietato accendere fuochi e chiude persino l'aeroporto. La notte precedente regna un assoluto pandemonio: enormi sculture di cartapesta raffiguranti mostri e demoni legati alla mitologia locale vengono portate in processione. Queste sculture, dette *ogoh-ogoh* (p263), sono opere d'arte formidabili, che spesso svettano da un'altezza di 3 m prima di dissolversi in una pioggia di scintille.

Il nuovo e ben curato **Museo Saka**, situato presso l'Ayana Resort di Jimbaran, ospita una collezione di enormi *ogoh-ogoh* progettati e realizzati su commissione dagli artisti più apprezzati di Bali, provenienti da ciascuna delle nove reggenze in cui è suddivisa l'isola.

PROBLEMI IDRICI NELLA PENISOLA DI BUKIT

Se rimanete imbottigliati nel traffico a Bukit, è possibile che sia per via di una cisterna di acqua che rallenta la circolazione. Per quanto siano fonte di seccatura per gli automobilisti, questi veicoli sono diventati parte fondamentale della vita degli abitanti della penisola. Data la carenza di fiumi permanenti e di risorse idriche e visto che il territorio è estremamente poroso essendo composto di pietra calcarea, l'acqua piovana scompare velocemente riversandosi nelle crepe e nelle fenditure del terreno. A causa del rapido sviluppo edilizio della zona, le infrastrutture esistenti faticano a sostenere la domanda sempre crescente di acqua potabile, in particolare durante la stagione secca. Se soggiornate nei paraggi, cercate di evitare gli sprechi.

Nusa Lembongan

SURF SENZA FOLLE | IMMERSIONI FANTASTICHE | SPIAGGE RINOMATE

TRASPORTI LOCALI

Le imbarcazioni dirette a Nusa Lembongan partono dai porti di Sanur, Tanjung Benoa e Serangan e ci sono diverse compagnie che offrono servizi di traghetti veloci; tempo permettendo, la traversata dura circa 40 minuti. I traghetti veloci servono anche Nusa Penida, Lombok e le Isole Gili. Le strade traboccano di 'taxi', che in realtà sono pick-up dotati di tettuccio. Molti visitatori affittano un motorino dato che le distanze sono irrisorie; tuttavia questi veicoli non sempre sono soggetti a regolare manutenzione e diverse stradine sono accidentate.

Nusa Lembongan, situata a soli 40 minuti di motoscafo da Bali, vanta un ricco patrimonio culturale di matrice hindu e spettacolari paesaggi in cui spiccano scogliere sferzate dalle onde e foreste di mangrovie. Quest'isola è un'alternativa accessibile e relativamente meno affollata rispetto alle popolarissime Isole Gili. È piccola abbastanza per darvi la sensazione di trovarvi su un'isola, ma grande a sufficienza da offrire scenari diversi. Pantai Jungutbatu, una striscia di sabbia bianca lunga 2 km, ha una barriera corallina che si estende a soli 100 m di distanza dai surfisti che cavalcano reef break dalla forma perfetta. Lembongan è famosa per il suo mondo sottomarino e per la presenza di numerosi centri immersioni che agevolano l'accesso ai migliori siti di diving e di snorkelling. È anche una comoda base per le vicine isole di Nusa Ceningan e Nusa Penida, ma offre talmente tante attività che non vi mancheranno le idee né la motivazione per trattenervi un'intera settimana o più.

Esplorare le acque di Lembongan

Immersioni e snorkelling in giro per le isole

Nusa Lembongan fa parte del cosiddetto 'Triangolo dei coralli', una zona subacquea rinomata per la sua eccezionale biodiversità, un vero paradiso per gli appassionati di immersioni e di snorkelling. Il litorale roccioso e le acque calde di questa regione ospitano reef in ottime condizioni e bellissimi giardini di corallo dove si aggirano numerose specie marine; indossate maschera e boccaglio e preparatevi ad ammirare una moltitudine di variopinti pesci corallini, tartarughe curiose e maestose mante che scivolano nell'acqua seguendo il flusso delle correnti.

Organizzare una sessione di snorkelling noleggiando un'imbarcazione o un'escursione di diving con partenza da

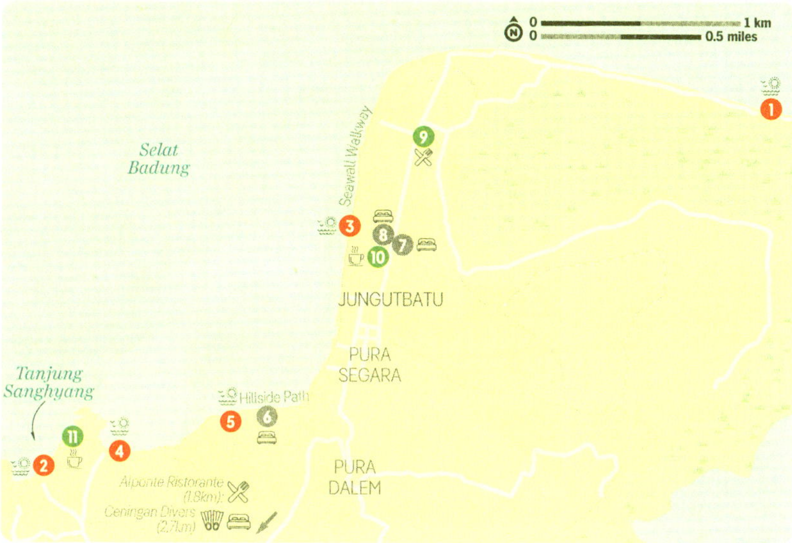

DA VEDERE
1 Mangrove Beach
2 Mushroom Bay
3 Pantai Jungutbatu
4 Secret Beach
5 Song Lambung Beach

PERNOTTAMENTO
6 Batu Karang
7 Isla Indah Retreat
8 Pondok Jenggala

PASTI
9 Curry Traders

LOCALI E VITA NOTTURNA
10 Tigerlillys Beach Shack

Lembongan è semplice e ci sono innumerevoli negozi di articoli subacquei. Se volete approfondire le vostre conoscenze di biologia marina, prenotate un'immersione subacquea o un'escursione di snorkelling presso il centro immersioni ecosostenibile **Ceningan Divers**: vi spiegheranno la funzione di ogni singola creatura marina che incontrerete sott'acqua.

Si segnalano inoltre i seguenti siti di diving e snorkelling (alcuni sulla costa di Nusa Penida):

Manta Point In ogni periodo dell'anno ci sono almeno quattro o cinque mante, giunte per incontrarvi i pesci pulitori.

Crystal Bay Tra luglio e ottobre, quando la temperatura dell'acqua è più fredda, a una profondità compresa tra i 18 e i 40 m potete avvistare i *mola mola* (pesci luna).

Mangrove Point Ottimo per lo snorkelling; l'acqua è bassa e la zona è sicura; si vedono bellissimi coralli e le tartarughe. Con un pizzico di fortuna anche qualche delfino.

Toyapakeh Qui ci sono i coralli più belli della zona, però è un sito piuttosto affollato.

Pura Ped Solitamente si possono avvistare tartarughe, pesci luna, pesci palla e talvolta anche bellissimi esemplari di squalo volpe.

IL CONSIGLIO

Viaggiate leggeri e preparatevi a bagnarvi un pochino. Mentre a Bali ci si imbarca da un molo, la maggior parte dei motoscafi e dei traghetti diretti a Nusa Lembongan attracca lontano dal litorale, perciò dovrete farvi strada tra le secche e trasportare il bagaglio a piedi fino alla spiaggia.

MIGLIORI SPIAGGE DI NUSA LEMBONGAN

Pantai Jungutbatu
Sulla spiaggia più affollata di Lembongan si affacciano caffè, bar e guesthouse. Ci sono vari siti per le immersioni e break per il surf. È ottima anche per il SUP.

Mangrove Beach
Questa graziosa spiaggia fronteggiata da una serie di *warung* regala magnifiche vedute di Bali e del Gunung Agung, in particolare al tramonto.

Mushroom Bay
Una mezzaluna di sabbia finissima orlata da alberi; durante il giorno c'è un viavai di barche, ma nel tardo pomeriggio torna la calma.

Secret Beach
Spiaggia silenziosa e appartata accanto a Mushroom Bay.

Song Lambung Beach
Bella spiaggia annidata in una piccola baia. Gli alberi assicurano ombra in abbondanza.

Foresta di mangrovie, Nusa Lembongan

Fare surf tra le mante

Cavalcare i break al largo di Nusa Lembongan

Di solito le onde impetuose non creano un ambiente adatto alle immersioni, ma Lembongan offre ottime opportunità sia per fare surf che per immergersi sulla medesima spiaggia. La spettacolare **Pantai Jungutbatu**, una spiaggia di Lembongan lunga 2 km e rivolta a ovest, vanta tre barriere coralline che generano onde di buona qualità con cadenza giornaliera.

In barca fra le mangrovie

Un'avventura nel silenzio

La punta nord-occidentale di Lembongan è avvolta in un immenso groviglio di mangrovie. Esplorare queste idrovie è forse il modo più rilassante per conoscere l'isola. In mezzo agli alberi si snodano tunnel ombrosi dove trovare un po' di frescura e, nonostante il frinire stridulo delle cicale, c'è un'atmosfera di profonda quiete. Per una tranquilla crociera fra le mangrovie, ingaggiate un barcaiolo che vi porti a esplorare i canali; se avete voglia di pagaiare voi stessi, affittate un kayak e organizzatevi in autonomia.

MANGIARE E BERE A NUSA LEMBONGAN: LA NOSTRA SCELTA

Tigerlillys Beach Shack: Rilassatevi sulla sabbia di Pantai Jungutbatu sorseggiando cocktail, vino locale, spremute fresche e caffè. $

Curry Traders: Questo ristorante incantevole e inaspettato è una gioia per gli occhi e anche per il palato. $$

Alponte Ristorante: Locale all'aperto con una vista sul Ponte Giallo, le fattorie di alghe e l'isola di Nusa Ceningan; serve piatti italiani. $$

Dintorni di Nusa Lembongan

La rustica Isola di Nusa Penida e lo scoglietto di Nusa Ceningan, lungo appena 4 km, sono un concentrato di idilliaca tranquillità, anche più di Lembongan.

Per essere una formazione corallina larga appena 1 km, Nusa Ceningan offre paesaggi variegati: colline ammantate di boschi, tentacolari foreste di mangrovie, scogliere vertiginose e un mosaico sottomarino di 'appezzamenti' di alghe. Su quest'isola ci sono alcuni alloggi in case private molto carini e diversi boutique hotel. Nusa Penida, raggiungibile con un breve tragitto in barca, è la più grande delle tre isole e ha scogliere ricoperte di vegetazione e ricche di anfratti che emergono dal mare raggiungendo i 542 m di altezza. È un'isola arida (perlomeno rispetto a Bali) ed è rimasta relativamente incontaminata dal punto di vista turistico. Molti visitatori arrivano in giornata con un'escursione organizzata, mentre i pochi che si trattengono abbracciano con entusiasmo la vita lenta dell'isola.

Località

Nusa Ceningan

DA NUSA LEMBONGAN: **5 MIN**

Isolotto minuscolo con seducenti calette

Immergetevi nell'atmosfera rilassata di Nusa Ceningan facendo il giro dei punti panoramici che circondano questa minuscola isoletta di soli 6,5 kmq dal territorio incredibilmente collinare. Cominciate il vostro giro presso l'iconico **Ponte Giallo** che collega Nusa Lembongan con Nusa Ceningan e recatevi al **Three Island Bar** adagiato sul crinale di Ceningan.

A seguire proseguite verso la famosa **Blue Lagoon**: alcune delle scogliere che la fiancheggiano sono cinte da colonne di cemento erette per proteggere il resort costruito in cima. **Mahana Point Bar & Grill** è abbarbicato in cima a una vertiginosa scogliera da cui ammirare il tramonto. Qui ci sono due falesie alte rispettivamente 5 e 10 m da cui è possibile tuffarsi (ma solo con l'alta marea) e panorami spettacolari.

Nusa Penida

DA NUSA LEMBONGAN: **20 MIN**

Osservare i tessitori all'opera

Dall'alto delle colline di Nusa Penida, all'incrocio delle strade dirette a Suwehan Beach e a Teletubbies Hill, sorge il villaggio di **Tanglad**, noto per la sua antica tradizione tessile:

TRASPORTI LOCALI

Nusa Ceningan è collegata a Nusa Lembongan dal Ponte Giallo, accessibile solo ai motorini e ai pedoni. A Ceningan dovrete affittare un motorino oppure spostarvi a piedi. Le imbarcazioni che collegano Lembongan a Nusa Penida partono dal Ponte Giallo e i charter da Mangrove Point. Se partite da Bali potete prendere il traghetto veloce da Sanur o il traghetto per auto da Padangbai. Arrivati a Nusa Penida accordatevi con un autista locale oppure noleggiate una moto.

ANGOLI SEGRETI DI NUSA PENIDA

Wayan Surianta, proprietario del Penida Colada Beach Bar. @penidacolada

Tembeling Beach
Qui, dove la foresta tropicale incontra il mare, c'è una bella frescura; ci sono anche una grotta e piscine di acqua sorgiva. Non cercate di arrivarci in macchina, avvaletevi degli *ojek*.

Suwehan Beach
Spiaggia stupenda e silenziosa. Visitatela quando c'è la bassa marea; diversamente, la spiaggia scompare e in mancanza della battigia le onde si infrangono sugli scogli.

Lumangan Beach
Dalla cima della scogliera si vede Manta Bay dove nuotano le mante. Solo di recente sono stati ricavati alcuni scalini che consentono l'accesso alla spiaggia.

Kelingking

una tecnica artigianale trasmessa di generazione in generazione. I tessitori sono tenuti in grande considerazione, tant'è che i tessuti per gli abiti di politici e celebrità vengono realizzati proprio qui. Il *rangrang* si distingue per i motivi geometrici e i colori vivaci e il *cepuk* ha una trama complessa. Entrambi sono prodotti nelle case coloniche sparse intorno al villaggio. Si rimane incantati a osservare le donne intente a lavorare ai telai; chiedete al villaggio e cercate i cartelli con la scritta '*tenun*' (tessitura). Poiché l'inglese si parla a malapena, per saperne di più sulle tecniche di tessitura date un'occhiata al sito internet Threads of Life (threadsoflife.com).

Punti panoramici di Penida

Kelingking ('tirannosauro') è il posto giusto per vedere il panorama più famoso di Nusa Penida: una mezzaluna di sabbia bianca affacciata su un mare azzurrissimo su cui si protende uno spuntone di roccia calcarea la cui forma richiama quella di un tirannosauro. Cercate di arrivare presto per evitare le folle di escursionisti. La strada che conduce a **Saren Cliff Point** è talmente dissestata che bisogna percorrere gli ultimi 500 m a piedi, ma la vista della costa punteggiata di baie turchesi vale la fatica. Inoltre, il tempio di **Pura Gunung Cemeng**, poco visitato dai turisti, regala panorami incontaminati del litorale di Penida. Il tempio dista 1 km a piedi dal villaggio di Sebuluh e dal crinale potreste avvistare le mante che nuotano nella baia sottostante.

MANGIARE A NUSA PENIDA E NUSA CENINGAN: LA NOSTRA SCELTA

Three Island Bar: Classici della cucina indonesiana, tra cui il *sate* di pollo, il *gado gado* e il *nasi goreng*. Panorama stupendo e prezzi modici. $

Mahana Point Bar & Grill: In questo locale di Nusa Ceningan vengono serviti pasti indonesiani, pizze, snack e pesce alla griglia; vista straordinaria. $$

Penida Colada Beach Bar: Un caffè sulla spiaggia, ecosostenibile, con un ampio menu che comprende piatti salutari e cocktail eccellenti. $$

Cactus Beach Club: A Nusa Penida rilassatevi a bordo piscina o nell'arioso caffè e fate una scorpacciata di piatti mediterranei con influenze asiatiche. $$

Ubud

ARTE E CULTURA | PASSEGGIATE NELLA NATURA | CAFFÈ E RISTORANTI

Ubud è uno di quei posti in cui una vacanza di pochi giorni può trasformarsi in un soggiorno di settimane, mesi o addirittura anni. Lo sviluppo edilizio degli ultimi decenni è sempre stato misurato e la cittadina merita appieno la fama di centro artistico e culturale di Bali. Qui le tradizioni balinesi permeano ogni momento della giornata, le strade sono adorne di offerte e le melodie del gamelan sono l'onnipresente colonna sonora della vita quotidiana. Ma Ubud è anche un posto al passo con i tempi, tra design sostenibili, meditazione improntata alle tecniche di mindfulness, creatività culinaria e sviluppo personale tramite lo yoga, o con mezzi più esoterici. Ubud è talmente popolare da risultare talvolta soffocante, ma ci si può sempre rifugiare in una galleria, una risaia o un caffè nascosto. Ubud richiama creativi da tutta Bali e da tutto il mondo. Venite per rilassarvi, sentirvi ringiovaniti e perseguire la vostra autorealizzazione.

TRASPORTI LOCALI

Da Bali meridionale si può raggiungere Ubud passando per Denpasar o Sanur. Dall'aeroporto ci vogliono una o due ore, a seconda del traffico. A parte l'autobus turistico, il mezzo più gettonato è la macchina a noleggio. Il centro di Ubud si gira a piedi, mentre per spostarsi bisogna cercare i tassisti, che però non sono dotati di tassametro: contrattare il prezzo può rivelarsi seccante. Usate Gojek e Grab.

Palazzo di Ubud

Tra lustrini e sculture

Il **Palazzo di Ubud** e il suo tempio, il **Puri Saren Agung**, sorgono nello stesso complesso nel cuore della cittadina. La maggior parte delle strutture fu edificata dopo il terremoto del 1917 e la locale famiglia reale vi risiede ancora. Nonostante il nome, il complesso non è palaziale né eccessivamente ricercato, è piuttosto un labirinto di cortili e edifici tradizionali balinesi che si estende ben oltre l'area limitata aperta al pubblico.

IL CONSIGLIO

A mezzogiorno Ubud è tutto meno che tranquilla, per via del traffico e delle orde di turisti. Per sfuggire al trambusto cittadino, esplorate uno dei villaggi limitrofi, fate una passeggiata in campagna, visitate un museo oppure rifugiatevi a bordo piscina.

Capolavori sacri

I suggestivi templi di Ubud

Ubud vanta decine di templi, la maggior parte dei quali è chiusa al pubblico, anche se ci sono eccezioni degne di nota.

Pura Taman Saraswati è il tempio più pittoresco di Ubud ed è sempre aperto al pubblico. Situato nei pressi di Jl Raya Ubud,

Continua a p216

DA NON PERDERE
1 Agung Rai Museum of Art
2 Neka Art Museum

DA VEDERE
3 Museo Puri Lukisan
4 Pura Gunung Lebah
5 Pura Taman Saraswati
6 Puri Saren Agung
7 Monkey Forest di Ubud
8 Palazzo di Ubud
15 Pondok Pekak Library & Learning Centre
16 Pura Dalem Ubud
17 Pura Padang Kerta
18 Pura Taman Saraswati
19 Puri Agung Peliatan

ATTIVITÀ, CORSI E TOUR
9 ARMA Open Stage
10 Bali Bird Walks
11 Bali Botanica Day Spa
12 Bali Swasthya Yoga Centre
13 Casa Luna Cooking School
14 Nirvana Batik Course
20 Radiantly Alive
21 Studio Perak
22 Taksu Spa
23 Ubud Botany Interactive
v. 8 Palazzo di Ubud
24 Ubud Sari Health Resort
25 Yoga Barn

PERNOTTAMENTO
26 Batik Sekar Bali Guest House
27 Capung Cottages
28 Hotel Tjampuhan
29 Ibah
30 Puri Saraswati Bungalows
31 Three Win Homestay

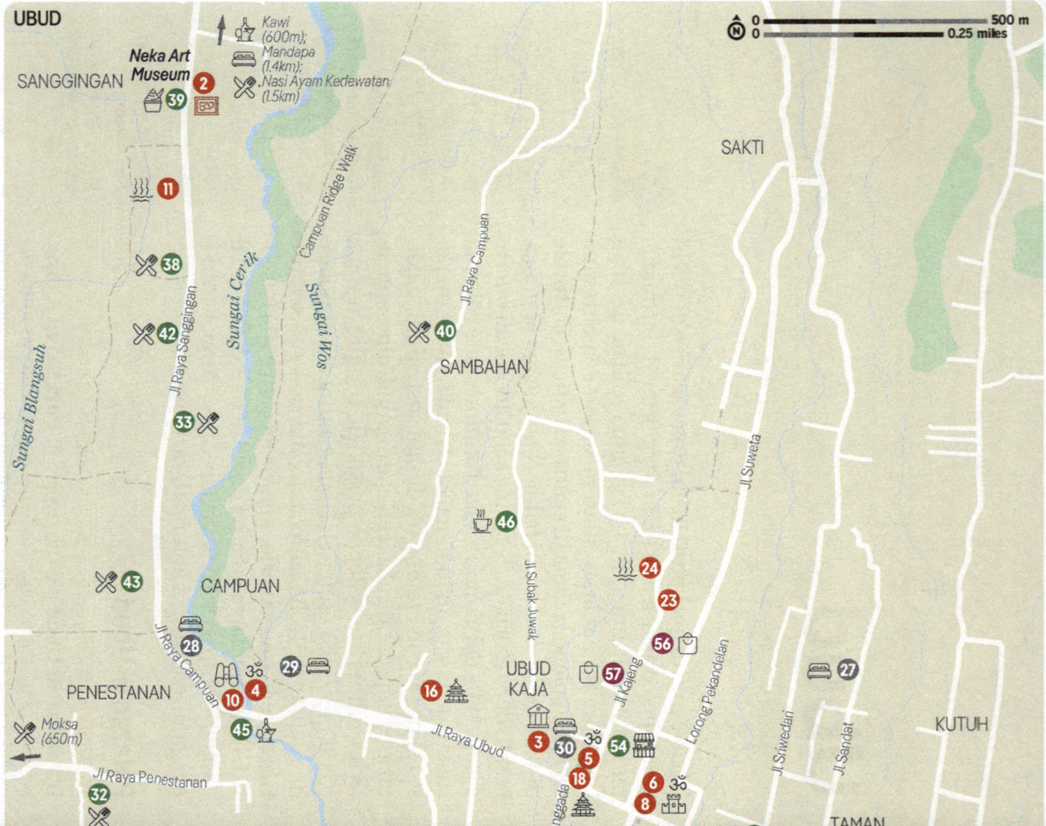

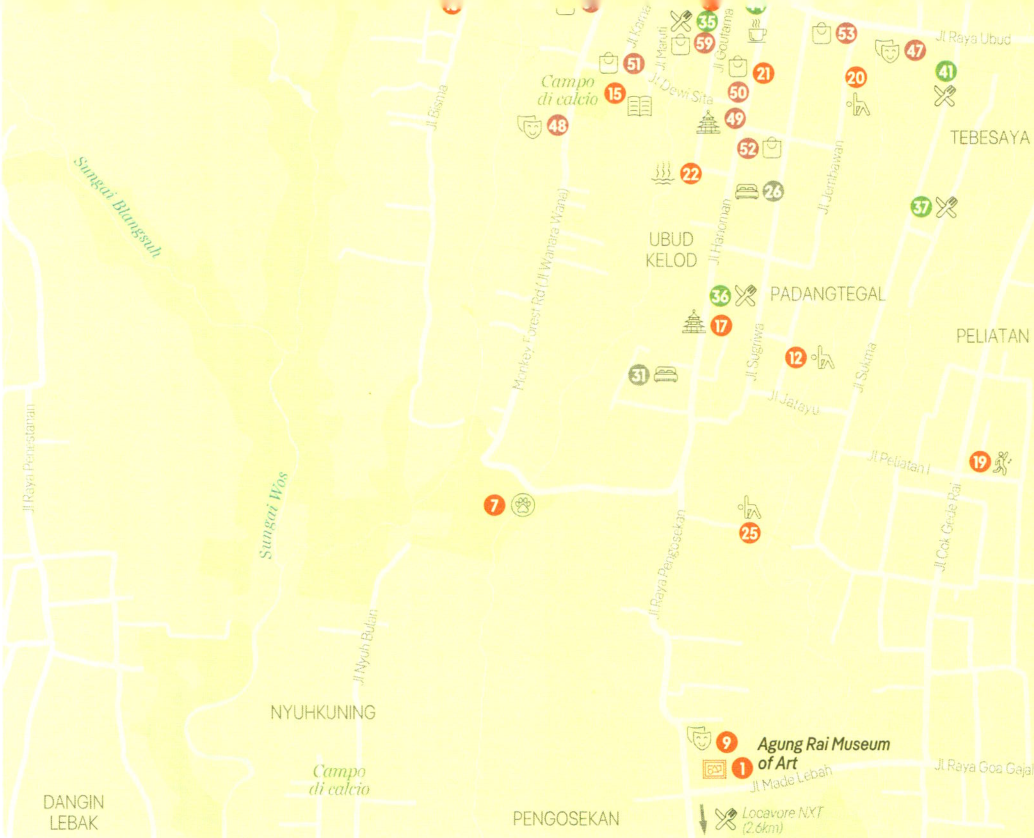

PASTI
32 Alchemy
33 Dumbo
34 Hujan Locale
35 In Da Compound Warung
36 Kafe
37 Mama's Warung
38 Mozaic
39 Room4Dessert
40 Sari Organik
41 Sayuri
42 Warung Pulau Kelapa
43 Yellow Flower Cafe

LOCALI E VITA NOTTURNA
44 Anomali Coffee
v. 10 Boliche
45 Lair
46 Sweet Orange Warung

DIVERTIMENTI
47 Bali Culture Workshop
48 Kerta Art
49 Pura Penataran Kloncing

SHOPPING
50 Above the Clouds Natural Wear
v. 50 Ananda Soul
51 Blue Stone Botanicals
52 Curative
53 Ganesha Bookshop
54 Mercato di Jl Kajeng
55 Sensatia Botanicals
56 Threads of Life
57 Toko Elami
58 Ubud Art Market
59 Ubud Raw Chocolate

JAJA/SHUTTERSTOCK ©

Spettacolo al Palazzo di Ubud

DA NON PERDERE

Spettacoli di danza balinese

Assistere a uno spettacolo di danza tradizionale balinese è una delle esperienze più emozionanti che si possano fare a Ubud. Accompagnandosi con movenze fluide e ipnotiche, le danzatrici rievocano storie che esprimono l'essenza del folklore hindu. Gli spettacoli si tengono la sera e comprendono varie esibizioni, con diversi stili e tipi di danza. La musica gamelan eseguita con strumenti di bambù e bronzo è parte integrante di molte rappresentazioni.

LUOGHI DELLA DANZA

Palazzo di Ubud
Atmosfera magica, scenario luccicante e sontuosamente decorato.

Pura Dalem Ubud
In un 'recinto' di templi, con un fondale di pietra scolpita illuminato da fiaccole.

Pura Taman Saraswati
Bellissimo tempio dotato di giochi d'acqua.

La danza Kecak

La Kecak è forse la più conosciuta tra le danze balinesi per la sua carica seduttiva e coinvolgente. È accompagnata da un 'coro' di uomini e ragazzi seduti in cerchi concentrici che entrano lentamente in trance mentre salmodiano il suono 'chak-a-chak-a-chak', a imitazione di un gruppo di scimmie. Chiamato a volte 'gamelan vocale', è l'unico tipo di musica che può fare da accompagnamento alla rievocazione della storia d'amore tra il principe Rama e la principessa Sita, tratta dal poema epico hindu *Rāmāyaṇa*.

Barong e Rangda

Gli spettacoli di danza Barong e Rangda si contendono insieme al Kecak l'attenzione dei turisti. Ancora una volta, si tratta di una battaglia che vede contrapposti il bene (rappresentato dal Barong) e il male (rappresentato da Rangda). Barong è un irsuto cane-leone, buono ma dispettoso e mattacchione, con occhi enormi e una bocca che emette schiocchi producendo un effetto teatrale. Poiché questo personaggio rappresenta il protettore del villaggio, gli attori gli fanno compiere tutta una serie di simpatiche buffonate. Tuttavia, non è uno spettacolo all'insegna della comicità: Barong è infatti un personaggio sacro, che figura spesso nelle processioni e nelle cerimonie rituali. Coloro che lo accompagnano sono invece quanto di più dissacrante vi possa essere. Barong è servito da una o più scimmie che spesso gli rubano la scena. I più talentuosi si divertono a giocare scherzi agli spettatori, prendendo di mira soprattutto quelli che prendono lo spettacolo un po' troppo sul serio. La strega vedova Rangda, invece, è la quintessenza della malvagità. Regina della magia nera, il suo personaggio viene spesso rappresentato con fiamme che escono dalle orecchie, una lingua che sputa fuoco, una massa di capelli scarmigliati e seni enormi. La storia consiste in un duello tra Rangda e Barong, che è sostenuto dai suoi aiutanti armati di *kris* (pugnali tradizionali). Rangda, dalla lingua lunga e dalle zanne affilate, compie un sortilegio che li fa cadere in trance, spingendoli a pugnalare se stessi. È uno spettacolo impressionante, per fortuna risolto da Barong con un incantesimo.

Danza Legong

La più leggiadra delle danze balinesi viene eseguita da ragazzine che incantano il pubblico con battiti di ciglia e tremolii di mani. Il talento di queste giovani è talmente apprezzato che persino in tarda età una danzatrice può essere ricordata come una 'grande Legong'. La storia che sta dietro al Legong è estremamente simbolica. Due Legong danzano eseguendo movimenti speculari: sfoggiano un trucco molto elaborato e indossano costumi di broccato dorato. La danza rievoca la storia di un re che dopo aver fatto prigioniera una fanciulla viene coinvolto in una guerra in cui è destinato a morire.

Danza Kecak del fuoco

Questa danza fu ideata per scacciare gli spiriti maligni da un villaggio. Un danzatore adulto, o un ragazzino in stato di trance, danza intorno a un fuoco alimentato da gusci di noci di cocco, e talvolta attraversa le fiamme utilizzando una palma da cocco a mo' di cavalcatura. Questa danza comprende diverse varianti e spesso viene inclusa a chiusura di altri spettacoli per un effetto ancora più teatrale.

Migliori compagnie di danza

Tra le migliori compagnie presenti a Ubud si segnalano:

Semara Ratih Propone interpretazioni creative della danza Legong ed è la migliore da un punto di vista musicale.

Gunung Sari Una delle compagnie di danza Legong più rinomate.

Semara Madya Compagnia di danza Kecak; specializzata in particolar modo nei canti ipnotici.

Tirta Sari Compagnia di danza Legong.

Cudamani Una delle migliori compagnie di gamelan balinesi; talvolta si esibisce presso il Museo Puri Lukisan.

ALTRE LOCATION

ARMA Open Stage Ospita le compagnie migliori in assoluto.

Puri Agung Peliatan Atmosfera semplice ma le compagnie sono di specchiata professionalità.

Pura Padang Kerta e **Pura Penataran Kloncing** Location semplici ma in posizione strategica su Jl Hanoman.

CONSIGLI

- Gli spettacoli iniziano tra le 19 e le 19.30.
- Arrivate con 20 min di anticipo per assicurarvi un buon posto o uno spazio sul pavimento.
- I biglietti si possono acquistare all'ingresso.
- Snack e bevande sono in vendita all'interno.
- Gli spettacoli durano circa un'ora e mezza.
- Se i membri di una compagnia indossano costumi sporchi, i musicisti sembrano svogliati, gli attori interrompono la messinscena per fare battute trite significa che la performance è di basso livello.
- I cellulari sollevati per scattare foto sono fonte di distrazione per chi si trova dietro di voi.
- Andarsene durante lo spettacolo è scortese oltre che un insulto agli artisti.

CONSIGLI PER UNA BELLA PASSEGGIATA

Visitate la regione di Ubud con una passeggiata.

Portate dell'acqua Ci sono diversi negozietti che vendono snack e bibite, ma non rischiate di disidratarvi tra una sosta e l'altra.

Attrezzatevi Portate crema solare, un buon copricapo, scarpe adatte e vestiti per la pioggia.

Partite presto Cominciate la vostra camminata all'alba.

Sentitevi liberi Imboccate qualsiasi sentiero che attiri la vostra attenzione; perdersi è impossibile poiché la zona è piena di residenti in grado di aiutarvi.

Lasciate perdere finché siete in tempo Se vi stancate, non preoccupatevi; la cosa più importante è godervi la passeggiata. I motociclisti sono sempre pronti a darvi un passaggio e potete chiamarne uno con Gojek o Grab.

Continua da p211

rappresenta una piacevole via di fuga dai marciapiedi affollati. Le acque che fluiscono dal retro di questo sito alimentano un laghetto situato nella parte anteriore, pieno di fiori di loto.

A ovest del centro, all'inizio di Jl Raya Campuan, sorge **Pura Gunung Lebah**, un tempio adagiato su uno spuntone di roccia alla confluenza di due tributari del Sungai Cerik (*campuan* significa 'due fiumi'). Lo scenario è molto suggestivo poiché il tempio si trova parecchio al di sotto del livello stradale, in una gola lussureggiante.

Tra verdi colline

Esplorare la magnifica campagna di Ubud

Camminare tra verdi colline, valli rigogliose e ampie distese di risaie è un'attività molto diffusa a Ubud e le sorprese non mancano: potreste imbattervi in eccentrici artisti intenti a lavorare alle loro creazioni in una capanna addossata a un sentiero o in uno strepitoso chioschetto che vende succhi di frutta biologici. Troverete una miriade di opzioni e se il posto non vi convince andatevene oppure chiedete consiglio.

Il museo più grazioso di Ubud

Il meglio dell'arte in mezzo ai giardini

L'arte moderna balinese ebbe inizio a Ubud quando gli artisti cominciarono ad abbandonare i soggetti religiosi e di corte per raffigurare scene di vita quotidiana.

Il **Museo Puri Lukisan** è il più bello di tutti i musei d'arte locale e vale una visita anche se non siete particolarmente interessati; è immerso in una serie di bellissimi giardini terrazzati ricchi di giochi d'acqua e comprende quattro edifici dove sono esposte opere rappresentative di tutte le scuole e i periodi dell'arte balinese, corredate da didascalie in lingua inglese e da QR Code per accedere a una serie di informazioni aggiuntive.

L'**Edificio Orientale** vanta una collezione di opere prime provenienti da Ubud e dai villaggi limitrofi, mentre l'**Edificio Settentrionale** ospita pregevoli disegni a inchiostro realizzati da I Gusti Nyoman Lempad e dipinti di artisti appartenenti alla scuola Pita Maha come Walter Spies. Non perdete *Temple Festival* (1938) di I Gusti Ketut Kobot (1917-99).

MANGIARE A UBUD: MIGLIORI CAFFÈ

Sweet Orange Warung: Location immersa nelle piantagioni di tè; raggiungetela percorrendo il sentiero che alla destra del Museo Puri Lukisan. $

Kafe: I segni distintivi di questo caffè elegante sono l'atmosfera new age e il cibo salutare; c'è una bacheca zeppa di pubblicità di guaritori. $

Yellow Flower Cafe: Locale di Penestanan immerso nella vegetazione; propone una buona varietà di bevande salutari e caffè discreti. La vista è spettacolare. $

Anomali Coffee: In questo locale, che si può considerare la risposta indonesiana a Starbucks, il caffè è una cosa seria. $

GEKKO GALLERY/SHUTTERSTOCK ©

Museo Puri Lukisan

La migliore pinacoteca

Ammirare i capolavori artistici di Ubud

Agung Rai Museum of Art (ARMA) è un altro museo assolutamente imperdibile. Il fondatore Agung Rai si arricchì vendendo opere d'arte balinesi agli stranieri negli anni '70, e nello stesso periodo acquisì anche una delle più impressionanti collezioni private di tutta l'Indonesia. Le opere qui esposte comprendono dipinti kamasan classici e opere in stile Batuan degli anni '30 e '40. Nella galleria tradizionale, cercate *The Dance Drama Arja* (1990) di I Ketut Kasta (n. 1945), *Cremation Ceremony* (1994) di I Ketut Sepi (n. 1941) e *Wali 'Ekadesa Rudra'* (2015) di I Wayan Mardiana (n. 1970), un dipinto ricco di dettagli.

La migliore pinacoteca di Ubud

La fama artistica di Ubud

Il **Neka Art Museum**, situato nel punto in cui Jl Raya Campuan diventa Jl Raya Sanggingan, è un'eccellente introduzione all'arte balinese, con una collezione di prima qualità esposta all'interno di padiglioni e sale. Non perdetevi la Balinese Painting Hall, uno spazio espositivo multisala con opere rappresentative dello stile *wayang* (marionette) e degli stili di Ubud e Batuan, di influenza europea, tipici degli anni '20

L'INGEGNOSA STORIA DI UBUD

Nel tardo Ottocento, Cokorda Gede Agung Sukawati spostò un ramo della famiglia reale Sukawati a Ubud, dando inizio a una serie di alleanze e conflitti con i regni vicini. Nel 1900, sotto il regno di Gianyar, Ubud divenne (su sua espressa richiesta) un protettorato olandese, e poté concentrarsi sullo sviluppo della vita culturale e religiosa.

Negli anni '30, i discendenti di Cokorda incoraggiarono gli artisti e gli intellettuali occidentali a visitare la zona; tra questi spiccano Walter Spies, Colin McPhee e Rudolf Bonnet, che diedero un contributo enorme allo sviluppo dell'arte locale, introducendo nuove idee e promuovendo la cultura balinese in tutto il mondo. Con l'arrivo del turismo di massa a Bali, Ubud è diventata famosa non per le spiagge o i bar ma per il suo patrimonio artistico.

MANGIARE A UBUD: IL MEGLIO DEL MEGLIO

Room4Dessert: Il bistrò dello chef stellato Will Goldfarb sembra un locale notturno; propone menu di degustazione con ingredienti di origine locale. $$$

Hujan Locale: L'avamposto dello chef Will Meyrick propone rivisitazioni creative di piatti indonesiani serviti in una sala all'aperto dall'atmosfera retrò. $$$

Mozaic: Lo chef Chris Salans propone piatti dell'apprezzatissima cucina fusion francese; il menu è stagionale. Sono disponibili solo i menu degustazione. $$$

Locavore NXT: Ristorante famoso, all'interno di una fattoria a sud-ovest della città. Prezzi altissimi, livello eccelso e difficilissimo prenotare. $$$

TEATRO DELLE OMBRE

Molto più che una forma di intrattenimento, a Bali il *wayang kulit* (teatro delle ombre) è da secoli l'equivalente di un cinema a lume di candela, con un livello di sacralità pari a quella delle rappresentazioni del teatro greco. Un tempo questi spettacoli erano lunghi e intensi: duravano sei ore o più. Nati per evocare le anime degli antenati, prevedono l'utilizzo di marionette in pelle di bufalo dipinta a cui è attribuito un potere spirituale, tanto che il *dalang* (burattinaio e narratore) è considerato una figura quasi mistica. Presso il **Bali Culture Workshop**, all'interno di Oka Kartini BnB, in posizione centralissima, si tengono spettacoli serali molto frequentati. **Kerta Art** organizza spettacoli serali sul portico di Kerta Accommodation.

IVOHA/SHUTTERSTOCK ©

Monkey Forest di Ubud

e '30. Degno di nota anche il Lempad Pavilion, in cui si trovano le opere del maestro I Gusti Nyoman Lempad (1862-1978).

Una foresta popolata da scimmie e templi

L'attrazione più famosa di Ubud

L'entrata della **Monkey Forest** di Ubud, vicino all'estremità meridionale dell'omonima strada, è pacchiana quanto quella di un parco a tema ed è difficile immaginarsi che un tempo era semplicemente un tratto di giungla che ospitava tre templi e un branco di oltre 1000 scimmie ben nutrite e dalla mano lesta.

Oggi è una meta di spicco per un'escursione in giornata e attrae folle di visitatori da tutta Bali. Per sfuggire alla calca visitatela al mattino presto o nel tardo pomeriggio. Incontrerete gli ingordi macachi balinesi dal pelo grigio e dalla coda lunga, che non assomigliano affatto ai primati dall'aria innocente e dagli occhioni dolci che compaiono nelle foto postate sui social media: dato che possono mordere, siate prudenti, e fate attenzione ai vostri effetti personali.

MANGIARE A UBUD: MIGLIORI WARUNG BALINESI

In Da Compound Warung: Situato dietro una pensione a conduzione familiare, propone piatti a prezzi convenienti, ricchi di sapore e stile. $

Mama's Warung: Mama prepara piatti classici della cucina indonesiana. Da segnalare il *sate* alla salsa di arachidi e un eccellente *sambal* fritto. $

Nasi Ayam Kedewatan: Sono pochi i residenti che non si fermano qui durante un'escursione. Il piatto principale è il *sate lilit* (spiedini di pollo macinato speziato). $

Warung Pulau Kelapa: Nutrito menu di piatti rappresentativi di tutta l'Indonesia. Il *sambal* è eccezionale; per gustarlo piccante, chiedetelo in 'stile locale'. $$

Crogiolarsi in una spa

L'apoteosi del benessere

Ubud pullula di centri termali e saloni di bellezza di tanti tipi diversi. Qui potete curarvi, coccolarvi o concentrarvi sui vostri bisogni personali, fisici e mentali. Girando per la città vedrete manifesti che pubblicizzano terapie e servizi per famiglie, reiki, terapia tonale e molto altro.

Lontano dalla città, lungo la suggestiva Jl Kajeng sorge **Ubud Sari Health Resort**, che da decenni ha abbracciato l'atmosfera un po' hippie tipica di Ubud. **Taksu** è una delle spa più famose della città con una lunga e sfarzosa lista di massaggi e trattamenti di bellezza. Qui potete regalarvi un'intera giornata di coccole. Su Jl Sanggingan, la minuscola **Bali Botanica Day Spa** è specializzata in trattamenti ayurvedici.

Trovare il proprio equilibrio

Scegliere il giusto centro yoga

A Ubud lo yoga esprime l'anima della regione, data l'abbondanza di centri, professionisti, coach personali e negozi dove comprare le attrezzature. **Yoga Barn**, il chakra della rivoluzione dello yoga di Ubud, si trova nella posizione del loto in mezzo agli alberi di una valle fluviale. Il nome descrive esattamente ciò che troverete: uno spazio enorme che offre tantissime lezioni di varie discipline yoga. **Radiantly Alive** piace agli studenti in cerca di uno spazio raccolto e offre sia lezioni di yoga con la formula 'walk-in' (senza prenotazione) sia abbonamenti a lungo termine, e in varie discipline. **Bali Swasthya Yoga Centre** è gestito esclusivamente da istruttori originari di Bali che schivano le mode per puntare alla tecnica e all'autenticità.

Imparare qualcosa di nuovo

Corsi di arte, danza e cultura

Ubud è il posto perfetto per sviluppare la vostra creatività, scoprire l'artista nascosto che è in voi e immergervi nelle meraviglie della cultura balinese. L'offerta di corsi disponibili è talmente vasta che potreste rimanerci anche un anno.

ARMA è un'autentica scuola di cultura e creatività in stile balinese. Offre corsi di pittura, intaglio, gamelan, batik, danza balinese e creazione di offerte. Le gallerie principali, come il **Museo Puri Lukisan** (p216) e il **Neka Art Museum** (p217) offrono un'analoga serie di corsi.

MIGLIORI EVENTI DI UBUD

Nella regione di Ubud si tengono parecchi eventi.

Ubud Writers & Readers Festival
La rassegna letteraria più importante di tutto il Sud-est asiatico richiama scrittori e lettori da tutto il mondo. Si tiene a ottobre e dura cinque giorni.

Ubud Open Studios
Manifestazione della durata di due giorni che richiama vari artisti locali (più di 70).

Bali Spirit Festival
Un festival che riunisce musica, danza e yoga e comprende centinaia di eventi tra cui workshop e concerti. Si svolge a maggio.

Ubud Village Jazz Festival
Festival di jazz. Dura due giorni e vanta musicisti internazionali. Si tiene a luglio.

Ubud Food Festival
La cucina indonesiana è la protagonista di questo festival di tre giorni che si svolge alla fine di giugno o di luglio.

MANGIARE A UBUD: MIGLIORI RISTORANTI VEGETARIANI E VEGANI

Sari Organik Penestan: Ristorante immerso in una fattoria biologica affacciata su una serie di risaie terrazzate; ampio menu veg e piatti crudisti. $

Sayuri: Il menu dice "Se è vero che siamo quello che mangiamo, quale cibo vorreste diventare? Qui sareste senza dubbio una verdura cruda. $$

Alchemy: Classico caffè di Ubud di alto livello; offre insalate fai da te e pasti in ciotola, oltre a gelati e dessert vegani. $$

Moksa: Situato in un'azienda agricola dedita alla permacultura, serve piatti semplici ma straordinari a base di verdure. $$

QUARTIERI DI UBUD

Ubud Centro
Il centro di Ubud si gira a piedi ed è zeppo di attività rivolte ai visitatori.

Padangtegal e Tebesaya
Situati in posizione strategica sul lato ovest, questi due quartieri si fondono con Ubud Centro.

Sambahan e Sakti
A nord di Jl Raya Ubud,tra distese di risaie terrazzate e ville di residenti stranieri.

Nyuhkuning
Una zona popolare e tranquilla situata proprio a sud della Monkey Forest.

Pengosekan
A sud del centro, Pengosekan è un prolungamento di Jl Hanoman.

Campuan e Sanggingan
Due comunità unite da una strada omonima a ovest del centro.

Penestanan
Adagiata in cima a un altopiano che sovrasta Campuan, questa zona è ricca di caffè, guesthouse e risaie terrazzate.

Il **Pondok Pekak Library and Learning Centre** è un vero e proprio gioiello (e un gran bel posto per riempire la borraccia); offre corsi di danza balinese, gamelan, intaglio e realizzazione di offerte. **Nirvana Batik Course** da anni unisce alle competenze di design la disciplina personale necessaria per realizzare tessuti intricati. **Studio Perak** offre corsi di oreficeria in stile balinese. Durante una lezione di tre ore riuscirete a realizzare almeno un oggetto. Infine, presso **Ubud Botany Interactive** potete realizzare prodotti rigeneranti a base di piante ed erbe locali.

Divertimento in cucina

Imparare a ricreare i sapori di Bali

A Ubud le lezioni di cucina spesso cominciano presso il locale mercato ortofrutticolo, che si tiene tutte le mattine nelle viscere del moderno **Ubud Art Market** (p223). Imparerete molte cose su una varietà di frutti, verdure e altri prodotti alimentari della dieta tipica dei balinesi. La famosa **Casa Luna Cooking School** offre un programma completo di lezioni; i corsi di mezza giornata trattano temi differenti e comprendono molti piatti. Sono disponibili anche tour del mercato notturno di Gianyar, oltre a una lezione settimanale di cucina vegana intitolata 'Food as Medicine' (il cibo come medicina).

Partecipare a un'avventura guidata

Tour di Ubud a piedi e in bicicletta

Un ottimo modo per conoscere a fondo il territorio di Ubud consiste nel trascorrere qualche ora a esplorare la zona con la guida di un esperto; ci sono diversi tour specializzati tra cui passeggiate a tema e avventure culturali.

Ubud Story Walks eroga tour organizzati della durata di due o tre ore, estremamente dettagliati e coinvolgenti, che illustrano gli aspetti culturali e storici della regione. Partecipandovi, imparerete molte cose riguardo al passato e al presente di Ubud, scoprirete meraviglie sconosciute come i templi di Pejeng e molto altro. **Banyan Tree Bike Tours** organizza tour giornalieri alla scoperta dei villaggi isolati nelle vicinanze di Ubud. Si tratta di tour molto gettonati durante i quali è possibile interagire con gli abitanti dei villaggi.

Bali Bird Walks è stato uno dei primi operatori turistici di Ubud, fondato dal leggendario Victor Mason più di 30 anni fa. Durante i tour, che spesso prevedono l'utilizzo di un binocolo, si riescono ad avvistare tra le 30 e le 100 specie di uccelli.

BERE UN DRINK A UBUD: MIGLIORI COCKTAIL BAR

Boliche: Cocktail bar di fascia alta situato nel punto in cui un tempo sorgeva il Beggar's Bush Bar; drink alternativi ispirati ai sapori locali; aperto fino a tardi.

Kawi: Significa 'poeta' in sanscrito; propone fantasiosi drink preparati con ingredienti locali; quelli come l'*arak* con un infuso di banane seccate sono pura poesia.

Lair: Cercate l'insegna con scritto Boho che indica il ponte di Campuan. Il locale si trova più in basso, vicino al fiume; arredamento semplice, drink sofisticati.

Dumbo: mixology e stuzzichini italiani; i drink dai nomi legati agli album musicali comprendono cordiali, bitter e liquori fatti in casa. Sempre pieno.

IMAGENTLE/SHUTTERSTOCK ©

Neka Art Museum (p217)

Il cuore modaiolo di Ubud

Moda made in Bali

A poche centinaia di metri dalla confluenza tra Jl Dewi Sita e Jl Hanoman ci sono alcuni dei negozi più interessanti e stilosi di Ubud. Poco più grande di uno scampolo di stoffa, **Above the Clouds Natural Wear** vende capi di abbigliamento casual in lino e cotone disegnati e cuciti nei villaggi intorno a Ubud. Sia la qualità che il servizio sono ottimi.

Ananda Soul è un negozio dal cuore grande: i guadagni ricavati dalla vendita dei gioielli d'oro e d'argento (quest'ultimo riciclato) e dei capi di una piccola linea di abbigliamento da spiaggia vengono destinati al sostentamento dei balinesi più svantaggiati. Presso **Curative** potete curiosare tra le opere di più di 30 stilisti balinesi e indonesiani, tra gioielli, accessori e capi di abbigliamento. Poiché i prezzi sono tarati sul mercato locale, troverete un sacco di occasioni.

Una bella lettura

La libreria più in vista di Ubud

Ubud vanta la migliore libreria di Bali: **Ganesha Bookshop**. All'interno di questo negozio non troppo dispersivo c'è una straordinaria selezione di titoli nuovi e usati sistemati ad arte. Oltre a un'enorme varietà di libri sulla cultura balinese e indonesiana, si trovano le opere degli autori che partecipano all'Ubud Writers & Readers Festival (p219), molto difficili da reperire altrove.

TIMORI LEGATI AL CAFFÈ LUWAK

Nelle zone turistiche a nord di Ubud e nel resto di Bali, il caffè *luwak* (*kopi luwak*) è un prodotto onnipresente e super pubblicizzato. Il nome deriva da una particolare specie di zibetto (*luwak*, un animale simile a un procione) originario di Sulawesi, Sumatra e Giava, che si nutre di chicchi di caffè maturi. Inizialmente gli imprenditori raccoglievano i chicchi intatti ritrovati negli escrementi di questi animali per poi lavorarli ricavandone una bevanda super speziata. Quando ci si è resi conto degli enormi profitti che si sarebbero potuti ricavare dallo sfruttamento di questo caffè, c'è stata una proliferazione di punti vendita; ma i problemi abbondano; infatti non esiste *nulla* che certifichi che il caffè che avete pagato a caro prezzo sia stato effettivamente ricavato da chicchi digeriti da uno zibetto. Inoltre, le denunce di maltrattamenti inflitti agli zibetti tenuti in gabbia nelle fattorie ad allevamento intensivo sono diffuse, anche con l'intento di informare i turisti.

TREKKING FRA LE RISAIE DI KAJENG

Appena a nord di Ubud, godetevi una bella passeggiata tra foreste, risaie e cascate. Questo percorso di 7 km è pianeggiante e per completarlo servono dalle due alle tre ore.

Partendo da Jl Raya Ubud, dirigetevi a nord fino a 1 **Jl Kajeng**, passando davanti a file di bancarelle. Appena superato 2 **Bale Banjar Ubud Kaja**, proseguite in salita lungo il sentiero che procede dalla strada. Poco dopo vi ritrovate davanti a un bel panorama di risaie. Seguite il sentiero che si snoda verso nord superando ville e bancarelle. Qui l'asfalto cede il passo al terreno sterrato per poi trasformarsi nella sommità di uno stretto muro di cemento che da un lato costeggia un 3 **canale subak (di irrigazione)** e dall'altro un fiumiciattolo. Lungo il percorso ci sono palme e bambù. Avanzate con prudenza fino al 4 **minuscolo ponte pedonale** che attraversa un fiume, seguito da uno stretto sentiero. Proseguite verso nord per circa 1,5 km attraversando risaie, ville, chioschetti e atelier. Una volta raggiunta una 5 **strada abbastanza grande da consentire la circolazione delle auto**, girate verso est; e dopo aver superato il 6 **Cafe Bintang** arrivate a un ponte sospeso su scroscianti cascate. Subito a est, prendete il 7 **vialetto** che prosegue verso sud attraversando una gola solcata da un fiume. Circa 750 m dopo la cascata, girate a est e costeggiate la 8 **carreggiata** proseguendo in discesa; oltrepassate un ponte e proseguite in salita fino a Jl Suweta. Avanzate in direzione sud per 1 km. Attraversate il 9 **ponte** e imboccate Jl Sri Wedari e poi, in discesa e oltrepassando alcuni piccoli *warung* e negozietti, fate ritorno a 10 **Jl Raya Ubud**.

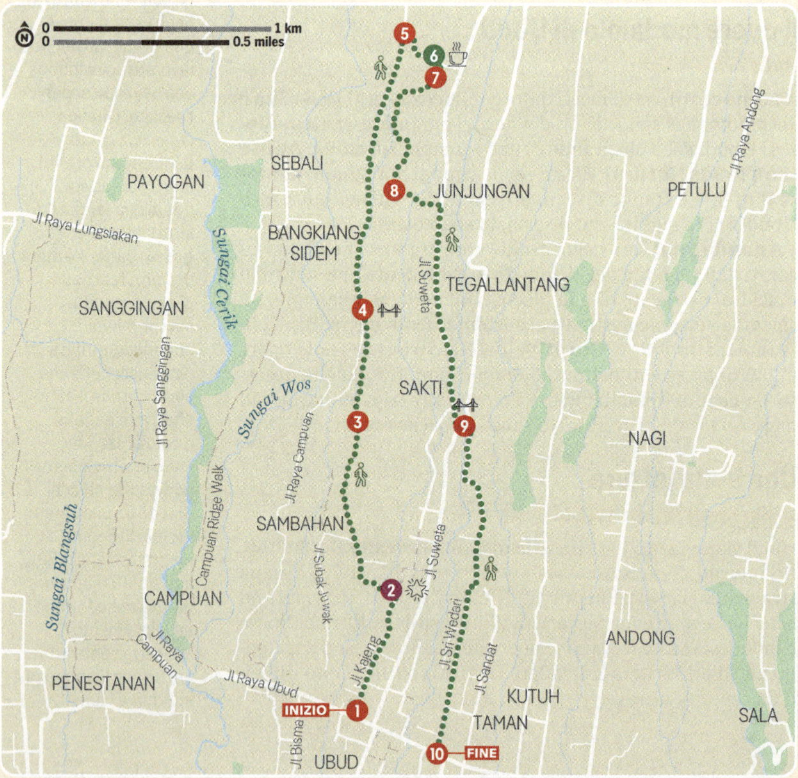

Prodotti balinesi a Km0

Dolcetti, pozioni e lozioni

I produttori locali che usano ingredienti provenienti dalla regione di Ubud vendono un'ampia varietà di prodotti alimentari, cosmetici e articoli da bagno. Ubicato in un edificio dalle pareti color turchese, **Ubud Raw Chocolate** è un'azienda dolciaria che propone esclusivamente cioccolata a base di cacao coltivato in loco. Se date l'impressione di non essere davvero scrupolosi nel conservare il cioccolato (che si scioglie facilmente) in modo adeguato, il personale potrebbe rifiutarsi di vendervelo (sono disponibili borse frigorifero).

Annusate le essenze in vendita presso **Blue Stone Botanicals**, un negozio specializzato in olii per l'aromaterapia prodotti a Bali e Giava. Aperto a Bali orientale nel 2000, **Sensatia Botanicals** è un negozio di cosmetica elegante e raffinato. Il packaging dei prodotti è a base di amido di manioca.

Carnevale consumistico

Dai prodotti di lusso alla paccottiglia

L'**Ubud Art Market** è stato ristrutturato nel 2023 e ospita una serie quasi infinita di negozi al dettaglio e all'ingrosso in un complesso che è ormai arrivato alla quarta generazione. Questo mercato, che occupa un terreno ad angolo dirimpetto al Palazzo di Ubud, è sempre preso d'assalto da frotte di persone. Il processo di riqualificazione dell'intero complesso ne ha però modificato profondamente l'atmosfera, anche se le alternative non mancano. **Jl Kajeng**, a pochi passi dal mercato, in direzione nord-est, è fiancheggiata da negozi che vendono sarong di poliestere, canottiere Bintang, ciotole di legno intagliato, maschere kitsch e tutte quelle cianfrusaglie che nessun turista può fare a meno di portarsi a casa. È una sorta di carnevale consumistico che si nutre di pubblicità ingannevole e promesse di accordi vantaggiosi.

Date anche un'occhiata dietro alle bancarelle di Jl Pejang, dove ci sono piccole boutique che vendono merci ben più raffinate. Una di queste è **Toko Elami**, dove sono in vendita le creazioni di una ventina di artigiani del posto. Andate in cerca di prodotti fuori dal comune, come magliette, stampe, giochi, borse, adesivi e molto altro. Poco più a nord troverete **Threads of Life**, un famoso fornitore di tessuti tradizionali.

GLI INCANTEVOLI HOMESTAY DI UBUD

Ubud vanta la più alta concentrazione di homestay a gestione familiare. Questi alloggi, con camere pulite e confortevoli (sempre dotate di wifi e aria condizionata) all'interno del 'recinto' familiare, sono un vero affare e offrono un'esperienza autentica. Di solito gli ospiti vengono coinvolti nei ritmi di vita e nelle attività della famiglia, che vanno dalla presentazione delle offerte alle divinità hindu al fare conversazione nei momenti di relax. Molti clienti stringono amicizia con i proprietari e scelgono di tornare di anno in anno.

Molti di questi alloggi si trovano sui portali di prenotazione, ma si può anche esplorare sul posto per saggiare l'offerta. Ce ne sono diversi a nord di Jl Raya Ubud su Jl Kajeng, Jl Sriwedari e Jl Sandat. A sud, setacciate Jl Goutama, Jl Hanoman, Jl Sugriwa, Jl Jembawan e Jl Sukma.

Dintorni di Ubud nord

Spostandosi a nord di Ubud ci si lascia alle spalle il trambusto della città e ci si immerge in una terra rigogliosa costellata da siti archeologici.

Località

TRASPORTI LOCALI

L'unico modo per spostarsi a nord di Ubud è con un mezzo. Poiché il percorso presenta numerosi tratti in salita è adatto solo ai ciclisti e agli escursionisti più determinati. Il ritorno invece è tutto in discesa e, se riuscite a procurarvi un passaggio all'andata, al ritorno potete camminare o andare in bicicletta. Utilizzate le app e valutate la possibilità di noleggiare un'autista per un'escursione alla scoperta delle principali mete.

A nord di Ubud, il territorio di Bali si fa più fresco e lussureggiante. Questo paesaggio collinare ricco di vallate e fiumi vanta una grande quantità di scorci e bellezze naturali. Un itinerario di facile percorrenza parte da Ubud in direzione nord-est verso il Gunung Batur passando per Tegallalang, dove si trovano le risaie di Ceking (molto turistiche), e poi prosegue per Tampaksiring, passando per i siti archeologici di Pura Gunung Kawi Sebatu, Gunung Kawi e Pura Tirta Empul. Il paesaggio che fa da sfondo a questo itinerario è pittoresco, tra contadini al lavoro nei campi, bandierine che svolazzano nel cielo, numerose risaie e diversi santuari a ridosso della strada. Nelle immediate vicinanze di Ubud è possibile acquistare prodotti di artigianato locale.

Petulu

DA UBUD: **10 MIN**

Avvistare gli aironi

Ogni sera dopo le 17, migliaia di aironi bianchi striati volano a **Petulu**, un villaggio che si trova circa a 3 km a nord di Ubud, contendendosi i posatoi migliori, per poi accomodarsi sugli alberi che fiancheggiano un tratto di strada lungo 400 m, dove diventano un richiamo per i turisti. Questi aironi – per lo più aironi di stagno giavanesi – cominciarono a volare a Petulu nel 1965. Secondo le credenze sarebbero gli spiriti di coloro che morirono nelle purghe anticomuniste che quell'anno si abbatterono sull'Indonesia (e su Bali). Petulu è raggiungibile con una passeggiata da Ubud: percorrete la trafficata Jl Raya Gentong e poi imboccate la strada del villaggio, molto più tranquilla.

Tegallalang

DA UBUD: **30 MIN**

Risaie affollate

Il meraviglioso panorama delle **risaie terrazzate di Ceking**, visibili dalla strada principale di Tegallalang, a nord di Ubud, si è trasformato in un luna park turistico per la presenza di numerose altalene da selfie che deturpano il paesaggio. Poco più avanti, sul ciglio del burrone, spuntano continuamente nuovi bar che sembrano fare a gara per rubare i panorami alla concorrenza, ostruendo del tutto la vista. Alcuni si sono persino dotati di infinity pool. Nella zona abbondano cartelli e bagarini che cercano a tutti i costi di attirare i turisti verso i parcheggi e i punti di ristoro dove viene venduto l'immancabile caffè *luwak* (p221). Dato che è il miglior punto panoramico sulle risaie di Bali, tutta questa ossessione per i selfie non deve sorprendere. Per evitare di rimanerne inghiottiti, godetevi la vista dei nastri sinuosi delle risaie lontano dal trambusto. Dopodiché seguite i sentieri che discendono a valle e preparatevi a pagare l'occasionale pedaggio applicato dai contadini.

Tampaksiring

DA UBUD: **40 MIN**

Un vivace tempio dell'acqua

A est di Ubud e all'ombra del palazzo presidenziale sorge **Pura Tirta Empul**, un tempio dell'acqua risalente al 962 d.C. (anche se dell'originale è rimasto poco) a cui vengono attribuiti poteri magici. Le sorgenti sacre sgorgano in una grande vasca per poi zampillare tramite tubi di scolo in una *petirtaan* (piscina) sempre affollata di balinesi e visitatori intenti a eseguire il rito dell'abluzione (*melukat*) la cui funzione è propiziare un futuro migliore.

Uno straordinario sito archeologico

Il meraviglioso complesso del **Gunung Kawi** è uno dei monumenti più antichi, sacri e importanti di Bali. Situato in una valle fluviale, consiste di 10 enormi *candi* (santuari) scolpiti nelle pareti di roccia. Si ritiene che ciascuno sia stato eretto per commemorare un membro della famiglia reale balinese che regnava nell'XI secolo. Secondo varie leggende, l'intero complesso fu scolpito in una sola notte di duro lavoro compiuto dalle formidabili unghie di Kebo Iwa. I cinque *candi* che costeggiano la sponda orientale del fiume sono probabilmente dedicati al re Udayana, alla regina Mahendradatta e ai loro figli maschi Airlangga, Anak Wungsu e Marakata. Airlangga governò su Giava est e Anak Wungsu su Bali. Secondo questa teoria, i quattro *candi* situati lungo il lato occidentale sarebbero dedicati alle principali concubine di Anak Wungsu. Un'altra teoria sostiene invece che l'intero complesso sia dedicato ad Anak Wungsu e alle sue mogli e concubine.

Per godervi appieno la visita, arrivate sul posto il prima possibile. Se cominciate a discendere gli scalini per le 7.30, eviterete di imbattervi in alcuni degli ambulanti più insistenti e potrete vedere la gente del posto affaccendata nella propria routine mattutina. Inoltre, potrete affrontare la scalata di 250 gradini al ritorno con il fresco.

Sebatu

DA UBUD: **45 MIN**

Un tempio isolato e immerso nel verde

La via d'accesso occidentale al **Pura Gunung Kawi Sebatu**, un tempio dell'acqua appena più lontano dai radar turistici, offre una vista stupenda sul complesso, adagiato in una

RAFTING NELLA ZONA DI UBUD

Il Sungai Ayung (fiume Ayung) è il fiume più famoso di Bali per il rafting. Le escursioni cominciano a nord di Ubud e terminano a ovest, a Sayan. Il percorso può essere più o meno emozionante a seconda dell'intensità delle precipitazioni.

Ci sono numerose compagnie che organizzano escursioni, un po' tutte uguali. Gli hotel e i resort di Bali meridionale e Ubud organizzano i trasferimenti (la partenza da Nusa Dua può avvenire parecchio presto al mattino) per raggiungere un punto situato nei pressi della strada principale a nord di Kintamani. Vengono fornite l'attrezzatura protettiva e le bevande.

Alcuni pacchetti comprendono il pranzo in ristoranti rivolti a gruppi di turisti. Altre possibili opzioni includono brevi trekking nella valle fluviale e gite in quad, che però hanno un impatto dannoso sull'ambiente.

IN BICICLETTA A NORD DI UBUD

La regione di Ubud è esplorabile in bicicletta ma le strade strette e trafficate comportano qualche problema. A nord ci sono itinerari migliori e più emozionanti. Alcune delle strade più tranquille che si snodano da nord a sud offrono percorsi meno stressanti che portano ad attraversare la campagna.

Ci sono numerosi operatori turistici che organizzano tour guidati ai villaggi del nord (compreso il viaggio di ritorno a Ubud) e le strade non sono mai troppo scoscese.

Se invece volete organizzarvi in autonomia, dovete prima pedalare in salita oppure trovare qualcuno disposto a dare un passaggio a voi e alla vostra bici. A Ubud potete affittare mountain bike e caschi.

M. ABDULGAFUR SAHIN/SHUTTERSTOCK ©

Taro

gola verdeggiante. Il tempio è consacrato a Vishnu, la suprema divinità hindu protettrice dell'ordine cosmico, e la gente del posto vi si reca per compiere i rituali di purificazione. All'interno, le vasche alimentate da sorgenti si stagliano su uno sfondo verde lussureggiante.

Taro

DA UBUD: 1 H

Alla scoperta di un villaggio balinese

In questo piccolo villaggio addossato a una collina 18 km a nord di Ubud l'aria è molto più fresca. Gli abitanti gestiscono un sito web (desawisatataro.com) ricco di informazioni sul villaggio (comprese le opzioni di alloggio in casa privata) e di QR Code che rimandano ai vari luoghi di interesse. È una località molto facile da girare a piedi. Cominciate la vostra esplorazione visitando il **Pura Agung Gunung Raung**, un vasto tempio centrale risalente al XVII secolo la cui entrata è segnalata da grandi statue raffiguranti delle *lembu putih* (mucche bianche, l'icona locale). Il nome di questo tempio rimanda al Gunung Raung, il vulcano attivo di Giava est da cui provenivano i sacerdoti che lo fondarono.

Circa 300 m più a nord, cercate i cartelli per la **cascata Yeh Pikat**. Sulla sommità del sentiero privato che si addentra nella valle c'è un piccolo caffè con una vista spettacolare della foresta tropicale. La cascata è alta solo 6 m ma è un posticino bellissimo dove convergono due fiumi e una sorgente naturale.

Dintorni di Ubud sud

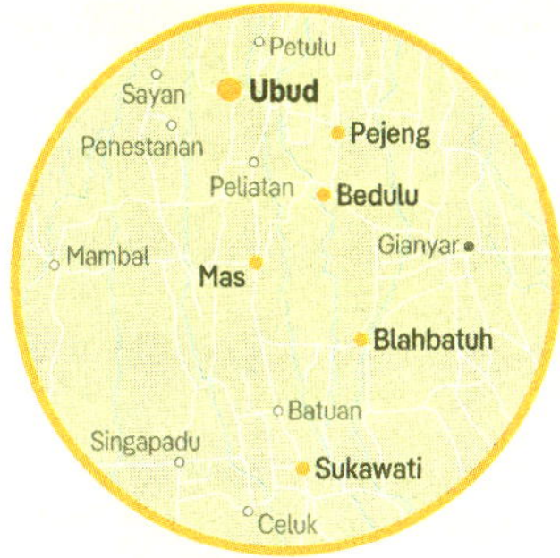

Il territorio a sud di Ubud è caratterizzato da villaggi di artigiani, siti archeologici spettacolari e un sacco di negozi dove è possibile acquistare prodotti artigianali pregiati.

Una delle attrattive principali di Pejeng e Bedulu, che un tempo furono le capitali di un grande regno, è un manufatto risalente a più di 2000 anni fa. Il leggendario Dalem Bedaulu governò la dinastia Pejeng e fu l'ultimo sovrano balinese a opporsi all'offensiva dei Majapahit di Giava nel XIV secolo. Pejeng e Bedulu sono solo due dei tanti villaggi che punteggiano il territorio rurale che si estende fino alla costa facendosi sempre più secco e piatto. Le strade sono orlate da negozietti che vendono oggetti d'artigianato. Molti visitatori si fermano per fare acquisti lungo il tragitto da e per Ubud. Mas, Blahbatuh, Sukawati e Batubulan sono rinomati per la qualità dei loro prodotti.

Località

TRASPORTI LOCALI

Le cittadine e i villaggi a sud di Ubud punteggiano una serie di strade che diventano sempre più trafficate man mano che si procede verso sud. In questa zona spostarsi in bicicletta è difficile (anche se il percorso è pianeggiante) perché le strade sono strette e trafficate. La soluzione migliore è avere un mezzo proprio (una moto o un'automobile), per una maggiore flessibilità. Pejeng e Bedulu sono raggiungibili in taxi da Ubud.

Pejeng

DA UBUD: **15 MIN**

Un reperto strabiliante

Il villaggio di Pejeng, 5 km a est di Ubud, fu la capitale dell'omonimo regno balinese per un breve periodo tra un'invasione giavanese e l'altra. Il regno cadde nel 1343 quando i Majapahit sconfissero il re Dalem Bedaulu. Oggi il villaggio ospita una delle mete più belle ma meno note della regione: il complesso del **Pura Penataran Sasih**, il tempio di stato del regno di Pejeng. Il cortile interno cela un vero e proprio tesoro: un enorme tamburo di bronzo noto come la **Luna Caduta di Pejeng**, che pare risalga al 300 a.C. Questo tamburo a forma di clessidra, alto 186 cm, è il più grande del mondo a fusione unica. Sembra che la tecnica di lavorazione del bronzo sia stata importata grazie ai contatti con l'antico popolo vietnamita dei Dong Son.

Templi affascinanti

Nei pressi del Pura Penataran Sasih ci sono altri tre siti interessanti. Il **Pura Pusering Jagat** (1329) è visitato dalle coppie che vengono a pregare sulle sue sculture in pietra (un lingam e una yoni) nella speranza di avere un figlio. Pur non essendo imponente, il **Pura Kebo Edan** è famoso per il 'Gigante

ESPLORARE UBUD SUD

Khana Putri Pertiwi, guida turistica laureata in archeologia.

Non perdete il villaggio di **Batuan**, a soli 30 minuti di auto da Ubud. La celebre antropologa americana Margaret Mead vi condusse gran parte delle sue ricerche sulla cultura balinese. La domenica si può visitare l'atelier **Studio Gelombang** e osservare l'artista Made Griyawan mentre tiene una lezione di arte tradizionale per i bambini del vicinato.

Gli amanti della natura possono bagnarsi nella vicina cascata di **Air Terjun Sumampan**, o in quella di **Air Uma Anyar**. Nel tardo pomeriggio si può fare una passeggiata lungo la nuova 'pista da jogging' di Sukawati, dove la gente del posto va a osservare il tramonto.

di Pejeng', una statua alta 3 m e consumata dalle intemperie che pare risalga a 600 anni fa. Pur avendo i fianchi coperti da un telo, basta dare una sbirciatina in basso per rendersi conto che a) come direbbe un sarto, il signore in questione 'veste a sinistra', e che b) l'appellativo di gigante gli calza a pennello.

Molti dei tesori più antichi sono stati rinvenuti dai contadini e si possono ammirare presso il **Museo Archeologico Gedung Arca**. Le collezioni qui esposte sono distribuite in una serie di edifici e includono alcuni esempi delle prime ceramiche balinesi provenienti da Gilimanuk e alcuni sarcofagi del 300 a.C. Ubud Story Walks (p220) organizza un eccellente tour dei principali siti archeologici di Pejeng.

Bedulu

DA UBUD: **20 MIN**

Il mistero di Goa Gajah

Alla grotta di **Goa Gajah** (Grotta dell'Elefante) si accede attraverso la bocca spalancata di un demone. Dentro vi sono i resti di un lingam, il simbolo fallico del dio hindu Shiva, e del suo corrispettivo femminile, la yoni, oltre a una statua raffigurante il figlio di Shiva: il dio Ganesha dalla testa di elefante. All'interno ci sono due vasche quadrate alimentate da anfore sorrette da sei figure femminili. Probabilmente la grotta di Goa Gajah risale all'XI secolo.

Mas

DA UBUD: **20 MIN**

Un mondo dove l'immaginazione è una cosa seria

Il **Setia Darma House of Masks and Puppets** è uno dei migliori musei della regione di Ubud, con più di 7000 maschere e marionette cerimoniali provenienti da Bali e altre parti dell'Indonesia, dell'Asia e del mondo. Tutti questi oggetti sono esposti in una serie di edifici storici ristrutturati immersi in un complesso rurale. Tra i tanti tesori spiccano le marionette del Barong Landung e i dipinti kamasan.

La stilosa Mas

Tonyraka Art Lounge, una delle gallerie d'arte più in vista della zona, espone opere d'arte tribale e contemporanea balinese. Venite a curiosare, fare acquisti e gustarvi una tazza di caffè. Imparate a realizzare stencil e stampe presso **Black Hand Gang**, un complesso creativo che ospita **Toko Hands**, un negozio che ricorda l'elegante avamposto giapponese Tokyu Hands. Curiosate tra le T-shirt irriverenti disegnate dagli artisti locali.

MANGIARE A SUD DI UBUD: LA NOSTRA SCELTA

Warung Makan Teges: Locale situato a nord di Mas, serve un solo piatto – il *nasi campur* – un classico della cucina balinese preparato a regola d'arte. $

Ka Ka Du Café: Fate finta di essere un gallo e presentatevi in questo elegante punto di ristoro nel cuore di Sukawati dove è possibile bere un buon caffè. $

Sayan Night Market: Mercato notturno in posizione strategica a sud-ovest di Ubud, con decine di bancarelle che vendono pasti deliziosi ed economici. $

The Art Lounge: Assaporate il lato chic di Bali recandovi al bar del Tonyraka Art Lounge per un pranzo, uno spuntino (i dolci sono ottimi!) o un caffè. $$

SHARON WILDIE/SHUTTERSTOCK ©

Goa Gajah

Blahbatuh

DA UBUD: 30 MIN

L'arte di creare tessuti tradizionali

Entrando nel **Pertenunan Putri Ayu**, un laboratorio che produce tessuti batik e ikat colorati con metodi antichissimi (tra cui quelli in stile balinese, detti *endek*), si viene accolti da una sinfonia di telai. Il personale vi mostrerà il laboratorio illustrandovi il processo di produzione; tessuti e abiti sono in vendita.

Sukawati

DA UBUD: 1 H

Artigianato e commercio

Un tempo capitale reale, oggi Sukawati è nota per il suo mercato moderno e l'artigianato. Cercate i laboratori con la scritta *tukang prada*: troverete ombrelli da tempio decorati con vernice dorata a stencil.

Gli artigiani di **Puaya** e **Singapadu** sono specializzati nella produzione di pregiate marionette in pelle e maschere per le rappresentazioni di danza Topeng e Barong. Passeggiando lungo la strada principale, andate in cerca dei laboratori in cui gli artigiani producono e vendono oggetti cerimoniali per gli spettacoli di danza. **Nyoman Ruka** gestisce un laboratorio noto per la produzione di maschere Barong.

BAMBÙ RIVOLUZIONARIO

Aperta nel 2008, la **Green School Bali** di Abiansemal ha avuto subito un grande successo per il suo curriculum innovativo e la sua vistosa architettura in bambù. Il progetto è nato dall'inventiva dell'expat John Hardy e di sua moglie; le travature sinuose e slanciate che caratterizzano la struttura in cui sorge la scuola sono state riprodotte da Hardy per la propria abitazione. Questo stile si è diffuso in tutta Bali, dagli stabilimenti balneari di Canggu ai ristoranti di lusso di Ubud ai progetti di edilizia abitativa di Denpasar.

Per saperne di più, **Bamboo U**, un progetto in cui è coinvolto anche il figlio di Hardy, offre lezioni online sull'utilizzo del bambù nel campo del design e dell'edilizia. Ibuku, lo studio di architettura gestito dalla figlia di Hardy, progetta strutture in bambù in tutto il mondo.

Klungkung

STORIA | ARCHITETTURA | MERCATI

Ufficialmente chiamato Semarapura, ma ancora noto con il nome tradizionale di Klungkung, questo capoluogo regionale ospita il Puri Agung Semarapura (Palazzo di Klungkung), un retaggio dell'epoca in cui regnava la dinastia dei Dewa Agung, i signori di Klungkung. Un tempo capitale del regno più importante di Bali, la cittadina conserva ancora il complesso del palazzo a testimonianza del suo passato regale. Di fronte al palazzo, che si trova in centro, viene allestito un vivace mercato. Di giorno Klungkung è parecchio trafficata e le strade sono piene di negozi molto frequentati. A est, la strada principale passa sopra uno dei fiumi più grandi di Bali, il Sungai Unda. Questa zona è punteggiata di grandi templi e moschee, e i resti del palazzo e il mercato si possono esplorare in un paio di ore. Klungkung è un importante centro di snodo stradale per cui è facile da qui visitare altre zone di Bali meridionale, o lo si può inserire come parte di un itinerario più ampio.

TRASPORTI LOCALI

Il modo migliore per visitare Klungkung è con un mezzo proprio. La strada principale che fiancheggia la costa orientale passa solo 4 km a sud del centro ed è raggiungibile con una facile deviazione. È anche comoda per recarsi a Gianyar, Pura Besakih e Sidemen. Klungkung è una piccola cittadina, perciò potete esplorarla a piedi. Trovare parcheggio non è difficile ma bisogna pagare una piccola tariffa. La cittadina è raggiungibile in circa 45 minuti o un'ora da Ubud tramite la litoranea che passa per Gianyar e Sanur.

Il palazzo più famoso di Bali

Architettura suggestiva e un museo

Costruito nel 1710, quando la dinastia dei Dewa Agung si trasferì a Klungkung, il complesso del **Puri Agung Semarapura** fu concepito come una grande piazza che doveva avere la forma di un mandala, con cortili, giardini, padiglioni e fossati. Gran parte del palazzo originale e del parco fu distrutta dalle forze olandesi nel 1908; tutto quel che ne rimane sono il **Pemedal Agung**, il portale scolpito sul lato meridionale della piazza, il Kertha Gosa e il **Bale Kambang**.

All'interno, il soffitto dello splendido *bale* (padiglione aperto ai lati) galleggiante presenta alcuni dipinti che raffigurano una varietà di soggetti. La prima serie è ispirata al calendario astrologico, la seconda al racconto popolare di Pan e Men Brayut e dei loro 18 figli, mentre le file superiori illustrano le avventure dell'eroe Sutasona.

Il padiglione **Kertha Gosa**, aperto sui lati nell'angolo nord-orientale del complesso, era a tutti gli effetti la sede della corte suprema del regno di Klungkung, che si occupava di dirimere le dispute e i casi che non erano stati risolti nell'ambito del villaggio. Esempio eccellente dello stile architettonico di Klungkung, presenta un soffitto decorato con pregevoli dipinti del XX secolo in stile kamasan (anche noto come *wayang*, che significa 'marionetta delle ombre'). Questi dipinti sostituirono gli originali ottocenteschi realizzati su stoffa che si erano deteriorati con il passare del tempo e raffigurano la storia di Garuda più varie scene legate al concetto di karma.

Il **Museo Semarajaya** si trova dentro un edificio di epoca coloniale sul lato occidentale del complesso. Tra gli oggetti in mostra spicca un commovente dipinto raffigurante il *puputan* (suicidio rituale di massa) del 1908. La collezione comprende anche armi tradizionali, costumi, oggetti cerimoniali e alcune vecchie fotografie raffiguranti i membri della corte, tra cui un ritratto di Dewa Agung Gede Jambe, il principe ereditario che morì nel *puputan* a soli cinque anni. Le teche sono corredate da didascalie in lingua inglese e di QR Code. La biglietteria si trova sul lato opposto di Jl Untung Surapati, accanto al Monumento al Puputan.

Monumento al sacrificio

Omaggio al suicidio rituale

Klungkung fu l'ultimo regno balinese a soccombere all'attacco degli olandesi nel 1908 e il sacrificio della famiglia reale, che alla resa preferì commettere il *puputan*, è commemorato dal vertiginoso **Monumento al Puputan**, eretto su un'ampia piazza dotata di giochi d'acqua di fronte al Puri Agung Semarapura.

DA NON PERDERE
1 Puri Agung Semarapura

DA VEDERE
2 Bale Kambang
3 Kertha Gosa
4 Museo Semarajaya
5 Monumento al Puputan

SHOPPING
6 Mercato di Klungkung

IL CONSIGLIO

Nonostante le sue attrattive, Klungkung non è una località turistica perciò non aspettatevi di trovare una grande varietà di ristoranti e bar. Al mercato potete comprare la frutta, specie prima di mezzogiorno. A est del mercato, su Jl Nakula, potrete acquistare un pasto semplice presso Bali Indah, bar-negozio risalente agli anni '30.

LA STORIA SANGUINOSA DI KLUNGKUNG

Nel 1849 i sovrani di Klungkung e di Gianyar sconfissero le forze d'invasione olandesi a Kusamba. Prima che gli olandesi avessero il tempo di sferrare un contrattacco, fu negoziato un accordo di pace. Nei cinquant'anni successivi i regni di Bali meridionale lottarono fra loro per accaparrarsi il dominio supremo finché il raja di Gianyar chiese aiuto agli olandesi. Quando questi invasero la zona, il re di Klungkung dovette scegliere tra il *puputan* (suicidio rituale), accettare una resa ignominiosa a imitazione del raja di Tabanan o trovare un accordo come aveva fatto il raja di Bangli. Il re scelse la prima possibilità. Il 28 aprile 1908, mentre il palazzo reale era sotto assedio, il sovrano condusse centinaia di persone a una morte certa consegnandosi ai cannoni nemici e togliendosi la vita con i *kris* (pugnali tradizionali).

Padiglione di Kertha Gosa (p231)

Il migliore mercato di Bali orientale

Sorprese e meraviglie in abbondanza

Il **mercato di Klungkung** è un vivace centro commerciale e un luogo di aggregazione per gli abitanti della regione. Si può tranquillamente trascorrere un'ora a girovagare fra le bancarelle stipate all'interno di una serie di edifici distribuiti su tre piani e nelle strade circostanti. Nella confusione generale, le ceste di vimini zeppe di ortaggi freschi sembrano isole di colore e ci sono anche gioielli e ikat in abbondanza (questi ultimi costano un decimo di quello che paghereste altrove). Il momento migliore per visitarlo è al mattino prima del mezzogiorno.

Dintorni di Klungkung

Bellezza, sacralità e una grande ricchezza culturale sono le caratteristiche distintive della regione di Klungkung, tra spiagge incontaminate e la montagna più alta di Bali.

I dintorni di Klungkung si prestano a una grande varietà di escursioni giornaliere. Andate in cerca di perle nascoste lungo le strade che collegano i centri abitati della zona, come Gianyar, che vanta un mercato notturno dove si può trovare cibo di ottima qualità a prezzi stracciati rispetto al resto dell'isola. La costa è orlata di spiagge di sabbia nera famose per le onde ottime e l'assenza di folle. Le risaie terrazzate di Sidemen sono tra le più lussureggianti di Bali. Le colline circostanti celano decine di cascate che rappresentano la quintessenza della bellezza tropicale. Il tempio madre dell'isola, il Pura Besakih, sorge sulle pendici del Gunung Agung, dove si può effettuare una delle scalate più iconiche dell'Indonesia. Lasciatevi affascinare dalla cultura balinese visitando quello che è a tutti gli effetti il museo migliore dell'isola.

Località

TRASPORTI LOCALI

Per visitare il territorio di Bali orientale bisogna avere un mezzo privato, sia che decidiate di guidare sia che scegliate un autista. La regione è indicata per essere esplorata senza un piano preciso dato che è impossibile perdersi e c'è sempre qualche bella sorpresa dietro l'angolo: una cascata, un panorama, un tempio, un villaggio. Se alloggiate a Ubud o a Bali meridionale, prendete il taxi per raggiungere Gianyar o le spiagge.

Gianyar

DA KLUNGKUNG: **20 MIN**

Il miglior mercato serale di Bali

Il clangore di centinaia di pentole e lo scintillare delle luci conferiscono un'atmosfera frenetica e festosa al delizioso e aromatico **pasar malam** (mercato serale) di Gianyar, dove trovate uno dei migliori street food di tutta Bali. Ogni sera nei pressi della strada principale vengono allestite bancarelle che improvvisano una varietà di piatti appetitosi, tra cui il *babi guling*. Buona parte del divertimento consiste nel passeggiare, curiosare fra i banchi e scegliere. Il momento di maggior afflusso si registra nelle due ore successive al tramonto. Il mercato si trova a soli 20 minuti di auto da Ubud.

Assaggiare il *babi guling*

Non c'è bisogno di aspettare l'arrivo della sera per gustare il *babi guling* dato che vicino a Gianyar ci sono numerosi locali che vendono il tradizionale piatto a base di maiale arrostito. Fra i migliori si segnalano **Babi Guling Ibu Desak**, affollato locale situato lungo la strada per Ubud, **Warung**

IL PIATTO PREFERITO DAI BALINESI

Il piatto più popolare di Bali è il *babi guling* (maialino da latte arrostito). Lo si può trovare in vendita nelle bancarelle e nei *warung* di tutta l'isola ed è una presenza fissa alle cerimonie.

Assaggiare il *babi guling* permette di entrare nel vivo della cultura culinaria balinese. Il maialino intero viene cotto allo spiedo a fuoco vivo dopo essere stato riempito con una farcitura a base di peperoncino, curcuma, zenzero, galangal, scalogni, aglio, semi di coriandolo ed erbette aromatiche, ed essere stato cosparso di curcuma e olio di cocco. Dopo aver girato per ore sullo spiedo, la carne prende il sapore delle spezie e il fuoco che arde sotto lo spiedo conferisce il caratteristico gusto affumicato alla cotenna croccante.

Il *babi guling* viene servito affettato su un piatto con accompagnamento di riso e cotenne e irrorato con abbondante salsa ricavata dalle interiora.

Babi guling **(maialino da latte arrostito)**

Babi Guling Pande Egi, un carinissimo *warung* all'aperto con vista sulle risaie a nord-ovest del centro.

Spiagge della costa orientale

DA KLUNGKUNG: **20-40 MIN**

Più di 20 km di sabbia

La superstrada litoranea che va da Sanur a Kusamba corre parallela ad alcune lingue di sabbia nera che si estendono per più di 20 km. Ogni strada o sentiero diretto verso il mare termina in corrispondenza di una spiaggia. Tutte presentano varie sfumature di grigio e sono sempre sferzate dalle onde. L'intera costa ha un forte significato religioso, data la presenza di diversi templi. Solo alcune di queste spiagge sono dotate di punti di ristoro e sono veramente poche quelle affollate. A Keramas e Ketewel ci sono due dei migliori break dell'isola. Di seguito alcune spiagge, da ovest a est.

Pantai Ketewel è nota per il surf ma richiede un livello molto avanzato poiché presenta un'onda di reef insidiosa. **Pantai Keramas** vanta onde consistenti di altissimo livello. Lungo questo tratto di costa ci sono diverse ville disponibili per l'affitto. **Pantai Selukat** è un centro ad alta concentrazione turistica con varie guesthouse, ville e hotel di lusso. La spiaggia è ampia e scura e con la bassa marea sulla battigia affiorano rocce coperte di alghe. C'è una splendida vista che spazia fino a Nusa Lembongan e diversi caffè tra cui il **Locas Waroeng**, che si trova proprio sulla sabbia.

Pantai Lebih si trova nei pressi della litoranea ed è caratterizzata da un tipo di sabbia scintillante per la presenza di granuli di mica. Barche da pesca costeggiano la battigia e l'aria è pervasa dall'odore di pesce grigliato che proviene da un gruppetto di *warung* fronte mare specializzati nella cucina di pesce, ottimi per un pranzo.

Il meglio della cultura e della gastronomia

Pregiati tessuti ikat e batik indonesiani sono in mostra presso **Masa Masa**, nei cui negozi sono esposti anche splendide collezioni di stoffe, vestiti, stampe storiche e oggetti di antiquariato. All'interno della Galeri Wastraku vi sono installazioni magistralmente curate che illustrano aspetti della cultura locale. C'è anche un arioso bar che serve pranzi informali e cene eleganti. In alcune serate si tengono spettacoli di musica dal vivo, che spaziano dal jazz all'acustica.

Un vino sorprendentemente pregiato

Situata nei pressi della litoranea, l'enoteca **Sababay Winery** produce un vino che supera ogni aspettativa considerando che la produzione vinicola è ritenuta incompatibile con i climi tropicali. Immerso in una serie di giardini, il complesso vanta un elegante bar all'aperto, un negozio e un impianto produttivo dove viene spiegato in che modo le uve coltivate a Bali settentrionale vengono trasformate nelle 14 varietà di vino Sababay, tra cui l'eccellente Rosso Riserva 2020.

Sidemen

DA KLUNGKUNG: **25 MIN**

Pausa in mezzo alla natura

Qualsiasi passeggiata si intraprenda da Sidemen vi catapulterà a contatto con la natura. La strada che conduce a questo villaggio in cima a una collina si snoda attraverso una delle valli più belle di Bali e regala incantevoli paesaggi rurali, tra distese di risaie e scorci del Gunung Agung, la cui sagoma si staglia a nord-est. Le persone vengono qui per godersi la campagna rilassandosi in guesthouse e hotel di basso profilo (quasi tutti dotati di opzioni per mangiare). Le notti possono essere fresche e nebbiose.

MIGLIORI CASCATE DI BALI ORIENTALE

In lingua indonesiana 'cascata' si dice *air*. L'accesso a diverse cascate richiede il pagamento di un biglietto, con guida.

Air Terjun Jagasatru
Uno stretto ruscello si tuffa in una vasca nascosta; si raggiunge tramite scalini.

Air Goa Giri Campuhan
Attraversate una risaia e alcune grotte fino a una serie di cascate tra gigantesche pietre.

Air Tukad Cepung
Un sentiero che attraversa la foresta conduce a ripidi gradini che discendono verso un angusto canyon e verso la cascata.

Air Goa Raja
Una natura lussureggiante fa ombra a un sentiero sopra ponti per poi discendere verso una cascata molto alta.

Air Gembleng
Salite su piattaforme da dove ammirare il paesaggio sopra le cascate.

MANGIARE NELLA REGIONE DI SIDEMEN: LA NOSTRA SCELTA

Warung Melita: *Bale* (padiglione all'aperto) in riva al fiume all'interno del Darmada Eco Resort; propone piatti balinesi e occidentali. $$

Warung Dapur Kapulaga: Locale situato di fronte alla Villa Alamdhari. Propone un menu biologico che include piatti occidentali e balinesi. $$

Joglo D'Uma: Ristorante con vista sulle risaie; il cibo è adattato ai gusti dei turisti con condimenti non eccessivamente piccanti. Ottime le arachidi. $$

9am coffee and eatery: Il nome la dice tutta, è il posto migliore di Sidemen per un buon caffè e uno snack per prepararsi a una giornata di camminate in risaia. $

VISITARE IL BESAKIH

- Il prezzo del biglietto include un tour guidato, ma si può anche fare a meno della guida poiché la qualità dei servizi offerti non è uniforme. Elargite una mancia solo se soddisfatti.
- Una volta entrati nel complesso, potreste incontrare qualcuno del posto che vi inviterà a 'pregare con lui'. I visitatori che approfittano di questo invito per entrare in un tempio chiuso al pubblico potrebbero essere costretti a sborsare parecchi soldi.
- La gente del posto potrebbe provare a darvi delle offerte; se le accettate vi verrà richiesto di corrispondere il pagamento di una certa somma. Non è necessario portare offerte nei templi.
- Il noleggio del sarong e della fusciacca è compreso nel prezzo del biglietto.
- Per evitare di camminare 600 m passando davanti ai negozi di souvenir mentre guadagnate l'uscita, scendete a valle a bordo di una navetta elettrica.

Passeggiata a Sidemen

In questa valle dalle mille sfumature di verde, solcata da numerosi canali di irrigazione integrati nel sistema *subak*, ci sono diversi sentieri che attraversano le risaie e i campi di peperoncino. Uno di questi comporta una spettacolare ascesa di tre ore (andata e ritorno) al **Pura Bukit Tageh**, un tempio piccolo ma molto panoramico. Verso est, seguite la scia di profumi tipici della fermentazione fino a raggiungere il villaggio di **Tri Eka Buana**, un centro per la distillazione tradizionale dell'*arak*, il liquore tipico di Bali ricavato dalla linfa delle palme.

Pura Besakih

DA KLUNGKUNG: **45 MIN**

Il tempio più sacro di Bali

Arroccato sulle pendici del Gunung Agung a quasi 1000 m di altitudine, il **Pura Besakih** è il tempio più importante di Bali. È un vasto complesso costituito da 23 diversi templi collegati tra loro (il termine '*besakih*' deriva dal sanscrito e significa 'santuario'). Qui arrivano in processione gruppi di fedeli provenienti da vari villaggi per partecipare a cerimonie, ricevere benedizioni e rifornirsi di acqua sacra per i propri templi. Nei giorni di nebbia, i nerissimi *meru* che si stagliano verso il cielo sono spettacolari. Il tempio più antico, il **Pura Penataran Agung**, è consacrato al dio Shiva e come molti altri templi di questa zona non è sempre aperto al pubblico, anche se è consentito passeggiare in mezzo ai vari luoghi sacri.

Nel 2022 è stata completata la costruzione di un'enorme autorimessa nuova di zecca che sembra quella di un aeroporto. Le visite sono regolate da nuove procedure volte a limitare i problemi che per anni hanno assillato i turisti ma che purtroppo permangono. Il lato positivo è che ora si può salire al tempio tramite un servizio di navette elettriche.

Gunung Agung

DA KLUNGKUNG: **45-75 MIN**

Scalare il vulcano

La montagna più alta e più venerata di Bali, il Gunung Agung, noto come 'l'ombelico del mondo' e 'la montagna madre', è un maestoso vulcano che nelle giornate di cielo limpido è visibile da gran parte del territorio di Bali meridionale e Bali orientale. Secondo molte fonti è alto 3142 m, mentre la cima consiste in un cratere di forma ovale largo circa 700 m.

Durante la scalata si attraversa una verdeggiante foresta e si viene ripagati con vedute panoramiche (all'alba). Il momento migliore per affrontarla è durante la stagione secca (da aprile a settembre); i mesi più affidabili vanno da luglio a settembre. In altri periodi i sentieri possono essere scivolosi e pericolosi e i panorami sono ostruiti dalle nuvole. A causa di comportamenti scorretti da parte dei turisti sono in corso trattative per discutere se chiudere l'accesso al Gunung Agung, perciò, prima di organizzare la scalata, accertatevi che il vulcano sia ancora avvicinabile. I due sentieri escursionistici più gettonati passano dal **Pura Pasar Agung Sebudi**

PHRAISOHN SIRIPOOL/SHUTTERSTOCK ©

Pura Besakih

(sulle pendici meridionali; la salita dura circa quattro ore) e dal Pura Besakih (p236; sul versante sud-occidentale della montagna; la salita dura sei ore). La prima opzione è la più breve ed è anche quella con meno deviazioni poiché il tempio si trova ad alta quota (circa 1550 m). La seconda opzione, che inizia a 900 m di quota, è molto più impegnativa ed è adatta solo ai più allenati.

Molti degli alloggi della zona, tra cui quelli di Selat, Tirta Gangga e lungo la strada per Sidemen, vi consigliano quali guide ingaggiare. Noi ve ne segnaliamo due: **Wayan Tegteg** (08133852 5677; facebook.com/wayan.tegteg.7) e **I Ketut Uriada** (0812 364 6426; ketut.uriada@gmail.com).

Il miglior museo di Bali

Il **Samsara Living Museum**, situato nel villaggio rurale di Jungutan e gestito dalla comunità locale, rappresenta una finestra sulla cultura balinese. I visitatori sono accolti da volontari che illustrano i 14 eventi cerimoniali che scandiscono la vita balinese e offrono dimostrazioni pratiche su vari temi tra cui la musica gamelan, la distillazione dell'*arak*, il caffè, la realizzazione delle offerte e molto altro.

Non è raro che una visita di due ore si trasformi in una di tre o anche più: sedersi vicino alle donne del villaggio e osservarle mentre realizzano diversi tipi di donazioni senza alcuno sforzo apparente è un'esperienza molto suggestiva. Il museo si trova a un'ora di macchina da Klungkung e a circa mezz'ora da Amlapura.

GUNUNG AGUNG: PRONTO A ESPLODERE?

Nel novembre del 2017 il Gunung Agung ha eruttato in maniera spettacolare: le ceneri riversatesi nella regione hanno inflitto ingenti danni spingendo migliaia di residenti a evacuare e causando la chiusura dell'aeroporto di Bali. Tra il 2018 e il 2019 si sono verificate altre eruzioni di minore entità. Per quanto dannosa, l'attività vulcanica segnala che quello che è considerato il centro spirituale dell'isola non è una placida montagna ma un vulcano attivo che può risvegliarsi in qualsiasi momento e costituire un serio pericolo. I balinesi più anziani si ricordano ancora con orrore della catastrofica eruzione del 1963 che uccise tra le 1000 e le 2000 persone distruggendo interi villaggi, tanto che 100.000 residenti persero le proprie abitazioni. Per un po' di tempo Bali orientale rimase isolata per la presenza di fiumi di lava che continuavano a colare in mare; e le ceneri arrivarono a lambire anche Giacarta.

Padangbai

LOCALITÀ BALNEARE | AVVENTURE SUBACQUEE | SNODO DEI TRASPORTI

TRASPORTI LOCALI

Padangbai è un importante snodo per i traghetti. Lombok è raggiungibile con le navi lente che arrancano sotto il peso dei camion sovraccarichi, molti dei quali in transito tra Giava e Nusa Tenggara.

Le imbarcazioni veloci per Lombok e le Gili salpano da un molo distinto, sul lato est del porto. Anche la nave-traghetto che collega Nusa Penida parte da Padangbai ed è la prescelta da chi viaggia con moto al seguito.

I trasporti via terra sono limitati: molti biglietti per le navi veloci includono il trasferimento. In alternativa, muovetevi in autonomia, soprattutto se interessati alle attività subacquee.

IL CONSIGLIO

Se siete in attesa di una barca, per mangiare e bere allontanatevi il più possibile dai moli.

Padangbai è un importante porto commerciale da cui salpano i traghetti pubblici per Lombok, e le imbarcazioni veloci dirette alle Isole Gili, a Lombok e a Nusa Penida. Nel tardo pomeriggio, quando il traffico marittimo comincia a scemare, l'atmosfera si distende: i turisti passeggiano per il lungomare e stazionano nei caffè per backpacker e nei ristoranti. Quando la luna si riflette sulla baia, l'atmosfera ha un che di romantico. L'offerta di strutture ricettive comprende accattivanti ostelli, guesthouse un po' dimesse e un paio di discreti resort. Più a est si trova la cittadina di Candidasa con una serie di hotel piuttosto tranquilli; in particolare, quelli situati lontano dalla strada offrono soggiorni all'insegna del relax. La spiaggia di sabbia bianca di Pantai Pasir Putih compensa la mancanza di spiagge sabbiose nel resto della zona.

Sulla sabbia

Le spiagge più belle a portata di mano

I negozi di articoli subacquei e le guesthouse situate all'estremità orientale di Padangbai, lungo Jl Silayukti, si affacciano su una lunga striscia di sabbia che sarebbe molto più allettante se non fosse per i numerosi traghetti che rumoreggiano al largo. A ogni modo, resta sempre un buon posto per rilassarsi e leggere un libro. Sul lato opposto del promontorio orientale di Padangbai, a circa 500 m di cammino dal centro, c'è **Blue Lagoon Beach**, una piccola spiaggia sabbiosa con un paio di *warung* e onde morbide, adatte alle famiglie.

Immersioni e snorkelling

Avventure subacquee per tutti

Padangbai è uno dei principali centri di snorkelling e diving di Bali, e su Jl Silayukti, di fronte alla spiaggia, ci sono diversi centri immersioni e negozi a tema. Le barriere coralline che la circondano sono interessanti nonostante l'acqua un po' fredda e la visibilità non sempre ideale. I punti per le immersioni più popolari sono la **Blue Lagoon** e **Teluk Jepun** (la baia di Jepun); entrambi si trovano a Teluk Amuk, subito a est di Padangbai. Troverete coralli morbidi e duri e una variegata vita marina.

DA VEDERE
1 Blue Lagoon Beach

PERNOTTAMENTO
2 Bamboo Paradise
3 Bloo Lagoon Eco Village

PASTI
4 Bloo Lagoon Restaurant
5 Warung Tepi Segara
6 Zen Inn

LOCALI E VITA NOTTURNA
7 Omang Omang

L'antico villaggio di Tenganan

Dimora degli Aga

Il villaggio di Tenganan è la dimora degli Aga, i discendenti degli antichi balinesi che popolavano l'isola prima dell'arrivo dei Majapahit nell'XI secolo. Visitando il centro circondato da mura potete osservare le abitazioni tradizionali in un ambiente privo di veicoli a motore grande appena 500x250 m. Al vostro arrivo sarete accolti da una guida che vi accompagnerà a fare un giro.

Rilassarsi su una spiaggia di sabbia bianca

Una rarità su quest'isola

Su un'isola in cui quasi tutte le spiagge sono dorate, scure o color carbone, la spiaggia di sabbia bianca di **Pantai Pasir Putih** è l'ideale per passare una bella giornata all'aperto. I caffè affittano lettini e le onde non sono troppo alte. Ci sono due vie d'accesso dalla litoranea: quella classica sul lato est vicino a **Perasi** termina presso un parcheggio con un lungo e ripido sentiero che scende fino alla sabbia, mentre quella più nuova, sul lato ovest, inizia presso il villaggio di **Bugbug**.

CONSIGLI PER IL PORTO DI PADANGBAI

- Acquistate i biglietti per i traghetti veloci online.
- Ignorate chi in motorino si accosta ai veicoli propinando biglietti, escursioni e terreni in vendita.
- Acquistate i biglietti per i traghetti pubblici presso lo sportello ufficiale.
- Chiunque si offrirà di trasportare il vostro bagaglio da o sul traghetto si aspetterà di essere pagato.
- Ignorate i bagarini che cercano di abbinare la traversata con trasporti costosi. Avvaletevi dei trasferimenti compresi.
- Gli imbarcaderi possono essere movimentati per cui viaggiate leggeri.

MANGIARE E BERE A PADANGBAI: LA NOSTRA SCELTA

Zen Inn: Nascosto dietro all'imbarcadero dei traghetti pubblici, questo caffè serve piatti della cucina occidentale e rimane aperto fino a tardi. $

Omang Omang: Caffè e musica dal vivo in un locale perfetto per rilassarsi dopo una giornata in spiaggia. Ha uno stuolo di clienti affezionati. $

Bloo Lagoon Restaurant: Vale la pena camminare un po' per raggiungere questo ristorante che propone buonissimi piatti di pesce, pizze e pietanze locali. $$

Warung Tepi Segara: L'unico locale sull'acqua; serve piatti di pesce balinesi ricchi di aglio; di sera le luci dei traghetti creano un'atmosfera suggestiva. $$

Amlapura

PALAZZI SULL'ACQUA | CULTURA BALINESE | MAGNIFICHE ESCURSIONI

TRASPORTI LOCALI

Le mete sono sparse su un'area molto ampia e per visitarle c'è bisogno di un veicolo. Potrete fare belle passeggiate, in particolare a Tirta Gangga. Per fortuna qui il traffico è più scorrevole. L'estremità dell'isola non è servita da trasporti pubblici, perciò dovete organizzarvi. Un'escursione molto gettonata – e molto lunga – con partenza da Bali meridionale e Ubud include una sessione di snorkelling a Tulamben con una capatina a Tirta Gangga e al Taman Ujung.

Amlapura è il capoluogo del distretto di Karangasem e il principale centro sulla punta orientale di Bali. Oltre a essere il più piccolo tra i capoluoghi di distretto dell'isola, è una località multiculturale dove risiedono musulmani e cinesi. La famiglia reale che un tempo governava la regione fece costruire diversi palazzi, tre dei quali oggi visitabili: il palazzo reale principale all'interno della città e due palazzi sull'acqua che sorgono nelle vicinanze. Questi edifici sono una testimonianza del periodo tra la fine dell'Ottocento e l'inizio del XX secolo, quando il regno di Karangasem era all'apice del suo splendore.

A Tirta Gangga ci sono un tempio sacro, alcuni fantastici giochi d'acqua e interessanti scorci sulle risaie e sul mare. È una zona costellata di splendidi sentieri escursionistici e vanta un ristorante di alto livello, il Bali Asli. Più avanti lungo la costa si trovano il Taman Ujung, l'altro palazzo sull'acqua, e la tranquilla Baia di Jasri, con spiagge e ville disponibili per l'affitto.

Il palazzo più sontuoso di Bali

La bellezza nel cuore di Amlapura

Entrando nel complesso del **Puri Agung Karangasem**, risalente all'Ottocento, si oltrepassano una serie di pannelli scolpiti e un impressionante **cancello** (tutte le entrate sono rivolte a est). L'edificio principale di questo complesso un po' dispersivo è noto come **Maskerdam** (Amsterdam), in quanto fu costruito dagli olandesi per ricompensare il regno di Karangasem che aveva accettato di sottomettersi al dominio coloniale. Non perdete le foto d'epoca.

Noto palazzo sull'acqua

A spasso per il Taman Ujung

Il complesso del **Taman Ujung** è una location molto apprezzata per le fotografie matrimoniali e le passeggiate romantiche. Si trova a sud di Amlapura e risale al 1921, anno

IL CONSIGLIO

Per pranzo, nel centro di Amlapura ci sono alcuni semplici *warung* nei pressi del *pasar* (mercato). Vicino ai parcheggi di Tirta Gangga ci sono *warung* e caffè con menu turistici.

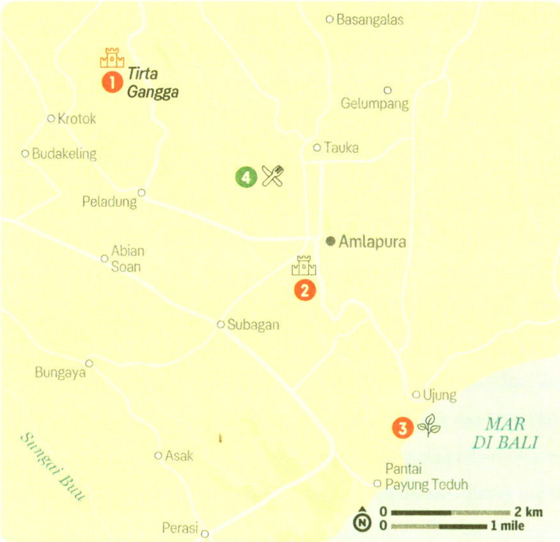

in cui l'ultimo re di Karangasem terminò la costruzione di un grandioso palazzo sull'acqua. Ampiamente distrutto da un terremoto avvenuto nel 1979, nel corso degli anni è stato ricostruito. Curatissimi **giardini** circondano ampie piscine, ponti e padiglioni; il tutto è visitabile in una mezz'oretta.

Suggestivo palazzo sull'acqua

Divertirsi a Tirta Gangga

Situata a nord-ovest di Amlapura, la cittadina di **Tirta Gangga** (Acqua del Gange) è la sede di un *taman* (giardino) costruito nel 1946 per compiacere l'ultimo raja di Karangasem e vanta alcuni scorci sulle risaie terrazzate di Bali orientale. Il palazzo sull'acqua occupa un'area di 1,2 ettari e rappresenta una testimonianza affascinante della Bali di un tempo, in coppia con il Taman Ujung. Ammirate gli 11 livelli della **fontana Nawa Sanga**, in cui si riscontra l'influenza degli architetti cinesi che contribuirono a progettare il giardino.

Escursioni nei dintorni di Tirta Gangga

Paesaggi e panorami spettacolari

Un'escursione fra le colline che sovrastano Amlapura e Tirta Gangga trasporta lontano dalla frenesia delle località turistiche di Bali. Il lembo orientale dell'isola pullula di corsi d'acqua che si snodano attraverso risaie e foreste tropicali che si aprono all'improvviso. Tra scorci panoramici che spaziano da Lombok a Nusa Penida e distese di risaie terrazzate color smeraldo che digradano fino al mare, c'è l'imbarazzo della scelta.

È consigliabile ingaggiare una guida che possa aiutarvi a pianificare gli itinerari e portarvi a vedere siti che altrimenti non sareste mai in grado di scovare. Per un consiglio,

DA NON PERDERE
1 Tirta Gangga

DA VEDERE
2 Puri Agung Karangasem
3 Taman Ujung

PASTI
4 Bali Asli

FAMIGLIA REALE DI KARANGASEM

La famiglia reale di Amlapura governò la reggenza di Karangasem con sagacia e scaltrezza. Con la conquista dell'isola di Lombok, nel XIX secolo, il regno si arricchì ulteriormente. Nel corso degli anni '90 dell'Ottocento, mentre gli olandesi consolidavano il dominio su Bali e sulla regione di Karangasem, la famiglia reale negoziò accordi con gli olandesi affinché la reggenza venisse considerata un protettorato (gli olandesi facilitarono la costruzione del Puri Agung Karagansem come regalo). Prima dell'avvento della repubblica, l'ultimo sovrano di Karangasem – I Gusti Bagus Jelantik – spese le proprie ricchezze nella costruzione dei sontuosi palazzi sull'acqua, tra il 1908 e il 1950.

SUN_SHINE/SHUTTERSTOCK ©

Tirta Gangga (p241)

informatevi presso il vostro alloggio. Noi vi segnaliamo due guide: **Komang Gede Sutama** (0813 3877 0893) ha una buona reputazione; **I Wayan July** (0813 3775 3297) conduce emozionanti tour in bicicletta della durata di tre ore.

Festa per il palato

Il ristorante Bali Asli e la scuola di cucina

Situato alle pendici del Gunung Agung, vicino ad Amlapura, il villaggio agricolo di Gelumpang ospita il ristorante **Bali Asli**, gestito dalla chef australiana Penelope Williams, che offre un'esperienza culinaria di altissimo livello. In lingua balinese il termine 'Asli' indica tutto ciò che viene realizzato in maniera tradizionale, e di cose tradizionali ce ne sono moltissime in questo locale. Il menu di cucina balinese varia ogni giorno in base ai prodotti freschi reperibili presso il *pasar* (mercato) o coltivati nell'orto del ristorante. Di giorno, nelle risaie terrazzate si tengono **lezioni di cucina** ed **escursioni**.

Dintorni di Amlapura

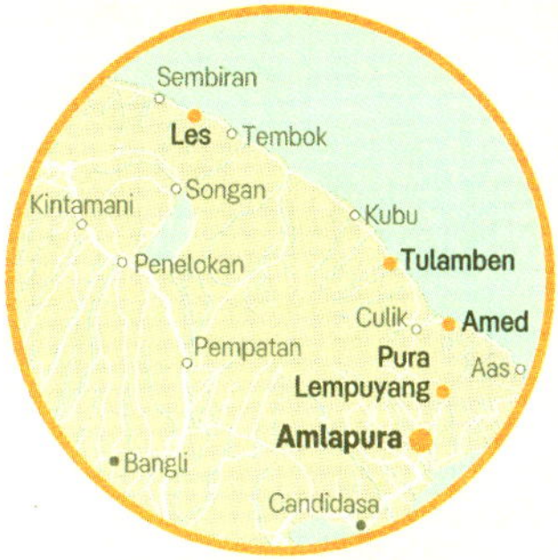

Le gioie pacate di Amed contrastano con i piaceri subacquei di Tulamben e i territori ancora inesplorati della parte nord-orientale di Bali.

La costa che si estende a nord e a est di Amlapura è piena di contrasti. Il gruppo di villaggi zeppi di hotel chiamato Amed è una zona molto gettonata per trascorrere lunghe giornate di relax sotto il sole. Tulamben, nelle vicinanze, è anch'essa una meta popolare, più che altro per gli sport subacquei data la presenza di un famoso relitto al largo. Da qui il flusso turistico e il paesaggio si fanno più rarefatti e i pendii collinari semiaridi ospitano umili villaggi. Alcune località cercano di far leva sul turismo per assicurarsi un futuro sostenibile. Les, un tranquillo centro situato nell'estremo nord-est di Bali, propone attività interessanti lungo la costa e nell'entroterra.

Località

Amed e l'estrema costa orientale

DA AMLAPURA: **50 MIN**

Una fuga rilassante

Il tratto di costa semiarida che si estende da Amed all'estrema punta orientale di Bali vicino a Kusambi è chiamato genericamente 'Amed' e attrae numerosi visitatori grazie a una serie di località affacciate su piccole baie frastagliate dove colorate barche da pesca sono allineate sulle spiagge di sabbia grigia. La zona è caratterizzata da un'atmosfera rilassata e stravagante e si possono praticare immersioni e snorkelling.

L'intero litorale, lungo 15 km, è punteggiato di resort dotati di yoga *shala*, infinity pool e ristoranti all'aperto. L'offerta di alloggi comprende quasi tutte le fasce di prezzo ed è rivolta a visitatori con vari tipi di interessi e gusti. Ci sono diving resort, alloggi dove ci si può dedicare alle attività di benessere e alla meditazione e decine di hotel e guesthouse.

Molte sistemazioni sono dotate di ristoranti o caffè, alcuni dei quali di livello notevole. I villaggi di Amed e Jemeluk costituiscono il fulcro della scena gastronomica e le opzioni vegane e vegetariane sono molto diffuse. Molti visitatori si recano ad Amed con l'intenzione di trattenersi non più di un paio di giorni ma una volta a contatto con i ritmi distesi della vita locale finiscono per prolungare il loro soggiorno.

TRASPORTI LOCALI

Amed è raggiungibile con due itinerari, uno che passa per Amlapura e Tirta Gangga e un altro che parte da sud costeggiando il litorale. Nella regione di Amed sono stati effettuati interventi per rimettere in sesto la carreggiata e realizzare marciapiedi per facilitare i pedoni. Le località a nord di Amed sono raggiungibili tramite la litoranea, che si mantiene parallela alla costa inarcandosi verso la parte nord-orientale e settentrionale di Bali.

MIGLIORI CENTRI YOGA DI AMED

Blue Earth Village
Dispone di una *shala* di bambù sopraelevata con vista sul Gunung Agung e sulla Baia di Jemeluk; offre lezioni di hatha yoga.

Ocean Prana Freediving
Propone lezioni di yoga a Jemeluk, frequentate da chi pratica le immersioni in apnea, per regolare la respirazione.

Life in Amed
Hotel in stile new age situato a Lehan con una yoga *shala*; offre lezioni aperte sia agli ospiti che agli esterni.

Buddha Sunset Yoga
All'interno del Meditasi resort di Aas; le lezioni di meditazione e yoga si tengono in un locale rivolto a est che dà il meglio di sé all'alba.

Green Leaf Cafe
È un punto di riferimento per lo yoga a Jemeluk, frequentato da chi pratica le immersioni in apnea.

Attività subacquee

Lungo la costa vi sono eccellenti opportunità per lo **snorkelling**. Jemeluk è un'area protetta dove, a soli 100 m dalla spiaggia, si possono ammirare coralli vivi e un'incredibile quantità di pesci. I giardini di coralli e i variopinti animali marini di Selang sono il pezzo forte di questa località. Dell'ormai celebre **relitto del peschereccio giapponese** a Banyuning è rimasto poco più di un mucchietto di detriti lignei.

Ci sono anche buoni siti per immersioni al largo di Jemeluk, Lipah e Selang con pareti a picco e distese di coralli morbidi e duri e moltissimi pesci. Alcuni siti sono accessibili direttamente dalla spiaggia, mentre altri tramite un breve tragitto in barca. Il relitto del *Liberty*, al largo di Tulamben (p244) si trova a soli 20 minuti di auto dalla cittadina.

Onnipresente yoga

Gli appassionati di yoga adorano Amed perché presenta una pletora di centri di yoga e *shala*. Molti hotel, caffè e persino negozi di diving offrono lezioni, corsi e laboratori di yoga, anche in versioni più spirituali.

Pura Lempuyang

DA AMLAPURA: **30 MIN**

Verso il cielo

Il **Pura Lempuyang**, uno degli importanti templi direzionali di Bali, è un complesso di sette templi arroccati sulla ripida parete montuosa del **Gunung Lempuyang** (1508 m), gemello del vicino **Gunung Seraya** (1175 m). Insieme, le due montagne di basalto formano le caratteristiche vette gemelle che si stagliano sopra Amlapura a sud e Amed a nord. Dal complesso si gode di un'ampia vista sulla regione di Bali orientale, un meraviglioso mosaico di sfumature di verde. Per visitare tutti e sette i templi calcolate quattro ore; il percorso prevede 2900 gradini.

Tulamben

DA AMLAPURA: **50 MIN**

Esplorare un relitto sommerso

La principale attrazione di Tulamben è affondata più di 80 anni fa. Il relitto del ***Liberty*** è uno dei siti di immersione più famosi di Bali e ha contribuito a trasformare quello che un tempo era un villaggio di pescatori in una località balneare dedita al diving. Anche chi fa snorkelling può raggiungere a nuoto il relitto (si trova a soli 50 m dalla riva) la cui poppa si eleva dalle profondità a soli 5 m dalla superficie del mare. La nave presenta parecchie incrostazioni coralline e brulica di pesci variopinti,

MANGIARE NEI DINTORNI DI AMED: LA NOSTRA SCELTA

Green Leaf Cafe: Caffè rilassato sulla spiaggia di Jemeluk; il menu (di buon livello) comprende opzioni vegetariane, vegane, senza glutine e bevande officinali. $

Wawa-Wewe I: Bettola da backpacker un po' datata ma vivace, situata a Lipah. Apre tardi, a volte anche alle 23. Alcune sere ospita concerti di musica dal vivo. $

Warung Enak: Piatti balinesi, cucinati con ingredienti biologici, tra cui l'*ikan kare (*pesce al curry) e il budino di riso nero. Si trova ad Amed. $$

Green Coco Warung: Menu per turisti. La mattina serve pancake alle banane e allettanti cibi balinesi; in seguito il menu propone piatti a base di curry e pesce. $$

DUDAREV MIKHAIL/SHUTTERSTOCK ©

Il relitto del *Liberty*, Tulamben

oltre che di sub per buona parte della giornata. Lo scafo della nave è spezzato in più tronconi e le parti più interessanti si trovano tra i 15 e i 30 m di profondità. Anche le **barriere coralline** che circondano la costa richiamano molti turisti.

Les

DA AMLAPURA: **1 H 30 MIN**

Cascate vertiginose e bagni

L'**Air Terjun Yeh Mampeh** (Cascata di Les), una cascata alta 40 m, si trova a 2,5 km dalla litoranea. Cercate il cartello che recita 'Welcome to waterfalls' (benvenuti alle cascate). Dà il meglio di sé tra dicembre e febbraio, durante il picco della stagione delle piogge. Dal parcheggio si impiegano 20 minuti a piedi; le guide disponibili sul posto possono accompagnarvi in **escursioni** più lunghe lungo pendii lussureggianti.

Nel villaggio di **Tejakula**, 4 km a nord-ovest, potete visitare il **Kayoan Tejakula** (Bagno di Tejakula). Le aree di balneazione si trovano dietro muri sovrastati da file di statue e decorazioni appariscenti, a 100 m dalla litoranea.

Pasti sopraffini e altro ancora

Jero Mangku Yudi è cresciuto a Les manifestando ben presto la passione per la cucina. Ha poi aperto un popolarissimo ristorante a Bali meridionale ed è diventato uno chef di grido lavorando per la TV indonesiana. La nostalgia di casa lo ha spinto a trasferirsi di nuovo nel 'recinto' familiare che ha poi trasformato in un ristorante e in un centro culturale, il **Dapur Bali Mula**, dove si possono preordinare pranzi e cene in stile balinese. Yudi è un mago delle tecniche tradizionali di fermentazione dell'*arak* e offre **lezioni di cucina**. Presto saranno disponibili camere per gli ospiti e nella zona si potranno prenotare diverse attività.

AREA TURISTICA DI AMED

L'area nota con il nome di 'Amed' inizia con il **villaggio di Amed** per poi allargarsi inglobando tre baie vicine dove sorgono altrettanti villaggi di pescatori: **Jemeluk**, che vanta un'animata via turistica; **Banutan**, dove ci sono una spiaggia e alcuni promontori; **Lipah**, dove è presente una vivace serie di bar. Lo sviluppo turistico ha continuato la sua corsa incorporando **Lehan**, **Selang**, **Banyuning**, **Aas** e **Kusambi**. I villaggi sono piccole oasi ai piedi di colline semiaride.

Per trovare una sistemazione, potete scegliere tra questi e i promontori soleggiati che li delimitano. La prima opzione consente di alloggiare direttamente sulla spiaggia e avere un assaggio di vita locale, la seconda regala panorami mozzafiato e solitudine.

Munduk

SPETTACOLARI CASCATE | TREKKING SUGGESTIVI | PANORAMI

Molto prima che gli olandesi fondassero la località collinare di Munduk sfruttando il clima della zona, questi incantevoli altopiani erano stati colonizzati dagli antichi balinesi, i quali, secondo una leggenda, erano fuggiti da un'invasione di formiche. Comunque siano andate le cose, Munduk e i suoi splendidi dintorni sono ancora oggi il posto ideale dove fare una vacanza. Le colline ammantate di piantagioni di chiodi di garofano, noce moscata, caffè e cacao, che si estendono fino all'oceano sono meravigliose. Nascosti fra gli alberi ci sono una serie di bei lodge e strutture a conduzione familiare. Le risaie terrazzate di questa regione sono costellate di sentieri. Munduk vanta inoltre una rete consolidata di guide esperte pronte a condividere aneddoti, leggende e le affascinanti tradizioni culinarie e mediche della zona.

TRASPORTI LOCALI

Il modo migliore per esplorare Munduk e le colline circostanti è spostarsi a piedi. Se intendete spingervi oltre (la costa settentrionale dista poco più di un'ora) affittate un motorino. Qualsiasi hotel può aiutarvi a organizzare un trasferimento in auto con conducente privato e i migliori autisti saranno anche in grado di farvi da guida. Meravigliosa la strada Antosari che da Pantai Soka, sulla costa occidentale di Bali, arriva fino a Pupuan attraversando graziose distese di risaie terrazzate, palmizi e cascate di bouganvillea.

Un sentiero profumato con fantasie floreali

Tra le piantagioni di spezie e il giardino botanico

Munduk è circondata da colline, foreste, risaie e piantagioni. I viaggiatori in cerca di una vacanza a contatto con la natura la scelgono come base per fare trekking alle cascate e sulle colline ammantate da fitte foreste. Sebbene in zona non manchino distese di foreste vergini, vi sono anche parecchie piantagioni di chiodi di garofano, noce moscata, caffè e cacao collegate ai villaggi, ai mercati e alle case coloniche tramite una rete di sentieri. In vari punti della città ci sono cartelli che segnalano la presenza di sentieri escursionistici diretti

MANGIARE NEI DINTORNI DI MUNDUK: RISTORANTI CON VISTA

Made's Munduk: Offre una selezione di squisiti pasti balinesi oltre il solito menu; il panorama abbraccia le piantagioni di chiodi di garofano di Munduk. $

Eco Café 2: Locale con vista sulle colline; serve piatti balinesi; i *lumpia* (involtini primavera) e i cocktail a base di *arak* (a prezzi stracciati) sono eccezionali. $

Ngiring Ngewedang: Appollaiato in cima alle colline di Munduk, il locale vanta una meravigliosa vista. $$

Munduk Moding Plantation: Prenotate un tavolo all'ora del tramonto vicino all'infinity pool e godetevi il panorama fino all'isola di Giava. $$

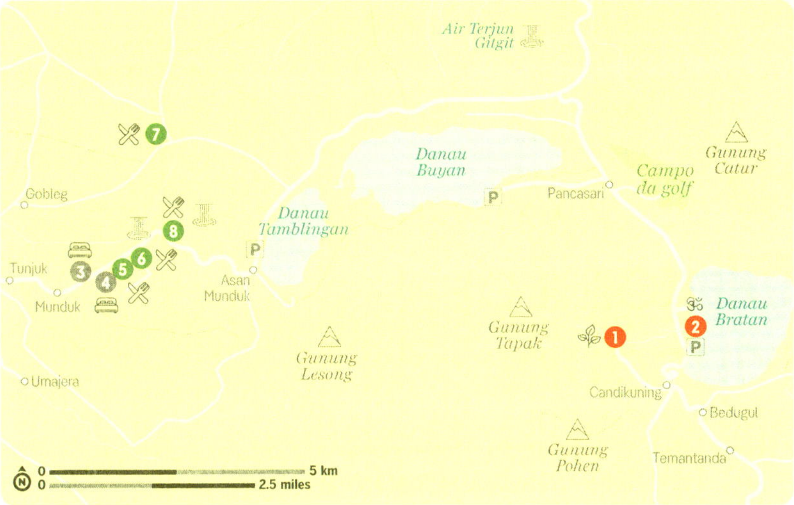

ad alcune delle cascate della zona; per avere una panoramica affascinante della storia e dello stile di vita locale, valutate l'idea di ingaggiare una guida (per trovarne facilmente una rivolgetevi a **Puri Lumbung Cottages**; purilumbung.com). Un osservatore non iniziato potrebbe pensare che i boschi di queste vallate siano distese di giungla incontaminata ma in realtà quasi ogni pianta possiede proprietà medicinali o è parte di una piantagione. Una guida può illustrarvi i meccanismi che anticamente regolavano la raccolta delle spezie e i metodi per la preparazione di alcuni ingredienti. Le temperature favorevoli di questi altopiani (che si aggirano tra i 20°C e i 25°C) rendono la zona ideale per i trekking. Dopo il Brasile, l'Indonesia è la nazione con il più alto tasso di biodiversità al mondo e il **Giardino Botanico di Bali**, conosciuto a livello locale con il nome di Kebun Raya Bali (kebunraya.id/bali), mette in mostra alcuni tesori floreali. Una visita completa può impegnarvi per una giornata intera ma, se avete poco tempo, noleggiate un mezzo e fate un giro veloce. Per rendere giustizia a questi ampi giardini calcolate minimo un'ora: con quasi 160 ettari di estensione, il giardino botanico più grande dell'Indonesia vanta ben 2400 specie di piante.

DA VEDERE
1 Giardino Botanico di Bali
2 Pura Ulun Danu Bratan

PERNOTTAMENTO
3 Puri Lumbung Cottages
4 Puri Sunny Guesthouse

PASTI
5 Eco Café 2
6 Made's Munduk
7 Munduk Moding Plantation
8 Ngiring Ngewedang

Uno dei templi più emblematici di Bali

Tempio sacro hindu in riva al lago

Il **Pura Ulun Danu Bratan**, tempio in riva al lago costruito intorno al 1634, è un importante luogo di culto per la popolazione balinese di fede hindu. È dedicato a Dewi Danu, la dea delle acque, ed è teatro di cerimonie volte a propiziare le risorse idriche per irrigare le risaie secondo un metodo chiamato *subak*. Con i suoi impressionanti *meru*, il giardino all'italiana e lo sfondo delle montagne riflesse nel lago, è un simbolo di Bali. Pur essendo un luogo di culto, intorno a esso è sorto un ingente business turistico, come testimoniano le bancarelle di souvenir, l'area giochi per bambini e i ristoranti.

IL CONSIGLIO

Pur essendo un'isola tropicale, a Bali le temperature non sono sempre alte; la notte scendono regolarmente sotto i 20°C. Mettete in valigia indumenti caldi, soprattutto se intendete partecipare a un'escursione nelle prime ore del mattino. Da queste parti il mese più freddo è agosto.

Dintorni di Munduk

Il cono fumante del Gunung Batur, con il suo lago e le distese di lava, è una delle meraviglie vulcaniche dell'Indonesia.

Località

Kintamani p248

TRASPORTI LOCALI

Per scalare il Batur potete ingaggiare una guida presso gli hotel e le strutture a conduzione familiare nei dintorni di Kintamani. Il personale può anche aiutarvi a organizzare il viaggio di ritorno. Le agenzie turistiche includono nel prezzo un servizio navetta con prelievo in hotel al mattino presto, disponibile in quasi tutta l'isola. Se vi trattenete più a lungo per esplorare la zona circostante, noleggiate un motorino.

La zona del Gunung Batur è una meraviglia geologica; il vulcano odierno emerge da una caldera formatasi durante un'eruzione avvenuta 30.000 anni fa. La cittadina di Kintamani costeggia il bordo meridionale del vulcano, con vista su un lago craterico, distese di roccia lavica e la cima del 'nuovo' (e ancora attivo) vulcano. Centinaia di visitatori arrivano nelle prime ore del mattino impazienti di salire in cima alla montagna per ammirare il panorama. Rispetto alla verdeggiante Munduk, questa zona è alquanto brulla e si respira un'atmosfera avventurosa, alimentata dalle forze incandescenti emesse dalle viscere della terra.

Kintamani

DA MUNDUM: **2 H 30 MIN**

Esplorare il Batur Geopark Museum

Il Gunung Batur è il protagonista del Batur UNESCO Global Geopark, un'area di 370 kmq rinomata per la sua importanza culturale e geologica e circondata da una vasta caldera residuo di un vulcano alto 3000 m. Le distese di lava arrivano fino al lago, alle abitazioni e ai terreni agricoli. Nelle immediate vicinanze del bordo meridionale della caldera sorge l'imponente **Batur Geopark Museum**, custode del patrimonio geologico e culturale della zona. L'esposizione illustra l'affascinante storia delle eruzioni vulcaniche e l'evoluzione del paesaggio.

Scalare un vulcano all'alba

L'ascesa al **Gunung Batur** è da sempre una delle escursioni più gettonate di Bali: ogni mattina, centinaia di alpinisti si mettono in marcia quando è ancora buio dandosi appuntamento all'alba in cima alla montagna. Nonostante il panorama spettacolare, l'esperienza in sé e per sé è tutt'altro che mistica per il gran numero di visitatori e la pericolosità del sentiero.

Gunung Batur

L'alba vista dal vicino **Gunung Abang** (2151 m), la terza vetta più alta di Bali, è anch'essa eccezionale, e ha il vantaggio di offrire un'emozionante solitudine.

La scalata del Gunung Abang comincia alle 3 del mattino e deve essere organizzata tramite un'agenzia locale (consigliamo **Bali Sunrise Trekking and Tour**) poiché il sentiero attraversa una fitta foresta ed è impegnativo. Anche se siete in buona forma fisica l'ascesa può richiedere fino a tre ore. Una volta in cima, sarete ripagati con panorami straordinari che spaziano dal Gunung Agung a est al Gunung Batur a ovest.

TEMPIO DI BATUKAU E RISAIE TERRAZZATE DI JATILUWIH

Eretto nell'XI secolo, il **Pura Luhur Batukaru** (spesso abbreviato in Batukaru) sorge in fondo a una strada solitaria che si snoda alle pendici del Gunung Batukaru. I fedeli hindu si fermano prima al Pura Jero Taksu, che funge da porta spirituale e materiale al Batukaru.

Caratterizzate da eleganti terrazzamenti simili a enormi impronte digitali, le **risaie di Jatiluwih** offrono i tipici panorami da cartolina di Bali. Quest'area di 195 kmq è stata dichiarata Patrimonio dell'Umanità dall'UNESCO poiché è qui che affondano le radici del *subak*, una complessa tradizione agricola (e religiosa) risalente al IX secolo. La zona può essere esplorata in autonomia.

MANGIARE A KINTAMANI: RISTORANTI CON VISTA

Ritatkala Cafe: Caffè chic con vista spettacolare sul Gunung Batur, il lago e la caldera. Provate il tè Batur (con un'infuso di chiodi di garofano e cannella). $$

Oculus: Questo ristorante possiede una terrazza sul tetto da cui si possono ammirare panorami del Batur, del lago e delle distese di lava. $$

Caldera: Ampio menu di piatti a prezzi abbordabili (dal *nasi goreng* all'anatra croccante, dalle pizze alle ciotole di riso) e un panorama incorniciato da finestre ad arco. $$

Okuta: Ristorante alla moda con piatti della cucina contemporanea asiatica. Cibo squisito, panorama fantastico e arredamento suggestivo. $$

Lovina

GIORNI QUIETI | NOTTI SOPORIFERE | SPIAGGE TRANQUILLE

TRASPORTI LOCALI

Partendo da Bali meridionale e passando per le montagne centrali, il tragitto per Lovina può richiedere dalle tre alle cinque ore. Molti usano un mezzo proprio o prenotano un trasferimento tramite la struttura in cui alloggiano.

Discendendo per i fertili pendii di Bali settentrionale si è immersi nel verde e ci si può fermare in vari punti per ammirare le cascate. In alternativa, raggiungete Lovina dalla costa orientale o da quella occidentale; in questo caso il viaggio si allunga ma consente di fare più soste. Dalla costa meridionale, sono disponibili navette turistiche.

Lovina dà il meglio di sé quando il sole lambisce l'orizzonte innescando un brillante spettacolo di colori. 'Rilassata' è l'aggettivo con cui molti descrivono il litorale punteggiato di strutture turistiche e villaggi di pescatori. Modesta, economica e priva di palazzoni, Lovina è l'antitesi di Canggu. Il mare è calmo, la spiaggia minuta, e non c'è traccia di turisti da Instagram. Lovina è una località molto soleggiata, con fazzoletti d'ombra sotto i palmeti. Ogni pomeriggio nei villaggi di pescatori come Antura si può assistere alla preparazione dei *prahu* (tradizionali canoe a bilanciere) per la pesca notturna. Mentre il tramonto incendia il cielo, le luci delle barche si scorgono all'orizzonte come tanti puntini luminosi. Anche se a Lovina non c'è molto da vedere, nelle vicinanze ci sono diversi templi, sentieri per il trekking, cascate torreggianti e il fascino urbano di Singaraja, situata 10 km più a est.

Passeggiare lungo le spiagge

Sabbia grigia e onde morbide

Le spiagge di Lovina sono costituite da sabbia grigia e nera di origine vulcanica; quelle situate vicino agli hotel sono quasi tutte pulite ma non sono un granché. Essendo protette da una barriera, il più delle volte le onde che arrivano a lambire la battigia non sono altro che semplici increspature.

Il fiore all'occhiello di Lovina è il **sentiero pedonale** asfaltato che corre parallelo alla spiaggia di Kalibukbuk compiendo un percorso circolare lungo la costa. Ammirate il panorama da cartolina che si staglia a ovest della costa rocciosa.

MANGIARE A LOVINA: LA NOSTRA SCELTA

Tanjung Alam: Una colonna di fumo si alza fra le palme di Kaliasem in questo ristorante sulla spiaggia, dove il piatto forte è il pesce alla griglia. $

Akar Cafe: In questo caffè vegetariano il verde la fa da padrone, in tutte le sue tonalità; provate gli smoothie biologici e il gelato artigianale. $

Buda Bakery: Situata dietro a Kalibukbuk, questa panetteria offre pane, dolci e altre leccornie. Il caffè serve piatti indonesiani e occidentali. $$

The Damai: Rinomato ristorante all'interno di un boutique hotel con vista sulla costa settentrionale. Il menu è variabile e comprende piatti biologici e di pesce. $$$

Tra le spiagge migliori si annoverano la principale, che si estende a est del sofisticato **Monumento al Delfino**, e il tratto di costa che disegna un arco un po' più a ovest. Cercate le zone in cui si gioca a pallavolo, dove l'atmosfera si fa davvero calda.

Tramonti spettacolari

Lo spettacolo gratuito di Lovina

Non perdete lo spettacolo del tramonto visto dal litorale, quando il cielo si tinge di sfumature arancioni e cremisi. Il migliore punto di osservazione è la zona in cui si trovano i **chioschi dei venditori di bevande** circa 150 m a nord-est del Monumento al Delfino. All'ombra degli alberi ci sono sedie, lettini e cuscini reclinabili adagiati sulla sabbia, con birra e bevande a buon mercato offerte da carismatici venditori. Nelle immediate vicinanze, in fondo a Jl Mawar, c'è un **molo** malandato che al tramonto viene preso d'assalto dai residenti.

Osservare i delfini

Avventure acquatiche mattutine

Una delle attrazioni turistiche più pubblicizzate di Lovina sono le escursioni in barca all'alba per vedere i delfini, a cui è stato addirittura eretto un monumento. Ci sono giorni in cui decidono di non farsi vedere, ma nella maggior parte dei casi si riesce ad avvistarne qualcuno. Il personale dell'hotel cercherà in tutti i modi di convincervi a partecipare. Le tariffe vengono fissate dal cartello dei proprietari delle imbarcazioni. Le escursioni cominciano alle 5.30 e durano circa due ore.

DA VEDERE
1 Monumento al Delfino
2 Molo

PERNOTTAMENTO
3 Lovina Beachhouse Villas

PASTI
4 Akar Cafe
5 Buda Bakery
6 Tanjung Alam

LOCALI E VITA NOTTURNA
7 Chioschi di venditori di bevande

IL CONSIGLIO

Evitate gli hotel sulla strada principale a causa del rumore incessante del traffico. Nei periodi di bassa stagione è possibile negoziare il prezzo – state attenti ai bagarini che cercheranno di truffarvi con prezzi maggiorati. Chiedete sempre di poter vedere le camere prima di prenotare poiché molti alloggi sono datati.

AREA TURISTICA DI LOVINA

La zona turistica di Lovina si estende per oltre 8 km ed è caratterizzata da vari villaggi che sembrano succedersi senza soluzione di continuità. L'attività sociale si concentra a **Kalibukbuk**, specie lungo Jl Bina Ria e Jl Mawar. Spostandosi verso est si incontra Jl Pantai Banyualit, un viale fiancheggiato da ville di modesta entità disponibili per l'affitto.

Circa 3 km a nord-est dal centro, alcuni sentieri secondari e Jl Kubu Gembong conducono al piccolo ma animato villaggio di **Anturan**. Più avanti, la tranquilla località di **Tukad Mungga** sembra un mondo a parte rispetto agli altri villaggi che formano l'agglomerato. **Kaliasem**, a ovest, è una buona opzione se siete alla ricerca di *warung* modesti e vecchie pensioncine sul mare.

A Lovina ci sono diversi caffè e ristoranti senza grosse pretese e alberghi adatti a chi viaggia con un budget limitato.

MANFRED BOHN/GETTY IMAGES ©

Delfini al largo di Lovina

Immersioni e snorkelling

Esplorare le barriere coralline di Lovina

Per esplorare al meglio la barriera corallina conviene immergersi in acque poco profonde; anche le immersioni notturne sono parecchio gettonate. Molti fanno base a Lovina per immergersi nei dintorni di Pulau Menjangan, a un'ora e mezza di auto in direzione ovest. L'acqua è limpida e alcuni tratti della barriera corallina sono buoni per lo snorkelling, benché il corallo sia stato danneggiato dallo sbiancamento e, in alcuni punti, dalla pesca con la dinamite. La zona migliore si trova 1,3 km a ovest, a poche centinaia di metri dalla costa.

Dintorni di Lovina

Tra escursioni e passeggiate in territori immersi nel verde, solcati da corsi d'acqua permanenti, città ricche di cultura come Singaraja, magici templi e rifugi in riva al mare.

Le cascate sono il fiore all'occhiello delle terre a sud di Lovina dove pendii montani di un verde incredibile si intervallano a burroni irrorati da scroscianti salti d'acqua. Fare trekking in questa zona è un piacere: l'aria è pervasa da suggestivi profumi, gli alberi sono carichi di frutti maturi e magici panorami spuntano a ogni angolo. La città di Singaraja, in particolare il vecchio porto, racchiude nei suoi musei e nei suoi edifici testimonianze della storia di Bali. La regione vanta una serie di templi, molti con decorazioni caratterizzate da dettagli sorprendenti. Il mare di Bali lambisce questo tratto di costa protetto dalla barriera corallina, mentre la cittadina di Seririt fa da porta d'accesso alle località balneari della costa e alle risaie dell'entroterra.

Località

Singaraja

DA LOVINA: **15 MIN**

Storico lungomare

Singaraja (che significa 're leone') è la seconda città di Bali per grandezza (conta 150.000 abitanti) e capoluogo della reggenza di Buleleng. Le sue strade alberate meritano una visita di un paio d'ore anche se molti viaggiatori stranieri alloggiano nella vicina Lovina. Presso il lungomare che si estende a nord di Jl Erlangga, si trova il suggestivo porto vecchio, dove potete farvi un'idea dell'aspetto di Singaraja prima della seconda guerra mondiale, quando era il principale porto di Bali. Il molo moderno presenta un paio di semplici caffè e alcuni venditori ambulanti. Oltre il parcheggio, cercate i palazzi che un tempo ospitavano gli uffici delle compagnie di navigazione olandesi. Uno di questi è stato restaurato e oggi è sede del piccolo **Museo Soenda Ketjil**, con esposizioni relative all'epoca coloniale e spiegazioni in inglese.

Sekumpul

DA LOVINA: **1 H**

Trekking alle cascate

Sei o sette cascate si gettano da pareti rocciose alte fino a 80 m in una valle ammantata da foreste di bambù. Note collettivamente come **Cascata di Sekumpul**, queste cataratte valorizzano un'ampia gola di una bellezza quasi mistica. L'aria

TRASPORTI LOCALI

Singaraja è servita da autobus a lunga percorrenza che partono da Giava e passano per Gilimanuk e da autobus di grandi dimensioni da Denpasar. In generale è consigliabile avere un mezzo proprio per esplorare in libertà. I taxi non sono molto diffusi ma potete prenotare un trasferimento tramite il vostro alloggio. Di solito le guide organizzano i trasferimenti per le escursioni. Spesso, vicino alle cascate e in altri luoghi con ripide salite, è possibile fermare un mototaxi (*ojek*) e farsi portare per un tratto.

TREKKING A LOVINA

Komang Dodik, guida escursionistica di Lovina. *lovina.tracking@ gmail.com*

Dopo un'escursione di tre ore nella foresta pluviale, amo rinfrescarmi nelle piscine naturali di **Air Terjun Aling-Aling**. Si tratta di un sito noto a molti, ma sono in pochi a sapere dell'esistenza di altre sette cascate vicino a Sambangan. Si può accedere alle piscine naturali usando alcune rocce a mo' di scivolo oppure ci si può tuffare dal punto più alto.

Durante le escursioni che organizzo nella foresta, mi piace raccogliere la frutta matura come le papaye mentre tutto intorno è un tripudio di colori e profumi: vaniglia, cacao, mangostani, frutti dell'albero del pane e persino durian. Inoltre beviamo latte di cocco fresco e i contadini ci offrono caffè di produzione locale. La mia escursione preferita dura sei ore e arriva fino a Munduk.

Cascata di Sekumpul

è pervasa dal profumo di spezie e frutti tra cui chiodi di garofano, cacao, jackfruit e mangostani e i sentieri si snodano nella valle da una cascata all'altra. Ci sono diverse entrate. Se arrivate da nord, il parcheggio si trova all'altezza di **Spice Warung**, da cui si può raggiungere a piedi il cancello di entrata camminando per 10 minuti lungo un sentiero ripido e tortuoso che costeggia alcuni corsi d'acqua. Per accedere ai sentieri diretti alle cascate occorre pagare una tariffa d'ingresso (circa 20.000Rp), in cui è compreso uno spettacolare **belvedere** a soli tre minuti di cammino dalla biglietteria. Alcune guide potrebbero provare a convincervi di aver bisogno dei loro costosi servizi ma che in realtà non sono necessari. C'è un'altra via d'accesso per chi arriva da sud, con parcheggio disponibile nei pressi di **Ananda Homestay**; anche in questo caso tenete presente le raccomandazioni relative alle guide.

In prossimità delle cascate, alcuni sentieri - spesso scoscesi e fangosi - si inerpicano intorno alla gola. Sul ciglio del burrone e in corrispondenza dei vari punti d'accesso sorgono hotel, guesthouse e bar dove acquistare bevande calde, l'ideale nei giorni freschi e nebbiosi.

Air Terjun Singsing

DA LOVINA: **15 MIN**

Cascate di facile accesso

Benché non siano le più grandi della regione settentrionale, le **Air Terjun Singsing** (Cascate dell'Aurora) sono allettanti data la loro vicinanza a Lovina (5 km a sud-ovest) da cui sono raggiungibili in bicicletta o addirittura a piedi. Un sentiero di 200 m conduce a una serie di salti, nei pressi di un hotel, mentre una salita breve ma ripida conduce a un'altra sequenza di cascate (migliori delle prime).

Pemuteran

SPIAGGE | RELAX | AVVENTURE SUBACQUEE

Tra le località balneari più graziose di Bali, Pemuteran è una rinomata oasi situata nella zona nord-occidentale dell'isola che ospita sofisticati resort e accoglienti alloggi a conduzione familiare, tutti in posizione defilata rispetto alla baia. La spiaggia è calma, grazie alla sua posizione all'interno del cratere di un vulcano estinto protetto da una florida barriera corallina. È facile trascorrere intere giornate sdraiati su un lettino all'ombra di un albero, ma la maggior parte delle persone viene per ammirare le meraviglie sottomarine della vicina Pulau Menjangan. La strada che collega Singaraja a Gilimanuk è l'arteria principale della cittadina, orlata di negozi per turisti. Nonostante il disagio causato dal traffico, la zona è ricca di caffè e ristoranti di buon livello.

Il paradiso sabbioso di Pemuteran

Vita da spiaggia

Passeggiare lungo la spiaggia di Pemuteran è un passatempo molto gettonato, specie al tramonto, quando il divertimento è assicurato: i bambini del posto giocano a calcio in mezzo a gruppi di visitatori sorridenti, mentre le coppiette gironzolano sulla distesa di sabbia che si estende per 4 km da ovest a est fino al Pura Pulaki (p256). La spiaggia è scarsamente frequentata, il che garantisce una maggiore privacy. All'estremità occidentale, dove si concentrano gli hotel, si possono affittare lettini e acquistare snack e bevande. Le onde sono morbide per la presenza della barriera corallina. Sulla sabbia ci sono numerose imbarcazioni da pesca a bilanciere, e molte altre in costruzione.

Baia sottomarina

Barriere coralline e sorprese artificiali

Circa 3 km al largo della costa di Pemuteran si estende una vasta barriera corallina. Il tratto più interno è attualmente in fase di recupero nell'ambito del progetto BioRock Indonesia (p256). Vicino al litorale la baia è profonda meno di 15 m e quindi le immersioni dalla riva sono molto gettonate, soprattutto di notte. Fate finta di essere degli Indiana Jones in versione subacquea e visitate il meraviglioso **Giardino degli Dèi**, un sito a circa 400 m di distanza dalla costa: sul fondale marino sono

TRASPORTI LOCALI

Per arrivare a Pemuteran da Bali meridionale passando dalle montagne centrali o facendo il giro della costa occidentale calcolate tra le tre e le cinque ore. Gli hotel possono aiutarvi a noleggiare un'auto. Se disponete di un veicolo, allungate di un giorno e raggiungete Pemuteran. Lovina si trova a un'ora di auto.

Pemuteran è servita da autobus pubblici (non turistici) lungo la linea Gilimanuk–Lovina–Singaraja. Non ci sono fermate, segnalatevi con un cenno.

IL CONSIGLIO

Verificate la posizione del vostro alloggio: è possibile trovarne uno vicino alla spiaggia con un budget limitato ma alcune strutture sorgono lontano dalla costa: le passeggiate verso il mare possono diventare vere escursioni. L'arteria principale è rumorosa giorno e notte.

DA VEDERE
1 Punto informazioni BioRock Indonesia
2 Spiaggia di Pemuteran

ATTIVITÀ, CORSI E TOUR
3 Giardino degli dei

PERNOTTAMENTO
4 Pondok Shindu Guest House
5 Taman Sari Bali Resort

PASTI
6 Dimpil Beachbar & Resto
7 Warung Bukit
8 Warung D'Bucu
9 Warung Santai

RECUPERO DELLA BARRIERA CORALLINA

Nei primi anni '90, la barriera corallina di Pemuteran era sbiancata e danneggiata per l'impatto della pesca, del cianuro e del surriscaldamento globale. Un gruppo di locali riuscì a agevolarne la ricrescita sfruttando l'elettricità. Pemuteran fu la prima comunità a usare la tecnica, con successo. A distanza di 30 anni, il progetto **BioRock Indonesia** (biorock-indonesia.com) è adottato in tutta la nazione. Visitate un **punto informazioni**.

state erette oltre 30 statue e sculture. Al centro del gruppo vi è il dio Shiva, circondato da una varietà di dèi e idoli balinesi.

Tempio di fondamentale importanza

Visitare importanti luoghi sacri

Il tempio di **Pura Pulaki**, all'estremità orientale della spiaggia, risale almeno al XVI secolo ed è uno dei templi marini di Bali, una serie di luoghi sacri disseminati lungo la costa per proteggere l'isola dagli spiriti maligni portati dalle acque. Il tempio ospita un nutrito branco di scimmie. Circa 150 m oltre la strada trafficata, su una montagnola affacciata sul mare, si erge il tempio secondario di **Pura Pabean**. Dando una mancia al guardiano, potete fare un giro nella struttura.

Degustazione di vini

Vitigni balinesi

I vigneti che si estendono a est di Pemuteran sono imperdibili, una vera sorpresa per chi è stanco delle risaie. Da vent'anni Bali vanta una promettente scena vinicola. Tra le cantine pionieristiche figura **Hatten Winery** che, come Sababay Winery a Bali orientale, produce una serie di vini di grande bevibilità: bianchi, rosé, rossi e frizzanti. Assaggiate le otto varietà prodotte da questa azienda, che sorge in mezzo a 12 ettari.

MANGIARE A PEMUTERAN: LA NOSTRA SCELTA

Dimpil Beachbar & Resto: Grazioso locale sulla sabbia; propone eccellenti cocktail, piatti a base di pesce e piatti base della cucina indonesiana. $

Warung D'Bucu: Eccellente *warung* gestito da una famiglia. Si trova in una zona di buoni ristoranti tra la spiaggia e la strada principale. Ottima cucina di pesce. $

Warung Bukit: Un gruppo di ingegnosi cuochi prepara i piatti principali della cucina asiatica, tra cui uno squisito pad thai e pietanze balinesi a base di pesce. $

Warung Santai: Suggestivo ristorante un po' lontano dalla strada principale; serve piatti piccanti e autentici, tra cui molti vegetariani. $$

Dintorni di Pemuteran

L'unico parco nazionale di Bali offre i migliori siti di immersione e snorkelling di tutta l'isola, oltre alla possibilità di avvistare la fauna selvatica e intraprendere escursioni.

Chi visita il Parco Nazionale di Bali Occidentale (Taman Nasional Bali Barat), l'unico parco nazionale dell'isola, è colpito dai cinguettii degli uccelli che sfrecciano fra gli alberi mossi dal vento. Il parco occupa una superficie di 190 kmq sulla punta occidentale di Bali e comprende quasi 70 kmq di barriera corallina e acque costiere. Per un'isola così densamente popolata, una riserva di tali dimensioni comporta un impegno notevole in termini di tutela del patrimonio ambientale. Nel parco si possono compiere bellissime immersioni, in particolare nei dintorni di Pulau Menjangan e suggestive escursioni nelle foreste. È inoltre possibile visitare le distese di mangrovie e andare alla ricerca di spiagge di sabbia bianca.

Località

Parco Nazionale di Bali Occidentale

DA PEMUTERAN: **45 MIN**

Un paradiso naturale ricco di attività

Da un sentiero a ovest di Labuhan Lalang, inizia un'escursione di tre ore che prevede l'esplorazione della **Teluk Terima** (Baia di Terima). Si comincia visitando le distese di mangrovie e a seguire le spiagge. Un percorso della durata di tre o quattro ore consente di esplorare la savana che si trova nel cuore del parco. Ci sono molti altri itinerari, tra cui un trekking più lungo che comprende l'ascesa al **Gunung Kelatakan** (698 m). Durante la stagione secca la vegetazione è rada e di colore marrone, il che agevola l'avvistamento degli animali, mentre durante la stagione umida il parco diventa lussureggiante e gli animali hanno più possibilità di nascondersi.

Per visitare il parco è necessario farsi accompagnare da una guida. Ne troverete diverse presso i cancelli di entrata, ma la qualità dei servizi offerti è variabile. Le migliori offrono itinerari personalizzabili e addirittura tour in bicicletta con possibilità di campeggiare. Ve ne consigliamo tre: **Parianto** (WhatsApp +62 881 0373 06510), **Idris** (Whats App +62 823 4018 5768) e **Iwan Melali** (iwan.melali@gmail.com).

TRASPORTI LOCALI

Il Parco Nazionale di Bali Occidentale è raggiungibile da Bali settentrionale o da Bali meridionale tramite la strada trafficata che conduce ai Gilimanuk, da dove partono i traghetti diretti a Giava. La località turistica più vicina è Pemuteran.

Il personale del vostro alloggio vi aiuterà a organizzare i trasferimenti oppure potete noleggiare un veicolo, anche se sono poche le zone visitabili senza una guida.

DUDAREV MIKHAIL/SHUTTERSTOCK ©

Amici di Menjangan fornisce informazioni sulle iniziative dedicate alla pulizia dell'isola.

DA NON PERDERE

Pulau Menjangan

Pulau Menjangan è il sito di diving più famoso di Bali, circondato da una dozzina di punti davvero superlativi. Immergersi qui è un'esperienza meravigliosa, tra pesci tropicali, coralli morbidi, ottima visibilità, grotte sottomarine e pareti spettacolari. Gorgonie merletto e vari tipi di spugne sono ottimi nascondigli per i pesci più piccoli e colorati. Tra le creature marine più grandi, ci sono anche balene e mante.

IN PRIMO PIANO

- Deriva sud-occidentale che parte dal molo
- Parete marina
- Mangrove Point
- Giardini di coralli
- Relitto dell'*Anker*
- Giardino delle anguille
- Spiagge del Pura Gili Kencana

Zona del molo

Le escursioni giornaliere gravitano attorno a un piccolo **molo** situato sul lato sud-orientale dell'isola, molto gettonato soprattutto per lo snorkelling. In prossimità della riva vi è una **parete sottomarina** ottima sia per le immersioni che per lo snorkelling. La presenza di un leggero flusso di correnti marine consente la formazione di una **deriva sud-occidentale** grazie alla quale è possibile lasciarsi trasportare e godersi lo spettacolo sottomarino. La zona vicina al litorale è adatta a chi fa snorkelling o ai sub principianti e ci si può anche spingere al largo dove i fondali bassi si fanno scuri precipitando lungo suggestive pareti: una vera calamita per i più esperti, che qui possono scegliere fra otto pareti. Se fate snorkelling, avvicinatevi ai sub che stazionano lungo le pareti: osservare il moto sinuoso delle bolle d'aria argentee che si elevano dalle profondità dell'oceano è un vero spettacolo.

A sud del molo

La **parete corallina** si estende dal molo in direzione sud-ovest facendosi via via incontaminata. Una volta arrivati in barca in prossimità del molo, la guida potrebbe farvi tornare a nuoto indicandovi una barriera corallina in prossimità della riva che in realtà è sbiancata e meno interessante; lo farà per una questione di convenienza. Voi invece fatevi venire a prendere quando siete pronti, evitando di dover nuotare controcorrente e di aspettare inutilmente presso il molo.

A nord del molo

A nord del molo, si può fare snorkelling dalla riva muovendosi in circolo. È una zona di una bellezza incredibile e il momento migliore per esplorarla è intorno a mezzogiorno quando l'area è brulica di vita marina. La popolazione di coralli è molto più variegata e ci sono anche le tartarughe. **Mangrove Point** è un sito eccellente per lo snorkelling.

Altrove

A nord vi sono i bellissimi **giardini di coralli**. A ovest, il **relitto dell'*Anker***, una misteriosa nave affondata nell'Ottocento, una sfida anche per i più esperti. Nelle vicinanze si trova il **Giardino delle anguille** che offre una sbalorditiva commistione di coralli e pesci a una profondità di soli 20 m.

Esplorare l'isola

L'isola disabitata di Pulau Menjangan ospita quello che è ritenuto il tempio più antico di Bali, il **Pura Giri Kencana**, risalente al XIV secolo e distante circa 300 m dal molo. All'entrata del tempio campeggia un'enorme statua di pietra bianca raffigurante Ganesh (divinità hindu dalla testa di elefante). L'isola è costeggiata da un facile sentiero di 6 km percorribile in circa un'ora e mezza. Lungo il tragitto si incontrano **piccoli templi** e **distese di mangrovie** e, sul lato nord-occidentale, alcune spiagge un po' anguste ma graziose. Noleggiate un'imbarcazione privata completa di skipper per avere flessibilità con gli orari e fare un bel picnic sull'isola.

Trasporti da e per l'isola

I centri immersioni più vicini e più convenienti si trovano a Pemuteran, dove anche gli hotel organizzano escursioni subacquee e di snorkelling. Sceglietene una che parte da lì anche per evitare il caos di Banyuwedang.

Chi volesse organizzarsi in autonomia può scegliere se partire da Banyuwedang (p260) o da Labuhan Lalang (p260), da cui si raggiunge l'isola di Menjangan con un breve tragitto in barca. Da qualsiasi altra parte di Bali, informatevi sulla durata di ciascun tratto. Da Seminyak, il viaggio potrebbe durare più di quattro ore a causa del traffico intenso.

SPECIE MARINE

Con una visibilità di più di 30 m, le acque che bagnano Menjangan sono l'ideale per vedere varie specie di coralli e pesci. I campi di coralli sono ricchi di coralli morbidi, gorgonie e coralli duri. Tra le specie più piccole si annoverano *Hippolytidae*, schiere di idoli moreschi e cavallucci marini pigmei; tra quelle di grandi dimensioni: tartarughe, barracuda, vari squali e qualche sporadico squalo balena.

CONSIGLI

- Anche se la zona del molo è piuttosto in auge, vi porteranno lì solo perché è il punto più vicino al porto e per risparmiare carburante.
- Menjangan fa parte del Parco Nazionale di Bali Occidentale, ed è a pagamento.
- Un'escursione può essere cara poiché occorre pagare il noleggio dell'imbarcazione (fino a 10 persone), una guida, l'affitto dell'attrezzatura per lo snorkelling, le tasse per le immersioni/lo snorkelling e l'assicurazione.
- Un'uscita di snorkelling dura fra le tre e le quattro ore, con un'ora per il transito.
- Se la guida si impegna, ricompensatela con una mancia.

FLORA E FAUNA DEL PARCO

Buona parte della vegetazione che ammanta il Parco Nazionale di Bali Occidentale non è costituita da foresta tropicale, che necessita di pioggia tutto l'anno, ma da savana costiera, caratterizzata da alberi decidui che perdono le foglie durante la stagione secca. I versanti meridionali ricevono una maggiore quantità di pioggia e la vegetazione tropicale è più abbondante, mentre le pianure costiere presentano ampie distese di mangrovie.

Il parco ospita più di 200 specie di piante. La fauna locale comprende entelli crestati e macachi, cervi di Timor, muntjak, cinghiali, scoiattoli, bufali, iguane, pitoni e serpenti verdi. Un tempo c'erano anche le tigri, ma l'ultimo avvistamento confermato risale al 1937 e l'esemplare venne ucciso. È presente anche una ricchissima fauna avicola: il parco ospita molte delle 300 specie di uccelli presenti sull'isola.

Bali Starling Centre

Il **Bali Starling Centre**, una struttura situata nella parte più interna del parco e un tempo strettamente sorvegliata, ospita numerosi esemplari di una specie aviaria un tempo rarissima: lo storno di Bali, un uccello quasi totalmente bianco con una mascherina di pelle color blu cobalto intorno agli occhi. Arrivato sul punto di estinguersi, è stato reintrodotto nel parco e a Nusa Penida con una serie di progetti di ripopolamento. La visita del centro dura mezz'ora, e il personale vi mostrerà la struttura e vi parlerà di questi uccelli. Il centro si trova a soli 200 m dal cancello di entrata del parco, vicino a Sumber Kelompok, ma l'entrata è subordinata al pagamento di un costoso biglietto (non è obbligatorio ingaggiare una guida).

Labuhan Lalang

Per prendere una barca all'isola di Pulau Menjangan, recatevi al porticciolo di Labuhan Lalang, dove potete prenotare un'escursione di snorkelling o raggiungere una delle spiagge di sabbia bianca del parco. Tutti i prezzi sono trattabili; 200 m a est di Labuhan Lalang ci sono alcuni *warung* e una deliziosa spiaggia.

Tempio del Romeo di Bali

Jayaprana, figlio adottivo di un re vissuto nel XVI secolo, voleva sposare Leyonsari, una ragazza di umili origini, ma anche il sovrano si innamorò di lei e fece uccidere il rivale. In seguito Leyonsari fece un sogno in cui scoprì la verità riguardo alla morte di Jayaprana e piuttosto che sposare il re preferì suicidarsi. Questa storia alla *Romeo e Giulietta* è molto diffusa nel folklore balinese, tanto che la tomba di Jayaprana, che si trova presso l'omonimo tempio (**Pura Jayaprana**) è considerata sacra. Con una camminata di 20 minuti, salendo alcuni scalini di pietra, si arriva al tempio che ospita una nutrita popolazione di scimmie e vanta bellissimi panorami di Pulau Menjangan. Il tempio si trova a sud-ovest di Labuhan Lalang.

Banyuwedang

DA PEMUTERAN: **20 MIN**

Barche e hotel

Questa insenatura incorniciata dalle mangrovie a est del parco nazionale è il porto principale da cui partono le escursioni per Pulau Menjangan. Se visitate Menjangan per immersioni o snorkelling di gruppo, probabilmente la vostra barca salperà da questo animato porticciolo. Sulla spiaggia ci sono stabilimenti dotati di anguste distese di sabbia, raggiungibili tramite strade spesso in pessime condizioni. Il litorale frastagliato ospita numerosi resort.

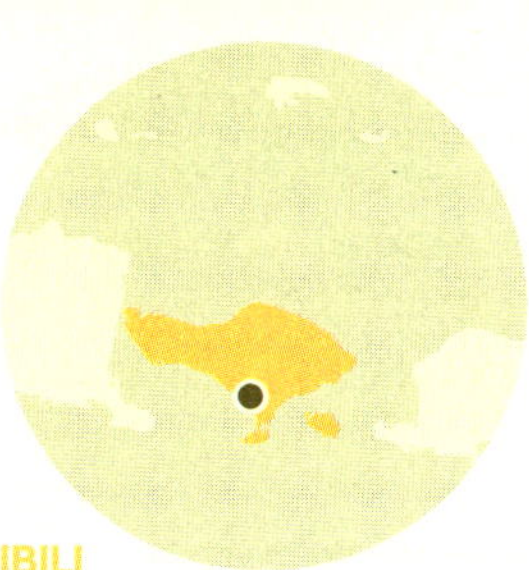

Tabanan

RISAIE | PANORAMI VERDEGGIANTI | TEMPLI IMPERDIBILI

Tabanan, come molti altri centri balinesi che sono anche capoluoghi di regione, è una cittadina grande e ben organizzata con un tempio centrale accanto a un enorme fico baniano. Le risaie circostanti sono parte integrante del sistema di irrigazione *subak*, Patrimonio dell'Umanità UNESCO e celebrato dal magnifico tempio del Pura Taman Ayun. La zona a nord di Tabanan è più facile da esplorare con un mezzo proprio. Si guida lungo strade secondarie passando sotto vere e proprie gallerie di bambù che si incurvano sopra la strada come le arcate di un tempio e si aprono su splendide vedute di risaie. Lungo l'itinerario ci sono posticini interessanti e caratteristici in cui alloggiare. Al tramonto il Pura Tanah Lot viene preso d'assalto dai turisti, ma in altri momenti è possibile godersi questo luogo meraviglioso in tutta tranquillità. Dopo aver trascorso un paio d'ore lungo la scogliera si può deviare per Tabanan passando per una serie di strade secondarie con interessanti negozi di ceramiche.

Pura Tanah Lot (p263)

TRASPORTI LOCALI

Il bello di trovarsi nella zona di Tabanan è che c'è tanto da esplorare lungo le strade secondarie: panorami, laboratori, templi e molto altro. Il centro si può girare a piedi, ma se intendete spingervi oltre, a nord o a sud della super trafficata arteria principale che collega il porto di Gilimanuk a Denpasar, c'è bisogno di un veicolo poiché i trasporti pubblici sono inesistenti.

Per raggiungere le strutture ricettive sparse nella zona dovete organizzarvi tramite il vostro alloggio o prendere un taxi. Da Seminyak, nelle ore di punta, si può impiegare oltre un'ora e mezza per arrivare a Tabanan in auto.

DA NON PERDERE
1 Pura Taman Ayun

DA VEDERE
v. 1 Museo Ogoh-Ogoh Bali
2 Pura Batu Bolong
3 Pura Tanah Lot

IL CONSIGLIO

Quando esplorate la zona, evitate il più possibile di imboccare l'arteria principale che collega Gilimanuk a Denpasar. Le strade secondarie sono sempre più panoramiche e meno trafficate.

Lo splendido Pura Taman Ayun

Uno dei templi più affascinanti di Bali

Il **Pura Taman Ayun** è un luogo meraviglioso, pervaso da una serena atmosfera. Questo enorme tempio reale, circondato da un ampio ed elegante fossato, si trova a Mengwi, a nord-est di Tabanan ed era il tempio principale dell'omonimo regno, che sopravvisse fino al 1891, quando fu conquistato dai regni di Tabanan e Badung. Il complesso fu edificato nel 1634 e ampiamente restaurato nel 1937. È un luogo piacevole da esplorare, lontano dalle folle.

Il primo cortile è costituito da una distesa erbosa, mentre il cortile interno (*jeroan*) è schermato da un muro basso che consente di vedere agevolmente l'intrigo di suggestivi *meru* che si trovano all'interno. Un'altra piacevole sorpresa è il sentiero che corre parallelo a un canale costeggiando il perimetro del *jeroan*. Le vasche, ombreggiate dai frangipani, sono piene di fiori di loto.

Il tempio fa parte del sistema di irrigazione *subak* che l'UNESCO ha inserito nella lista dei Patrimoni dell'Umanità. Come si conviene a un tempio del genere, dappertutto vi sono canali e giochi d'acqua. Nel biglietto d'ingresso sono inclusi un **piccolo museo** e un'interessante video-presentazione.

Inoltre, proprio a ovest del tempio si trova l'**Ogoh-Ogoh Bali**, un museo che rende omaggio agli enormi e bizzarri mostri di cartapesta in uso nei festeggiamenti per il Capodanno balinese (Nyepi). Nella zona del mercato, subito a est del tempio, si trovano diversi *warung* dove consumare un buon pranzo.

Pura Tanah Lot

Favoloso tempio marino

Il popolarissimo Pura Tanah Lot riveste una grande importanza spirituale per i balinesi, anche se non è facile rendersene conto in mezzo al caos della folla che accorre per vedere i tramonti super pubblicizzati. Pur essendo il tempio balinese più visitato e fotografato, è autentico quanto un set cinematografico, tanto che persino il pinnacolo roccioso su cui sorge è ricostruito ad arte, e più di un terzo della roccia è artificiale. (Va notato che molti balinesi ritengono che l'altezza eccessiva di alcuni dei resort del complesso turistico a est del tempio equivalga a una mancanza di rispetto verso quest'ultimo.)

Il **Pura Tanah Lot** è uno dei templi marini più importanti e più venerati di Bali ed è strettamente associato alla figura del sacerdote Nirartha, vissuto sotto il regno dei Majapahit. Con la bassa marea il tempio è raggiungibile a piedi, ma l'ingresso è precluso ai non balinesi. Si dice che nel suo sacrario vivano due serpenti divini. Per sfuggire alla folla e godervi un'atmosfera contemplativa seguite i sentieri nei giardini che costeggiano la scogliera. Il tempio di **Pura Batu Bolong** è collegato alla terraferma da un ponte naturale di pietra proteso sul mare.

Per raggiungere il Pura Tanah Lot bisogna seguire i sentieri che dagli ampi parcheggi passano attraverso negozi di souvenir di scarsa qualità, tra animali usati come attrazioni e altra paccottiglia, mentre gli altoparlanti gracchiano annunci insistenti. Se arrivate con un autista chiedete di farvi depositare e riprendere sul lato nord, presso il tempietto di Pura Batu Mejan.

Nelle ore di punta prima e dopo il tramonto, il traffico è terribile e si formano code lunghe diversi chilometri. Il segreto per godersi al meglio il Tanah Lot è arrivare prima di mezzogiorno poiché a quell'ora non ci sono folle e i venditori ambulanti dormono ancora. Invece del rumore degli autobus e le critiche della gente sentirete il cinguettio degli uccellini. Inoltre, potrete ammirare il tramonto da una miriade di altri posticini meno affollati.

MOSTRUOSI OGOH-OGOH

Nelle settimane che precedono la festa del Nyepi (p205), nei villaggi di tutta l'isola vengono realizzati enormi ed elaborati mostri di cartapesta detti *ogoh-ogoh*. Si tratta di una tradizione recente, molto amata dai giovani, e il processo di realizzazione di questi pupazzi coinvolge tutti i membri della comunità che lavorano a pieno ritmo 24 ore su 24.

La vigilia del Nyepi in tutta Bali si tengono grandiose cerimonie volte a stanare i demoni. L'intera isola si scatena tra rulli di tamburi, scoppi di petardi e gente che strilla *'megedi megedi'* (via, via!) per espellere i demoni. Nel gran finale, tutti gli *ogoh-ogoh* vengono dati alle fiamme. Si crede che i demoni sopravvissuti al pandemonio vengano messi in fuga dal silenzio di tomba che regna nei villaggi il mattino del giorno seguente.

Dintorni di Tabanan

Percorrendo l'arteria che collega Gilimanuk a Denpasar nella parte occidentale di Bali, avete a portata di mano spiagge, luoghi sacri e un'infinità di altre sorprese.

Località

TRASPORTI LOCALI

Qualunque sia la vostra destinazione - Bali settentrionale, il Parco Nazionale di Bali Occidentale o Giava - non potete evitare di percorrere l'arteria di collegamento principale dell'isola, sempre zeppa di macchine e camion. Dal porto di Gilimanuk, dove salpano i traghetti, prendete un autobus per Denpasar; in alternativa, serve un'auto. Le distanze sono significative e non è possibile spostarsi granché a piedi.

La zona di Cemagi, a ovest del Pura Tanah Lot, pullula di strutture turistiche. Non mancano angolini più tranquilli con scorci sul mare, mentre in mezzo alle risaie sorgono ville nascoste e silenziose guesthouse. Spostandovi verso ovest le folle si diradano velocemente. La spiaggia di Balian è un posticino discreto in cui fare surf e rilassarsi. La costa di Jembrana, il distretto meno popolato di Bali, offre meravigliosi scenari e lunghe spiagge di sabbia scura. La zona intorno a Medewi è la più sviluppata dal punto di vista turistico con opportunità per il surf, posti stravaganti in cui alloggiare e cibo squisito. La strada principale termina al porto di Gilimanuk, dove potete prendere un traghetto per Giava e gustare un pranzo.

Cemagi

DA TABANAN: **30 MIN**

Spiagge, tramonti e cemento

Lo sviluppo turistico che ha come centro la frenetica zona di Canggu ha continuato la sua corsa espandendosi fino al Pura Tanah Lot e oltre. L'intera zona è nota con il nome generico di Cemagi e comprende diverse spiagge. La più vicina a Canggu è **Pantai Seseh**: un'ampia striscia di sabbia grigia dove si possono noleggiare lettini, con ville e caffè fronte mare ottimi per osservare i surfisti e i tramonti.

Spiaggia di Balian

DA TABANAN: **50 MIN**

Surf e relax

La popolarissima spiaggia di Balian è cosparsa di dune e collinette, costantemente sferzata dalle onde, principale richiamo per i surfisti e per chi voglia sfuggire al trambusto di Bali meridionale. Si trova sulla foce del Sungai Balian. Fate un giretto tra i bar e unitevi ad altri viaggiatori per ammirare insieme il tramonto discutendo di surf e sorseggiando un drink. Su questa spiaggia c'è un break con un'affidabile onda sinistra; si può anche fare yoga e bodysurf.

Pantai Seseh

Costa di Jembrana

DA TABANAN: **1 H 30 MIN–2 H**

Fare surf a Medewi

Medewi Point vanta una decantatissima onda lunga sinistra che spesso si può cavalcare anche per 200 o 500 m. La spiaggia di **Pantai Medewi** è una distesa di rocce grigie e lisce intervallate da ciottoli neri rotondi: camminarci sopra equivale a una seduta gratuita di riflessologia plantare. Subito a ovest si trova **Pantai Yeh Sumbul**, una lunga spiaggia di sabbia grigia dove il turismo è ancora allo stato embrionale. La zona è fornita di guesthouse, hotel, caffè e negozi di surf.

Gilimanuk

DA TABANAN: **3 H**

Traghetti e succulento pollo

Il porto di Gilimanuk è il terminal dei traghetti che fanno la spola tra una sponda e l'altra dello Stretto di Giava. Molti viaggiatori prendono subito un traghetto o un autobus per proseguire il viaggio, ma vale la pena fermarsi se non altro per assaggiare il famoso *betutu*, un piatto a base di pollo bollito speziato e condito con erbe aromatiche. Per gustarlo al meglio recatevi presso il **Warung Men Tempeh** ignorando i numerosi emulatori che lo circondano.

TEMPLI MARINI

Si ritiene che molte delle tradizioni religiose balinesi siano state introdotte dal leggendario sacerdote Nirartha, vissuto nel XVI secolo, a cui è attribuita anche l'edificazione di una serie di 'templi marini' (*pura segara*) in omaggio alle divinità del mare. Questi templi, che devono proteggere l'isola dagli spiriti maligni, furono costruiti in modo tale che ciascuno fosse visibile a quello successivo.

Oltre ai più famosi come il Pura Luhur Uluwatu (p201), che sorge sulla punta sud-occidentale, e il Pura Petitenget di Seminyak (p191), ce ne sono anche altri meno conosciuti come il Pura Pulaki (p256) che si erge sulla costa settentrionale vicino a Pemuteran. La più alta concentrazione di templi marini si trova nella parte occidentale di Bali; tra gli esempi più notevoli figurano il Pura Tanah Lot (p262) e il Pura Rambut Siwi.

MANGIARE NEI DINTORNI DI TABANAN: LA NOSTRA SCELTA

Casa Balian Cafe: Questo locale, lontano dalle scogliere della spiaggia di Balian, è il posto giusto per prendere un ottimo caffè lungo. $

Dewi & Rasta Cafe: Questo caffè di Medewi, nato dalla passione dei proprietari di cui porta il nome, prepara i pasti migliori di Bali occidentale. $

The Holy Tree Kitchen: Locale situato direttamente sulla spiaggia di Medewi; serve un buon caffè, colazioni salutari e gustosi pranzi. Atmosfera rilassata. $

Organic Ocean: Ottima cucina di pesce e piatti vegetariani e vegani preparati con ingredienti coltivati nella fattoria di famiglia. Si trova a Seseh. $$

Sistemazioni consigliate

$ Prezzi economici $$ Prezzi medi $$$ Prezzi elevati

Regione di Canggu p184 (Cartina p185)

Serenity Eco Guesthouse $ Ecoguesthouse e yoga resort con atmosfera bohémien. Si spazia dalle camerate a stanze doppie lussuose con bagno.

Melati Bali Homestay $$ Camere tradizionali in legno circondate da un giardino tropicale. Una proprietà piccola ma piena di personalità.

Guru Canggu $$ Tranquillo boutique hotel con una piccola piscina e un giardino. Le camere sono tutte diverse ma hanno in comune una dolce atmosfera tropicale.

Hotel Tugu Bali $$$ Hotel caratteristico, arredato con oggetti d'antiquariato locale; offre una variegata proposta di attività. Ottimo per immergersi nella cultura balinese.

Seminyak e Kerobokan p189 (Cartina p190)

Potato Head Suites & Studios $$$ Stiloso ed ecosostenibile, è dotato di uno stabilimento molto famoso con un programma ricco di eventi.

Oberoi Beach Resort $$$ Molto bello nella sua semplicità, questo resort sul mare è più raffinato e rilassato di tutti i suoi vicini messi insieme. Le camere e ville sparse nella tenuta sono spaziose.

Kuta e Legian p192 (Cartina p193)

Puri Damai $$ Sistemazione in stile homestay vicina alla spiaggia. La struttura, con un'atmosfera vintage, è costruita intorno a un giardino di alberi di frangipane.

Poppies Bali $$$ Silenzioso boutique hotel, aperto da 50 anni. Una sorta di oasi tropicale annidata nel cuore della cementificata Kuta.

Sanur p196 (Cartina p197)

Kubu di Kayla's $ Camere economiche con un buon rapporto qualità-prezzo, complete di tutti i comfort e con facile accesso alla spiaggia.

Tandjung Sari Hotel $$$ Boutique hotel fronte mare a conduzione familiare costruito negli anni '60 da un artista indonesiano di origini olandesi. Una serie di cottage circondati da un lussureggiante giardino.

Uluwatu e Penisola di Bukit p201 (Cartina p202)

Bali Bobo Hostel $ Caratteristico ostello con camerate e una piscina. Si trova in un angolo appartato di Jimbaran; per gli spostamenti noleggiate un motorino.

Temple Lodge $$ Suite eclettiche con un'atmosfera che richiama il surf e lo yoga. Si trova a Bingin e gode di una bella vista sull'oceano.

Mû Bungalows Boutique Resort $$$ Rilassato resort in stile boutique hotel in cima a una scogliera nei pressi di Bingin. Atmosfera bohémien e panorami mozzafiato.

Nusa Lembongan p206 (Cartina p207)

Pondok Jenggala $ Questa piccola ma eccellente guesthouse offre una serie di camere ampie e semplici disposte attorno a una profonda piscina.

Isla Indah Retreat $$ Boutique hotel dall'atmosfera tropical-chic situato nei pressi di Pantai Jungutbatu. Con sala yoga, negozi per il surf e lo yoga e un ristorante vegano.

Ceningan Divers $$ Piccolo ma sostenibile, questo centro immersioni offre una serie di accoglienti bungalow in una location vicina alle mangrovie.

Batu Karang $$$ Questo boutique hotel, molto attento ai temi della sostenibilità, vanta splendide vedute.

Ubud p211 (Cartina p212)

Three Win Homestay $ Situato nei pressi di Jl Hanoman, è dotato di cinque camere per gli ospiti in stile moderno all'interno del 'recinto' familiare. Richiedete una stanza con balcone.

Batik Sekar Bali Guest House $ In questo alloggio a conduzione familiare affacciato su Jl Sugriwa, potete sperimentare il lato unico della cultura di Ubud.

Hotel Tjampuhan $$ In quest'hotel affacciato su due fiumi negli anni '30 visse l'artista Walter Spies.

Puri Saraswati Bungalows $$ Situato in posizione centrale, con magnifici giardini che si aprono sul bellissimo Pura Taman Saraswati. Camere in stile bungalow arredate in maniera semplice ma carine.

Capung Cottages $$ Complesso di cottage situato in una strada silenziosa subito a nord del centro. Offre una varietà di camere dallo stile accattivante disposte intorno a un'ampia piscina.

Mandapa $$$ Questo splendido Ritz-Carlton resort, nella spettacolare Valle di Sungai, in mezzo a distese di risaie, ha le dimensioni di un piccolo villaggio. Offre una miriade di servizi e attività.

Ibah $$$ Una serie di suite e ville con dettagli antichi e moderni affacciate su risaie e corsi d'acqua. Le sistemazioni sono all'altezza di una rivista di interior design.

Sidemen p235

Darmada Eco Resort $$ Situato in una valle lussureggiate, dispone di camere semplici, una piscina di acqua sorgiva e un ristorante. Offre diverse attività tra cui meditazione, yoga e trekking.

Alamdhari Resort $$ Comodo boutique hotel con camere luminose e spaziose, piscina, spa e panorami spettacolari.

Padangbai p238 (Cartina p239)

Bamboo Paradise $ Sistemazione economica ma di ottima qualità. Si trova nei pressi del porto. Dispone di bar, lounge, camerate e camere.

Bloo Lagoon Eco Village $$$ Adagiata in cima a una scogliera, questa struttura dispone di una terrazza per lo yoga affacciata sul mare, una piscina con scivolo adatta ai bambini, una serie di bungalow con vista su Blue Lagoon Beach e ampie terrazze.

Mandapa, Ubud

Amed p243

Ocean Prana Freediving $ Hotel annesso alla scuola di immersioni in apnea di Jemeluk. Comprende una serie di bungalow condivisi e una piscina (spesso utilizzata per le lezioni di apnea).

Hotel Uyah Amed $$ Hotel situato nel villaggio di Amed; le camere sono dotate di piccole terrazze e decorate con graziosi tessuti locali; le attività culturali comprendono i tour sull'estrazione del sale.

Meditasi Bungalows$$ Complesso di bungalow dall'atmosfera rilassata, perfetto per una vacanza appartata. La struttura organizza lezioni di meditazione, benessere e yoga, e le camere sono situate in prossimità dei siti di snorkelling.

Munduk p246 (Cartina p247)

Puri Sunny Guesthouse $$ Accogliente e fascinosa guesthouse di Munduk con camere ampie e una bella vista sulle montagne.

Puri Lumbung Cottages $$ Resort in posizione collinare; propone molte attività come trekking, laboratori sulle piante medicinali e lezioni di danza.

Lovina p250 (Cartina p251)

Mandhara Chico Bungalow $ Guesthouse di Anturan a conduzione familiare; si trova su una piccola striscia di sabbia nera davanti a una fila di barche; spartano ma ordinato.

Lovina Beachhouse Villas $$ Serie di ville storiche in legno giavanese, vicino al lungomare di Anturan, tutte dotate di piscina privata.

Pemuteran p255 (Cartina p256)

Pondok Shindu Guest House $ Guesthouse a conduzione familiare a breve distanza dalla spiaggia. Camere in stile tradizionale con bagni all'aperto. Buone le colazioni.

Taman Sari Bali Resort $$ Complesso di bungalow in stile tradizionale nei pressi di un vicoletto. I bungalow sono decorati con elaborati intarsi e opere d'arte tradizionali e sono situati lungo un silenzioso tratto di spiaggia.

Spiaggia di Balian p264

Surya Homestay $ Uno dei migliori homestay affacciati sulla Spiaggia di Balian. I proprietari sono simpatici e le camere si trovano vicino al break per il surf.

Gajah Mina $$ Progettato dal proprietario, un architetto francese, questo piccolo boutique hotel è dotato di bungalow privati recintati adagiati su una sporgenza rocciosa sferzata da onde ottime per il surf.

Medewi p265

The Anara Surf Camp $ Surf camp e guesthouse in stile moderno sul litorale di Pantai Medewi, vicino al mare e alle risaie.

Puri Dajuma Cottages $$ Serie di suite, cottage e ville dotate di giardini privati, amache e bagni esterni recintati; la maggior parte gode di una bella vista sull'oceano.

Nusa Tenggara

CULTURA SENZA TEMPO, NATURA EPICA, GRANDI ONDE

Benvenuti nella parte più remota dell'Indonesia, dove vi aspettano roboanti vulcani, varani di Komodo e tradizioni animiste.

AREE PRINCIPALI

L'arcipelago di Nusa Tenggara, situato a ovest della Linea di Wallace (che separa l'Asia dall'Australasia), è la parte meno battuta dell'Indonesia: una terra montuosa e verdeggiante, tempestata di vulcani, laghi vulcanici, spiagge di sabbia rosa, break e barrel per il surf, e villaggi tradizionali che ancora resistono al turismo di massa.

Sull'isola di Flores, lontano dalle folle di turisti armati di selfie stick, vi aspettano varani di Komodo, mondi subacquei incontaminati, cascate nascoste, sorgenti d'acqua termale e ripidi pendii vulcanici che sfidano gli escursionisti più intrepidi.

Timor Ovest, Sumba e le isole più piccole vi faranno rinunciare alle comodità, mentre vi lasciate alle spalle le cittadine principali per avventurarvi nell'entroterra alla scoperta di villaggi tradizionali contrassegnati da imponenti tetti di paglia; dove gli spiriti degli antenati risiedono gomito a gomito con i vivi e dove il bahasa indonesia – la lingua franca – è quasi sconosciuto.

A ovest si profila l'isola di Lombok con le sue impressionanti insenature, la seconda vetta più alta dell'arcipelago e innumerevoli posticini in cui alloggiare e mangiare. I surfisti affollano la parte meridionale dell'isola, mentre gli appassionati di trekking attraversano la regione centrale diretti al Gunung Rinjani, un vulcano attivo alto 3726 m. Chi ha hobby meno definiti tende a prediligere una via di mezzo, che di solito consiste nell'affondare le dita dei piedi nella sabbia finissima.

FAIZ ZAKI/SHUTTERSTOCK ©

Wae Rebo (p277)

Senggigi, p318

Oggi questa cittadina balneare sull'isola di Lombok è diventata più tranquilla, ma le spiagge orlate di palme che si estendono lungo tutta la costa occidentale hanno mantenuto il loro fascino.

Senaru, p325

Cittadina immersa nella natura. Se siete da queste parti, attrezzatevi per affrontare l'ascesa al Gunung Rinjani, nuotate in una cascata ed esplorate le usanze tradizionali sasak.

Kuta, p310

Questa cittadina in rapida espansione, situata a soli 30 minuti di auto dalle spiagge più apprezzate di Lombok, richiama una nutrita schiera di viaggiatori ed expat.

Mataram, p322

La città più grande di Lombok (nonché l'unica) è un concentrato di tradizioni indonesiane con influssi islamici e hindu di matrice balinese.

Sumba, p298

Quest'isola collinare, con i suoi pregiatissimi tessuti ikat, la cultura tradizionale e il surf (strepitoso tutto l'anno), richiama schiere di viaggiatori indipendenti.

Per orientarsi

Nusa Tenggara, con quasi 1000 isole, rappresenta una porzione considerevole dell'arcipelago indonesiano. Abbiamo scelto i luoghi che incarnano al meglio la storia, la cultura e i paesaggi naturali di questa regione.

Flores, p274
Su quest'isola poliedrica è possibile scalare vulcani, esplorare risaie, visitare villaggi tradizionali e fare immersioni e snorkelling.

Timor Ovest, p289
Qui potete masticare le noci di betel vendute nei villaggi tradizionali, visitare un villaggio di cacciatori di teste e andare in cerca di tessuti ikat finemente lavorati.

TRAGHETTO E AEREO

Le isole di Nusa Tenggara sono collegate tra loro da una rete capillare di traghetti lenti che effettuano anche collegamenti con Bali e altre isole dell'Indonesia. Le condizioni meteo avverse possono causare cancellazioni, soprattutto durante la stagione delle piogge. Ci sono diverse compagnie aeree che assicurano collegamenti fra le isole, la maggior parte da Denpasar, capoluogo di Bali.

AUTOBUS, AUTO E MOTO

Viaggiare via terra richiede più tempo di quanto si pensi. Le arterie principali sono asfaltate e in discrete condizioni, mentre le strade secondarie possono essere impervie. Camion e autobus collegano le cittadine principali; per tutto il resto noleggiate un'auto o una moto.

A PIEDI

Sulle isole più piccole, il miglior modo di spostarsi è camminare. Per esempio, il perimetro di Gili Trawangan si può percorrere in circa due ore, quello delle isole vicine anche in meno tempo.

Ritmi di viaggio

Per incontrare i varani di Komodo e scalare i vulcani date la priorità a Flores. Se siete appassionati di cultura recatevi a Sumba o a Timor Ovest, per scoprire la tessitura dell'ikat e pernottare nei villaggi tradizionali, mentre le spiagge più belle di Lombok meritano almeno una settimana (o anche di più).

GUDKOV ANDREY/SHUTTERSTOCK ©

Varani, Parco Nazionale di Komodo (p284)

Se avete poco tempo

- Se siete sub appassionati, immergetevi fra le onde del **Parco Nazionale di Komodo** (p284) indossando mute acquistate a **Labuan Bajo** (p285). Vedere i varani di Komodo è la vostra priorità? Avvistate questi leggendari lucertoloni con un'escursione giornaliera in motoscafo che prevede alcune soste per lo snorkelling.

- Per immergervi nella cultura indigena sumbanese, volate a Tambolaka sull'isola di **Sumba** (p298), poi dedicate un paio di giorni alla visita dei villaggi tradizionali nei distretti di **Wanokaka** (p303) e **Waikabubak** (p302).

Le stagioni

La stagione secca è l'ideale per il trekking, le immersioni e lo snorkelling. Durante la stagione delle piogge il flusso turistico rallenta, anche se a marzo i visitatori si riversano alle Isole Gili per la festa del Nyepi.

GENNAIO-MARZO

Con la pioggia: i percorsi per il Rinjani sono chiusi. Assistete ai combattimenti a cavallo della **Pasola** di Sumba (p304).

APRILE-MAGGIO

Nonostante qualche sporadico acquazzone, è un buon momento per scovare offerte prima dell'inizio del picco turistico.

GIUGNO

Con il diradarsi delle piogge potete scalare i vulcani di Flores e cavalcare i barrel di Nusa Tenggara. Ammirate i varani.

GUNAWAN SIDIK/SHUTTERSTOCK ©, BASTIAN AS/SHUTTERSTOCK ©, B_BEUM/SHUTTERSTOCK ©

Itinerario di una settimana

- Vi basta una settimana di tempo per sperimentare il contrasto tra gli spettacolari litorali di Lombok e l'impressionante regione montuosa.

- Facendo base a **Kuta** (p310) per i primi quattro giorni, potete fare surf, nuoto e snorkelling a partire dalle spiagge limitrofe, tra cui quelle della **Penisola sud-occidentale** (p330).

- Se avete voglia di qualcosa di diverso e di più avventuroso, dirigetevi verso le montagne per scalare il **Gunung Rinjani** (p328) e salire alla **Valle di Sembalun** (p327).

Con due settimane a disposizione

- Dopo due giorni passati ad avvistare i **varani di Komodo** (p284) e a fare snorkelling/immersioni a **Labuan Bajo** (p285), dirigetevi verso le montagne per visitare i villaggi tradizionali di **Wae Rebo** (p277) e **Bena** (p278) prima di scalare il **Gunung Kelimutu** (p283) partendo da Moni.

- Volate a Kupang, sull'isola di **Timor Ovest** (p296) e trascorrete un paio di giorni visitando **Tamkesi** (p291) e **Boti** (p294).

- Dopodiché spostatevi a **Waingapu** (p303) e **Tambolaka** (p307). Durante il tragitto avrete la possibilità di acquistare tessuti ikat e immergervi nella cultura tradizionale.

LUGLIO-AGOSTO
La stagione secca è l'ideale per esplorare il Parco Nazionale di Komodo a bordo di una nave da crociera.

SETTEMBRE
Se siete appassionati di surf, sfruttate la fine della stagione secca prediligendo mete come Sumba sud-ovest, Rote e Sumbawa.

OTTOBRE
La stagione secca sta per terminare ma il mese di ottobre regala ancora parecchie giornate di sole.

NOVEMBRE-DICEMBRE
Durante la stagione delle piogge queste isole sono più verdi e lussureggianti che mai.

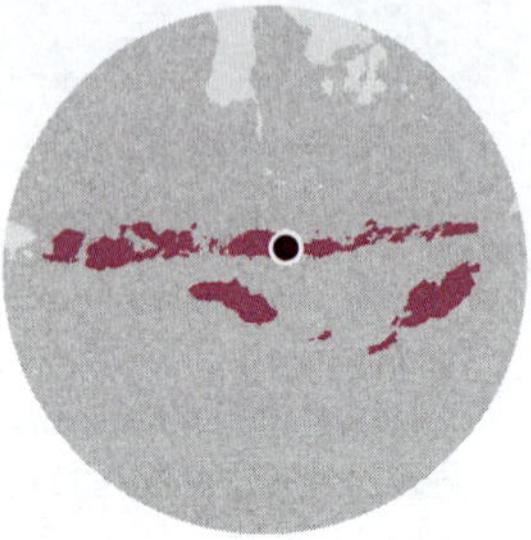

Flores

NATURA SPETTACOLARE | VILLAGGI TRADIZIONALI | IMMERSIONI FAVOLOSE

Percorrendo la Trans-Flores, un'arteria di 670 km che attraversa l'omonima isola da cima a fondo, attraverserete una grande varietà di paesaggi (il nome indigeno dell'isola – Nusa Nipa – significa 'isola dei serpenti' ed è molto più appropriato di quello conferitole dai coloni portoghesi nel XVI secolo).

A ovest, la frizzante cittadina costiera di Labuan Bajo richiama sub e cercatori di varani; da qui si accede alle spiagge di sabbia rosa e alle acque cristalline del Parco Nazionale di Komodo. Dirigendovi verso le montagne ammantate di giungla, oltrepassate le cittadine di Ruteng e Bajawa, entrambe circondate da risaie, coni vulcanici, sorgenti termali e villaggi tradizionali dove il tempo sembra essersi fermato. Più a nord, Riung e il suo arcipelago sono un'altra meta di richiamo per i sub, mentre a est di Bajawa la foresta pluviale lascia il posto a colline verdeggianti, spiagge di sabbia bianca e porti trafficati. Dalla cittadina montana di Moni potete scalare il vulcano Gunung Kelimutu, dove si cela un lago color smeraldo, andare in cerca di tessuti ikat e immergervi nella cultura lio dei villaggi vicini.

TRASPORTI LOCALI

La Trans-Flores è una arteria asfaltata il cui transito richiede molto più tempo di quanto indicato da Google Maps. Le condizioni delle strade secondarie sono variabili: alcune sono strette mentre altre sono accessibili solo in fuoristrada. Hotel e guesthouse affittano scooter da 80.000Rp a 100.000Rp. Il noleggio auto è disponibile a Labuan Bajo e a Ende. Molti prendono un'auto con conducente, con tariffe da 800.000Rp a 1.200.000Rp, in base al livello di inglese dell'autista e delle sue eventuali competenze come guida. Autobus economici ma affollati collegano Labuan Bajo e Maumere; i minibus pubblici, le città principali.

Rilassarsi a Labuan Bajo

Esplorazioni tra l'entroterra e il mare

A parte il lungomare patinato e i ristoranti che continuano a spuntare come funghi, questa cittadina, porta d'accesso al Parco Nazionale di Komodo (p284) e ai suoi famosi lucertoloni, non ha grandi attrattive. Tutto ciò che serve si trova lungo Jl Soekarno Hatta, una strada a senso unico con ristoranti occidentali, *rumah makan* (trattorie), caffetterie, alloggi, agenzie turistiche, bancomat e centri diving. Per ammirare tramonti da favola, recatevi su Jl Ande Bole, vicino al lungomare. Per esplorare le zone circostanti, noleggiate una moto o uno scooter (100.000Rp al giorno) e spingetevi a sud di Labuan Bajo fino a **Gua Batu Cermin** (Grotta dello Specchio

DA NON PERDERE
1 Gunung Inerie
2 Parco Marino delle Diciassette Isole
3 Wae Rebo

DA VEDERE
4 Bena
5 Gunung Kelimutu
6 Labuan Bajo
7 Luba
8 Sa'o Ria
9 Sopi Lontar Aimere
10 Ragnatela di Risaie
11 Tololela
12 Inizio del sentiero per Wae Rebo

ATTIVITÀ, CORSI E TOUR
13 Air Panas Malanage
14 Air Panas Soa
15 Gua Rangko
16 Istana Ular
17 Liang Bua

PASTI
18 Cafe del Mar
19 Good Moni
20 Heaven's Door
21 Milonari Restaurant
22 Mopi's Place
23 Pari Koro Resto
24 Pato Resto
25 Pondok Makan Batu Hijau
26 Rico Rico
27 Rumah Makan Cha Cha
28 Rutong Cafe

LOCALI E VITA NOTTURNA
29 Kopi Mane Inspiration

SHOPPING
30 Mercato Ikat

IL CONSIGLIO

Cercate di visitare i villaggi tradizionali con una guida locale che vi illustri le credenze degli indigeni, evitandovi di commettere gaffe imbarazzanti.

RAGNATELA DI RISAIE

Inerpicatevi fino al belvedere (25.000Rp) in cima alla collina del villaggio di Cara, 20 km a est di Ruteng, dove vi aspetta un panorama straordinario: una distesa di risaie. Si tratta dell'ultima testimonianza sull'isola di Flores delle comuni agricole dei manggarai, un sistema in base al quale la terra (*lingko*) viene distribuita dal capo del villaggio tra le famiglie. Durante la cerimonia di assegnazione di ciascun lotto, in corrispondenza del *lodok* (terreno cerimoniale) al centro della ragnatela viene sacrificato un bufalo. Le dimensioni della proprietà sono proporzionali alle risorse possedute e il capofamiglia può scegliere quali parti intestarsi.

GAUDILAB/SHUTTERSTOCK ©

Wae Rebo

di Pietra; ingresso 20.000Rp), 5 km a est della cittadina. Per entrare in questa ampia grotta ricca di stalattiti e stalagmiti serve una torcia. Infilandovi in spazi strettissimi potrete vedere una tartaruga fossilizzata. Per raggiungere la più celebre **Gua Rangko** (ingresso 25.000Rp), una grotta oceanica rinomata per le acque turchesi illuminate dal sole (la luce migliore è al pomeriggio), da Labuan guidate per 12 km a nord-est fino al villaggio di Rangko e poi fatevi portare alla grotta in barca a un costo di 280.000Rp.

A tu per tu con gli hobbit

Minuscoli resti umani

Nel folklore manggarai figurano racconti riguardanti gli *ebo gogo*, ometti pelosi dalla fronte piatta che un tempo si aggiravano inosservati nella giungla. Nel settembre del 2003 è stata fatta un'impressionante scoperta archeologica all'interno della grotta calcarea di **Liang Bua**: un'équipe di archeologi ha riportato alla luce uno scheletro delle dimensioni di un bambino di tre anni ma con la dentatura usurata dal tempo e una struttura ossea pari a quella di un individuo adulto. La scoperta di altri sei resti ha confermato che si trattava di una specie umana del tutto nuova, il cosiddetto *Homo floresiensis*, alto più o meno un metro e subito soprannominato lo 'hobbit'.

MANGIARE A LABUAN BAJO: LA NOSTRA SCELTA

MadeInItaly: Stiloso ristorante italiano rinomato per le pizze e i piatti di pasta fresca ripiena. **$$$**

Pasar Malam: Serie di bancarelle sul lungomare che al tramonto preparano piatti a base di pesce fresco, gamberi, calamari e granchi. **$$**

Taman Laut Handayani: In questo ristorante all'aperto di alto livello vi aspettano piatti di pesce da gustare ammirando il tramonto. **$$**

Carpenter Cafe and Roastery: In questo locale molto accogliente troverete il caffè (e i chicchi di caffè) migliore di tutta Flores. **$**

Prendete un *ojek* (mototaxi) a Ruteng e spostatevi 12 km più a nord attraversando distese di risaie fino alla grotta di Liang Bua, una sporgenza rocciosa cosparsa di stalattiti che si eleva al di sopra di un piccolo orto. Le guide del posto, i cui servizi sono compresi nel biglietto d'ingresso (30.000Rp), vi aspettano all'entrata per spiegarvi come mai Liang Bua è considerata sacra; indicandovi il sito archeologico in cui sono state rinvenute le ossa di almeno altri otto esemplari di 'hobbit'. Il piccolo museo attiguo espone una riproduzione dello scheletro e illustra la storia di questi ritrovamenti (in inglese e in bahasa indonesia) spiegando le teorie sull'evoluzione dell'*Homo floresiensis*. Non mancano i riferimenti a Tolkien.

Wae Rebo

Visitare un villaggio tradizionale manggarai

Wae Rebo, il più autentico tra i villaggi manggarai, è raggiungibile solo a piedi, tramite un sentiero di 5 km con partenza in fondo a una stretta strada craterica che da Denge prosegue verso nord. Il sentiero si inerpica senza sosta per 3 km fino al versante ammantato di giungla; a seguire la vegetazione si apre lasciando intravedere la valle, i tetti di Denge e l'azzurro Mare di Savu. Oltrepassata la torre di avvistamento, il sentiero si appiattisce e si prosegue in discesa verso la radura, dove cespugli di caffè robusta, alberi di banano e piante di colocasia segnalano la presenza di un insediamento umano; il sentiero termina presso una bella radura dove sorge un agglomerato di case di forma conica disposte a ferro di cavallo.

Seduti su un tappeto intrecciato dentro la casa principale, vedrete il focolare, il fumo della cucina, i gong cerimoniali e gli alloggi schermati da tende: ognuna delle otto famiglie che abitano qui ha la propria stanza. Potete anche girovagare per il villaggio, tra bambini che giocano, donne intente a pestare foglie di riso, uomini che ritornano dai campi al calar del sole. L'unico posto con accesso vietato è lo spazio in cui si svolgono le cerimonie, al centro della casa, dove vengono tributati i sacrifici rituali.

Il momento migliore per affrontare questa escursione è nelle prime ore del mattino; tramite la guida potete concordare semplici pasti a base di riso, manioca, tempeh e verdure, e pernottare dormendo su un materasso adagiato sul pavimento dentro la *mbaru tembong* (casa tradizionale) convertita in una guesthouse (500.000Rp a notte, pasti inclusi) o ripercorrere lo stesso tragitto in direzione opposta prima del tramonto. Chiedete alle guesthouse di Denge oppure scegliete una guida a Labuan Bajo o Ruteng.

ORIGINI MISTERIOSE DELLO 'HOBBIT DI FLORES'

Intorno alla questione dell'*Homo floresiensis* sono stati pubblicati studi che hanno sollevato ulteriori interrogativi. Nel 2017 si è smentita la teoria secondo cui gli 'hobbit' discenderebbero dall'*Homo erectus* (che dall'Africa raggiunse l'Asia circa due milioni di anni fa). Dopo aver analizzato le ossa e i campioni di denti, è stato riscontrato che le due specie possedevano strutture diverse. L'*Homo floresiensis* potrebbe essere persino più antico dell'*Homo erectus* e si sarebbe evoluto a partire da un comune antenato africano. Un'altra fazione ha ventilato l'ipotesi che i ritrovamenti potessero appartenere a una sottospecie di *Homo sapiens* (che emigrò tra l'Australia e la Nuova Guinea 35.000 anni fa) affetta da microcefalia, ipotesi che però è stata confutata da una ricerca del 2018.

Copper Bonnet Bistro: Venite per il meze, le ciotole di noodles, l'insalata Cobb e le costine grigliate. $$

101 Barrique: Panini, lasagne e carpacci, oltre a caffè in stile italiano e cocktail, miscelati con i liquori tipici di Flores. $$

Happy Banana Komodo: Gustate un succulento sashimi, gyoza fatti in casa o un piatto di udon, oppure cominciate la giornata con una chia bowl. $$

Wae Molas Cafe: In questo locale a conduzione familiare la specialità della casa è il *sop buntut* (zuppa di coda di bue). $

COMBATTIMENTI CACI

Ogni anno a novembre, nell'ambito del Festival del raccolto di Penti, i villaggi manggarai come Wae Rebo inscenano il *caci*, un combattimento rituale tra coppie di uomini armati di frusta. Un uomo riveste il ruolo di aggressore mentre l'altro deve difendersi. L'aggressore cerca di colpire il torace nudo dell'avversario con una frusta di vimini mentre l'altro cerca di bloccarlo schermandosi con uno scudo di pelle di bufalo. All'inizio i partecipanti si corrono incontro per incrementare la tensione. Se il difensore viene colpito alla schiena, è considerato un buon segno, poiché il sangue che unge sacramentalmente la terra fa presagire un raccolto abbondante. Dopo ogni sferzata, l'aggressore e il difensore si scambiano i ruoli e dopo quattro attacchi è il turno di una nuova coppia.

Scalare il Gunung Inerie

Il vulcano più alto di Flores

Il **Gunung Inerie** (2245 m), situato 10 km a sud della cittadina di Bajawa, è un cono vulcanico di una bellezza mozzafiato, una vera e propria sfida per gli alpinisti più intrepidi. Benché impegnativa, la scalata è meno gravosa di quel che sembra. È possibile partecipare a escursioni guidate nei mesi secchi; per una guida parlante inglese e il trasferimento da Bajawa, mettete in conto circa 1.000.000Rp per una persona, 1.200.000Rp per due. Portate abbondante acqua e un cappello per il sole, poiché oltre la rada foresta di eucalipti che si estende alle pendici, non ci sono altre zone ombreggiate. Oltrepassata la vegetazione arborea, si procede a zigzag fino alla cima lungo il versante settentrionale; molte guide preferiscono affrontare l'ascesa quando è buio, con partenza alle 3 del mattino in modo da arrivare in cima in tempo per l'alba. L'escursione (andata e ritorno) può richiedere all'incirca sette ore, in base al livello di forma fisica.

Villaggi tradizionali di Bajawa

Immergersi nella cultura ngada

Bajawa (1100 m) è una rilassata cittadina collinare in prevalenza cattolica, ottima per esplorare decine di villaggi ngada nelle vicinanze. Uno dei più tradizionali è **Bena**, adagiato su un versante del Gunung Inerie, 19 km a sud di Bajawa (la tariffa di andata e ritorno in mototaxi è di 120.000Rp). Benché gli abitanti si dichiarino cattolici, le credenze e le usanze tradizionali sono ancora molto presenti. Tre volte all'anno si effettuano sacrifici e gli anziani del villaggio ricordano ancora di un rigido sistema di caste che impediva le relazioni 'miste': chi osava sfidare l'*adat* (legge tradizionale) andava spesso incontro a gravi conseguenze.

Bena ospita nove clan e le sue case dai tetti di paglia sono disposte in doppia fila su un crinale, intervallate da totem ancestrali, tra cui tombe megalitiche, *ngadhu* (strutture simili a ombrelli con la copertura di paglia, le cui basi vengono schizzate con il sangue degli animali sacrificati), *bhaga* (case in miniatura dal tetto di paglia) e piccole abitazioni sacre che custodiscono importanti reliquie. Molti tetti presentano statuette maschili e femminili, mentre gli ingressi sono decorati con corna di bufalo e mandibole di maiale. Cercate le decorazioni lignee alla base di ogni casa: i galli simboleggiano la magnificenza; i cavalli il duro lavoro e un raccolto abbondante; i serpenti proteggono gli abitanti dalle forze del male.

MANGIARE A RUTENG E BAJAWA: LA NOSTRA SCELTA

Rumah Makan Cha Cha: Ruteng. Locale che serve buoni piatti a base di pollo tra cui il *nasi lontong opor* (pollo cotto nel latte di cocco). $

Kopi Mane Inspiration: Un posto affidabile per gustare un buon caffè manggarai. Acquistate dei chicchi oppure ordinate piatti indonesiani. $

Heaven's Door: 16 km a sud di Bajawa. Panorami del Gunung Inerie, musica dal vivo e un bel mix di piatti indonesiani e occidentali. $$

Milonari Restaurant: Bajawa. Piatti a base di tempeh e tofu oltre a piatti che abbinano riso e pollo, pesce in agrodolce, buoni caffè e pancake. $

Bena

Dopo aver pagato il biglietto d'ingresso (25.000Rp), riceverete una sciarpa viola da indossare per tutta la durata della visita; vedrete colture da reddito di chiodi di garofano, baccelli di vaniglia e noci delle Maluku lasciate a seccare sul terreno. Il pernottamento costa 150.000Rp a persona, tariffa che include pasti a base di manioca e banana, ma se cercate un'esperienza più autentica, camminate per diverse centinaia di metri in salita fino al villaggio di Luba, dove c'è anche un piccolo cimitero cattolico.

Luba ospita quattro accoglienti clan. Qui ci sono quattro *ngadhu* e *bhaga* e case decorate con immagini simboliche di cavalli, bufali e serpenti. Lasciate un'offerta di 25.000Rp.

In alternativa, a soli 4 km di cammino da Bena o con un breve tragitto in auto verso sud passando per Gurusina, arrivate a Tololela, un insediamento ngada raramente visitato (fate un'offerta di 25.000Rp a persona) con tre villaggi tradizionali collegati fra loro.

Bagno nelle sorgenti termali

Le acque minerali di Bajawa

Le **Air Panas Malanage** sono sorgenti termali naturali 6 km a sud di Bena, gestite ufficiosamente da persone del posto. L'ingresso costa 20.000Rp e ci sono alcuni spogliatoi spartani.

POPOLO NGADA

Sono più di 60.000 gli indigeni ngada che popolano l'altopiano di Bajawa e i pendii del Gunung Inerie. La maggior parte pratica una religione ibrida, un misto di animismo e cristianesimo che prevede il culto di Gae Dewa, una divinità che unisce Dewa Zeta (i cieli) e Nitu Sale (la terra).

Gli ngada sono una società matrilineare, il che significa che proprietà e ricchezze si tramandano per via femminile. I simboli più in vista delle tradizioni ngada sono le coppie di strutture *ngadhu* (maschile) e *bhaga* (femminile) ognuna delle quali è associata a una particolare famiglia all'interno del villaggio. Alcune strutture sono state edificate più di un secolo fa per commemorare gli antenati uccisi in battaglia. Il *ngadhu* è una struttura alta circa 3 m, consistente in un palo di legno e un 'tetto' di paglia, mentre il *bhaga* è una casa in miniatura, sempre con il tetto di paglia.

MANGIARE A MONI E ENDE: LA NOSTRA SCELTA

Mopi's Place: Moni. Iniziate con un caffè e poi tornate per il reggae, il *tapakolo* (riso al cocco) e i cocktail a base di *arak*. $$

Good Moni: Questo ristorante all'aria aperta prepara i piatti principe della cucina indonesiana e le crocchette di patate tipiche di Moni. $

Pari Koro Resto: Ende. Piatti a base di pollo ruspante, germogli di zucca saltati in padella e spinaci d'acqua con fiori di papaya. $$

Pondok Makan Batu Hijau: Ristorante sulla spiaggia 27 km a ovest di Ende, dove si può ammirare lo spettacolo delle onde. $$

PERCHÉ AMO FLORES

Anna Kaminski,
autrice Lonely Planet

La mia passione per Flores e le creature selvatiche che la abitano è esplosa quando ho visitato **Istana Ular**, un lungo tunnel di lava vicino a Kampung Daleng (tra Labuan Bajo e Ruteng), dove risiedono colonie di pipistrelli e numerose specie di serpenti, tra cui il pitone reticolato. Il tunnel suscita un certo timore reverenziale fra la gente del posto. La guida, esperta di serpenti, mi ha accompagnata a fare un'escursione di 40 minuti, durante la quale abbiamo guadato un fiume e sguazzato in uno strato di guano alto fino alle anche. Quando ha informato la gente del posto della nostra intenzione di entrare, hanno sacrificato un pollo e eseguito un rituale per placare i serpenti.

EDUARDO CABANAS/SHUTTERSTOCK ©

Volpi volanti, Parco Marino delle Diciassette Isole

Alle pendici di uno dei tanti vulcani della zona, due ruscelli - uno di acqua calda (fino a 50°C) e uno di acqua fredda - si uniscono a formare un corso d'acqua tiepida. Fate il bagno fra rocce e libellule e non sorprendetevi se incontrate persone del posto intenzionate a lavare i vestiti mentre fanno il bagno.

Se viaggiate da Bajawa a Riung percorrendo la strada impervia a nord-est della città, visitate le **Air Panas Soa**, considerate le migliori sorgenti d'acqua termale della regione. Sono presenti due vasche artificiali (una con acqua alla temperatura di 45°C e l'altra con una temperatura più normale di 35-40°C) e una piscina naturale (25-30°C). Possono essere piuttosto affollate, soprattutto nei weekend.

Snorkelling alle Diciassette Isole

Gite in barca al largo della costa nord-orientale di Flores

Le 23 isole che compongono il **Parco Marino delle** (cosiddette) **Diciassette Isole** (le autorità governative hanno scelto il numero 17 in richiamo al 17 agosto, giorno in cui si festeggia l'indipendenza dell'Indonesia) meritano una deviazione. Vi si accede da **Riung**, una cittadina di pescatori raggiungibile in tre modi: da Boawae con un viaggio di tre ore lungo una strada dissestata; in autobus da Bajawa (quattro ore su una strada spezza ossa) o da Ende (lungo un'arida litoranea).

MANGIARE A RIUNG: LA NOSTRA SCELTA

Rico Rico: Il pesce alla griglia con *sambal* al pomodoro è la specialità di questo locale vicino al molo con musica dal vivo. $

Pato Resto: Rimpinzatevi di noodles con verdure, melanzane con pomodoro e calamari fritti, il tutto annaffiato con succo di banana. $

Cafe del Mar: Cene a base di pesce grigliato con *cah kangkung* (spinaci d'acqua all'aglio) in una accogliente struttura che organizza gite di snorkelling. $

Rutong Cafe n Resto: Si servono satay di pollo, pesce alla griglia e vari piatti a base di noodles e verdure accompagnati dal *sambal* di Simeon. $$

Le escursioni giornaliere standard includono il pranzo, lo snorkelling e soste in quattro isole, la prima delle quali è quasi sempre **Pulau Ontoloe**, circondata da mangrovie e sede di una colonia di volpi volanti e di alcuni varani di Komodo. Segue una sessione di snorkelling in acque basse lungo la barriera corallina vicino a **Pulau Tiga**, **Pulau Laingjawa** e **Pulau Bakau**. Nel 2002 El Niño ha causato lo sbiancamento dei coralli di questo parco: in alcuni punti risultano ancora danneggiati. La visibilità arriva fino a 15 m e quasi sicuramente riuscirete ad avvistare le specie marine, dal pesce pappagallo al pesce pagliaccio fino al velenoso pesce leone. Altre isole molto gettonate sono **Pulau Rutong** (per il belvedere) e **Pulau Tembang** (per la sabbia bianca da cartolina).

Per organizzare una gita in barca, fate un giro per i pontili, dove in alta stagione è facile trovare potenziali compagni di viaggio con cui dividere i costi. In alternativa, ingaggiate una guida tramite la vostra guesthouse; vi consigliamo Al Itchan, proprietario del **Cafe del Mar** (p280). Prima della partenza, registratevi e pagate 100.000Rp a persona presso il chiosco vicino al molo.

Strada dell'ikat per Moni e Ende

In cerca di tessuti pregiati

I villaggi di montagna a est (nei dintorni di Jopu), quelli a nord-est del porticciolo di Ende e quelli vicino a Moni, un'attraente cittadina di montagna circondata da risaie e picchi vulcanici, sono rinomati per la qualità dei tessuti ikat e per i sarong, che presentano tipici motivi triangolari composti da linee continue. A Ende, visitate il **mercato dell'ikat** che si tiene tutti giorni a un isolato dal lungomare: qui trovate una buona scelta di tessuti locali; è bene contrattare sul prezzo. In alternativa, prendete un *ojek* (mototaxi) e percorrete la strada che da Ende sale al villaggio di **Wolotopo**, dove si può osservare il processo di tessitura davanti alle case degli artigiani e fare acquisti.

La tessitura viene praticata nei villaggi di Koanara, Jopu, Wolonjita e Nggela, tutti raggiungibili da Moni. Un tragitto in auto di 10 minuti attraverso le risaie a sud di Moni conduce a Koanara, dove vengono prodotti tessuti ikat nei colori più sgargianti (viola, arancio e blu elettrico). Osservate i tessitori al lavoro e le stoffe stese sulla strada.

Visitare Sa'o Ria

Immergersi nella cultura lio

Il villaggio di **Sa'o Ria** si trova a soli 10 minuti di auto a sud di Moni, appena superato il punto in cui la strada si incurva sotto a un gigantesco ficus. Qui potete vedere una *rumah adat* (casa tradizionale) dal tetto di paglia. Se siete fortunati, potreste essere accolti da Maria, la moglie del capotribù, che vi inviterà a entrare. La casa è accessibile solo agli altri capitribù, alle loro mogli e ai visitatori non appartenenti alla cultura lio (è doveroso lasciare un'offerta di 20.000Rp). Entrate nel minuscolo ingresso, decorato con intagli elaborati; qui verrete

RITI NGADA

A Flores i riti della fertilità agricola – che di solito prevedono il sacrificio di un maiale o un bufalo – hanno ancora un largo seguito, come anche le cerimonie legate a eventi come la nascita, il matrimonio, la morte e la costruzione di nuove case. Il principale festival annuale è la cerimonia Reba, della durata di tre giorni, che si tiene tra la fine di dicembre e l'inizio di gennaio nei villaggi Nagada dei dintorni di Bajawa; si tratta di una forma di ringraziamento per il raccolto annuale e un'espressione di speranza per l'anno successivo. Gli abitanti dei villaggi indossano indumenti neri di ikat (tessuto intrecciato) confezionati per l'occasione, sacrificano un bufalo, e danzano e ballano tutta la notte. I viaggiatori desiderosi di partecipare ai festeggiamenti sono i benvenuti ma devono essere 'adottati' da una famiglia locale e partecipare alla vestizione e ai pasti rituali a base di carne, riso e *arak* (un superalcolico incolore distillato dalla palma).

ITINERARIO IN AUTO SULL'ISOLA DI FLORES

Questo itinerario in auto alla scoperta dell'isola di Flores segue la panoramica Trans-Flores. Calcolate una settimana. Cominciate da ❶ **Labuan Bajo**, una cittadina portuale da cui si accede al Parco Nazionale di Komodo. Guidando per quattro ore arriverete a ❷ **Ruteng**, una cittadina di mercato situata in cima a un altopiano, ideale per visitare la Grotta di Liang Bua e per fare una deviazione a Nikeng, da cui poi è possibile raggiungere il villaggio di Wae Rebo (p277). Proseguendo in direzione est, all'altezza di ❸ **Aimere** (sede di numerose distillerie di *arak*) la strada corre parallela alla costa e si intravede la sagoma del Gunung Inerie (p278; 2245 m). Ignorate le curve a gomito che conducono a Bajawa e costeggiate il vulcano percorrendo la litoranea che porta, attraverso il villaggio di ❹ **Bena** (p278), a ❺ **Bajawa** (p278).

Lasciata Bajawa, dirigetevi verso nord e fermatevi a ❻ **Riung**, dove potete fare snorkelling e visitare il Parco Marino delle Diciassette Isole (p280). La litoranea vi conduce al porto di ❼ **Ende**, una cittadina di mercato sovrastata dalle sagome dei vulcani Gunung Meja e Gunung Iya. Inerpicatevi fra le colline boscose fino a ❽ **Moni**, porta d'accesso al Gunung Kelimutu e ai villaggi dediti alla tessitura dell'ikat (p281). Dopo aver oltrepassato una serie di spiagge di sabbia bianca a ❾ **Paga**, visitate ❿ **Sikka**, uno dei primi insediamenti coloniali di Flores, poi proseguite per ⓫ **Maumere**, un centro urbano a cui fa da sfondo una fila di colline. Al largo della costa avrete buone possibilità di praticare immersioni. Con altre tre ore di viaggio arrivate al porto di ⓬ **Larantuka**, da cui salpano i traghetti per Timor Ovest o per l'Arcipelago di Alors.

fatti accomodare sul pavimento di bambù nel fumoso interno mentre la guida vi traduce racconti legati alle tradizioni locali. La **cerimonia Gavi**, che si svolge a Sa'o Ria e accompagna l'inizio della stagione della semina (a ottobre), vede la partecipazione di 1000 indigeni lio provenienti da vari villaggi. I festeggiamenti durano quattro giorni durante i quali si danza, si beve *arak* (un superalcolico incolore distillato dalla palma) e si sacrificano bufali, i cui cuori vengono cucinati nella *rumah adat* e offerti agli spiriti su una piattaforma sacra. Quattro giorni dopo, scompaiono misteriosamente. Dopo il raccolto di aprile si tiene una cerimonia di ringraziamento di due giorni, accompagnata dal sacrificio di un maiale e dalla consumazione di riso giallo.

Laghi dai mille colori

Il vulcano più speciale dell'Indonesia

Con una tranquilla passeggiata di 15 minuti lungo il pendio orlato di pini, a cui segue un tratto in salita con diversi gradini, si arriva all'**Inspiration Point** sulla cima del **vulcano Gunung Kelimutu** (1639 m) raggiungibile da Moni.

Quando i primi raggi lambiscono il bordo occidentale del Kelimutu, dissipando la nebbia che avvolge i tre laghi vulcanici, sfugge un sussulto di meraviglia.

Il Kelimutu, vulcano ormai estinto, è l'attrazione principale dell'omonimo parco nazionale che si estende su un territorio montuoso ammantato dalla giungla. Il vulcano è considerato sacro dalla popolazione lio, poiché secondo la tradizione vi migrerebbero le anime dei defunti: quelle dei giovani si recherebbero nel tepore del **Tiwu Koo Fai Nuwa Muri** (Lago Color Foglia di Tè); quelle degli anziani nelle fredde acque del **Tiwu Ata Bupu** (Lago Color Blu Reale); e quelle delle persone malvagie nel **Tiwu Ata Polo** (Lago Nero). Se visitate il vulcano il 14 agosto, lungo il tragitto potreste assistere alle danze scatenate degli indigeni lio per l'annuale cerimonia volta a 'sfamare' gli spiriti degli antenati. Finiti i festeggiamenti, sulle rocce cerimoniali accanto ai laghi vengono deposti carne di maiale, noci di betel, riso e altre offerte. Se avete sognato questi laghi sacri avvertite la guida perché pare che spiriti simili a sirene abbiano attirato alcune persone verso la morte, scongiurabile con preghiere e le giuste offerte. Resistete ai miraggi di questi fuochi fatui e non allontanatevi dai due punti di osservazione ufficiali poiché in passato diversi escursionisti hanno perso la vita davvero, scivolando sul pendio sassoso.

Salire al Kelimutu prima dell'alba non è l'esperienza tranquilla e contemplativa che ci si aspetterebbe, poiché è il momento di maggiore affluenza turistica. È probabile che il cielo si rannuvoli nel pomeriggio, ma nelle giornate serene troverete la vetta del Kelimutu vuota e silenziosa, e quando il sole è alto, i laghi si accendono di mille colori.

Al ritorno, prendete la scorciatoia per Moni (chiedete indicazioni) passando attraverso boschetti di eucalipti e terre coltivate a banani, taro e vaniglia, fino a una meravigliosa cascata con una piscina balneabile sotto la strada per Moni.

L'ARTE DELLA DISTILLAZIONE DELL'ARAK

Avvicinandovi ad Aimere dal lato ovest, passerete davanti alla **Sopi Lontar Aimere**, una distilleria di *arak* segnalata da un'esposizione di bottiglie di plastica contenenti liquidi di colori diversi, da non confondersi con altre esposizioni di bottiglie di plastica vendute lungo la strada (benzina = '*arak* per motociclette'). L'*arak* prodotto lungo la costa viene ricavato dalla linfa di un tipo di palma al cui tronco viene attaccato un secchio. Il sesto giorno, il secchio viene recuperato e depositato in tinozze di plastica dove viene lasciato fermentare. Il succo ricavato viene distillato su un fuoco a legna: il liquido chiaro sgocciola piano attraverso una canna di bambù. La prima colata è la più potente (contiene fino al 50% di alcol) mentre nella seconda e nella terza la percentuale alcolica varia tra il 20 e il 30%.

Dintorni di Flores

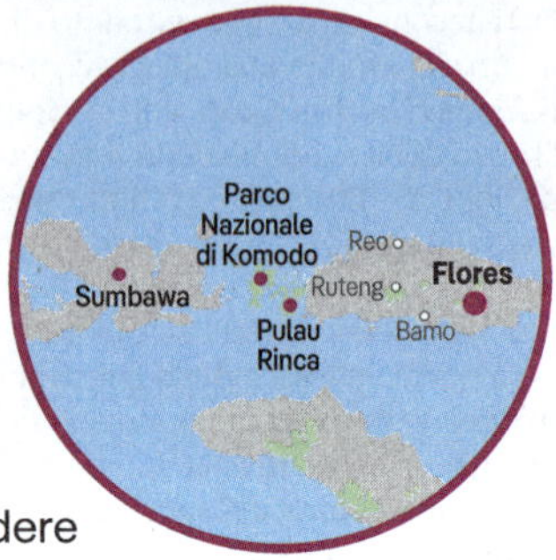

Dirigetevi a sud-est di Labuan Bajo per vedere da vicino i giganteschi lucertoloni e a est di Sumbawa per trovare onde altrettanto enormi.

TRASPORTI LOCALI

Tra i barcaioli e i centri diving di Labuan Bajo regna una feroce competizione per le gite di uno o più giorni al Parco di Komodo. Le uscite di gruppo in motoscafo partono da 750.000Rp a persona e regalano più tempo nelle location rispetto alle imbarcazioni lente (più economiche). Le barche-safari che organizzano gite di più giorni vanno incontro alle esigenze di sub ed esploratori. Pulau Rinca è accessibile solo tramite imbarcazioni private. Volate a Bima (Sumbawa) e prendete un autobus per Hu'u o un taxi (1.000,000Rp) per Pantai Lakey.

Il principale motivo di richiamo di Labuan Bajo è l'opportunità di visitare il Parco Nazionale di Komodo, il cui centro è l'omonima isola, habitat primario del temibile *ora*, il varano più grande del mondo. Gli avvistamenti non sono sempre garantiti, soprattutto nei mesi di giugno e luglio, quando questi animali si spingono nell'entroterra per accoppiarsi. È molto più facile vederli sulla più piccola Isola di Rinca, che però è stata di recente 'addomesticata' per accogliere i visitatori che arrivano con le navi da crociera, diventando sempre meno popolare per chi arriva da Labuan Bajo. La grande e conservatrice Isola di Sumbawa, situata a ovest di Flores, è il regno incontrastato di minatori, mullah e surfisti.

Parco Nazionale di Komodo

DA FLORES: **1 H**

Una giornata a tu per tu con i varani

I visitatori che arrivano a Labuan Bajo hanno in mente i varani. Per vederli nel loro habitat, occorre recarsi a **Pulau Komodo**, nel cuore dell'omonimo parco nazionale.

Ci sono diverse opzioni. Molti operatori turistici di Labuan Bajo organizzano una gita in giornata a Komodo in motoscafo o con un'imbarcazione lenta, con soste in sei location fisse. Il motoscafo costa di più ma consente di prolungare le soste. Di solito la prima fermata è l'isola vulcanica di **Pulau Padar**. Un'escursione di 15 minuti su un terreno impervio vi porta a scoprire alcuni punti panoramici da cui ammirare baie di sabbia bianca, la dorsale montuosa dell'isola e il panorama marino circostante. A seguire potete nuotare e prendere il sole in una delle spiagge di sabbia rosa come **Pantai Merah**, sulla punta estrema di Pulau Padar.

Con un breve tragitto in barca raggiungete **Pulau Komodo**, un'isola i cui ripidi pendii diventano lussureggianti durante la breve stagione umida (da dicembre a marzo), mentre nel resto dell'anno il territorio arido assume una colorazione rossiccia. Sulla terraferma, vi viene assegnato un ranger armato di forcone per tenere a bada i varani. La tariffa d'ingresso (1.355.000Rp) comprende una scelta di tre itinerari a piedi: quello breve (1,5 km, 45 minuti) include una sosta presso uno stagno artificiale che attrae cervi, cinghiali e varani; quello

Pulau Padar

medio (2 km, un'ora e mezza) include una sosta su una collina con panorami mozzafiato e variopinti cacatua; quello lungo (4 km, due ore) è come gli altri due ma lontano dalle folle che si registrano durante il picco turistico.

Dopo pranzo, la barca fa una sosta per lo snorkelling presso lo spettacolare **Taka Makassar** dove si possono ammirare coralli in buona salute e vasti banchi di pesci corallini e spesso si avvistano tartarughe marine e altri animali pelagici. Si va poi al **Karang Makassar** (Punta Manta) in cerca di mante, una presenza quasi garantita. L'ultima fermata è **Pulau Kanawa**, un'isola deludente, dove potete cimentarvi in un'altra sessione di snorkelling.

Se avete più tempo, potete visitare il Parco Nazionale di Komodo tramite le crociere di tre giorni e due notti offerte da alcuni operatori turistici. Queste escursioni comprendono le principali attrattive di una gita giornaliera, oltre a luoghi meno visitati, come le isolette disabitate di **Siaba**, **Kalong** e **Bidadari**. Inoltre potete arrivare al punto panoramico di Padar al mattino prima dell'arrivo della folla e visitare l'isola di Komodo quando i varani sono più attivi.

Komodo Kayaking (komodokayaking.com), l'unico operatore di gite in kayak di Labuan Bajo, propone escursioni dinamiche ed ecosostenibili: la sera si cena in tende safari sulla spiaggia e di giorno si pagaia lungo la costa di varie isole; sono previste alcune soste per lo snorkelling e ogni tanto si possono intravedere i varani in acqua (sono nuotatori eccellenti). Le tariffe per le gite di due giorni e una notte ammontano a US$495 a persona, quelle di tre giorni e due notti US$695.

MIGLIORI TOUR OPERATOR DI LABUAN BAJO

Wunderpus Liveaboard
Gestiscono barche-safari per immersioni e snorkelling da diversi anni. Offrono escursioni ecosostenibili che vanno dai tre ai sette giorni, per lo più per piccoli gruppi, e prendono in considerazione siti poco affollati.

Manta Rhei
Centro specializzato in escursioni giornaliere a tema e corsi PADI. Sono disponibili anche immersioni con l'uso di Nitrox e crociere a bordo delle *pinisi* (golette tipiche di Sulawesi), da 5.000.000Rp a persona a notte.

Scuba Junkie
Ramo di una premiata ditta di immersioni del Borneo, con una varietà di scelte per le immersioni e lo snorkelling; organizza corsi PADI.

CURIOSITÀ SUI VARANI DI KOMODO

I varani di Komodo, che si ritiene abbiano avuto origine in Australia quattro milioni di anni fa, risiedono sulle Isole di Komodo e Rinca e in alcune zone di Flores (nord e ovest). Il veleno secreto dalle ghiandole tra i loro denti è la loro arma segreta. Il morso, carico di tossine, provoca un sanguinamento che uccide lentamente la preda (esseri umani inclusi).

Questi lucertoloni onnivori possono divorare in una sola volta prede pari all'80% del loro peso corporeo e possono cibarsi dei loro piccoli. Dopo il lauto pasto si ritirano per un periodo che può durare fino a un mese intero, per digerire. Gli individui più giovani vivono sugli alberi per evitare gli assalti dei varani adulti. Si stima che a oggi vi siano fino a 500 esemplari in natura, ma solo poche centinaia sono femmine in grado di deporre le uova.

Immersioni nel Parco Nazionale di Komodo

Immergersi nel Parco Nazionale di Komodo è un'esperienza incredibile: rilievi sommersi frequentati da mante, squali del reef e tartarughe, vivaci barriere coralline brulicanti di vita e un'eccellente visibilità subacquea richiamano sub da ogni parte del mondo. Per la complessa topografia sottomarina e la presenza di correnti forti e imprevedibili, alcuni dei siti più importanti si addicono solo ai più esperti, ma non mancano zone più tranquille per i novizi. A Labuan Bajo ci sono decine di tour operator; si può anche fare una crociera di più giorni in barca-safari per un'esperienza più rilassata. Per facilitarvi nella scelta dei tour operator migliori e più orientati alla tutela dell'ambiente marino, controllate che espongano il bollino DOCK (Dive Operators Community Komodo) garanzia contro la pesca con la dinamite e altre pratiche dannose. Alcuni offrono anche corsi di formazione rivolti ai residenti.

Il luogo migliore per vedere le mante a Komodo è **Karang Makassar** (Manta Point), una stazione di pulizia per le mante è una zona di nutrimento molto frequentata nei periodi in cui l'acqua è ricca di plancton; qui si può intraprendere un'immersione in acque non profonde (max 12 m) in parete.

Sul lato settentrionale di Pulau Komodo si trova **Castle Rock**, una montagna sommersa, nota per le sue intense correnti e gli incontri con vari tipi di squali di barriera (squali grigi, squali pinna bianca e squali pinna nera), giganteschi carangidi, tonni ed enormi banchi di pesci fucilieri. Un altro bellissimo sito è il pinnacolo di **Batu Bolong** – riservato ai sub esperti per via delle forti correnti – il cui lato sottovento è ricco di secche piene di pesci damigella, gramme loreto, idoli moreschi, grossi plectorinchi e pesci scorpione, mentre le zone con acque più profonde brulicano di sgombri macchiati, pesci chirurghi codagialla e pesci balestra dai denti rossi.

Vicino a Pulau Seraya Besar, **Sabolan Kecil** è ottimo per i principianti: in mezzo alle gorgonie e alle spugne barile si notano pesci pipistrello, cavallucci marini, pesci scorpione e trigoni maculati. Il fondale sabbioso del reef sul lato settentrionale di **Pulau Sabayor** (a metà strada tra Komodo e Flores) attrae le aquile di mare, mentre le sporgenze rocciose e gli strapiombi del reef ospitano gamberetti pulitori e pesci vetro, galatee pelose avvistabili tra le spugne barile e i coralli, pesci imperatore e cernie.

Pulau Rinca

DA FLORES: **1 H 30 MIN**

I rettili di Rinca

L'imbarcazione costeggia la costa di Flores, avanzando con calma e passando davanti a isolotti montuosi ricoperti da rada vegetazione per poi attraccare al molo di **Pulau Rinca**, dove si viene accolti da una gigantesca statua raffigurante due varani di Komodo impegnati in un combattimento mortale.

Manta, Parco Nazionale di Komodo

Una passeggiata di cinque minuti insieme a un ranger (la cui presenza è obbligatoria) lungo la pedana di legno, accessibile anche ai diversamente abili, conduce a un eccellente museo sui varani di Komodo e sulla fauna terrestre e marina del parco nazionale. Sul retro del **museo**, potreste imbattervi in alcuni varani intenti a riposare all'ombra degli alberi. Arrivate al mattino presto per poterli osservare quando sono nel pieno dell'attività. Inoltre, potreste avvistare anche cervi di Timor, cinghiali e uccelli.

Non è più permesso fare lunghe passeggiate né pernottare sull'isola. Su richiesta, il ranger può accompagnarvi a un punto panoramico con una spettacolare vista sulla baia.

Sumbawa

DA FLORES: 1 H

Surf a Sumbawa

Barrel si infrangono sui reef di **Pantai Lakey**, le cui onde richiamano surfisti di fama internazionale; soprattutto tra giugno e agosto. **Lakey Peak** e **Lakey Pipe** sono due break molto ambiti, entrambi raggiungibili in barca a remi dalle guesthouse sulla spiaggia di Lakey, tutte collegate da un sentiero sabbioso costellato di bar. Da agosto a ottobre Pantai Lakey è la migliore meta indonesiana per il kitesurf.

Lakey Peak ha anche una bella onda A-frame riservata ai più esperti che si infrange contro la barriera corallina proprio

AVVISTARE I VARANI

A Komodo e a Rinca ci sono ottime probabilità di vedere i varani, tranne nella stagione dell'accoppiamento (giugno e luglio) quando le femmine si nascondono e i maschi setacciano l'intera isola per scovarle. Il periodo di picco per gli avvistamenti va da settembre a dicembre, quando si aggirano esemplari di entrambi i sessi.

A Rinca, i 'draghi' ciondolano spesso nei pressi del museo e i ranger si portano dietro un forcone di legno come unico mezzo di protezione; a Komodo i turisti vengono incoraggiati ad avvicinarsi ai varani 5 m in più della distanza consentita per scattare fotografie, ma voi desistete e trattate sempre con rispetto questi animali che non sono poi così 'flemmatici' come appaiono: cinque persone sono morte, tra cui due turisti.

TREKKING SU PULAU KOMODO

A Labuan Bajo è possibile noleggiare un'imbarcazione privata (da 2.500.000Rp al giorno) e scegliere l'itinerario in base agli interessi. Per ottimizzare le possibilità di avvistare i varani a Pulau Komodo, negoziate con i ranger trekking avventurosi (da 600.000Rp per un massimo di cinque persone) lunghi fino a 10 km (quattro-cinque ore). Tra le scelte, c'è la salita al Gunung Ara (538 m) con panorami mozzafiato. In alternativa, si può attraversare la Valle di Poreng, passando davanti al monumento commemorativo dedicato a Randolph – che scomparve a Komodo nel 1974 – per poi dirigersi alla Baia di Loh Sebita. È un trekking impegnativo, ma lungo il tragitto la probabilità di vedere gli animali selvatici è molto alta. Prendete accordi con lo staff della barca per il ritorno.

Sumbawa

davanti alla famosa torre. Subito accanto, Lakey Pipe vanta un'onda sinistra che dà il meglio di sé nei periodi in cui la marea è media o alta. A soli cinque minuti di auto da Lakey c'è il break di **Cobblestones**, meno affollato, con un'onda destra e una sinistra; la prima, più morbida, è adatta ai novizi.

A 15 minuti da Lakey si trova **Periscope**, un break raggiungibile in barca a remi dalla spiaggia con un barrel destro molto ripido. A una distanza analoga si trova **Nangadoro**, un break con un'onda sinistra e un'onda destra ottime quando la marea è alta, mentre **Nungas**, un lungo reef break con un'onda sinistra vicino a Lakey, è più docile rispetto a Peak o a Pipe e dà il meglio quando la marea è bassa o media.

MANGIARE A PANTAI LAKEY: LA NOSTRA SCELTA

The Wreck: Arioso ristorante che propone quesadillas, fajitas e burritos in versione indonesiana, oltre a pesce piccante cotto in foglie di banano. **$$**

Fatmah's: Accomodatevi nella casetta di legno con vista sulla spiaggia e gustate succhi di frutta, *ayam lalapan* (pollo fritto e *sambal*) e pasticci di carne. **$$**

3 Waves: Dopo il surf a Lakey Peak, recuperate le energie con una colazione a base di toast, uova e omelette, accompagnata da pollo arrosto o hamburger. **$$**

Compass Warung: Gustate una smoothie bowl, un hamburger e generose porzioni di *mie goreng* (noodles fritti), mentre guardate un bel filmato sul surf. **$$**

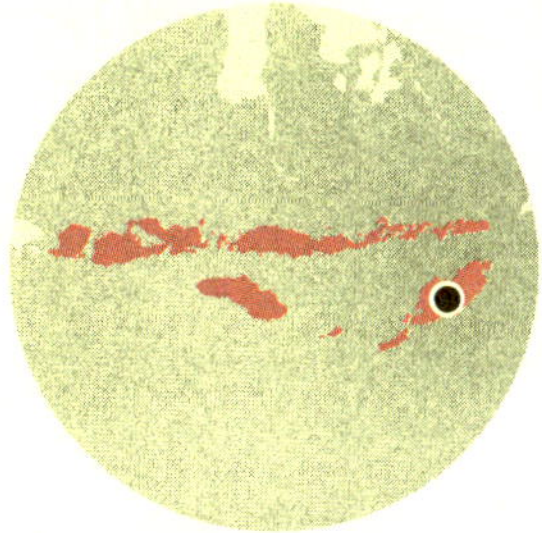

Timor Ovest

CULTURA TRADIZIONALE | IKAT | IMMERSIONI IN GROTTA

Le colline e le vallate di Timor Ovest, circondate da risaie e spiagge, sono affascinanti quanto i loro abitanti. Vi basta sorridere per essere prontamente ricambiati. Non meravigliatevi se i denti delle persone sono macchiati di rosso per aver masticato noci di betel, abitudine che è ormai parte integrante della cultura tradizionale.

I primi europei a giungere a Timor agli inizi del XVI secolo furono i mercanti portoghesi, attirati dall'abbondanza di legno di sandalo; seguirono poi gli olandesi e i missionari che riuscirono con successo a cristianizzare la popolazione. Il territorio montuoso e punteggiato da palme *lontar* e la suddivisione in regni indipendenti e in guerra tra loro hanno reso possibile la sopravvivenza di tradizioni animiste, 14 lingue diverse e dialetti tribali. Dopo aver lasciato i *bemo* (minibus) di Kupang, il capoluogo, con la loro musica a tutto volume, ci si addentra in un mondo meno battuto, con pittoreschi villaggi con capanne ad alveare, dove è ancora in vigore l'*adat* (legge tradizionale) e dove gli artigiani producono pregiati tessuti ikat (tessuti intrecciati).

TRASPORTI LOCALI

Molte mete di Kupang sono raggiungibili in *bemo*. Una corsa costa 5000Rp; battete le mani per prenotare la fermata. Tra le linee più utili 1 e 2 Kuanino-Oepura (per gli hotel), 5 Oebobo-Airnona-Bakunase (che passa davanti all'ufficio postale) e 10 Kelapa Lima-Walikota (Terminal Kota, il capolinea degli autobus di Oebobo e il Museo Nusa Tenggara Timur). In hotel si possono affittare moto.
Gli autobus dalla stazione di Oebobo, a 7 km dall'aeroporto, collegano Soe, Kefamenanu e Atambua. Il noleggio di un veicolo con conducente parte da 800.000Rp.

☑ IL CONSIGLIO

Per visitare i villaggi tradizionali, è essenziale una guida del posto poiché il bahasa indonesia non è molto diffuso.

Il dolce suono del sasandu

Uno strumento musicale tipico di Rote

Lungo il tragitto per Soe, fermatevi a Oebelo e visitate il laboratorio **Sasandu**. Un ragazzo con in testa un *ti'i langga* (cappello fatto con le foglie di *lontar* e con al centro un pennacchio) eseguirà per voi alcune melodie pizzicando abilmente le corde di un *sasandu*, una cetra a 32 corde tipica di Rote il cui suono è un incrocio fra un'arpa, un pianoforte e delle piastre in acciaio. Utilizzato dagli isolani sin dal XVII secolo (anche se lo strumento originale era dotato di corde di bambù o di budella di zibetto, e non di metallo), il *sasandu* viene ricavato dal bambù e dal legno di teak, con l'aggiunta di una cassa di risonanza pieghevole a forma di 'vela' realizzata con una foglia di palma. Dopo che il figlio del musicista rotinese Pak Pah avrà terminato

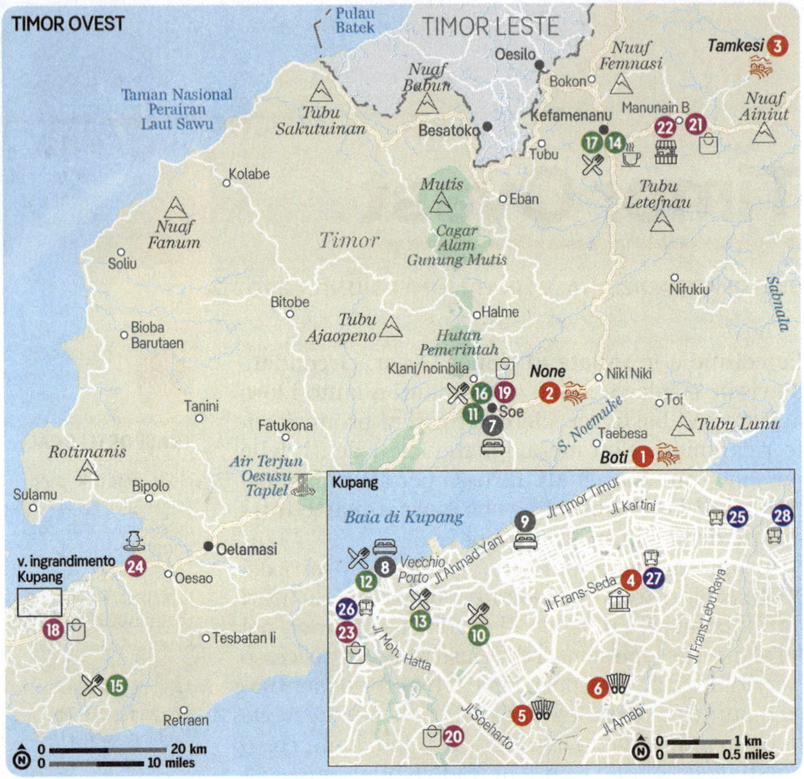

DA NON PERDERE
1 Boti
2 None
3 Tamkesi

DA VEDERE
4 Museo Nusa Tenggara Timur

ATTIVITÀ, CORSI E TOUR
5 Cendana Dive
6 Dive Kupang

PERNOTTAMENTO
7 Dena Hotel
8 Lavalon Hostel
9 Sotis Hotel

PASTI
10 Depot Se'i Babi Aroma
11 Depot Remaja
12 Pasar Malam
13 Rumah Makan Palembang
14 Rumah Makan Pondok Selera
15 Se'i Babi Om Ba'i
16 Tapaleuk

LOCALI E VITA NOTTURNA
17 Sisterhood Coffee & Eatery

SHOPPING
18 Edon Sasando Musik
19 Galeri Alekot
20 Ina Ndao
21 Maubesi Art Shop
22 Mercato di Maubesi
23 Pak Haji Noer

DIVERTIMENTI
24 Sasandu

TRASPORTI
25 Paradise Tour & Travel
26 Terminal Kota
27 Terminal Oebobo
28 Timor Tour & Travel

la propria serenata, potete prendere lezioni presso **Edon Sasando Musik**, alla periferia di Kupang. Il grande maestro di *sasandu* Aby Edon sostiene che se avete un pizzico di talento musicale gli basteranno un paio d'ore per insegnarvi una melodia. Aby progetta e costruisce i suoi strumenti nelle versioni tradizionale (da 4.000.000Rp), elettrica (8.000.000Rp) e ibrida (10.000.000Rp), nel caso vogliate portarvene a casa uno.

A tu per tu con gli ex cacciatori di teste

Visitare un villaggio tradizionale

Vicino a Niki Niki c'è una strada sterrata che attraversa per 1 km campi di granturco, zucca e fagioli fino a **None**. Fermatevi presso una delle *ume bubu* (capanne ad alveare) a ridosso della strada, per salutare il capovillaggio. Per certi versi None è un tipico centro dawan, dove anguste e fumose *ume bubu* senza finestre e con soffitti alti un metro sorgono di fianco a moderne abitazioni in cemento. In fondo alla strada ci sono i terreni cerimoniali che terminano in corrispondenza di un brusco precipizio ammantato di vigneti che in passato ha protetto il villaggio dai nemici. L'atmosfera è talmente serena che è difficile credere che appena due generazioni fa nel villaggio vi erano alcuni cacciatori di teste (l'ultimo conflitto risale al 1944). Se avete una guida locale, vi indicherà il *lopo* (luogo di aggregazione del villaggio) e vi spiegherà che ci sono 56 famiglie che abitano qui da 10 generazioni e aderiscono ancora alle usanze tradizionali.

Sul ciglio del burrone ci sono un fico baniano e un totem intorno a cui un tempo si radunavano sciamani e guerrieri prima di partire per una spedizione. Nelle vicinanze vi è una piattaforma in pietra dove venivano esposte le teste dei nemici. Proseguite fino alla *ote naus*, una tettoia dove venivano custoditi i fucili e le lance. È qui che gli anziani del villaggio consultavano le uova di pollo e un bastone di legno per stabilire il destino dei guerrieri. Se nell'uovo c'era una macchia di sangue, segno di sfortuna, l'attacco doveva essere rimandato. Le donne del villaggio potrebbero darvi una dimostrazione delle tecniche di tessitura (elargite un'offerta di 50.000Rp) oltre a presentarvi una scelta di tessuti ikat disponibili per l'acquisto.

Visita alla famiglia reale

Al cospetto di sua maestà

Circa 50 km a nord-est di Kefa sorge **Tamkesi**, uno dei villaggi più isolati e meglio conservati di Timor Ovest, accessibile in due ore lungo una strada parzialmente accidentata tra crinali ventosi. Tenendovi in equilibrio su un sentiero di roccia, passate attraverso un'apertura in mezzo a pareti calcaree. Vi sono due entrate, una riservata ai reali ma spesso usata anche dai viaggiatori mentre quella corretta reca un cartello che recita 'Eno Fatnai Naimnune' su una piattaforma in pietra da cui potete raggiungere il villaggio con una breve camminata in salita lungo un sentiero di ciottoli in mezzo agli alberi.

La casa del raja (re) si affaccia sul villaggio; le colonne rispettivamente a oriente e a occidente rappresentano il maschile e

L'ARTE DI MASTICARE NOCI DI BETEL

Prima di visitare un villaggio dawan, acquistate una buona dose di *pinang* (noci di betel fresche o essiccate) e di *sirih* (foglie e fiori di noci di betel) presso un mercato o bancarella a ridosso della strada. È buona norma offrire noci di betel al capovillaggio in segno di cortesia. Queste noci vengono masticate da parecchie persone a Timor Ovest insieme alla polvere di lime, che ne attenua il sapore amaro ma a contatto con le labbra causa bruciore. Dopo l'accoglienza, il vostro ospite vorrà offrirvi una noce da masticare: dovreste avvertire un blando effetto narcotico simile a quello di una sigaretta, ma molti la troveranno un'esperienza amara: la bocca si intorpidisce e si riempie di saliva rossa. Sputare è considerato accettabile.

MANGIARE A KUPANG E DINTORNI: LA NOSTRA SCELTA

Se'i Babi Om Ba'i: Recatevi al villaggio di Baun per gustare il *se'i babi* (maiale affumicato di Rote). $

Depot Se'i Babi Aroma: Moderna catena di ristoranti di Kupang specializzata in *se'i babi*, *sate babi* (satay) e altri piatti a base di maiale. $

Pasar Malam: In questo mercato trovate piatti di pesce, tra cui *ikan*, *cumi* (calamaro), *kepiting* (granchio) e *udang* (gamberetti). $

Rumah Makan Palembang: Questo ristorante è specializzato nell'*ikan bakar rica rica* (pesce alla griglia con salsa al peperoncino). $$

PUNTATA A TIMOR LESTE

Attraversare il confine con Timor Leste non è più così difficile. Basta raggiungere Napan, 20 km a nord di Kefamenanu, e proseguire verso Atapupu. Il costo per un *ojek* (mototaxi) da Atambua è di sole 60.000Rp. In alternativa, con 250.000Rp si può intraprendere il viaggio di 12 ore (solo andata) verso Dili. Prendete accordi con **Timor Tour & Travel** o con **Paradise Tour & Travel**. Se avete poco tempo, prendete un volo della Wings Air da Kupang ad Atambua (45 min), attraversate il confine e poi prendete il volo di ritorno per Kupang. I viaggiatori provenienti dai paesi dell'area Schengen possono soggiornare a Timor Leste senza visto per un massimo di 30 giorni, mentre ai visitatori provenienti da altre nazioni viene rilasciato un visto all'arrivo dietro pagamento di US$30.

il femminile. Salite gli scalini in pietra per incontrare la famiglia reale; vi verranno offerte noci di betel (compratele a Manufui, l'ultimo villaggio prima della deviazione per Tamkesi) e lasciate un'offerta (50.0000Rp a persona). Dopo aver masticato le noci, potete scattare fotografie alle capanne ad alveare costruite nel basamento roccioso e collegate tra loro da sentieri di argilla rossa che vagano fino al ciglio del precipizio. Non azzardatevi a scattare foto della capanna conica dove sono custoditi gli oggetti sacri del villaggio, altrimenti la sfortuna potrebbe colpirvi. Lo stesso vale se vi cade qualcosa; non raccoglietela subito, avvertite gli abitanti del villaggio che si metteranno a pregare gli antenati per ottenervi il perdono.

Non perdete infine la parete calcarea. Almeno una volta ogni sette anni, il re e gli anziani del villaggio scalano la parete di **Tapenpah**, senza funi, portandosi dietro una capra, un gallo, rami di noci di betel, bambù, un po' di cocco, canna da zucchero e cotone. In base alle dimensioni dell'offerta, la scalata si compie in multipli di sette. Viene poi macellata la capra (ma non il gallo), si masticano noci di betel, vengono consumati tutti i cibi e si discende di nuovo a valle. Il **rituale Natamamausa** viene officiato in ringraziamento per un buon raccolto o per fermare la pioggia (o darle inizio).

Se volete scalare l'altra insigne parete di roccia, **Oepuah**, chiedete aiuto a un giovane del villaggio. Il panorama è corroborante. Elargite una mancia di 20.000Rp al capocordata.

Qui il bahasa indonesia è parlato pochissimo, perciò bisogna essere accompagnati da una guida. L'atmosfera è calda e accogliente.

Il mondo sommerso di Kupang

Immersioni uniche in acque dolci

Anche se i siti di diving di Timor Ovest non possono competere con quelli di Alor, l'assenza di correnti li rende adatti ai principianti. Kupang è anche l'unico luogo in Indonesia dove si possono fare immersioni in acque dolci nelle grotte, in particolare alla **Kristal Cave** e alla **Oehani Cave**, dove la visibilità arriva fino a 50 m e ci sono tunnel calcarei, stretti passaggi e stalattiti. La Kristal Cave, con le sue pareti fossilizzate incrostate di conchiglie, un canale di 75 m, una camera sommersa e una d'aria, è la più agevole per le immersioni. La Oehani Cave – una dolina lunga 500 m con tre camere d'aria – è più indicata per i sub esperti, data la difficoltà di accesso e la presenza di tunnel angusti. A Kupang ci sono centri immersioni: **Dive Kupang** e **Cendana Dive**.

MANGIARE A SOE E KEFAMENANU: LA NOSTRA SCELTA

Depot Remaja: Soe. Le specialità della casa sono un succulento *se'i babi* (maiale affumicato di Rote) e il *jantung pisang* (insalata di fiori di banano). **$$**

Tapaleuk: Soe. In questo locale illuminato al neon ordinate delle *bakso* (polpette) e dei *pangsit* (ravioli) preparati in tanti modi diversi. **$**

Sisterhood Coffee & Eatery: Kefamenanu. Questo locale propone espresso, latte macchiato al caramello salato e mocktail, oltre a panini con *katsu* e riso fritto. **$$**

Rumah Makan Pondok Selera: Provate l'ottimo tempeh, i piatti a base di tofu, l'*ikan kua asam* (zuppa di pesce acido) e il *sambal* dolce preparato con pomodori freschi. **$**

GRAND TOUR DI TIMOR OVEST

Questo itinerario in auto di Timor Ovest comprende mercati, villaggi tradizionali e spiagge. Cominciate da 1 **Kupang**, il capoluogo. Fate una sosta a 2 **Oebelo**, una cittadina dedita all'estrazione di sale, a 22 km da Kupang, lungo la strada per Soe, e visitate il laboratorio di *sasandu* (p289); proseguite per la fresca 3 **Soe**, porta d'accesso ad alcuni villaggi dell'entroterra. 17 km a est di Soe, prendete la deviazione per 4 **None** (p291), un villaggio di ex cacciatori di teste, ma prima passate per 5 **Niki Niki** dove il mercoledì si tiene il mercato. La strada si inoltra tortuosa nell'entroterra fino a 6 **Kefamenanu**, un'antica roccaforte portoghese perfetta per un pernottamento. A soli 3,5 km da Kefa sorge 7 **Maslete**, un villaggio tradizionale con un palazzo (*sonaf*) di legno dal tetto di paglia con incisioni di uccelli mitici. 8 **Maubesi** 19 km a est di Kefa, è sede del miglior mercato di tessuti della reggenza. Si tiene ogni giovedì: i tessuti ikat vengono esposti sotto alberi di tamarindo insieme a prodotti agricoli, animali e vasellame. In qualsiasi altro giorno, fate una capatina al Maubesi Art Shop, nella periferia orientale, dove si trova una straordinaria selezione di tessuti ikat. Proseguite 11 km verso a est per poi dirigervi a nord e raggiungere il villaggio di 9 **Tamkesi** (p291). Rifate lo stesso tragitto all'incontrario a nord di Niki Niki. Se siete in zona di giovedì, fate una deviazione a 10 **Ayotupas** (la strada è molto accidentata!), per visitare il mercato settimanale. A sud di Niki Niki, prendete la strada secondaria fino al villaggio animista di 11 **Boti** (p294). Discendete verso l'incantevole spiaggia di 12 **Pantai Kolbano** e fate ritorno a Kupang passando per le dune di 13 **Pantai Oetune** e attraverso le risaie di Timor Ovest.

MIGLIORI NEGOZI DI IKAT

Timor Ovest è rinomata per l'ikat, dai sarong decorati con complessi motivi geometrici agli antichi *kelim* (arazzi). La qualità varia, come le tinture e il filato: i pezzi più costosi sono fatti con cotone di produzione locale; altri utilizzano filati importati dalla Cina.

Mercato di Maubesi Vende tessuti ikat di buona qualità riconoscibili a un occhio attento.

Maubesi Art Shop Fornisce pezzi davvero eccellenti la cui realizzazione richiede un anno di lavoro.

Galeri Alekot È zeppo di scelte per tutte le tasche; si trova a Soe.

Ina Ndao Oltre all'ikat vende espadrillas, camicie e cravatte a motivi geometrici; si trova a Kupang.

Pak Haji Noer Esperto di ikat di Kupang, fornisce pezzi da collezionismo provenienti da ogni parte di Nusa Tenggara, tra cui stoffe vintage realizzate con tecniche di tessitura non più in uso.

ANNA KAMINSKI/LONELY PLANET ©

Tessitrici, Boti

L'ultimo re di Timor Ovest

Esplorare il villaggio tradizionale di Boti

Da Soe, con due ore di viaggio su strada sterrata si arriva **Boti**, un villaggio in cui risiede Ama Namah Benu, il carismatico *kepala suku* (capotribù), noto come 'l'ultimo re di Timor Ovest', incaricato di far rispettare le rigide leggi dell'*adat*. Andate con una guida che conosca le usanze locali (*adat*) e parli dawan. All'arrivo, raggiungete la casa del re e offritegli noci di betel. La sorella vi servirà del caffè dolce e dolcetti di manioca. I visitatori devono lasciare un'offerta di 50.000Rp. Potete fermarvi per una notte (o più) alloggiando in una casa per gli ospiti con il tetto di paglia del villaggio: i suoi 300 abitanti seguono ancora gli antichi rituali animisti. Il re ha acconsentito solo di recente a che ciascuna famiglia mandi un figlio alla scuola primaria e alla scuola media, ma non alla scuola superiore, per evitare lo scontro tra l'istruzione convenzionale e le tradizioni ancestrali. L'autonomia di Boti è dovuta in parte al fatto che il governo coloniale olandese non hai mai saputo dell'esistenza del villaggio. I bambini locali hanno nomi legati agli elementi naturali tipici del luogo. Sin da piccoli i maschi portano i capelli lunghi in segno del loro legame con la natura. Quando una donna è incinta, rasa la testa della figlia più piccola, segno che la comunità deve aiutarla dove possibile. I matrimoni con persone estranee al villaggio sono consentiti, ma le donne che non vi tornano a vivere con il proprio marito vengono allontanate. Al mattino presto, gli uomini si avviano nei campi per coltivare. I residenti sono orgogliosi della loro indipendenza, tanto da rifiutare ogni forma di assistenza del governo. Anche le donazioni di generi alimentari delle ONG sono considerate un'offesa. A Boti le settimane sono di nove giorni: l'ultimo dedicato al riposo, alla musica e alle attività spirituali. Mentre osservate le donne al lavoro nella cucina esterna, vi segue uno stuolo di bambini curiosi. Al tramonto, gli uomini tornano al villaggio e le donne servono la cena in ciotole ricavate dal guscio di noci di cocco. Con un contributo di 100.000Rp, gli uomini eseguiranno una danza tradizionale, accompagnati dalle donne che cantano una melodia struggente mentre il re strimpella l'ukulele.

GIRO A KUPANG E DINTORNI

Nonostante il lungomare trascurato e il traffico intenso, Kupang sprigiona un certo fascino. Lo stesso vale per le isole vicine. Se vi spostate su Alor o Rote, troverete conferma della bellezza della zona. Nel 1789, dopo l'ammutinamento del *Bounty*, il capitano inglese Bligh ebbe un'analoga illuminazione. Trascorse nei paraggi ben 47 giorni. Questo tour da completare in giornata comprende diverse mete d'interesse.

Cominciate dal mercato ortofrutticolo di 1 **Pasar Oeba** e dall'adiacente mercato del pesce. Dirigetevi a est seguendo la costa, poi deviate a sud e visitate il 2 **Museo Nusa Tenggara**, meravigliosa introduzione alla storia e al patrimonio culturale di Timor Ovest. Tra le esposizioni di ceramiche e *kris* (pugnali tradizionali), si trovano maschere rituali, costumi dei guerrieri di Timor, statue lignee volte a tenere lontane malattie e disastri naturali, e superlativi tessuti ikat. Non perdete le sale dedicate alla Pasola (p304), alla musica tradizionale e alla storia naturale. Visitate poi il 3 **Pasar Inpres** per curiosare tra i prodotti freschi e comprare un *ti'i langga* (cappello fatto con le foglie di *lontar* con al centro un pennacchio).

Proseguite verso nord, poi seguite la litoranea verso ovest, oltrepassando la 4 **Monkeys Cave**. Passate dal porto e dirigetevi alla 5 **Goa Kristal Bolok** (Grotta di Cristallo), dove la gente del posto si reca per fare il bagno e scattare foto. Nelle vicinanze sorge 6 **Goa Uilebahan** un'altra grotta con una piscina naturale e interessanti formazioni rocciose. Recatevi alle cascate di 7 **Air Terjun Oenesu** e terminate in bellezza ammirando il tramonto sulla spiaggia di 8 **Pantai Tablolong**, 25 km a sud-ovest di Kupang.

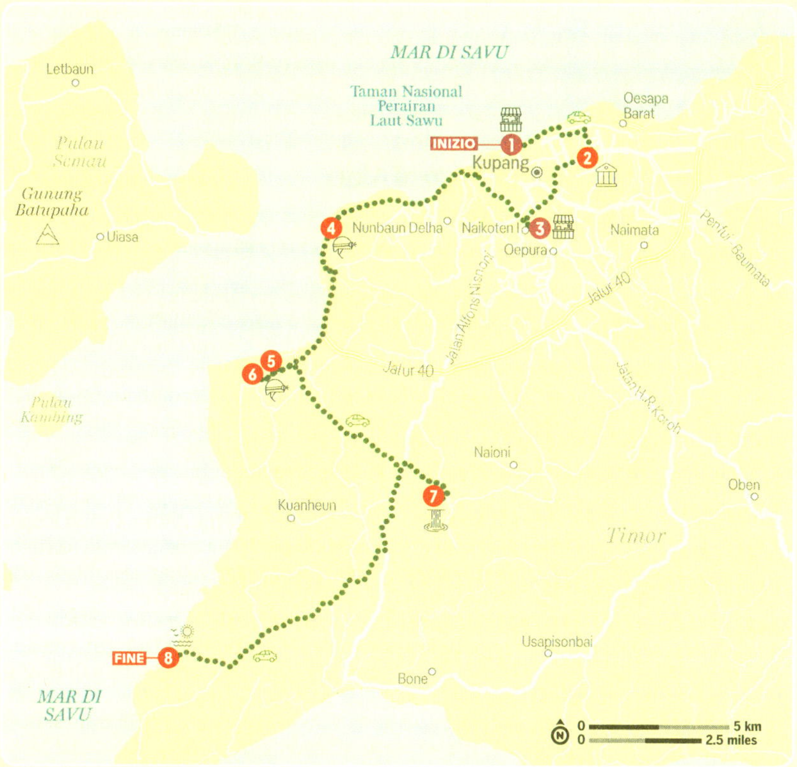

Dintorni di Timor Ovest

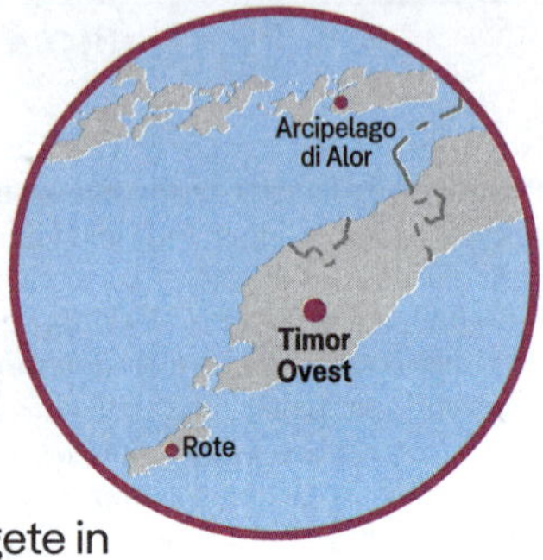

Da Kupang, in areo o in traghetto, raggiungete in breve tempo meraviglie subacquee, un break per il surf noto a livello internazionale e minuscole isole ancora poco visitate.

Località

> **TRASPORTI LOCALI**
>
> Sull'isola di Rote, la tratta Ba'a-Nemberala è servita da minibus (con/senza tavola da surf 120.000/70.000Rp); in alternativa potete farvi prelevare al vostro alloggio per circa 450.000Rp. Potete anche optare per un trasferimento diretto da Kupang a US$100. Gli alloggi vi aiutano a noleggiare un motorino (circa 100.000Rp al giorno). Un servizio di traghetti veloci con partenza alle 9 collega Kupang a Ba'a (due ore) e Kalabahi (15-18 ore, martedì, giovedì e sabato). Voli giornalieri collegano Kupang a Kalabahi (Alor) e Ba'a.

Se siete appassionati di immersioni, conoscete sicuramente l'Arcipelago di Alor, a nord di Timor Ovest, e i suoi famosi siti di immersioni come Fish Bowl e Mike's Delight. Di solito lo si visita a bordo di una barca-safari attrezzata per le immersioni oppure si alloggia in un diving lodge su una delle sue isole. Tuttavia, questo piccolo gruppo di isole, abitato da 134 tribù che parlano 18 lingue e 52 dialetti e seguono ancora le tradizioni animiste, offre molto di più. A sud-ovest di Timor Ovest, l'isola calcarea di Rote attira surfisti grazie al suo leggendario break 'T-Land', all'atmosfera rilassata e alle spiagge di sabbia bianca.

Arcipelago di Alor

DA TIMOR OVEST: **50 MIN**

In fondo al mare

Alor, uno degli arcipelaghi sottomarini più spettacolari dell'Indonesia, ha davvero tutto: vari siti per le immersioni con visibilità eccellente, barriere coralline brulicanti di pesci, meravigliose pareti dove avvistare squali di barriera, razze e tartarughe, branchi di delfini e, meno spesso, balene. Soprattutto offre la possibilità di godersi queste meraviglie in relativa solitudine. Molti punti sono più adatti ai sub esperti, ma ci sono zone accessibili anche ai novizi e ai sub di livello intermedio, se visitate nei periodi giusti.

Il modo migliore per sperimentare tanta bellezza è a bordo di una barca-safari. Uno dei siti più emozionanti per il *drift dive* è il **Fish Bowl**, nel canale tra **Pulau Alor** e **Pulau Kepa**. Nuotando lungo la parete del reef ricoperta di coralli morbidi, si possono avvistare pesci scorpione, solitari pesci balestra, *Macolor macularis* e banchi di pesci fucilieri e idoli moreschi.

Sulla costa orientale di Pulau Pura c'è un altro punto eccellente per le immersioni in corrente: **Mike's Delight**, con una visibilità che arriva a 40 m e una grande quantità di coralli duri e morbidi popolati da pesci pappagallo, pesci damigella, pesci angelo e pesci Napoleone. Più in profondità, si possono avvistare banchi di carangidi, delfini e squali del reef.

Symphony No. 9 è una splendida scarpata corallina da abbinare a una parete appena più impegnativa nei pressi di Pulau Pantar, adatta ai principianti. Offre un'eccezionale biodiversità, con banchi di pesci damigella e gramma loreto, e l'opportunità di fluttuare a 15 m sotto una sporgenza rocciosa, scrutando gli abissi per l'avvistamento di specie pelagiche.

Anche **Kal's Dream**, un rilievo sottomarino tra Pura e Kepa, è meraviglioso per la presenza di pesci pelagici di grandi dimensioni: barracuda, sgombri macchiati, gigantesche carangidi, e poi polpi, murene e gamberi nascosti nel plateau profondo 12 m. Le forti correnti che passano sulla cima del pinnacolo roccioso garantiscono una discesa veloce, rendendo l'esperienza ancora più emozionante.

Rote

DA TIMOR OVEST: **2 H**

Surf da urlo a Nemberala

Tra marzo e novembre, le correnti sud-occidentali generano buone onde che vanno a infrangersi sulla spiaggia del tranquillo villaggio di pescatori di **Nemberala**, sulla costa occidentale dell'isola di Rote.

A differenza di altre zone simili, Nemberala è un luogo accogliente e deve la sua fama alla leggendaria **T-Land**, una delle onde sinistre più lunghe dell'Indonesia, suddivisa in 'The Peak', 'The Pyramid' e 'The Mountain' (per surfisti con diversi livelli di capacità). Nelle vicinanze si trova **The Bommie**, un breve reef break a destra, molto divertente nei periodi di bassa marea con il mare molto mosso. Se preferite un'onda destra meno frequentata e più pesante, cava e intensa, cercate **Suckie Mama's**, 3 km a nord di Nemberala, raggiungibile solo in barca (in circa 10 minuti). **Do'o** è un altro break di destra cavo che si infrange nei pressi di un'isola disabitata raggiungibile in 20 minuti di barca da Nemberala, perfetto per i surfisti di livello intermedio e per i più esperti. Se siete novizi, subito a nord del porticciolo di Nemberala c'è **Squealers** (letteralmente 'maialini'), un'onda destra e sinistra così chiamata per i suoni striduli prodotti da coloro che si cimentano con la loro prima onda. Circa 8 km a sud di Nemberala, **Bo'a** vanta una bella spiaggia di sabbia bianca e un'onda destra con una buona sezione tubolare, raggiungibile pagaiando o con 10 minuti di barca. I surf resort del luogo possono accompagnarvi alle altre onde di prima categoria che cambiano a seconda del vento e della marea. Molti affittano ottime tavole al prezzo di 100.000Rp al giorno.

AVVENTURA AD ALOR

Alor Divers
Gestita da una coppia franco-slovena sulla costa orientale di Pulau Timur, questa attività si rivolge ai sub.

Lazy Turtle Dive Alor
Questo centro diving anglo-australiano situato a Kalabahi di fronte a Pulau Kepa organizza escursioni alla barriera corallina e per il muck diving a bordo della Naughty Nudi. Alcuni pacchetti comprendono l'alloggio.

Mila Salim
(milasalim619@gmail.com) Mila Salim è una guida locale che organizza gite in tutto l'Arcipelago di Alor. Gestisce il primo negozio di *oleh-oleh* di Kalabahi.

Gabriel Tang
(gabriellobangtang@gmail.com) Guida con base a Kalabahi. Propone itinerari culturali ad Alor, visite alle case tradizionali e uscite in mare per l'avvistamento dei dugonghi.

MANGIARE A NEMBERALA: LA NOSTRA SCELTA

Fishbones: Nonostante il nome ('lische'), questo locale serve una pizza eccellente con un condimento a base di *se'i babi* (maiale affumicato di Rote). $$

Narrow Resto: Piatti della cucina indonesiana, abbondanti colazioni all'inglese, atmosfera rilassata e possibilità di farsi fare un massaggio direttamente in loco. $$

Bekky Boo's: Bekky propone un menu in grado di soddisfare tutti i gusti, con gnocchi, wrap di pesce e verdure, riso fritto e banane caramellate. $$

The Pasar: In questo locale, potete gustare un eccellente caffè, panini a lievitazione naturale, couscous, feta e altri piatti internazionali. $$

Sumba

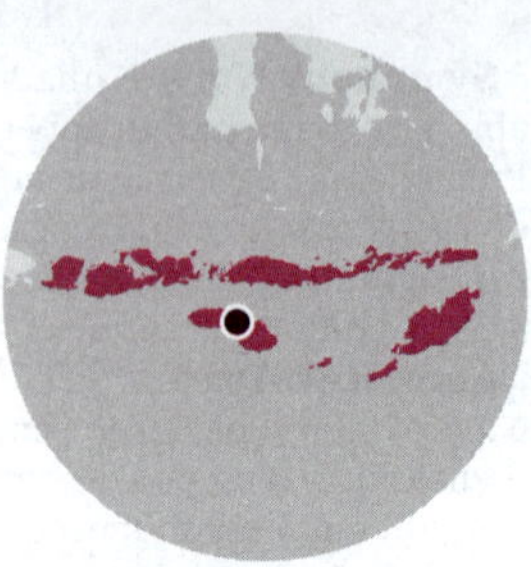

VILLAGGI TRADIZIONALI | FESTIVAL MEMORABILI | NATURA SELVAGGIA

TRASPORTI LOCALI

Waingapu è collegata a Kalala e a Tambolaka da autobus. Per Tarimbang, Wanokaka e Kerewe, è possibile procurarsi un passaggio in camion. Presso gli hotel si affittano moto per 200.000Rp al giorno. Il noleggio auto è costoso, circa 1.000.000Rp al giorno, con conducente. Da Waingapu partono voli per Ende (Flores), Denpasar (Bali) e Kupang (Timor Ovest), e traghetti per Ende e Kupang. Tambolaka ha voli giornalieri da/per Denpasar e Kupang e traghetti da/per Sape, con tre tratte di nove ore.

IL CONSIGLIO

Alcuni *kampung adat* (villaggi tradizionali) rifiutano i visitatori con una guida che non ha contatti con la comunità. Bisogna lasciare un'offerta prestabilita e firmare il registro dei visitatori.

Sumba è un'isola dall'indiscutibile fascino. I suoi pregiati tessuti ikat sono esposti nei musei di tutto il mondo. L'entroterra verdeggiante e collinare, così diverso da quello delle isole vulcaniche dell'Indonesia settentrionale, è popolato da cavalli selvatici e punteggiato da villaggi tradizionali con edifici altissimi dai tetti in erba, stretti attorno a tombe megalitiche. Gli abitanti, sebbene ufficialmente cristiani, seguono ancora le usanze indigene *marapu* (forza spirituale) e i sacrifici animali sono diffusi. Nei mesi di febbraio e marzo, durante la Pasola, guerrieri a cavallo si scontrano brandendo lance spuntate.

Sumba offre anche numerose attrattive naturali. L'isola è circondata da incantevoli spiagge di sabbia bianca battute da onde che attraggono surfisti da tutto il mondo. Nell'entroterra si celano laghetti, cascate e grotte. Accogliente e sobria, questa parte di Nusa Tenggara è particolarmente vulnerabile ai cambiamenti. Le imprese edilizie la puntano già da un po', perciò non aspettate troppo a visitarla.

Giornata perfetta nei dintorni di Waingapu

Villaggi tradizionali, siti storici e belvedere

Waingapu, principale snodo dei trasporti di Sumba est, è una rilassata cittadina con un centro alberato e polveroso, con alcuni alloggi e piccoli *toko* (negozi). Vanta anche un movimentato mercato ortofrutticolo e un porto dove al tramonto l'aria si impregna dell'odore del pesce alla griglia. Da Waingapu si possono organizzare gite lungo la costa settentrionale e nell'entroterra, per raggiungere i villaggi tradizionali e i siti archeologici.

Vicino al Praikundu Ikat Centre (p306), 6 km a sud di Waingapu, sorge il sito archeologico di **Lambanapu**, piccolo ma di grande importanza. Tra il 2016 e il 2022 approfonditi scavi archeologici hanno riscontrato che in questo punto sorgeva il sepolcreto dell'antica civiltà di Sumba est. Sono stati rinvenuti i resti di 45 individui, armi, oggetti per uso domestico e gioielli. Si pensa che le sepolture in vaso, ormai non

ANNA KAMINSKI/LONELY PLANET ©

Manola (p302)

più in uso a Sumba, risalgano alla preistoria e si spera che la scoperta contribuisca a far luce sull'arrivo in questa zona di popoli austronesiani.

Fermatevi a pranzo da **Amu Dahi**, nel villaggio di Melolo, per una zuppa di pesce calda, poi proseguite per **Praiyawang**, un villaggio tradizionale sumbanese con un'imponente schiera di tombe (ben nove), la più grande delle quali, a forma di bufalo, appartiene al capo del vecchio regno. La tomba consta di quattro pilastri in pietra (alti 2 m) che sostengono una gigantesca lastra (lunga circa 5 m e larga 2,5 m), in cima alla quale si ergono due tavolette in pietra scolpite con immagini di vario genere. Di fronte alle tombe sorgono un'enorme casa in stile sumbanese con pilastri di cemento, alcune *rumah adat* (case tradizionali) e una casa cerimoniale disabitata. Nelle tombe è permesso seppellire fratelli e sorelle, nipoti e nonni insieme, ma non si può essere sepolti insieme ai genitori. Le statue a forma di coccodrillo rappresentano il re; quelle a forma di tartaruga si vedono soltanto sulle tombe femminili, mentre i cacatua e i cavalli simboleggiano la democrazia.

Sulla via del ritorno per Waingapu, prendete la strada per le **Colline di Tanau** per ammirare i panorami mozzafiato.

IKAT SUMBANESE

L'ikat prodotto a Sumba è considerato il migliore di tutta l'Indonesia. I tessuti ikat di Sumba est raffigurano scene di paese, creature mitologiche, tornei di Pasola e guerre tribali. L'ikat di Sumba ovest non segue il processo di produzione tradizionale e presenta motivi geometrici più semplici.

Ancora oggi l'ikat più autentico viene realizzato utilizzando tinture naturali: ogni singolo filo viene tinto individualmente prima di essere affisso sul telaio. Dalla corteccia e dalle radici dell'albero di *mengkudu* si ricava una tintura rossa; dall'indaco dei tintori si ottiene il colore blu; combinando le due diverse cortecce si producono le tinture marrone e viola. Oggi il processo di tessitura dell'ikat è parzialmente meccanizzato, il che rende i tessuti vintage ambiti dai collezionisti.

MANGIARE A WAINGAPU: LA NOSTRA SCELTA

Pasar Malam: Al tramonto raggiungete il vecchio molo con i chioschi illuminati a gas per gustare piatti a base di pesce e frutti di mare. $

PC Corner: Questo locale offre panorami mozzafiato, murales, musica dal vivo il sabato e ottimi piatti, come il fiore di papaya con *kangkung* (spinaci d'acqua). $$

Dapur Sei Always Pig: Acquistate a peso il *se'i babi* (maiale affumicato di Rote) oppure optate per altri piatti a base di maiale o per l'insalata di fiori di papaya. $

La Paranda: In questo ristorante è possibile ordinare pollo, gamberetti e calamari cucinati in vari modi oltre che i *cah kangkung* (spinaci d'acqua all'aglio). $$

DA NON PERDERE
1 Air Terjun Tanggedu
2 Pantai Kerewei
3 Praikundu Ikat Centre

DA VEDERE
4 Air Terjun Wai Marang
5 Kampung Praigoli
6 Kampung Waigalli
7 Cascata di Lapopu
8 Lambanapu
9 Pantai Dassang
10 Pantai Kalala
11 Pantai Marosi
12 Pantai Nihiwatu
13 Pantai Pahiwi
14 Pantai Pero
15 Pantai Rua
16 Pantai Tarimbang
17 Pantai Wainyapu
18 Prailiu
19 Praiyawang
20 Sodan
21 Colline di Tanau
22 Waihura

PERNOTTAMENTO
23 Lambo Homestay
24 Maringi Eco Resort
25 NIHI Sumba
v. 10 Sumba Adventure Resort
26 Sumba Surfing Homestay
27 Sumba Surf Camp

PASTI

28 Alamayah
29 Amu Dahi
30 Dapur Sei Always Pig
31 La Paranda
32 Makan Dulu
33 Pasar Malam
34 PC Corner
35 Resto Ne'neru Loco
36 Rumah Makan Blessing
37 Sirkey Resto
38 Soemba Coffee & Resto
39 Warung Gula Garam
40 Warung Makan Se'i Babi

TOUR DEI VILLAGGI TRADIZIONALI DI WAIBAKUL E WAIKABUBAK

Chi è interessato alla cultura tradizionale sumbanese troverà numerosi villaggi raggruppati intorno a Waikabubak e Waibakul. È consigliabile visitarli con una guida, dato che qui non si parla bahasa indonesia. Da 1 **Waibakul**, prendete la strada asfaltata di 2,5 km e dirigetevi a sud per le risaie fino a 2 **Gallubakul**, sede della tomba più pesante di tutta Sumba (70 tonnellate), decorata con incisioni raffiguranti una coppia di sovrani, bufali e galletti. Si narra che i 6000 operai abbiano scolpito la tomba di Umbu Sawola direttamente dal fianco di una collina. Ci sono voluti tre anni per completare il lavoro. Tornando a Waibakul, proseguite verso 3 **Pasunda**, un villaggio con case dai tetti di lamiera dove c'è un'impressionante tomba risalente al 1926, decorata con raffigurazioni del capovillaggio e di sua moglie. Prendete la strada principale per Waikabubak, poi girate a sud e inerpicatevi fino a 4 **Bondomarotto**, villaggio i cui tetti di paglia sono stati restaurati di recente in seguito a un incendio. È possibile pernottare. Da qui, deviate per 5 **Praijing**, dove pagherete un biglietto d'ingresso di 55.000Rp. Celebre fra i visitatori provenienti da Giava, vanta un belvedere panoramico. Proseguendo per la cittadina di 6 **Waikabubak**, si possono raggiungere a piedi diversi villaggi tradizionali. 7 **Tambelar**, nei pressi di Jl Sudirman, vanta impressionanti *kubur batu* (tombe in pietra). In collina, sotto un gigantesco ficus, sorge 8 **Tarung**, villaggio noto per i suoi contenitori di palma finemente intrecciati; è possibile alloggiare in case private. Circa 17 km a nord-ovest di Waikabubak, una strada dissestata conduce a 9 **Manola**, un villaggio del tutto privo di elettricità, popolato da anziani e bambini; i genitori vivono altrove.

Alla scoperta delle cascate

Nei dintorni di Waingapu

Air Terjun Tanggedu, ritenuta la cascata più bella di Sumba, si trova a circa due ore di viaggio (60 km) a nord-ovest di Waingapu, lungo strade accidentate; segue un trekking di 20 minuti attraverso la savana o le praterie, a seconda del periodo. Vi aspetta uno spettacolo mozzafiato: due fiumi scorrono tra pareti calcaree erose dal tempo per poi confluire in una serie di cascate a gradoni che alimentano diverse piscine naturali.

In alternativa, partite presto e seguite la costa settentrionale in direzione sud-est verso Kalala fino a Melolo, vicino a Praiyawang, dove a volte si possono avvistare i coccodrilli in riva al fiume. Da qui percorrete 8 km lungo una strada disabitata fino a un parcheggio affacciato su una valle. Pagate il biglietto d'ingresso di 50.000Rp e proseguite per 15 minuti discendendo una serie di gradini di cemento, seguiti da un sentiero ripido, fino a **Air Terjun Wai Marang**. Immergetevi nelle acque blu della cascata, circondati dalla giungla e da pareti calcaree.

Tra i villaggi e le spiagge di Wanokaka

Cultura tradizionale e lingue di sabbia

A sud di Waikabubak, si trovano alcuni dei paesaggi più spettacolari di Sumba, con antichissime tombe megalitiche, spiagge incontaminate e strepitosi siti per il surf. Percorrete la strada principale in direzione sud per 8 km, poi prendete una via più stretta in direzione ovest. Dopo aver oltrepassato alcune tribune per la Pasola e ammirato scorci delle risaie e la gente del posto che nuota nel fiume, raggiungete Hapumada, dove la strada si biforca. Il bivio diretto a nord, più impervio e solo parzialmente asfaltato, porta alla **Cascata di Lapopu**. A sud e in discesa rispetto a Hapumada, sorge **Waigalli**, un villaggio tradizionale adagiato su un promontorio. Ancora più a sud, c'è il villaggio di pescatori di **Waihura**, all'estremità occidentale della spiaggia di **Pantai Pahiwi**, dove i giovani del villaggio cavalcano a pelo.

Da Waigalli, una scorciatoia che passa per una strada accidentata vi porterà a **Praigoli**, sede della statua megalitica più famosa di Sumba, il fiordaliso Lakaruka Jiwa Tada Bita Laka. Se visitate uno di questi villaggi mentre viene riparato un tetto, potreste imbattervi in una cerimonia che prevede il sacrificio di un cane e il suono del gong, con gli uomini occupati nelle riparazioni mentre le donne cucinano per tutti all'aperto.

ADAT DI KAMPUNG

I villaggi sumbanesi venivano costruiti sui fianchi delle colline (per avvistare i nemici) e consistevano in due file di abitazioni con il tetto di paglia; in alcuni casi le case formavano una sorta di cerchio intorno alle tombe e ai *kateda* (altari sacrificali). Nei villaggi vivevano diversi clan, ognuno con la propria *rumah adat* (casa tradizionale), dove venivano custoditi gli oggetti sacri e dove tutt'ora si crede risiedano gli spiriti degli antenati. Le case sono fatte di canne di bambù e liane, sormontate da alti tetti in stile tradizionale: le armature di bambù vengono ricoperte con *Imperata cylindrica* secca. I montanti principali rappresentano diversi elementi, mentre il focolare centrale simboleggia il sole. Il piano sotterraneo è destinato agli animali, mentre il piano terra è a scopo abitativo.

MANGIARE A WAIKABUBAK E WANOKAKA: LA NOSTRA SCELTA

Soemba Coffee & Resto: In questo locale moderno potete ordinare un autentico caffè espresso oppure un *sate* di pollo o un *nasi goreng* (riso fritto). $$

Rumah Makan Blessing: Locale a conduzione familiare; accompagnate un bel piatto di *mie goreng* ai frutti di mare, un *bakso* o del pollo con un succo di frutta fresco. $

Alamayah: Cocktail, caffè e un mix di piatti australiani e indonesiani in un ambiente raffinato. In bassa stagione è aperto anche ai clienti esterni. $$

Resto Ne'neru Loco: Fate una scorpacciata di pietanze in agrodolce saltate in padella in questo locale con vista sulle risaie. $

Da Praigoli, prendete una scorciatoia ripida e accidentata che vi conduce su una strada con una formidabile vista su Pantai Pahiwi. Oltrepassate il bivio per **Pantai Rua**, una spiaggia di sabbia bianca con un resort e punti dove fare il bagno. Più avanti, superate il bivio per l'esclusivo resort NIHI Sumba, poi tornate sulla strada principale in direzione di Pantai Kerewei del distretto di Lamboya. Sulla vostra destra, vedrete i tetti tradizionali del villaggio collinare di **Sodan** (raggiungibile in fuoristrada), visitabile solo se la vostra guida ha agganci sul posto. Poco dopo, un altro bivio in direzione sud vi conduce al famoso spot per il surf di Pantai Kerewei e alla parte più turistica di Sumba.

Un combattimento rituale a cavallo

Che la battaglia abbia inizio!

La **Pasola** (da 'pa' = 'gioco' e 'sola' = 'lancia di legno') è una delle feste del raccolto più stravaganti e sanguinose di tutta l'Asia, celebrata tra febbraio e marzo a Sumba ovest. Questa battaglia rituale vede due squadre di guerrieri a cavallo in abiti tradizionali che brandiscono lance spuntate. Più sangue viene versato, migliore sarà il raccolto, poiché si ritiene che il sangue appaghi gli spiriti. La Pasola si svolge nei villaggi di Lamboya e Kodi a febbraio, e nei villaggi di Kodi Bangedo, Lamboya Barat e Wanokaka a marzo.

Un *rato* (sacerdote) decide il momento esatto della celebrazione basandosi sull'arrivo di un verme di mare chiamato *nyale* sulle coste vicine. Oggi, poiché il turismo ha la precedenza, gli appassionati vengono avvertiti un mese prima. Vestito di tutto punto per la cerimonia, il *rato* entra in acqua all'alba per esaminare i vermi, che di solito si trovano l'ottavo o il nono giorno dopo il plenilunio.

A Wanokaka, due giorni prima del gran giorno, 'eserciti' rivali provenienti dai villaggi costieri e dell'entroterra si radunano di notte su spiagge deserte per inscenare brutali incontri di boxe, detti *pajura*. I pugni dei combattenti sono avvolti in foglie di palma circondate da rovi. Nonostante i denti e nasi rotti, all'alba tutti si siedono sulla sabbia per cantare canti ancestrali di pace. La sera prima della Pasola, nei rispettivi villaggi, i combattenti sacrificano polli in onore del *rato*, che poi consacrerà il terreno di gara. Al mattino presto, gli spettatori, vestiti a festa, si radunano negli stadi dove si svolge l'evento. L'ingresso è gratuito ed è importante arrivare in tempo per assicurarsi un buon punto d'osservazione.

Due file di guerrieri (circa 100), in groppa a cavalli splendidamente adornati e con indosso i tradizionali copricapi, si lanciano gli uni contro gli altri a tutta velocità. Proprio quando lo scontro sembra inevitabile e il pubblico trattiene il respiro, i cavalieri frenano i destrieri e si scagliano le lance. I guerrieri più abili non solo le schivano con facilità, ma riescono anche ad afferrarle al volo e rilanciarle ai rivali. Nonostante la violenza, la Pasola è uno scontro che mira al ristabilimento della pace, poiché alla fine tutti i conflitti fra clan vengono considerati risolti... almeno fino all'anno successivo.

MIGLIORI GUIDE DI SUMBA

Erwin Pah (erwinpah9@gmail.com) Guida entusiasta con base a Waingapu. A Sumba conosce chiunque. Organizza escursioni speleologiche, sessioni di arrampicata su roccia e tour dei villaggi.

Sumba Adventure Tours & Travel (sumbaadventuretours.com) Philip Renggi, guida esperta, e i membri del suo team organizzano escursioni nei villaggi più remoti, tra cui Manuakalada (dove è nato Philip) e Waiwarungu. Oltre a progettare gli itinerari, vi prepara ad assistere alla Pasola, noleggia auto e molto altro.

Yuliana Leda Tara (+62 813 3795 7670) Guida esperta con base a Tarung; parla inglese e francese. È molto richiesta da antropologi e cameramen; organizza tour dei villaggi di Sumba ovest.

Umba Angga (+62 813 3848 8375) Autista che fa anche da guida con base a Waingapu. Parla inglese. Caldamente consigliato.

Ciotole intrecciate, Tarung (p302)

Anche se le lance sono spuntate, la Pasola non è un semplice spettacolo per turisti: gli infortuni sono molto comuni e potreste assistere a sacrifici rituali di animali.

Le onde di Sumba

È l'ora del surf!

Le spiagge della costa meridionale di Sumba ovest stanno iniziando ad attirare un numero crescente di turisti. A **Pantai Kerewei** il periodo migliore per il surf è da marzo a novembre, quando i longboarder arrivano per cavalcare un'onda destra lunga quasi 600 m. Con 15 minuti di motoscafo si accede a diversi reef break sinistri e destri adatti a diversi livelli, e ad alcuni grandi barrel. Più a nord, a **Pantai Pero**, ci sono belle onde sinistre e destre su entrambi i lati della foce del fiume. A **Pantai Wainyapu** le onde sinistre sono consistenti e pulite, per surfisti in cerca di nuove sfide. **Pantai Marosi**, a 15 minuti a piedi da Pantai Kerewei, vanta un bel break adatto ai principianti. A **Pantai Dassang** – un'ampia distesa di sabbia fronteggiata da un resort – raggiungete l'estremità settentrionale della spiaggia tramite la strada pubblica (a meno che non alloggiate nel resort). Il break più leggendario della zona è **Occy's Left**, che compare anche nel film *The Green Iguana*; si trova nei pressi di **Pantai Nihiwatu**, ma a meno che non abbiate parecchie disponibilità economiche e alloggiate al **NIHI Sumba**, è destinato a rimanere un miraggio. I migliori alloggi per surfisti a Pantai Kerewei sono quelli del **Sumba Surfing Homestay**, gestito da Petu, detto 'Raja di Laut' (Re del Mare); ha lavorato otto anni come bagnino presso il NIHI Sumba e organizza trasferimenti in barca alla ricerca dei migliori break.

CREDENZE MARAPU

Con il termine *marapu* si designano le forze spirituali di Sumba, tra cui dèi, spiriti e antenati alla base della religione tradizionale sumbanese. Alla morte, il defunto entra nel mondo invisibile degli spiriti, il *praing marapu*. *Marapu mameti* è invece il termine collettivo con cui si designano i defunti. I vivi possono rivolgersi a loro per chiedere aiuto, soprattutto per i parenti, anche se i defunti, se irritati, possono rivelarsi pericolosi. I *marapu maluri* sono le persone originariamente poste sulla Terra da Dio e il loro potere si concentra in certi luoghi e oggetti, spesso tenuti al sicuro nei solai delle case tradizionali. Le offerte agli spiriti consistono in noci di betel e/o sacrifici animali.

RIP

LA SEPOLTURA DEI DEFUNTI

Secondo le credenze *marapu*, gli spiriti degli antenati vanno di pari passo con i vivi. Quando una persona muore, il suo corpo viene posto in posizione fetale e avvolto in strati di tessuti ikat (fino a 100). In molti casi viene riportato nella casa di famiglia, dove rimane per anni, poiché i funerali, che durano dai tre ai sei giorni, sono molto costosi e richiedono il sacrificio di diversi bufali di cui si cibano le numerose persone che partecipano al lutto. Visitando la casa cerimoniale di un villaggio, potreste vedere alcuni cestini intrecciati appesi alle travi, segno che le cerimonie del lutto sono ancora in corso. Una volta che tutti i riti sono compiuti, il defunto viene sepolto in una tomba megalitica davanti alla casa.

Kornelis Ndapakamang, Praikundu Ikat Centre

Arnaud di **Sumba Surf Camp** è un altro surfista esperto di break locali; organizza lezioni per principianti. Più a sud lungo la costa c'è **Miller's Rights**, una serie di onde destre che si infrangono vicino a **Pantai Tarimbang**, forse le più celebri di Sumba; la fila di surfisti è più consistente da maggio a ottobre. Sulla costa orientale di Sumba, **The Office** è un'onda divertente adatta ai surfisti di livello intermedio che arriva fino all'estremità occidentale del reef vicino a **Pantai Kalala**; la vicina **Racetrack** è più veloce e più intensa.

L'ikat di Sumba est

Migliori tessuti di Sumba

Mentre in passato solo gli alti membri della società sumbanese potevano permettersi di acquistare i tessuti ikat, oggi sono diventati più accessibili. Nel villaggio di **Prailiu**, vicino a Waingapu, ci sono numerosi tessitori, e i prezzi partono da 200.000Rp per piccoli pezzi; se comprate direttamente all'origine, i lavoratori ottengono il 100% dei guadagni. Alla periferia di Waingapu, si trova il **Praikundu Ikat Centre**, dove si possono vedere alcuni dei tessuti ikat più pregiati di Sumba. Il gestore, Kornelis Ndapakamang, conosce l'inglese e vende i pezzi più raffinati dell'isola. I più grandi costano milioni di rupie. Su richiesta è possibile frequentare un laboratorio di ikat; per partecipare rivolgetevi a Erwin Pah (p304).

MANGIARE A TAMBOLAKA: LA NOSTRA SCELTA

Warung Gula Garam: Gestito dal francese Louis, questo ristorante serve pizze cotte a legna con sottofondo di musica R&B. $$

Makan Dulu: Fra le specialità, il brasato di agnello cotto nel latte di cocco, i piatti a base di satay e una cremosa zuppa di foglie di manioca sumbanese e riso. $$

Sirkey Resto: Locale dotato di aria condizionata; serve pollo alla griglia, pesce, verdure saltate e piatti tipici della cucina sino-indonesiana. $

Warung Makan Se'l Babi: Ordinate la versione locale del maiale affumicato di Rote. $

DA TAMBOLAKA A PANTAI KEREWEI – A RITMO LENTO

Questo itinerario in auto dura un giorno e segue un percorso poco battuto da Tambolaka a Kerewe, sulla costa occidentale. Alla periferia di 1 **Tambolaka** si trova il 2 **Rumah Budaya Sumba** un museo sulla cultura tradizionale, sulle credenze religiose e l'ikat di Sumba con sculture di pietra e vasellame antico. Presso 3 **Talasi Estate** accanto al museo, potete scoprire i segreti della coltivazione del caffè e degli anacardi; a seguire prendete la strada asfaltata lungo la costa occidentale di Sumba.

Dopo un'ora arrivate alla 4 **Laguna di Weekuri**, dove le onde dell'Oceano Indiano si infrangono contro le rocce e irrompono tra le fenditure e gli sfiatatoi. Potete nuotare e fare snorkelling (portatevi l'attrezzatura) in un vicino specchio d'acqua più riparato. Più a sud, nel villaggio di Karoso, la strada asfaltata si fa sterrata. Prendete la scorciatoia per 5 **Bondokodi**, porta d'accesso al distretto di Kodi, noto per i villaggi tradizionali. Il più noto è 6 **Ratenggaro**, situato su una distesa erbosa in cima a un promontorio che sovrasta la foce di un fiume, da cui si gode di una vista mozzafiato del litorale. All'entrata del villaggio ci sono alcune tombe riccamente decorate. Tuttavia, il comportamento aggressivo della popolazione locale è sgradevole.

Proseguendo lungo la strada principale in direzione est, si passa da 7 **Paranobaroro**; la casa del raja di Kodi ha il tetto più grande di Sumba (30 m). A 8 **Wainyapu** – Wainyapu – sede di una Pasola (p304) – imboccate il ponte che attraversa un fiume infestato da coccodrilli e seguite la strada piena di buche oltrepassando i bivi per i villaggi sull'acqua di Bwanna e Watumalando, poi le bellissime spiagge di Rita, Katobo e Mambang, e una piantagione di cacao. A 9 **Weetana** ricompare la strada asfaltata che con altri 29 km vi porterà a 10 **Pantai Kerewei**.

COSA SCEGLIERE

Arcipelago di Nusa Tenggara

L'Arcipelago di Nusa Tenggara si estende a est di Bali e Lombok e comprende più di 550 isole. Le più importanti sono Flores, con vulcani, foreste e spiagge; Sumba, ricca di culture indigene, colline, caverne e cascate; e Timor Ovest, gremita di villaggi tradizionali che si contendono l'attenzione dei turisti. Le isole più piccole, alcune abitate e altre no, hanno un fascino particolare: qui troverete onde per il surf, incredibili paesaggi sottomarini e i varani più grandi del mondo.

Se vi piacciono...

Villaggi tradizionali

Boti (p294) Un villaggio dawan dove si praticano culti animisti; raggiungibile da Kefamenanu (Timor Ovest). Elettricità assente; danze tradizionali.

Bena (nella foto qui sotto; p278) Villaggio ngada adiacente a Bajawa; si trova in posizione panoramica su un crinale; vanta tombe megalitiche e totem.

Tamkesi (p291) Villaggio dawan su una collina; scalate una parete rocciosa nelle vicinanze per godere del panorama.

Wae Rebo (p277)) Villaggio manggarai raggiungibile tramite un sentiero molto panoramico; pernottate e fate un'escursione alle vicine cascate.

Manola (p302) Accogliente villaggio sumbanese privo di elettricità, popolato da anziani e bambini.

Onde formidabili

Pantai Kerewei (p305) Buone opportunità per il surf tutto l'anno; davanti alla spiaggia ci sono un break e una decina di onde raggiungibili in barca.

Nemberala (p297) Cimentatevi con il break di Bo'a di Rote, con il grande barrel di Suckie Mama's o con la T-Land.

Pantai Lakey (p287) Lakey Peak e Lakey Pipe, a Sumbawa, sono a qualche pagaiata di distanza l'uno dall'altro; in alternativa, provate Nungas, Cobblestone, Nangadoro e Periscope. Da agosto a ottobre Lakey Pipe e Nungas sono mete d'eccezione per il kitesurf.

Vulcani epici

Gunung Inerie (p278) Affrontate la scalata di questo cono vulcanico dalla sagoma spettacolare (2245 m). Partite da Bajawa alle 3 del mattino per ammirare l'alba dalla cima. L'escursione dura sei ore (andata e ritorno).

Gunung Kelimutu (p283) Osservate i primi raggi del sole illuminare i tre laghi variopinti in cima a questo vulcano – unico in Indonesia – poi tornate a Moni tra distese di campi coltivati.

Varani di Komodo

Pulau Komodo (p284) Habitat principale dei varani più grandi del mondo; se siete fortunati la guida avvisterà alcuni esemplari vicino alla spiaggia.

Pulau Rinca (p286) Qui l'avvistamento dei varani è quasi garantito dato che spesso si aggirano nei pressi del museo naturalistico.

Paesaggi sommersi

Parco Nazionale di Komodo (p286) Nuotate con le mante a Karang Makassar, incontrate squali del reef, tartarughe, tonni e carangidi giganti a Castle Rock; affrontate le forti correnti del Cauldron per 'volare' sopra la barriera.

Arcipelago di Alor (p296) Idoli moreschi, pesci angelo e grammi loreto vi aspettano al reef di Fish Bowl, mentre a Kal's Dream incontrerete barracuda e squali in mezzo a banchi di carangidi e pesci fucilieri.

Kristal Cave e **Oehani Cave** (p292) A Timor Ovest, sono tra le pochissime grotte di acqua dolce dove è possibile praticare il *cave diving*. Tra le attrazioni da esplorare: pareti incrostate di fossili e gallerie sommerse.

ETHAN DANIELS/SHUTTERSTOCK ©

Parco Nazionale di Komodo

QUALCHE INFORMAZIONE

Quando andare Il periodo migliore per il trekking e le immersioni va da aprile a ottobre. Per i varani, tra giugno e luglio. La vegetazione è splendida da novembre a marzo.

Prenotare in anticipo Se intendete visitare i villaggi tradizionali, contattate le guide per tempo. Prenotate le barche-safari e le immersioni in anticipo, soprattutto in estate.

Prima di partire Assicuratevi di essere in regola con le vaccinazioni. Informatevi sui siti di diving e i villaggi tradizionali che intendete esplorare.

Budget Una guida e un'auto vi costeranno da 1.200.000Rp a 2.000.000Rp al giorno, a seconda dell'isola e della guida. Per le barche-safari circa US$280 al giorno.

Da soli o con la guida?

Flores è più facile da esplorare da soli, poiché i centri principali sono serviti dai trasporti pubblici ed è altrettanto semplice noleggiare un'auto o un motorino e spostarsi in autonomia, specie lungo la Trans-Flores. Se volete visitare i villaggi vicino Ruteng, Bajawa e Moni, il personale e degli hotel potrà procurarvi delle guide.

Timor Ovest è più complicata da girare: si può affittare un'auto o uno scooter a Kupang, ma le mete di principale interesse si trovano nell'entroterra ed è necessario conoscere il territorio, poiché le strade secondarie sono in cattive condizioni o non segnalate. Bisogna essere molto bravi alla guida.

A Sumba è facile negoziare il noleggio di auto con conducente: pochi accetteranno di noleggiare solo l'auto. Anche se è semplice procurarsi motorini e moto in hotel, alcune mete vicino alla strada principale dell'isola si possono visitare autonomamente, le strade secondarie interne sono spesso accidentate e non segnalate.

Per visitare i villaggi tradizionali di Flores, Timor Ovest e Sumba, dovete farvi accompagnare da una guida esperta, sia per superare la barriera linguistica (in alcune zone il bahasa indonesia è parlato a malapena) sia per farvi raccontare le tradizioni e i costumi locali, onde evitare di infrangere molte tacite regole.

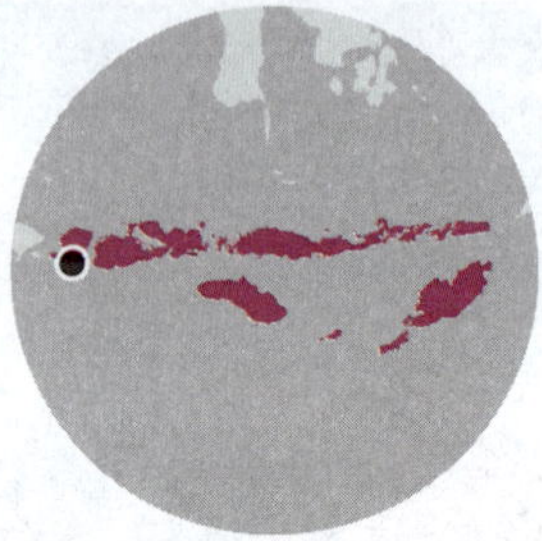

Kuta

SPIAGGE MERAVIGLIOSE | ONDE FAMOSE | CAFFÈ E NEGOZI

TRASPORTI LOCALI

Kuta si gira a piedi. Per percorrere Jl Raya Kuta da cima a fondo ci vogliono 15 minuti. Le strade principali sono dotate di marciapiede e in città potete spostarvi senza intoppi. Poiché i migliori siti di interesse naturale della zona si trovano appena fuori Kuta, è opportuno noleggiare un'auto o un motorino. Se non guidate, non avrete problemi a trovare un autista: la città è disseminata di cartelli con i prezzi delle corse. In alternativa, rivolgetevi al vostro alloggio.

In ogni caso, la costa è piacevole da percorrere.

IL CONSIGLIO

A Kuta, nei fine settimana di luglio e agosto, spesso si registra il tutto esaurito.

Sempre più popolare, la Kuta di Lombok viene spesso confusa con l'omonima gemella balinese, nonostante le profonde differenze. Grazie alla vicinanza con molte delle spiagge più apprezzate dell'isola, Kuta è celebre tra surfisti e bagnanti. Le spiagge degne di nota si trovano a mezz'ora di auto dal centro. Negli ultimi anni la zona ha subito un importante sviluppo edilizio con la costruzione di un gigantesco resort nei dintorni di Mandalika e un proliferare di ristoranti per turisti. Le folle e il traffico non sono però un grosso problema.

Lungo le strade principali della città, in particolare Jl Raya Kuta e Jl Mawun, ci sono numerosi negozi per il surf. Per quanto non manchino i locali dove passare la serata, la vita notturna è molto più rilassata: molti si alzano presto per partecipare alle escursioni piuttosto che passare la notte in discoteca.

Giro di perlustrazione

Nuotate e tramonti

Da Kuta guidate per 20 minuti verso est per raggiungere **Tanjung Aan**, una baia a forma di ferro di cavallo ottima per un primo assaggio delle spiagge di Lombok. Fermatevi per il pomeriggio, procuratevi una noce di cocco e rilassatevi al **Warung Turtle Resto Cafe**.

Al calar del sole, spostatevi a **Bukit Merese**, una collina sopra Tanjung Aan, per osservare il tramonto. Situata a circa 15 minuti di auto dal centro di Kuta, è un punto privilegiato per ammirare i panorami della costa meridionale in entrambe le direzioni. Potete farvi un'idea di cosa vi aspetta mentre pianificate altre avventure in spiagge più lontane. Per entrare bisogna pagare 10.000Rp; potete parcheggiare e camminare fino alla cima della collina. Prima del tramonto c'è parecchia folla, anche se non manca lo spazio per gironzolare.

DA NON PERDERE
1 Pantai Kuta
2 Pantai Mawi

DA VEDERE
3 Bukit Merese
4 Pantai Lancing
5 Pantai Tampah
6 Pantai Mawun
7 Pantai Seger
8 Tanjung Aan

ATTIVITÀ, CORSI E TOUR
9 Adventure Divers Kuta
10 Blue Marlin Dive Kuta Lombok
11 Scuba Froggy

PERNOTTAMENTO
12 Kaniu Lombok Hostel
13 LMBK Surf House
14 Origin Lombok
15 Porter Lombok Hotel
16 Rascals Kuta Lombok
17 Sikara Lombok
18 SIWA Resorts

PASTI
19 Bush Radio
20 El Bazar
21 Herry Warung
22 Terra
23 Warung Turtle Resto Cafe

LOCALI E VITA NOTTURNA
24 Cantina Mexicana Kuta Lombok
25 Curfew Cafe & Beer Garden
26 KRNK Bar & Restaurant
27 Lemongrass Cocktail Bar

INFORMAZIONI
28 Project Hiu

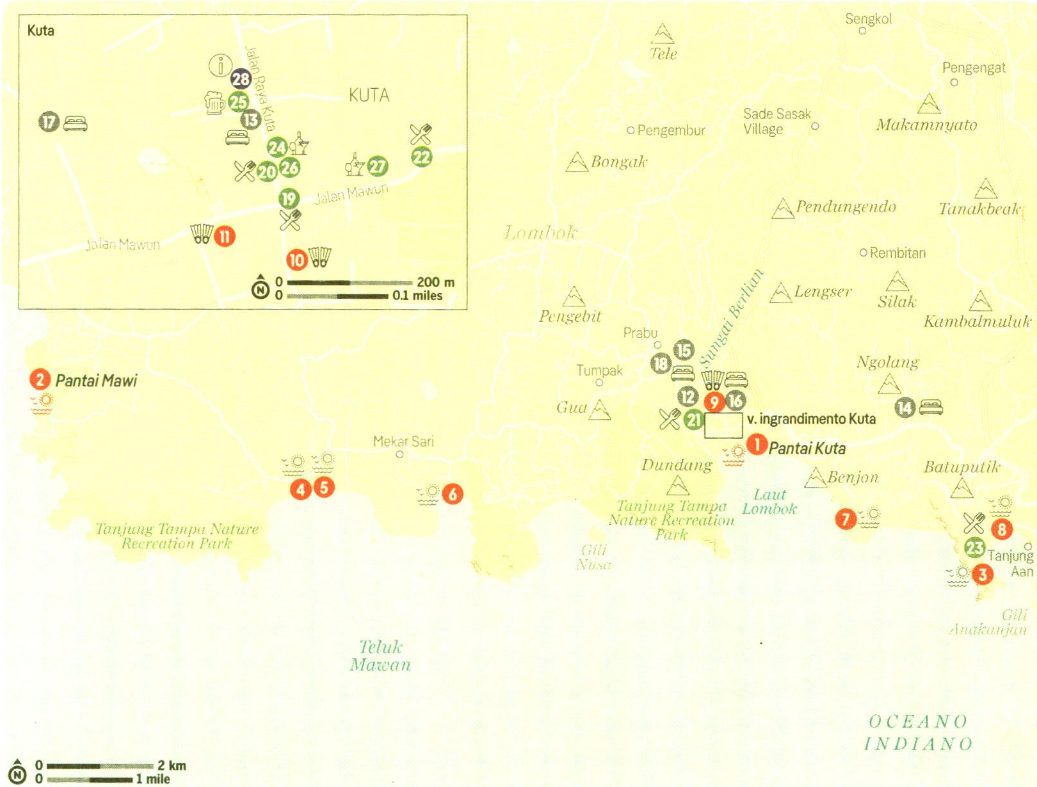

SALVARE GLI SQUALI

L'Indonesia, tra i primi paesi al mondo per la pesca degli squali, ha sempre rappresentato un pericolo per questi animali. **Project Hiu** è un'iniziativa nata a Kuta che si batte per sconfiggere questa pratica, offrendo fonti di reddito alternative ai pescatori di squali attraverso il turismo ecosostenibile.

Unitevi a una ciurma di ex pescatori di squali ed esplorate in barca la costa meridionale di Lombok, imparando nuove cose sui reef e sulla vita marina. Le tariffe partono da 850.000Rp, che vengono destinate ai pescatori. Se non avete voglia di partecipare a un'escursione di un'intera giornata, visitate il loro negozio nel cuore di Kuta, dove troverete attrezzatura per le immersioni e prodotti locali.

ABDURRAHMAN BAGES/SHUTTERSTOCK ©

Tanjung Aan

Spiagge baciate dal sole

Fantastico litorale

La parola *pantai* significa 'spiaggia' e qui di spiagge ne troverete a bizzeffe. Negli ultimi anni **Pantai Kuta** ha conosciuto un forte sviluppo edilizio. La baia è meravigliosa ma vi consigliamo di fare una capatina nei dintorni che sono l'apoteosi della tranquillità, poiché gran parte del fascino del litorale si sprigiona fuori Kuta.

Dal centro guidate per 20 minuti fino a **Pantai Mawun**, una caletta fiancheggiata da dolci colline. Oltre a qualche *warung* fronte mare completo di lettini e noci di cocco non c'è granché, ed è questo il bello. Più a ovest, in pochi

MANGIARE A KUTA: LA NOSTRA SCELTA

Bush Radio: Bar in stile industrial-chic; serve ottimi caffè e salutari succhi di frutta, oltre a hamburger, wrap, insalate e pizza. $

Terra: Ristorante vegano e gluten-free che pone particolare attenzione al benessere. Merita una visita per i dessert salutari. $$

El Bazar: Piatti da condividere e cucina mediterranea in un ambiente perfetto per una cena più formale o un appuntamento romantico. $$

Herry Warung: *Warung* situato in una via tranquilla, propone specialità indonesiane come *nasi* (riso) e *mie* (noodles) classici e zuppe e piatti a base di curry. $

minuti raggiungete **Pantai Lancing**, una lunga striscia di sabbia bianca che ha sullo sfondo campi frequentati da branchi di bovini. Le strade dirette a ovest sono state meravigliosamente asfaltate, forse in vista di un ulteriore sviluppo edilizio, ma l'area conserva il suo carattere rustico ed è poco popolata.

Surf a tutti i livelli

Da soli o con un maestro

Sia che siate professionisti collaudati sia che vi cimentiate con il surf per la prima volta, qui ci sono tantissime location in grado di soddisfare tutte le necessità. Kuta, con le sue onde consistenti e una grande varietà di break, richiama surfisti tutto l'anno, ma il periodo di minore affluenza è durante la stagione delle piogge (più o meno da novembre a marzo).

Le onde di **Pantai Seger** sono adatte a tutti i livelli e ci sono sia onde sinistre sia onde destre. Il litorale di **Tanjung Aan** (p310), a est di Kuta, è pieno di scuole di surf. A ovest si trova **Pantai Mawi** (da non confondersi con Mawun), uno dei punti per il surf più famosi di Kuta, con forti correnti adatte ai surfisti di livello intermedio e avanzato. State attenti mentre percorrete l'insidioso sentiero pieno di buche che in 10 minuti porta alla spiaggia: il panorama vale tutta la fatica.

FESTA DEI NYALE

Ogni anno a febbraio la gente si raduna su Pantai Seger, proprio accanto al nuovissimo Pertamina Mandalika International Circuit (un autodromo), per compiere un'impresa veramente singolare: catturare i *nyale*, una specie di vermi marini dai colori sorprendenti. Nella zona si tengono cerimonie legate alla **Festa dei nyale**, un'antichissima tradizione che si ritiene porti buona fortuna. Questi vermi sono considerati fuori dal comune, si pensa infatti che donino prosperità a chi li cattura. La data esatta in cui cade questa festa varia di anno in anno, ma se siete in città nel periodo giusto troverete parecchia folla. Nel resto dell'anno Pantai Seger è frequentata da bagnanti e surfisti.

BERE UNA BIRRA A KUTA

Curfew Cafe & Beer Garden: Birreria all'aperto moderna. Offre numerose birre artigianali alla spina e vari giochi con cui intrattenersi.

KRNK Bar & Restaurant: Locale vivace situato nel centro di Kuta; serve una selezione di piatti occidentali, tra cui hamburger e pizze, oltre a birre e cocktail.

Lemongrass Cocktail Bar: Bar decorato in maniera creativa; spesso vi si tengono concerti di musica dal vivo; offre un'ampia selezione di cocktail, birre e vini.

Cantina Mexicana Kuta Lombok: Locale colorato e mondano, con una nutrita scelta di birre e margaritas, oltre a tacos, tostatadas e quesadillas.

Dintorni di Kuta

Lasciata Kuta si trovano placidi villaggi di pescatori, spiagge di sabbia bianca, risaie con vista sulle montagne e una ricca cultura tradizionale sasak.

Località

A Kuta si fa presto a entrare nel vivo della vita locale, ma se ci si avventura un po' oltre, lungo la costa meridionale di Lombok e verso nord alle pendici del Gunung Rijani si trovano paesaggi strepitosi lontano da tutto e tutti. A ovest di Kuta, i complessi turistici diminuiscono e lo scintillio dell'oceano si fa più intenso. All'estremità sud-orientale di Lombok, il paesaggio frastagliato, disseminato di scogliere a picco sul mare, è generalmente silenzioso, tranne qualche sporadica cittadina. Guidando per un'ora e mezza a nord di Kuta, si arriva a Tetebatu, un incantevole villaggio sasak immerso in un lussureggiante paesaggio disseminato di risaie e piantagioni di tabacco. Cascate, attrattive culturali e una fantastica cucina sono i motivi per cui vale la pena visitarlo.

TRASPORTI LOCALI

Le strade sul litorale meridionale di Lombok sono asfaltate. Verso ovest, troverete colline ripide e curve più strette. Prendete una moto solo se avete già un po' di esperienza. In direzione nord, il territorio è pianeggiante. Lungo il tragitto si trovano minimarket e stazioni di servizio più grandi. Organizzare un trasferimento con conducente è facile e veloce.

Selong Belanak

DA KUTA: **30 MIN**

Surf e nuoto in acque limpide

La pittoresca baia di **Selong Belanak** è una delle spiagge più apprezzate del litorale, sia dai locali sia dai visitatori. Pagate 10.000Rp per il parcheggio e seguite uno stretto sentiero sabbioso che vi condurrà attraverso un varco tra due *warung* sulla spiaggia. La vista si apre su un lungomare esteso, incastonato tra dolci colline.

Nonostante la spiaggia non sia deserta, lo spazio non manca, specie quando la marea è bassa. Potete fare una passeggiata, gustare una noce di cocco o cimentarvi con le onde, dato che il posto è adatto ai surfisti principianti. In alternativa, potete stendere il vostro asciugamano o affittare una sedia a sdraio davanti a uno dei due *warung*.

Cercate di arrivare intorno alle 17, poiché potreste assistere allo spettacolo dei contadini locali che scortano le mandrie di bufali d'acqua al ritorno dai pascoli vicini: un'esperienza imperdibile.

Tetebatu

Gerupuk

DA KUTA: **20 MIN**

Fare surf vicino a un tradizionale villaggio di pescatori

Gerupuk è un villaggio di pescatori molto frequentato dai surfisti poiché si affaccia su una baia con cinque differenti break accessibili solo via mare. La zona è rimasta fuori dal raggio d'influenza degli stranieri e il litorale è caratterizzato da poche barche di pescatori a cui si aggiungono piccoli negozi di articoli da surf, case private e *warung*. Se arrivate da Kuta, lungo il tragitto per Gerupuk passerete dal cancello nuovo di zecca del gigantesco complesso turistico di Mandalika: il contrasto tra le due zone è evidente. Fate una sosta per una veloce sessione di surf. Portate la vostra tavola o affittatene una da **Rasta Surfshop & Surfschool** o da **Insider Surf**.

Tetebatu

DA KUTA: **1 H 20 MIN**

Scoprire la cultura sasak

Il piccolo villaggio di **Tetebatu**, con il pittoresco Gunung Rinjani sullo sfondo (p328), incarna il fascino della cultura tradizionale sasak. Il paesaggio è caratterizzato da verdissime risaie e piantagioni di tabacco e l'aria è piacevolmente leggera, grazie alla nebbia che avvolge i rilievi vicini e a temperature leggermente più basse. Nei dintorni ci sono diverse *air tejun* (**cascate**) da cui sgorga acqua sorgiva che scorre sopra rocce vulcaniche. Il villaggio è contornato da variopinti fiori tropicali e da palme, le strade sono prive di traffico. Potete trovare un alloggio a gestione familiare e qualche ristorante per turisti, ma la stragrande maggioranza degli esercizi commerciali è gestita da gente del posto, aspetto che

ESCURSIONI IN GIORNATA

Ci sono cose difficili da trovare al di fuori di Kuta, come i bancomat e la crema solare. Che vi prepariate per una gita di un'intera giornata o che vi rechiate in una spiaggia a 30 minuti di distanza, preparare la borsa in modo adeguato può risparmiarvi un mal di testa (e un'insolazione).

Nella maggior parte delle spiagge non mancano i *warung*, ma è consigliabile tenere una bottiglia d'acqua a portata di mano, oltre a un po' di contanti e alla crema solare. Nelle cittadine più piccole pagare in contanti è la norma, anche la miscela per il motorino.

COMBATTIMENTI SASAK CON I BASTONI

Il combattimento con i bastoni, un'arte marziale tipica dei sasak di Lombok, è una tradizione affascinante. Due contendenti, armati di bastoni di vimini e scudi di pelle, si fronteggiano davanti a una folla con un sottofondo di musica tradizionale. Lo spettacolo è volto a chiedere la pioggia, poiché i sasak credono che il sangue versato durante i combattimenti comporti abbondanti precipitazioni per la stagione a venire.

Il combattimento con i bastoni è diffuso in tutta Lombok e nelle Isole Gili. Di solito si tiene in una zona centrale del villaggio dove c'è abbastanza spazio per gli spettatori. I combattimenti iniziano a luglio e continuano fino all'inizio della stagione delle piogge, a novembre o dicembre. Per saperne di più, informatevi presso la vostra famiglia ospitante o chiedete alla vostra guida.

MKAZMI/SHUTTERSTOCK ©

Ekas

contribuisce all'autenticità dell'esperienza. Oltre a girare per le strade tranquille di Tetebatu in scooter, il modo migliore di esplorare la zona è con un **tour a piedi**. Molti alloggi possono mettervi in contatto con una guida, con cui partecipare a diverse attività culturali legate alla produzione del caffè, ai mercati delle spezie e alle arti sasak, tra cui la tessitura e la ceramica. Fate una capatina da Aqila Warung per prenotare un tour guidato della zona e lezioni di cucina; già che ci siete gustate un pasto tradizionale.

Essendo abbastanza vicino a Kuta, Tetebatu è un ottimo per esplorare i dintorni. È anche un gran bel posto in cui svegliarsi la mattina. Se avete tempo, trascorrere una o due notti in zona può essere un'esperienza rilassante, specie se vi state preparando per un trekking in montagna o se siete appena tornati da una scalata.

MANGIARE A TETEBATU: SAPORI LOCALI

Pondok Tetebatu Resto & Bar: Eccellente varietà di classici della cucina indonesiana rivisitati in stile sasak, con panorami delle risaie. $

Zaeni Warung: Apprezzatissimo locale a conduzione familiare; serve piatti indonesiani, tra cui riso, noodles, curry; e diversi succhi di frutta. $

Oktavia Warung: Piatti della cucina sasak, come gli *urap-urap* (verdure con cocco) e una lunga lista di pietanze a base di pollo. $

Aqila Warung: Gustose specialità indonesiane in un ristorante che offre anche lezioni di cucina e tour. $

Ekas

DA KUTA: **1 H 10 MIN**

Spiaggia incontaminata e surf in una baia tranquilla

Il villaggio di **Ekas** è l'ennesimo paradiso del surf lungo la costa meridionale di Lombok ed è minuscolo rispetto alla vicina (e gigantesca) **Baia di Awang**. Surfisti vengono qui tutto l'anno per cimentarsi con due apprezzatissime onde: **Ekas Outside** e **Ekas Inside**. Se vi va di rimanere una o due notti (o di più), l'**Ekas Surf Resort** offre camere a prezzi abbordabili e un'imbarcazione per raggiungere i break.

Si può anche oziare sotto il sole. **Pantai Ekas**, con le barche da pesca attraccate, è molto spaziosa. Spingetevi più a sud per scoprirne i dintorni tra litorali spettacolari e vertiginose scogliere. **Paradise Beach** e **Pantai Kura Kura** sono spiagge più isolate, dove non sentirete molti rumori a parte quello delle onde.

Sekaroh

DA KUTA: **1 H 30 MIN**

Remote spiagge rosa

Sekaroh, la punta sud-orientale di Lombok, potrebbe benissimo incarnare la definizione di 'eccentricità'. È un posto imperdibile per le spiagge di sabbia rosa della costa settentrionale. Con una rapida ricerca su Google si trovano immagini che sembrano modificate, ma in realtà è tutto vero: la sabbia è veramente di un colore rosa chiaro. Il fenomeno è dovuto a una fantastica miscela di coralli rossi e sabbia bianca. Sulla cartina vicino a **Tanjung Sabui** trovate diverse segnalazioni di 'spiagge rosa', alcune delle quali corredate di recensioni di turisti. Aspettatevi di trovare altre persone e di pagare un biglietto di ingresso.

Benché la sabbia rosa sia allettante, lungo il litorale meridionale ci sono tante altre spiagge lambite da acque cristalline dove non troverete anima viva. Affioramenti rocciosi fiancheggiano **Pantai Tanjung Bloam**, accanto al bellissimo **Jeeva Beloam Beach Camp** – un'esperienza fuori dai radar turistici. Più a sud, si ergono le celestiali scogliere di **Pantai Antak-Antak**. Avviatevi verso la sottile striscia di terra che ospita **Pantai Lemerang**, una spiaggia che più isolata non si può.

Anche se Sekaroh si trova solo a un'ora e mezza da Kuta, non sottovalutate la fatica di guidare in stradine strette in aree isolate, specie se in motorino. Pianificate un'escursione in giornata.

CONSIGLI PER SNORKELLING E IMMERSIONI

A Lombok si può fare snorkelling in qualsiasi spiaggia, ma per un'esperienza davvero top bisogna spingersi più lontano.

Le **Isole Gili sud-occidentali** (p330) – Gili Gede, Gili Asahan e Gili Layar – sono chiamate anche 'Secret Gili' perché poco visitate, ma brulicano di coralli e vita marina. Da Kuta ci vogliono circa due ore per raggiungere il porto di Pelangan a Sekotong, dove potete noleggiare un'imbarcazione privata per circa 400.000Rp. Gli hotel offrono escursioni giornaliere ma tenete presente che molto probabilmente pagherete più della media se il vostro hotel è particolarmente bello. Guardatevi intorno e confrontate i prezzi.

ALTRE SPIAGGE ROSA

Se volete affondare i piedi nella sabbia rosa, recatevi a Pulau Padar nel **Parco Nazionale di Komodo** (p284).

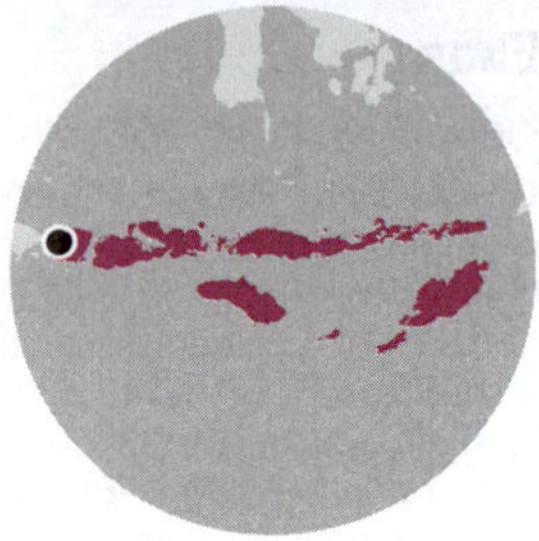

Senggigi

RESORT DI LUSSO | SPIAGGE TRANQUILLE | SFONDO MONTANO

TRASPORTI LOCALI

Spostarsi all'interno di Senggigi è semplice poiché c'è solo una strada principale che corre parallela alla costa con brevi deviazioni verso l'entroterra o la spiaggia. La cittadina si estende per circa 10 km da nord a sud ma il centro è esplorabile a piedi. Alcuni alloggi sono più vicini a Mangsit, un quartiere all'estremità settentrionale dove comincia la zona turistica. Poiché gli hotel e i resort sono distribuiti in un'area piuttosto vasta, per le uscite quotidiane vi suggeriamo di affittare un veicolo o di salvare il numero di un tassista sul telefono, a meno che non pianifichiate di oziare tutto il tempo in spiaggia.

Senggigi sembra uscita da una macchina del tempo ferma agli anni '90; diversi decenni fa era la principale meta turistica di Lombok. Il paesaggio è una vera chicca: montagne ammantate di giungla si affacciano su un oceano azzurrissimo, una combinazione davvero spettacolare se vista dalla strada principale, da cui si godono panorami impagabili. Boschetti di palme da cocco forniscono ampie zone d'ombra vicino all'acqua, dove la gente si riunisce per ammirare il tramonto con la sagoma del possente Gunung Anung che si staglia in lontananza.

Oggi Senggigi è diventata più tranquilla. Le insenature che punteggiano il litorale della cittadina ospitano resort di vecchia data e alcune sembrano vuote. Il mare è una meraviglia per lo snorkelling e potete facilmente programmare un'escursione in giornata alle Isole Gili, perciò se siete in cerca di un posticino tranquillo, Senggigi potrebbe fare al caso vostro.

Visitare il Pura Batu Bolong

Tranquillo tempio sull'acqua

Pura Batu Bolong, da non confondersi con il **Batu Bolong** di Canggu, è un tempio hindu abbarbicato su uno sperone di roccia proteso sul mare. Il complesso consta di pagode riccamente decorate e statue che svettano sopra le onde spumeggianti, dove vengono lasciate piccole offerte. Durante la giornata non c'è molto movimento, ma al tramonto le persone si assiepano per osservare il cielo che si tinge di arancione e rosa. Il parcheggio costa 5000Rp e bisogna anche lasciare un'offerta libera per poter entrare nel tempio.

Assicuratevi di avere le gambe coperte oppure noleggiate un sarong all'arrivo. Il Pura Batu Bolong si raggiunge in 10 minuti di auto o di motorino dal centro di Senggigi.

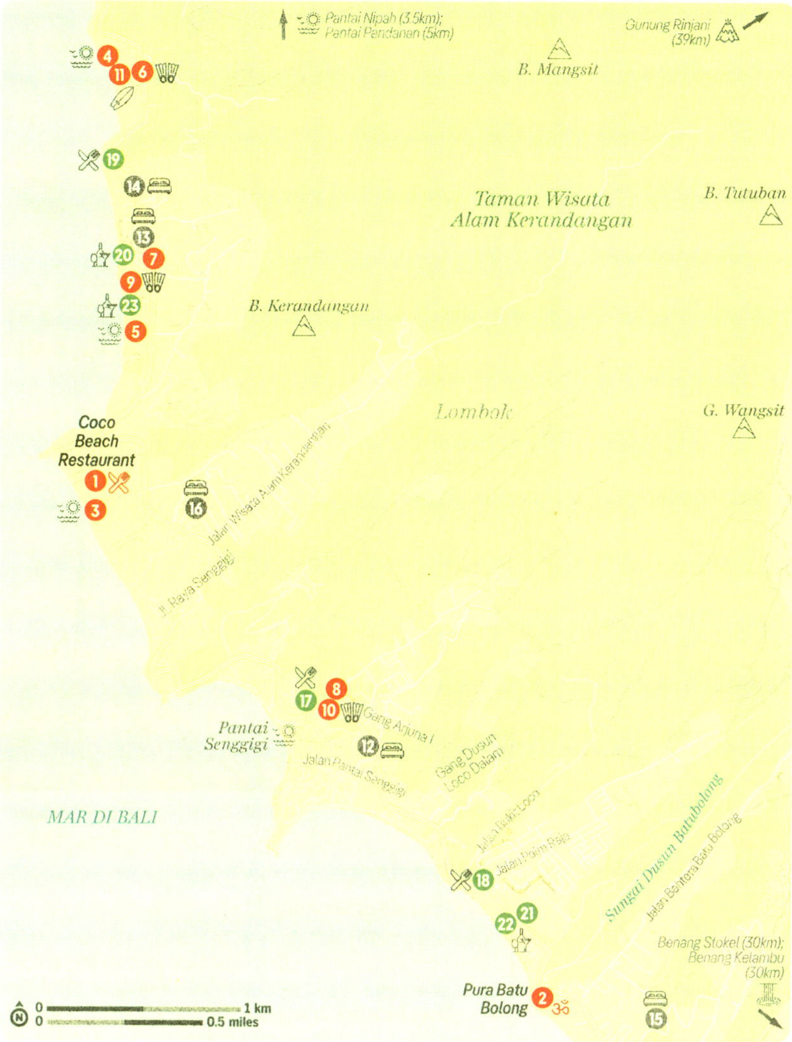

DA NON PERDERE
1 Coco Beach Restaurant
2 Pura Batu Bolong

DA VEDERE
3 Coconut Beach
4 Pantai Klui
5 Pantai Senggigi

ATTIVITÀ, CORSI E TOUR
6 Blue Marlin Dive Senggigi
7 DSM Dive
8 Lombok Scuba Dive Center
9 Scuba Froggy Senggigi
10 Sea & U Divernesia
11 Surf School Lombok Wave

PERNOTTAMENTO
12 Central Inn Senggigi
13 Holiday Resort Lombok
14 Katamaran Resort
15 Makarma Resort Lombok
16 Sammy Cottage

PASTI
17 Asmara Restaurant & Lounge
18 Cafe Alberto
19 The Kliff Bistro

LOCALI E VITA NOTTURNA
20 Cabana Beach Club
21 Joje Beach Bar
22 La Chill Bar & Restaurant
23 Nooq Sunset Bar & Lounge

IL CONSIGLIO

A Senggigi gli alloggi sono distribuiti in un'area piuttosto vasta. Molti homestay, hotel e resort sono localizzati a 'Senggigi' ma in realtà si trovano a diversi chilometri di distanza dal centro.

WEEKEND DI FUOCO

Senggigi si regge parecchio sul turismo domestico, soprattutto nei weekend, quando le famiglie indonesiane arrivano da altre parti di Lombok per riversarsi in spiaggia. Anche se la zona risulta molto meno movimentata rispetto al passato, nei fine settimana si registra un aumento delle attività; specie lungo la costa, quando il tramonto accende di rosa e arancio il cielo. A prescindere da quando decidiate di andare, non troverete lo stesso afflusso turistico di Kuta (p310), che da una decina di anni a questa parte richiama un numero sempre crescente di turisti.

HIER ONYAK/SHUTTERSTOCK ©

Benang Kelambu

Tour delle spiagge

Il rilassato litorale di Senggigi

In qualunque parte di Senggigi vi troviate, vi basterà spingervi a ovest per raggiungere la spiaggia. Considerate Jl Raya Senggigi la strada da seguire per trovare le spiagge più belle. Per cominciare, **Pantai Senggigi** è la più vicina alla principale zona turistica: un'insenatura ottima per nuotare o anche solo per rilassarsi all'ombra di una palma. **Coconut Beach**, situata poco più a sud, è accessibile tramite alcuni sentieri polverosi che si intrecciano in un campo di altissime palme

MANGIARE A SENGGIGI: LA NOSTRA SCELTA

Coco Beach Restaurant: Ristorante affacciato sulla spiaggia; propone piatti indonesiani serviti in capanne con piccoli tavoli sulla sabbia. $

Asmara Restaurant & Lounge: Locale situato in centro; propone piatti della cucina indonesiana e internazionale in una cornice verdeggiante. $$

Cafe Alberto: Ristorante e B&B sulla spiaggia; serve pizza, pasta e vari piatti a base di carne e pesce. $

The Kliff Bistro: Locale dall'atmosfera italiana situato all'interno del Katamaran Resort; contesto stupendo e tramonti meravigliosi. $$

da cocco. Al tramonto, sia i locali che i turisti gravitano attorno al **Coco Beach Restaurant**, sorseggiando Bintang e latte di cocco fresco. L'atmosfera è adatta alle famiglie, ma vedrete gruppi di turisti di ogni età.

Per trovare una spiaggia più appartata, è imprescindibile spostarsi un pochino. **Pantai Nipah** si trova a 20 minuti di auto dal centro di Senggigi – un itinerario molto panoramico con vedute spettacolari. Questa striscia di sabbia bianca è delimitata da una foresta di palme e sulla battigia ci sono molte più barche da pesca che turisti. Dopo la curva successiva, qualche minuto più a nord, trovate la tranquilla **Pantai Pandanan** con alcuni ambulanti che vendono snack e bevande.

Imbracciare la tavola da surf

Cavalcare le onde con insegnanti esperti

La maggior parte dei surfisti predilige la costa meridionale di Lombok, ma ci sono belle onde anche a Senggigi. Il reef break di **Pantai Klui** è adatto ai principianti; potete prendere lezioni presso la **Surf School Lombok Wave**, situata direttamente sulla spiaggia. Tra una lezione e l'altra sorseggiate latte di cocco fresco e rimanete fino al tramonto per terminare la giornata in grande stile.

Cascate nascoste nella giungla

Visitare Benang Stokel e Benang Kelambu

Nuotate in fresche acque montane che si gettano da una calotta di lussureggiante vegetazione. Le cascate di **Benang Stokel** e **Benang Kelambu** si annidano alle pendici del versante occidentale del Gunung Rinjani. Da Senggigi dovete guidare per circa un'ora e 20 minuti, ma vale la pena starci tutto il giorno, soprattutto se avete bisogno di prendervi una pausa dall'afa. È necessario ingaggiare una guida (90.000Rp a persona).

SNORKELLING E IMMERSIONI: IL MEGLIO

I seguenti centri diving di Senggigi possono aiutarvi a organizzare fantastiche gite per lo snorkelling e le immersioni, la maggior parte delle quali si tiene alle Isole Gili (p331); tenetelo presente se le avete già inserite nel vostro itinerario.

Sea & U Divernesia
Corsi sub per tutti i livelli e safari in barca.

Lombok Scuba Dive Center
Escursioni, lezioni di snorkelling e immersioni.

Blue Marlin Dive Senggigi
Storico centro immersioni con sedi in tutta l'Indonesia e nel Regno Unito.

Scuba Froggy Senggigi
Corsi PADI e alloggi. Escursioni nei dintorni dell'isola.

DSM Dive
Centro immersioni con corsi per tutti i livelli.

BERE UN DRINK A SENGGIGI: LA NOSTRA SCELTA

La Chill Bar & Restaurant: Questo locale dotato di poltrone a sacco sulla spiaggia serve cocktail, birra, e piatti indonesiani e occidentali.

Joje Beach Bar: Bar-ristorante accogliente e rilassato. Serve pizza, piatti di pesce e snack a volontà.

Cabana Beach Club: Locale esclusivo con cocktail alla frutta che chiedono solo di essere ordinati; i posti sul tetto e a bordo piscina sono particolarmente invitanti.

Nooq Sunset Bar & Lounge: Cocktail classici, mocktail e qualche creazione innovativa, il tutto preparato con ingredienti locali in un bar affacciato sull'oceano.

Mataram

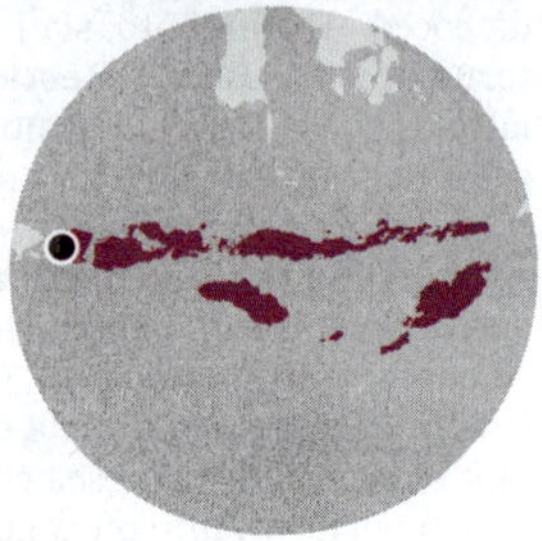

CULTURA ISLAMICA | CENTRI COMMERCIALI E MERCATI | TEMPLI HINDU

TRASPORTI LOCALI

Dopo aver individuato le strade principali di Mataram, spostarsi diventa piuttosto semplice. Le motociclette dominano, come nel resto dell'Indonesia, ma Mataram dispone di marciapiedi che facilitano i brevi spostamenti a piedi. Le strade, in buone condizioni, possono essere trafficate, ma le larghe corsie dei viali principali aiutano a gestire il flusso. I neofiti alla guida potrebbero essere spaventati dall'ampiezza di alcune strade.

Mataram, capoluogo dell'isola di Lombok, ha l'aspetto di una grande città, forse perché è il punto di convergenza degli altri centri e perché offre esperienze culturali di grande interesse e servizi assenti nelle comunità più piccole. A renderla unica sono i vivaci mercati indonesiani, le affascinanti architetture e i secolari edifici di culto di diverse religioni. Sebbene la maggioranza della popolazione sia musulmana di rito sasak, sono presenti ovunque testimonianze della cultura hindu. I centri commerciali multipiano convivono con i mercati tradizionali lungo viali pieni di motociclette. Ampenan, Mataram e Cakranegara, un tempo cittadine indipendenti, oggi formano quartieri di un'unica città. Ampenan è la zona portuale con gli edifici olandesi coloniali, Mataram è il centro amministrativo con diversi palazzi e alberghi, mentre Cakranegara, a est, è il quartiere degli affari con centri commerciali e i negozi.

Templi secolari

Pura Meru e Pura Lingsar

Un breve tragitto di 6 km da Mataram conduce a Lingsar, sede del **Pura Lingsar**, un vasto complesso di templi considerato il più sacro dell'isola. Risalente al 1714, fonde la tradizione hindu con quella wetu telu, una religione islamica locale. Le strutture, di un vivace arancione, sono impressionanti. Più vicino a Mataram, il **Pura Meru** è caratterizzato da tre alti *meru* con tetti di paglia, tipici dei templi balinesi. All'interno del tempio hindu ci sono 33 piccoli santuari. Portate un sarong per coprire la parte inferiore del corpo o noleggiatene uno all'arrivo.

IL CONSIGLIO

Pur essendo una città costiera, Mataram non è una destinazione balneare. Tuttavia, è possibile godersi il Lungomare di Ampenan e assaggiare le specialità locali ai chioschi.

Passeggiata al Palazzo Mayura

Un parco nel cuore di Mataram

Il **Palazzo Mayura**, o Mayura Water Palace, sorge in un parco circondato da mura nel cuore di Mataram. Risalente al 1744,

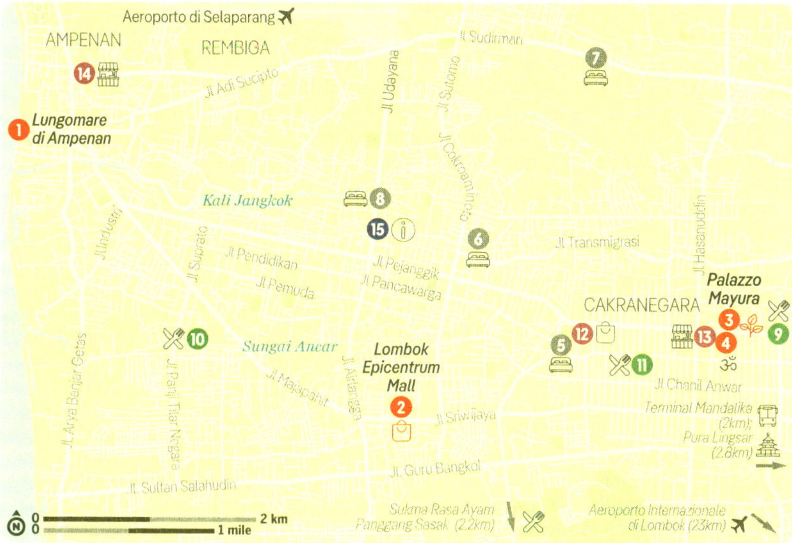

DA NON PERDERE
1 Lungomare di Ampenan
2 Lombok Epicentrum Mall
3 Palazzo Mayura

DA VEDERE
4 Pura Meru

PERNOTTAMENTO
5 Aston Inn Mataram
6 Dewi Sri Guesthouse
7 Lombok Astoria
8 Prime Park Hotel

PASTI
9 Dapur Sayur Vegan Resto & Cafe
10 Masterpiece of Coffee
11 Seafood and Grilled Fish 99

SHOPPING
12 Mataram Mall
13 Pasar Cakranegara
14 Pasar Kebon Roek

INFORMAZIONI
15 Kantor Imigrasi Kelas

vanta un tempio e un lago artificiale ed è ideale per una passeggiata lontani dalle strade trafficate. Un tempo complesso reale dei governanti balinesi di Lombok, il parco offre uno spaccato della complessa storia politica dell'isola. Nel 1894, gli olandesi si accamparono dietro le robuste mura durante lo scontro con i balinesi. Oggi il lago, di un singolare verde oliva, è attraversato da una passerella che conduce a una struttura decorata. È ancora un luogo di pellegrinaggio per gli hindu di Lombok. Il parcheggio si trova a ovest del parco, su Jl Purbasari; entrare da altri lati può non essere così facile.

Perdersi per le vie storiche di Ampenan

Immergersi nell'atmosfera del porto

Ampenan, il quartiere più occidentale di Mataram, è un antico centro portuale utilizzato dai colonizzatori olandesi per il commercio delle spezie. Oggi vi si possono ammirare numerosi edifici di epoca coloniale. È una meta frequentata da amanti della buona cucina e da famiglie interessate ai frutti

ESTENSIONE DEL VISTO

Se dovete estendere il visto mentre siete a Lombok, Mataram è il posto giusto per farlo. Il **Kantor Imigrasi Kelas** (l'ufficio immigrazione) si trova nel cuore di Mataram, all'incrocio tra Jl Udayana e Jl Mahoni. Se siete entrati nel paese con un visto turistico di 30 giorni (VOA), potete prolungarlo di altri 30 giorni. Mettete in conto tra i cinque e i sette giorni per l'intero processo. Troverete tutto meno complicato rispetto agli uffici di immigrazione di Bali. Per una proroga di 30 giorni del VOA, il costo è di circa 500.000Rp. Il numero di telefono è +62 3706 32520 32520.

TERMINAL DEGLI AUTOBUS

Il **Terminal Mandalika** di Mataram, secondo solo all'aeroporto, è il principale snodo dei trasporti di Lombok. Da qui si raggiungono i centri nevralgici, come l'imbarco dei traghetti per Bali e Sumbawa e tutte le località di Lombok, tramite autobus o *bemo* (minibus). Molti prendono l'autobus per l'**Aeroporto Internazionale di Lombok**, che dista circa 45 minuti. È una buona soluzione per risparmiare. Acquistate i biglietti solo presso le biglietterie ufficiali all'interno del terminal; chi offre passaggi all'esterno probabilmente non è affiliato alle compagnie di autobus.

di mare freschi e ad altre specialità indonesiane. Lungo la costa si susseguono *warung* e bancarelle.

Il mercato tradizionale **Pasar Kebon Roek** propone diversi generi alimentari: frutta tropicale, verdura, carne, pesce, caffè e dolci. La zona non è molto frequentata dai turisti. Un consiglio: veniteci la mattina presto, prima che il caldo diventi insopportabile.

Un po' di shopping

Centri commerciali e mercati di Mataram

Che abbiate bisogno di vestiti più caldi per la montagna o vogliate curiosare tra gli articoli di artigianato locale, Mataram è il luogo ideale per fare acquisti. L'**Epicentrum Mall**, il più grande centro commerciale dell'isola di Lombok, vanta quattro piani di negozi, un cinema e numerosi punti di ristoro. Poco distante, a meno di 10 minuti, si trova il **Mataram Mall**, con negozi di abbigliamento, elettronica, ristoranti e un supermercato.

Mercati tradizionali sono sparsi in tutta Mataram. Il **Pasar Cakranegara** è uno dei più noti, vi troverete tessuti batik tradizionali, articoli per la casa, bigiotteria e souvenir più originali rispetto ad altre zone più turistiche dell'Indonesia. Se cercate un mercato alimentare tradizionale con frutta, verdura fresca, pesce e l'autentico caffè di Lombok, non perdete il Pasar Kebon Roek.

MANGIARE A MATARAM: CIBO LOCALE

Sukma Rasa Outlet 6 Ayam Panggang: Cucina sasak con un menu ricco di specialità locali; ambiente tranquillo. **$**

Masterpiece of Coffee: Caffè minimalista ma accogliente con bevande calde e fredde, caffè di prima qualità, colazioni e piatti indonesiani. **$$**

Dapur Sayur Vegan Resto & Cafe: Menu vegano e vegetariano con spremute di frutta fresca, vicino al Parco Mayura. **$**

Seafood and Grilled Fish 99: Un assortimento quasi infinito di frutti di mare appena pescati ricoperti da diverse salse. Arrivateci affamati. **$**

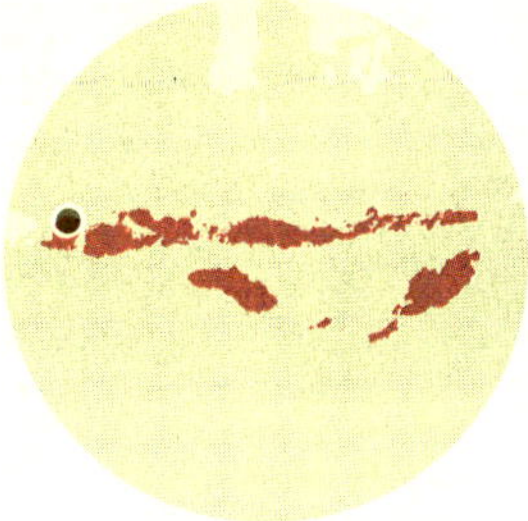

Senaru

TREKKING SUL RINJANI | CASCATE | PIANTAGIONI DI RISO

Senaru è la porta d'accesso al Gunung Rinjani, il secondo vulcano più alto dell'Indonesia. Questo piccolo villaggio attrae molti visitatori grazie alle sue cascate, alle ricchezze culturali e alle piantagioni di riso. Lontano dal frastuono, offre un'esperienza diversa rispetto alle zone costiere. Dopo il terremoto del 2018, molte case e attività commerciali sono state ricostruite. Strutture ricettive accoglienti, *warung* (bancarelle di cibo) e tour operator sono di nuovo numerosi. Un flusso costante di appassionati di trekking alimenta il turismo, senza però portare a quello di massa. Anche se non avete organizzato un trekking di più giorni, vale la pena visitare la zona, soprattutto se state già facendo il giro dell'isola. Il paesaggio montuoso che circonda il villaggio regala panorami mozzafiato.

Cascate nella foresta

Sendang Gile e Tiu Kelep

Sendang Gile, immersa in un fitto paesaggio tropicale, si trova vicino alla strada principale di Senaru. Questa cascata a due salti, con l'acqua che scroscia su una roccia vulcanica nera, è rinomata per le sue acque fresche dalle proprietà curative. Proseguendo sullo stesso sentiero, si arriva alla splendida **Tiu Kelep**, alimentata da più corsi d'acqua, con una cortina di piccoli rivoli e una fragorosa cascata centrale. I bacini che creano non sono abbastanza profondi per nuotarci, ma gli schizzi sono sufficienti per bagnarsi. Per arrivarci, bisogna attraversare un piccolo fiume. Il parcheggio per entrambe le cascate è a pochi minuti di auto da Senaru. Il percorso a piedi dura circa 15 minuti per Sendang Gile e 40 minuti per Tiu Kelep. Sebbene siano disponibili tour guidati, è possibile percorrere il sentiero in autonomia. L'ingresso costa circa 20.000Rp. Entrambe le cascate sono vicine a Senaru, perciò conviene visitarle in un'unica giornata.

TRASPORTI LOCALI

Senaru è un piccolo villaggio e la maggior parte dei luoghi di interesse è raggiungibile a piedi, che vogliate organizzare un trekking, mangiare un boccone o visitare una delle splendide cascate della zona. In moto è possibile vederla in pochi minuti. Per raggiungere le aree naturali intorno al villaggio possono servire dai 30 minuti a un'ora. Le strade poco affollate rendono piacevole passeggiare, rispetto alle città più trafficate di Lombok.

IL CONSIGLIO

Conoscete gli abitanti di Senaru soggiornando in una struttura a gestione locale. L'ospitalità è calorosa e otterrete diverse informazioni sulle escursioni e sulle guide.

LA MOSCHEA PIÙ ANTICA DI LOMBOK

Denda Sukatniwati, organizza trekking ed è fondatrice di **Rinjani Women Adventure**.

Bayan ospita la più antica moschea di Lombok: **Masjid Kuno Bayan Beleq** è una delle più importanti perché è qui che nel XIV secolo ha iniziato a diffondersi la religione islamica. La zona intorno a Bayan ha adottato per prima la religione wetu telu, che combina l'islam con la cultura originale sasak. Nell'area circostante è possibile conoscere antiche tradizioni, tra cui la tessitura del *sarung tenun* (abito tipico), eseguita dalle donne del posto.

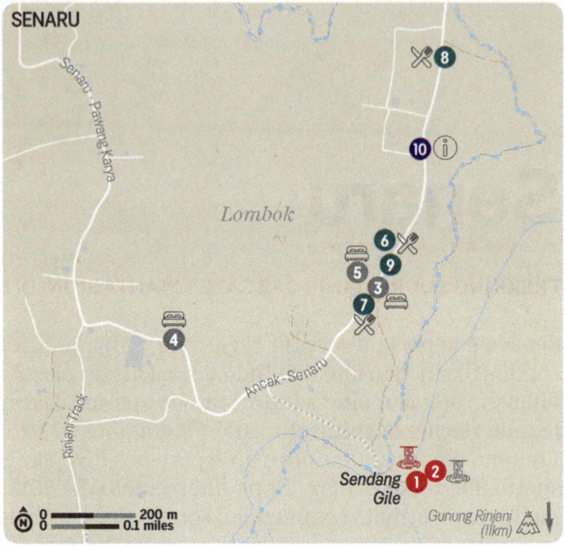

DA NON PERDERE
1 Sendang Gile

DA VEDERE
2 Tiu Kelep

PERNOTTAMENTO
3 Dragonfly Senaru Lodge
4 Rinjani Lighthouse Cottages
5 Tiu Kelep Homestay

PASTI
6 Cafe Rifka
7 Dragonfly Senaru Bar & Resto
8 Twin's Kitchen Rinjani
9 Warung Poetri

INFORMAZIONI
10 Rinjani Women Adventure

Tour alle pendici del Rinjani

Rinjani Women Adventure

Le visite guidate a Senaru e alle pendici del Gunung Rinjani regalano una conoscenza approfondita della flora, della fauna e delle tradizioni locali, tra cui la cucina e l'agricoltura sasak. **Rinjani Women Adventure** è un'organizzazione locale gestita da donne che accompagna i viaggiatori in trekking nella zona, come il **Senaru Panorama Walk**, un'escursione di mezza giornata attraverso piccoli villaggi e terrazzamenti di riso. Si attraversano canali di irrigazione costeggiati da boschetti di bambù, terminando con la splendida cascata di Sendang Gile, incastonata nella giungla. La maggior parte degli alloggi può mettervi in contatto con una guida.

MANGIARE A SENARU: LA NOSTRA SCELTA

Cafe Rifka: Classici indonesiani, ma anche cucina tipica di Lombok con proposte veg, in pieno centro. **$**

Warung Poetri: Deliziose specialità locali a un prezzo imbattibile, da gustare con una splendida vista sulla giungla e sulle cascate. **$**

Dragonfly Senaru Bar & Resto: Riso, noodles e curry in un locale accogliente, spesso con musica dal vivo e un panorama meraviglioso. **$**

Twin's Kitchen Rinjani: Una varietà di piatti indonesiani, dal pollo satay al *pisang goreng* (a base di banane fritte); grande ospitalità. **$**

Dintorni di Senaru

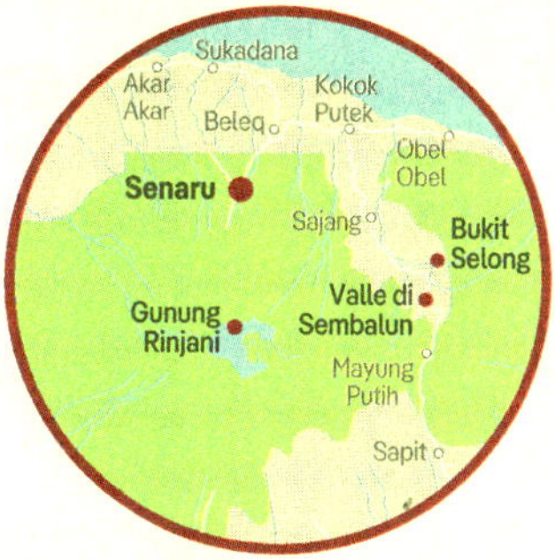

Da Senaru si possono raggiungere due mete molto diverse: la selvaggia costa nord-occidentale o le vaste montagne della regione settentrionale e centrale.

Se a Senaru c'è molto da esplorare (per lo più a piedi), i dintorni offrono ancora di più, specialmente il Gunung Rinjani. Dirigetevi a sud per scoprire un paesaggio montuoso in continua evoluzione, punteggiato da città vallive e viste suggestive sulla seconda montagna più alta dell'Indonesia. A nord di Senaru, lungo la costa nord-occidentale di Lombok, la strada principale serpeggia tra l'interno e la costa, regalando viste sull'oceano e passando per placide località. Più a ovest, lungo la Penisola di Sire, si trovano alcuni resort di lusso sulla spiaggia, ma, a parte l'atmosfera da luna di miele, non troverete molto altro.

Località

Bukit Selong

DA SENARU: **1 H**

Splendidi panorami

Un vivace mosaico di sfumature di verde rende la vista da **Bukit Selong** unica e straordinariamente fotogenica. Questo punto panoramico si affaccia su una vasta distesa di campi, con la montagna a est e la città di Sembalun e il Gunung Rinjani (p328) a ovest. Un piccolo parcheggio conduce a un sentiero sterrato, dove si paga una tassa d'ingresso di circa 10.000Rp. In meno di 10 minuti di salita si arriva alla cima, dove una piattaforma di legno a forma di stella attira gli appassionati di fotografia. Nonostante sia popolare su Instagram, l'escursione è abbastanza tranquilla. Si noti che Google Maps potrebbe portarvi fuori strada; se vi trovate in un vicolo cieco, chiedete indicazioni: siete vicini alla meta.

Valle di Sembalun

DA SENARU: **1 H**

Sulla collina di Pergasingan

Se Bukit Selong era l'antipasto, considerate **Bukit Pergasingan Hill** la portata principale. La salita, spesso effettuata all'alba, offre una vista panoramica dell'intera Valle di Sembalun e della sagoma del Gunung Rinjani in lontananza. L'itinerario, che può essere percorso in circa due ore a un ritmo sostenuto, offre panorami impressionanti. La luce soffusa del mattino e la nebbia rendono lo spettacolo etereo, ma è altrettanto bello al tramonto. L'ingresso al sentiero costa 50.000Rp; se arrivate prima dell'alba, dovrete pagare al ritorno.

TRASPORTI LOCALI

Le strade di montagna nella regione settentrionale e in quella centrale di Lombok sono ben asfaltate; cosa indispensabile per affrontare le ripide pendenze e i bruschi tornanti che aumentano con l'altitudine. Se viaggiate in due su una moto, fate attenzione al peso totale rispetto alla potenza del veicolo, poiché le moto di cilindrata inferiore possono avere difficoltà su tratti impegnativi. Al contrario, la costa nord-occidentale è facile da percorrere.

Inquadrate il QR Code per prenotare i trekking e gli alloggi sul Gunung Rinjani.

DA NON PERDERE

Gunung Rinjani

Con un'altezza di ben 3726 m, la seconda montagna più alta dell'Indonesia è sacra sia per i sasak sia per gli hindu ed è spesso meta di pellegrinaggi. Per raggiungere la vetta del vulcano bisogna sottoporsi a una faticosa ascesa, non adatta ai deboli di cuore, ma gli incredibili panorami sono tra i più apprezzati dell'Indonesia.

IN PRIMO PIANO

- Parco Nazionale di Gunung Rinjani
- Danau Segara Anak
- Cratere di Senaru
- Cascata di Surya Sakti
- Sorgenti termali del Rinjani
- Campeggio di montagna

Parco Nazionale di Gunung Rinjani

Il Parco Nazionale di Gunung Rinjani copre circa 413 kmq, includendo il vasto raggio del Gunung Rinjani. L'elevazione del vulcano lo colloca in un crocevia biogeografico, dove il terreno si discosta da quello tipico del Sud-est asiatico, evolvendo verso un paesaggio arido. Se non avete voglia di allacciare gli scarponi e fare un'escursione, le pendici del Gunung Rinjani rivelano un ecosistema vario e ipnotico.

Un paesaggio sacro e prezioso

Ogni anno i balinesi celebrano cerimonie per onorare gli dèi e gli spiriti in cima al Rinjani. È una delle tre montagne che considerano sacre, insieme al Gunung Bromo sull'isola di Giava e al Gunung Agung a Bali. I sasak salgono sulle pendici del vulcano per pregare quando c'è la luna piena. La loro fede, il wetu telu, è una mescolanza di credenze hindu e islamiche, oltre che di culti ancestrali e animismo.

Organizzare l'escursione

Salire sul Gunung Rinjani è vietato dal 1° gennaio al 31 marzo. Sebbene sembri un periodo lungo, non è consigliabile scalare la montagna in condizioni meteorologiche avverse. Pianificate la vostra escursione evitando la stagione delle piogge; i mesi da aprile a novembre sono generalmente più favorevoli. Trovare una guida è facile, dato che il turismo è una parte importante dell'economia locale. Potete unirvi a un trekking all'ultimo minuto consultando un'agenzia indipendente come **Rudy Trekker** o chiedendo alle famiglie dove alloggiate, che spesso sono ben organizzate con le guide locali.

Il percorso

Da Senaru (p325) o Sembalun (p327), i sentieri salgono nella foresta pluviale piena di fauna selvatica. Il percorso è impegnativo, ma molto frequentato, in gran parte da escursionisti non molto esperti. Detto questo, non è proprio facile: si tratta di un vero e proprio trekking.

Sull'orlo del cratere

Quando il paesaggio cambia e diventa arido, il cratere offre una vista panoramica dell'orizzonte. Per gli escursionisti meno esperti, è possibile raggiungere l'orlo del cratere con una camminata di due giorni e una notte.

La cima

Rocce sconnesse, terreno morbido e una ripida pendenza caratterizzano l'ultimo estenuante tratto fino alla vetta. La vista dalla cima, che svela il cratere e il paesaggio circostante, è semplicemente sbalorditiva. Raggiungere questa preziosa meta richiede almeno tre giorni e due notti, la prima notte trascorsa in campeggio lungo il perimetro della bocca. La maggior parte dei gruppi parte per la vetta il secondo giorno, prima dell'alba. Sono disponibili anche escursioni più lunghe, della durata di tre notti.

Danau Segara Anak

Il Segara Anak è un lago vulcanico a ovest del Gunung Rinjani, appena sotto il cratere, e presenta una caratteristica forma a mezzaluna e un colore blu intenso. La parola *danau* significa "lago" e *segara anak* "figlio del mare", considerata la somiglianza con l'oceano.

Sorgenti termali del Rinjani

Se decidete di fare l'escursione di tre giorni e due notti, potete continuare fino alla cima o scendere dal cratere per visitare le sorgenti termali accanto al Segara Anak. Ci vogliono due ore per raggiungere queste piscine naturali, con un trekking in discesa tra nuvole basse. Le acque termali calde che sgorgano dalla **Cascata di Surya Sakti** offrono uno scenario pittoresco.

PERCORSI ALTERNATIVI

La maggior parte dei trekking inizia da Senaru o Sembalun, ma è possibile partire anche da Tetebatu (p315), sul versante meridionale della montagna. Se siete arrivati in aereo, ridurrete anche il viaggio per raggiungere il punto di partenza, dato che Tetebatu si trova a un'ora dall'Aeroporto Internazionale di Lombok.

CONSIGLI

- È necessario avere una guida; non provate ad avventurarvi senza.
- Decidete se partire da Senaru, Sembalun o Tetebatu.
- Cercate con cura le compagnie di trekking prima di prenotare.
- Dedicate più tempo all'escursione se siete meno esperti.
- La linea telefonica è disponibile nella maggior parte del parco, ma è discontinua in cima.
- Optate per un abbigliamento caldo.
- Non utilizzate scarponcini appena comprati.
- Portate il costume da bagno se volete fare un tuffo nelle sorgenti termali.
- Non c'è molta ombra. Mettete la crema solare.

Penisola sud-occidentale e Secret Gili

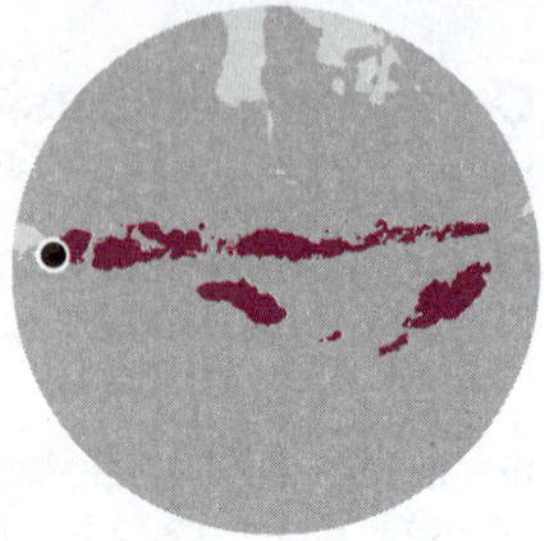

ISOLE ESCLUSIVE | SPIAGGE DESERTE | SURF LEGGENDARIO

TRASPORTI LOCALI

La strada principale della Penisola sud-occidentale, Jl Raya Sekotong, va da Lembar alla punta più occidentale di Lombok, cambiando nome in Jl Raya Pelangan dopo il porto di Pelangan, e in Jl Raya Siung a seguire. È scorrevole, ma le salite e le curve dopo Lembar possono essere fastidiose. Più a ovest, la strada corre lungo la costa e ritorna in piano. Le vie secondarie sono sterrate e ghiaiose, difficili da percorrere soprattutto in prossimità di Desert Point (Bangko Bangko). Tra Lembar e Pelangan circolano *bemo*.

IL CONSIGLIO

Sulla costa settentrionale si trovano diverse strutture ricettive, ma le Secret Gili sud-occidentali, a circa 10 minuti di navigazione, vantano le spiagge e gli alloggi migliori.

Rustica e tranquilla, la Penisola sud-occidentale di Lombok è ricca di spiagge deserte, siti per il surf di livello mondiale e vita locale autentica; i passanti si sorridono e si salutano. L'unica grande strada della penisola serpeggia lungo la costa settentrionale, attraversando piccoli villaggi e salendo tortuosamente su colline aride, con viste spettacolari sulla costa. Sebbene sulla penisola vi siano alcuni alloggi, dai bungalow sulla spiaggia ai boutique hotel di lusso, la maggior parte si trova sulle Isole Gili sud-occidentali. Queste isole silenziose, spesso soprannominate 'Secret Gili', sono un fenomeno da passaparola, noto solo ai locali o ai viaggiatori zaino in spalla. Sono rinomate per le loro acque e i paesaggi meravigliosi. Se Tom Hanks si fosse arenato in Indonesia, in *Cast Away*, probabilmente sarebbe finito in uno di questi paradisi.

Una tranquilla catena di isole

Gili Nanggu, Gili Tangkong, Gili Sudak e Gili Kedis

Sebbene sia ormai nota tra i viaggiatori del Sud-est asiatico, questa piccola catena di isole parzialmente abitate è ancora esclusa dagli itinerari più gettonati. Una fiorente vita marina, tra cui elaborati coralli e pesci multicolori, circonda ogni isola. **Gili Nanggu**, l'isola più occidentale del gruppo, principale meta dei tour, è famosa per i suoi splendidi siti per lo snorkelling. Anche le isole vicine, **Gili Tangkong** e **Gili Sudak**, offrono ottimi punti di ricognizione. **Gili Kedis**, la più piccola, è un minuscolo lembo di sabbia con poca vegetazione.

Molti tour da Kuta (p310) alle 'Secret Gili', includono Gili Nanggu e le isole limitrofe. Se desiderate esplorare le Gili ancora più a ovest, come Gili Gede e le sue vicine, specificatelo prima di prenotare. Potete organizzare un tour dal **porto di Pelangan** (vicino a Gili Gede, Gili Asahan, Gili Layar e Gili Rengit) o dal **porto di Tawun** (vicino a Gili Nanggu, Gili Tangkong, Gili Sudak e Gili Kedis), dove operano agenzie turistiche e barcaioli indipendenti.

Il prezzo varia in base al numero di persone.

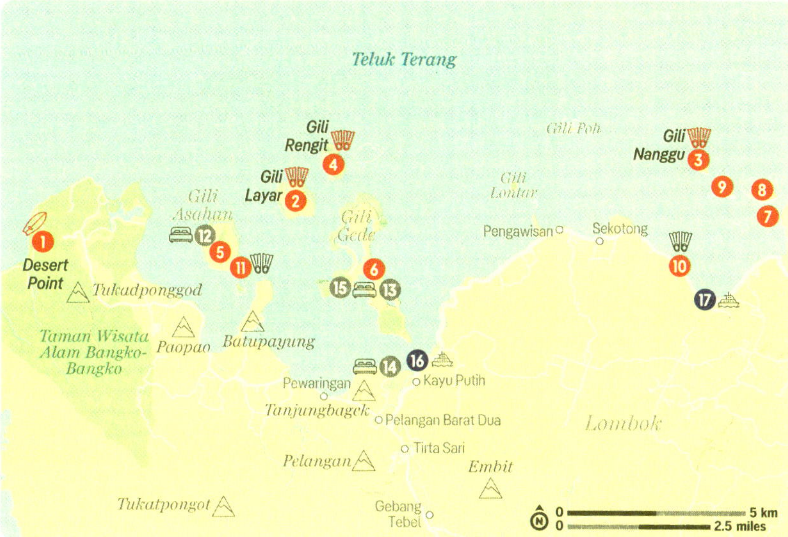

DA NON PERDERE
1 Desert Point
2 Gili Layar
3 Gili Nanggu
4 Gili Rengit

DA VEDERE
5 Gili Asahan
6 Gili Gede
7 Gili Kedis
8 Gili Sudak
9 Gili Tangkong

ATTIVITÀ, CORSI E TOUR
10 Blow Bubbles Divers South Gilis
11 Oceanway

PERNOTTAMENTO
12 Bleu Mathis Gili Asahan
13 High Dive Gili Gede Resort
14 Palmyra Indah Bungalow
15 Yellow Coco Gili Gede

TRASPORTI
16 Porto di Pelangan
17 Porto di Tawun

Snorkelling in paradiso

Il meglio di Gili Gede, Gili Asahan, Gili Layar e Gili Rengit

Vicino all'estremità occidentale di Lombok si trova un gruppo di splendide isole, anche loro note come 'Secret Gili'. **Gili Gede**, la più grande e sviluppata, è caratterizzata da spiagge di sabbia bianca, molte delle quali ancora intatte. A ovest, **Gili Asahan** è una meta tranquilla con poco da fare se non rilassarsi su spiagge ombreggiate da palme. **Gili Layar** e **Gili Rengit** vantano alcuni dei migliori punti di snorkelling della zona, con imponenti formazioni coralline. Qui regna una pace incredibile e i viaggiatori sono ancora pochi, ma ci sono più strutture ricettive sulla spiaggia e qualche boutique hotel. I bungalow sulla spiaggia di **Yellow Coco** a Gili Gede propongono un semplice soggiorno di disintossicazione digitale. Per regalarsi un'esperienza lussuosa, il **Bleu Mathis** di Gili Asahan vanta piscine private con vista sulla splendida costa. L'attrezzatura per lo snorkelling, fornita durante i tour o noleggiabile nelle strutture, è indispensabile per esplorare i dintorni.

NAVIGAZIONE ALLE SECRET GILI

Per raggiungere una qualsiasi delle Gili sud-occidentali, lungo la costa a nord-ovest della Penisola sud-occidentale, il prezzo parte da circa 400.000Rp. Nel momento in cui scrivevamo questa guida, non erano disponibili trasporti pubblici via mare né taxi boat. La prenotazione di una barca privata in gruppo è la scelta migliore. Da soli si paga di più ma si ha la tranquillità di una barca tutta per sé. L'esperienza potrebbe rivelarsi memorabile e coinvolgente. Le gite giornaliere che partono da Senggigi o da Kuta già prevedono il trasporto.

MIGLIORI CENTRI DI DIVING E SNORKELLING DELLA PENISOLA

Molte escursioni subacquee e di snorkelling da Kuta si concentrano intorno alla Penisola sud-occidentale. In alternativa, è possibile organizzarne tramite centri più vicini alle Secret Gili.

Scuba Froggy
Corsi di immersione ed escursioni giornaliere per immersioni e snorkelling.

Blue Marlin Dive Kuta Lombok
Corsi di immersione ed escursioni giornaliere alle barriere coralline.

Adventure Divers Kuta
Escursioni subacquee, di snorkelling e corsi PADI.

The High Dive Gili Gede Resort and PADI Scuba Dive Centre
Ville sulla spiaggia a Gili Gede, con un centro immersioni.

Blow Bubbles Divers South Gilis
Centro diving vicino alle Gili sud-occidentali.

Oceanway
Centro immersioni su Gili Asahan, con corsi e alloggi.

Gili Nanggu (p330)

Surf sulla spiaggia deserta di Tanjung Aan

Il surf impegnativo di Desert Point

Desert Point, situato all'estremità più occidentale della penisola, è una località famosa ma di difficile accesso. A circa 15 minuti di auto dal villaggio di pescatori di Bangko Bangko, il paesaggio si fa desolato ed è frequentato soltanto da alcuni dei migliori surfisti del mondo. Le condizioni sono migliori durante la stagione secca (da maggio a settembre), quando i venti al largo da nord creano onde più lunghe. Anche in questo periodo, comunque, le onde possono calare all'improvviso, lasciando tutti in sospeso.

Desert Point richiede abilità avanzate nel surf e nella navigazione. Arrivarci è una sfida, ma proprio questo lo rende un posto speciale. La strada principale lungo la costa (Jl Raya Siung) è in buone condizioni, ma una volta svoltato a sinistra al bivio, il percorso da Bangko Bangko diventa un insidioso sentiero di ghiaia polverosa di 3 km con buche che mettono alla prova anche i motociclisti più esperti. Preparatevi quindi a una vera avventura.

Gili Trawangan

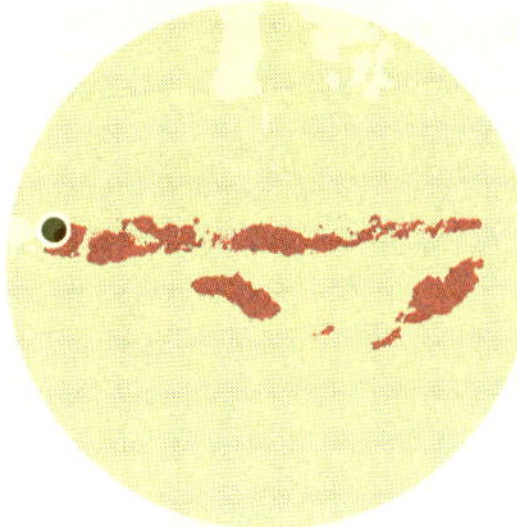

SOLE E SABBIA | VITA NOTTURNA | SPLENDIDE IMMERSIONI

Arrivando al porto di Gili Trawangan, ci si trova di fronte a folle di persone in attesa di salire sulla barca. La via principale ha un fascino unico: ciclisti e *cidomo* (carri trainati da cavalli) condividono una corsia polverosa con i pedoni. I primi minuti a piedi possono sembrare caotici, ma oltre i bar e gli hotel sulla spiaggia si scopre un litorale tranquillo e bellissimo. Chiamata affettuosamente 'Gili T', l'isola trasuda cordialità e pace. Le vedute costiere della frastagliata costa di Lombok e dell'imponente Gunung Agung di Bali sono spettacolari. Se cercate vita notturna, la troverete, ma è altrettanto facile sfuggire alla confusione. Percorrete i sentieri tortuosi del centro fino alla costa occidentale, dove strisce di sabbia placida separano gli insediamenti. Nell'entroterra, il richiamo alla preghiera risuona cinque volte al giorno.

TRASPORTI LOCALI

Alle Isole Gili vige il divieto di circolazione dei veicoli a motore. Potete muovervi a piedi o noleggiare una bici: Gili T è percorribile a piedi e per lo più pianeggiante, tranne per una piccola collina a sud-ovest. I *cidomo* funzionano come taxi, ma non possiamo raccomandarli per via del trattamento riservato ai cavalli. Organizzazioni come Horses of Gili (horsesofgili.com) forniscono supporto con cure veterinarie, ma c'è ancora molta strada da fare.

Con i piedi nella sabbia

Stare svegli fino all'alba

Che vogliate sorseggiare una Bintang con i piedi nella sabbia o partecipare a un vero e proprio 'tour dei pub', la vita notturna di Gili T non vi deluderà. Conosciuta per il suo carattere esuberante, l'isola vanta chioschi in riva al mare, bar di lusso nei resort e locali più frequentati dai viaggiatori zaino in spalla. **Casa Vintage**, bar-ristorante sulla spiaggia, è molto frequentato al tramonto. Il **Lava Bar** attira la clientela con i suoi drink economici e il bingo del venerdì. Le feste infrasettimanali sono una specialità del **Tír na nÓg**, un bar irlandese noto per la sua capacità di lanciare nuove mode. La musica reggae colora la scena al **Sama Sama**, un bar a due piani pieno di gente del posto e viaggiatori, soprattutto il sabato sera.

IL CONSIGLIO

Da marzo ad aprile, in occasione del Ramadan, Gili T è più tranquilla, la musica si spegne presto nei bar e nei ristoranti e non si organizzano grandi feste.

GILI TRAWANGAN

DA NON PERDERE
1 Gili Trawangan Sunset Beach

DA VEDERE
2 Altre spiagge di Gili Trawangan

ATTIVITÀ, CORSI E TOUR
3 Blue Marlin Dive
4 Bounty Wreck
5 Compass Divers
6 DPM Diving Gili Trawangan
7 Relitto del Glenn Nusa
8 Manta Dive
9 Shark Point
10 Trawangan Stingray Divers

PERNOTTAMENTO
v. 5 Compass Divers
11 Pearl of Trawangan
12 PinkCoco Gili Trawangan

PASTI
13 Casa Vintage
14 Hellocapitano Lifestyle Café
15 Jali Kitchen
16 Kayu Cafe
17 Pearl Beach Lounge
18 Regina Pizzeria
19 Bliss Casa
20 Warung Dewi
21 Warung Jaman Now

LOCALI E VITA NOTTURNA
22 Lava Bar
23 Sama Sama
24 Tír na nÓg

TRASPORTI
25 Public Boat Landing

MANGIARE A GILI TRAWANGAN: LA NOSTRA SCELTA

Jali Kitchen: Cucina asiatica-fusion con piatti di influenza indonesiana, thailandese e vietnamita, in un locale verdeggiante. **$$**

Warung Jaman Now: Specialità indonesiane, hamburger, pasta e smoothie bowls, servite in un ambiente super rilassato. **$**

Kayu Cafe: Piatti salutari con ingredienti freschi, diverse varietà di caffè e tè selezionati, proprio accanto al terminal dei traghetti. **$$**

Warung Dewi: Classico warung indonesiano con specialità come il curry e il *nasi campur* (riso con contorno a scelta). **$**

Il lato più silenzioso delle Isole Gili

Nuotare e fare snorkelling in tranquillità

Splendidi posti per nuotare e fare snorkelling abbondano nelle zone più tranquille dell'isola: a sud, a nord e sull'intera costa occidentale. Non è necessario scegliere una spiaggia specifica, ma **Sunset Beach** su **Gili Trawangan** è particolarmente bella al tramonto, con tanto spazio a disposizione. Proseguendo verso nord, si trova una lunga striscia di sabbia con molta meno affluenza rispetto alla costa orientale. Controllate le maree: meglio nuotare con l'alta marea, quando le formazioni coralline rocciose sono sommerse.

Immersioni subacquee alle Gili

La ricchezza della vita sottomarina

Circa 25 siti di immersione si trovano nella grande Area Marina Protetta delle Isole Gili. Piccole creature come cavallucci marini pigmei, canocchie e pesci ago si aggirano tra i coralli, così come specie di grandi dimensioni come squali longimanus e pinna nera. Siti di immersione sono sparsi in tutta la zona. **Shark Point**, a ovest di Gili T, è noto per la presenza di squali e tartarughe. **Turtle Heaven**, sul lato est di Gili Meno, è frequentato dalle tartarughe. **Manta Point** (o Sunset Reef), a sud di Gili T, è popolato da mante e pesci più piccoli. I subacquei esperti possono esplorare il '**Japanese Wreck**', un relitto giapponese a 45 metri di profondità al largo di Gili Air.

Le scuole di immersione lungo la costa di Gili T propongono corsi per tutti i livelli. **Blue Marlin Dive** è molto popolare, con sedi anche a Senggigi e Kuta. **DPM Diving** a Gili Trawangan offre corsi di immersione e gite giornaliere per principianti ed esperti, a pochi passi dalla costa orientale. **Manta Dive** è un centro diving con resort, che ha strutture sia a Gili T sia a Gili Air.

Compass Divers offre corsi di immersione e alloggi, con camere private e dormitori, vicino al porto dei traghetti di Gili T. Il **Trawangan Stingray Divers** propone corsi per tutti i livelli, dai principianti agli esperti.

SOSTANZE ILLEGALI

A Gili Trawangan, isola notoriamente vivace, alcuni caffè sulla spiaggia pubblicizzano apertamente la vendita di funghetti allucinogeni, nonostante la rigida posizione dell'Indonesia contro le droghe. Non è raro ricevere proposte anche camminando per strada. È importante ricordare che l'Indonesia ha leggi severe contro le sostanze illecite: l'uso e il possesso sono punibili con lunghe pene detentive (o peggio). Sebbene l'isola sia conosciuta per l'atmosfera festaiola, l'Indonesia rimane fermamente contraria alle droghe, ed è importante tenerlo a mente per evitare problemi legali.

Bliss Casa: Ristorante veg allegramente arredato, nell'entroterra, vicino alla via principale. $

Regina Pizzeria: Punto di riferimento per la cucina italiana, spesso affollato durante la sera, ma vale la pena aspettare. $

Pearl Beach Lounge: Un mix di cucina indonesiana e occidentale servita sotto un enorme tetto di bambù. $

Hellocapitano Lifestyle Café: Luminoso bar sulla spiaggia, serve succhi e frullati, oltre a numerosi piatti indonesiani e occidentali. $

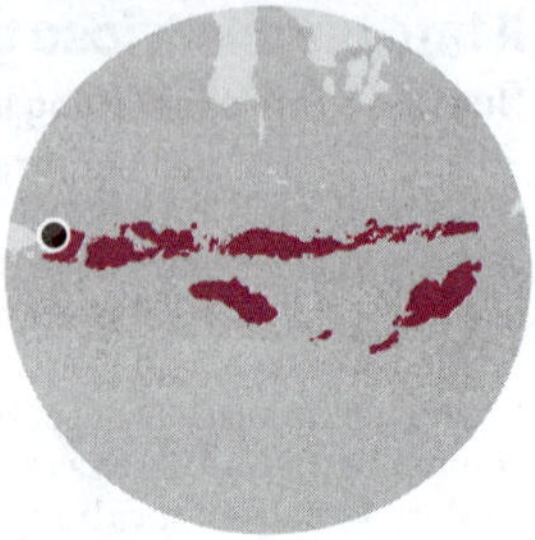

Gili Meno

PACE E TRANQUILLITÀ | CULTURA SASAK | SNORKELLING

TRASPORTI LOCALI

A Gili Meno ci si sposta a piedi o in bici. Ogni tanto si vede qualche scooter elettrico, ma sono silenziosi (e in genere privati). Pedalare lungo il perimetro esterno dell'isola è faticoso, perché la costa è troppo sabbiosa per le ruote. Preparatevi a portare la bicicletta a mano. È meglio camminare sulla costa e usare le due ruote solo nell'entroterra.

Calma e indisturbata, la piccola Gili Meno è di gran lunga la più tranquilla delle tre Isole Gili. Se cercate un'esperienza di vero relax, la troverete qui. Questa isola è anche la più tradizionale del trio: l'adorabile ronzio della vita locale sasak resta immune allo sviluppo turistico. In ogni caso, Meno offre le stesse bellezze naturali delle altre: sabbia bianca e acqua trasparente che brilla sotto il sole. Il piccolo porto sulla costa orientale è circondato da strutture ricettive di basso profilo e ristorantini. Sulla costa occidentale, alcuni resort lussuosi attraggono coppie in luna di miele e amanti della comodità, offrendo solitudine con stile. Nell'entroterra, piantagioni di cocco ombreggiano le tradizionali case sasak. Un grande lago salato abbellito da mangrovie completa il quadro. Potreste avere il pontile tutto per voi.

Snorkelling alle Isole Gili

Sculture sottomarine e coralli

La maggior parte delle uscite per lo snorkelling prevede la visita di diversi punti in prossimità di tutte e tre le Gili. Avete due scelte: partecipare a un'escursione o noleggiare l'attrezzatura da soli. Potete fare snorkelling in qualsiasi spiaggia delle Gili, ma i siti migliori si trovano al largo delle coste settentrionali e occidentali di Meno. Tra le attrattive più gettonate c'è **Nest**: una scultura sottomarina resa famosa da Instagram. In calcestruzzo a basso impatto ambientale, 48 statue di figure umane sono disposte in cerchio e stanno lentamente diventando parte del paesaggio oceanico. L'area è affollata di barche turistiche, partite da Gili T e Gili Air. Un suggerimento: dal **BASK**, sulla costa di Gili Meno, si può raggiungere Nest in pochi minuti.

Noleggiare un set da snorkelling (maschera, boccaglio e pinne) costa circa 50.000Rp presso la maggior parte delle strutture ricettive. I coralli nelle acque poco profonde soffrono lo sbiancamento, ma gli sforzi di rigenerazione con la tecnologia BioRock stanno facendo progressi incoraggianti, e c'è ancora molto da guardare. Il costo delle gite in barca dipende dalla

IL CONSIGLIO

Se siete diretti da Trawangan verso la costa occidentale di Meno, chiedete a qualche barcaiolo vicino al porto di accompagnarvi, unendovi ad altri viaggiatori per dividere le spese. Una barca privata costa circa 300.000Rp.

DA NON PERDERE
1 Nest

DA VEDERE
2 Danau Gili Meno

PERNOTTAMENTO
3 Café Gili Beach Bungalow
4 Le Pirate Gili Meno

PASTI
5 Adeng-Adeng
6 BDG – Bagno Di Gili
7 BASK
8 Bubbles Bar & Restaurant
9 Cemara Cafe
10 Easy Warung & Bar
11 Le Batavia
12 Rina Warung

LOCALI E VITA NOTTURNA
13 Brother Hood

TRASPORTI
14 Porto

durata dell'escursione: circa 200.000Rp per un tour di gruppo e 700.000Rp per una barca privata. Alcune escursioni durano due ore, altre possono richiedere un'intera giornata.

MANGIARE IN SPIAGGIA A GILI MENO: LA NOSTRA SCELTA

Adeng-Adeng: Bar sulla spiaggia in posizione favolosa, sulla costa settentrionale, con pizza, insalate, hamburger e curry. $

BDG – Bagno Di Gili: Sedie ombreggiate da tetti di paglia abbelliscono la morbida sabbia; menu ricco di piatti deliziosi. $$

Bubbles Bar & Restaurant: Adatto sia ai vegetariani sia agli amanti della carne; ha sacchi su cui oziare riparati da ombrelloni. $$

BASK: L'esperienza di lusso definitiva con piatti realizzati ad arte e dettagli curati, in un ambiente elegante e minimalista. $$

GILI ECOTRUST

Sebbene lo scenario sottomarino rimanga ancora di grande impatto, le attività di pesca aggressive e un'intensa ondata di El Niño alla fine degli anni '90 hanno causato danni significativi alla barriera corallina delle Gili negli ultimi vent'anni, particolarmente evidenti nei siti di immersione poco profondi, sopra i 18 m. **Gili Ecotrust**, una ONG con sede a Trawangan, è stata fondata nel 2002 per proteggere le barriere coralline dalla pesca illegale. Alcuni esercizi commerciali di Gili T chiedono ai visitatori se desiderano fare una donazione di 50.000Rp per la barriera corallina, destinata al ripristino e al pattugliamento di protezione. Sin dalla sua nascita, l'organizzazione ha contribuito significativamente alla conservazione ambientale in tutte le Isole Gili.

ALI TRISNO PRANOTO/GETTY IMAGES ©

Gili Meno

Lago salato di Meno

Camminare su un tranquillo pontile

È sorprendente vedere un lago così grande su un'isola così piccola. A pochi minuti dalla costa occidentale, **Danau Gili Meno** è dotato di un pontile in legno, anche se alcune parti necessitano di ammodernamento. È un luogo perfetto al tramonto, quando le acque calme riflettono il cielo color sorbetto con una sottile striscia di vegetazione all'orizzonte. Vale la pena fare una breve sosta, ma non richiede molto tempo.

Vicino all'ingresso del pontile, il bar **Brother Hood** accoglie calorosamente i visitatori. Oltre a essere un punto di ristoro, organizza la raccolta dei rifiuti per una Gili Meno più verde e ospita laboratori sull'arte del riciclo. Il modo migliore per conoscere le attività in corso è semplicemente fare un salto: sarete accolti con calore. Venite per il lago, restate per le ottime vibrazioni e per la jam session reggae dopo il tramonto.

MANGIARE CIBO INDONESIANO A GILI MENO: LA NOSTRA SCELTA

Easy Warung & Bar: *Warung* sull'acqua con vista sul tramonto, pesce alla griglia e cocktail alla frutta. **$**

Le Batavia: Porzioni generose e specialità indonesiane in un locale a conduzione familiare, raggiungibile a piedi, nell'entroterra. **$**

Rina Warung: *Ikan bakar* (pesce alla griglia), pollo satay, curry e altri deliziosi sapori sasak. **$**

Cemara Cafe: Classici indonesiani, oltre a frutti di mare freschi, zuppe bollenti e noodles; affacciato su un lembo incontaminato di costa. **$**

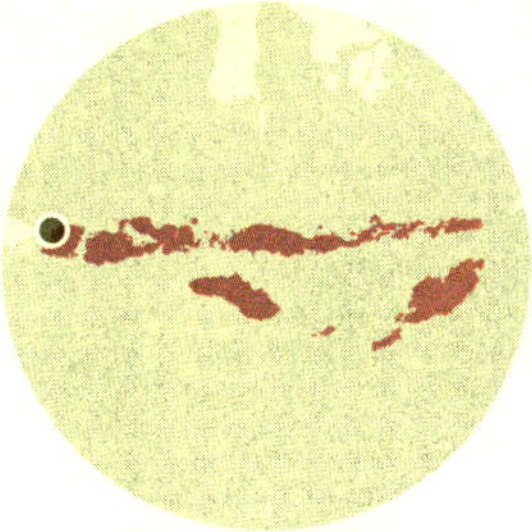

Gili Air

ATMOSFERA RILASSATA | SABBIA FARINOSA | IMMERSIONI E SNORKELLING

Gili Air offre il meglio dei due mondi: unisce l'energia di Trawangan con la piacevole quiete di Meno. Lungo il perimetro dell'isola si trovano bar sulla spiaggia luminosi e invitanti, centri diving di lunga data e una varietà di strutture ricettive, da quelle semplici e casalinghe al lusso a piedi nudi. Sebbene sia difficile scegliere tra le spiagge delle Gili, l'atmosfera e lo scenario del litorale di Air sono davvero speciali. Silenziosa in alcune zone e movimentata in altre, permette di ricaricarsi in pace e di partecipare all'allegria tropicale quando si desidera.

Il cuore di Gili Air ha strade asfaltate, a differenza delle isole vicine. La zona centrale è fiancheggiata da negozi per turisti e ristoranti in stile occidentale, ma una breve passeggiata fuori dalle vie principali rivela tranquilli boschetti di palme, edifici sasak, bestiame al pascolo e bambini che giocano, spesso con le loro *ibu* (madri) che lavorano nelle vicinanze.

TRASPORTI LOCALI

Gili Air può essere esplorata da cima a fondo in 20 minuti: è facile percorrerla a piedi. Le strade principali, per lo più asfaltate, si collegano a piccole propaggini sabbiose, più diffuse nella zona nord. Offre le migliori condizioni per il ciclismo rispetto alle altre isole, anche se ci sono tratti di spiaggia troppo sabbiosi. Essendo la Gili più vicina a Lombok, dista solo 15 minuti di viaggio dal porto di Bangsal. Prendete la barca pubblica o contrattate una corsa privata al porto.

Per le allegre strade di Gili Air

Negozi incantevoli e ristoranti invitanti

Una volta scesi dalla barca al **porto** di Gili Air, le vivaci strade catturano subito l'attenzione. Jl Mojo, via centrale che porta al cuore dell'isola, offre diverse possibilità: agenzie turistiche, gelaterie, negozi di chincaglierie fatte a mano e piccoli caffè che servono cucina indonesiana e occidentale. Warung con gustosi buffet indonesiani si affiancano a locali per la colazione in stile australiano e a ristoranti italiani.

A pochi passi dal porto, **Il Gelato Damonte** attira con i suoi coni di waffle freschi e innumerevoli gusti. **JUJU Zero Waste Store & Vegan Cafe** offre prodotti fatti in casa, succhi freschi, frullati e cibi sani. Il buffet indonesiano di **Warung Parida** prevede porzioni generose a partire da 25.000Rp per piatto. **Kopi Susu** e **Maxal Boulangerie** sono perfetti per una pausa caffè.

IL CONSIGLIO

Mettete il lucchetto alla bicicletta quando non è in vista. Invece di fissarlo intorno a un oggetto fisso, avvolgetelo intorno alla ruota per rendere la bicicletta inutilizzabile. Questo consiglio vale per tutte e tre le isole.

DA NON PERDERE
1 Han's Reef

ATTIVITÀ, CORSI E TOUR
2 3W Dive Center
3 Flowers and Fire Yoga Garden
4 Frog Fish Point
5 Gili Air Wall
6 H2O Yoga & Meditation Centre
7 Lovely Spa
8 Next Level Scuba
9 PinkCoco Spa

PERNOTTAMENTO
10 Akasia Villas
11 Café des Arts Hôtel
12 Manta Dive Resort
13 Puri Air Beach Resort
14 The Koho Air Hotel

PASTI
15 Flavornesia
16 Gili Martabaksss
17 Il Gelato Damonte
18 JUJU Zero Waste Store & Vegan Cafe
19 KIOSKO Café
20 Kopi Susu Gili Air
21 Maxal Boulangerie
22 Poke Gili Air
23 Warung Parida

LOCALI E VITA NOTTURNA
24 Chili Bar & Segar
25 Gili Lumbung Bungalows and Bar
26 Island View Bar & Bungalow
27 Ugem Bar

TRASPORTI
28 Porto

MANGIARE A GILI AIR: LA NOSTRA SCELTA

Flavornesia: Classici indonesiani per vegetariani e amanti della carne in una grande struttura di bambù al centro di Gili Air. $

Gili Martabaksss: Un piccolo negozio che vende solo *martabak*, frittelle indonesiane soffici e spesse, in versione dolce o salata. $

Poke Gili Air: Create le vostre poke bowl con tanti ingredienti freschi e saporiti, servite in un ambiente luminoso e arioso. $$

KIOSKO Café: Tapas spagnole, churros e sangria classica in un ambiente accogliente, appena oltre la via principale della città. $$

Rilassarsi sulle splendide spiagge

Luoghi di ritrovo sulle spiagge di Gili Air

Come il resto delle Isole Gili, Gili Air vanta una spiaggia di sabbia bianca che si affaccia su acque azzurre. Probabilmente è uno dei migliori litorali dell'arcipelago, grazie alle sue condizioni eccellenti e agli incantevoli stabilimenti che lo costeggiano. La vista del tramonto dalla costa nord è un fattore d'orgoglio locale: per ammirarlo molti si sistemano sotto gli ombrelloni a frange. La costa orientale, piena di ristoranti e negozi di immersioni, è molto frequentata durante il giorno; al tramonto, tutti si dirigono verso nord e a ovest per ammirare il cielo che si tinge di rosa e arancione.

Sulla costa orientale, l'**Ugem Bar** e il vicino **Chili Bar & Segar** attirano una clientela fedele. Sulla costa nord, allegri caffè sulla spiaggia circondano il **Puri Air Beach Resort**, tutti con una bella vista sulle isole vicine. A sud-ovest, nei dintorni di **Gili Lumbung** e **Island View Bar & Bungalow**, si trovano diverse altalene in acqua.

Immersioni e snorkelling vicino alla costa

Acque invidiabili e siti eccellenti

Le condizioni per lo snorkelling e le immersioni subacquee intorno a Gili Air sono ottimali; le barriere coralline sono situate appena al largo della costa orientale. **Han's Reef** ospita tartarughe marine e magnifici coralli. Poco più a nord si trova **Frog Fish Point**, dove si possono avvistare creature marine come il pesce fantasma e il pesce scorpione. **Air Wall** è una magnifica parete di coralli morbidi che si estende per circa 30 m di profondità, situata a largo della costa occidentale. Se vi muovete con l'attrezzatura da snorkelling dalla riva, non sorprendetevi se vi ritrovate in un punto diverso, poiché la corrente può portarvi alla deriva. È possibile partecipare a un'escursione in barca intorno alle Gili con operatori locali come **Manta Dive**, **3W Dive Center** o **Next Level Scuba**, tutti situati sulla costa orientale di Gili Air.

Yoga e benessere

Distensione, allungamento e relax

Il **Flowers and Fire Yoga Garden** è uno spazio yoga su un albero, immerso nel verde, nel cuore di Gili Air. Dispone anche di un caffè con piatti salutari e sistemazioni accoglienti. A pochi minuti a nord, l'**H2O Yoga & Meditation Centre** propone lezioni di vinyasa flow, hatha tradizionale e classi di yin yoga in una spaziosa *shala*, al costo di 130.000Rp per evento. Gli amanti delle spa possono trovare numerosi centri in tutta l'isola: i massaggi di un'ora vanno da 150.000Rp a oltre 300.000Rp nei centri più lussuosi. La colorata **Pink-Coco Spa** è ideale per una coccola, con decorazioni floreali e una lunga lista di trattamenti. Più a nord, **Lovely Spa** offre massaggi balinesi a prezzi vantaggiosi in un ambiente semplice e all'aperto.

RELITTI INTORNO ALLE GILI

Tre navi sono affondate nelle acque delle Gili, ciascuna con una storia diversa. Il **Japanese Wreck**, relitto giapponese, risalente agli anni '40, si trova a 45 m di profondità tra Gili Air e Lombok. Le teorie sul naufragio sono incerte: alcuni sostengono che la nave sia stata abbandonata, altri che sia stata colpita da un siluro.

Il **relitto del *Bounty***, affondato durante una tempesta di 15 anni fa, si trova al largo della costa sud-occidentale di Gili Meno.

L'ultimo, il ***Glenn Nusa***, è stato intenzionalmente sommerso nel 2016, allo scopo di creare una barriera corallina artificiale e un nuovo sito di immersione.

Sistemazioni consigliate

$** Prezzi economici **$$** Prezzi medi **$$$ Prezzi elevati

Labuan Bajo p274

Wae Rebo Lodge $ Quattro camere con ventilatore e due con aria condizionata, situate tra le risaie di Denge. Il proprietario Martin prepara piatti deliziosi e offre trasporti.

Madja Edelweis Homestay $ Gestito da un proprietario super disponibile, questo alloggio di Bajawa dispone di otto camere. Sono disponibili guide e moto a noleggio. Tra i servizi inclusi: la colazione e una cucina.

Scuba Junkie Komodo Beach Resort $$ Accoglienti bungalow sulla spiaggia o camere vista mare in un fantastico resort per immersioni in una baia isolata, a un'ora di barca a sud di Labuan Bajo.

Spring Hill Bungalows $$ Due piani di camere deluxe a Ruteng con biancheria da letto e acqua potabile filtrata affacciate su un lago di ninfee.

Kelimutu Crater Lakes Ecolodge $$$ Sulle rive del fiume, a est dell'isola di Moni, si trovano 21 camere e ville alimentate a energia solare, con salottini e ristorante all'aperto.

Sumbawa p287

Lakey Peak Haven $$ Rifugio collinare in stile balinese, con capanne per surfisti a due piani che si affacciano su una piscina a scacchi. Prenotate in anticipo perché non si accettano prenotazioni sul momento.

Rock Pool Home Stay $$ Immerse in giardini tropicali, le sei camere con aria condizionata godono di una favolosa vista sul mare, mentre l'Ali's Bar serve piatti indonesiani e occidentali.

3 Waves Hotel $$ Composto da due eleganti camere doppie con terrazze che danno su Lakey Peak, il ristorante prepara hamburger e patatine fritte all'australiana e piatti panasiatici.

Timor Ovest p289 (Cartina p290)

Lavalon Hostel $ Un dormitorio e due doppie con aria condizionata, gestiti dall'enciclopedia vivente di Nusa Tenggara ex star del cinema indonesiano Edwin Lerrick. Guide e trasporti organizzati.

Dena Hotel $ Camere non eccelse ma pulite a Soe, con aria condizionata e wi-fi, di fronte al mercato. La miglior sistemazione di Soe.

Sotis Hotel $$ Questo edificio frontemare a Kupang dispone di camere eleganti con colori vivaci, due piscine, una spa, un ristorante e un bar.

Arcipelago di Alor p296

La P'tite Kepa $$ Questo diving resort di proprietà francese, alimentato a energia solare, propone 11 bungalow con vista sul mare e sull'isola, bagni all'aperto, pasti deliziosi, snorkelling e immersioni.

Rote p297

Anugerah $$ Bungalow in legno di palma con bagno all'aperto; il ristorante spicca per il pesce alla griglia.

Malole Surf House $$$ Quattro camere eleganti con copriletto in ikat, piatti di pesce sublimi, trasferimenti in barca ai migliori surf break di Rote ed escursioni sull'isola.

Sumba p298 (Cartina p300)

Praikundu Ikat Centre $ Due matrimoniali e una doppia condividono un accogliente spazio comune presso il miglior laboratorio di ikat dell'isola, a Waingapu. I padroni di casa cucinano pasti tradizionali.

Sumba Surfing Homestay $ Quattro bungalow tradizionali con zanzariere, predisposti per ospitare coppie, amici o famiglie. Il proprietario Petu conosce i surf break della zona.

Lambo Homestay $$ Quattro camere splendidamente decorate all'interno di una casa tradizionale vicino a Wanokaka, gestite dall'effervescente azerbaigiana Nailya (parla inglese e russo). I pasti sono disponibili su richiesta.

Sumba Adventure Resort $$ Questo resort appartato, 2 km a est della spiaggia di Kalala, comprende bungalow di bambù con struttura ad A, un bungalow con pareti aperte e una spaziosa sistemazione per famiglie con doccia all'aperto.

Maringi Eco Resort $$$ Padiglioni in bambù dal design splendido, con porte ovali in vetro e bagni all'aperto, alimentati a energia solare e gestiti da una ONG senza scopo di lucro che si distingue per l'ospitalità; a Tambolaka.

Sumba Surf Camp $$$ Le tariffe per quattro camere a energia solare e tre bungalow a Kerewe includono il trasporto in barca a una decina di surf break.

Kuta p310 (Cartina p311)

Kaniu Lombok Hostel $ Letti in dormitorio con bagni in comune, ampi spazi per rilassarsi in piscina e un'atmosfera socievole.

Sikara Lombok $$ Camere moderne che si affacciano su un ampio giardino e sulla piscina, vicino alla strada principale di Kuta.

Porter Lombok Hotel $$ Boutique hotel in collina con camere spaziose; al ristorante un menu vario e una *shala* per lo yoga.

Origin Lombok $$ Camere con un'atmosfera rilassata appena fuori Kuta, vicino alla spiaggia di Tanjung Aan.

LMBK Surf House $$ Alloggio per surfisti situato in posizione centrale: camere private e dormitori.

Rascals Kuta Lombok $$ Gazebo a bordo piscina, una *shala* per lo yoga in bambù e camere ben arredate in un hotel per soli adulti situato in posizione centrale.

SIWA Resorts $$$ Resort in cima alla scogliera con una vista privilegiata sulla costa meridionale, una struttura imponente e un ristorante in stile clubhouse di alto livello.

Senggigi p318 (Cartina p319)

Sammy Cottage $ Guesthouse accogliente con camere private (colazione inclusa), nelle vicinanze di Coconut Beach.

Makarma Resort Lombok $ Camere spaziose con dettagli colorati, disposte intorno alla piscina, nei pressi della zona principale di Senggigi.

Central Inn Senggigi $ Alloggio semplice ed economico, vicino alla spiaggia di Senggigi e a un grande supermercato.

Katamaran Resort $$ Una piscina a sfioro in vetro, una spiaggia privata e una serie di servizi benessere in questo resort di classe.

Holiday Resort Lombok $$ Resort storico sulla spiaggia con gazebo a bordo piscina, molta ombra grazie alle palme e un panorama magnifico.

Mataram p322 (Cartina p323)

Dewi Sri Guesthouse $ Dormitori e camere private a due passi dal centro di Mataram, con ampi spazi comuni e una piscina.

Prime Park Hotel $$ Hotel di alto livello ma rilassato, dotato di una piscina sul tetto con vista sulla città e sulle montagne, vicino al centro.

Lombok Astoria $$ Hotel dall'atmosfera tradizionale e raffinata, con giardino sul tetto, spa, lounge e ristorante.

Aston Inn Mataram $$ Moderno hotel di una famosa catena sulla strada principale di Mataram, vicino al centro commerciale Mataram Mall.

Senaru p325 (Cartina p326)

Rinjani Lighthouse Cottages $ Guesthouse ecofriendly proprio di fronte al Parco Nazionale del Gunung Rinjani, con caffetteria e bungalow in mezzo al giardino.

Dragonfly Senaru Lodge $ Vista sul vulcano, camere semplici e pasti fatti in casa in questa guesthouse vicino alle cascate di Senaru.

Tiu Kelep Homestay $ Casa vacanze di gestione locale, vicina alle cascate; organizzano il trekking sul Gunung Rinjani.

Penisola sud-occidentale p330 (Cartina p331)

Yellow Coco Gili Gede $ Bungalow senza pretese con zanzariere; sulla spiaggia che affaccia su Lombok.

High Dive Gili Gede Resort $$ Resort sulla spiaggia che propone immersioni e altri sport acquatici, oltre a tour delle isole circostanti.

Palmyra Indah Bungalow $$ Tranquillo complesso di bungalow con ventilatori e zanzariere, di fronte a Gili Gede.

Bleu Mathis Gili Asahan $$$ Remoto e idilliaco boutique resort situato al termine dell'unica strada di Gili Asahan.

Gili Trawangan p333 (Cartina p334)

Compass Divers $ Centro diving, camere private e dormitori; corsi di immersione per diversi livelli.

Pearl of Trawangan $$ Camere e cottage con vista sull'oceano e tetto in bambù, proprio sulla costa sud-orientale.

PinkCoco Gili Trawangan $$$ Elegante hotel per soli adulti sulla spiaggia che, in onore del nome, ha 27 camere tutte rosa.

Gili Meno p336 (Cartina p337)

Le Pirate Gili Meno $ Bungalow ariosi bianchi e blu, una piscina su due livelli e serate di cinema sulla spiaggia.

Café Gili Beach Bungalow $$ Bungalow con piscina che si affacciano sulla spiaggia, una vera e propria oasi di tranquillità.

BASK $$$ Ostentazione e lusso moderno, un'esperienza in resort indimenticabile, una vera 'coccola'.

Gili Air p339 (Cartina p340)

Café des Arts Hôtel $ Caffè e guesthouse di design con cucina francese e laboratori creativi.

The Koho Air Hotel $$ Incantevole boutique hotel a pochi passi dal porto, con un occhio di riguardo per l'ambiente.

Akasia Villas $$$ Ville rilassanti e spaziose, su una strada tranquilla, con altalene sospese e colazioni galleggianti.

FENKIEANDREAS/SHUTTERSTOCK ©

Sopra: Immersioni al largo delle Isole Banda (p367). A destra: Noci moscate

Maluku

IMMERSIONI, ESCURSIONI E GIRO DELLE ISOLE

Barriere coralline, vulcani ricoperti di giungla e spiagge sabbiose che si affacciano su mari cristallini fanno da sfondo ad avventure fuori dai sentieri battuti in una delle regioni meno visitate dell'Indonesia.

Un tempo le idilliache Isole Maluku svolgevano un ruolo cruciale nella geopolitica e nell'economia globale. Tra il XVI e il XVIII secolo, l'arcipelago era l'unico produttore mondiale di noce moscata, chiodi di garofano e macis, merci all'epoca estremamente preziose. La ricerca di questi prodotti e la successiva lotta per il controllo delle 'Isole delle spezie' contribuirono a dare inizio al colonialismo europeo e, dopo una serie di controversie e uno scambio di terre, a forgiare il mondo moderno. Perso il monopolio sulle spezie, le Maluku finirono nel dimenticatoio, per ritornare sulla scena geopolitica durante la seconda guerra mondiale, quando i giapponesi vi collocarono basi e campi d'aviazione. Diverse battaglie cruciali condotte dagli statunitensi scacciarono gli invasori, lasciando tracce come relitti di aerei al largo e bunker nascosti nella giungla. Nel 1950, Ambon e altre isole furono il centro di un effimero movimento indipendentista delle Maluku meridionali, represso dall'esercito indonesiano nel giro di pochi mesi.

SANTHOSH VARGHESE/SHUTTERSTOCK ©

Oggi la regione è un paradiso tropicale poco visitato, quasi troppo bello per essere vero. I trasporti tra le isole sono talvolta scomodi, ma con un po' di flessibilità e pazienza si può passeggiare su spiagge di sabbia bianca, scalare vulcani e raggiungere barriere coralline incontaminate e piene di fauna. La complessa rete di culture locali accoglie i visitatori con effervescenza e gentilezza.

AREE PRINCIPALI

Per orientarsi

Situata tra Sulawesi e l'isola della Nuova Guinea, la regione è composta da numerose isole. I principali porti, Ternate a nord e Ambon a sud, sono grandi città che hanno collegamenti aerei con altre parti dell'Indonesia.

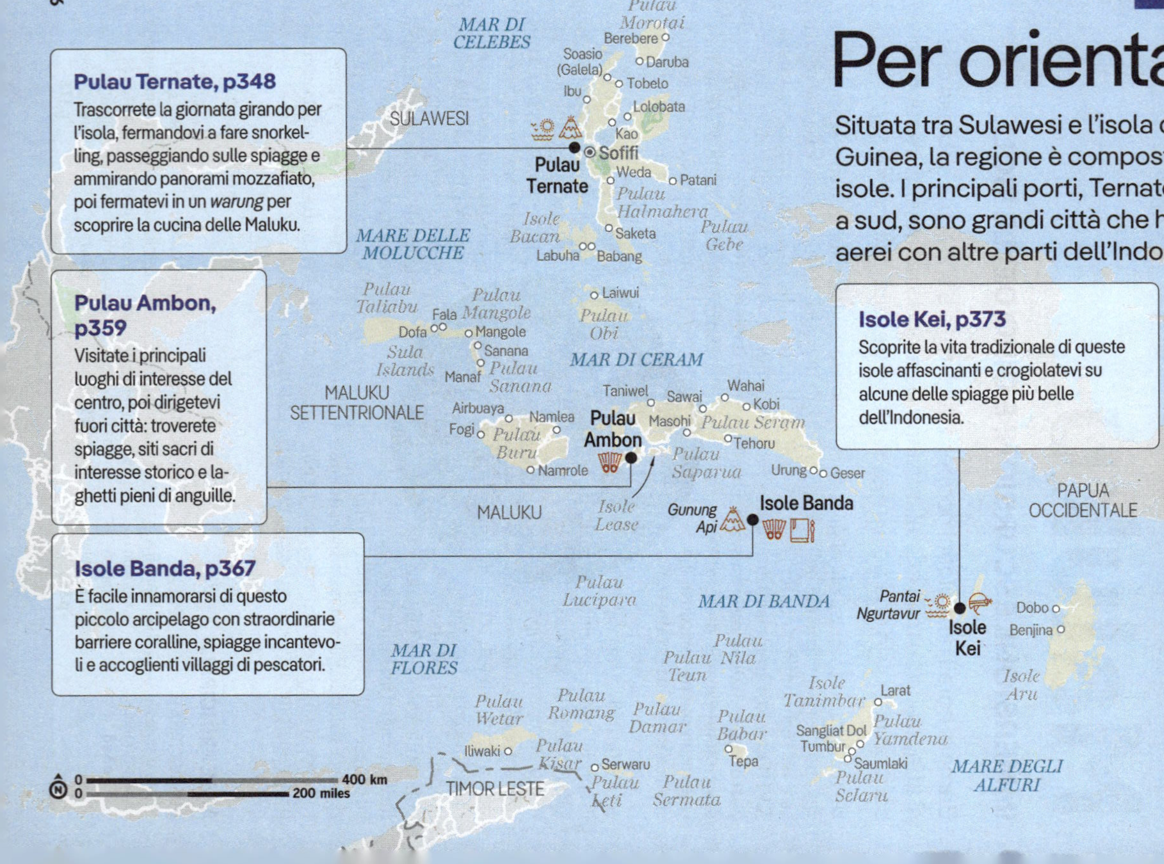

Pulau Ternate, p348

Trascorrete la giornata girando per l'isola, fermandovi a fare snorkelling, passeggiando sulle spiagge e ammirando panorami mozzafiato, poi fermatevi in un *warung* per scoprire la cucina delle Maluku.

Pulau Ambon, p359

Visitate i principali luoghi di interesse del centro, poi dirigetevi fuori città: troverete spiagge, siti sacri di interesse storico e laghetti pieni di anguille.

Isole Banda, p367

È facile innamorarsi di questo piccolo arcipelago con straordinarie barriere coralline, spiagge incantevoli e accoglienti villaggi di pescatori.

Isole Kei, p373

Scoprite la vita tradizionale di queste isole affascinanti e crogiolatevi su alcune delle spiagge più belle dell'Indonesia.

MOTOSCAFO E TRAGHETTO

Se volete esplorare le isole vicine, un servizio regolare di motoscafi può aiutarvi a raggiungerle. Per viaggi più lunghi (per esempio da Ambon alle Isole Banda), prendete un traghetto Felni.

MOTO

Come in altre zone dell'Indonesia, il modo più semplice per spostarsi sull'isola è l'*ojek* (mototaxi). Noleggiate uno scooter per esplorare l'isola in autonomia.

FABIO LAMANNA/SHUTTERSTOCK ©

Bandaneira (p367)

Ritmi di viaggio

È possibile trascorrere diverse settimane in questa regione. Se avete meno tempo a disposizione, scegliete una o due zone e concentratevi sulle spiagge, sullo snorkelling e sulle escursioni giornaliere alle isole.

Se avete poco tempo

Raggiungete in traghetto o in aereo le **Isole Banda** (p367). Fate base nell'incantevole villaggio di **Bandaneira** (p367), per contemplare l'architettura coloniale e passeggiare nel vivace mercato. Raggiungete Banda Besar per ammirare i panorami e visitare una piantagione di noce moscata. Fate un giro dell'isola con una sessione di snorkelling al largo dell'isola di **Run** (p372), concedetevi qualche ora sulle spiagge di **Nailaka** (p372) e una visita alla fortezza dell'isola di **Ai** (p371).

Se avete cinque giorni

Trascorrete una giornata a scoprire le spiagge, i laghi e le antiche fortezze di **Ternate** (p348). Prendete una barca per Halmahera e raggiungete **Tobelo** (p357) per salire al vulcano **Dukono** (p358) ed esplorare l'isola di **Meti** con i siti della seconda guerra mondiale e per lo snorkelling (p357). Ad **Ambon** (p359), godetevi i caffè vecchio stile, i punti panoramici e le spiagge fuori città. Se avete più tempo, prendete un volo per le **Isole Kei** (p373) per immergervi nella natura su spiagge tropicali.

Le stagioni

PRIMAVERA

Il numero di visitatori è ridotto, il che significa che si possono strappare buone offerte, godersi il sole e il mare calmo.

ESTATE

Ad Ambon, alle Banda e sulle altre isole centrali e meridionali delle Maluku sono i mesi più piovosi; i centri immersioni sono chiusi.

AUTUNNO

L'autunno porta con sé alcuni festival importanti, come quello di **Meti Kei** su Kei Kecil e lo **Spice Island Festival** a Bandaneira.

INVERNO

Il periodo migliore, con cielo soleggiato e mare limpido, generalmente calmo, ottimo per le immersioni e le altre attività acquatiche.

Pulau Ternate

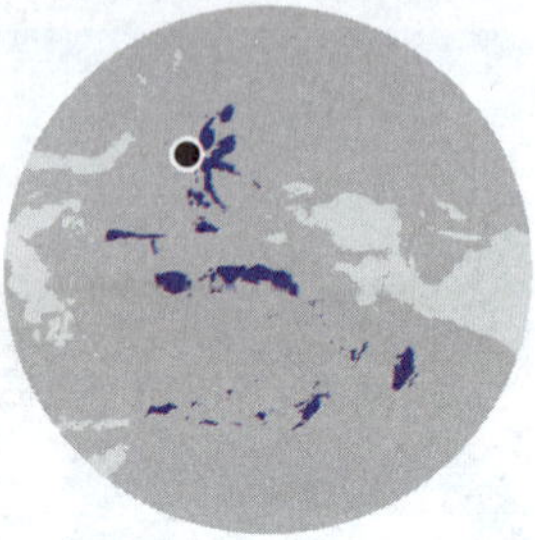

AVVENTURE SUBACQUEE | FORTEZZE COLONIALI | SPIAGGE DI SABBIA NERA

TRASPORTI LOCALI

I taxi applicano una tariffa esorbitante di 150.000Rp per i 6 km dall'aeroporto di Baabullah al centro di Kota Ternate. Si può risparmiare un po' prenotando su Grab o, se si viaggia leggeri, prendendo un *ojek* (mototaxi). Una volta arrivati a Kota Ternate, è facile fermare gli *ojek* (la tariffa varia da 10.000 a 20.000Rp, a seconda della destinazione). I *bemo* (minibus) collegano Kota Ternate ai villaggi periferici, ma nessuno fa il giro dell'isola. Viaggiare in *ojek* o in auto a noleggio è il modo migliore per muoversi sull'isola.

Lo spettacolare cono vulcanico del Gunung Api Gamalama (1721 m) domina Pulau Ternate, una splendida isola situata a nord delle Maluku. Gli insediamenti si trovano lungo i pendii più bassi, sulla costa orientale, e confluiscono nella città più grande della regione: Kota Ternate. Circondata dalla giungla e da coste panoramiche, l'isola ha un fascino naturale unico, anche se l'arrivo a Kota Ternate può essere un shock per via del suo ritmo frenetico. Questo centro delle Maluku settentrionali è in piena espansione grazie a nuovi investimenti. In passato, le ricchezze di Ternate e della vicina Tidore derivavano dai chiodi di garofano, unici al mondo e molto apprezzati in Europa come conservanti alimentari e come cura per vari disturbi, dal mal di denti alle disfunzioni sessuali. Finanziati dal commercio delle spezie, i sultani di Ternate e Tidore divennero potenti, ma sprecarono gran parte della loro ricchezza in lotte interne. Con fortezze del XVI secolo, superbi frutti di mare e ottimi collegamenti, c'è molto da scoprire in questa zona poco visitata dell'Indonesia.

Siti storici di Kota Ternate

Fortezze e rovine dei secoli passati

Iniziate il viaggio nel passato dal **Benteng Tolukko**, un piccolo forte situato pochi chilometri a nord del centro. Circondato da giardini tropicali, fu la prima roccaforte portoghese a Ternate (1512 circa). Meglio conservato rispetto agli altri due *benteng* della città, invita a passeggiare sugli angusti merli per ammirare il panorama su Tidore e Halmahera.

Dirigendovi verso sud, trovate il **Museo Kedaton Kesultanan**. Costruito nel 1813 e restaurato in stile coloniale, ospita armi e cimeli storici risalenti ai regni dei sultani, la cui discendenza iniziò nel 1257. Dopo una recente lotta per la successione, un nuovo sultano è subentrato nel 2022.

DA VEDERE
1 Batu Angus
2 Benteng Kalamata
3 Benteng Tolukko
4 Danau Ngade
5 Danau Tolire Besar
6 Forte Oranje
7 Gunung Api Gamalama
8 Jikomalamo
9 Marikurubu
10 Masjid Raya Al Munawwar
11 Moya
12 Museo Kedaton Kesultanan
13 Sulamadaha
14 Taman Nukila

PERNOTTAMENTO
15 Kurnia Homestay
16 Muara Hotel
17 Sahid Bela Ternate
18 Villa Ma'rasai

PASTI
19 Bakso Lapangan Tembak
20 K62
21 Faddock Cafe
22 RM Ci Yati
23 Royal's Resto
24 Rumah Makan Baghdad
25 Sorasa
26 Warung Ibid Haji

TRASPORTI
27 Noleggio Putra Salahuddin

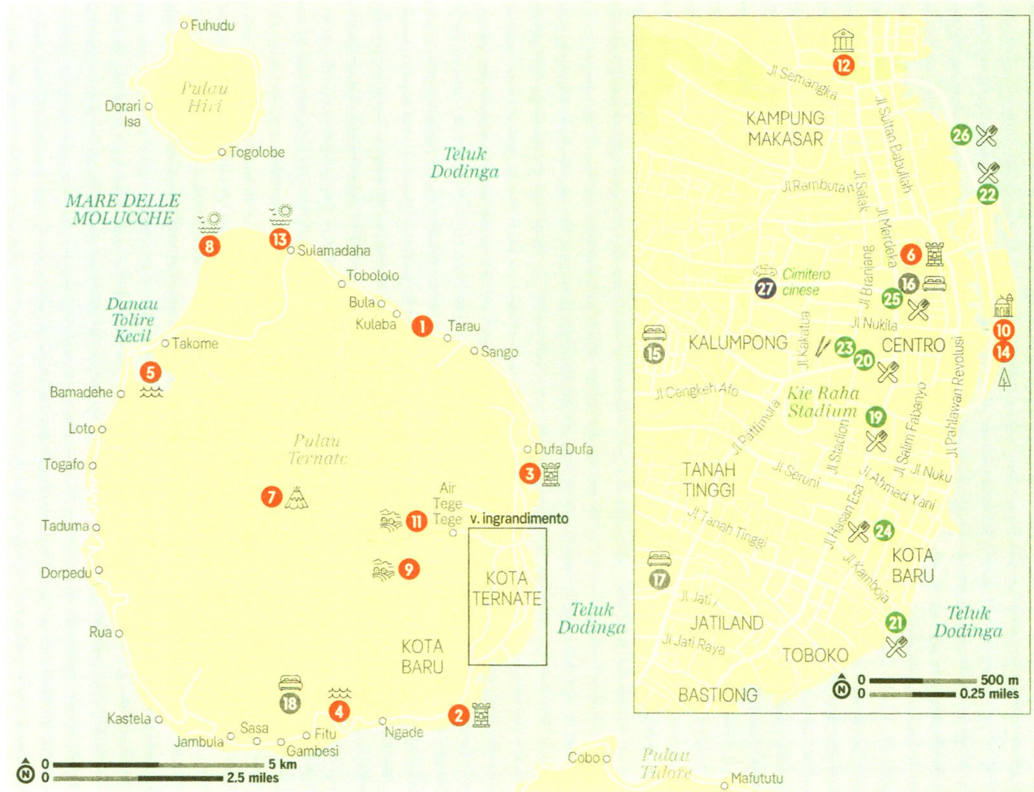

IL CONSIGLIO

Quasi tutte le strutture ricettive di Pulau Ternate sono a Kota Ternate. Troverete un buon mix di boutique hotel e alberghi di fascia media, nonché case vacanze a gestione familiare che offrono uno spaccato più autentico della vita sulle isole. I prezzi di alloggio, cibo e trasporti sono più alti rispetto alle zone occidentali dell'Indonesia.

DA SAPERE

Moneta
Ci sono diversi bancomat BNI in città, ma il prelievo massimo è di 1.250.000Rp. BNI effettua anche il cambio, ma solo in banconote da US$100.

Guide
Le guesthouse, cime Villa Ma'rasai e Kurnia Homestay (p377), possono raccomandarvi delle guide, oppure potete rivolgervi ad Anto Mangoda (WhatsApp +62 812 4075 5623).

Esplorare in autonomia
È possibile noleggiare motociclette (Villa Ma'rasai e Kurnia Homestay le forniscono a circa 150.000Rp al giorno). Diverse agenzie propongono piccole auto a buone tariffe (circa 250.000Rp al giorno). Il centro noleggio Putra Salahuddin è affidabile.

GABBRO/ALAMY STOCK PHOTO ©

Masjid Raya Al Munawwar

Situata sul lungomare, la gloriosa **Masjid Raya Al Munawwar**, in piastrelle verdi e bianche, è annoverata tra le moschee più imponenti dell'Indonesia, nonostante il mare abbia distrutto un paio di minareti. La cupola centrale, ricoperta dal nome di Allah in calligrafia araba, è il punto di forza dell'edificio.

A sud della moschea, passeggiate lungo le passerelle del **Taman Nukila**, un piccolo parco sul mare. Circa 1 km a nord-ovest della moschea, trovate il **Forte Oranje** (Benteng Oranye), di costruzione olandese, risalente all'inizio del XVII secolo. Questo complesso tentacolare presenta cannoni arrugginiti e un tratto del bastione da cui il governatore olandese ispezionava le sue truppe. Oggi i locali vi passeggiano tranquilli, lontano dal caos delle moto, e i bambini giocano a calcio o praticano arti marziali sui prati. Ci sono alcuni semplici caffè, un laboratorio di tessitura e due piccoli spazi espositivi (cartelli solo in indonesiano).

Circa 4 km a sud, il **Benteng Kalamata** (Benteng Kayu Merah), del 1540, si trova in una posizione spettacolare sul mare, di fronte alla vecchia nemica di Ternate, Tidore. Passeggiate lungo l'insolita forma a punta delle mura esterne godendovi il panorama.

Batu Angus

Paesaggi vulcanici

Seguendo la strada a nord della città, poco dopo aver superato l'aeroporto (10 km dal centro), si raggiunge **Batu Angus**. Il paesaggio è ricoperto da rocce vulcaniche nere dalle forme sorprendenti, con vivaci germogli di vegetazione che emergono dalla terra. Lo scenario è il risultato delle potenti eruzioni del Gamalama nel 1737. Ampie vie curate attraversano il sito mentre una piccola torre panoramica offre un bel punto di osservazione sulla distesa lavica.

Sulamadaha

Vita da spiaggia e panorami tropicali

All'estremità settentrionale dell'isola, **Sulamadaha** è una sottile spiaggia di sabbia nera sottoposta a forti mareggiate, con coralli purtroppo distrutti. Se si arriva durante la settimana è tranquilla, mentre nei fine settimana è piena di visitatori e bancarelle che vendono frutti di mare alla griglia. Da qui è possibile ammirare il cono vulcanico di Pulau Hiri, ultima tappa della fuga del sultano di Ternate e della sua famiglia durante la seconda guerra mondiale. Da un nuovo molo, 500 m a est della spiaggia, le imbarcazioni pubbliche raggiungono Pulau Hiri e una manciata di villaggi che circondano la montagna.

Jikomalamo

Snorkelling al largo di un villaggio su palafitte

Diversi chilometri dopo Sulamadaha, un viottolo scende verso le isolate case a palafitta di **Jikomalamo**. Qui si trovano alcune piccole insenature sabbiose per nuotare e fare snorkelling e l'acqua è incredibilmente limpida. Fate attenzione alla corrente. Intorno alla piccola baia si trovano alcuni ristoranti, dove è possibile mangiare qualcosa e riposarsi tra un tuffo e l'altro.

Danau Tolire Besar

Un giro sul lago

Superato il villaggio di Takome, una strada asfaltata sale fino al bacino del **Danau Tolire Besar**. Scogliere a picco sorprendenti precipitano sull'acqua verde giada infestata dai coccodrilli di questo profondo lago craterico. Dopo l'attacco mortale a un pescatore nel 2022, le autorità hanno vietato a chiunque di percorrere la ripida discesa che porta al lago. Si può invece godere della vista lungo il bordo del cratere, sorseggiando acqua di cocco in vendita all'ingresso.

LEGGENDE LACUSTRI

Anto Mangoda vlogger, guida e studente di filosofia, ci racconta i miti che aleggiano sul Danau Tolire. *@SAMangoda*

Secondo la leggenda, il lago di Tolire non si è formato per cause naturali, ma in seguito a una terribile maledizione. In passato, due villaggi prosperi si trovavano l'uno di fianco all'altro, ma un abitante commise un grave peccato, ingravidando la sua stessa figlia.

Esiliati, il padre e la figlia tentarono di fuggire nel villaggio vicino, ma i due centri sprofondarono nella terra e l'acqua si riversò nella buca. Il lago grande (Danau Tolire Besar) è nel punto in cui si trovava il padre, mentre il lago piccolo (Danau Tolire Kecil) si è formato dove è morta la figlia. Molti abitanti della zona credono ancora a questa storia.

MANGIARE E BERE A KOTA TERNATE: LA NOSTRA SCELTA

Royal's Resto: Di livello superiore per Ternate, il Royal's offre piatti sino-indonesiani e frutti di mare, oltre alla birra (non presente sul menu). $$

Warung Ibid Haji: Uno dei numerosi e invitanti stand gastronomici sul lungomare, con tavoli all'aperto per spuntini, bevande fresche e una piacevole vista. $

Paddock Cafe: In questo elegante locale a tre piani, con una splendida vista dal tetto, potete gustare ciotole di riso, zuppe di noodles o caffè vietnamita con musica dal vivo. $$

Rumah Makan Baghdad: *Warung* tradizionale che propone una varietà di piatti a base di pesce, carne e verdure, tra cui un superbo *ikan bakar* (pesce alla griglia). $

IN LOTTA CON L'EUROPA

Nel 1511 arrivarono a Ternate i primi coloni portoghesi. Tidore rispose accogliendo gli spagnoli. L'ospitalità di entrambe le isole si esaurì in fretta, considerato che gli europei cercavano di accaparrarsi il mercato delle spezie e di predicare il cristianesimo. Quando la popolazione musulmana di Ternate si ribellò nel 1570, il sultano Hairun (Khairun) fu giustiziato e la sua testa esposta su una picca. I portoghesi resistettero fino al 1575, quando il nuovo sultano (Babullah, il cui nome troneggia sull'aeroporto di Ternate) la trasformò nel suo palazzo. Gli spagnoli e in seguito gli olandesi si resero altrettanto impopolari. Misero Ternate contro Tidore e lottarono per il controllo esclusivo dei chiodi di garofano. Alla fine prevalsero gli olandesi, anche se i sultanati sopravvissero.

ALI TRISNO PRANOTO/GETTY IMAGES ©

Gunung Api Gamalama

Danau Ngade

Nel verde

Circa 6 km a sud-ovest di Kota Ternate, Danau Ngade è un piacevole lago primaverile circondato dal verde. Se osservato dall'alto (prendendo il ripido viottolo a ovest della laguna), offre una splendida vista sullo stretto e sulle isole coniche di Tidore e Maitara, raffigurate sulle banconote indonesiane da 1000Rp.

Scalare il Gunung Api Gamalama

Una faticosa salita

L'iconica vetta di Ternate rappresenta un'impegnativa scalata di un giorno con viste magnifiche, quando le nuvole collaborano. Prima di partire, fate le dovute ricerche. Questo vulcano è ancora in piena attività: l'ultima volta ha eruttato nel 2018, emettendo pennacchi di cenere alti 250 m. Ci sono due sentieri per raggiungere la cima: quello che parte da **Marikurubu** (275 m) e quello più interessante e facile che parte da **Moya** (347 m), che costeggia ex piantagioni profumate di chiodi di garofano, cannella e noce moscata. Servono tre o quattro ore per affrontare la salita fino a una piccola area campeggio in cui convergono i due sentieri. Da qui, ci vogliono altri 45 minuti di cammino fino alla vetta. Si consiglia di evitare la scalata in caso di pioggia e di arrivare presto per godere della vista prima che le nuvole compaiano. Data la possibilità di perdersi, è consigliabile assumere una guida.

MANGIARE E BERE A KOTA TERNATE: LA NOSTRA SCELTA

RM Ci Yati: Situato nel mercato, è un ottimo posto per provare la *popeda*, una colla mucillaginosa di farina di sago, accompagnata in vari modi. $

K62: Elegante caffetteria-ristorante su due piani che serve specialità indonesiane e alcuni piatti panasiatici e occidentali. $$

Bakso Lapangan Tembak: Locale specializzato in *bakso* (polpette di carne) cucinate in vari modi, fritte o in una zuppa limpida. $

Sorasa: Un isolato a sud dal Forte Oranje, Sorasa è un luogo invitante dove gustare piatti a base di pesce, pollo e anatra. $$

Dintorni di Pulau Ternate

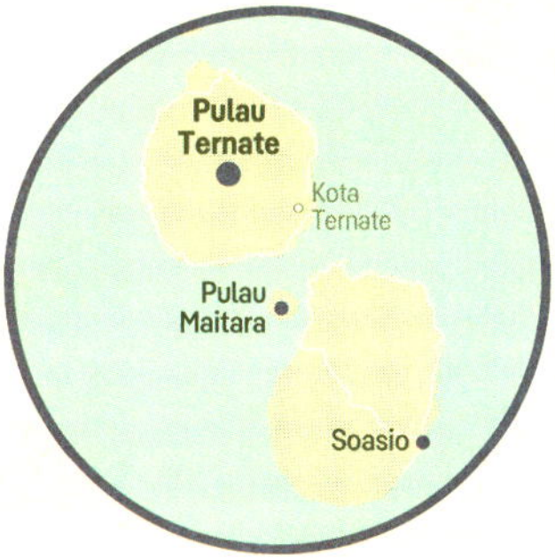

Prendete un motoscafo per raggiungere Tidore, un'isola tranquilla con rovine storiche, belle spiagge e un vulcano imponente.

A breve distanza da Ternate, l'isola di Tidore è meno popolata, meno commerciale e meno frenetica della sorella di dimensioni simili, nemica storica. Il sultanato, durato dal 1109 fino all'epoca di Sukarno, è stato ristabilito nel 1999. Oggi, il 37° sultano presiede un'isola vulcanica splendida, punteggiata di case in legno dipinte a colori vivaci, delimitate da giardini fioriti, ombreggiate da alberi di mango e palme da cocco e profumate dai chiodi di garofano e dalla noce moscata stesi ad asciugare al sole. Vi sono alcune testimonianze storiche, tra cui alcuni forti risalenti al XVII secolo. Altre due isole facilmente raggiungibili rappresentano una meta altrettanto idilliaca dopo aver esplorato i villaggi e le spiagge di Tidore.

Località

Soasio

DA PULAU TERNATE: **1 H**

Resti del passato coloniale

La placida **Soasio** sembra più un villaggio cresciuto che una città. Ha meno negozi rispetto al vicino centro portuale di **Goto**, ma vanta le principali attrazioni culturali e storiche di Tidore. A Soasio si trovano anche le migliori strutture ricettive dell'isola, se decidete di fermarvi a dormire.

A pochi chilometri a sud del centro, si ergono le mura di pietra grigia del **Benteng Tahula**. Eredità della breve presenza spagnola a Tidore, questo forte dell'inizio del XVII secolo è ben conservato, con ordinati orti all'interno e una vista spettacolare su Halmahera dalle merlature. La salita per raggiungere la sommità è ripida, con circa 120 gradini.

Non meno spettacolare della sua gemella, **Benteng Torre** è un'altra eredità coloniale, questa volta lasciata dai portoghesi. Dopo aver ottenuto il permesso dal sultano Gapi Baguna (il 16° sultano di Tidore), Sancho de Vasconcelos fece erigere questa fortezza nel 1580. Curiosamente, il permesso arrivò dopo l'espulsione dei portoghesi da Ternate da parte del

TRASPORTI LOCALI

Ogni 30 minuti circa da Palabuhan Bastiong a Ternate partono barche dirette alla città di Rum, sulla costa nord-occidentale di Tidore. Da Rum ci sono *bemo* per Soasio e Goto, lungo la costa meridionale. Se volete fare il giro dell'isola e fermarvi lungo il percorso, noleggiate un *ojek* per un giorno (circa 150.000Rp). I brevi spostamenti in *ojek* a Goto e Soasio costano circa 10.000Rp.

LE LINGUE DI TIDORE E TERNATE

Sebbene siano lontane soltanto 2 km nel punto più stretto, le Isole di Tidore e Ternate mantengono una forte identità, ben distinta l'una dall'altra. Ciascuna isola ha una propria lingua, che fa parte del gruppo delle lingue halmahera, a loro volta originarie della Papua occidentale. Ternate, tuttavia, sostiene che la sua è la più importante, poiché un tempo era la lingua ufficiale del sultanato di Ternate e divenne lingua franca per il commercio delle spezie. La prima testimonianza scritta in alfabeto jawi della lingua di Ternate risale al XV secolo, il che la rende una delle lingue della regione con una tradizione letteraria pre-europea.

BERT DE RUITER/ALAMY STOCK PHOTO ©

Benteng Tahula

sultano Babullah Khairun nel 1570, per aver ucciso il sultano Khairun. Le colate di lava, la vivacità del fogliame tropicale e la vista sugli avamposti meridionali dell'isola rendono questa gita suggestiva.

Pulau Maitara

DA TERNATE: **20 MIN**

Panorami, snorkelling e mangrovie

A soli 20 minuti di motoscafo da Ternate, **Pulau Maitara** è situata in una posizione ideale grazie alla splendida vista sul Gamalama che si erge a nord e sul monte Kie Matubu che svetta a est. Le acque limpide, con alcuni coralli, offrono diverse possibilità di fare snorkelling. In alternativa, ci si può rilassare sul lungomare di **Pantai Maitara**, in prossimità della scritta 'Maitara Island'. Da qui, salite su un *ojek* e raggiungete **Posi Posi Ngusu Lenge**, 1,5 km più a sud, una foresta di mangrovie di due ettari ancora intatta. Un breve percorso su pontile vi porta a esplorarla.

Pulau Halmahera

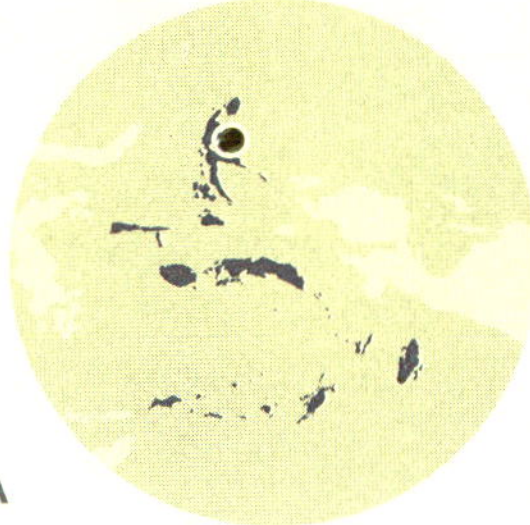

SPIAGGE E CORALLI | VULCANI | FAUNA SELVATICA

L'isola più grande delle Maluku annovera quattro penisole montuose, diversi coni vulcanici e decine di isolette al largo. Essendo scarsamente popolata e difficile da girare, Halmahera ha un potenziale per le immersioni, il birdwatching e la vita da spiaggia quasi del tutto inesplorato. Nemmeno la nomina di Sofifi a capoluogo ha fatto molto per stimolare il turismo. Mentre il nord è ragionevolmente sviluppato e alcune zone a est sono soggette a investimenti minerari, gran parte del sud rimane lontano dai sentieri battuti: le strade terminano dopo la città di Maffa. L'entroterra, con il parco nazionale e le rare specie di uccelli, è poco visitato. Il passato geologico di Halmahera non sembra così remoto: circa un milione di anni fa due isole si scontrarono creando una nuova terra e da allora le eruzioni dei suoi favolosi vulcani continuano a rimodellarne il paesaggio. Non aspettatevi di parlare inglese. I viaggiatori intrepidi con molto tempo a disposizione saranno felici di esplorare.

Tour delle spiagge e visite ai villaggi

Rilassarsi sulla sabbia

Situata circa 13 km a nord di Tobelo, **Pantai Luari** è una spiaggia di sabbia bianca invitante e ben ombreggiata che si affaccia su una baia abbastanza tranquilla per nuotare. Al largo del promontorio è possibile praticare snorkelling e immersioni. Grazie alla sua posizione insolita, Luari è un ottimo punto per vedere il tramonto e l'alba. Non mancano venditori ambulanti di acqua di cocco, mais bollito e pesce alla griglia.

Circa 15 km a sud della città, si raggiunge invece **Pantai Kupa Kupa**, un'attraente spiaggia, semivuota durante la settimana, piena di gente del posto nei weekend. È un luogo piacevole per nuotare e al largo è possibile praticare snorkelling. All'estremità meridionale della spiaggia si trova un impianto petrolifero, ma se si cammina verso nord si possono ammirare scorci più fotogenici. Volendo, potete soggiornare in qualche bungalow della zona.

Per un assaggio della Halmahera selvaggia, puntate verso **Pantai Marimbati**. Una piacevole escursione in *ojek* di

TRASPORTI LOCALI

Il modo più facile per raggiungere l'isola è tramite motoscafo da Ternate. Per la costa nord-occidentale, dirigetevi verso la Baia di Jailolo (un'ora). Per Tobelo, Galela e la parte orientale, attraversate Sofifi (40 minuti) o Sidangoli (30 minuti). Sull'isola, taxi condivisi collegano Jailolo, Sofifi e Sidangoli con Tobelo percorrendo una lunga costa di sabbia bianca e nera, con rigogliose piantagioni di cocco. I *bemo*, poco frequenti, collegano i villaggi a nord di Halmahera. Nelle città si possono trovare *ojek* e *bentor* (risciò).

IL CONSIGLIO

Al di fuori di Tobelo, Jailolo, Sofifi e, in misura minore, Maba e Buli, nella parte orientale di Halmahera, gli hotel, le case vacanze e i ristoranti scarseggiano. Le sistemazioni familiari sono spesso l'unica opzione e si mangia dove si alloggia.

DA VEDERE
1 Parco Nazionale di Aketajawe-Lolobata
2 Desa Duono
v. 3 Gunung Bale-Bale
3 Gunung Dukono
v. 3 Gunung Gogodom
4 Gunung Ibu
5 Mamuya
6 Meti
7 Pantai Kupa Kupa
v. 5 Pantai Luari
8 Pantai Marimbati
9 Susupu

12 km (30 minuti) da Jailolo vi porterà a questa lunga spiaggia di sabbia nera, che avrete tutta per voi. Durante il tragitto, la strada attraversa villaggi cristiani e musulmani, fatti di case tradizionali con il tetto di paglia, conosciute come *rumah adat*.

Raggiungibile via Akelamo, Susupu (detto anche Sahu) è un pittoresco villaggio a ridosso del vulcano, a nord di Pantai Marimbati, separato da uno stretto corso d'acqua.

Isola di Meti

Snorkelling e resti della seconda guerra mondiale

A breve distanza dalla costa nord-orientale di Halmahera, **Meti** è una piccola isola ricoperta di foreste, un'ottima base per esplorare la regione grazie all'ecofriendly Meti Cottage (p377). Circa 400 famiglie, in gran parte cristiane, vivono sull'isola, che presenta anche resti della seconda guerra mondiale, tra cui bunker lasciati dai giapponesi, una fossa creata da una bomba e il relitto di un aereo giapponese, sommerso a 25 m di profondità, al largo dell'isola. Durante lo snorkelling, non perdete lo squalo dalle spalline, che si aggira ben mimetizzato sul fondale marino.

Birdwatching in un parco nazionale

Specie endemiche della foresta tropicale

Con i suoi 167.000 ettari, nel cuore dell'isola di Halmahera, il **Parco Nazionale di Aketajawe-Lolobata** è un mix di foresta pluviale pianeggiante e montana con un'impressionante biodiversità. Ci sono 53 specie di mammiferi, tra cui il cusco, endemico dell'isola e fare birdwatching qui è bellissimo, visto le oltre 200 specie registrate, tra cui 24 della zona. Vi sono diversi martin pescatori, l'astore delle Maluku, la schiribilla, la *Lalage aurea* e molte altre specie. Gli appassionati hanno però come obiettivo primario l'avvistamento dell'uccello del paradiso. Il parco ospita anche la popolazione seminomade dei togutil, composta da circa 2000 persone.

Al parco si entra da diversi punti. Tra i più facili da raggiungere c'è il villaggio di Binagara, situato a circa due ore di auto a est di Sofifi. Guide locali vi condurranno a vedere l'uccello del paradiso vessillario, a pochi chilometri dal villaggio.

Scalare i vulcani

Gunung Ibu e Gunung Dukono

Il **Gunung Ibu** prende il nome dalla tribù degli ibu ed è un vulcano attivo alto 1325 m situato sul versante nord-orientale di Halmahera. Potete campeggiare sul bordo esterno del cratere per assistere agli spettacoli notturni di questo gigante.

Diversi sentieri iniziano dai villaggi vicini e portano alla cima, ma il più noto e frequentato è quello di **Desa Duono**, tramite il quale si sale per circa sei ore (la discesa richiede invece tre o quattro ore). Si inizia tra piantagioni di cocco, chiodi di garofano e noce moscata, per poi inoltrarsi nella foresta. Dopo un paio d'ore, potreste iniziare a sentire il fragore dei massi e a vedere le nuvole di cenere, dopodiché emergerete

DA DOVE PARTIRE

Questa isola enorme vanta alcune città che possono essere ottime basi per ulteriori esplorazioni.

Sofifi
È la principale porta d'accesso all'isola, grazie al comodo trasporto in barca da e per Ternate. Non c'è molto da vedere, ma troverete diverse strutture ricettive e *warung* se volete trascorrervi la notte.

Jailolo
Facile da raggiungere da Ternate, Jailolo è popolare tra i viaggiatori indonesiani per le spiagge e i semplici alloggi sul lungomare.

Tobelo
Una destinazione consigliata per raggiungere l'entroterra (e scalare il Gunung Dukono fumante) e la costa (snorkelling al largo dell'isola di Meti). È anche il punto di partenza per le avventure su Morotai, isola poco visitata.

MERAVIGLIE SOTTOMARINE

Supriadi, detto 'Adi', proprietario del Meti Cottage (p377). *@meti.cottage.halmahera*

Di notte, durante lo snorkelling, quando non c'è la luna, ci si può trovare in mezzo al plancton iridescente. L'acqua sembra piena di stelle ed è come nuotare in una galassia. Di giorno si possono vedere pesci scorpione, razze, tartarughe marine e squali pinna nera, oltre a enormi banchi di pesci. Anche stando a riva sopra la superficie è possibile avvistare la fauna: di tanto in tanto si possono scorgere branchi di delfini. Si avvicinano molto alla terraferma ed è sempre sorprendente vederli.

Lalage aurea **(p357)**

dalla foresta, sul lato occidentale, con vista sul cratere nero e roccioso. Prima di partire, controllate le condizioni e non avventuratevi senza una guida.

Il **Gunung Dukono**, situato sulla penisola a nord-ovest di Halmahera, è in eruzione continua dal 1933. Come il Gunung Ibu, offre la possibilità di vedere l'attività vulcanica, grazie ai suoi alti pennacchi di cenere e ai boati intermittenti provenienti dalle profondità (oltre che di sbirciare all'interno del cratere fumante). È considerato uno dei vulcani attivi più emozionanti dell'Indonesia. Anche qui sono essenziali una guida e informazioni aggiornate.

Il sentiero per il Dukono inizia nei pressi del villaggio di **Mamuya**, dove l'ufficio di vulcanologia può indicarvi qualche guida. Si possono risparmiare ore di cammino prendendo un *ojek*, per attraversare piantagioni di durian e altri frutti. Dal 'terminal' o punto di partenza, ci vogliono circa sei ore per raggiungere la cima, a 1150 m. Il trekking si snoda tra foreste, fitti canneti e un paesaggio ultraterreno fatto di antiche colate laviche, a volte aggirando tratti di cenere fresca. Nelle giornate limpide, si possono ammirare anche il **Gunung Gogodom** (1111 m) e il **Gunung Bale-Bale** (925 m) e le isole al largo di Tobelo. È possibile dormire in tenda per spalmare la gita su due giorni. Prestate attenzione al vento e alla direzione dei pennacchi di fumo per evitare la caduta di materiale.

Pulau Ambon

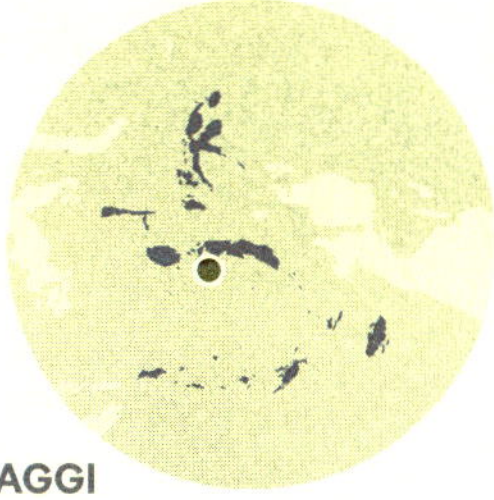

SPIAGGE TROPICALI | IMMERSIONI SUBACQUEE | VILLAGGI

L'isola più importante e popolosa delle Maluku è lussureggiante, dolcemente montuosa e caratterizzata da due grandi golfi. Intorno al trafficato capoluogo, Kota Ambon, i villaggi si fondono in un lungo nastro verde suburbano. A ovest dell'aeroporto, una serie di incantevoli villaggi costieri rendono Ambon una tappa imperdibile. La baia è nota per l'eccellente possibilità di fare muck diving, mentre la costa meridionale presenta acque limpide e coralli intatti. Leitimur, la zona meridionale e più sviluppata dell'isola, è collegata alla regione settentrionale di Leihitu tramite una stretta striscia di terra, all'altezza di Passo, e tramite un ponte più a ovest. Ambon ha avuto un passato complicato segnato dalle lotte coloniali tra portoghesi e olandesi, dalle devastazioni della seconda guerra mondiale e dai successivi conflitti tra cristiani e musulmani. Oggi la crescita economica e il turismo contribuiscono a riaccendere l'orgoglio per il patrimonio culturale dell'isola tanto che nel 2019 Kota Ambon è diventata la prima città del Sud-est asiatico a essere designata Città della Musica UNESCO.

Avventure sottomarine

Immersioni e snorkelling

L'ampia baia cittadina, che in alcuni punti raggiunge la profondità di 500 m, e l'abbondanza di vita sottomarina fanno di Pulau Ambon una meta rinomata soprattutto per il muck diving (immersioni in zone fangose e dalla visibilità scarsa). Nella sola baia ci sono 30 siti di immersioni, ai quali se ne aggiungono altri lungo la costa e nei dintorni delle vicine **Isole Tiga**. Tra i siti più affascinanti figurano i picchi vulcanici incrostati di coralli al largo di Mahia, la dolina marina di Hukurila, l'imponente arco sottomarino di **Pintu Kota** e il relitto della *Duke of Sparta*, una nave che a quanto si racconta sarebbe stata fatta affondare dalla CIA nel 1958. Inoltre, durante gli elettrizzanti drift dive tra le Isole Tiga si hanno buone probabilità di osservare pesci pappagallo giganti, pesci Napoleone, tonni denti di cane, grandi banchi di pesci fucilieri, delfini, squali e tartarughe. I pesci di grandi dimensioni possono essere osservati anche presso il **Tanjung Sial Timur** (chiamato anche Bad

TRASPORTI LOCALI

L'aeroporto internazionale di Pattimura si trova vicino al villaggio di Laha. Fino a Kota Ambon ci vogliono 30 min di auto (20 km). La tariffa per i taxi è di 170.000Rp. Navi Pelni arrivano e partono dal Pelabuhan Yos Soedarso. Tutte le altre salpano da Tulehu, sulla costa nord-orientale. I *bemo* per i centri di Pulau Ambon partono da Jl Pantai Mardika, vicino al mercato. È facile trovare *ojek* e taxi (prenotate con Grab o Gojek). È possibile noleggiare una moto (il Wisma Grace Hotel propone mezzi per 100.000Rp al giorno).

IL CONSIGLIO

Kota Ambon propone alloggi per tutte le tasche, tra cui alcune strutture di alto livello vicino a belle spiagge sulla strada per Tulehu. Inoltre, diversi dive resort permettono di raggiungere facilmente i siti di immersione.

DA VEDERE
1 Benteng Amsterdam
2 Cimitero di Guerra del Commonwealth
v. 1 Gereja Tua Immanuel
3 Spiaggia di Huluwa
4 Lubang Buaya Morella
v. 1 Masjid Tua Wapauwe
5 Zona di tutela delle anguille di Moa Larike
6 Museo Siwalima
7 Pantung Christina Martha Tiahahu
8 Tulehu

ATTIVITÀ, CORSI E TOUR
9 Ambon Dive Center
10 Blue Rose Divers
11 Spice Island Divers & Resort

PERNOTTAMENTO
12 Biz Hotel
13 City Hotel
14 Swiss-Belhotel
15 Wisma Grace

PASTI
v. 13 Bayview Restaurant
16 Imperial
17 Rasa Gurih
18 Red Brick Cafe & Resto
19 RM Arumbai
v. 17 Sari Gurih
v. 16 The Roof
20 The View

LOCALI E VITA NOTTURNA
21 Kopi Tradisi Joas
22 Neo Coffee & Bistro
23 Sarinda
v. 21 Sibu-Sibu

TRASPORTI
24 Aeroporto internazionale di Pattimura
25 Porto di Pelabuhan Yos Soedarso

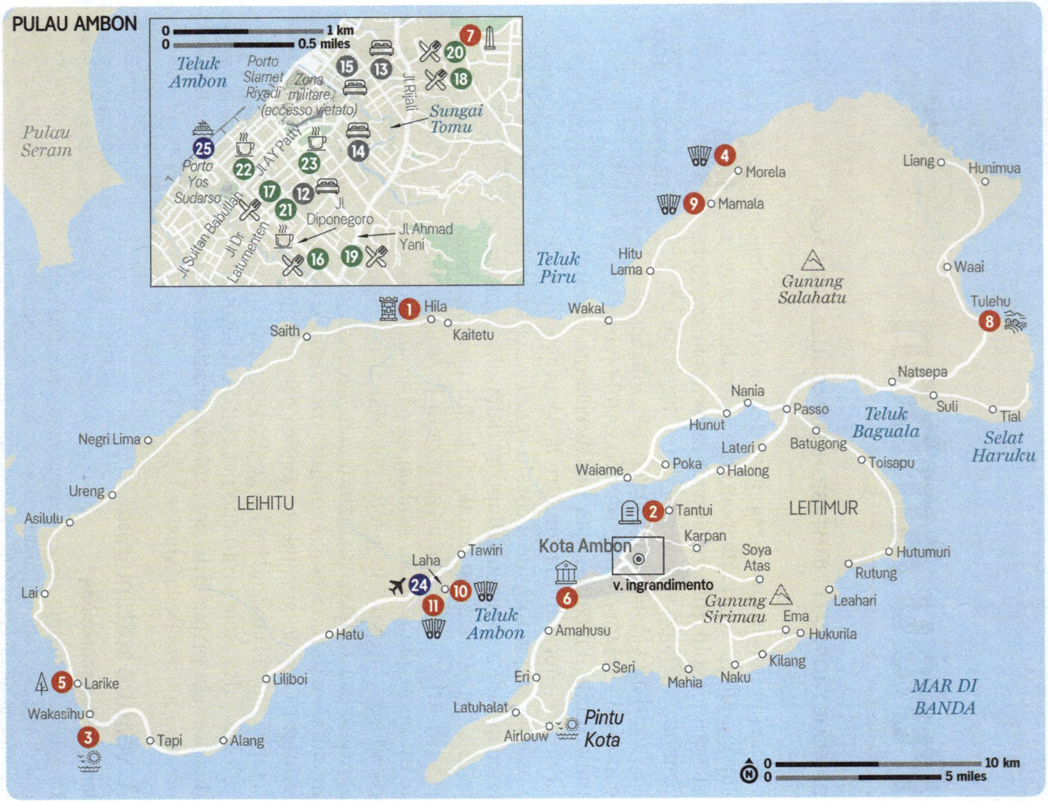

Corner, 'angolo cattivo'), dove le forti correnti attirano i pesci pelagici. Ma per quanto speciali possano essere questi siti, il maggior numero di appassionati di immersioni è attratto dai fondali sabbiosi dove si pratica il muck diving, che consentono di ammirare pesci bizzarri come lo *Histiophryne psychedelica*, 15 varietà di *Rhinopias*, i gamberi mantide, i granchi zebra, i *Dunckerocampus dactyliophorus*, gli *Idiosepius pygmaeus* e i cavallucci marini. Vi consigliamo di pianificare il viaggio nel periodo compreso tra ottobre e aprile, in quanto la maggior parte degli operatori che offrono immersioni chiude da maggio a settembre.

Cultura e storia

Il passato di Kota Ambon

Il fascino di Ambon va ben oltre l'animato centro cittadino e vale la pena fare una pausa dalla spiaggia per esplorare alcune delle sue attrattive. Dieci minuti a sud di Kota Ambon, sorge il modesto **Museo Siwalima**, immerso in giardini digradanti, impreziositi da cannoni giapponesi e olandesi e da un'arcigna statua di Pattimura (p375) con il *parang* (machete) in mano. La collezione è dedicata alla cultura delle Maluku, con trappole per pesci, utensili in pietra, modellini di barche da pesca, un tamburo tradizionale realizzato in bambù, ossa antiche e gioielli in ottone. Nella sala principale sono esposti costumi nuziali tradizionali indonesiani provenienti da tutto l'arcipelago. Una degna alternativa al caos della città, anche se per visitare il museo dovrete cercare il custode.

Conosciuto dalla gente del posto come 'Cimitero Australiano', il **Cimitero di Guerra del Commonwealth** fu progettato da un architetto paesaggista britannico in onore degli alleati deceduti alle Maluku e a Sulawesi durante la seconda guerra mondiale. Ancora più toccante il fatto che è stato costruito sul sito di un ex campo di prigionia.

Su una collina circondata da giardini, il **Pantung Christina Martha Tiahahu** rende omaggio a una grande combattente per la liberazione delle Maluku. L'eroina nazionale indonesiana domina la città che si estende sotto di lei con una lancia in mano. È il luogo ideale per ammirare i tramonti.

Meraviglie della costa nel Leitimur meridionale

Snorkelling al largo di spiagge incantevoli

La zona di Latuhalat, nel Leitimur meridionale, ospita le spiagge di **Santai** e **Namalatu**, ben ombreggiate e molto

SPECIALITÀ DI AMBON

Gabby Tanizaal, proprietaria del Wisma Grace. @wismagrace

Ad Ambon, la gente ama il pesce. Ne abbiamo tantissime varietà, come il *kawalinya*, che è meglio servire fritto. Poi c'è il *kerapu* (cernia), ottimo nell'*ikan kuah kuning*, una zuppa di colore giallo che tradizionalmente si mangia con la *popeda* (una sorta di pappetta appiccicosa ricavata dalla palma sago). Il *nasi kuning Ambon*, riso giallo a base di pesce, è imperdibile. Il colore è conferito dalla curcuma, mentre il cocco lo rende più saporito. Non perdete infine la *rujak natsepa*, un'insalata di frutta preparata con salsa di arachidi, zucchero di palma e l'aspro *tomi-tomi*, che aiuta a bilanciare il gusto.

MANGIARE AD AMBON: LA NOSTRA SCELTA

Sari Gurih: Con la sua griglia sfrigolante, questo locale su più piani propone frutti di mare di prima qualità e un menu illustrato per aiutarvi a decidere. $$

Rasa Gurih: L'*ikan bakar*, ricoperto di peperoncino, è freschissimo. $$

Imperial: Gamberi, pesce, calamari... i frutti di mare sono eccezionali; ottime anche le specialità cinesi se si vuole fare una pausa dalla cucina indonesiana. $$

RM Arumbai: Piatti tradizionali di Ambon, semplici ma deliziosi, come il *nasi ikan telur*, il riso con le uova, il pesce e vari contorni. $

CENTRI IMMERSIONE

Spice Island Divers & Resort
Situato a Laha, sulla Baia di Ambon, questo resort vi farà conoscere la 'zona d'ombra' di Ambon, ricca di creature uniche come lo *Histiophryne psychedelica*. Con le ville sul mare e un buon ristorante, è un'ottima base.

Blue Rose Divers
Un'altra attività di Laha, specializzata in creature piccole e meno piccole. Organizza muck diving di alto livello e immersioni tra coralli in buona salute. È possibile pernottare in una delle quattro stanze.

Ambon Dive Center
Situata a Sawattelu, sulla costa settentrionale, questa piccola struttura offre numerose attività di muck diving, ma non dispone di alloggi. Contatteli tramite Instagram.

frequentate dalla gente del posto durante il weekend. Nessuna delle due offre grandi condizioni per nuotare, ma i subacquei e gli amanti dello snorkelling troveranno un'estesa barriera corallina al largo. Si possono visitare a piedi le due spiagge in 15 minuti. È una meta molto più tranquilla dell'affollata Kota Ambon, pur trovandosi a soli 40 minuti di *bemo* dalla città.

Testimonianze del passato

Tra Hila e Kaitetu

Nella zona di Leihitu si trovano tre luoghi d'interesse molto vicini tra loro. A Hila, è possibile visitare il **Benteng Amsterdam**, un forte intonacato costruito nel 1637. Le mura esterne sono state riedificate in cemento e la torre interna, con i pavimenti in laterizio e le spesse pareti, è frequentata da rondini stanziali e vanta una splendida vista sul mare, in particolare dall'ultimo piano (attenzione alle scale ripide).

A pochi passi a sud del forte si trova la **Gereja Tua Immanuel**, una piccola chiesa con il tetto di paglia che ha subito varie trasformazioni nel corso dei secoli. Fu consacrata come Santo Jacobus sotto l'egida cattolica dei portoghesi, all'inizio del XVI secolo. Circa cent'anni dopo, gli olandesi la acquisirono e la ampliarono, modificandola nuovamente nel 1780, quando divenne una chiesa protestante e prese il nome attuale. Degno di nota il piccolo coro dove suonavano i musicisti.

A pochi isolati di distanza si trova la graziosa **Masjid Tua Wapauwe**, con tetto in legno e paglia. Costruita originariamente nel 1414 sul vicino Gunung Wawane, nel 1614 la moschea fu spostata nel villaggio di Tehala (a 6 km di distanza) e trasferita nuovamente nel 1664 nel sito attuale. È la più antica di Pulau Ambon e una delle poche del suo genere ancora in piedi. Oggi, dodici uomini (i Tukang Dua Belas) provenienti da tre villaggi diversi si occupano della sua manutenzione. Diversi cartelli in inglese ne raccontano la storia. I non-musulmani possono visitarla al di fuori degli orari di preghiera.

Attività acquatiche a Lubang Buaya Morella

Snorkelling e paddle

Sulla costa settentrionale, a circa un'ora di moto da Ambon, **Lubang Buaya Morella** appare all'improvviso dietro una curva, con acque color topazio, palafitte e la foresta tutt'intorno. È un luogo incantevole per una nuotata. Qui è possibile noleggiare l'attrezzatura per lo snorkelling o un *prahu* (canoa). I coralli e la colorata vita acquatica si trovano andando verso nord

MIGLIORI CAFFÈ E MIGLIORI PASTICCERIE DI AMBON

Sibu-Sibu: Foto di stelle del cinema e della canzone adornano le pareti di questa caffetteria di tendenza, che propone musica locale e ottimi spuntini.

Kopi Tradisi Joas: Gli intellettuali di Ambon si riuniscono qui per un caffè 'a ricetta segreta' in stile moka e un *sukun goreng* (frutto dell'albero del pane fritto).

Sarinda: Con i posti a sedere sulla terrazza esterna e la posizione centrale, è un buon posto per iniziare la giornata con pasticcini confezionati e un buon caffè.

Neo Coffee & Bistro: Accomodatevi a un tavolo in uno dei caffè più eleganti di Ambon, che serve un'ampia varietà di bevande e piatti indonesiani.

UNA PASSEGGIATA PER AMBON

Una piacevole passeggiata nel centro di Ambon consente di scoprire mercati vivaci, arte di strada ed elementi iconici della città. Iniziate da 1 **Ambon Plaza**, un curioso ibrido tra centro commerciale e mercato vecchio stile, con bancarelle e un'invitante drogheria. Da qui, passeggiate lungo Jl Sam Ratulangi, fermandovi per un cappuccino al 2 **Cafe Kayu Manies**. Un tavolo al piano superiore regala un piacevole scorcio sulla strada. Alla fine della via, si vede la 3 **Masjid Raya al-Fatah**, la più grande moschea della città. La cupola dorata e marrone, con i suoi alti minareti gemelli, è un punto di riferimento. Dall'altra parte della strada, c'è 4 **Beta Pung Kaos Ambon**, un piccolo negozio di abbigliamento: vende magliette uniche che celebrano le Maluku e Ambon. Seguendo la strada, passate davanti al 5 **Tugu Trikora**, un monumento a forma di colonna al centro del trafficato viale che commemora la 'liberazione' della Papua occidentale. Fate attenzione ad attraversare. A pochi isolati di distanza, vedete una staccionata ricoperta da opere di 6 **street art**, tra cui spicca la parola 'Ambon'. Girate a sinistra dopo aver superato la banca BRI e di nuovo a sinistra su JL Pattimura. Raggiungete la 7 **Cattedrale di Francis Xavier**, con una facciata cosparsa di santi e un soffitto in legno all'interno che ricorda lo scafo di una nave. Seguite la strada per raggiungere il 8 **Parco Pattimura**, l'epicentro della vita sociale di Ambon. Terminate la passeggiata dall'altra parte della strada al 9 **Gong della pace nel mondo**, collocato qui nel 2009 nella speranza di rimediare alle spaccature createsi durante il conflitto di Ambon negli anni '90.

CITTÀ DELLA MUSICA

Coordinatore della locale sezione marittima, **Abdul Marasabessy** ci dà un'idea dell'eredità musicale di Ambon.

In Indonesia, Ambon è riconosciuta come una città di musicisti. Il defunto Glenn Fredly è fonte di ispirazione per molti abitanti. Originario di Ambon (sebbene sia poi cresciuto a Giacarta), ha trascorso gli ultimi anni della sua carriera concentrandosi sul mantenere la pace. Ha dato anche il via alla conferenza musicale del Sud-est asiatico ad Ambon, la prima del suo genere. Ha scritto molte canzoni su Ambon.

È uno stereotipo, ma quando qualcuno incontra un cittadino di Ambon dà per scontato che sappia cantare: siamo famosi per le belle voci.

AGUNPRIYATNA/SHUTTERSTOCK ©

Spiaggia di Huluwa

dopo essere entrati in acqua. Ci sono diverse piattaforme da cui è possibile saltare, oppure si può scegliere una discesa più dolce attraverso le scalette delle case a palafitta. Dopo l'esplorazione subacquea, potete rifocillarvi nei *warung* circostanti.

Spiaggia di Huluwa

Nuoto e formazioni rocciose

Nei pressi del punto più occidentale di Ambon, la spiaggia di Huluwa è una tappa che vale la pena fare. Un piccolo cartello indica la strada che conduce a un parcheggio e all'ingresso della spiaggia lungo un sentiero ombreggiato. Dopo aver pagato il biglietto d'ingresso (5000Rp), si segue il sentiero che conduce a un suggestivo paesaggio marino, con spettacolari formazioni rocciose e pozze piene di granchi. Una stretta passerella lastricata conduce sotto un tronco d'albero fino all'attrattiva principale: una grande piscina ben ombreggiata, perfetta per una nuotata rilassante quando c'è l'alta marea. La gente del posto si riunisce qui nei fine settimana per fare picnic e karaoke.

Zona di tutela di Moa Larike

Vedere le anguille da vicino

Ad Ambon ci sono diversi luoghi in cui è possibile fare incontri ravvicinati con le anguille. Uno dei posti migliori per vedere queste strane creature è il villaggio di Larike, presso il cosiddetto Moa Larike. Le anguille d'acqua dolce si riuniscono nelle tranquille pozze del fiume e accolgono i visitatori, o almeno le gustose prelibatezze che portano. È possibile nutrire le anguille da soli o lasciare che lo faccia la guida mentre voi le accarezzate o scattate fotografie.

MANGIARE AD AMBON: I PANORAMI MIGLIORI

The View: Vicino al Pantung Christina Martha Tiahahu, serve birra fresca e altre tentazioni su una bella terrazza con un ampio panorama. **$$**

Bayview Restaurant: Assaggiate la cucina occidentale (o i classici indonesiani) e sorseggiate una Guinness sul terrazzo del 7° piano del City Hotel. **$$**

Red Brick Cafe & Resto: Un luogo tranquillo e familiare con una bella vista, hamburger, pollo kung pao, *laksa* (zuppa di noodles) e birra. **$$**

The Roof: Per una pausa dalle strade della città, recatevi in questo locale al 5° piano (al coperto) con un menu di specialità indonesiane e occidentali. **$$**

Dintorni di Pulau Ambon

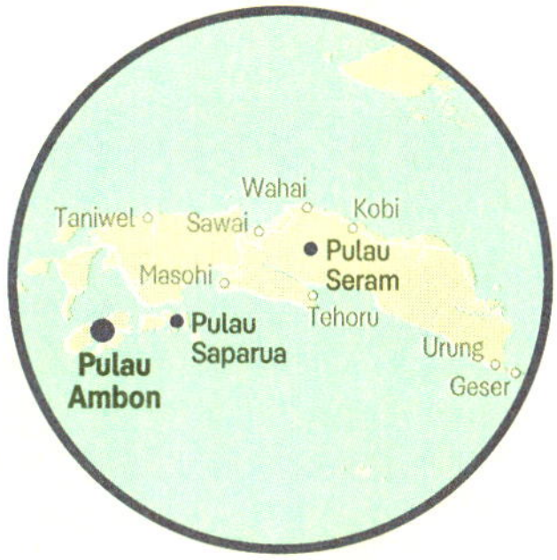

Le isole poco visitate vicino ad Ambon offrono avventure entusiasmanti sia sulla terraferma sia in mare.

Le Lease sono tre isole a est di Ambon facilmente raggiungibili ma piacevolmente tranquille, con una serie di villaggi d'altri tempi, baie deliziose e qualche spiaggia esclusiva. Diversi forti fatiscenti costruiti dagli olandesi ne testimoniano l'importanza strategica. Le immersioni e lo snorkelling si svolgono in condizioni ottimali tra le barriere coralline al largo di Pulau Molana e Nusa Laut, le due isole più piccole. Con montagne che superano i 3000 m, Pulau Seram ha un entroterra selvaggio, fittamente boscoso e poco accessibile. Non perdete Teluk Sawai, una spettacolare baia situata sulla costa settentrionale con spiagge di sabbia bianca, ottimo sito per lo snorkelling.

Pulau Saparua

DA PULAU AMBON: **1 H**

Spiagge, immersioni e ceramiche

La più sviluppata delle Lease, Pulau Saparua è anche l'unica dotata di infrastrutture turistiche. Vanta bei fondali corallini e per il muck diving, importanti testimonianze storiche, spiagge di sabbia bianca e fitte foreste. Una buona base è **Ouw**, con una bella spiaggia e un piccolo forte diroccato; la cittadina è famosa anche per le sue ceramiche (*sempe*) semplici ed eleganti. Nessun pezzo è esposto, ma dietro una piccola mancia (circa 20.000Rp) potete osservare le *ibu* (donne anziane) che realizzano vasi negli atelier sul retro dei laboratori. L'argilla proviene dalla montagna di Saparua. Viene fatta girare su una ruota, decorata con un pezzo di papaya verde e rincalzata sul bordo con una canna di bambù.

Località

Pulau Saparua p365
Pulau Seram p366

TRASPORTI LOCALI

Da Tuhelu (Ambon) a Haria, il porto principale di Pulau Saparua, ci vuole circa un'ora di motoscafo. Parte alle 9 e ritorna ad Ambon alle 7 del mattino successivo. Tuhelu è anche il punto di partenza per Amahai, il porto principale di Pulau Seram. Le barche partono alle 9 e alle 16.

Piccole imbarcazioni fanno la spola tra Haria e Tuhelu per tutto il giorno partendo quando arrivano a sei passeggeri. Una volta arrivati sulle isole, taxi condivisi e *ojek* collegano le città principali.

RACCOLTA DELLA NOCE MOSCATA

Jose Hahury, proprietario di Betha Nutmeg su Pulau Seram. *@hattyjorge*

La raccolta della noce moscata avviene due volte l'anno, in genere a marzo e a settembre, anche se variazioni nelle precipitazioni possono ritardarla. Dopo la raccolta, i frutti, i semi e il macis (la parte più pregiata della noce moscata) vengono separati ed essiccati. Il macis e i semi sono venduti per l'esportazione, ma il frutto viene talvolta utilizzato per produrre sciroppi, che si prestano bene per creare bevande con acqua e ghiaccio, piuttosto rinfrescanti, o per le frittelle. Nei mercati di tutta la regione si può trovare la *manisan pala* (frutta secca e candita, a volte mescolata con sale, peperoncino e zucchero per attenuare il sapore aspro). Le foglie di noce moscata possono essere utilizzate per preparare il tè.

KELE PROJECT/SHUTTERSTOCK ©

Pulau Saparua (p365)

Pulau Seram

DA PULAU AMBON: **2 H E 30 MIN**

La suggestiva costa settentrionale

La meta più spettacolare di Pulau Seram è **Teluk Sawai**, un'ampia baia sulla costa settentrionale, delimitata da scogliere svettanti e picchi frastagliati pieni di vegetazione. Nascosto da un promontorio, il villaggio di palafitte di **Sawai** è un luogo tranquillo e magico di notte quando è possibile contemplare il mare illuminato dalla luna. Da Sawai, le escursioni in barca o in kayak portano ai paradisi corallini al largo o alla vicina spiaggia di sabbia bianca di **Ora**.

Per lo snorkelling si può valutare un costoso giro in motoscafo (circa 3.000.000Rp, quattro ore) verso i fantastici siti di immersione di Pulau Raja, al largo di Papua, o verso la zona occidentale della baia, dove imponenti scogliere si ergono sopra il pittoresco villaggio di **Saleman**, famoso per gli stormi di uccelli *lusiala* che, simili a pipistrelli, escono al tramonto.

Isole Banda

SNORKELLING E IMMERSIONI | SITI STORICI | VITA ISOLANA

Con le bellezze naturali, un caloroso spirito locale e una storia palpabile e affascinante, questo remoto gruppo di dieci isole non è solo la destinazione di viaggio preferita delle Maluku, ma una delle migliori dell'Indonesia. Le impressionanti scogliere sottomarine sono ricche di coralli multicolori e offrono un'ottima possibilità di snorkelling e immersioni. Le isole centrali, Pulau Neira e Pulau Banda Besar (la grande isola della noce moscata), formano pittoresche mezzelune intorno a una versione tropicale e tascabile del monte Fuji, il Gunung Api (656 m). Le isole periferiche di Hatta, Ai e Nailaka hanno spiagge da cartolina, mentre Run, un'isola di rocce calcaree scoscese che produce noce moscata e chiodi di garofano, è una testimonianza storica di grande bellezza. Raggiungere le isole richiede tempo, ma con i battelli veloci da Ambon (nella stagione secca) e il progetto di un nuovo aeroporto, le Banda stanno diventando sempre più accessibili e sembrano destinate ad accogliere un maggior numero di visitatori nel prossimo futuro. Visitatele subito, prima che arrivi troppa gente.

TRASPORTI LOCALI

Il modo più affidabile per raggiungere le Banda è la nave Pelni, che collega Ambon e Bandaneira (con un viaggio lento di 16 ore). C'è anche il più veloce Express Bahari, anche se il servizio è soggetto a ritardi e cancellazioni. Per ridurre i tempi a un'ora o poco più, SAM Air vola due volte alla settimana tra Ambon e Bandaneira, ma anche questo servizio è soggetto a ritardi. Una volta arrivati a Bandaneira, è possibile spostarsi tra le isole con tour o charter privati.

Luoghi storici di Bandaneira

Fortezze, grandi dimore e luoghi di culto

Bandaneira, situata su Pulau Neira, è il porto principale delle Isole Banda. Questo incantevole luogo è caratterizzato da edifici d'epoca coloniale e strette vie piene di fiori, perfette per passeggiare e ammirare le antiche case olandesi, riflettere sul passato e godere degli splendidi panorami del vulcano Gunung Api, situato sull'isola vicina.

Uno dei punti di interesse principali è **Benteng Belgica**, un forte a stella inserito nella Lista provvisoria del Patrimonio Mondiale dell'UNESCO, costruito nel 1611 sulla collina sopra Benteng Nassau. I cinque massicci bastioni furono realizzati per deviare i colpi di cannone di un eventuale bombardamento navale inglese. Nel 1796, gli inglesi riuscirono a conquistare il forte senza sparare un colpo, suscitando sconcerto tra gli

IL CONSIGLIO

Diversi albergatori possono aiutarvi a ottenere i posti su SAM Air, in genere difficili da prenotare. Contattate Reza al Nutmeg Tree (p377) e Abba al Cilu Bintang Estate (p377).

DA NON PERDERE
1 Benteng Belgica
2 Gunung Api

DA VEDERE
v. 10 Benteng Hollandia
3 Benteng Nassau
4 Benteng Revenge
5 Chiesa Olandese
6 Forte Inglese
v. 4 Gereja Betlehem
7 Casa di Hatta
8 Istana Mini
9 Kampung Lama
v. 10 Piantagione Kelly
10 Lonthoir
11 Masjid Hatta-Sjahrir
12 Pantai Sebila
13 Pulau Ai
14 Pulau Hatta
15 Pulau Nailaka
16 Pulau Run
17 Rumah Budaya
18 Tempio Sun Tien Kong
v. 15 Forte Swan

ATTIVITÀ, CORSI E TOUR
19 Dive Bluemotion
20 Naira Dive
v. 26 Nutmeg Tree

PERNOTTAMENTO
v. 4 Ardhy Guesthouse
21 Cilu Bintang Estate
22 Delfika
v. 4 Green Coconut
23 Guesthouse Nailaka
24 Hotel Maulana
25 Mutiara Guesthouse
26 Nutmeg Tree
27 Vita Guesthouse

PASTI
v. 21 Cilu Bintang Estate
v. 22 Delfika Cafe
28 Kedai Dide's
29 Mercato
30 Nutmeg Cafe
31 Rumah Makan Nusantara
32 Spice Island Cafe

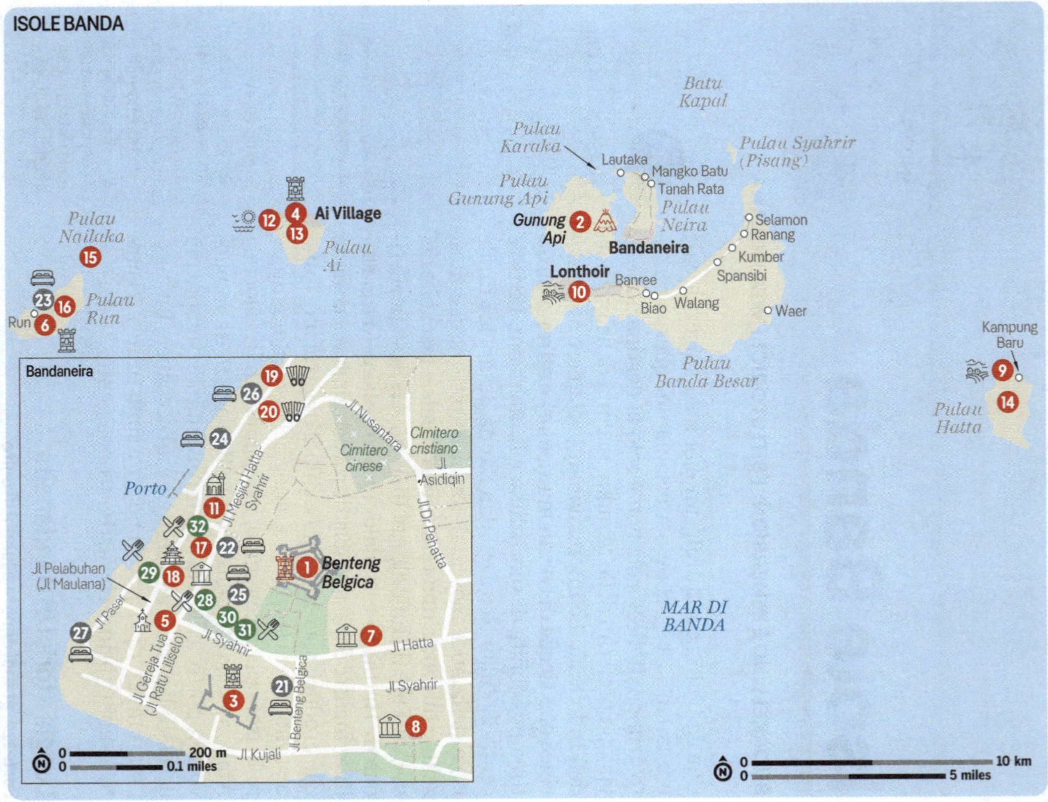

olandesi. Per raggiungere i bastioni superiori, prendete il secondo arco a sinistra dal cortile centrale. Cercate anche la vecchia prigione, dove venivano rinchiusi gli abitanti del luogo che osavano vendere spezie agli inglesi.

Negli anni '30, le Banda divennero luogo di esilio per i dissidenti antiolandesi, tra cui Mohammed Hatta (che in seguito sarebbe diventato vicepresidente dell'Indonesia) e Sutan Sjahrir (nominato anni dopo primo ministro). La **Casa di Hatta**, una delle tre 'case dell'esilio' di inizio Novecento, è parzialmente arredata ed espone foto del dissidente, la sua macchina da scrivere, i particolari occhiali e la divisa ben piegata. Nel cortile si trovano cisterne d'argilla d'epoca e un vecchio pozzo in mattoni circondato da bromelie, oltre alla scuola fondata da Hatta e Sjahrir durante il loro esilio. Per visitare l'interno, potrebbe essere necessario partecipare a un tour organizzato, come quelli offerti dalla **Cilu Bintang Estate**. Il piccolo museo **Rumah Budaya** espone manufatti coloniali, tra cui monete, argenteria, stoviglie, pipe, spade, pistole e moschetti a pietra focaia. C'è anche un'esposizione di oggetti locali, tra cui il *parang* e il *kapsete* usati nella *cakalele*, la danza dei guerrieri che divenne illegale dopo il massacro del 1621.

A pochi passi, il suggestivo ma vuoto palazzo di **Istana Mini**, risalente al 1820, dà un'idea della presenza olandese nelle Isole Banda. Un tempo residenza dei governatori coloniali, oggi è in gran parte trascurato. Nel cortile ombreggiato si trovano targhe del XIX secolo e un busto di Guglielmo III. Le porte sul retro dell'edificio, talvolta aperte, rivelano un pavimento piastrellato e un lampadario. Nascosto tra il fogliame tropicale, il **Benteng Nassau**, oggi in rovina, fu costruito nel 1609 dall'ammiraglio olandese Verhoeff su costruzioni abbandonate dai portoghesi 80 anni prima. Nel 1621, la fortezza fu teatro del terribile massacro di Banda, ordinato da Jan Pieterszoon Coen, governatore generale della Compagnia Olandese delle Indie Orientali. Più di 2800 abitanti del luogo furono massacrati e molti altri ridotti in schiavitù, alcuni fuggirono alle Isole Kei.

A Bandaneira vivono ancora famiglie cinesi, testimonianza dell'antico coinvolgimento di questo popolo nel commercio delle spezie. Il **Tempio Sun Tien Kong**, risalente a 300 anni fa, è visitabile solo tramite tour, tranne durante il Capodanno cinese, quando è aperto al pubblico. Sulle colline circostanti, la **Chiesa Olandese** del 1852, con un portico di quattro colonne, viene ancora utilizzata per le funzioni. All'interno si trovano un orologio decorativo e antiche lapidi che segnalano la morte dei governatori olandesi dell'isola. Ancora più impressionante è la moschea Masjid Hatta-Sjahrir, con vistosi minareti, situata vicino al porto. Alcuni abitanti sostengono che sia stata ricavata dalla villa che ospitò Hatta e Sjahrir al loro arrivo nel 1936.

BIGLIETTI DEI TRAGHETTI PELNI

Prima di acquistare i biglietti per il traghetto Pelni, è necessario consultare gli orari delle partenze, che cambiano di mese in mese. Per trovarli basta scaricare l'app Pelni (il sito web non sempre funziona). È quindi possibile prenotare un biglietto direttamente sull'app, ma è necessario pagare altrove (per esempio presso un Indomaret).

In alternativa, è possibile recarsi in un ufficio Pelni (ad Ambon si trova vicino al Parco Pattimura). Viene accettato solo il bancomat ed è necessario il passaporto. Dopo aver pagato, dovrete ottenere la carta d'imbarco, spesso disponibile solo il giorno della partenza, quindi recatevi al porto un'ora prima di partire per procurarvela. I traghetti fanno il tutto esaurito, quindi non aspettate l'ultimo minuto per acquistare il biglietto.

MANGIARE A BANDANEIRA: LA NOSTRA SCELTA

Cilu Bintang Estate: L'eccezionale buffet comprende pesce alla griglia, zuppe speziate con noce moscata e cannella, piatti al curry, frittelle e molto altro. $$

Delfika Cafe: In un cortile verdeggiante, scegliete tra pesce alla griglia, melanzane fritte, noodles, riso e piatti occidentali. $$

Hotel Maulana: Con vista sul mare, Maulana non ha rivali se si desidera un pranzo tranquillo; piatti indonesiani e internazionali preparati con cura. $$

Rumah Makan Nusantara: Informale e all'aperto, è un bel posto sia di mattina sia di sera, con gustose frittelle alla noce moscata e la tipica cucina delle Banda. $$

Scalata al Gunung Api

Vedute da un vulcano attivo

Il **Gunung Api**, un vulcano attivo di 656 m, domina l'isola da cui prende il nome e offre una vista mozzafiato dalla cima. Gli escursionisti più esperti possono raggiungerla in circa due ore, con altre due ore per la discesa. La salita è ardua, con radici scivolose e rocce instabili, e la discesa risulta ancora più pericolosa a causa dei ghiaioni. Vicino al cratere, dalle fessure escono fili di fumo e il terreno può essere caldo. Portate molta acqua e non salite se la terra è bagnata. Ci sono guide (da 150.000Rp, incluso il trasporto in barca) disponibili tramite il Cilu Bintang Estate (p377), il Nutmeg Tree (p377) e altri hotel. Il percorso è abbastanza intuitivo, ma una guida offre sicurezza. È consigliato partire presto perché durante il tragitto non ci sono punti in ombra. Il barcaiolo vi lascerà all'inizio del sentiero.

Esplorare Banda Besar

Passeggiata tra le piantagioni, con vista sul forte

La collinosa Banda Besar, l'isola più grande del gruppo, è perfetta per una gita di un giorno. Qui potrete passeggiare nella **Piantagione Kelly**, con alberi *canarium* secolari e contrafforti che proteggono un boschetto di noce moscata. Banda Besar ospita anche la Piantagione Van den Broeke, di proprietà olandese (l'ultima delle Banda) fino alla rivolta settaria del 1998-1999, quando il proprietario fu ucciso. Uno dei migliori panorami si gode dalle rovine del **Benteng Hollandia**, una grande fortezza ricoperta di vegetazione. Costruita nel 1624 dagli olandesi, fu una delle più grandi nelle Indie Orientali, fino al terremoto del 1743. Situata sopra il villaggio di **Lonthoir**, si raggiunge con una salita di 15 minuti e offre una vista magnifica sulle palme del Gunung Api, con lo sfondo di acque color zaffiro.

Spiagge e coralli di Hatta

Snorkelling e vacanze balneari

Pulau Hatta, un'isola a forma di disco volante di pietra calcarea coperta dalla giungla e con spiagge di sabbia bianca, non coltiva noce moscata come le altre. Nota in passato come Rozengain, ha un'unica rilevanza dal punto di vista storico: un episodio comico in cui il capitano inglese Courthope vi issò una bandiera solo per irritare gli olandesi.

Oggi, Hatta è una delle destinazioni più popolari delle Isole Banda, grazie alle sue acque cristalline e alla barriera corallina

MAGIA DELLE BANDA

Reza Tuasikal fondatore della Banda Heritage Society. *@rezadivebanda*

Una volta alcuni visitatori che volevano fare un giro in bicicletta per Banda Besar mi chiesero dove poter comprare l'acqua sull'isola. Ho risposto loro: "Non ci sono minimarket, ma potete fermarvi in qualsiasi casa e chiedere da bere. E no, non dovrete pagare". Sono rimasti un po' straniti, ma quando sono tornati mi hanno raccontato che in ogni villaggio in cui si sono fermati, la gente del posto ha insistito perché addirittura pranzassero con loro, perché prendessero almeno un caffè o un tè, senza nulla in cambio. Capita molto spesso nelle Banda, mentre non è più così in altri luoghi.

MANGIARE A BANDANEIRA: SNACK E BEVANDE

Spice Island Cafe: Propone gustosi centrifugati, caffè e spuntini (frittelle di banana), ma anche piatti più sostanziosi a base di pesce, riso e verdure. $$

Nutmeg Cafe: Ricavato in una casa privata, il Nutmeg Cafe serve noodles, spremute, pesce e riso, un'ottima *soto ayam* (zuppa di pollo) e spessi pancake. $

Kedai Dide's: Vicino alla Chiesa Olandese, questo chiosco prepara bubble tea al mango, avocado o taro, tè alla cannella e caffè espresso. $

Mercato: Le stradine a sud del porto sono il posto migliore per acquistare frutta fresca, frittelle, piatti a base di riso e molto altro. $

JAVARMAN/SHUTTERSTOCK ©

Gunung Api

ricca di vita marina. Vicino alla spiaggia di **Kampung Lama**, un 'ponte' sottomarino naturale crea una magnifica breccia azzurra che sovrasta una parte della straordinaria parete verticale subacquea di Pulau Hatta. Foreste di delicati coralli morbidi, insieme a giganteschi coralli laminari e coralli a felce, nugoli di pesci del reef e una visibilità eccellente contribuiscono a rendere questo tratto di mare il sito migliore di tutte le Isole Banda in cui dedicarsi allo snorkelling. Qui potete facilmente osservare tartarughe liuto, squali del reef, pesci balestra e un numero in apparenza infinito di altre specie. A Hatta ci sono sempre più case vacanza, disposte in fila sulla spiaggia di Kampung Lama.

Pesci e fortificazioni

Barriere coralline e forti coloniali dell'isola di Ai

Pulau Ai, a circa un'ora di navigazione da Bandaneira, è famosa per i suoi fondali corallini incontaminati a un passo dalla costa. C'è già molto da vedere di fronte al villaggio, soprattutto in ottobre, quando per effetto delle migrazioni compaiono banchi di pesci Napoleone insieme a delfini e balene. La vita marina è altrettanto impressionante al largo di **Pantai Sebila**, la migliore spiaggia dell'isola (15 minuti a piedi dal villaggio), dove una parete ricoperta di corallo e di anemoni di mare si getta a picco nel mare.

Un'altra attrattiva di Ai è la fortezza a forma di stella a quattro punte situata al centro del villaggio, le cui mura sono ancora intatte. Nota come **Benteng Revenge**, prende il nome dal massacro degli abitanti locali da parte degli olandesi dopo che nel XVII secolo si erano schierati con gli inglesi nella battaglia per il controllo del commercio delle spezie. Salendo per

IN CAMBIO DI NEW YORK

Dopo la devastazione di Ai da parte degli olandesi avvenuta nel 1616, le forze inglesi si ritirarono nella base di Run. Sempre più assediato, l'eccentrico capitano Courthope, che aveva deriso gli olandesi a Hatta (allora Rozengain), scelse l'onore rispetto alla sopravvivenza, resistendo inutilmente e rifiutando le offerte più ragionevoli di ritirarsi. In qualche modo, la sovranità britannica fu mantenuta anche dopo le atrocità olandesi del 1621, durante le quali tutti gli alberi di noce moscata di Run furono distrutti. Alla fine, gli olandesi presero Run e, nel 1674, gli inglesi accettarono di scambiarla con un'isola nordamericana allora considerata inutile: Manhattan. Non è stato un cattivo affare, alla fine.

il forte, si trovano diversi cannoni ben conservati con il simbolo della Compagnia Olandese delle Indie Orientali ancora leggibile. Vicino al forte, si possono vedere altre vestigia del passato, tra cui un'ex casa coloniale con un piccolo campo coltivato a papaya, manioca e noce moscata, e un'antica chiesa, **Gereja Betlehem**, risalente al periodo coloniale. Il villaggio di pescatori è un altro motivo per visitare Ai: la gente chiacchiera fuori dai cortili, felice di accogliere visitatori, i bambini giocano nell'acqua e le capre vagano liberamente. L'isola è molto fertile, vanta alberi pieni di manghi, melograni, guava, graviola, mele d'acqua e jackfruit. Cercate le donne che davanti alle loro case vendono *utri*, un dolce fritto fatto con le banane schiacciate. Potete organizzare qualche escursione, tramite Ayem Nasrun del **Green Coconut** (p377), alla giungla e alle piantagioni, dove tra alberi secolari vengono mostrati i processi di raccolta ed essiccazione della noce moscata e del canarium.

CENTRI IMMERSIONI ALLE BANDA

Dive Bluemotion
Attività tedesco-indonesiana gestita in modo professionale, con attrezzature ben tenute, due barche e prezzi equi. Come altri operatori, è chiuso durante i mesi di maltempo, da giugno ad agosto.

Nutmeg Tree
Annesso all'omonima guesthouse, offre una serie di pacchetti all-inclusive immersioni e alloggio, e può condurvi in più di 40 siti di immersione.

Hotel Maulana
Riceve continue recensioni positive per le attività di immersione e dispone di alcune sistemazioni fronte mare e di un discreto ristorante.

Naira Dive
Naira Dive offre diverse escursioni e pacchetti di più giorni.

Vita isolana

Avventure su Run e Nailaka

Pulau Run, con tutta la sua importanza storica, è un remoto blocco di roccia calcarea ricoperto di giungla e circondato da un mare blu intenso. Il villaggio principale è un affascinante reticolo di scalinate e sentieri asfaltati, con scogliere calcaree ricoperte di viti e le viste suggestive tra gli alberi di tamarindo alla fine di Jl Eldorado. Una passeggiata permette di ammirare la vita del villaggio: i bambini in uniforme scolastica che si arrampicano sugli alberi da frutto, il macis appena raccolto steso a essiccare e il richiamo alla preghiera che risuona insieme al canto dei galli nei giardini del centro.

L'attività principale a Run è l'immersione lungo la parete situata da 70 a 150 m al largo della costa nord-occidentale (raggiungibile soltanto via mare) e nota con il nome di **Depan Kampung** (per il fatto di essere situata accanto al villaggio), che offre una visibilità davvero eccellente.

Il **vecchio Forte Inglese**, presieduto dal capitano Courthope durante le battaglie per le spezie, ha portato allo scambio di Run per Manhattan. Dal molo, camminate fino al sentiero principale, girate a destra e seguite le scale fino al viottolo accidentato che conduce a rovine ricoperte di vegetazione.

Al largo della punta settentrionale di Run, le sabbie bianche di **Pulau Nailaka** offrono una bella vista sul Gunung Api. Nell'entroterra, cumuli di rocce coralline formano un perimetro irregolare che un tempo accoglieva il piccolo **Forte Swan**, costruito dagli inglesi.

La migliore sistemazione è la Guesthouse Nailaka (p377): il proprietario Burhan parla un po' di inglese e propone tour dell'isola, visite a piantagioni di noce moscata e gite in barca con soste per lo snorkelling.

Isole Kei

SPIAGGE TROPICALI | VILLAGGI TRADIZIONALI | SNORKELLING

Nascoste all'estremità sud-orientale delle Maluku, le Isole Kei vantano alcune delle spiagge più spettacolari dell'Indonesia: chilometri di sabbia bianca e soffice lambiti da un mare limpido e cristallino che, nelle giornate calme, è piatto come una piscina. Difficili da raggiungere e poco conosciute, le incantevoli coste dell'arcipelago sono in gran parte dominio dei pescatori dei villaggi e delle loro famiglie, che condividono volentieri il loro remoto angolo di paradiso con visitatori provenienti da ogni parte del mondo. Ci sono diversi motivi per visitare le 112 isole: barriere coralline, villaggi immersi nelle foreste, cascate e grotte mitiche. Dietro un cristianesimo prevalente ma spesso soltanto di facciata, la cultura Kei è affascinante: la popolazione è divisa in tre caste, alcuni alberi sono ritenuti sacri, la dote delle spose viene pagata in *lela* (antichi cannoni da tavolo) e la gente presta fede al *sasi* (un incantesimo di proibizione). L'inglese è poco parlato, ma la gente del posto è amichevole e fa di tutto per farvi sentire benvenuti.

Pulau Kei Kecil

Spiagge, snorkelling e festival

Kei Kecil vanta alcune delle migliori spiagge dell'arcipelago. La meta turistica più famosa è **Pasir Panjang**, con i suoi 3 km di sabbia bianca, così soffice da sembrare farina, e le palme da cocco che ondeggiano al vento. Nonostante la sua bellezza, la spiaggia è tranquilla, tranne che durante le festività e nei fine settimana, quando la gente del posto si esibisce in karaoke a tutto volume a Ngur Bloat (sud) e Ohoililir (nord). Come capita in molte spiagge di Kei Kecil, a Pasir Panjang l'acqua è poco profonda. Con la bassa marea, si ritira molto. Gli amanti dello snorkelling troveranno maggiori soddisfazioni alle barriere coralline delle vicine isole di **Pulau Ngaf**, **Pulau Er** e **Pulau Godon**. Le guesthouse possono provvedere al noleggio di barche (700.000Rp al giorno), ma portate la vostra attrezzatura.

TRASPORTI LOCALI

Kei Kecil ospita l'unico aeroporto dell'arcipelago. Conosciuto come Langgur, si trova a 30 min di auto a sud dell'omonima città. Taxi e *ojek* sono disponibili per il trasporto. Le isole sono raggiungibili anche via mare. Le navi Pelni attraccano a Tual, oltre il ponte di Langgur, su Pulau Dullah. Un motoscafo al giorno collega Kei Kecil e Kei Besar, partendo da Elat (intorno alle 13 o alle 14) per arrivare a Langgur (in circa un'ora e 45 min). Ritorna a Elat alle 9.

IL CONSIGLIO

Assicuratevi di mettere in valigia un po' di provviste prima di partire per le Isole Kei. A Tual e Langgur ci sono alcuni semplici *warung*, ma altrove i ristoranti sono inesistenti, quindi dovrete arrangiarvi un po'.

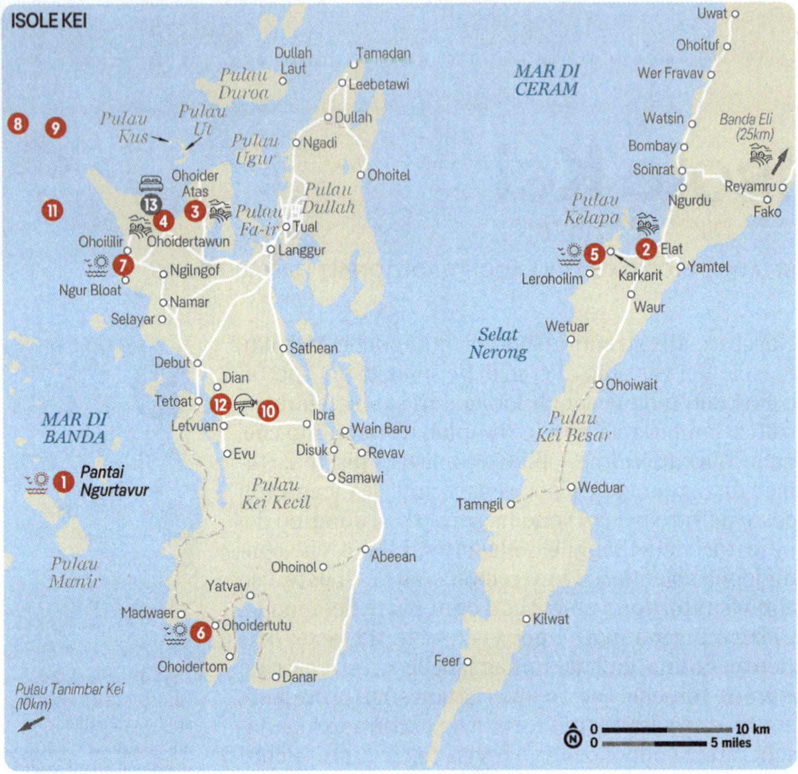

DA NON PERDERE
1 Pantai Ngurtavur

DA VEDERE
2 Elat
3 Ohoider Atas
4 Ohoidertawun
5 Pantai Daftel
6 Pantai Ohoidertutu
7 Pasir Panjang
8 Pulau Er
9 Pulau Godon
10 Pulau Kei Kecil
11 Pulau Ngaf

ATTIVITÀ, CORSI E TOUR
12 Goa Hawang

PERNOTTAMENTO
13 Lucy's Guesthouse
v. 4 Savana Cottages
v. 7 Tria Maria Cottage

CENTRI PRINCIPALI DELLE KEI

Sulle Isole di Kei Kecil e Kei Dullah, le città gemelle di Tual e Langgur sono i centri amministrativi e dei trasporti delle Isole Kei. Sviluppata su ampi viali, la cristiana Langgur è un po' più rilassata rispetto alla sua vicina. Tual, a maggioranza musulmana, è il porto principale, un mix di popoli, tra cui i discendenti degli arabi. Langgur offre le migliori strutture ricettive.

Celebrazione delle maree

Festival di Meti Kei

Il **Festival di Meti Kei** si tiene ogni ottobre e ruota attorno a un fenomeno naturale per cui la marea si ritira al largo di Kei Kecil, a volte fino a 5 km o più dalla riva per alcune settimane.

La gente del posto festeggia a Pasir Panjang e su altre spiagge pescando, utilizzando lance o le tradizionali 'reti' fatte di foglie di palma da cocco. Non mancano danze tradizionali, musica dal vivo e parate.

Tradizioni di Pulau Tanimbar Kei

Spiagge e villaggi

Al largo di Kei Kecil si trovano altre isole minori con spiagge incantevoli e acque turchesi, la più interessante delle quali è **Pulau Tanimbar Kei**, situata a sud-ovest di Ohoidertutu. L'isola è famosa per il villaggio tradizionale, la sabbia soffice e le magnifiche opportunità di praticare lo snorkelling. Non ci sono infrastrutture turistiche, ma la gente del posto è amichevole e accogliente.

Su una lingua di sabbia

Visita a Pantai Ngurtavur

Meta popolare su Instagram e per i selfie dei turisti indonesiani alle Isole Kei, **Pantai Ngurtavur** è una splendida lingua di sabbia – a quanto pare la più lunga dell'Indonesia – che emerge dal Mar di Banda appena al largo di Pulau Waha durante la bassa marea. È raggiungibile solo con una barca a noleggio, dal porto di Debut, sulla costa occidentale di Kei Kecil. Il viaggio dura circa un'ora e mezza. Ricordate che la sabbia è visibile solo con la bassa marea, quindi organizzatevi di conseguenza. Gli abitanti di Pulau Waha chiedono una tassa di tutela di 200.000Rp per barca, quindi preparatevi a pagare all'arrivo.

Villaggio di Ohoidertawun

Mare, grotte e petroglifi

Il grazioso villaggio di **Ohoidertawun** sorge in un'incantevole baia che con la bassa marea si trasforma in una vasta distesa di sabbia bianca, di fronte alla quale gli artigiani costruiscono le canoe seduti all'ombra delle palme. Sul lungomare, accanto al **Savana Cottages**, cresce un albero sacro, che stando a quanto sostiene la gente del posto sarebbe in grado di mantenere la pace e rafforzare le relazioni. Un sentiero e una scalinata si dirigono verso nord fino al villaggio di **Ohoider Atas**. Durante la bassa marea è possibile sguazzare nelle pozze d'acqua che si formano nella piana sabbiosa di fronte a piccole grotte scavate nelle scogliere calcaree, alcune delle quali contengono ossa umane. Dopo circa 25 minuti di cammino inizierete a notare una serie di misteriosi petroglifi rossi e arancioni sulla scogliera.

Nel villaggio si trovano diverse guesthouse, che sono anche i luoghi migliori per organizzare escursioni di snorkelling alle vicine barriere coralline di Pulau Ngaf, Pulau Er e Pulau Godon. È inoltre possibile noleggiarvi una moto.

Fuori dai sentieri battuti su Pulau Kei Besar

Villaggi remoti e coste da sogno

L'incantevole Kei Besar è una lunga catena di colline lussureggianti, ripide e boscose, punteggiata da villaggi remoti e tradizionali e alcune spiagge di sabbia bianca, più adatte a scattare foto che a fare il bagno. Le strade sono poche e, in alcuni punti,

GRANDE CUORE

Nel 1817, gli olandesi affrontarono una piccola ma intensa rivolta guidata da Thomas Matulessy, che riuscì per breve tempo a ottenere il controllo del Benteng Duurstede a Saparua. Uccise tutti i soldati, ma risparmiò un bambino olandese di sei anni. Per questa 'clemenza' Matulessy fu soprannominato dal popolo 'Pattimura' (cuore grande). I ribelli furono rapidamente sconfitti e mandati al patibolo, ma da allora sono diventati simboli della resistenza anticoloniale. Oggi le loro statue sono diffuse in tutte le Maluku e Pattimura compare persino sulle banconote indonesiane da 1000Rp. Il suo nome è stato dato anche a un'università e all'aeroporto di Ambon. Il 15 maggio viene celebrato con una fiaccolata a Saparua.

ASTUTO IMPIEGO DEL SASI

Chiamatela 'magia' o 'conoscenza della terra': nelle Maluku ci sono molte credenze occulte, con alcuni aspetti simili a quelli della tradizione vudù. Una di queste, ancora largamente diffusa, è il *sasi*, una sorta di 'incantesimo di proibizione' usato per proteggere le proprietà private e impedire l'accesso agli intrusi. Sebbene l'unica barriera fisica sia una foglia di palma *janur*, pochi oserebbero rompere l'incantesimo per paura dei suoi 'effetti' sconosciuti. Per innumerevoli generazioni, riti *sasi* hanno impedito il furto di noci di cocco e assicurato che nessuno pescasse durante il periodo della riproduzione. Tuttavia, nel 2003 alcuni astuti isolani hanno fatto un incantesimo sul ponte che collega Tual a Langgur. Nessuno osava attraversare il ponte e i barcaioli locali fecero lauti guadagni compiendo la traversata, fino a quando le autorità riuscirono a raccogliere la somma necessaria per svolgere una cerimonia di rimozione del *sasi*.

STEPHANE BIDOUZE/SHUTTERSTOCK ©

Ohoidertawun (p375)

ci sono solo sentieri sterrati. A parte nel villaggio principale di **Elat**, non ci sono case vacanze né ristoranti. La gente del posto mostra intensa curiosità per i turisti ma nessuno parla inglese, quindi portate un buon dizionario.

A sud-ovest di Elat, un sentiero tra palme e bouganville conduce a **Pantai Daftel**, una spiaggia di sabbia bianca che si estende per 1,8 km fino al villaggio di Lerohoilim. Escursioni in *ojek* da Elat portano ai pittoreschi villaggi di Yamtel (4 km a est), Waur (4 km a sud) e agli incantevoli centri della costa occidentale: Ngurdu (3 km), Soinrat (4 km), Bombay (7 km) e Watsin (8 km), tutti con vista sulla baia, scale di pietra e terrazze rocciose.

La costa orientale di Kei Besar è caratterizzata da attraenti piscine create dalle maree, ma non da spiagge. I villaggi sono relativamente isolati e vivono di superstizioni: i locali tendono a parlare la lingua dell'arcipelago piuttosto che il bahasa indonesia. **Banda Eli**, nell'estremo nord-est, è un insediamento fondato dagli abitanti fuggiti dalle atrocità olandesi. La popolazione, in prevalenza musulmana, conserva la cultura d'origine.

Esplorare la zona sud di Kei Kecil

Grotte, sorgenti e spiagge

Nonostante la relativa vicinanza a Langgur, l'estremo sud di Kei Kecil può sembrare sorprendentemente remoto. L'unico modo per arrivare è con un *ojek* o una moto a noleggio, ma il viaggio vi porterà a scoprire grotte, sorgenti d'acqua dolce e spiagge meravigliose, oltre a villaggi che di rado accolgono stranieri. La gente sarà felicemente sorpresa di vedervi.

Lungo la strada per Letvuan, fermatevi alle **Goa Hawang**, suggestive grotte calcaree con un'acqua blu intenso, perfette per una nuotata, sebbene condivisa con pipistrelli e grossi ragni. Nei fine settimana, le grotte possono essere affollate. Sul capo dell'isola, trovate **Pantai Ohoidertutu**, una magnifica distesa di sabbia bianca e polverosa. È probabile sia deserta, a meno che non sia un giorno festivo o un fine settimana.

Sistemazioni consigliate

$** Prezzi economici **$$** Prezzi medi **$$$ Prezzi elevati

Pulau Ternate

p348 (Cartina p349)

Kurnia Homestay $ Gestito dall'affascinante Aty, che parla un ottimo inglese, il Kurnia è un piacevole affittacamere in un quartiere tranquillo a 1 km dal centro della città.

Sahid Bela Ternate $$ Una delle migliori opzioni di fascia media di Kota Ternate offre camere spaziose e gradevoli, con balcone, una bella piscina e un buon ristorante.

Muara Hotel $$ Sopra il centro commerciale Muara, le camere sono grandi e luminose e le migliori hanno un balcone con vista sul forte e sul mare.

Villa Ma'rasai $$$ Immerso nel verde a 7 km dal centro, ha una bella atmosfera e dispone di camere suggestive con vista sulla natura; è un'ottima base per organizzare visite guidate.

Pulau Halmahera

p355 (Cartina p356)

Meraksi Flower $ La miglior casa vacanze di Tobelo, vanta camere pulitissime; il proprietario è molto amichevole ma non parla una parola di inglese.

Meti Cottage $$ Questo resort ecosostenibile sull'isola di Meti propone alloggi semplici sulla spiaggia, tour eccezionali e pasti deliziosi (bistecca, pesce appena pescato, polpo, aragosta).

Kupa Kupa Beach Cottages $$ Un luogo incantevole e rilassato, con bungalow ben curati circondati da un giardino lussureggiante fronte spiaggia.

Marahai Park $$ Il migliore (e più costoso) hotel di Tobelo dispone di camere spaziose e ben arredate vicino al centro.

Pulau Ambon

p359 (Cartina p360)

Wisma Grace $ Una deliziosa guesthouse di Kota Ambon con un padrone di casa gentile che parla inglese ed è felice di condividere le sue conoscenze.

City Hotel $$ Si distingue tra gli hotel di fascia media grazie al personale premuroso, al ristorante sul tetto e al design particolare.

Biz Hotel $$ Le camere, semplici ma pulite, sono dotate di letti comodi e arredi moderni, mentre il Cafe Biz al piano inferiore è molto frequentato dagli abitanti.

Swiss-Belhotel $$$ L'hotel più grande di Kota Ambon dispone di camere ampie e confortevoli e il personale efficiente parla bene l'inglese. Ci sono palestra, ristorante e spa.

Isole Banda

p367 (Cartina p368)

Vita Guesthouse $ Tra le numerose scelte economiche nell'area del mercato, ha una splendida posizione sulla baia con camere semplici disposte intorno a un giardino con palme.

Ardhy Guesthouse $ Grande casa situata su Pulau Ai, con semplici camere ventilate. Il disponibile proprietario parla un po' di inglese.

Guesthouse Nailaka $ A Pulau Run, il signor Burhan e la sua famiglia offrono un'accoglienza calorosa e quattro camere con bagno.

Nutmeg Tree $$ Boutique hotel ricavato in una dimora olandese del 1859, di epoca coloniale; il proprietario Reza è una miniera di informazioni.

Delfika $$ Camere piacevoli, disposte intorno a un cortile-ristorante pieno di piante. Una si trova sul mare.

Mutiara Guesthouse $$ Questa guesthouse dall'atmosfera coloniale vanta camere accoglienti, un clima familiare e un piacevole giardino. È gestita da Cilu Bintang Estate.

Hotel Maulana $$ La grande attrattiva di questo vecchio classico è la posizione privilegiata sul mare, con una splendida vista dalla terrazza del ristorante.

Green Coconut $$ Questa struttura di Pulau Ai dispone di camere essenziali in un'affascinante posizione fronte mare. Il proprietario parla un po' di inglese.

Cilu Bintang Estate $$$ L'hotel più bello di Bandaneira si trova in una splendida casa in stile coloniale olandese, dispone di camere eleganti e di un ottimo ristorante.

Isole Kei

p373 (Cartina p374)

Lucy's Guesthouse $$ Vicino a Ohoidertawun, il Lucy's offre camere immacolate con terrazze in comune su uno splendido tratto di spiaggia con una meravigliosa vista.

Tria Maria Cottage $$ Proprio sulla spiaggia, questi tre bungalow colorati sono una magnifica base d'appoggio su Kei Kecil.

Papua

REMOTA, SELVAGGIA E RICCA DI TRADIZIONI

Anche un paese avventuroso come l'Indonesia ha la sua ultima frontiera: Papua, territorio della seconda isola più grande al mondo, la Nuova Guinea.

Con una barriera corallina che ospita il 75% dei coralli duri del mondo, foreste che contengono il 50% delle specie vegetali e animali dell'Indonesia e diverse comunità indigene che parlano oltre 400 lingue diverse, Papua è una regione straordinaria. È la più giovane dell'Indonesia, tuttavia è ancora legata a tradizioni tribali millenarie e parte della popolazione va a caccia del cibo con arco e frecce. Le strade sono poche e spesso per andare da una città all'altra occorre viaggiare in aereo o via mare. A differenza di qualsiasi altra parte dell'Indonesia, Papua, chiamata un tempo Irian Jaya, sembra un mondo del tutto differente, e questo aspetto piace molto alla maggior parte dei papuani, che sono di origine melanesiana e sono distinti etnicamente dagli altri indonesiani. I viaggi qui sono una vera sfida e non costano poco, ma il fascino dei popoli di Papua e il loro attaccamento alle tradizioni conquistano i visitatori, insieme agli spettacolari paesaggi che comprendono le vette più alte dell'Oceania. Gli idilliaci ambienti marini delle Raja Ampat sono tra le mete più gettonate. Si spera che il crescente interesse si estenda un giorno anche al resto di Papua. Siti di immersione frequentati da squali balena, giungle incontaminate abitate da uccelli del paradiso e remoti villaggi con giardini terrazzati e palafitte attendono i viaggiatori più intrepidi.

AREE PRINCIPALI

RAJA AMPAT
L'Amazzonia degli oceani. p382

JAYAPURA E SENTANI
La città a più rapida crescita dell'Indonesia. p396

PULAU BIAK
Un tuffo nella storia della seconda guerra mondiale. p401

VALLE DEL BALIEM
Escursione sui remoti altopiani di Papua. p405

PARCO NAZIONALE DI WASUR
Grandi uccelli e rari wallaby. p414

RAIYANI MUHARRAMAH/SHUTTERSTOCK ©

Sopra: Wayag (p388). A sinistra: Coralli, Raja Ampat

Per orientarsi

Papua occupa metà della seconda isola più estesa del mondo, la Nuova Guinea, e condivide un confine terrestre di 824 km con la Papua Nuova Guinea. È immensa, ricca di foreste, montuosa e praticamente priva di strade (almeno per ora!).

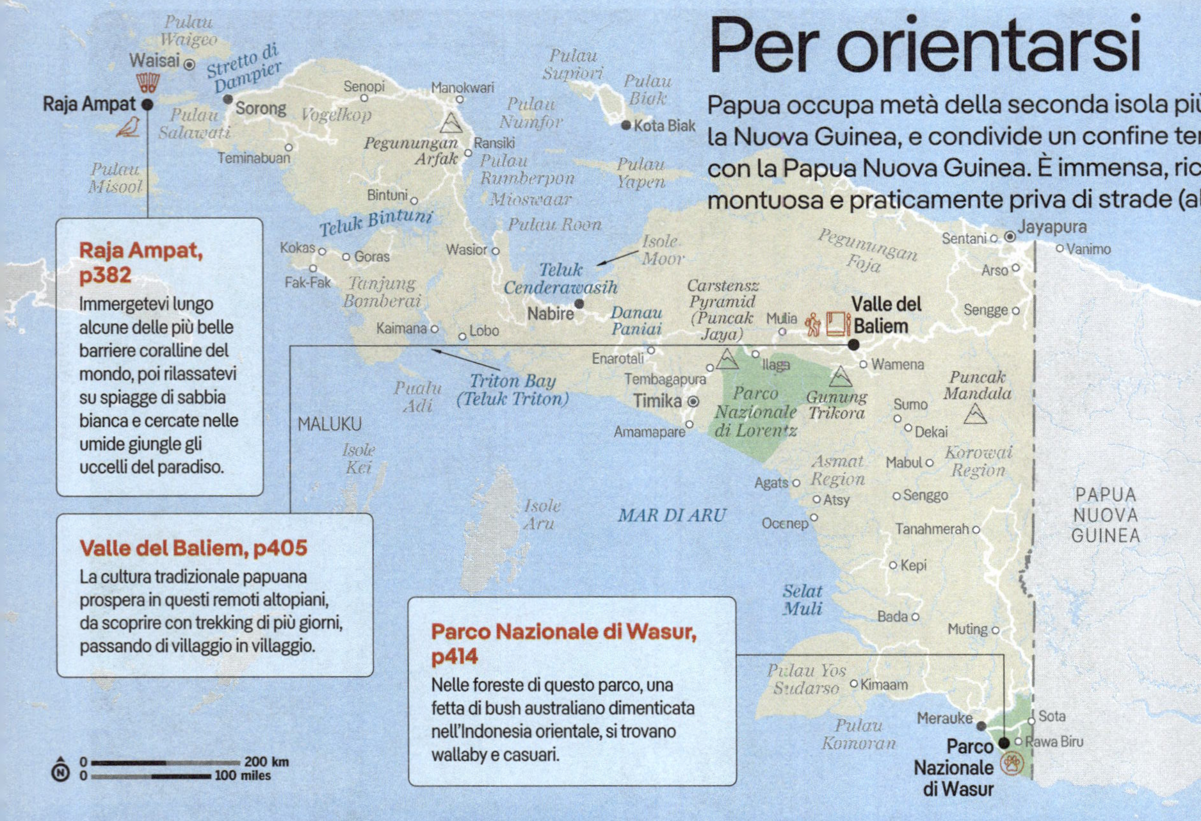

Raja Ampat, p382

Immergetevi lungo alcune delle più belle barriere coralline del mondo, poi rilassatevi su spiagge di sabbia bianca e cercate nelle umide giungle gli uccelli del paradiso.

Valle del Baliem, p405

La cultura tradizionale papuana prospera in questi remoti altopiani, da scoprire con trekking di più giorni, passando di villaggio in villaggio.

Parco Nazionale di Wasur, p414

Nelle foreste di questo parco, una fetta di bush australiano dimenticata nell'Indonesia orientale, si trovano wallaby e casuari.

TRAGHETTO

Il modo più economico per spostarsi è a bordo delle navi Pelni che collegano le città lungo la costa due o tre volte al mese. Attenzione: questi traghetti sono incredibilmente lenti e spesso popolati da personaggi poco raccomandabili.

AEREO

Il modo più veloce – e spesso l'unico – per spostarsi è l'aereo. Tutte le città hanno aeroporti con collegamenti con Jayapura e Sorong. Lion Air è l'operatore principale.

SIMONE TOMAZELA/SHUTTERSTOCK ©

Squali balena, Teluk Cenderawasih (p395)

Ritmi di viaggio

Muoversi a Papua è complicato e pochi riescono a vederla tutta in una volta. Meglio scegliere le zone chiave in base alle proprie passioni: immersioni, birdwatching, escursioni, arte e cultura.

Se avete due settimane

Se avete due settimane potete visitare con calma le mete principali e conoscere la natura selvaggia di Papua. Trascorrete la prima notte a **Sorong** (p391), le successive sei alle **Raja Ampat** (p382), dove fare immersioni, fantasticare e oziare su spiagge vuote. Tornate a Sorong e prendete un volo per Wamena (via Jayapura). Concludete il viaggio con un'escursione di quattro giorni nella **Valle del Baliem** (p405).

Con un po' più di tempo

I sub possono partire da Sorong per nuotare con gli squali balena a **Triton Bay** (p395) o nel **Parco Nazionale di Teluk Cenderawasih** (p395), oppure immergersi tra i relitti a **Pulau Biak** (p401). Gli amanti della fauna selvatica possono fare una deviazione verso i **Monti Arfak** (p393) o il **Parco Nazionale di Wasur** (p414). Quelli del trekking possono visitare i villaggi degli **yali** (p412) e dei **korowai** (p413).

Le stagioni

GENNAIO
È alta stagione con poche precipitazioni, mare calmo e maggiori possibilità di dividere i costi delle barche.

AGOSTO
Wamena attira le folle per il **Festival della Valle del Baliem** (p409), con maiale arrosto, danze guerriere e musica dani.

SETTEMBRE
Le condizioni sono ottimali per esplorare il Parco Nazionale di Wasur alla fine della stagione secca, con strade percorribili.

NOVEMBRE
I surfisti si affollano tra le onde della costa settentrionale, a Biak e Manokwari; quest'ultima ospita gare professionistiche.

Raja Ampat

PAESAGGI SFOLGORANTI | FONDALI IMPAREGGIABILI | SPIAGGE DESERTE

TRASPORTI LOCALI

Per raggiungere le Raja Ampat è necessario arrivare prima a Sorong, servita da voli diretti da Giacarta e Bali, poi prendere un traghetto dal Pelabuhan Rakyat con direzione Waisai (sull'isola di Waigeo). Si parte alle 9 e alle 14, con ritorno agli stessi orari. Il viaggio dura due ore e costa 125.000Rp per i posti in economy, 250.000Rp per accedere alla freddissima sala VIP. Dovrete inoltre pagare una tassa di 12.000Rp per ottenere la carta d'imbarco. La prenotazione online non è disponibile; basta presentarsi. In alternativa, Susi Air ha una flotta di piccoli aerei che collegano Sorong e l'aeroporto di Marinda sull'isola di Waisai. Per arrivare alle altre isole, si parte sempre da Waisai.

Il segreto è svelato. Con isole impervie ricoperte di giungla, spiagge di sabbia bianca, lagune nascoste, grotte spettrali, strani isolotti a forma di fungo, uccelli danzanti e acque turchesi e trasparenti, quello delle Raja Ampat ('Quattro Re') è uno degli arcipelaghi più belli del mondo. Una decina di anni fa, le oltre 1500 isole erano così remote e difficili da raggiungere che solo alcuni irriducibili subacquei si azzardavano nell'impresa. Ora, nonostante gli ostacoli rimangano molti, sempre più viaggiatori sono attratti da questi paradisi. Papua ha una ricchissima vita marina e l'arcipelago delle Raja Ampat – soprannominato 'fabbrica delle specie' – vanta la più grande biodiversità del mondo con oltre 1400 specie di pesci di barriera e più di 600 coralli duri (il 75% del totale del pianeta). Consideratelo l'Amazzonia degli oceani. Il turismo responsabile svolge un ruolo importante nella protezione di questo tesoro di importanza globale, garantendo fonti di reddito sostenibili e finanziando iniziative di tutela.

Ballare in paradiso

Uccelli su Waigeo e Gam

Se non navigate su una barca da diporto e non vi dirigete verso un resort per immersioni, il vostro viaggio alle Raja Ampat inizia su Pulau Waigeo, al molo dei traghetti di **Waisai**, capoluogo dell'arcipelago e luogo di residenza di circa 8000 persone. La città in sé non è una meta importante, ma anche chi ha intenzione di trascorrere la maggior parte del viaggio altrove spesso si concede una o due notti in uno dei tanti resort e alloggi che costeggiano la strada fino al pittoresco villaggio di **Saporkren**, base per l'avvistamento dell'uccello rosso del paradiso e di quello di Wilson. Waigeo offre la possibilità di praticare birdwatching ed è l'unico posto, oltre a Batanta, dove si possono trovare entrambe le specie. I visitatori di solito partono intorno alle 4.30 del mattino per raggiungere l'area

Uccello del paradiso di Wilson

di osservazione dietro il piccolo **Aeroporto di Marinda**. In totale, il tragitto dal parcheggio è lungo meno di 3 km: una postazione più bassa per gli uccelli di Wilson che si accoppiano al suolo e una piattaforma sopraelevata per i rossi che si accoppiano sugli alberi. Se volete un'esperienza ancora più autentica, da Saporkren percorrete circa 6 km fino a una serie meno frequentata di postazioni di osservazione situata in alto sulle colline. Gli uccelli del paradiso tendono a tornare negli stessi punti ogni mattina, il che garantisce l'avvistamento. I maschi rossi scuotono le sontuose penne della coda e dimenano i loro calzari su e giù tra i rami spogli dei loro alberi preferiti. I maschi di Wilson si preparano uno spiazzo prima di gonfiare il petto in modo plateale. Naturalmente, è un comportamento che serve a corteggiare le femmine, molto meno colorate, che però di rado si fanno impressionare. Mentre aspettate nascosti, sudando nell'aria afosa del mattino, potreste anche vedere (o sentire) buceri, cacatua ciuffogiallo e martin pescatori dal becco giallo: i loro richiami mattutini riecheggiano nella giungla.

Molti visitatori combinano il birdwatching con un tuffo rinfrescante nel **Kali Biru**, un magnifico fiume blu circa un'ora a nord-est di Waisai. È possibile vedere l'uccello rosso del paradiso anche su **Pulau Gam**, vicino ai villaggi di **Sawinggrai** e **Yenwaoupnor**. Su Pulau Mioskon, appena al largo della costa, vivono migliaia di volpi volanti (molto grandi!): potete vederle volare al tramonto. Le guide sono facilmente reperibili sia su Gam sia su Waigeo; chiedete al vostro alloggio. Gli appassionati di birdwatching potrebbero prendere in considerazione **Charles Roring** di Wildlife Papua o Eko Lesomar di **Discover Papua Birding**, entrambi profondi conoscitori della fauna locale.

ALFRED RUSSEL WALLACE

Pochi sanno che sono stati in due ad aver concepito la teoria dell'evoluzione per selezione naturale. Darwin e le Isole Galápagos suonano familiari, ma Alfred Russel Wallace e le isole da lui studiate (tra cui le Raja Ampat) sono stati dimenticati. Il naturalista inglese era ossessionato dagli uccelli del paradiso e trascorse mesi a Yenbeser (dove si trova una riproduzione della sua capanna). Individuò quella che fu poi definita Linea di Wallace, un confine immaginario che separa in due l'arcipelago indonesiano. Gli animali a ovest sono di origine asiatica, quelli a est di provenienza australe. Il libro di Wallace, *L'arcipelago malese*, è uno dei più affascinanti diari di viaggio sulla regione.

IL CONSIGLIO

Tutti i visitatori necessitano di un permesso di ingresso al Parco Marino delle Raja Ampat, che costa 700.000Rp e finanzia le misure di tutela ambientale e la sorveglianza. Un ulteriore biglietto costa 300.000Rp e sovvenziona le infrastrutture turistiche. Queste due tasse possono essere pagate all'arrivo a Waisai. Visitate rajaampatmarinepark.com o stayrajaampat.com per info aggiornate.

RAJA AMPAT
Wayag
MALUKU
SETTENTRIONALE
Pulau
Kawe
Kabare
Pulau
Gebe
Pulau
Waigeo
Waisilip
MAR DI
HALMAHERA
Teluk
Kabui
Pulau
Gag
Pulau
Gam
Pulau
Kri
Pulau
Mansuar
v. ingrandimento
Stretto di
Dampier
Pulau
Wai
Marandanweser
Pulau
Batanta
Stretto di Sagewin
Pulau
Salawati
Samat
Pulau
Kofiau
Isole
Boo
Wejim
Waigama
Pulau
Misool
Harapan
Java
Lilinta
MALUKU

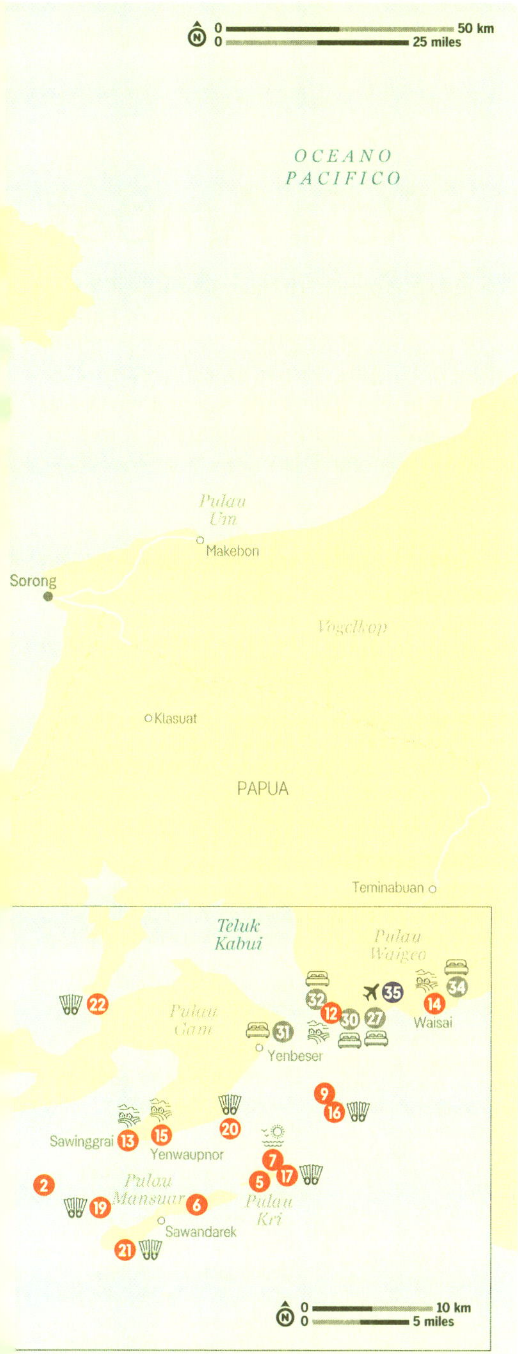

DA NON PERDERE
1 Wayag

DA VEDERE
2 Arborek
3 Batanta
4 Kali Biru
5 Kri
6 Mansuar
7 Pasir Timbul
8 Piaynemo
9 Mioskon
10 Misool
11 Salawati
12 Saporkren
13 Sawinggrai
v. 8 Telaga Bintang
14 Waisai
15 Yenwaoupnor

ATTIVITÀ, CORSI E TOUR
16 Blue Magic
17 Cape Kri
18 Isole Fam
19 Manta Sandy
20 Mike's Point
21 Sauwandarek Jetty
22 The Passage

PERNOTTAMENTO
23 Avinsea Homestay
24 Batanta Diving Homestay
25 Biryei Homestay
26 Cove Eco Resort
v. 5 Daroyen Village
27 Hamueco Dive Resort
v. 2 Kalabia Homestay
28 Misool Resort
29 Nut Tonton Homestay
30 PapuArts Alter-Native Stay
31 Raja Ampat Biodiversity Nature Resort
32 Raja Ampat Eco Lodge
33 Raja4Divers
34 Sandy Guesthouse
v. 5 Sorido Bay Resort
v. 5 Turtle Homestay

TRASPORTI
35 Aeroporto di Marinda
36 Yellu

COSA SCEGLIERE

In barca alle Raja Ampat

Avvicinatevi a mante e a tridacne giganti, banchi di barracuda, fucilieri e pesci pappagallo, ammirate i minuscoli cavallucci marini pigmei e i nudibranchi multicolori e, con un po' di fortuna, gli squali tappeto e gli squali dalle spalline. La barriera corallina delle Raja Ampat presenta centinaia di coralli duri e molli dai colori brillanti; la topografia marina varia tra pareti verticali e pinnacoli, fondali piatti e crinali sottomarini. Il mezzo più adatto per vedere questo mondo sommerso è la barca.

Migliori imbarcazioni per...

Subacquei di alto livello

Seven Seas Questa compagnia con sede a Bali gestisce una goletta buginese incantevole di 40 m che può ospitare fino a 16 persone in cabine lussuose. Di solito si abbinano le Raja Ampat a Triton Bay.

Dewi Nusantara Questa goletta tradizionale a tre alberi accoglie 18 passeggeri in cabine spaziose per viaggi di lunga durata che possono raggiungere Triton Bay o le Isole Banda.

Big Blue Indonesia Gruppo di istruttori subacquei internazionali multilingue di recente formazione. Le navi trasportano solo otto passeggeri; gli itinerari di una settimana possono essere più convenienti.

Appassionati di fauna selvatica

Barefoot Conservation Propone spedizioni per la salvaguardia marina su una *pinisi* (goletta) di 30 m in legno chiamata *Ratu Laut*, dotata di docce e aria condizionata. Barefoot gestisce anche attività a terra ad Arborek, spesso dedicati alle mante.

Viaggiatori a risparmio

Raja Ampat Adventures Questa nave a gestione locale propone prezzi a partire da US$1100 per una settimana di navigazione ed è tra le opzioni più economiche.

Epica Nave con direzione Raja Ampat, accessibile a tutte le tasche, con sei cabine doppie e due bagni condivisi con docce d'acqua dolce. Si accetta un massimo di quattro subacquei per guida.

Kira Kira Questa goletta a due alberi può ospitare un massimo di 8 passeggeri e funziona a energia solare, il che la rende estremamente silenziosa e ideale per i subacquei attenti all'ambiente.

Viaggiatori di alta fascia

Pindito Questa rinomata imbarcazione per sub offre sei cabine matrimoniali e due doppie con tutti i comfort. Gli itinerari includono Misool.

Damai II Questa nave di 40 m offre ai suoi 12 ospiti tutti i comfort, compreso il wi-fi satellitare, un'area benessere e una sala video.

Gaia Love Sebbene questo spazioso yacht di lusso manchi di tipicità, non si può negare che gli optional che propone siano di alto livello: tra questi, uno 'spazio creativo' per l'attrezzatura fotografica e sontuosi pasti.

Non subacquei

SeaTrek Sailing Adventures Durante le escursioni didattiche potreste avvistare gli uccelli del paradiso, esplorare le foreste pluviali, praticare snorkelling o viaggiare sulle orme di Alfred Russel Wallace (p383).

Calico Jack Una crociera all'insegna dello snorkelling a bordo di un *pinisi* in legno. Tra le attività proposte: birdwatching, escursioni, kayak e paddle.

Barca *pinisi*

QUALCHE INFORMAZIONE

Chi può immergersi In generale, le Raja Ampat sono più adatte ai subacquei esperti; non è proprio il luogo ideale per imparare a immergersi, anche se sono disponibili alcuni corsi per principianti.

Attenzione Le immersioni si svolgono alla deriva, con correnti forti che possono ostacolare la visibilità. Attenzione alle foreste di mangrovie, terreno di caccia per i coccodrilli d'acqua salata.

Quando immergersi È possibile immergersi tutto l'anno, anche se il mare, solitamente calmo, può diventare mosso da luglio a settembre. Le piogge più intense si verificano tra maggio e settembre.

Ulteriori letture I sub più seri dovrebbero visitare il sito di Bird's Head Seascape, con risorse inestimabili sulle Raja Ampat, Teluk Cenderawasih e Triton Bay.

Crociera vs resort

Per molti, il miglior modo per visitare le Raja Ampat è una crociera su una goletta in stile Bugis, attrezzata per immersioni. Più di 60 imbarcazioni liveaboard di proprietà indonesiana e straniera effettuano crociere di una o due settimane, di solito con partenza e arrivo a Sorong. Alcuni itinerari combinano le Raja Ampat con Teluk Cenderawasih o Triton Bay, e la maggior parte delle barche trasporta da otto a 16 passeggeri. Non c'è modo migliore per ammirare l'arcipelago. Detto questo, le escursioni non sono economiche e alcuni sostengono che fruttino poco alle comunità papuane. Informatevi bene: negli ultimi anni, alcune barche sono andate a fuoco. I resort per sub, invece, offrono pacchetti all-inclusive di una settimana o più e si concentrano su località situate in un raggio di circa 10 km dal resort. Possono essere molto più economici e confortevoli, con lussuosi bungalow sull'acqua e tre pasti al giorno. In tutti i centri sono richieste un'assicurazione valida e una licenza di immersione. Molte famiglie di Arborek, Kri e Gam propongono immersioni, ma le guide a volte hanno scarsa formazione e l'attrezzatura è scadente. Chiedete di vedere la certificazione delle guide. A Waisai c'è una camera di decompressione, ma capita che non funzioni. Un'alternativa molto più recente è stata aperta su Biak nel 2023.

MIGLIORI SITI DI IMMERSIONE

Manta Sandy
In questo famoso sito tra Mansaur e Arborek si trovano piccoli pesci pulitori su enormi mante con un'apertura alare di 5 m.

Mike's Point
Sito di immersione per esperti, con forti correnti discendenti al largo di Pulau Kerupiar, isola che durante la seconda guerra mondiale fu scambiata per una nave giapponese e quindi bombardata.

The Passage
Questo canale di acqua salata largo 20 m tra l'isola Waigeo e l'isola Gam è il paradiso dei fotografi subacquei.

Melissa's Garden
Un sito di punta delle Isole Fam, con acque calme, coralli meravigliosi e una grande quantità di pesci.

Blue Magic
Aspettatevi banchi di barracuda, mante e coralli colorati su questo promontorio sommerso.

Crociera alle Raja Ampat

Tour in barca alla scoperta delle isole

Ironia della sorte, la maggior parte dei visitatori in genere non trascorre il proprio tempo su nessuna delle quattro Raja Ampat (Waigeo, Batanta, Salawati e Misool). Una serie di isole più piccole, prive di reti stradali, nello Stretto di Dampier vanta la più grande concentrazione di strutture ricettive, alcuni dei migliori siti di immersione e le mete più ambite. Le escursioni in barca in questa zona sono davvero emozionanti.

Pulau Kri, a sud di Gam, è il punto d'incontro dei backpacker. È piccola, vivibile, ricoperta dalla foresta e circondata da spiagge e alloggi economici, oltre che dai resort per immersioni più lussuosi. La maggior parte si trova sulla costa nord, più pianeggiante. Uno dei migliori siti per lo snorkelling è **Cape Kri**, mentre il banco di sabbia di **Pasir Timbul** è un eden per gli instagrammer. La vicina **Isola di Pulau Mansuar** è più selvaggia, con poche zone pianeggianti, una costa calcarea e diverse spiagge alla Robinson Crusoe. Su entrambe le isole si trovano splendidi coralli e si può fare snorkelling, anche presso il molo del villaggio **Sauwandarek** di Mansuar. Attenzione perché gli scarti della pesca e i rifiuti possono occasionalmente rovinare acque altrimenti incontaminate. Tenete presente che, come in gran parte delle Raja Ampat, le correnti possono essere forti.

Più a ovest c'è una baia piuttosto urbanizzata e circondata da alloggi, la **Baia di Arborek**. Può essere una buona base per chi ha un budget limitato, ma non è proprio un luogo turistico. Gli abitanti dell'isola vendono oggetti d'artigianato (come le borse *noken* a base arborea) e spesso si dipingono il corpo mettendo in scena danze tradizionali per le imbarcazioni in visita. Arborek, Kri e Mansuar sono le più centrali delle isole settentrionali dell'arcipelago, e sono quindi ottimi punti di partenza per proseguire il viaggio o per fermarsi durante le escursioni in barca che partono da Waigeo. Spesso si combina lo snorkelling con una visita alla più grande meraviglia delle Raja Ampat, **Piaynemo**, un belvedere panoramico con una vista da sogno sulle Isole Fam, che spuntano dalle acque calme e turchesi come funghetti ricoperti di alberi. La salita è relativamente facile grazie alle scale e alle diverse piattaforme di legno. Sul molo sottostante si trovano bancarelle di cibo. Qui, come altrove, evitate l'aragosta e i paguri del cocco, cacciati illegalmente. Nelle vicinanze si trova una seconda salita su roccia, leggermente più impegnativa, che vi porta ad ammirare una laguna a forma di stella, **Telaga Bintang**.

Molti visitatori confondono la vista da Piaynemo con le immagini delle Raja Ampat utilizzate per le pubblicità. In realtà si tratta di **Pulau Wayag**, simile, ma molto più grande, circa 30 km a nord-ovest di Waigeo. A causa della sua posizione remota, sono soprattutto le crociere ad approdarvi. Per coloro che riescono a raggiungerla, la salita di 760 m sul **Pindito**, la sua cima più alta, è davvero ipnotica.

Noleggiare motoscafi per visitare le Raja Ampat non è economico. Si pagano da 700.000Rp a 1.000.000Rp (solo andata) per i viaggi da Wasai a Kri, Mansuar e Arborek, e circa 2.000.000Rp a persona per un viaggio di un'intera giornata

CHARLOTTE BLEIJENBERG/SHUTTERSTOCK ©

Varano arboricolo blu, Batanta

(con diverse soste) fino a Piaynemo e ritorno, compresi i numerosi biglietti d'ingresso delle attrazioni lungo il percorso. Raggiungere Wayag da Waisai può costare tra i 15.000.000Rp e i 20.000.000Rp a barca, per un massimo di 10 persone. Più persone ci sono sulla barca, più si risparmia.

Salawati e Batanta

Il tratto di mare meno battuto

Pulau Batanta è il più piccolo dei 'Quattro Re'. Una terra densamente ricoperta di vegetazione, con cascate fragorose e alcune delle migliori postazioni dell'arcipelago per l'osservazione degli uccelli, tra cui uccelli del paradiso e casuari; è l'unico posto al mondo in cui è possibile avvistare il varano blu, in via di estinzione, e uno degli ultimi rifugi del cusco maculato di Waigeo. I prati sottomarini sono l'habitat privilegiato per i dugonghi, altrove non più presenti perché spaventati da varie attività. Nonostante tutto, sono pochi i turisti che si recano su Batanta. Gli alloggi e i resort dell'isola (e le eccellenti escursioni alle barriere coralline) sono l'ideale per chi vuole allontanarsi da tutto. Quasi tutte le strutture si trovano nella serie di isolotti che punteggia il litorale settentrionale.

Salawati, a sud, è caratterizzata da fitte foreste di sago, villaggi rurali e diversi siti della seconda guerra mondiale, tra cui bunker giapponesi e alcuni relitti sottomarini. Sebbene ci sia un bel traffico di imbarcazioni, è la meno visitata dei 'Quattro Re'.

SISTEMAZIONI IN FAMIGLIA ALLE RAJA AMPAT

Stay Raja Ampat è un'impresa sociale che gestisce un centro informazioni situato presso il molo di Waisai e si occupa della gestione delle strutture ricettive della zona. Il termine è un po' fuorviante, in quanto la maggior parte delle 'sistemazioni' consiste in semplici bungalow di palma in prossimità del mare. Alcuni sono dotati di bagno privato, ma molti hanno solo un *mandi* (vasca con mestolo) in comune. In generale, sono economici, gestiti da famiglie papuane, e includono tre pasti a base di pesce al giorno. Le isole più frequentate, Kri e Arborek, hanno avuto problemi con la spazzatura e i ratti (documentatevi!). Il sito web di Stay Raja Ampat (stayrajaampat.com) è ottimo per prenotare e organizzare il viaggio, mentre il forum di viaggiatori Stay Raja Ampat su Facebook è il posto giusto per trovare compagni di viaggio interessati a condividere i costi delle barche per muoversi tra le isole.

CONTANTE: RE DELLE RAJA AMPAT

Strutture ricettive, operatori subacquei e capitani delle Raja Ampat accettano soltanto pagamenti in contanti. Al di là dei resort più lussuosi, i pagamenti con carta di credito sono del tutto sconosciuti. È un problema perché gli unici sportelli bancomat si trovano a Waisai (o a Sorong). Prelevate abbastanza contanti per pagare il traghetto di ritorno, i trasferimenti in barca tra le isole, l'alloggio, il permesso per il parco, la tassa per la tutela dell'ambiente, i biglietti d'ingresso per le varie attrazioni e le eventuali visite guidate lungo il percorso. Si può arrivare facilmente a milioni di rupie. Se siete davvero in difficoltà, molti accettano di buon grado i trasferimenti attraverso applicazioni internazionali come Wise.

ETHAN DANIELS/SHUTTERSTOCK ©

Laguna a forma di cuore, Misool

Abbandonati a Misool

Il quarto re

Pulau Misool si trova 150 km di navigazione a sud-ovest di Sorong e, per questo motivo, vive in un mondo a se stante. La costa sud-orientale, disseminata di formazioni carsiche frastagliate, è uno degli angoli più selvaggi e meravigliosi delle Raja Ampat. L'isola ospita numerose attrattive naturali, tra cui vaste grotte, giungle piene di uccelli e tappeti di coralli sottomarini. Ci sono anche una famosa laguna a forma di cuore e due laghi di acqua salata dove si può nuotare con migliaia di meduse dorate (non irritanti). Uno dei modi migliori per scoprire Misool è un viaggio di più giorni in kayak con **Millekul Adventures**. Misool ospita il lussuoso **Misool Resort**, il principale centro immersioni delle Raja Ampat e il più grande promotore di salvaguardia naturale. La sua fondazione benefica preserva e pattuglia da sola 1220 kmq di oceano nella **Riserva Marina di Misool**, che offre straordinarie opportunità di snorkelling e immersioni.

Per chi non soggiorna nel resort, raggiungere Misool può essere un po' complicato. Le barche lente partono ogni lunedì sera da Sorong e arrivano otto ore dopo nel porto di **Yellu**. Partono da Misool il giovedì pomeriggio e arrivano a Sorong il venerdì mattina presto. Si può dormire in cabine private con aria condizionata, oppure in classe economica su una poltrona. Al momento della scrittura della guida, erano in programma l'aggiunta di un secondo servizio di traghetti e l'introduzione di una flotta di idrovolanti da Sorong.

Dintorni delle Raja Ampat

Due città permettono di accedere alle meraviglie più selvagge della Papua occidentale, come affollate barriere coralline e foreste montane.

Nei dintorni delle Raja Ampat, la provincia della Papua occidentale è costituita principalmente da due grandi penisole: quella di Doberai (nota anche come Vogelkop o Kepala Burung) e quella di Bomberai, più a sud; oltre che da centinaia di isole al largo. Le attrattive di questa zona sono principalmente di tipo naturale: l'avvistamento degli uccelli del paradiso, le immersioni in prossimità di barriere coralline poco visitate e il nuoto con gli squali balena. Sorong e Manokwari sono centri ben forniti da cui partire per le vostre esplorazioni. La prima è una tappa obbligata sulla strada per raggiungere le Raja Ampat, mentre la seconda è un centro di preferenza per i surfisti, il birdwatching e il turismo religioso. Baie più appartate, foreste vergini e villaggi tradizionali papuani attirano i più avventurosi.

Località

TRASPORTI LOCALI

Quello di Sorong è il principale aeroporto della regione, con voli da Giacarta e collegamenti con Kaimana e Manokwari. Da Manokwari si può raggiungere Nabire. I taxi aeroportuali per le città possono essere costosi, a partire da 100.000Rp a Sorong e da 150.000Rp a Manokwari. Oltre i gate dell'aeroporto ci sono *taksi* pubblici al costo di circa 10.000Rp. In entrambe le città, gli *ojek* con caschi gialli hanno tariffe comprese tra 10.000Rp e 20.000Rp a viaggio. Sorong è servita anche dall'applicazione Grab.

Sorong

DA RAJA AMPAT: **2 H**

Prepararsi per le Raja Ampat

Sorong si trova sulla punta nord-occidentale della Penisola di Doberai ed è la seconda città più grande di Papua. È un porto molto frequentato, base per le industrie petrolifere e del legno della regione e scalo aereo della Papua occidentale, ma sono pochi i viaggiatori che vi si fermano più a lungo di quanto sia necessario per salire su una barca diretta alle Isole Raja Ampat.

Nell'attesa, si può visitare il **Vihara Buddha Jayanti** (Pagoda Sapta Ratna), un tempio buddhista costruito dalla comunità cinese locale. Offre un'impareggiabile vista su Sorong e attira folla al tramonto. In alternativa, i mattinieri possono godersi la frenesia dell'alba al **Pasar Jembatan Puri**, un mercato del pesce che si tiene dalle 5 alle 7.30 circa. Per la maggior parte dei turisti, tuttavia, Sorong è un luogo dove fare scorta di provviste prima delle Raja Ampat. I due posti migliori a questo scopo sono i supermercati **SAGA** e **MEGA**, situati ai due capi della città.

ALCOLICI A PAPUA

Se la vacanza dei vostri sogni prevede una piña colada sulla spiaggia, forse Papua non è il posto che fa per voi. L'alcol è vietato in molte zone della regione, mentre in altre è estremamente difficile da trovare (e molto costoso quando lo si trova). In alcune località, come Sorong, Biak o Jayapura, è possibile trovare da bere negli hotel più belli, ma non aspettatevi di trovare la birra (e certamente non il vino) nei supermercati o nei ristoranti nei dintorni di Sorong. I viaggiatori internazionali possono portare in Indonesia 2,25 l di bevande alcoliche a persona, oppure acquistarne un litro al duty free all'arrivo. Prima di raggiungere le Raja Ampat, è consigliabile fare scorta di birra al SAGA di Sorong: persino una Bintang fredda è difficile da trovare sulle isole.

Manokwari

DA SARONG: **1 HR**

Chiese, spiagge e una montagna dalla cima piatta

Capoluogo della provincia della Papua Barat (Papua occidentale), Manokwari si trova nel parco di Teluk Cenderawasih, situato a nord-est della Penisola di Doberai. È un centro piuttosto tranquillo che merita una sosta per scoprire le bellezze naturali dei dintorni, in particolare la riserva di Pegunungan Arfak e le spiagge del nord.

I cristiani si recano in pellegrinaggio sull'isola di **Mansinam**, dove nel 1855 si stabilirono i primi missionari tedeschi. In loro onore sono stati eretti un monumento e una chiesa in cima alla collina. Quest'isola suggestiva, ricoperta dalla foresta pluviale, ospita un piccolo villaggio dominato da una statua di Cristo che vuole imitare quella di Rio de Janeiro. C'è anche una piacevole spiaggia che corre lungo la costa occidentale e quella meridionale, con molte aree picnic ombreggiate e buone possibilità di praticare lo snorkelling. Piroghe a bilanciere partono, una volta piene, dal molo di **Kwawi**, 2,5 km a sud-est del centro di Manokwari. Il costo è di 10.000Rp a persona. È possibile prendere un *ojek* dal molo di Mansinam per raggiungere le spiagge.

Per trovare ristoranti e centri per gli sport acquatici, raggiungete **Pantai Pasir Putih**, 5 km a sud-est di Manokwari. Per una bella passeggiata nella natura senza allontanarsi dalla città, fate un'escursione al **Taman Gunung Meja**. Questo parco naturale protetto, situato sul versante della montagna, ospita un piccolo monumento giapponese della seconda guerra mondiale e vanta una bella fauna selvatica.

L'ora del surf

Negli ultimi anni Manokwari è stata trasformata nella principale destinazione per surfisti di Papua, grazie alla presenza di decine di break nel raggio di 30 minuti di auto dal centro della città. Una nuova strada asfaltata di recente collega la maggior parte di questi siti lungo la costa settentrionale, da **Pantai Amban** a **Pantai Bakaro**, dove il Pacifico si scontra con banchi di sabbia e barriere coralline da ottobre ad aprile. Di rado condividerete le onde con qualcun altro, a meno che non vi presentiate a novembre durante il Manokwari Pro della World Surf League. Il surf lodge **Amban Beach House**, gestito da olandesi, è la migliore fonte di informazioni su questo sport.

MANGIARE A SORONG: LA NOSTRA SCELTA

Layar Gading: Il meglio della ristorazione in riva al mare, con tramonti epici. Noodles e piatti di riso a buon prezzo si accompagnano ai più costosi piatti di pesce. $

Pizzeria Terrazza di Sorong: Pizze soffici servite su una terrazza simile a un'oasi, ma ci sono anche pasta, hamburger, insalate e la Bintang fredda! $$

Gallery Fusion: Il buffet serale del Vega Hotel è assortito di frutti di mare grigliati e ha il miglior rapporto qualità-prezzo in città. $$

Janji Jiwa: Questa elegante caffetteria vicino all'aeroporto propone piatti economici di *nasi jeruk* e grazie al wi-fi è l'ideale per recuperare le email dopo le Raja. $

Parotia occidentale, Arfak

Pegunungan Arfak: il paradiso degli uccelli

I **Monti Arfak**, ricoperti da fitte foreste, si ergono oltre i 2900 m a sud di Manokwari, in una regione caratterizzata da splendidi paesaggi tropicali, fauna esotica (soprattutto uccelli) e da una popolazione papuana in prevalenza indigena, costituita da hatam, moley, meyakh e sough, che un tempo occupavano le tradizionali case a palafitta dalle 'mille gambe'. La prima rivolta papuana – una delle più grandi – contro il dominio indonesiano si dispiegò proprio qui, tra il 1965 e il 1968. La zona più nota per il birdwatching è quella di **Mokwam**, che comprende quattro piccoli villaggi: Syobri, Kwau, Mokwam e Mingre (il più bello), tutti arroccati a pochi chilometri l'uno dall'altro lungo una strada secondaria a circa 50 km da Manokwari. Per individuare gli uccelli endemici (tra cui il superbo uccello del paradiso, la paradisea dal becco a falce maggiore o la parotia occidentale), è necessaria una guida. Il periodo migliore per una visita è da maggio a ottobre. Le escursioni non sono

IMMENSA BIODIVERSITÀ DI PAPUA

Le foreste di Papua sono costantemente minacciate dal disboscamento illegale, dalle attività minerarie e dalle fiorenti piantagioni di palma da olio, alimentate da una rete di nuove strade in rapida espansione. Nonostante ciò, tre quarti del territorio sono ricoperti di foresta vergine. I suoi diversi ecosistemi vanno dalle savane alle mangrovie, dalla foresta pluviale ai boschi montani, fino ad arrivare ai ghiacciai. Qui vive più della metà delle specie animali e vegetali dell'Indonesia, tra cui più di 240 mammiferi, 550 uccelli nidificanti e 2650 pesci, oltre a 2000 tipi di orchidee. Ogni anno vengono fatte nuove scoperte, tra cui nel 2018 un nuovo uccello del paradiso (con la sua sfrenata danza di accoppiamento!). E non è ancora finita...

MANGIARE A MANOKWARI: LA NOSTRA SCELTA

Billy Café: Il ristorante più divertente (e kitsch) di Papua, simile a un acquario bizzarro. Ottimo per i bambini e gli amanti dei frutti di mare! $$

Cafe Laut: Il ristorante sul mare del Mansinam Beach Resort affascina con le sue lucine, la musica dal vivo e l'eccellente *ikan bakar* (pesce alla griglia). $$

Inggandi Beach Resto: Il miglior punto di ristoro sul lungomare di Manokwari, con piatti a base di pesce e cucina cinese. Si tengono eventi privati. $$

Tabea Social House: Buon caffè, ciotole di riso a buon prezzo e un'eccentrica atmosfera internazionale, un'opzione economica valida, molto pulita e centrale. $

MIGLIORI AGENZIE DI PAPUA

Papua Explorer
Azienda con sede nella Valle del Baliem, a gestione tedesca, specializzata in escursioni avventurose alla Piramide Carstensz, presso le popolazioni asmat e in luoghi altrettanto remoti.

Papua Expeditions
Questo gruppo, che ha sede a Sorong, è ideale per le destinazioni della Papua occidentale e per il Parco di Wasur.

Travel Papua
Con sede a Manokwari, propone viaggi ecoturistici personalizzati a Nabire, sui Monti Arfak, presso i korowai, alle Raja Ampat e in altri luoghi.

Papua Jaya Tours
Con sede a Jayapura, Antoni Sitepu conosce bene le vie della Valle del Baliem, i korowai e gli yali.

Adventure Indonesia
Questa società con sede a Bali effettua tour privati su misura nella Valle del Baliem e presso i korowai.

Papua Travel Guide
Welly Manufandu, l'unica guida papuana di sesso femminile, organizza escursioni per viaggiatori zaino in spalla nella Valle del Baliem, presso gli asmat e i korowai e a Sentani (sua base).

RONALDY IRFAK/SHUTTERSTOCK ©

Triton Bay

economiche, poiché comprendono il trasporto su fuoristrada, l'alloggio e il vitto in loco, oltre a una serie di tasse per i villaggi che vanno dalle sovvenzioni alle guide, ai rifugi, alla legna da ardere e ai contributi comunitari, tutti soggetti a forti variazioni. **Hans Mandacan** (0821 9946 9312) è un'eccellente guida locale con una conoscenza approfondita della foresta e gestisce un rifugio di montagna, la **Papuan Lorikeet Guesthouse**. **Zeth Wonggor** (0852 5405 3754) è un'altra guida esperta che ha lavorato, tra gli altri, con Sir David Attenborough. Anche **Travel Papua**, con sede a Manokwari, organizza escursioni in zona.

Tambrauw

DA SARONG: **3 H**

Natura selvaggia

Tra Sorong e Manokwari si trova la poco esplorata **reggenza di Tambrauw**, piena di bellezze naturali e di luoghi avventurosi. Le sue montagne ricoperte di vegetazione ospitano diversi uccelli del paradiso, mentre le isole al largo sono circondate da coralli e le coste di sabbia bianca sono le preferite dalle tartarughe liuto, da quelle olivacee e da quelle verdi che nidificano in zona. Si sviluppano di continuo progetti di ecosostenibilità. La migliore guida in zona è **Charles Roring** (p383) di Wildlife Papua, pioniere nell'aprire la regione al turismo. Molti dei suoi itinerari partono dal comodo **Pacific Park Beach Resort** sulla spiaggia di Sausapor, a tre ore di fuoristrada da Sorong.

Triton Bay

DA SARONG: 1 H + 2 H

Come le Raja Ampat?

Alcuni membri della comunità subacquea sostengono che gli ecosistemi sottomarini di Triton Bay ('Baia dei Tritoni', Teluk Triton) siano ancora più sorprendenti di quelli delle Raja Ampat. Anche se è ancora oggetto di discussione, la ricchezza della vita marina a Triton Bay è senz'altro straordinaria (però la visibilità, a volte, è di soli 5 m). Negli oltre 30 siti di immersione della regione ci sono cavallucci marini pigmei, *Paracheilinus Nursalim*, squali tappeto, delfini, ampi banchi di marlin, cernie, plectorinchi, pesci fucilieri e pesci chirurgo, nonché coralli morbidi, che sono probabilmente i più spettacolari del mondo. Come se non bastasse, c'è anche il grande squalo balena, attratto dai *bagang* (grandi piattaforme per la pesca locali). Di tanto in tanto le barche si spostano dalle Raja Ampat per andare a vederli. Per il resto, c'è un solo vero resort per immersioni: il pionieristico **Triton Bay Divers**. Si trova su **Pulau Aiduma** e offre otto eleganti cottage in legno su una bellissima spiaggia di sabbia bianca e un pacchetto all-inclusive di una settimana che comprende 15 immersioni. Alla Triton Bay si arriva tramite l'aeroporto di Kaimana con un trasferimento in barca di due ore. L'alta stagione va da ottobre ad aprile.

Nabire

DA SARONG: 2 H

Nuotare con gli squali balena

Quando negli anni '90 i pescatori al largo della costa orientale della Penisola di Doberai allestirono delle piattaforme di legno per attirare i pesci, cominciarono ad arrivare esemplari inaspettatamente grandi. Gli squali balena! Nel 2002, questo habitat speciale è diventato il **Parco Nazionale di Teluk Cenderawasih**, il più grande parco marino dell'Indonesia con i suoi 14.535 kmq. Da allora sono stati avvistati circa 160 squali balena.

Gli incontri ravvicinati con questi giganti innocui sono quasi garantiti ogni giorno, anche se le onde rendono il mare più agitato da ottobre a marzo. Il posto migliore per vederli è vicino al villaggio di **Kwatisore**, a circa un'ora e mezza di navigazione dalla città di Nabire. I visitatori devono essere accompagnati da una guida e possono partecipare solo sei subacquei alla volta. È vietato toccare gli squali balena e bisogna stare ad almeno 3 m di distanza dagli animali. L'accogliente **Kali Lemon Dive Resort** è l'alloggio più vicino al *bagang* dove si trovano gli squali balena. Molte barche passano da qui.

CHECKLIST PER LE IMMERSIONI

Prima di scegliere un'attività subacquea a Papua, verificate che soddisfi i seguenti requisiti:

Certificazione adeguata
Il centro si avvale di istruttori e/o sommozzatori certificati.

Stato delle attrezzature
Le condizioni dell'attrezzatura a noleggio e del deposito soddisfano i normali standard.

Sicurezza in barca
Le barche sono in buone condizioni e non vengono sovraccaricate durante le immersioni.

Pronto intervento
Il centro immersioni dispone di kit per l'ossigeno e di pronto soccorso, oltre ad avere personale addestrato a rispondere alle emergenze.

Assicurazione per le immersioni
Il centro immersioni richiede o raccomanda vivamente che gli utenti abbiano un'assicurazione per le immersioni.

Prontezza
Il centro risponde prontamente e con professionalità alle domande.

Jayapura e Sentani

VEDUTE LACUSTRI | CENE SUL MARE | ARTI PAPUANE

TRASPORTI LOCALI

L'aeroporto di Jayapura, situato a Sentani, è il fulcro della mobilità aerea papuana, con voli da e per Sorong, Wamena, Merauke, Nabire, Biak, Manokwari, Makassar e Giacarta. Gli spostamenti interni a Papua comportano inevitabilmente l'arrivo e la partenza da Jayapura. I taxi ufficiali dall'aeroporto al centro di Jayapura costano 250.000Rp, anche se è possibile pagare la metà utilizzando un'applicazione come Grab o Gojek (modi economici per spostarsi, così come i *taksi* pubblici). Il viaggio dura almeno un'ora; organizzatevi per non perdere i voli al mattino presto. Cinque navi Pelni partono da Jayapura ogni due settimane circa per i porti del nord di Papua e per quelli più lontani.

Jayapura è la città più grande dell'isola di Nuova Guinea e l'area urbana a più rapida crescita dell'Indonesia. È vero che il centro della città è rovente e il traffico incessante, ma non si può negare il fascino della sua posizione, splendidamente arroccata tra ripide colline boscose che si affacciano sul mare. Gli olandesi stabilirono qui il primo insediamento nel 1910, chiamandolo Hollandia. Dopo la conquista indonesiana nel 1963, fu ribattezzata Jayapura (Città della Vittoria). Il capoluogo di provincia si estende oggi per 20 km lungo la baia di Teluk Imbi, incorporando le città un tempo indipendenti di Argapura, Hamadi, Entrop, Abepura e Waena. Circa 30 km a ovest si trova la città aeroportuale di Sentani, in piena espansione. È situata tra la catena boscosa delle Pegunungan Cycloop e il Lago di Sentani, che in giugno accoglie un festival e sulle cui isole sorgono villaggi di pescatori. Grazie a hotel e ristoranti di qualità e al minor traffico, molti viaggiatori preferiscono fare base qui.

Arte tribale papuana

Visita al Museo Loka Budaya

L'Università di Cenderawasih è un centro di aggregazione del nazionalismo papuano e il suo **Museo Loka Budaya** ospita un'esposizione di notevole interesse di oggetti dell'artigianato papuano, tra cui la migliore collezione (dopo quella di Agats) di sculture del popolo asmat e di costumi per la 'danza del diavolo'. Negli anni '50 del secolo scorso buona parte della collezione fu selezionata da Michael Rockefeller e il suo team affinché venisse esposta al Metropolitan Museum of Art di New York, ma le opere d'arte restarono a Papua dopo che Rockefeller si capovolse con la canoa nelle acque della regione degli asmat per poi essere, a quanto pare, mangiato dai cannibali. Il museo contiene anche oggetti di artigianato – tra cui scudi da guerra giganti e maschere suggestive – provenienti da diverse altre zone, oltre a interessanti foto storiche. Il piccolo negozio d'arte vende piacevoli souvenir (ma troverete prodotti simili anche nei negozi di artigianato su Jl Perikanan,

DA VEDERE
1 Abar
2 Babrongko
3 Bukit Tungku Wiri
4 Museo Loka Budaya
5 Pantai Base G
6 Pulau Asei
7 Situs Megalitik Tutari
8 Tugu MacArthur

PERNOTTAMENTO
9 ASTON Jayapura Hotel
v. 9 FOX Hotel Jayapura
10 Horex Hotel Sentani
v. 9 Hotel Jasmine
11 Suni Garden Lake Hotel & Resort
v. 10 Unique Hotel

PASTI
v. 9 Blue Café
v. 10 Bubur Mandala
12 Haven Café
v. 9 Resto & Café Rumah Laut
v. 12 Resto Rumah Gunung
13 Yougwa Restaurant

LOCALI E VITA NOTTURNA
14 Hangover Resto & Lounge
15 Pit's Corner

DIVERTIMENTI
16 Festival Danau Sentani

SHOPPING
17 Jl Perikanan Craft Stalls

INFORMAZIONI
v. 9 Polda
v. 9 Polresta

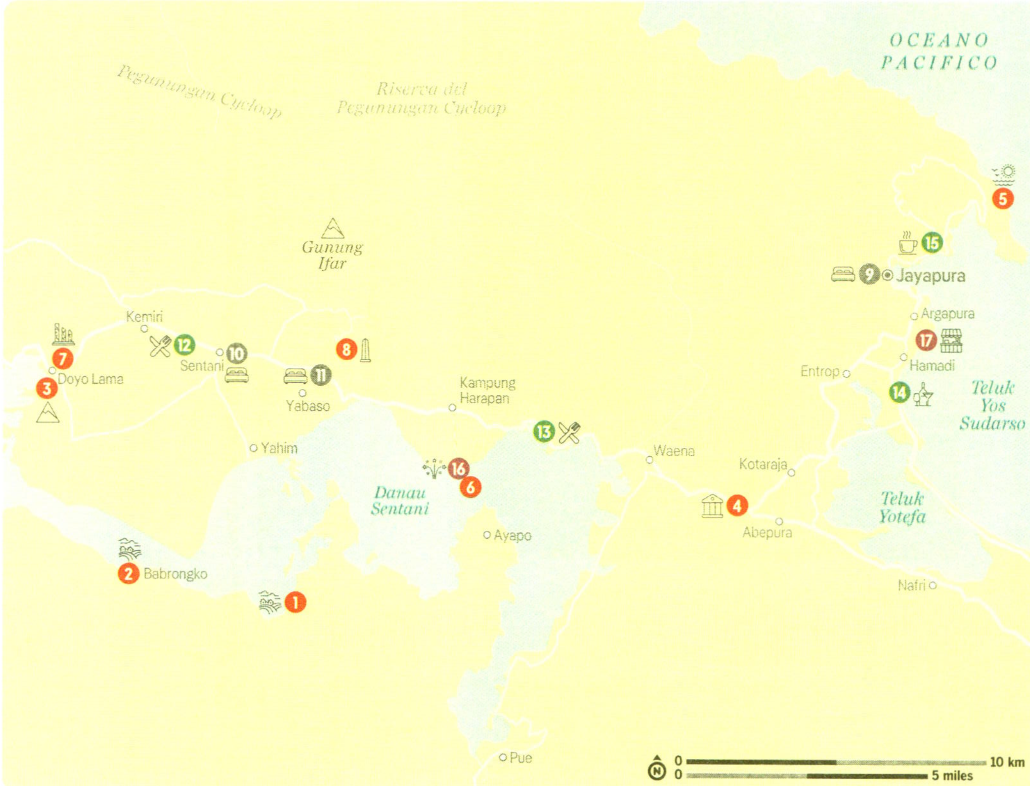

IL CONSIGLIO

Le tariffe degli hotel in loco possono arrivare fino al doppio rispetto a quelle che si trovano sulle piattaforme di prenotazione locali, come Traveloka o Tiket.com.

HELMUT JACOB/ALAMY STOCK PHOTO ©

Complesso megalitico di Tutari

PASSAGGIO IN PAPUA NUOVA GUINEA

Esiste un solo valico di frontiera terrestre tra Papua e Papua Nuova Guinea aperto agli stranieri e si trova a circa 60 km (90 min di auto) a est di Jayapura, a Skouw: è soggetto a chiusure occasionali, di solito a causa di tensioni politiche. Il consolato della PNG a Jayapura può rilasciare visti turistici di 60 giorni, ma la procedura necessita fino a cinque giorni lavorativi. È meglio passare una settimana prima per informarsi sui requisiti (possono includere una dichiarazione dei piani di viaggio, documentazione finanziaria, fotocopie del passaporto, due foto formato tessera e un biglietto aereo confermato). Per dettagli: ica.gov.pg.

appena a nord di **Pasar Hamadi**). Il museo si trova accanto al grande Auditorium Universitas Cenderawasih, sulla strada principale del quartiere Abepura.

Basi sulla spiaggia e monumenti bellici

Seconda guerra mondiale nella Grande Jayapura

Nel 1944, 80.000 truppe alleate sbarcarono a Jayapura per sconfiggere i giapponesi nella battaglia di Hollandia, la più grande operazione anfibia della seconda guerra mondiale nel Pacifico sud-occidentale. La maggior parte dei soldati apparteneva all'esercito americano. Il loro quartier generale era una spiaggia a nord di Jayapura, oggi nota come **Pantai Base G**. Oggi, della presenza statunitense rimane ben poco. Al suo posto si trova una mezzaluna di sabbia lunga quasi 3 km, relativamente pulita e fiancheggiata da piazzole di legno per il picnic nascoste sotto le palme. È la spiaggia più facilmente raggiungibile da Jayapura (tramite il *taksi* 'Base G') e di solito è vuota, tranne la domenica, quando gli abitanti

MANGIARE E BERE A JAYAPURA: LA NOSTRA SCELTA

Pit's Corner: Un'importante caffetteria e scuola di formazione per baristi in un edificio moderno. Birre particolari, oltre a cibo indonesiano. $

Resto & Café Rumah Laut: Questo gioiello, costruito su palafitte e abbellito da arte papuana, è dove i locali prenotano quando vogliono fare colpo con qualcuno. $$

Blue Café: Vista privilegiata sul mare, musica dal vivo e ottimi piatti di pesce alla griglia rendono piacevole la serata al porto. $

Hangover Resto & Lounge: Per hamburger o burritos, o per qualcosa di più forte di una Bintang, questo chiassoso ristorante-bar sul mare è perfetto. $$

del posto vi si riversano in massa. Attenzione alle numerose pietre nell'acqua. Più vicino a Sentani si trova **Tugu MacArthur**, un monumento a Douglas MacArthur con vista mozzafiato sul Danau Sentani. Qui il generale stabilì la sua base dopo che nell'aprile del 1944 le forze statunitensi presero Jayapura (allora chiamata Hollandia). Oggi il sito è occupato da un piccolo memoriale e da una sala sulla partecipazione americana e giapponese ai combattimenti.

Danau Sentani

Alla scoperta di un lago tropicale

Durante il volo verso Sentani, potete ammirare il Danau Sentani, un lago di 96,5 kmq incastonato tra colline verdeggianti, con 19 isole e numerosi villaggi di pescatori su palafitte in legno. Queste località sono specializzate nell'artigianato papuano: **Babrongko** è famoso per le sculture in legno, **Abar** per le ceramiche e **Pulau Asei** è conosciuta per le pitture su corteccia. La visita a Pulau Asei include una piacevole ed economica gita in barca dalla costa a **Kalkote**, 11 km a est di Sentani.

A circa 6 km a ovest di Sentani, superata la chiesa del villaggio di Doyo Lama, si trova l'ingresso del **Situs Megalitik Tutari**, un sito archeologico collinare con varie configurazioni di rocce e pietre, nonché numerose pitture rupestri raffiguranti pesci, tartarughe, coccodrilli e lucertole. Le incisioni sono disposte in sei zone recintate, tutte accessibili attraverso un sentiero lastricato di 1,5 km che si inoltra nella foresta. Molto più popolare è il vicino **Bukit Tungku Wiri**, un percorso gratuito che porta alla cima di una collina, con gazebo coperti lungo il cammino. Seguendo le scale arcobaleno, si arriva a una piazza con una croce gigante prima di proseguire su un sentiero asfaltato di 2 km lungo una cresta erbosa sopra il lago. È consigliabile programmare la visita circa un'ora prima del tramonto per godere di un clima più fresco e di una vista mozzafiato.

Il periodo migliore per visitare il lago è a metà giugno, durante il **Festival del Danau Sentani**, con danze spettacolari, canti tipici, elaborate parate in barca, musica dal vivo, fiere dell'artigianato e molto altro. Iniziato nel 2008 a Kalkote, l'evento cresce ogni anno in dimensioni e bellezza.

ESPERIENZE SUL CAMPO A PAPUA

Welly Manufandu, proprietaria di Papua Travel Guide, condivide le sue esperienze preferite. *papua-travelguide.com*

Pittura su corteccia a Sentani
Imparate a dipingere la corteccia con una lezione su Pulau Asei. Conoscerete il significato dell'iconografia man mano che dipingete.

Caffè a Lanny Jaya
Fate un trekking tra le piantagioni di caffè del marchio locale Tiyom a Lanny Jaya, a due ore da Wamena. Poi tornate per scoprire il processo di tostatura e assaggiare i chicchi di arabica freschi.

Intaglio di tamburi a Biak
A Biak è possibile prenotare una lezione per imparare a incidere i simboli tradizionali dell'isola su un tamburo *tifa*, utilizzato nelle danze locali *wor*.

MANGIARE E BERE A SENTANI: LA NOSTRA SCELTA

Haven Café: Gustate succhi di frutta freschi, caffè forti e persino insalate e pizze (oltre ai piatti indonesiani) su una tranquilla terrazza piena di piante tropicali. $

Resto Rumah Gunung: In questo ristorante economico, accogliente e splendidamente arredato, trovate un vasto menu di piatti a base di pesce e vegetariani. $

Bubur Mandala: Questo ristorante-caffetteria propone eccellenti specialità a base di pollo e noodles, oltre al tipico *bubur* (farinata di sago). $

Yougwa Restaurant: Manicaretti serviti su ventilate terrazze in legno sul lago, 13 km a est della città. Provate l'*ikan gabus* (pesce testa di serpente)! $$

ALLERTA DI VIAGGIO A PAPUA

Alcune zone dell'entroterra sono talvolta vietate ai turisti a causa delle attività dell'Organisasi Papua Merdeka (Organizzazione per la Papua Libera; OPM), che l'Indonesia etichetta come gruppo terroristico. L'OPM organizza occasionalmente proteste per chiedere l'indipendenza di Papua. Alcune di queste sono sfociate in episodi di violenza nel 2019 e nel 2023 a Jayapura e Wamena. L'OPM ha un'ala armata temuta per le sue azioni eclatanti, tra cui il rapimento di un pilota neozelandese nella remota reggenza di Nduga nel 2023. Quando si richiede un *surat jalan* (permesso di viaggio), la polizia informa sulle aree off-limit, soprattutto negli altopiani. È una buona idea controllare le ultime notizie prima di pianificare un viaggio nell'entroterra papuano.

RICKY PANGKATANA/SHUTTERSTOCK ©

Pittura su corteccia, Pulau Asei (p399)

Permesso di viaggio per Papua

Assicurarsi il *surat jalan*

Per molti viaggiatori, il principale motivo per fermarsi a Jayapura è ottenere il *surat jalan*, un permesso di viaggio per Papua. Al momento della stesura di questa guida, i luoghi dove era richiesto variavano a seconda di chi lo chiedeva. Non è necessario per le principali città (Sorong, Jayapura, Manokwari) né per le Raja Ampat. Probabilmente non servirà nemmeno per Pulau Biak né per il Parco di Wasur. Tuttavia, è richiesto per i trasferimenti sugli altopiani (nei villaggi yali e korowai, e della Valle del Baliem) o nelle aree remote del sud, come la regione degli asmat. Il *surat jalan* si ottiene facilmente presso la **Polresta** o la **Polda** (stazione di polizia) di Jayapura, dove bisogna presentare un elenco di tutti i luoghi che si intendono visitare (eccetto la Papua occidentale). Portate il passaporto, due fototessere (con sfondo rosso) e fotocopie della pagina dei dati personali del passaporto e del visto indonesiano. La procedura dura generalmente poche ore e non comporta alcun costo. Le guide turistiche possono occuparsi di questo processo in modo più rapido. La durata del permesso dipende dalla richiesta e dalla data di scadenza del visto. Fate diverse fotocopie del permesso e del passaporto, poiché potrebbero essere richieste dagli alberghi di provincia o dalle stazioni di polizia. In pratica, però, succede raramente.

Pulau Biak

CORALLI | SPIAGGE DESERTE | MONUMENTI BELLICI

Una delle isole più estese al largo di Papua è Pulau Biak, località rilassata e ospitale, con spiagge selvagge e deserte e ottime possibilità di fare immersioni. Questo sereno avamposto è stato teatro di importanti battaglie della seconda guerra mondiale tra Stati Uniti e Giappone, che lo hanno costellato di relitti bellici arrugginiti, sia sulla terraferma sia in mare. Negli anni '80, a Biak sono sorti alcuni alberghi per i viaggiatori in transito sui voli tra Giacarta e Los Angeles. Tuttavia, da quando i voli trans-pacifici sono stati interrotti all'inizio degli anni '90, sono pochissimi gli stranieri che si avventurano in queste zone. È un peccato perché Biak è una bellezza dimessa con fiumi verde smeraldo, uccelli variopinti e floride pareti di corallo al largo e nelle adiacenti Isole Padaido. La città principale è Kota Biak, pulita e ordinata, perfetta come base. I piccoli villaggi rurali nei dintorni ruotano attorno a grandi chiese.

Seconda guerra mondiale a Biak

Bombe, spiagge e costa meridionale

Biak è stata teatro di feroci combattimenti durante la seconda guerra mondiale, con circa 11.000 giapponesi e quasi 500 americani uccisi nella battaglia di Biak (1944). Ci sono diversi siti storici che vale la pena visitare, tra cui **Goa Jepang**, rifugio giapponese 4 km a nord-est di Kota Biak. Fu utilizzato come base e nascondiglio da migliaia di soldati nipponici, 3000 dei quali morirono quando le forze americane bombardarono un foro della grotta, vi gettarono dentro bidoni di benzina e poi la colpirono dall'alto. Qui si trova un piccolo museo con vecchi cimeli di guerra, tra cui granate e proiettili d'artiglieria, oltre a carcasse arrugginite di jeep dell'esercito americano e di un caccia *Zero* giapponese. Un breve sentiero conduce alla grotta.

Nella zona di Bosnik (un villaggio 18 km a est di Kota Biak noto per il suo vivace **mercato mattutino** che si tiene il martedì, il giovedì e il sabato) si trova l'imponente **Monumen Perang Dunia Ke II**, un monumento giapponese alla memoria adornato di cimeli. La tassa d'ingresso di 100.000Rp è davvero assurda dato che si può vedere benissimo dalla strada. Nei dintorni ci sono alcune spiagge che possono risollevarvi

TRASPORTI LOCALI

I voli per Biak provengono da Jayapura, Manokwari e Giacarta (via Makassar), oltre che dalla vicina Isola di Yapen. Le navi di linea ASDP Indonesia Ferry e Pelni offrono collegamenti settimanali e bisettimanali diretti a est verso Jayapura e a ovest verso Sorong (e oltre). I *taksi* pubblici gialli circolano intorno a Kota Biak, mentre quelli blu raggiungono i villaggi a nord e a est. Potete noleggiare un'auto o organizzare il trasporto con PT Ekowisata Papua Tours & Travel (p403).

IL CONSIGLIO

Portate qualche contante extra quando andate in spiaggia; ci sarà sempre qualcuno che vi chiederà una tassa aggiuntiva, che sia per l'ingresso, il parcheggio, l'uso dei gazebo coperti o una combinazione di altre scelte. Pagano anche i visitatori locali.

DA VEDERE
1 Air Terjun Wafsarak
2 Batu Pica
3 Korem
4 Makmakerbo
5 Mnurwar
6 Monumen Perang Dunia Ke II
7 Pantai Anggopi
8 Pantai Wari

ATTIVITÀ, CORSI E TOUR
9 Biak Padaido Divers
v. 11 Relitto del Catalina
10 Goa Jepang
11 Nirmala Beach Diving Center

PERNOTTAMENTO
v. 10 Asana Biak Papua
v. 11 Nirmala Biak Beach Hotel
v. 10 Padaido Hotel

PASTI
v. 10 House of Supernova
v. 10 Restaurant 99
v. 10 Warung Makan Barokah

LOCALI E VITA NOTTURNA
v. 10 Kedai Kopi Pace Papua

SHOPPING
12 Pasar Bosnik

l'umore. Anche se non sono tra le più belle dell'Indonesia, sono piuttosto affascinanti, fiancheggiate da piccoli gazebo e vuote nei giorni feriali, come **Pantai Anggopi**. I siti di guerra e le spiagge vicino a Bosnik possono essere raggiunti con i *taksi* blu, anche se è molto più facile prenotare un tour con l'espertissimo Benny Lesomar di **PT Ekowisata Papua Tours & Travel**.

Birdwatching a Biak

In cerca di specie endemiche

Biak e le isolette circostanti vantano 17 specie di uccelli, tra cui il martin pescatore azzurro di Biak e il variopinto lorichetto di Biak. Eko Lesomar, guida di **Discover Papua Birding** (p383) organizza escursioni per ornitologi e fotografi naturalisti in questa zona e nelle vicine Isole di Numfor e Yapen, entrambe caratterizzate da specie endemiche (Yapen vanta tre varietà di uccelli del paradiso!). A Biak, ci si concentra sulle foreste vicino al villaggio di **Makmakerbo**, nonché sull'estuario di mangrovie vicino a **Mnurwar**, che attira aironi, garzette e falchi pescatori. Bisogna svegliarsi molto prima dell'alba per essere sul posto al sorgere del sole.

Destinazione subacquea sconosciuta

Relitti e barriere coralline alle Isole Padaido

Sebbene le Raja Ampat monopolizzino tutta la fama, alcuni intrepidi subacquei sostengono che i coralli al largo di Biak siano ancora più spettacolari. A est di Kota Biak ci sono ottimi punti di immersione in parete, vicino alle spiagge di Marau, Saba e Wadibu, e magnifici siti per lo snorkelling, in particolare dalla spiaggia di Anggaduber. L'immersione più interessante, tuttavia, è quella al relitto del **Catalina**. L'aereo anfibio americano, utilizzato per combattere i giapponesi, è oggi un'incantevole dimora per le creature marine, tra i 20 e i 30 m di profondità. Al posto delle bombe e dei siluri che trasportava un tempo, oggi ospita magnifici coralli e moltitudini di pesci angelo, pesci scoiattolo e pesci pappagallo. Il **Nirmala Beach Diving Center**, situato proprio a ridosso del relitto, è il principale centro immersioni dell'isola, gestito da un'esperta coppia indonesiano-americana. Per molti visitatori, le Isole Padaido sono il punto culminante del viaggio. Questi 36 affioramenti paradisiaci (di cui solo 13 abitati) vantano acque cristalline e spiagge di sabbia bianca che si affacciano su una giungla vergine. Erick Farwas

L'ISOLA DI SPACEX?

Biak è balzata agli onori della cronaca nel 2021, quando il presidente indonesiano Joko Widodo l'ha proposta come potenziale sito di lancio per il programma SpaceX di Elon Musk. Diverse caratteristiche la rendevano adatta. È ricca di nichel e rame, entrambi utilizzati per la fabbricazione di razzi, e si trova a un solo grado a sud dell'equatore, il che la pone nella fascia ottimale per il lancio di veicoli spaziali in orbita. In effetti, l'Agenzia Aeronautica e Spaziale Indonesiana aveva adocchiato l'isola fin dagli anni '80, acquistando un terreno vicino al villaggio di Korem, anche se il clan locale degli abrauw si è dimostrato contrario al progetto e lo ha respinto, temendo di dover lasciare il posto e di essere bandito dalle zone di caccia tradizionali. Le ambizioni spaziali di Biak sembrano essere sospese... almeno per ora.

MANGIARE E BERE A BIAK: LA NOSTRA SCELTA

House of Supernova: Il menu, molto apprezzato, comprende caffè, frullati e piatti occidentali, oltre alla cucina indonesiana. Di sera, cocktail e karaoke! $

Warung Makan Barokah: Per il pesce alla brace o il pollo ricoperto da una salsa piccante a ricetta segreta, questo ristorante sulla strada è imperdibile. $

Kedai Kopi Pace Papua: In una via secondaria di Kota Biak, questa caffetteria della terza onda offre birre ghiacciate e un caffè con chicchi locali. $

Restaurant 99: Questo luminoso ristorante cinese, con una terrazza originale, si trova nel cuore della città e serve piatti di pesce eccezionali. $$

DIVERSITÀ LINGUISTICA DELLA NUOVA GUINEA

La Nuova Guinea è di gran lunga la regione più diversificata al mondo dal punto di vista linguistico, con quasi 1000 lingue diverse e più di trenta famiglie linguistiche (la sola Papua conta circa 428 lingue). La maggior parte sono classificate come lingue papuane, ma ci sono anche molte lingue austronesiane, così come le lingue delle Isole dell'Ammiragliato e le lingue polinesiane. Ci sono poi le lingue isolate, che non hanno una parentela dimostrabile con altre, circa 37. Molte sono parlate soltanto da pochi individui. Le giovani generazioni di Papua, che a scuola imparano l'indonesiano ufficiale, stanno dimenticando la loro lingua madre, causando l'estinzione di molti idiomi.

di **Biak Padaido Divers** (biakpadaidodivers@yahoo.co.id) gestisce una guesthouse su Pulau Wundi e propone immersioni in tutto l'arcipelago. Anche Ahmed Eltantawy di Nirmala Beach può occuparsi dell'alloggio, in campeggio o in una casa sull'isola. Molti siti possono essere visitati anche partendo da Kota Biak. Tra quelli più importanti vi sono l'immersione in una caverna al largo di **Pulau Wundi**, quella al relitto di un peschereccio filippino al largo di **Pulau Rasi** e l'immersione in parete al largo di **Pulau Mansurbabo**, dove si trovano enormi banchi di barracuda. Chi desidera praticare snorkelling in giornata può concentrarsi su **Pulau Owi** e **Pulau Rurbas Kecil**, più vicine a Kota Biak (e quindi più veloci ed economiche da visitare). In generale, le immersioni costano circa 1.000.000Rp e la maggior parte può essere effettuata con il brevetto Open Water. Un maggior numero di pesci è visibile da febbraio a ottobre. Il mare mosso può complicare gli spostamenti (e la visibilità) da novembre a gennaio.

Remoto nord di Biak

Sguazzare nei fiumi, alle cascate e in spiaggia

La costa settentrionale di Biak, raggiungibile in un'ora di auto o *taksi* da Kota Biak, offre splendide spiagge, cascate e villaggi lungo il fiume. La strada che attraversa l'isola arriva fino al Pacifico a **Korem**, dove il fiume Kali Korem, scintillante e verde smeraldo, attraversa una fitta foresta fino a sfociare nel mare. La città originaria di Korem fu distrutta da uno tsunami durante il terremoto di Biak del 1996; cercate il piccolo memoriale lungo la strada che porta all'ampia spiaggia, caratterizzata da onde perenni.

Per nuotare, meglio dirigersi a ovest verso **Pantai Wari**, una tranquilla mezzaluna di sabbia alla fine di una baia a ferro di cavallo, con aree picnic ombreggiate e due rustiche casette in affitto per la notte. Continuando verso ovest, si trovano una serie di spiagge panoramiche e per lo più deserte, ideali per il surf tra novembre e febbraio. **Batu Pica** è una piscina naturale poco profonda alimentata dall'oceano, dove i locali vendono acqua di cocco. Evitate la zona balneare e dirigetevi alle piscine naturali di roccia, situate su un promontorio sopra le onde.

Tra le numerose cascate della zona, **Air Terjun Wafsarak** è la più accessibile, trovandosi a pochi passi dalla strada costiera. Questo luogo è molto popolare tra i bambini, che si arrampicano sulle radici degli alberi per raggiungere la cima della cascata e tuffarsi nella piscina sottostante. Per visitare questa regione, contattate Benny Lesomar di **PT Ekowisata Papua Tours & Travel** (p403).

Valle del Baliem

VILLAGGI REMOTI | CULTURA PAPUANA | TREKKING IN MONTAGNA

La leggendaria Valle del Baliem è la destinazione più facilmente accessibile nell'entroterra di Papua. Gli abitanti dani hanno avuto pochissimo contatto con il mondo esterno fino a quando, nella metà del XX secolo, esploratori olandesi, antropologi americani, missionari tedeschi e migranti indonesiani iniziarono ad arrivare a ondate. Sebbene la vita dei dani sia cambiata enormemente, la valle e gli altopiani circostanti conservano ancora un fascino tradizionale. Il trekking vi trasporta in un mondo lontano da Giacarta, offrendo un'esperienza unica e piacevole. La porta d'ingresso della valle è Wamena, una tentacolare cittadina indonesiana. La struttura più alta è una croce di 50 m, mentre le principali attrazioni sono i vivaci mercati. La popolazione è un mix di papuani e non papuani; questi ultimi gestiscono la maggior parte delle attività commerciali. I viaggiatori trascorrono poco tempo a Wamena, poiché il vero fascino degli altopiani risiede nelle montagne circostanti, punteggiate da ordinati villaggi dani, alcuni dei quali espongono i loro antenati mummificati.

TRASPORTI LOCALI

Wamena è collegata a Jayapura con diversi voli. I viaggi verso le piccole piste negli altopiani possono essere acquistati sul posto tramite compagnie aeree umanitarie come l'AMA o la MAF. *Bemo* sovraffollati percorrono le strade di Wamena, partendo dai terminal vicini ai mercati di Jibama, Sinakma e Misi. Le corse si protraggono fino alle 15. Le tariffe variano da 20.000Rp a 30.000Rp, a seconda della distanza. Per gli spostamenti in della città, gli *ojek* e i *becak* costano tra le 10.000Rp e le 20.000Rp. È possibile noleggiare un veicolo per escursioni fuori città fino al sentiero a Sogokmo (600.000Rp) o a Jiwika (800.000Rp).

Questione di dimensioni

Negozi e mercati di Wamena

I dani sono maestri nell'arte dell'ornamento del corpo. Nella Valle del Baliem si trovano manufatti artigianali come collane, pettorali, bracciali e piercing nasali realizzati con zanne di maiale, conchiglie di ciprea, ossa, pietre scolpite e piume. Molti copricapi sono fatti con piume di casuario o di uccello del paradiso, ma è meglio evitarli. Non solo contribuiscono alla minaccia di estinzione di alcune specie, ma il loro commercio è illegale e la dogana dell'aeroporto potrebbe confiscarli (e forse multarvi). Tradizionalmente, gli uomini dani indossavano una fodera per il pene (*horim* in dani; *koteka* in indonesiano) ricavata da una zucca, oltre a qualche ornamento

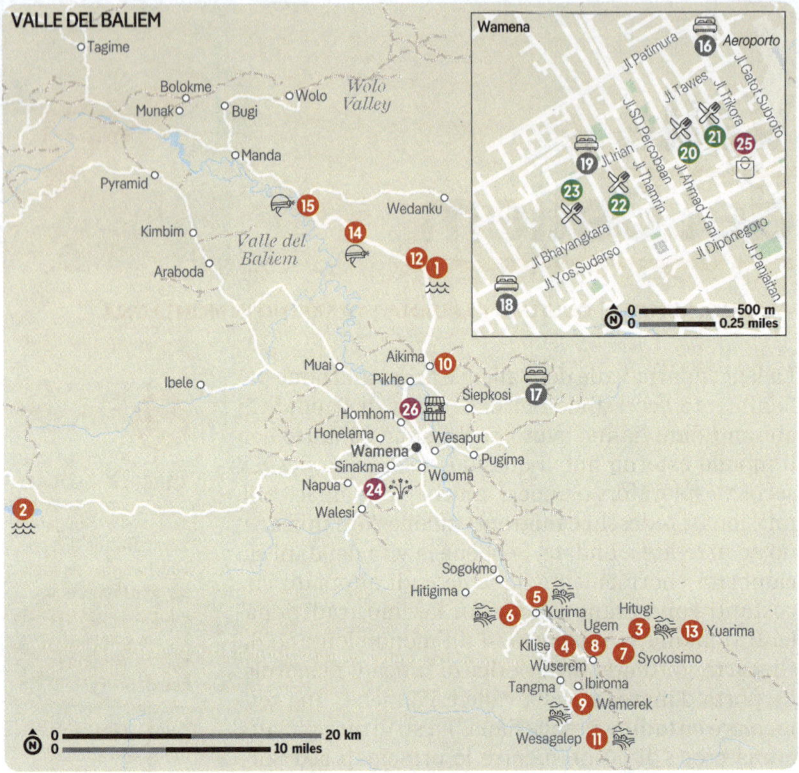

DA VEDERE
1 Air Garam
2 Danau Habbema
3 Hitugi
4 Kilise
v. 10 Pasir Putih Wamena
5 Seima
6 Sogokmo Atas
7 Syokosimo
8 Ugem
9 Wamerek
10 Mummia di Werapak Elosak
11 Wesagalep
12 Mummia di Wimontok Mabel
13 Yuarima

ATTIVITÀ, CORSI E TOUR
14 Gua Kotilola
15 Gua Wikuda

PERNOTTAMENTO
16 Baliem Pilamo Hotel
17 Baliem Valley Resort
18 Pintu Biru Hostel
19 Putri Dani Hotel

PASTI
20 Mas Broo
21 Pilamo Café & Bakery
22 Rumah Makan Fakhira
23 Schop

DIVERTIMENTI
24 Baliem Valley Festival

SHOPPING
25 Koteka Art Shop
26 Pasar Jibama

IL CONSIGLIO

Gli stranieri che atterrano a Wamena dovranno recarsi direttamente alla Polresta per ottenere un timbro sul loro *surat jalan*. Portate una copia del *surat jalan* insieme a una fototessera. L'operazione dovrebbe richiedere pochi minuti e non dovrebbe essere a pagamento.

sul collo, sulla testa o sulle braccia. In passato, le donne andavano a seno nudo, con una gonna di erba e una sporta intrecciata chiamata *noken* legata alla testa, usata per trasportare verdure, bambini o maiali. I *koteka* sono indossati durante le cerimonie (e dalla generazione più anziana), mentre i *noken* (fatti di corteccia d'albero sminuzzata e arrotolata in filo) sono ancora molto usati, soprattutto nei villaggi rurali. Insieme ad altri oggetti di artigianato, si trovano in mercati come il **Pasar Jibama**, circa 2 km a nord di Wamena, circondati da mucchi di frutta e verdura (taro, zucche di cera, pandani e frutti della passione dolcissimi), pesci di acqua dolce e suini da macello. Fate attenzione ai borseggiatori. Altri manufatti, provenienti dalle regioni degli asmat, dei korowai e dalla Papua Nuova Guinea, sono disponibili in vari negozi lungo JL Trikora. Il migliore è il **Koteka Art Shop**, che offre sculture in legno asmat, dipinti su corteccia sentani, maschere e, naturalmente, *koteka*, tra i souvenir più popolari. I prezzi variano da 20.000Rp a 100.000Rp, a seconda delle dimensioni, dei materiali e della contrattazione. Non ci sono camerini per provarli!

Feste tradizionali

Banchetto a base di maiale

Kumugima e **Obia**, situati appena a nord di Wamena, sono tra i villaggi dove è possibile assistere ai tradizionali banchetti dani a base di maiale e alle colorate danze guerriere legate a rituali di guerra. Questi eventi, solitamente organizzati in occasione di matrimoni, funerali e altre feste importanti, coinvolgono l'intera comunità. Il banchetto inizia con un grande falò per riscaldare le pietre di cottura. Una volta calde, le pietre vengono poste in una buca scavata nella terra e foderata con foglie e rami. Le verdure, come patate dolci, taro e zucche di cera, vengono inserite per prime, seguite da un altro strato di foglie e pietre, a creare un letto fumante per il maiale, sacrificato durante una cerimonia. Il gigantesco tumulo viene poi chiuso con un tappeto d'erba, per almeno un'ora. Quando il fumo si trasforma in una densa nuvola, il banchetto è pronto.

Grotte e antiche mummie

Alla scoperta della Valle del Baliem nord-orientale

La Valle del Baliem nord-orientale è ideale per una gita di un giorno da Wamena, con i suoi paesaggi panoramici, le numerose grotte e i villaggi tradizionali dove i dani conservano i corpi degli antenati più importanti mediante affumicazione, per mantenere parte del loro potere. La **mummia di Werapak Elosak**, risalente a circa 300 anni fa, si trova ad **Aikima**, a 8 km da Wamena, ed è la più facilmente accessibile. Quella più famosa e meglio conservata è la **Wimontok Mabel**, custodita nel piccolo insediamento di **Sumpaima**, 300 m a nord di Jiwika (cercate il cartello nero con la scritta 'Mummy' a circa 17 km da Wamena). Poco prima di entrare nel villaggio, c'è un piccolo posto di blocco militare dove è necessario mostrare il *surat jalan*. Wimontok Mabel era un potente capo del XVIII secolo. Il suo cadavere annerito si può vedere più da vicino per 200.000Rp, anche se è possibile contrattare.

CONOSCERE I DANI

Il termine '*dani*' è un nome collettivo che comprende circa 30 clan della Valle del Baliem e delle sue valli laterali, con una popolazione totale stimata di oltre 200.000 persone. Dopo l'arrivo dei missionari cristiani nel 1954 e la conversione della maggior parte dei dani, il tradizionale passatempo della guerra tra villaggi è scomparso. In passato combattevano per la terra e per il furto di mogli o maiali, e i conflitti avvenivano in brevi scontri semi-ritualizzati.

Oggi sono luoghi pacifici, composti da nuclei familiari allargati, con diverse *honai* (capanne circolari con tetto di paglia). Molti dani praticano la poligamia. Le famiglie si riuniscono ogni sera attorno al fuoco in una cucina separata con il pavimento in erba, e quasi tutti i pasti sono a base di patate dolci al vapore o foglie di patate dolci stufate.

MANGIARE E BERE A WAMENA: LA NOSTRA SCELTA

Schop: Il ristorante più bello e più originale di Wamena, con tavoli intorno a un finto giardino giapponese e un menu con caffè, noodles e *nasi goreng*. $$

Pilamo Café & Bakery: Ricco menu di classici indonesiani, tavoli da biliardo e karaoke. La panetteria annessa vende snack salati, ideali per un pasto al volo. $

Rumah Makan Fakhira: Metà di questo ristorante casual prepara il miglior *ayam bakar* (pollo alla griglia) della città, mentre l'altra prepara kebab turchi. $

Mas Broo: Bancarella di strada nota per i piatti a base di *bakso* (polpette di carne) come il *bakso biasa*, una zuppa con riso e spaghetti serviti in un brodo saporito. $

COMPAGNIE AEREE UMANITARIE

L'unico modo per raggiungere molte città dell'entroterra papuano è tramite compagnie aeree gestite da missioni umanitarie come AMA (Associated Mission Aviation), MAF (Missionary Aviation Fellowship) e Yajasi. Queste compagnie utilizzano aerei a elica per volare verso piccole piste di atterraggio sugli altopiani. Sebbene il loro obiettivo principale non sia il turismo, occasionalmente trasportano viaggiatori quando si liberano posti. Alcune, come l'AMA, permettono anche di noleggiare voli. Tra le destinazioni più comuni con piste d'atterraggio accessibili ai trekker ci sono Angguruk, Pronggoli, Kosarek e Walerek. Un'altra opzione per raggiungere le piste d'atterraggio remote è Susi Air, che vanta la più ampia rete di voli a Papua e si propone di "raggiungere l'irraggiungibile". I suoi aerei sono disponibili anche per voli charter.

In questa comunità, molte donne hanno le punte delle dita amputate, una pratica di lutto eseguita dopo la morte di un parente stretto. Molti anziani indossano ancora il *koteka*, e le donne spesso si cambiano per indossare abiti tradizionali e mostrare oggetti di artigianato ai visitatori. È importante chiedere il permesso prima di scattare foto (10.000Rp per ogni scatto). Le donne di Sumpaima vi guidano (200.000Rp) in un'escursione di un'ora su un sentiero ripido fino ad **Air Garam**, una serie di laghetti di acqua salata. Qui, dimostrano come immergere sezioni di tronchi di banana nell'acqua, come asciugarli e bruciarli per ottenere il sale dalle ceneri risultanti.

Da Jiwika verso nord la strada è fiancheggiata da imponenti colline rocciose, dove si trovano **Gua Kontilola** e **Gua Wikuda**, due delle molte caverne della zona. Gua Wikuda è più impressionante, si dice sia lunga diversi chilometri (anche se l'accesso è consentito soltanto nei primi 100 m) e ha alcune stalagmiti e stalattiti. Assicuratevi di chiedere un po' di luce! Un'altra attrattiva naturale è **Pasir Putih Wamena**, una distesa di dune di sabbia bianca vicino ad Aikima, ciò che è rimasto di un lago prosciugato. È una delle mete più gettonate nei dintorni di Wamena e richiede mezza giornata.

Un lago tra le nuvole

Valle del Baliem nord-occidentale

Il versante occidentale della Valle del Baliem è meno panoramico rispetto a quello orientale. Tuttavia, c'è un incantevole lago 45 km a ovest di Wamena, il **Danau Habbema**. Situato tra pascoli a circa 3320 m di altitudine, offre una vista mozzafiato sulle montagne innevate, tra cui il Gunung Trikora, che si erge a sud con i suoi 4750 m. L'ecosistema alpino circostante, con cipressi nani e rododendri, è una grande attrattiva per gli amanti della natura. Noleggiare un'auto con autista da Wamena costa circa 2.000.000Rp. Il viaggio dura circa un'ora e mezza su una strada prevalentemente asfaltata, passando per il posto di blocco militare di Napua, a 7 km da Wamena.

In alternativa, è possibile arrivare in auto e tornare indietro con un trekking di tre giorni attraverso le foreste pluviali, ingaggiando una guida a Wamena per la logistica. L'itinerario tipico, partendo dal lago, passa per Yobogima (una radura nella foresta), attraverso una spettacolare gola fino al villaggio di Daela, e poi a Pilia e Ibele. Prima di partire, è consigliabile informarsi sulla situazione politica, poiché al momento della stesura di questa guida l'accesso al lago era saltuariamente vietato agli stranieri a causa delle attività dell'OPM.

Di Honai in Honai

Valle del Baliem meridionale

A sud di Wamena, la Valle del Baliem si restringe e il Kali Baliem (fiume Baliem) diventa un torrente impetuoso; questa parte della valle è la destinazione più popolare per i pochi escursionisti che si avventurano a Papua. I paesaggi sono spettacolari, le escursioni esaltanti e la vita nei villaggi affascinante. In un solo giorno, è possibile percorrere stretti

Festival della Valle del Baliem

sentieri nella foresta pluviale, camminare lungo terrazzamenti di piantagioni di patate dolci dalle foglie viola, visitare villaggi di *honai* (capanne circolari con il tetto di paglia), attraversare fiumi su traballanti passerelle sospese e percorrere colline dove i soli rumori sono quelli degli uccelli, del vento e dell'acqua che scorre. Lungo il percorso, si condividono patate dolci e si stringono le mani degli abitanti dani, che mantengono vive le loro tradizioni. In molti villaggi è possibile alloggiare in 'famiglia', in *honai*, in sale della chiesa o in case di insegnanti. Il prezzo è generalmente di 150.000Rp a persona, con un supplemento di 50.000Rp per la legna da ardere e 50.000Rp per l'uso delle cucine con il pavimento in erba.

Anche se ci sono infrastrutture turistiche essenziali, è raro vedere altri stranieri al di fuori di agosto, mese del **Festival della Valle del Baliem**. Non esiste un percorso ufficiale e la valle non è segnalata, quindi immaginate un labirinto di sentieri che collegano diversi villaggi. Il governo indonesiano sta lavorando alla costruzione di nuove strade in tutta la valle; sono poco usate dai veicoli a motore, ma ne incrocerete inevitabilmente una durante il percorso. Cercate di scegliere un itinerario che eviti il maggior numero possibile di vie asfaltate.

Un trekking standard di quattro giorni e tre notti inizia a **Sogokmo Atas**, 15 km a sud-est di Wamena, vicino al Kali Yetni, un piccolo affluente del Baliem. Attraversate il ponte di legno sul torrente e salite a Yilino, il primo villaggio tradizionale con una serie di *honai*. Da qui, continuate per 10 km

FESTIVAL DELLA VALLE DEL BALIEM

Questo festival di tre giorni si tiene nella seconda settimana di agosto. Tra banchetti a base di carne di maiale, corse di suini, gare di lance e musica dani (con strumenti come il *pikon*, una sorta di arpa a bocca), la gente del posto si esibisce in finti combattimenti tribali, nel corso dei quali indossa splendidi costumi da cerimonia e inscena un'antica battaglia e i rituali che la accompagnavano. Partecipano anche tribù vicine come gli yali e i lani, che organizzano un festival simile a novembre.

Gli hotel si riempiono con largo anticipo in questo periodo. È uno spettacolo interessante, anche se può apparire un po' artificiale e strumentalizzato, con i turisti che inseguono gli artisti per farsi delle foto. Visitare i villaggi dani è un'esperienza molto più autentica e gratificante.

PREPARARSI AL TREKKING

In valigia
Di giorno fa caldo, con serate fresche e piovose. Nei villaggi più grandi si forniscono una stuoia, un cuscino e una coperta. Portate sacco a pelo e cuscini da viaggio, una felpa, un cappello, una giacca da pioggia, bastoncini da trekking, una torcia, una power bank (c'è poca elettricità) e una bottiglia d'acqua con filtro (da riempire ai ruscelli). Non dimenticate il cibo. Sebbene nei villaggi sia possibile acquistare patate dolci, verdure e frutti, tutto il resto dovrete procurarvelo a Wamena.

Scelta della guida
Trovare una guida può essere un'impresa. Potrebbero mandare un sostituto più giovane, chiedere più soldi a metà del viaggio o lasciarvi nelle mani di un facchino. Si possono cercare recensioni online, ma la maggior parte delle compagnie di Papua propone tour personalizzati al momento. Informatevi sui servizi inclusi (in genere tutti i trasporti via terra, i pasti, i soggiorni, le spese della guida e le attività collaterali, oltre a facchini e cuochi) e mettete per iscritto i dettagli. È comune pagare in anticipo.

fino alla grande chiesa bianca all'ingresso di **Kilise**, un villaggio con muri di pietra e giardini lussureggianti, con una vista privilegiata sulla Valle del Baliem. Qui ci sono due case vacanza; noi preferiamo quella gestita dal pastore locale, dove si può dormire in un *honai* circondato da alberi da frutto.

Il secondo giorno si prevede una tappa impegnativa di 17 km, iniziando con una leggera discesa verso il Kali Baliem. Qui troverete il primo di molti spaventosi ponti sospesi (come regola generale, controllatene sempre lo stato prima di attraversarli; si rompono spesso e di rado hanno una copertura continua di assi di legno). Da qui inizia una lunga salita nel verde, seguendo il Kali Mugi nella Valle del Mugi, che si estende verso est. La faticosa salita termina nel villaggio di **Hitugi**, dove si scende in una vallata ricoperta di alberi frondosi. Attraversate il ponte sospeso sul Mugi a **Yuarima** e pernottate nella casa del custode accanto alla chiesa. Si trova vicino al fiume, un luogo comodo per lavarsi.

Il terzo giorno inizia a fondovalle: si attraversa una selva afosa e piena di felci lungo un sentiero stretto e scivoloso. Non abbiate fretta: alcuni escursionisti sono morti scivolando dai sentieri fangosi nel fiume sottostante. Dopo circa un'ora, si sale attraverso terrazzamenti di patate dolci fino al punto panoramico della Valle del Mugi, nel pittoresco villaggio di **Syokosimo**, punteggiato di *honai*. Da qui, si scende in modo ripido, tortuoso e a volte scivoloso fino al Mugi, che si attraversa su un altro ponte sospeso, prima di risalire sul lato opposto fino a **Ugem**, per poi tornare nella Valle del Baliem dopo 13 km di trekking. Dormite nella spoglia sala della chiesa; assicuratevi che ci sia un bidone d'acqua (il ruscello più vicino è una lunga scarpinata in salita). Il quarto giorno è relativamente tranquillo, con soli 12 km di cammino, per lo più in discesa. Le ampie vedute della Valle del Baliem, mentre si scende verso il villaggio di **Seima**, sono mozzafiato. Guardando verso ovest, è possibile scorgere il punto di partenza del trekking, mentre ci si inoltra tra i terreni agricoli terrazzati. Dopo aver attraversato il Baliem, spumeggiante e impetuoso, su un ultimo ponte sospeso, si risale fino alla strada asfaltata di Sogokmo, dove si può prendere un mezzo di trasporto per tornare a Wamena.

È possibile prolungare il viaggio a sei giorni e cinque notti con un'escursione completa lungo il Baliem da Kilise a **Wamerek** e **Wesagalep**. Questo percorso si spinge più in alto tra le montagne brumose, offre punti panoramici incredibili e la sera può fare più freddo. Chi desidera un rapido contatto con la Valle del Baliem può pensare a un'escursione di due giorni e una notte, un'esperienza piacevole senza trascorrere troppe notti a dormire sui pavimenti e ad accovacciarsi sui gabinetti.

Tecnicamente, è possibile percorrere la Valle del Baliem da soli, ma è necessario avere una buona padronanza dell'indonesiano per contrattare, comprendere le usanze locali e accedere alle cucine tradizionali con il pavimento in erba, e di un grande senso dell'orientamento. È molto facile perdersi. In sintesi: procuratevi una guida! È una buona idea non solo per orientarvi, ma anche per garantirvi maggiore sicurezza in caso di momenti di tensione legati all'OPM.

Dintorni della Valle del Baliem

Case sugli alberi, fiumi spumeggianti e cime scoscese che custodiscono rari ghiacciai equatoriali invitano i trekker più audaci a addentrarsi nell'entroterra montuoso.

Gli altopiani papuani nei dintorni della Valle del Baliem sono tra i luoghi più remoti e meno esplorati della Terra, ed è proprio questo il loro fascino per i pochi visitatori che vi si avventurano. Gli audaci alpinisti sono attratti dalle sfide fisiche e logistiche per raggiungere la Piramide Carstensz (Puncak Jaya), la vetta più alta dell'Oceania. Le giungle umide che ospitano gli yali e i korowai attirano invece chi è interessato alle escursioni tropicali e a un'esperienza culturale intensa. Visitare questa zona significa lasciarsi alle spalle le comodità moderne e immergersi in terre di cruda meraviglia naturale e tradizioni secolari. Raggiungere questi luoghi non è né rapido né economico, ma per chi ha voglia e possibilità, può rappresentare un'esperienza indimenticabile.

Località

TRASPORTI LOCALI

Arrivare in queste zone significa spesso noleggiare piccoli aerei e atterrare su piste remote e/o percorrere grandi distanze risalendo fiumi selvaggi. Per incontrare i korowai e raggiungere le vette del Parco Nazionale di Lorentz è necessaria una guida. Lo stesso vale per esplorare la terra degli yali. Che troviate una guida a Wamena o prenotiate un tour specializzato con una compagnia di Papua, considerate che spenderete migliaia di euro. Come sempre, più grande è il gruppo, più economico diventa il tour.

Parco Nazionale di Lorentz

DALLA VALLE DEL BALIEM: **1 H 30 MIN**

Le vette più alte di Papua

In Papua si trovano le montagne più alte dell'Oceania, tra cui la **Piramide Carstensz** (Puncak Jaya) con i suoi 4884 m e il **Gunung Trikora**, alto 4750 m, al terzo posto in classifica. La Piramide Carstensz presenta diversi ghiacciai in rapida formazione ed entrambe le montagne sono spesso ricoperte di neve. Insieme al Sumantri, queste cime della catena del Sudirman sono i punti più alti della Terra insieme all'Himalaya e alle Ande. Per scalare il Gunung Trikora si parte da **Danau Habbema** (p408), 45 km a ovest di Wamena, ma servono diverse notti di accampamento ad altitudini elevate con temperature rigide, oltre a una serie di permessi e ai servizi di una nota agenzia turistica indonesiana. Al momento della scrittura di questa guida, salire alla Piramide Carstensz – la meno frequentata delle famose 'Seven Summits' – non era semplice, a causa dell'instabilità politica e di episodi di violenza nelle vicinanze. L'unico modo sicuro per raggiungere la vetta era arrivare in elicottero al campo base di Yellow Valley, aggirando le regioni più problematiche che

TIMIKA E LA MINIERA DI GRASBERG

Timika è una città in rapida crescita che conta pochi visitatori oltre a quelli diretti alla Piramide Carstensz. È sorta in gran parte per rispondere alle esigenze dell'industria mineraria di Grasberg, che possiede i più grandi giacimenti di oro e rame al mondo ed è di proprietà del gigante minerario statunitense Freeport-McMoRan e del governo indonesiano. Grasberg produce profitti annuali per miliardi di dollari, di cui ben poco arriva alla popolazione papuana locale. È stata una costante ragione di conflitto fin dagli anni '70, quando si sono verificati i primi violenti scontri. Gli impianti e i lavoratori sono stati spesso bersaglio di attacchi attribuiti all'OPM negli anni '20 del nostro secolo. La reazione del governo indonesiano è stata rapida e decisa.

SERGEY URYADNIKOV/SHUTTERSTOCK ©

Korowai

normalmente si percorrono a piedi. In generale, sono necessari un alto livello di forma fisica, molta preparazione e solide capacità alpinistiche. **Summit Carstensz**, con sede a Timika, organizza spedizioni fin dagli anni '90.

Terra degli yali

DALLA VALLE DEL BALIEM: **2 GIORNI**

Gli altopiani meno battuti

Al di là delle pendici orientali della Valle del Baliem, tra scenari spesso altrettanto suggestivi, si trova la patria del popolo yali. Conosciuti solo negli anni '60 (si dice abbiano cannibalizzato uno o due missionari), gli yali sono uno dei popoli più tradizionali degli altopiani. Sebbene molti abbiano scelto di indossare pantaloncini e magliette, i più anziani vestono ancora con 'gonnellini' di rattan e astucci per coprire il sesso. I missionari forniscono gran parte delle infrastrutture, come scuole e trasporti. La terra degli yali è una destinazione ideale per gli avventurosi che hanno tempo da dedicare all'esplorazione. Il trekking più popolare va da **Sogokmo Atas** (p409) a **Ugem** (p410) nella Valle del Baliem, poi risale la Valle del Mugi, superando un passo di oltre 3500 m sul Gunung Elit, con almeno una notte (spesso due) di accampamento, per poi scendere ad Abiyangge, Piliam e Pronggoli nel territorio degli yali. Le salite sono lunghe e ripide e i tratti più elevati del Gunung Elit richiedono la salita e la discesa di diverse scalette di legno (controllate che siano agibili prima di salire). Da Pronggoli ad **Angguruk**, il più grande villaggio yali (con un grande mercato), ci vogliono ancora uno o due giorni. Gli alloggi nei villaggi sono basilari e costano 150.000Rp a persona per notte. Angguruk è il villaggio più sviluppato e dispone di una buona pensioncina (gli altri ospitano i viaggiatori in *honai*, strutture scolastiche e altri edifici). Da Angguruk si può tornare a piedi o aspettare di trovare un posto su un volo umanitario che parte dalla piccola pista di atterraggio. In ogni caso, è consigliabile assumere una guida a Wamena che può anche procurare un facchino per trasportare cibo e provviste.

Korowai

DALLA VALLE DEL BALIEM: **45 MIN** + **8 H**

Le case sugli alberi più selvagge del mondo

A sud-est di Wamena, in un labirinto di fiumi che scorrono verso sud dagli altopiani, vivono le popolazioni korowai, seminomadi e costruttrici di imponenti case sugli alberi che storicamente li proteggevano da animali, nemici, inondazioni, zanzare e (a quanto pare) dagli spiriti maligni. I korowai sono stati avvicinati dai missionari solo alla fine degli anni '70 e, sebbene da allora molti si siano stabiliti in villaggi con case a livello del suolo, pochi eletti vivono ancora secondo lo stile tradizionale. Molte compagnie e guide con sede a Papua propongono escursioni che partono dall'insediamento di **Mabul**, otto ore dall'aeroporto di Dekai. Un tour organizzato di circa 10 giorni è, a tutti gli effetti, l'unico modo (fattibile) di visitare la zona. A seconda delle dimensioni del gruppo, si spendono tra i US$1500 e i US$2000 a persona, ma solo metà del tempo è trascorso nel territorio dei korowai. I viaggiatori più audaci sono invitati a salire sulle case sugli alberi più alte e a piantare tende al loro interno. (Si noti che qualche visitatore è morto cadendo dalle scale, così come capita a molti nativi.) La maggior parte dei villaggi offre anche case sugli alberi più basse e capanne su palafitte. I tratti nella giungla calda e umida sono numerosi. Lungo il percorso si vendono oggetti di artigianato, tra cui preziose collane fatte di denti di cane, scudi giganti intagliati e utensili in pietra. Gli abitanti dei villaggi si impegnano in attività tradizionali come l'avvelenamento dei pesci, la costruzione di trappole e la raccolta di sago. Non dimenticate di assaggiare i vermi del sago! Sebbene le larve siano spesso mangiate crude, volendo le donne le arrostiscono su un fuoco all'aperto.

RACCOLTA DEL SAGO

Forse l'opera più suggestiva dei korowai (oltre alla costruzione di case sugli alberi) è la raccolta del sago. Il laborioso processo inizia quando i membri del clan abbattono una grande palma con un'ascia di pietra. Poi aprono il tronco e lo riducono in poltiglia, intrattenendosi a vicenda con canti tradizionali. Successivamente, il materiale viene trasportato al fiume e filtrato attraverso un sistema naturale costruito interamente con parti di palma. Questo processo separa un amido nutriente che può sfamare una famiglia per settimane. L'operazione richiede gran parte della giornata e spesso è svolta dalle donne.

Parco Nazionale di Wasur

UCCELLI DEL PARADISO | GIUNGLA | WALLABY INDONESIANI

TRASPORTI LOCALI

Le gite al Parco del Wasur iniziano a Merauke, servita da voli da Jayapura e Giacarta (con scalo a Makassar). Chi ha più tempo può arrivare con i traghetti Pelni bisettimanali da Sorong via Agats. Una volta a Merauke, noleggiate un'auto o un *ojek* che vi porti al parco, pagando 900.000Rp per la giornata (se un hotel di Merauke è la prima tappa, considerate una tariffa di 100.000Rp per 3 km di viaggio). È possibile noleggiare un'auto all'aeroporto, ma assicurarsi una guida è fondamentale per avvistare la fauna e organizzarsi.

IL CONSIGLIO

Il Wasur ha una forte stagione monsonica, durante la quale la maggior parte dei sentieri è impraticabile. Arrivate da metà lug a nov; ci sono meno zanzare.

Il Parco Nazionale di Wasur, con i suoi 4130 kmq, affascina chiunque sia interessato agli uccelli e ai marsupiali. Fa parte dell'ecosistema TransFly, che si estende a cavallo del confine tra Indonesia e Papua Nuova Guinea, e in un certo senso è più simile al nord del Queensland australiano che alle Raja Ampat. Invece della giungla tropicale, si trovano savane, zone palustri, foreste e fiumi che scorrono lenti e che allagano gran parte del territorio circostante durante la stagione delle piogge. Questa piccola striscia di bush australiano abbandonata nell'Indonesia orientale ospita wallaby e canguri, anche se la caccia illegale ha ridotto drasticamente il numero di esemplari. I pochi stranieri che visitano queste zone sono per lo più in cerca di coloratissimi kookaburra, casuari e bizzarri uccelli del paradiso. Il parco è noto anche per i giganteschi termitai che si ergono come sculture di terra fino a 5 m di altezza. Si trova a soli 20 km a est di Merauke, il che lo rende meno remoto di quanto possa sembrare in un primo momento.

Canguri, wallaby e uccelli del paradiso

Ammirare la fauna selvatica del Wasur

Il **Parco Nazionale di Wasur** ospita 114 specie di uccelli, di cui 74 endemiche, tra cui gli apprezzatissimi uccelli del paradiso. Ogni mattina è possibile avvistare uccelli del paradiso reali, maggiori e rossi mentre eseguono le loro elaborate danze di corteggiamento in luoghi come **Agrindo**, 90 km a nord di Merauke, e a **Kokoyam**, 90 km a est di Merauke. Altre specie interessanti sono i gura, gli uccelli giardinieri e i grandi casuari che abitano tutto il parco. Inoltre, si possono incontrare canguri e wallaby, oltre a marsupiali notturni come il cusco e il petauro dello zucchero. L'area meridionale del Wasur è la migliore per l'avvistamento della fauna selvatica, grazie alle sue praterie aperte e alle aree costiere.

Tra i luoghi più suggestivi c'è **Rawa Biru**, un villaggio indigeno 45 km a est di Merauke, dove è possibile dormire in case

DA VEDERE
1 Agrindo
2 Kokoyam
3 Pantai Lampu Satu
4 Rawa Biru

PERNOTTAMENTO
5 Biras Camping
v. 3 Hotel Marina
v. 3 Swiss-Belhotel

tradizionali per 150.000Rp a persona. Da Rawa Biru, con una camminata di due o tre ore, si può raggiungere Prem, dove c'è una piccola riserva circondata dall'acqua e dove si possono avvistare wallaby e vari uccelli acquatici. All'ingresso del parco si trova un centro informazioni, dove si paga una tassa di 150.000Rp al giorno. All'interno è possibile pernottare in tre rifugi basilari gestiti dal governo, per 200.000Rp (prenotate in anticipo). Il più vicino è a pochi chilometri dall'ingresso del parco, a **Biras**, dove ci sono anche strutture per picnic e una 'foresta' (in realtà un grande recinto per animali selvatici con alcuni casuari).

La polverosa **Merauke** è il punto di partenza della visita. Sulla strada principale, Jl Raya Mandala, si trovano hotel, ristoranti e negozi. Sulla spiaggia di **Pantai Lampu Satu** i residenti si riuniscono per guardare il tramonto sull'oceano. La guida locale **Bony Kondahon** (bonykondahon70@gmail.com) parla inglese e può aiutarvi a organizzare qualsiasi tipo di tour. Il suo onorario è di circa 700.000Rp al giorno, compresa la preparazione dei pasti, ed è in grado di disporre pernottamenti in tenda o nei rifugi del parco. Bony propone anche tour che combinano il Wasur meridionale con le giungle dell'altopiano nella zona di **Tanahmerah**, sua città d'origine, otto ore a nord.

REGIONE DEGLI ASMAT

La regione degli asmat, a nord-ovest di Merauke, è un'enorme area pianeggiante con fiumi fangosi, foreste di mangrovie e paludi di marea, dove i villaggi sono costruiti su palafitte. Un tempo temuti per la caccia alle teste e il cannibalismo, gli asmat sono ora celebrati per le loro sculture in legno, tra le più apprezzate delle arti papuane. Si possono ammirare al **Museo Kebudayaan dan Kemajuan Asmat** o all'**Asmat Queen Art Shop**, situati nel capoluogo di **Agats**. Esplorare questa area richiede tempo, denaro e pazienza. Raggiungete i villaggi in barca, navigando lungo i fiumi costeggiati dalla giungla, acquistando manufatti e assistendo a spettacoli tradizionali. Agenzie come Papua Explorer e Adventure Indonesia offrono tour in questa zona.

Sistemazioni consigliate

$ Prezzi economici $$ Prezzi medi $$$ Prezzi elevati

Raja Ampat

p382 (Cartina p384)

Batanta Diving Homestay $ Ottimo cibo, proprietari gentili, camere pulite e un'incredibile barriera corallina con dugonghi e mante ne fanno uno dei luoghi preferiti della remota Batanta.

Kalabia Homestay $ I materassi potrebbero essere più comodi, ma questo alloggio sulla costa settentrionale dell'isola di Arborek è molto piacevole, con bungalow sull'acqua e viste mozzafiato.

Biryei Homestay $ Uno dei pochi a Batanta con bagno privato a questo prezzo, è la base ideale sia per il birdwatching sia per lo snorkelling.

Avinsea Homestay $ Questi bungalow sull'acqua nell'isola di Tanjung Putus ricevono recensioni entusiastiche per il cibo, la posizione e l'ospitalità.

Sandy Guesthouse $$ Husna, la proprietaria di questa pensione di Waisai, lavora per l'ente del turismo e organizza tour sull'isola di Waigeo.

Turtle Homestay $$ Bungalow sulla costa meridionale dell'isola di Kri (la più tranquilla) con letti confortevoli, bagni privati e accesso a una bellissima barriera corallina.

PapuArts Alter-Native Stay $$ Immancabili bungalow sull'acqua a Waigeo; cibo squisito, pulizia eccezionale e una splendida vista sul tramonto.

Nut Tonton Homestay $$ Uno dei pochi alloggi al largo della splendida costa sud-orientale dell'isola di Misool. I bungalow si trovano su un' isoletta calcarea e sono dotati di aria condizionata ed elettricità.

Hamueco Dive Resort $$ Anche se definirli 'resort' è un po' esagerato, questi bungalow con bagno privato e aria condizionata hanno un buon prezzo e sono molto tranquilli.

Daroyen Village $$ Questi bungalow sull'acqua sull'isola di Kri sono molto popolari e hanno amache sui balconi, ma le esperienze di immersione hanno recensioni contrastanti (controllate l'attrezzatura!).

Raja Ampat Eco Lodge $$$ Questo lodge ecofriendly su Waigeo organizza escursioni alla ricerca di rettili e uccelli, propone hookah diving e paddle e prepara cibo delizioso.

Sorido Bay Resort $$$ Lussuosi bungalow sulla spiaggia arricchiti da opere d'arte papuana; i proprietari sono stati i pionieri delle immersioni e si dedicano alla tutela dell'ambiente.

Raja Ampat Biodiversity Nature Resort $$$ Ottimo rapporto qualità-prezzo in questo resort di lusso che si rivolge sia ai subacquei sia a chi vuole fare snorkelling, kayak o birdwatching.

Raja4Divers $$$ Questo elegante resort per immersioni, le cui camere sono decorate con opere d'arte papuana, si trova su una spiaggia circondata da palme su Pulau Pef.

Cove Eco Resort $$$ Su un'isola privata vicina a Piaynemo, è un resort a prezzi vantaggiosi con diversi pacchetti (da cinque a 14 notti) che si rivolgono sia ai subacquei sia agli amanti dello snorkelling.

Misool Resort $$$ Questo resort su un'isola privata è il massimo in fatto di lusso, con trasferimenti in motoscafo, pasti preparati in casa, massaggi con aromaterapia e ville da sogno affacciate sulla spiaggia o sull'acqua.

Sorong

p391

Waigo Splash $ Nel cuore dell'azione, di fronte a Tembok Berlin, il Waigo offre camere ampie e luminose a prezzi convenienti, con opere d'arte e maschere alle pareti.

Favehotel $$ Le camere sono di qualità analoga a quella degli altri hotel dell'aeroporto, ma alla metà del prezzo e con più colore ed estro.

Manokwari

p392

Mansinam Beach Hotel $$ La scelta migliore in città; ma le camere più care (comunque abbastanza convenienti) sono al terzo piano e hanno vista su Pulau Mansinam. Le camere standard al piano inferiore non sono altrettanto belle.

Amban Beach House $$ Questo surf lodge a Pantai Amban, gestito da Travel Papua, è la sistemazione più tranquilla della zona, con tre camere di buon gusto dotate di aria condizionata e doccia fredda.

Jayapura

p396 (Cartina p397)

Hotel Jasmine $ I corridoi sono un po' strani e le camere sono un po' datate, ma il Jasmine ha comunque un fascino d'altri tempi e una posizione comoda in centro città.

FOX Hotel Jayapura $$ Ha camere impeccabili, un ottimo servizio e un bar sul tetto, ma il FOX si distingue soprattutto per il suo design divertente, audace e creativo.

ASTON Jayapura Hotel $$ Questo raffinato hotel di catena ha tutte le carte in regola, con una bella palestra, piscina, centro benessere e un ristorante internazionale.

Sentani p396 (Cartina p397)

Unique Hotel $ Per comodità e prezzo, questa opzione accogliente ma essenziale sulla strada per l'aeroporto è del tutto soddisfacente; camere con aria condizionata e docce fredde.

Horex Hotel Sentani $$ Business hotel economico, a pochi passi dall'aeroporto, con camere ampie e immacolate, comodi letti king size e servizio in camera 24 ore su 24.

Suni Garden Lake Hotel & Resort $$ Le camere non sono perfette, ma i giardini di questo rifugio di lusso sono affascinanti; la piscina è gigantesca.

Pulau Biak p401 (Cartina p402)

Padaido Hotel $$ Una meraviglia nascosta su una via senza pretese, con cinque camere a tema marino, accoglienti ed economiche, che si affacciano su un grazioso porticciolo.

Asana Biak Papua $$ Ricca di storia, dimostra la sua età; questa proprietà di fronte all'oceano brilla per il prezioso arredamento in stile papuano e per la piscina a sfioro in posizione ideale per godersi il tramonto.

Nirmala Biak Beach Hotel $$ Camere pulite e quattro cottage spaziosi si ergono sul mare in questo hotel specializzato in immersioni, che funge anche da yacht club.

Misool Resort

Valle del Baliem p405 (Cartina p406)

Pintu Biru Hostel $ Questo singolare ostello papuano è proprio quello che gli escursionisti desiderano, con gestori competenti che parlano inglese, ottime colazioni (soprattutto il caffè) e un'atmosfera allegra.

Putri Dani Hotel $$ La maggior parte delle camere di questa piccola attività a conduzione familiare è disposta attorno a un tranquillo giardino in stile giapponese. Si tratta di un'opzione economica, considerati gli hotel costosi di Wamena.

Baliem Pilamo Hotel $$ La qualità delle camere varia molto a seconda della fascia di prezzo, ma questo rimane l'hotel preferito dalla maggior parte dei viaggiatori, con una spiccata personalità papuana e un giardino verdeggiante.

Baliem Valley Resort $$$ Questo splendido hotel a gestione tedesca occupa una magnifica posizione sulle colline fuori Wamena, con cottage rustici ma confortevoli e una delle migliori collezioni di arte papuana dell'isola.

Merauke p415

Hotel Marina $ Se il budget è la vostra preoccupazione principale, questa opzione centralissima e senza fronzoli è un ottimo affare, con camere essenziali e docce fredde.

Swiss-Belhotel $$ L'opzione più raffinata di Merauke, con tutti i fronzoli della business class, anche se il bar, il ristorante, la pressione dell'acqua e la connettività wi-fi lasciano molto a desiderare.

© PAULHARDING00/SHUTTERSTOCK

Sopra: Danau Toba (p435). A destra: Isole Banyak (p459)

AREE PRINCIPALI

PARCO NAZIONALE DI GUNUNG LEUSER
Oranghi, fiumi e trekking.
p424

PADANG
Cibo, cultura e Isole Mentawai.
p438

BANDA ACEH
Caffè, spiagge e surf.
p452

Sumatra

FORESTE PLUVIALI E FAUNA SELVATICA, ISOLE E VULCANI

Foreste pluviali ricche di fauna, onde magnifiche, magici mondi sottomarini e vulcani spettacolari: benvenuti a Sumatra, l'isola più grande e stimolante dell'Indonesia.

Sumatra è stata soggetta ai capricci e alle pretese di olandesi, inglesi e giapponesi, prima che l'Indonesia prendesse il toro per le corna con l'indipendenza nel 1945. Non è stato un viaggio facile: la posizione di Sumatra sulla cosiddetta 'Cintura di Fuoco' ha attirato più volte l'attenzione del mondo, a causa di terremoti catastrofici, tsunami ed eruzioni vulcaniche. È un territorio a rischio disastri, spesso apparso nei telegiornali. Ma la popolazione di Sumatra è forte e gli abitanti sono sempre più attenti al turismo dopo il Covid-19. I viaggiatori interni superano di gran lunga quelli internazionali. Sumatra è straordinaria e ricompensa chi si impegna a scoprirla. Sull'isola c'è ancora molto da esplorare: onde un tempo ignorate stanno attirando l'attenzione, mentre le aree per il surf al largo di Pulau Nias e delle Isole Mentawai diventano sempre più frequentate. I viaggiatori armati di boccaglio e attrezzatura per le immersioni si avventurano al largo per ammirare la natura. I parchi nazionali, un tempo troppo difficili da esplorare, sono ora mete allettanti per via dei segreti che custodiscono. La popolazione di Sumatra è varia quanto i suoi paesaggi: dai musulmani di Aceh ai cristiani di Danau Toba, fino alle società matriarcali dei minangkabau nell'Ovest di Sumatra. Tutti sono uniti dalla paura, dal rispetto e dall'amore per la terra selvaggia e meravigliosa in cui abitano.

ISOLE BANYAK
Vita isolana e bungalow rustici sulla spiaggia.
p459

PARCO NAZIONALE DI KERINCI SEBLAT
Vulcani, crateri blu e sentieri per il trekking.
p468

ISOLE DELLA COSTA ORIENTALE
Paesaggi di granito e resort di lusso.
p477

Parco Nazionale di Gunung Leuser, p424

Il posto dove è più facile vedere gli oranghi di Sumatra, fare trekking nella giungla, attraversare fiumi selvaggi e innamorarsi della natura.

Banda Aceh, p452

Esplorate i monumenti commemorativi delle vittime dello tsunami e unitevi alla gente del posto e ai surfisti che si godono le spiagge e la cultura del caffè. Non perdetevi la vicina base per lo snorkelling e le immersioni di Pulau Weh.

Isole Banyak, p459

Perfette per avventure fuori dai soliti itinerari, hanno acque blu, bei coralli e pesci vivaci che vivono al largo di terre ricche di palme. Nelle immediate vicinanze si può praticare il surf.

Padang, p438

Vanta un'interessante zona coloniale ed è un'ottima base per visitare i villaggi delle popolazioni locali e per il surf alle Isole Mentawai. Vicino a Bukittinggi e alla Valle di Harau.

AUTO

Noleggiare un'auto con conducente è un modo ottimale per spostarsi: la maggior parte degli stranieri che vivono a Sumatra lo fa e può raccomandare autisti affidabili. Verificate cosa comprende la tariffa giornaliera: di solito auto, carburante e pedaggi; a parte pagherete l'alloggio e il vitto del conducente.

AUTOBUS

Economici ma in genere non accoglienti, gli autobus a lunga percorrenza sono la rovina di molti viaggiatori e i responsabili di tante disavventure. Alcuni sono ora dotati di cabine letto, ma la maggior parte sono discoteche mobili, con tanto di macchine del fumo (l'autista).

AEREO

L'aereo è un modo conveniente per coprire lunghe distanze. Ridurre un viaggio di 16 ore a un volo di un'ora rende possibile visitare destinazioni lontane anche a chi ha poco tempo. I voli Susi Air possono essere complicati da prenotare e Lion Air è nota per i suoi ritardi, ma in generale è una buona opzione.

Parco Nazionale di Kerinci Seblat, p468

Qui è possibile avvistare le tigri. Il Gunung Kerinci offre scenari mozzafiato, per cui cercate una guida e saliteci.

Per orientarsi

Sumatra è un'isola enorme: la sesta più grande del mondo. Servono mesi di tempo per esplorarla (e ne scalfirete comunque soltanto la superficie), in alternativa concentratevi sui punti salienti.

Isole della costa orientale, p477

I turisti hanno di recente scoperto Pulau Belitung, Patrimonio dell'UNESCO, con i massi di granito che spuntano dalle acque tropicali. I residenti di Singapore, invece, amano l'atmosfera isolana di Pulau Bintan.

Ritmi di viaggio

Gli spostamenti richiedono tempo: spesso le strade sono in pessime condizioni e i traghetti in ritardo (o non partono affatto). Decidete qual è la priorità assoluta e organizzate il resto in funzione di questa.

CHINGLYNN70/SHUTTERSTOCK ©

Gunung Sibayak (p431)

Un tris di divertimenti in tre giorni

- Arrivate a **Medan** (p429) e dirigetevi a **Bukit Lawang** (p424). Consumate un pasto tipico in un ristorante in riva al fiume, dormite, poi svegliatevi per un trekking di mezza giornata con partenza alle 9. Camminate nella foresta finché la guida non individua un orango. Osservate le scimmie e gli uccelli prima di tornare a **Berastagi** (p431).

- Mangiate al mercato serale nella strada principale di Berastagi e alle 4 del mattino partite per scalare il **Gunung Sibayak** (p431). Osservate l'alba, immergetevi nelle sorgenti termali e raggiungete il vostro alloggio sul fiume vicino a Medan per poi prendere un volo il giorno successivo.

Le stagioni

La stagione del surf va da aprile a ottobre, mentre le escursioni sono praticabili tutto l'anno, anche se a partire da ottobre è più umido. Da ottobre in poi può essere complicato, a causa del clima mutevole.

APRILE

Arrivano i surfisti e città come Padang si preparano all'accoglienza. Vicino a Bukittinggi inizia il festival **Pacu Jawi** (corsa dei tori; p447).

MAGGIO

Il clima è migliore, ma controllate le date del Ramadan perché molti ristoranti chiudono durante questo mese sacro.

GIUGNO

La competizione del **Krui Pro** porta molti surfisti a sud di Sumatra, ma anche altri break rinomati sono molto frequentati.

ZRINI4/SHUTTERSTOCK ©, INVESTOCK/SHUTTERSTOCK ©, TRUBAVIN/SHUTTERSTOCK ©

Due settimane di divertimento

- Se avete due settimane a disposizione, raggiungete subito il **Danau Toba** (p434). Scoprite la cultura della regione e godetevi l'atmosfera rilassata di Tuk Tuk.

- Il Danau Toba è vicino a **Singkil** (con i tempi di Sumatra ci vorrà comunque un giorno; p462), dove è possibile fare un tour delle paludi prima di prendere il traghetto per le **Isole Banyak** (p459) per tre notti di permanenza.

- Da Singkil, dirigetevi a est verso **Berastagi** (p431) per scalare il **Gunung Sibayak** (p431) e visitare le sorgenti termali, quindi raggiungete la selvaggia **Ketambe** (p427) per un lungo trekking prima di tornare a Medan.

Un mese tra isole ed entroterra

- Da Padang raggiungete le **Isole Mentawai** (p444). Scoprite la tribù locale a Siberut, poi visitate Tua Peijat per ammirare le onde.

- Tornate a **Padang** (p438) e prendete l'autobus per **Kerinci** (p468). Fate un'escursione sul **Gunung Kerinci** (p468) o partecipate al Sumatran Tiger Trek (tre giorni). Volate da Padang a Medan e raggiungete subito il **Danau Toba** (p434) per rilassarvi.

- **Ketambe** (p427) è la meta successiva; preparatevi a un paio di giorni di avvistamento degli oranghi, quindi visitate **Berastagi** (p431) per scalare il Gunung Sibayak e immergervi nelle sorgenti termali.

- Volate a **Banda Aceh** (p452) per i monumenti dedicati alle vittime dello tsunami, poi immergetevi al largo di **Pulau Weh** (p456).

AGOSTO
Se vi piace socializzare con altri viaggiatori, andate subito a Sumatra. Le città di montagna e il Danau Toba sono un sollievo dal caldo.

OTTOBRE
Potete assistere a una corsa delle anatre nella Valle di Harau, forse con qualche goccia di pioggia.

NOVEMBRE
L'inizio della stagione delle piogge è anche il mese di massima fioritura della rafflesia. Tutta l'isola è tranquilla.

DICEMBRE
Le spiagge intorno a Banda Aceh sono ottime per il surf e la vicina Pulau Weh è adatta alle immersioni tutto l'anno.

Parco Nazionale di Gunung Leuser

TREKKING NELLA GIUNGLA | FAUNA SELVATICA | NAVIGAZIONE SUL FIUME

Il Parco Nazionale di Gunung Leuser copre 2,6 milioni di ettari, comprendendo foreste pluviali pianeggianti, torbiere, selve montane e costiere, e pascoli alpini nel nord di Sumatra e Aceh. Bukit Lawang attira molti visitatori alla ricerca degli oranghi, simbolo non ufficiale di Sumatra. In alternativa, Ketambe (nella provincia di Aceh) e Simolap (a sud) offrono escursioni in zone remote e meno frequentate. Sebbene gli avvistamenti non siano mai garantiti, a Bukit Lawang i visitatori riescono a vedere gli oranghi già durante il primo giorno di trekking. Le guide sono esperte nel localizzarli, ma è essenziale seguire le regole. Il parco è anche habitat di elefanti, tigri di Sumatra, rinoceronti e numerosi uccelli, tra cui il rumoroso bucero rinoceronte. È in corso una battaglia quotidiana per salvare il Leuser e gli altri due parchi, il Kerinci Seblat e il Bukit Barisan Selatan, Patrimonio Mondiale UNESCO eppure minacciati dall'espansione delle piantagioni di palma da olio, dalla costruzione di nuove strade e dal bracconaggio.

TRASPORTI LOCALI

Bukit Lawang e Ketambe offrono numerose strutture ricettive. A Ketambe, sono distribuite su entrambi i lati della strada. A Bukit Lawang, le sistemazioni più popolari si trovano sulle due sponde del fiume, ma la maggior parte non è accessibile ai veicoli, se non alle moto. I visitatori vengono lasciati alla 'stazione degli autobus', dove spesso sono accolti da venditori ambulanti che cercano di vendergli subito un'esperienza di trekking (meglio ignorarli!).

IL CONSIGLIO

Scegliete (o chiedete) un'escursione lontana dai sentieri più battuti di Bukit Lawang. La vostra presenza, accompagnati da una guida locale, è un ulteriore elemento di 'controllo' e contribuisce alla tutela dell'area.

Escursione a Bukit Lawang

Alla ricerca degli oranghi nella foresta pluviale

Vedere un orango in natura è un'esperienza straordinaria e durante un'escursione a **Bukit Lawang** è quasi garantito. Si attraversa il fiume dal villaggio principale e si sale nella foresta su numerosi gradini, lungo sentieri scivolosi. Seguite la guida, controllando di non avere sanguisughe attaccate e applicando di frequente il repellente per zanzare. Non siete soli: altri piccoli gruppi vi circondano. Quando la guida sente un rumore o riceve un cenno da un collega, all'improvviso ci si muove in fretta. Vi indicano un punto in alto ed eccoli lì: forse una madre con il suo piccolo, che dondola sugli alberi e gioca.

Nel 1973 fu creato un centro di riabilitazione per oranghi (poi chiuso), quindi molti esemplari sono abituati all'uomo e

DA VEDERE
1 Tangkahan

ATTIVITÀ, CORSI E TOUR
2 Bukit Lawang

PERNOTTAMENTO
v. 2 Green Hill
3 Kuta Langis Ecolodge
v. 1 Mega Inn
4 Simolap Wild Adventures

PASTI
v. 2 Eriono Guesthouse & Restaurant
v. 2 My Resto
5 Raimuna
v. 2 Waterstone
v. 2 Wild River Cafe

si avvicinano agli alberi da frutto. Sebbene sia possibile fare un tour di mezza giornata con un'alta probabilità di avvistare un orango, per un'esperienza più appagante è consigliabile trascorrere almeno una notte nella foresta pluviale. I tour con pernottamento includono un accampamento nella giungla in uno spazio condiviso sostenuto da pali di bambù e coperto da teli di plastica nera. Dormirete su una stuoia sottile, più utile all'isolamento che al comfort, con servizi igienici 'open-air' che non sono veri e propri servizi.

Tutti gli escursionisti di Bukit Lawang necessitano di una guida e devono pagare una tassa d'ingresso di 150.000Rp (225.000Rp nei fine settimana), in genere già compresa nei tour organizzati. In alta stagione (luglio-agosto e intorno a Natale) prenotate in anticipo sistemazioni e trekking. I viaggiatori solitari possono unirsi a tour già formati per ridurre i costi. In città e alla stazione degli autobus non mancano guide che si offrono di portarvi nella giungla; tuttavia, alcune sono più affidabili di altre e i termini 'ecologico' ed 'etico' sono spesso abusati: informatevi bene.

Portare i bambini

Gunung Leuser per famiglie

Bukit Lawang è un luogo ideale per portare i bambini, grazie alle ottime sistemazioni, alla gente amichevole e accogliente e alle guide esperte nel trattare con escursionisti di diversi livelli e capacità. Cercare gli animali selvatici, dormire nella foresta e risalire il fiume impetuoso fino all'alloggio (anche se sarà la guida a fare il lavoro duro) riesce a trasformare gli adulti in ragazzini, quindi immaginate l'entusiasmo dei bambini. Se non si sono adattati al cibo indonesiano speziato, in zona ci sono molti ristoranti che servono cibo internazionale.

MANTENERE LA FAUNA SELVATICA IN LIBERTÀ

Queste regole si applicano agli oranghi e ad altri animali selvatici delle foreste di Sumatra, tra cui macachi, presbiti di Thomas, gibboni e arghi maggiori.

- Non superare le sette persone.
- Fare il trekking solo se in forma.
- Tenere il cibo lontano dalla fauna.
- Non fumare, mangiare, bere, tossire, starnutire o sputare vicino agli animali selvatici.
- Tenere una distanza di 10 m dagli animali.
- Restare in silenzio.
- Riconoscere i segnali. Gli oranghi emettono suoni simili a baci e fanno cadere i rami se stressati o arrabbiati.
- Non usare il flash o il bastone per i selfie in modo invasivo.
- Segnalare le guide che violano le regole.

DONNE SICURE DURANTE IL TREKKING

Le viaggiatrici a volte denunciano comportamenti sessuali inappropriati da parte delle guide o degli accompagnatori. Segnalare gli abusi alla polizia e alla compagnia aiuta a sensibilizzare la comunità delle guide e, si spera, a eliminare tali comportamenti inaccettabili. Prima di iscrivervi a un trekking, esaminate le recensioni delle compagnie e chiedete ad altri viaggiatori di raccontarvi le loro esperienze. Negli anni ci sono stati casi di guide che hanno sposato turisti e avviato attività turistiche insieme, ma nessuno dovrebbe subire pressioni indesiderate. Spiegare chiaramente al momento della prenotazione che siete interessati solo al trekking può essere utile.

FANDISTICO/SHUTTERSTOCK ©

Presbite di Thomas, Bukit Lawang

Durante l'escursione, i bambini dovranno portare la propria attrezzatura (le guide non sono facchini), quindi può essere una buona occasione per insegnare loro a preparare bagagli leggeri. Dato che le sanguisughe possono spaventare anche i più coraggiosi, portate un repellente per insetti con un alto contenuto di DEET, ma testatelo prima sulla vostra pelle per evitare reazioni allergiche. Simolap è un'alternativa, mentre la lontananza di Ketambe potrebbe non essere ideale per tutti.

Sui fiumi selvaggi

Navigazione a Bukit Lawang

I trekking nella giungla di Bukit Lawang spesso si concludono con un emozionante percorso su imbarcazioni tubolari lungo il **Sungai Bohorok** (fiume Bohorok), attraversando la foresta. Potreste essere seguiti da un gruppo di turisti locali rumorosi su file di pneumatici galleggianti. A ogni modo, è un'idea fantastica per concludere uno, due o (se possibile) più giorni di trekking nella giungla. Molte sistemazioni offrono l'esperienza anche come attività a se stante: mettete in conto 400.000Rp a persona per circa tre ore di divertimento sul fiume fino alla città di Bohorok, dove sarete riportati in autobus. Pagherete di più se desiderate pranzare in riva al fiume.

Fuori dai sentieri battuti

Un'alternativa più selvaggia a Bukit Lawang

Green Hill, attività a conduzione indo-inglese, propone un tour nella giungla più selvaggia di Bukit Lawang; non aspettatevi però di vedere gli oranghi, perché qui la fauna selvatica preferisce tenersi a distanza. Il biologo Andrea, che si batte per la tutela di queste zone, ha convertito una piantagione di palme da olio in un giardino con vista sulla giungla, a 30 minuti dal caos di Bukit Lawang. Da qui si cammina nella foresta pluviale incontaminata. Per la notte c'è un campeggio lungo il fiume, ma se preferite un materasso e delle pareti, tornate al Kuta Langis Ecolodge (p490). Al contrario, il secondo giorno del trekking 'Discovery' di Green Hill prevede l'esplorazione dell'area di Bukit Lawang dove si recano anche gli altri tour, con maggiori probabilità di vedere oranghi, gibboni e presbiti di Thomas. Da qui si ritorna in città via fiume.

Natura incontaminata

Escursioni nella giungla selvaggia a Ketambe

Se vi piacciono le liane più spesse delle vostre gambe e gli alberi centenari, considerate un'escursione di mezza giornata a **Ketambe**. Qui gli oranghi vivono allo stato brado nei loro gruppi familiari originari, ma sono abbastanza abituati alle persone da non nascondersi, e spesso si avvicinano ai numerosi alberi da frutto della zona. Il Forum Konservasi Leuser pattuglia di continuo le foreste e la fauna selvatica, abbattendo alberi di palma da olio illegali, riforestando aree, rimuovendo trappole e monitorando animali feriti o intrappolati. L'ecoturismo è fondamentale per la conservazione degli habitat e le guide del posto, il cui lavoro dipende da questo, fanno la loro parte.

A Ketambe, in genere, ogni struttura ricettiva ha la propria guida. Una guida indipendente consigliata è Safar di Sumatra-jungle.com: organizza escursioni di un giorno, trekking più lunghi sul Gunung Kemiri (3314 m) e le escursioni più impegnative a Bukit Lawang. L'ingresso al parco costa 150.000Rp al giorno.

Il **Sungai Alas** (fiume Alas) scorre vicino alla città ed è meta degli appassionati di rafting e canottaggio. Le rapide sono più forti a marzo e aprile e tra settembre e novembre. Potete organizzare un'uscita di un giorno partendo da Ketambe e scendendo lungo il fiume fino a Kutacane, per una durata di circa sei ore. In alternativa, potete noleggiare

CINQUE CONSIGLI PER LA SCELTA DELLE GUIDE

- Non affidatevi alla prima guida che vi si presenta all'arrivo, passate un po' di tempo in zona a fare ricerche. In alternativa, prenotate in anticipo.
- Assicuratevi che la guida sia certificata dall'Associazione Indonesiana delle Guide Turistiche (ITGA-HPI Himpunan Pramuwisata Indonesia).
- Leggete le recensioni. I viaggiatori spesso citano per nome le guide e le compagnie più valide.
- Chiedete alla vostra guida come riduce l'impatto ambientale (raccogliendo gli scarti di cibo e tutti i rifiuti che vede? Non usando plastica monouso?).
- Controllate i social media per valutare se le foto rivelano qualcosa di diverso da ciò che pubblicizzano (foto di esseri umani che si avvicinano troppo alla fauna selvatica).

MANGIARE A BUKIT LAWANG: LA NOSTRA SCELTA

My Resto: Scegliete dall'ampio menu di questo locale accogliente; il pollo al curry e il *rendang* di patate sono i migliori. $

Wild River Cafe: Non perdetevi i *sambal* in questo caffè in riva al fiume, che offre anche ottime descrizioni in inglese dei piatti. $

Waterstone: Un ristorante unico con un design industrial chic. Il curry vegetariano riceve recensioni entusiastiche e i prodotti sono locali. $$

Eriono Guesthouse & Restaurant: Un locale a conduzione familiare. Deliziosi involtini primavera, *sambal* di melanzane e birra ghiacciata. $

una canoa, risalire la corrente per 15 minuti fino a Gurah e ridiscendere.

Ketambe dista un'ora dalla grande città di Kutacane. La strada principale di Ketambe è fiancheggiata da alloggi, ma non esiste un vero e proprio centro. La qualità di queste sistemazioni riflette il minor flusso di viaggiatori, seppur di recente sono stati effettuati lavori di ristrutturazione. Per mangiare, ci si affida al warung locale **Raimuna** o alla struttura ricettiva. Fermatevi a **Kutacane** se avete bisogno di fare provviste per l'escursione e prelevare contanti.

Camminare, immergersi, riposare, ripetere

Assaporare la vita nella giungla di Simolap

Simolap, situato al confine con il Parco Nazionale di Gunung Leuser, è un luogo perfetto per immergersi nella giungla. Se chilometri di piantagioni di palme da olio vi hanno scoraggiato, per ritrovare ottimismo scoprite le diverse iniziative di tutela. Tra queste, la trasformazione delle piantagioni di palme da olio in orti per le esigenze della comunità e un programma di ripristino delle sponde del fiume che ne previene l'erosione.

Attorno alle **sorgenti termali di Simolap** partono i trekking di **Simolap Wild Adventures** e si concludono con un bel bagno rigenerante. La compagnia propone un'esperienza più facile nella giungla: si cammina per un breve tratto fino a un 'campo base' dove le guide sistemano le amache in modo da poter osservare le cime degli alberi, oppure ci si stabilisce vicino al fiume o alle cascate per una giornata di nuoto e relax. È possibile anche fare canottaggio sul fiume e, naturalmente, avvistare gli oranghi (qui non sono abituati alle persone, ma potreste essere fortunati). Contattate Simolap Wild Adventures per organizzare il trasporto. Un'auto da Medan fino a Simolap costa circa 900.000Rp, da Bukit Lawang 300.000Rp.

Fiumi della foresta pluviale

Sulle sponde del Tangkahan

A due ore di auto da Bukit Lawang, sul confine orientale del Parco Nazionale, sorge **Tangkahan**, un villaggio noto soprattutto per il suo centro degli elefanti. Purtroppo, come tutte le proposte di Sumatra che coinvolgono gli elefanti, non può essere considerato del tutto 'etico' a causa dell'interazione tra animali e uomo. Tuttavia, Tangkahan è una meta molto apprezzata dai turisti interni che giocano e fanno il bagno nel Sungai Buluh (fiume Buluh). È possibile nuotare e salire fino alle sorgenti termali. **Mega Inn** (dall'altra parte del fiume, superato uno stretto ponte sospeso) organizza avventure di rafting di tre ore per 300.000Rp a persona (minimo due persone) che includono anche una nuotata, una visita alle sorgenti termali e un pranzo in riva al fiume.

COSTUMI LOCALI

I viaggiatori che arrivano da Bali a Medan potrebbero non rendersi conto di essere entrati in una zona conservatrice e a maggioranza musulmana. In luoghi come Ketambe, (nella provincia conservatrice di Aceh), così come a Simolap e Tangkahan (meno turistiche rispetto a Bukit Lawang) è importante rispettare le usanze. Le donne e gli uomini fanno il bagno nelle sorgenti termali e nei fiumi vestiti: non vedrete donne in costume. Nei villaggi più piccoli, è consigliabile entrare in acqua con una camicia a maniche lunghe, o con una maglietta, e pantaloncini sopra il costume da bagno. Aceh è nota per la marijuana, che da generazioni viene usata come condimento, medicinale e droga ricreativa. Si dice sia stata portata dai coloni olandesi centinaia di anni fa e sia diventata popolare fino a quando non è stata messa al bando negli anni '70. In Indonesia è illegale (ed è considerata un narcotico di tipo 1) e ad Aceh vige la sharia. Tuttavia, potrebbe esservi offerta durante i trekking nella giungla. Se siete qui solo per la natura, siate chiari: fate sapere alle guide che non siete interessati.

Dintorni del Parco Nazionale di Gunung Leuser

Questa è l'isola più visitata di Sumatra, con lo splendido Danau Toba e i vulcani di Berastagi.

Anche i viaggiatori con poco tempo a disposizione possono godere delle meraviglie di Sumatra partendo da Medan, uno dei principali snodi dell'isola. È una città interessante, con un vivace centro commerciale, diverse chiese e una grande moschea, e merita una visita per la sua storia coloniale. Tuttavia, nessuno vi biasimerà se prenoterete voli e mezzi di trasporto e partirete subito alla volta del Parco Nazionale di Gunung Leuser per un trekking (tre ore per arrivare a Bukit Lawang), o di Berastagi (a meno di tre ore) per esplorare i vulcani. Un'altra opzione è il Danau Toba (a circa cinque ore) per rilassarvi in riva al lago e immergervi nella cultura locale.

Località

Medan p429
Berastagi p431
Danau Toba p434

TRASPORTI LOCALI

Le auto sono spesso il modo migliore per raggiungere Berastagi e il Danau Toba. Dall'aeroporto non c'è un autobus diretto per il Danau Toba; dovete raggiungere la stazione Amplas di Medan, prendere un autobus per Parapat e poi il traghetto per Tuk Tuk. Per Berastagi, l'autobus Almasar si ferma a Medan, dove si prende un altro autobus per arrivare a destinazione. Utilizzate Grab o Gojek per spostarvi a Medan. C'è un treno che porta dall'aeroporto al centro città.

Medan

DA BUKIT LAWANG: **3 H**

Come vivevano i magnati di Medan

La **dimora** del magnate cinese **Tjong A Fie**, con ben 35 stanze, è stata costruita secondo i principi del feng shui. Dopo essersi trasferiti a Medan, Tjong A Fie e suo fratello svilupparono stretti rapporti con i governanti olandesi e si inserirono in quasi tutti i settori dell'economia di Sumatra: tabacco, miniere, banche, piantagioni di cocco, palme da olio, gomma, tè e zucchero. Divenuto leader della comunità cinese, morì nel 1921. La sua casa è rinomata per lo sfarzoso stile vittoriano-cinese.

Passeggiata nella Medan coloniale

Se vi trovate a Medan per qualche ora, visitate le strade di epoca coloniale. Seguendo Jl Ahmad Yani da Jl Palang Merah verso nord fino a Lapangan Merdeka (Piazza dell'Indipendenza), potete ammirare gli edifici storici, tra cui la **Bank Indonesia** (risalente al 1907), il Balai Kota (il **municipio**) e l'**ufficio postale** (1911). La storia coloniale di Medan ha causato molte vittime: a partire da centinaia di migliaia di lavoratori forzati e schiavi provenienti da tutto il mondo, fino alla foresta vergine, distrutta per far posto alle piantagioni

PROBLEMI CON IL VISTO PER VOLARE A MEDAN

I viaggiatori arrivati a Medan da altre isole indonesiane tramite la Malaysia potrebbero non accorgersi che il visto è stato loro annullato quando hanno lasciato l'Indonesia. Dovranno richiederne un altro a ingresso singolo all'arrivo (il costo è di 500.000Rp in contanti, con un supplemento se si paga con carta). Può essere frustrante e costoso, soprattutto se si sono affrontati lunghi viaggi e spese per il rinnovo. Entrare e uscire dalla Malaysia in giornata è un modo semplice per ottenere il rinnovo del visto (scade dopo 30 giorni).

PACYA/SHUTTERSTOCK ©

Graha Maria Annai Velangkanni

(un fenomeno che continua ancora oggi). Una fontana in onore di Nienhuys, fondatore della Deli Company, fu inaugurata nel 1913 e demolita nel 1958; l'ex casa di Nienhuys nei Paesi Bassi ospita oggi la sede dell'Istituto NIOD per gli studi sulla guerra, l'olocausto e il genocidio.

Per maggiori informazioni su questo periodo, visitate il **Museo di Sumatra Nord**, un edificio tradizionale con ampliamenti moderni e una collezione che comprende sculture in pietra e in legno batak, bare da Pulau Nias e testimonianze dell'occupazione coloniale e giapponese. Se desiderate un quadro più completo, contattate **Tri Jaya Tour & Travel**, che da anni organizza tour della città di Medan. Il proprietario Dirk ha scritto diversi libri su Medan. Dirk, Diana e il figlio Roderick gestiscono anche l'Hotel Deli River, situato in una bella posizione sul fiume, fuori città.

MANGIARE A MEDAN: MIGLIORI RISTORANTI VEG

Socrates Vegan: Ospitato in quella che sembra una biblioteca privata, propone piatti piccanti e vanta cinque modi diversi di cucinare le *terong* (melanzane). $

Medan Vegetarian: Locale vegetariano a conduzione familiare in stile padang. Ottimi il *rendang* di finto manzo e il curry di cocco. Servitevi da soli. $

Senorita Coffee: Ottimo per il caffè (o il *taro lattes*) con qualche snack, tra cui manioca fritta, patata dolce e sushi vegano a base di pane. $

VOI Vegan: Ottimi i noodles vegani, il *sate* (satay) padang vegetariano, i ramen e la bistecca vegana; buoni i caffè e i dessert. $

L'insolita chiesa cattolica di Medan

La **chiesa Graha Maria Annai Velangkanni** si trova a 8 km da Medan. È nota per il suo mix di architettura hindu e islamica ed è un luogo di pellegrinaggio molto gettonato. Si dice sia stata teatro di tre miracoli. Il primo si verificò in seguito a un incendio che bruciò tutto tranne una pila di rupie, due bibbie e un libro di inni. Il secondo fu l'arrivo della statua di Annai Velangkanni dall'India a Medan, grazie alla gentilezza di alcuni stranieri. Il terzo, la comparsa di acqua cristallina ai piedi della statua di Maria. L'acqua sorgiva viene ora convogliata sul retro della cappella, a disposizione dei visitatori.

Il nuovo paradiso degli oranghi di Sumatra

Il **parco ecologico Orangutan Haven** è centro di recupero per gli oranghi che, per molte ragioni, non possono essere liberati nella foresta. I primi 'ospiti' sono stati portati qui nel 2023, con l'obiettivo di farli ambientare in tempo per l'apertura al pubblico, avvenuta nel 2024. C'è anche una fattoria ecologica dove i visitatori possono acquistare prodotti ed è in progetto un centro educativo. Il parco si trova a Pancur Batu, a circa 50 minuti dal centro di Medan. Gli autobus diretti a Berastagi (Brastagi) vi portano a destinazione.

Berastagi

DA BUKIT LAWANG: **5 H**

Città di montagna

Salire sul **Gunung Sibayak** è una delle esperienze più affascinanti da fare nel nord di Sumatra, tempo permettendo: una volta in cima, potete respirare l'aria sulfurea e osservare il cratere pieno d'acqua. Strutture ricettive come **Nachelle** e **Kaesa** propongono tour a un costo di circa 600.000Rp a persona, comprensivi di trasporto, guida e snack. È più conveniente formare un gruppo per dividere i costi.

L'avventura inizia alle 4 del mattino, con un breve tragitto in auto fino al parcheggio principale, accanto a un cartello che indica la presenza di sorgenti termali. Da qui si sale per una strada sconnessa fino a una capanna dove la guida paga l'ingresso (20.000Rp). Dopo una brusca svolta a sinistra, potreste ritrovarvi in compagnia di qualche simpatico cane. Dopodiché l'escursione continua su scivolosi gradini di argilla. Fate attenzione alla testa nel tratto di foresta di rattan finché non sbucate in un tratto aperto, sulla superficie rocciosa del vulcano, circondati da vapore e piccole pozze gialle. Per

APPROFONDIRE LA STORIA COLONIALE DI MEDAN

Dirk Aedsge Buiskool, autore e proprietario dell'Hotel Deli River (p490).

Medan, da piccolissimo villaggio, a partire dal 1870 è diventata una città di piantagioni in piena espansione. Le persone che arrivarono qui provenivano tutte da lontano: coltivatori europei, soprattutto olandesi, e molti contadini provenienti da Giava e dalla Cina, pronti a lavorare nelle piantagioni perché sul posto non c'era una popolazione locale. Qui si produceva il miglior tabacco del mondo, anche meglio di Cuba. I resti di quel patrimonio sono ancora visibili nell'architettura coloniale prebellica di Medan. Oggi è una città interessante per la sua diversità multietnica, con molti cinesi, giavanesi, batak e minangkabau.

MANGIARE A BERASTAGI: LA NOSTRA SCELTA

Waroeng FB: Personale cordiale e clientela eclettica. Provate il *nasi bakar* (riso cotto al vapore con spezie in una foglia di banana) con pollo e funghi. $

RM Cia You: Assaggiate il cibo cinese (tra cui l'apprezzatissimo porridge di pollo) e le fritture di calamari, pollo e maiale. $

Cafe J Vayona: Ristorante dall'arredamento interessante. Provate gli *ifume goreng* (spaghetti caldi fritti super piccanti), se ne avete il coraggio. $

BPK Dear Lonni: Carne di maiale alla brace servita in vari modi; scegliete le salsicce di interiora o la tenera carne di maiale alla fiamma. $

CONSIGLI PER LE ESCURSIONI SUI VULCANI

Anche se un vulcano è tranquillo, come lo era il Gunung Sibayak al momento della stesura di questa guida, la situazione può cambiare da un giorno all'altro, soprattutto in presenza di sistemi idrotermali attivi. Ricordate che i gas che fuoriescono dalle fumarole sono tossici: sulla montagna ce ne sono molte e sono rumorose quanto un elicottero. L'anidride solforosa può provocare tosse e danneggiare polmoni e gola. L'idrogeno solforato può essere addirittura letale. Le guide portano i visitatori alle fumarole per osservare gli anelli giallo-zolfo, ma bisogna essere consapevoli dei rischi.

ritornare al parcheggio è prevista una passeggiata di circa 6 km. Prima però raggiungete la vetta, con il cartello 'Mt Sibayak 2212 m'. Gli spruzzi dei geyser a volte impediscono la spettacolare vista sul vicino Gunung Sinabung, ma ne vale la pena. È possibile salire al Gunung Sibayak senza una guida, ma in ogni caso è consigliabile muoversi in gruppo e durante il giorno. In passato, alcuni stranieri sono morti su questa montagna: appena fuori dal parcheggio è apposta una lista di persone scomparse. Poiché il tempo può cambiare repentinamente, portate un k-way, una lampada frontale (le torce del telefono non bastano), snack, acqua, un maglione o una giacca, oltre a un costume da bagno, un asciugamano e delle infradito per le sorgenti termali. La maggior parte dei tour prevede un bagno caldo prima di tornare a Berastagi.

Immergersi nelle sorgenti di Sibayak

Non è necessario salire sul Gunung Sibayak per un bagno nelle **sorgenti termali**, anche se per la maggior parte dei viaggiatori sono la rilassante conclusione di un lungo trekking sul vulcano. Ci sono diverse possibilità in questa zona, ma nessuna ha l'aspetto 'naturale' che potreste pensare né assomiglia a un onsen giapponese. Le sorgenti termali del Sibayak consistono in vasche di cemento, piscine all'aperto con piastrelle blu di diverse dimensioni, ognuna delle quali contiene acqua termale a temperatura variabile. La gente del posto ci viene nel fine settimana, di solito in famiglia o tra amici. Le donne (vestite) si immergono, escono, rollano un involucro con noci di betel e pezzetti di tabacco e ripetono l'operazione più volte. Se siete interessati a provare questo mix calmante, fatevene preparare uno anche voi.

Dato che i complessi sono tutti abbastanza simili, si tratta di trovare quello che più vi attira: **Mitra Sibayak** (15.000Rp) offre una serie di piscine e un'eccellente vista sulle montagne circostanti, anche sul geyser di Sibayak. Molte attività commerciali sono aperte 24 ore su 24, ma verificate gli orari dei trasporti pubblici. Ci sono piccoli *warung* e alcune strutture termali hanno dei caffè. Se perdete l'ultimo autobus per tornare a Berastagi, molti dei complessi hanno aggiunto anche sistemazioni per la notte. Spesso sono costruzioni in legno in stile capanna (oggi presenti in tutta Sumatra), ma almeno non dovrete preoccuparvi di dove dormire e potrete fare un bagno di mezzanotte sotto il vulcano.

Conoscere la cultura karo

Proprio di fronte al **centro di informazioni turistiche di Berastagi**, il **Museo Pusaka Karo** (ingresso 8000Rp) è stato allestito all'interno della vecchia chiesa cattolica della città. Le foto al piano superiore sono eccezionali: raffigurano la cultura karo in tutta la sua bellezza. Tra gli oggetti esposti ci sono alcuni *padung-padung*: pesanti orecchini d'argento dalle forme vorticose che venivano fissati al copricapo delle donne. Non mancano armi, costumi e modelli in scala di una casa tradizionale karo. Le didascalie sono in inglese e sono in vendita anche diversi souvenir.

HERIKURNIA/SHUTTERSTOCK ©

Gunung Sinabung

Come muoversi quando il Gunung Sinabung è attivo

Uno degli aspetti più affascinanti dell'escursione al Gunung Sibayak è la vista sul vicino vulcano attivo, il **Gunung Sinabung**. La sua mole grandiosa emerge in contrasto alla valle di risaie color verde intenso e ai campi di mais ondeggianti. Dopo essere rimasto inattivo per oltre 400 anni, è esploso nel 2010. Da allora ha eruttato più volte; nel 2020 nubi di cenere vulcanica hanno raggiunto i 5 km. I villaggi sottostanti sono ora inquietantemente vuoti, dopo che circa 30.000 residenti sono stati trasferiti in nuovi insediamenti. Tuttavia, alcuni hanno scelto di rimanere.

È possibile visitare i paeselli fantasma percorrendo la strada secondaria da Berastagi verso Bukit Lawang. Lungo la strada, ci si può fermare in uno dei caffè che la costeggiano, anche se sono molto turistici. Alcuni fotografi propongono servizi fotografici professionali ai visitatori con il magnifico vulcano sullo sfondo. Come ricordano tutti i cartelli di avvertimento lungo la strada, si 'entra a proprio rischio e pericolo', sperando che il Gunung Sinabung non 'tossisca'. È un'esperienza da fare senza avvicinarsi troppo: non è infatti possibile scalare il Sinabung.

Le case tradizionali di Dokan

Visto che in molti musei del nord di Sumatra sono esposte le case tradizionali karo e che alcune sono diventate esse stesse musei, è strano trovare case tipiche realmente abitate. Nel villaggio di **Dokan**, sulla strada tra Berastagi e il Danau Toba, le famiglie svolgono le loro normali attività e non è certo un posto da cartolina (ci sono molti rifiuti e cani dall'aspetto malandato), ma se chiedete gentilmente e fate

AMORE PER I MONUMENTI: IL GRANDE CAVOLO

Le città dell'isola di Sumatra vantano numerosi monumenti di vario tipo: dalle grandi lettere rosse che indicano tutte le mete turistiche (e quelle meno turistiche), alle riproduzioni di auto, bus e scooter incidentati eretti per ricordare agli automobilisti di fare attenzione sulle strade. Ci sono anche monumenti che rappresentano i punti forti, generalmente legati all'agricoltura, di determinate città. Frutta e verdura sono diventate statue, ma il livello di kitsch del Tugu Kol (cavolo gigante), situato su uno spartitraffico nel centro di Berastagi, è insuperabile. Dal 1972 si erge in tutto il suo splendore, di un verde sporco, per celebrare l'importanza della coltivazione del cavolo nella regione.

CASE BATAK

Le case batak sono costruite su tre livelli. Al piano terra si trovano bufali, polli, maiali e attrezzi. Si può capire quanti bambini vi abitano dal numero di zappe appese all'esterno. I gradini conducono a una piccola porta e per entrare bisogna chinarsi, un gesto che dimostra rispetto per la casa e per gli abitanti, sia vivi che defunti. Il piano superiore è destinato agli spiriti e serve anche per il deposito e l'essiccazione delle verdure. Durante le feste, vengono tolte le tavole della facciata al terzo piano, e musicisti suonano su un piccolo balcone che collega il mondo dei vivi con quello degli spiriti.

ALEXEY KORNYLYEV/ALAMY STOCK PHOTO ©

Air Terjun Sipiso Piso

una piccola donazione, potreste ricevere un invito a salire le scale (abbassate la testa) per vedere come sono le case all'interno: straordinariamente spaziose ma anche molto buie, il che non sorprende visto che hanno più di 200 anni e hanno visto diverse generazioni e molti pasti sono stati cucinati al loro interno. Sono costruite con cura in legno, senza chiodi e sono resistenti ai terremoti.

Danau Toba

DA BUKIT LAWANG: **8-9 H**

Sotto la cascata

A circa 300 m dalla strada principale, si trovano alcuni ristoranti e venditori di souvenir e l'addetto alla tassa d'ingresso di 7500Rp all'**Air Terjun Sipiso Piso**, una cascata piuttosto imponente. Scendendo i numerosi gradini fino alla base si è

MANGIARE SULLE RIVE DEL DANAU TOBA: LA NOSTRA SCELTA

Jenny's Restaurant: Questo ristorante è diventato leggendario ed è spesso pieno. Provate il pesce di lago alla brace con patatine fritte e insalata. $

Borobudur House: I giardini sul lago sono divini, i piatti vegani eccellenti, ma il servizio può essere discontinuo. Non perdetevi il gelato senza derivati del latte. $

Today's Cafe: Questo piccolo caffè propone più di 100 pietanze e, se serve, fornisce buone informazioni sulla zona. Il servizio non è veloce, ma è piacevole. $

Maruba: Godetevi la vista del lago con un'aragosta d'acqua dolce o l'*ikan naneura* (pesce crudo marinato con spezie batak e noci candela). $

ricompensati da un'esperienza ancor più emozionante. L'acqua proviene da un fiume sotterraneo e sgorga da una grotta, precipitando per circa 120 m fino all'estremità settentrionale del Danau Toba. Ci vuole circa un'ora per scendere e risalire, ma ne vale la pena: le foto sono molto più interessanti di quelle scattate da sopra ed è un piacere godersi gli spruzzi freschi dell'acqua, considerato il caldo. Non è la cascata più alta di Sumatra, ma è tra le più alte ed è facilmente raggiungibile. La maggior parte dei tour organizzati la comprende come tappa sulla strada da Berastagi al Danau Toba.

Cucinare a Karo

Il Danau Toba può diventare quasi una località fantasma in bassa stagione, quindi se avete programmato di trascorrervi qualche giorno, approfittate dei 'tempi morti' per ampliare il vostro repertorio culinario. Il **Juwita Cafe** organizza corsi di cucina tra piante stese a essiccare in ogni spazio disponibile (e volendo, gli acquisti possono essere spediti all'estero). La famiglia, guidata dalla simpatica matriarca Heddy, ha dedicato tempo ed energie alla fattoria, con l'obiettivo di preparare e coltivare in autonomia gli ingredienti con cui cucinerete, come l'olio di cocco fatto in casa, le spezie e le verdure fresche.

Prenotate almeno il giorno prima e decidete quanti piatti volete preparare (si parte da 500.000Rp per un piatto per due persone e si arriva a 700.000Rp per tre piatti). Gli appassionati di *rendang* possono imparare a mescolare latte di cocco, curry, citronella e spezie. In alternativa, potete scegliere il *gado gado* o il chilli al pomodoro fresco. Alla fine, avrete la ricetta per riprovarci a casa. Nel vasto negozio di spezie di Juwita è possibile acquistare il pepe andaliman biologico (piccante come il pepe di Sichuan) e le spezie batak.

Escursioni dal Danau Toba

Annette, proprietaria dei Tabo Cottages, ha lavorato intensamente per creare sentieri escursionistici intorno al Danau Toba e ora sono disponibili circa 30 km di percorsi. Se non volete camminare da soli, potete partecipare a uno dei trekking guidati di Tabo Cottages, con prezzi che partono da 150.000Rp per un'ora di escursione alle cupole di magma di Tuk Tuk, fino a trekking più lunghi di cinque ore agli alberi secolari di Garoga, alla tomba del re Tomok e a una casa batak dove si pranza (800.000Rp). Tabo Cottages organizza inoltre alcune giornate di volontariato per contribuire alla pulizia dei sentieri

COME SPOSTARSI DA TUK TUK

Pulau Samosir è un'isola del Danau Toba. Tuk Tuk, la destinazione principale per i viaggiatori, è un piccolo lembo di terra sulla costa nord-orientale. La maggior parte delle persone provenienti da Medan arriva a Tuk Tuk con il traghetto da Parapat (l'ultimo traghetto parte da Parapat alle 18 o alle 19). I traghetti vi lasciano nelle vicinanze della vostra sistemazione. Se perdete l'ultimo traghetto da Parapat, da Ajibata partono navi più grandi per Tomok o Ambarita (fino alle 21). Il traghetto per le auto parte da Tigaras per Simanindo su Pulau Samosir ogni due ore dalle 7 alle 19.30. Pulau Samosir è collegata da un ponte a Pangururan, utile se siete diretti alle Isole Banyak o su Pulau Nias.

BERE UN DRINK SUL DANAU TOBA: VITA NOTTURNA

Roy's Pub: Il venerdì e il sabato sera questo pub con pareti ricoperte di graffiti propone musica dal vivo. L'accogliente caffetteria è aperta tutto il giorno.

Tabo Cottages: Godetevi la musica batak mescolata al rock classico in questo grande resort, il sabato e il mercoledì sera.

TaTaring: Questo caffè-ristorante offre musica dal vivo il giovedì e il sabato sera in un eccellente locale metà all'aperto e metà al chiuso vicino all'acqua.

Willem's Resto Cafe & Bar: Scegliete il vino in bottiglia o al calice o un bicchierino di liquore importato.

MAGICO DANAU TOBA

Può sembrare che non sia cambiato molto nella zona di Tuk Tuk dagli anni '90, quando la località è diventata famosa tra i viaggiatori. Ci sono ancora negozi con cartelli che pubblicizzano i funghetti allucinogeni (insieme a lavanderie e centri massaggi). I funghetti sono tecnicamente illegali, ma non si direbbe, vista la pubblicità che viene fatta in città.

Gli abitanti di Tuk Tuk riferiscono che non c'è alcuna conseguenza per chi ne fa uso, ma la situazione potrebbe cambiare in qualsiasi momento. I viaggiatori che pensano di acquistarli e consumarli devono tenerne conto, così come considerare i possibili effetti negativi sulla salute.

esistenti. Ci vogliono circa un'ora per percorrere i 3 km intorno a Tuk Tuk e 4 km per raggiungere le sedie di pietra. Lungo il percorso si attraversano diversi villaggi e si gode di una splendida vista sul lago.

Anche **Romlan Guesthouse** propone escursioni a piedi: un'uscita sul **Gunung Pusuk Buhit** (inclusa la guida e uno scooter) costa 500.000Rp, mentre una gita di mezza giornata sui **Pea Trails** costa 300.000Rp (si raggiunge il punto di partenza in autonomia). Attenzione: nei villaggi si parlano i dialetti locali, non l'indonesiano (né l'inglese).

Una vita da re

Sulla costa occidentale di Samosir si trova **Huta Bolon**, un gruppo di case tradizionali con elaborate sculture in legno e in pietra (ingresso 15.000Rp). All'estremità settentrionale di Samosir, nel villaggio di **Simanindo**, sorge invece l'antica dimora del re batak raja Simalungun e delle sue 14 mogli. In zona è possibile trascorrere una notte in una casa tradizionale.

In passato si tenevano spettacoli di danza tradizionale, che si spera possano riprendere in futuro. Da non perdere la **tomba del re Sidabutar**, vicino al terminal dei traghetti di Tomok. Le sepolture sono molto interessanti: i membri della famiglia reale si trovano all'ingresso, il re più avanti. Cercate il cartello che ne indica la posizione.

Nuotare nel Danau Toba

Il Danau Toba è un lago situato nella caldera di un supervulcano ed è piuttosto grande: 100 km di lunghezza, 30 km di larghezza e 505 m di profondità. È diventato così dopo l'eruzione del Toba, avvenuta circa 74.000 anni fa, un evento considerato dai vulcanologi la più grande eruzione vulcanica di tutta la storia dell'umanità. È interessante tenerlo a mente nuotando nelle acque fredde del lago. Uno dei posti migliori per fare il bagno è la zona di fronte all'**Hotel Carolina**, a Tuk Tuk, dove non ci sono troppe alghe.

Samosir in becak e in bicicletta

Un ottimo modo per esplorare le bellezze del Danau Toba è il *becak* (risciò). La Romlan Guesthouse organizza tour a partire da 200.000Rp per visitare la tomba del re e le sedie di pietra, fino a 650.000Rp per un tour che copre quasi tutte le tappe principali. Poiché il prezzo è fisso, è possibile dividere il costo fino a quattro persone. Un breve giro in *becak* fino a Tomok costa 50.000Rp.

Anche la bicicletta è un'ottima opzione: un'escursione guidata alla tomba del re, a una piantagione di caffè e a un villaggio tradizionale batak costa 600.000Rp per due persone. Se cercate qualcosa di più impegnativo, Tabo Cottages organizza un tour in bicicletta a partire dal punto panoramico di Tanjungan, che prevede un tratto di 3 km in altopiano, 9 km in discesa e un tragitto finale di 4 km con ritorno a Tuk Tuk. Il costo è di 650.000Rp, compreso il noleggio delle biciclette.

LEO M SAGALA/SHUTTERSTOCK ©

Festival Gondang Naposo

Incontri in stile batak

È bello sapere che i classici speed-date continuano a svolgersi in tutto il mondo. Infatti, il Danau Toba, che negli ultimi 30 anni ha visto forse più turisti di qualsiasi altro luogo di Sumatra, è tornato alle sue radici culturali batak grazie al **Festival Gondang Naposo**. La manifestazione riunisce i giovani single dell'isola di Samosir e li vede danzare per giorni il *tortor* (tradizionale danza batak). Storicamente, questo evento veniva organizzato dai genitori perché i giovani si incontrassero e decidessero di sposarsi. Oggi, è un modo per celebrare la cultura batak e, in qualche modo, una possibilità per scambiarsi i numeri di telefono.

È un grande evento a cui assistere e, sebbene sia difficile da prevedere in anticipo perché si tiene sporadicamente, vale la pena parteciparvi. I vestiti indossati dai giovani sono particolari: gli uomini sono a torso nudo, con un *ulos ragi hidup* (fascia) drappeggiato intorno a una spalla, che comprende un *badan* (un grande pannello rosso con punte decorate) e un sarong blu. Le donne indossano *ulos* rossi e blu con fusciacche bianche e copricapi rossi.

Le danze sono accompagnate dal ritmo vivace dei *gondang* (tamburi) e dei *sarune* (flauti) che aumenta di intensità mano a mano. Alla fine tutti sono coinvolti in una danza frenetica: provate a tenere il tempo, se ci riuscite! Nessuno sembra conoscere i passi, ma l'energia e il divertimento sono palpabili.

TESSUTI BATAK TRADIZIONALI

Gli *ulos* (tessuti a mano) sono abiti tradizionali batak che esprimono lo status sociale e sono considerati doni cerimoniali per nascite, morti e matrimoni. Il lavoro di tessitura a mano era tradizionalmente affidato alle donne e richiedeva diversi mesi. Oggi, entrando nei capannoni dove vengono prodotti, si vedono uomini e donne manovrare complicati telai verticali in legno.

Nei villaggi tradizionali, come Huta Bolon, i telai sono quelli originali, con cinghie che le donne usano facendo leva con il loro peso per tenere tesi i tessuti. Nei villaggi di Tongging, Paropo e Silalahi, sulla costa nord-occidentale del Danau Toba, si producono ancora *ulos* seguendo le tecniche tradizionali.

Padang

ECCELLENZE CULINARIE | EDIFICI COLONIALI | SPIAGGE DA SOGNO

Il punto forte di Padang è il cibo, famoso in tutta l'Indonesia per una buona ragione. Gli edifici coloniali di Padang lungo il fiume sono stati rinnovati, e il centro, grazie ai pochi edifici, è facile da esplorare. Per godervi la spiaggia, raggiungete Pantai Carolina Bungus e Sungai Pinang, lontano dal trambusto. Padang è cambiata dagli anni '90, quando le Isole Mentawai sono diventate meta prediletta dai surfisti, sebbene sia stato l'interesse per le tribù dell'isola Siberut a far arrivare i primi viaggiatori. Oggi Padang è un ottimo luogo di passaggio per i migliaia di appassionati desiderosi di raggiungere le onde delle Mentawai: il fiume pullula di barche cariche di surfisti. Considerati gli A$4500 richiesti per 10 giorni, è diventata un'entrata enorme per la città. Un terremoto nel 2009 ha causato grande devastazione. Scosse di notevole intensità si verificano con cadenza quasi annuale.

TRASPORTI LOCALI

Grab e Gojek sono ottime per spostarsi a Padang. C'è un treno da e per l'aeroporto Minangkabau di Padang, anche se parte dopo l'arrivo e la partenza dei primi voli. Se arrivate con le tavole da surf, potete chiedere un passaggio al team del Kokos Hostel a partire da 150.000Rp. Raggiungere il Rimba Ecolodge non è facile né economico: bisogna arrivare al Jophira Tintin o a Sungai Pinang e prendere una barca per 500.000Rp/200.000Rp a tratta, meno se condivisa. Un taxi per il Ricky's Beach House (p440) costa 450.000Rp.

Mangiare alla maniera di Padang

Conoscere la cucina locale

La *nasi padang* (cucina padang) prevede che vi sediate a tavola e il cameriere vi porti tutta una serie di piatti, tra i quali potete scegliere quelli che più vi ispirano. Il resto verrà portato via e pagherete soltanto ciò che avrete consumato. Allontanate il cibo che non vi interessa. Il *rendang* di manzo è di gran lunga il piatto più popolare. Altre specialità sono il *telur balado* (uovo sodo spolverato di peperoncino), l'*ayam goreng*

MANGIARE A PADANG: LA NOSTRA SCELTA

Sari Raso: Tanti piatti piccanti in un classico ristorante padang situato in un edificio art déco. Il più gettonato durante il pranzo. **$$**

Padangsche Spaarbank: Non perdetevi l'hamburger, è semplicemente perfetto. Il locale è una chicca di epoca coloniale. **$$**

Randang Rajo Rajo: *Rendang* fresco (il migliore della città) viene servito in tavoli all'esterno due volte al giorno. **$**

Padang Old Town Resto Gallery: Piatti gustosi in un edificio di epoca coloniale, frequentato da famiglie del posto, soprattutto a cena. **$$**

DA VEDERE
1 Quartiere coloniale

PERNOTTAMENTO
2 Bat & Arrow
3 Kokos Hostel

PASTI
4 Kedai Lontong Tekrup
5 Padang Old Town Resto Gallery
6 Sari Raso

LOCALI E VITA NOTTURNA
v. 2 Bat & Arrow
7 Padangsche Spaarbank
8 Teebox

TRASPORTI
9 Mentawai Fast

(pollo fritto) e l'*ayam bakar* (pollo alla griglia marinato in salsa di cocco). Se si viaggia da soli può essere un po' impegnativo finire le pietanze, considerando tutti i piatti portati (in Indonesia non capita quasi mai di essere da soli a tavola). Se preferite, indicate le ciotole per una persona, chiedete del *nasi* (riso) e cominciate così. Quasi tutti ordinano uno o due piatti di carne e un contorno di verdura, di solito *kangkung* (crescione). I vegetariani possono ordinare un piatto di tempeh o *tahu* (tofu) condito con un *sambal* piccante, e un *gulai nangka* (curry di jackfruit). Se pensate faccia troppo caldo nel centro di Padang, prendete un Grab e andate al **Randang Rajo Rajo** per ricredervi. Il ristorante è famoso per il suo *rendang* di manzo, cucinato in pentoloni all'aperto. Gli chef sono abituati ai turisti e sono felici di passare ai visitatori la paletta di legno extralarge che serve per mescolare. Attenzione: il fuoco a legna è molto caldo! Il processo di cottura, che dura sette

IL CONSIGLIO

I traghetti per le Isole Mentawai partono al mattino, perciò i surfisti e chi è interessato a conoscere le tribù locali sono obbligati a pernottare a Padang. Considerato che la città sorge in corrispondenza di una faglia ed è soggetta a terremoti, sono stati costruiti alcuni nuovi edifici, tra cui l'ibis Padang, dotato di sistemi antisismici.

MASJID RAYA SUMATERA BARAT

Padang non offre solo buon cibo e interessanti monumenti, ma anche mete culturali e religiose. L'enorme moschea di **Masjid Raya Sumatera Barat** è stata costruita in stile minangkabau nel 2019 su un progetto dell'architetto locale Rizal Muslimin, che si è aggiudicato il primo posto in un concorso indetto nel 2006. Sono passati molti anni per vederne la realizzazione: purtroppo i lavori sono andati a rilento perché i fondi sono stati destinati alla ricostruzione dopo il grande terremoto avvenuto nel 2009. I tagli al budget hanno previsto inoltre la riduzione dei minareti, dai quattro originali a uno. Il progetto, comunque interessante, incorpora lo stile tradizionale dei tetti delle case minangkabau. La moschea ospita fino a 20.000 persone.

ore, prevede di far bollire il latte di cocco, per poi aggiungere le spezie e infine il manzo. Il Randang Rajo Rajo prevede due pasti al giorno: si comincia a cucinare al mattino per il pranzo e poi di nuovo dopo mezzogiorno per la cena. Se arrivate per pranzo, quando finite di mangiare potete già assistere all'inizio della preparazione per la sera.

Godersi la spiaggia

Vita isolana

La spiaggia principale di Padang, **Pantai Padang**, non è molto invitante: al momento della scrittura di questa guida presentava un muro di roccia appena costruito e una grande petroliera incastrata e arrugginita sugli scogli, vittima di una tempesta. Di notte, però, si anima e la gente del posto si gode l'atmosfera e le numerose bancarelle di cibo sulla spiaggia.

La località di **Pantai Air Manis**, un tempo popolare e consigliata per nuotare e fare surf, non è più raccomandabile, a causa dell'inquinamento. Tuttavia, sulla spiaggia si trova un'intrigante pietra a forma di uomo, in una posa che potrebbe ricordare una posizione di yoga. Non è un'opera naturale: è stata creata da due artisti nel 1980 per cementare (letteralmente) la storia di Malin Kundang, figlio ingrato che, dopo essere andato per mare e aver fatto fortuna, torna a casa ignorando la madre, con conseguenze tragiche.

Allontanandosi da Padang verso sud, si può trovare un vero e proprio angolo di paradiso dove la montagna incontra il mare. **Pantai Carolina Bungus**, vicino al porto dei traghetti di Teluk Kabung, è nota per i tramonti e i ristoranti di pesce. Lungo alcune strade nuove ma poco praticabili si trova la **Ricky's Beach House**, con un'interessante scelta di alloggi e programmi di volontariato che invitano i viaggiatori a fermarsi per un po'.

Per una pausa dal mondo, è possibile organizzare qualche giorno al **Rimba Ecolodge**. Anche se si trova sulla terraferma, è raggiungibile soltanto via mare, con un viaggio di 50 minuti su una piccola barca. Il **Jophira Tintin**, situato su una spiaggia privata in una piccola baia appena prima di Rimba (40 minuti di barca), propone sistemazioni più spartane e non dispone di wi-fi né di segnale telefonico, quindi è importante programmare bene la partenza e portare con sé qualche provvista extra. Entrambi i luoghi sono raggiungibili dal **Losmen Tintin**: l'ultima barca parte alle 16.

BERE UN DRINK A PADANG: I MIGLIORI LOCALI NOTTURNI

Bat & Arrow: Venite per la musica dal vivo, per una birra o per giocare a biliardo. È un centro per surfisti, con alloggi al piano superiore.

Padangsche Spaarbank: Questo locale in stile coloniale offre una scelta esaustiva di birre e alcuni vini. Sorseggiate qualcosa in riva al fiume sotto l'albero di fico baniano.

Level 8: Qui è possibile godersi il tramonto con una birra, artigianale se si è fortunati. Il venerdì sera ci sono i DJ.

Teebox: Conosciuta per il karaoke e i cocktail (mix inebriante), questa mega piazza per l'intrattenimento è un po' pacchiana, ma perfetta se ci si vuole divertire.

A PIEDI PER PADANG

Il quartiere coloniale di Padang è situato intorno al fiume ed è un luogo ideale per una passeggiata, soprattutto di sera, quando il ponte ❶ **Siti Nurbaya** si illumina con luci arcobaleno. Camminando dal ponte verso il Bat & Arrow, noterete le imbarcazioni in attesa dei passeggeri. Il Bat & Arrow è un locale eclettico: spazio rustico, art hotel e, il sabato sera, palco musicale. Al ❷ **Padangsche Spaarbank**, qualche porta più in là, è consigliato indossare abiti eleganti, anche se non sembra esserci un codice di abbigliamento rigido. (È dello stesso proprietario del Bat & Arrow.)

Nel settembre del 2009, un terremoto di magnitudo 7,6 ha colpito Padang, causando la morte di oltre 1000 persone e il danneggiamento di più di 100.000 case, oltre che di molti edifici coloniali risalenti all'epoca della dominazione olandese. Oggi, dopo importanti lavori di ristrutturazione, l'edificio dello Spaarbank ha un aspetto incredibile, mentre molti altri sono ancora in attesa di essere restaurati: la loro decadenza crea un'atmosfera particolare. Chinatown è un quartiere vivace, con ❸ **mercati** di frutta e verdura fresche. Si trova nell'entroterra e vale la pena visitarlo per osservare i locali preparare un delizioso *sambal* rosso brillante. Tornando verso il Sungai Batang Arau (fiume Batang Arau), scendete lungo il vicolo accanto al ❹ **Bat & Arrow** e attraversate il ponte pedonale traballante: è un buon posto per una passeggiata mattutina, per osservare la gente e trovare piccole attività, come ❺ **Kedai Lontong Tekrup**, che nelle prime ore del mattino vendono ciotole di deliziosi *lontong mie* (spaghetti speziati in zuppa), *pisang goreng* (frittelle di banana) e caffè.

COSA SCEGLIERE

Barche a noleggio per il surf

Negli anni '90 i surfisti cominciarono a esplorare la zona per individuare i migliori break di Sumatra, ingaggiando i pescatori locali. Le ragioni erano molteplici: non c'erano infrastrutture turistiche sulle isole e gli aeroporti erano pochi. Nonostante i nuovi scali (le Isole Mentawai ne hanno inaugurato uno nel 2023), le infrastrutture siano più sviluppate e il fatto che siano rimasti pochi break da scoprire, prendere una barca a noleggio per 10-12 giorni è ancora una scelta obbligata per molti.

Con chi partire se vi interessano...

Piccoli gruppi

Indo Satu Costruito nel 2015, questo motoscafo di 24 m può ospitare da sette a nove persone; raggiunge anche le Isole Telo.

Saraina Questo motoscafo di 20 m può accogliere da sei a nove persone. Si parte dalle Isole Mentawai (non da Padang, come nella maggior parte dei casi). Su richiesta, è possibile raggiungere le Telo.

Nomad Questo tradizionale *pinisi* indonesiano di 32 m ospita da sei a otto persone e può raggiungere le Isole Mentawai, le Isole Telo e/o le Banyak. Dispone di aria condizionata nella zona notte.

Nusa Dewata Questa imbarcazione di 21 m in legno in stile *pinisi* può ospitare da tre a sei persone.

Charter di lusso

MV Addiction Catamarano veloce di 24 m; 10 posti letto.

Sibon Jaya Catamarano di 21 m con quattro suite private e una grande cabina.

Ratu Motu Yacht di 39 m a motore; le cabine vanno dalla super deluxe alla mega deluxe.

Maki Boat Pinisi di 32 m costruito a Sulawesi nel 2017 con aria condizionata in ogni stanza.

Le Isole Banyak

Pulse Surf Charters Propone diverse opzioni, tra cui un catamarano veloce con scafo in alluminio progettato e costruito su misura.

Jiwa Surf Charter Godetevi le Isole Banyak su un *pinisi* tradizionale di Sulawesi lungo 23 m.

Surf Banyak Questa barca con scafo d'alluminio di 26 m, costruita negli Stati Uniti, dispone di 12 letti (10 king).

Mahi Mahi Questo resort offre un pacchetto di sette giorni in resort e tre giorni in barca; partenza da Simeulue.

Opzioni budget-friendly

Wave Hunter Dispone di due motoscafi e include i trasferimenti aeroportuali.

Naga Laut Una delle scelte più economiche; cabine con aria condizionata e due tender per raggiungere le onde. Include l'attrezzatura per lo snorkelling e la pesca. Può raggiungere anche le Telo.

Wild Cat Il pacchetto comprende cinque birre Bintang a persona, oltre a 1.000.000Rp di tassa.

Asia L'attrezzatura per lo snorkelling e la pesca è inclusa. Si possono raggiungere anche le Isole Telo.

Orca Laut È una delle scelte meno care. Comprende cinque birre Bintang a persona al giorno, internet a pagamento e l'uso illimitato di due barche per il surf e la pesca.

Isole Mentawai (p444)

QUALCHE INFORMAZIONE

Quando partire
La stagione del surf va da marzo a novembre, con prezzi ridotti (forse) solo a novembre e i primi mesi dell'anno.

Prenotate
Iscrivetevi alle newsletter della società di surf-charter che preferite, in modo da sapere quando sono disponibili le escursioni. Le iscrizioni chiudono in fretta.

Prima di partire
Acquistate un'assicurazione (con evacuazione d'emergenza, di rado inclusa). Avvisate a casa se sapete di non essere raggiungibili.

Budget
La tariffa corrente è di circa A$500 al giorno; assicuratevi che il pacchetto vi soddisfi. La birra extra deve essere concordata prima della partenza.

Scegliere un charter privato o unirsi a uno condiviso?

I charter privati sono ideali se viaggiate con un gruppo di amici surfisti; tuttavia, sceglie-te i vostri compagni di viaggio con saggezza, poiché trascorrerete molto tempo insieme in uno spazio relativamente piccolo. Informatevi sulle dimensioni dell'imbarcazione che intendete noleggiare per avere un'idea chiara dello spazio a disposizione. I posti letto possono essere piccoli e in stile dormitorio, quindi è consigliabile scegliere un numero di persone inferiore a quello massimo, oppure optare per una barca con camere private o noleggiare una barca più grande.

Considerate il livello di tutti i partecipanti; idealmente, per le Isole Mentawai tutti dovrebbero attestarsi su un livello intermedio-avanzato. I principianti potrebbero trovarsi meglio nei periodi di bassa stagione, quando le onde sono più basse. Se gli interessi sono diversi, assicuratevi che il vostro charter abbia due tender, in modo che alcuni possano pescare mentre altri fanno surf.

Partecipare a un tour condiviso permette di fare nuove amicizie ma prevede che trascorriate molto tempo con degli sconosciuti. Verificate che la barca preveda aree separate e camere da letto private, se non volete condividere gli spazi. Alcuni tour operator offrono il trasporto delle tavole da surf via terra durante la notte, per esempio da Medan alla barca, mentre voi prendete l'aereo. Una soluzione che elimina molte seccature.

Dintorni di Padang

L'ovest di Sumatra è da sempre una meta amata dai viaggiatori, punto di partenza ideale per un soggiorno sull'isola.

Località

TRASPORTI LOCALI

È possibile raggiungere la maggior parte delle mete tramite autobus; informatevi presso la vostra struttura ricettiva sull'ubicazione e gli orari delle fermate. Il terminal principale di Padang è caotico, ma quello dei traghetti Fast per le Mentawai è abbastanza organizzato. Acquistate i biglietti il giorno prima (dopo le 14), per assicurarvi un posto ed evitare code. Non c'è un autobus diretto per la Valle di Harau; chiamate Abdi Homestay (p451).

Padang è il punto di partenza per molte avventure nella Sumatra ovest: dalle Isole Mentawai, ideali per il surf e ricche di cultura, al vivace stile di vita minangkabau di Bukittinggi. Le splendide scogliere della Valle di Harau sono diventate un'icona, mentre l'accattivante Danau Maninjau, negli anni '90 luogo di riferimento per i viaggiatori zaino in spalla, è diventata una zona ricca di proposte. Tra le attività da non perdere ci sono le gare di anatre e tori (non insieme), un trekking alla ricerca dell'enorme e puzzolente fiore della rafflesia, la possibilità di fare una maschera per il viso al caffè e l'emozione di scalare vulcani. Le attrazioni sono tutte raggiungibili in non più di due ore di auto o tre o quattro ore di traghetto.

Isole Mentawai

DA PADANG: **3 HR**

Surf alle Mentawai

Le leggendarie Isole Mentawai sono da decenni il sogno irrinunciabile di migliaia di surfisti di tutto il mondo. Il più delle volte affrontano onde difficili: da quelle perfette senza un'increspatura a quelle vicine alla costa, ma mai piatte. In genere, è possibile trovare una combinazione di onde facili e onde persistenti, molto facili da raggiungere in barca e, a volte, anche dalla spiaggia.

Pulau Siberut è conosciuta soprattutto per le tribù che la abitano e per il fatto che è diventata Riserva della Biosfera dell'ONU, grazie al suo eccezionale valore culturale ed ecologico. **Pulau Sipora** vanta diversi resort vicini al Mentawai Ebay Playground Surfcamp. Il villaggio di **Katiet**, sulla punta meridionale di Pulau Sipora, è un'ottima base per diverse escursioni. **Pulau Pagai Utara** (Pagai nord) inizia a ricevere maggiore attenzione, dopo l'apertura di alcuni resort sulla costa occidentale vicino al break di Macaronis. Su Pulau Sipora nel 2023 è stato aperto un nuovo aeroporto, meta dei voli Susi Air da Padang. Quasi tutti i surfisti arrivano all'aeroporto Minangkabau di Padang, si trasferiscono in albergo e

Isole Mentawai

prendono la prima nave del mattino per le Isole Mentawai. Questa soluzione elimina diversi problemi logistici, ma è più costosa e non è interessante per i viaggiatori indipendenti. Le opzioni a basso costo prevedono invece di prendere il traghetto per **Tua Pejat** dall'isola di Sipora, alloggiare in famiglia e informarsi sul posto alla ricerca di una barca per i break. Potreste ritrovarvi a surfare le stesse onde di chi paga molto di più soggiornando in un resort dell'isola vicina. Ovviamente, quando si tratta di trovare le onde migliori, conta la conoscenza delle persone che vi accompagnano, ma se siete pronti per un'avventura fai-da-te, il personale del Mentawai Bagus Local Homestay (p490) è particolarmente disponibile.

Esperienza tribale a Pulau Siberut

Negli anni '90, prima che il surf diventasse popolare, le tribù di Pulau Siberut erano l'interesse principale dei viaggiatori che arrivavano da Padang e Bukittinggi. Oggi, è possibile soggiornare presso le tribù se si è disposti ad affrontare fango, maiali, zanzare e altri animali.

Una volta scelta la guida, ci si incontra al porto. Da lì si raggiunge un fiume, dove si viene caricati su una stretta canoa motorizzata. Si cammina nel fango fino alla propria *uma*, una longhouse tradizionale, dove si conosce la famiglia indigena locale presso cui si alloggia. A questo punto, ci si trova immersi in un mondo completamente diverso, quello dei padroni di casa, che conducono questo stile di vita da anni. Le giornate finiscono tardi e ci si sveglia presto al mattino. Spesso le turiste vengono portate a pescare con le donne del posto, a creare reggiseni o perizomi con la corteccia del sago e a fare il bagno nel fiume. Gli uomini possono partecipare a qualche

TIRARE FUORI IL PORTAFOGLI

Le Mentawai sono il luogo più caro dove fare surf a Sumatra. Mentawai Fast (p447) propone un biglietto di 280.000Rp a tratta per il trasporto delle tavole da surf; per i surfisti è prevista una tassa governativa di 1.000.000Rp per 15 giorni (prorogabile). La tassa può essere pagata presso il terminal dei traghetti di Mentawai Fast e agli uffici turistici vicino ai porti di Siberut e Tua Pejat (aperti tutti i giorni). Alcuni ritengono sia possibile affittare una tavola a Tua Pejat ed evitare di pagare la tassa. Spesso le guesthouse chiedono 250.000Rp per accompagnare i surfer fino alle onde. Se si vola a Padang, si consiglia Garuda Airlines, che non fa pagare le tavole da surf.

FARE LE VALIGIE PER LA GIUNGLA DELLE MENTAWAI

Il fango la fa da padrone: vestitevi di conseguenza e considerate l'attraversamento di un fiume. Mettete tutto in una doppia borsa sia durante il viaggio di andata sia durante il ritorno, oppure usate borse impermeabili. Le infradito sono inutili nel fango, indossate scarpe da ginnastica: saranno irriconoscibili, ma almeno vi rimarranno ai piedi. Accettate il fatto che vi bagnerete e vi infangherete: alle Isole Mentawai piove soprattutto a ottobre e novembre. Comprate creme solari e repellenti per insetti nei supermercati di Padang e portate farmaci antimalarici. Prevedete un bagaglio leggero, le borse grandi sono un ostacolo; è probabile che perderete tutto ciò che legate all'esterno dello zaino. Portate una torcia per la sera.

Tribù delle Mentawai, Pulau Siberut

battuta di caccia. Molte famiglie ospitano viaggiatori, che forniscono loro reddito e cibo, dato che già devono affrontare diverse difficoltà. In genere diffidano di tutto ciò che li spinge dalla giungla al villaggio o alla città, compresa la scuola.

L'esperienza prevede un minimo di tre giorni e due notti e comprende il trasporto da Padang, il cibo, i regali per la famiglia e la guida. Tra le guide più rispettate ci sono Oncy Oni (0813 7460 0582) di **Mentawai Tour** (era solo un bambino quando gente straniera ha iniziato ad andare a dormire a casa sua) e Rob (Robi Siagian; 0822 8500 1401) di **Mentawai Ecotourism**.

Un'esperienza tribale diversa dal solito

È possibile recarsi su Pulau Siberut, esplorare la foresta e conoscere le tribù locali senza partecipare a un tour organizzato. Prima di partire, comprate qualche regalo, preferibilmente strumenti utili piuttosto che sigarette e zucchero. Una volta arrivati a **Maileppet** o a **Muara Siberut**, cercate una guida in un bar sul molo. Spiegate a cosa siete interessati e assicuratevi di concordare tutto prima di partire,

MANGIARE A TUA PEJAT: LA NOSTRA SCELTA

The Bakery: L'australiano Brad prepara pane a lievitazione naturale. Ottimo posto per birra fresca, pizza e hamburger. $$

Likat: Qui si può prendere una noce di cocco direttamente dall'albero o scegliere un frullato di frutta. Il locale organizza anche gite in barca. $

Rumah Makan Rifa: Questo *warung* ha un'esigua scelta di piatti padang, con un ottimo *rendang* di manzo e prepara anche pietanze da asporto. $

Mentawai Bagus: Grandi porzioni di noodles e riso. La colazione è ottima per affrontare al meglio le giornate di surf. $

compresa la tariffa giornaliera, i costi di vitto e alloggio, chi paga i permessi e se dovrete coprire anche le spese di vitto e alloggio della vostra guida. I costi per dormire saranno probabilmente bassi, ma gli altri non tanto, soprattutto il trasporto in barca lungo i fiumi.

Viaggiare da soli è un buon modo per creare il proprio itinerario e addentrarsi nella foresta. Siberut propone una varietà di selve, tra cui foreste vergini, miste, paludose, costiere e di mangrovie. Vale la pena scoprire la vita animale; ci sono molte specie uniche delle Isole Mentawai, come il rinopiteco bruno, il macaco delle Mentawai, l'entello crestato e il siamango nano.

Se volete scoprire la straordinaria fauna selvatica dell'isola, assicuratevi che la guida conosca bene la flora e la fauna, non solo le tribù, e sappia dove portarvi per avere le migliori possibilità di vedere queste specie incredibili.

Bukittinggi

DA PADANG: **2 H 30 MIN**

I punti di interesse storico di Bukittinggi

A Bukittinggi le mete più interessanti sono vicine tra loro e meritano tutte una visita. Si comincia dalla **Jam Gadang** (Grande Torre dell'Orologio), costruita oltre 100 anni fa per ospitare un orologio regalato da una regina olandese. Dopo l'indipendenza, alla torre fu aggiunto un tetto minangkabau. La sera, la gente del posto si diverte a passeggiare intorno alla costruzione illuminata.

Nelle vicinanze, a sud di Jl Panorama, si trovano le **Lobang Jepang** (Gallerie Giapponesi). Pagate il biglietto, entrate nei piacevoli giardini, evitate le scimmie e proseguite dritti. Ammirate la straordinaria foresta di **Ngarai Sianok** (Canyon di Sianok) dal **Taman Panorama**. Girate a sinistra per trovare l'ingresso principale dei tunnel, a oggi illuminati da luci LED di colore variabile, il che li rende un po' più festosi rispetto al triste ricordo che dovrebbero rappresentare. Il complesso militare sotterraneo è stato infatti costruito dai giapponesi occupanti nel 1942, tramite il lavoro forzato degli abitanti del luogo.

Corse dei tori tra le risaie di Bukittinggi

Tradizionalmente organizzate in aprile tra le risaie a sud-ovest di Bukittinggi per celebrare la fine del raccolto, le **Pacu Jawi** (corse di tori) sono popolari tra i turisti e si tengono settimanalmente in diverse località. Una coppia di tori corre

SURF ALLE MENTAWAI

I surfisti che arrivano a Padang tramite aereo, prima di raggiungere le Isole Mentawai, devono prenotare una notte in città, poiché il **Mentawai Fast** parte alle 7 del mattino (il traghetto lento notturno è poco consigliato). Attenzione perché il servizio raggiunge isole diverse in giorni diversi: controllate gli orari e gli account sui social media per verificare se gli orari e i giorni sono stati cambiati per le condizioni meteo. La bassa stagione inizia a novembre e alcuni surf resort chiudono per ristrutturare. Ne rimangono comunque molti aperti e i prezzi possono calare fino al 30%. Per noleggiare una barca per 10-12 giorni (p442) a Padang il prezzo parte da circa A$4500, tutto compreso.

MANGIARE A BUKITTINGGI: LA NOSTRA SCELTA

Ni Er: Trovate questa bancarella al mercato locale. Indicate ciò che desiderate mangiare e prendete posto. $

Gulai Itiak Lado Mudo Ngarai: Arrivate presto per la *itiak lado mudo* super piccante (anatra al peperoncino verde) e il *gulai cancang* (manzo al curry). $

Bedudal Cafe: Posto perfetto per una birra e un piatto di noodles. Non perdete le serate a tema. $

Turret Cafe: Perla nascosta con una splendida vista e cibo eccellente; menu internazionale, vegetariano e vegano. $

REGNO DI PAGARUYUNG

Nel XIV secolo l'area di Padang faceva parte del regno di Pagaruyung, il cui dominio continuò fino al 1663, quando arrivarono gli olandesi, che costruirono una fortezza e non abbandonarono il loro regno fino all'indipendenza indonesiana (ci furono alcuni brevi periodi di dominio britannico e giapponese). Una testimonianza del regno di Pagaruyung è il **Gran Palazzo** fuori Bukittinggi, anche se la magnifica costruzione in legno è bruciata nel 2007 e in seguito è stata ricostruita. L'interno è altrettanto imponente, con pilastri e soffitti svettanti e pareti ricoperte di stendardi cerimoniali dai colori vivaci. Ospita un museo (senza cartelli in inglese) a tre piani con vista sul villaggio e sulla campagna circostanti.

su una pista fangosa lunga tra 60 e 250 m, con un fantino su un aratro di legno che tiene gli animali per la coda. Non si tratta di una vera e propria gara, poiché non c'è competizione diretta, ma le prestazioni vengono giudicate.

Gli infortuni sono piuttosto comuni e, sebbene i tori non vengano frustati, i fantini mordono le code dei tori per farli correre più in fretta e utilizzano altre tattiche disumane. I tour che partono dalle strutture ricettive più costose di Padang costano circa 1.000.000Rp, ma di solito includono anche altre mete.

Assaggiare e mettersi addosso il caffè luwak

Uscendo da Bukittinggi, attraversate un piccolo villaggio e seguite le indicazioni per il *kopi luwak* (caffè *luwak*). Il bar senza pretese alla fine dello stretto sentiero è **House of Rafflesia Luwak Coffee**. Umul Khairi vi introdurrà e vi spiegherà il processo di produzione del caffè *luwak*. Si tratta di un caffè ottenuto da chicchi di caffè che sono stati mangiati dagli zibetti (mammiferi simili a gatti). Gran parte del caffè *luwak* di Sumatra è ora prodotto in agricoltura; tuttavia, il caffè che berrete qui viene raccolto nelle foreste da circa 20 gruppi della comunità. Questi gruppi tengono libere aree del suolo della foresta per lo zibetto (a quanto pare, preferiscono fare la cacca nelle radure) e poi raccolgono i chicchi di caffè.

Lo zibetto d'allevamento non ha la possibilità di scegliere quali chicchi mangiare, a differenza di questi zibetti, che scelgono solo i migliori. Presto sarete impazienti di assaggiare il caffè, per vedere se fa davvero tutto quello che Umul dice: curare i postumi della sbornia, l'emicrania e aumentare la resistenza. È ottimo, completamente privo di note amare. Prima di andare, approfittate dell'occasione per vedere se vi fa sembrare più giovani: gli amici di Umul si strofinano abilmente il viso con i fondi di caffè umidi. Continuate a sorseggiare il caffè fino a quando non sarà il momento di svelare il vostro bel viso esfoliato dal caffè di zibetto. Le confezioni costano 250.000Rp mentre l'assaggio 25.000Rp. L'esperienza dello scrub è gratuita. Nella stagione giusta si può vedere anche una rafflesia in fiore nelle vicinanze.

Scalare il Gunung Singgalang

Il **Gunung Singgalang** (2877 m) non è attivo come il Gunung Marapi, ma è più difficile da scalare. La guida Dedi (0813 7425 1312), che parla inglese, organizza tour sul vulcano al costo di

MANGIARE AL DANAU MANINJAU: LA NOSTRA SCELTA

Rinuak Uni Nel: Acquistate snack di pesce essiccato in questa gastronomia che serve il pesce per cui il Danau Maninjau è famoso. $

Waterfront Zalino: Il signor Porcupine inventa interessanti piatti locali, tra cui il *pangek sirsak jo ikan* servito con graviola e vino di frutto della passione. $$

Bagoes Cafe: Guesthouse sulla spiaggia in riva al lago, cucina specialità come il *gado gado* e i pancake alla banana. $

Hotel Maninjau Indah: Grande vista sul lago dal caffè dell'hotel; più adatto a un turismo locale (molte opportunità di fare foto). $

WISNU YUDOWIBOWO/SHUTTERSTOCK ©

Coltivazione di caffè *luwak*

250.000Rp a persona al giorno, o 400.000Rp per due persone. I viaggiatori devono pagare l'ingresso e le spese della guida. La Hello Guesthouse (p490) organizza escursioni giornaliere a partire da 600.000Rp a persona, senza biglietto d'ingresso, con guida, trasporto e pasto.

Danau Maninjau

DA PADANG: **3 H**

In bicicletta attorno al Danau Maninjau

Una delle esperienze più famose di Sumatra è quella di superare il bordo di una caldera e scendere per 44 tornanti, attraverso la foresta, fino all'enorme lago vulcanico di Danau Maninjau. Ogni curva è numerata e alcune presentano punti panoramici e ristoranti, in modo da potersi fermare per ammirare il paesaggio. Danau Maninjau si è formato da un'attività vulcanica circa 52.000 anni fa e, quando la luce è giusta, è una visione meravigliosa. Durante la discesa si possono notare dei camion che salgono, pieni di grandi recipienti di plastica contenenti acqua e pesce. Gli allevamenti ittici hanno conosciuto un vero e proprio boom a partire dalla fine degli anni '90 e il loro rapido aumento e le sempre più frequenti morie di pesci sollevano dubbi sulla sostenibilità di questa industria.

Il Danau Maninjau ha una temperatura più bassa rispetto alla maggior parte di Sumatra, quindi se avete voglia di fare attività fisica, partite per fare il giro del lago in bicicletta (un'avventura di 50 km). Gli abitanti del luogo consigliano

DONNE MINANGKABAU

Pur essendo ancora islamica, la società minangkabau è matrilineare. Secondo l'*adat* (leggi tradizionali) dei minangkabau, la proprietà e la ricchezza vengono tramandate per via femminile. La donna più anziana in vita è la matriarca. Il maschio più importante della famiglia è il fratello maggiore della madre, che sostituisce il padre come responsabile dell'istruzione, dell'educazione e delle prospettive di matrimonio dei figli. Il consenso è al centro della filosofia del governo e la divisione del potere tra i sessi è complementare. I minangkabau sono giunti a Sumatra ovest dalla penisola malese tra il 1000 e il 2000 a.C. Il bufalo ha un ruolo importante nella loro cultura e nella loro storia. Sotto la minaccia di un attacco da parte di un re giavanese, i sumatrani occidentali proposero una corrida. Attaccarono degli speroni affilati a un vitello affamato, che corse verso il toro, credendo fosse sua madre, squarciandogli la pancia. Una mossa macabra ma vincente. Minangkabau significa 'il bufalo vince!' (ma può anche significare 'bufalo di fiume').

GUNUNG MARAPI SEMPRE IN EVOLUZIONE

Il Gunung Marapi (2891 m) è leggermente più alto del Gunung Singgalang e si trova circa 16 km a est di Bukittinggi. Negli ultimi anni ha provocato il caos, con grandi eruzioni, tra cui una alla fine del 2023 con un pennacchio di cenere che ha raggiunto i 3 km di altezza e ha ricoperto Bukittinggi di cenere per un'ora. Tragicamente, quasi due dozzine di scalatori che erano partiti nei giorni precedenti sono rimasti uccisi dall'improvvisa eruzione. Al momento della stesura di questa guida, ai turisti non era consentito avvicinarsi a più di 4,5 km dal cratere/picco, ma la situazione potrebbe cambiare.

Per aggiornamenti, rivolgersi alla Hello Guesthouse (p490) e/o alla guida turistica **Roni** (0812 6750 688).

SMATAWAYANG/SHUTTERSTOCK ©

Valle di Harau

di percorrerlo in senso orario per evitare il traffico. Gli automobilisti sono di solito gentili con i ciclisti e gli abitanti del luogo sono pronti a salutare. I pochi luoghi in cui è possibile noleggiare biciclette, tra cui la **Beach Guest House** (60.000Rp al giorno), hanno risentito del declino del turismo e purtroppo, al momento della stesura di questa guida, la qualità delle biciclette non era delle migliori, quindi se avete la vostra bicicletta è meglio, oppure noleggiate una moto. Se le ruote della bicicletta sono un po' traballanti (o lo siete voi), vale la pena fare anche solo una breve gita a ovest della città principale, con il vento tra i capelli mentre si intravedono le risaie in discesa e il lago oltre. Partite presto per vedere i bambini che si preparano per la scuola e i loro genitori che li accompagnano in moto. Ci sono molti *warung* dove fermarsi per uno spuntino o un pasto durante il tragitto.

Riscaldarsi al fresco del Maninjau

La sorgente termale del Danau Maninjau, **Mata Air Panas**, è super accessibile; è ben segnalata dall'altra parte della strada rispetto al ristorante Zalino del signor Porcupine. La struttura è semplice: una vasca rettangolare di cemento con il fondo ricoperto di pietre in una grande stanza; si può assistere alla risalita delle bolle. Se si è fortunati la si può avere tutta per sé, altrimenti si può trovare qualcuno già dentro e insaponato con lo shampoo: è un bagno pubblico locale, e per di più caldo.

Valle di Harau

DA PADANG: **4 H**

Che vinca l'anatra più veloce

La Valle di Harau è un luogo bellissimo; cascate scendono da pareti rocciose verticali di 100 m e si riversano nelle piscine sottostanti. È diventata una meta per i turisti locali e, sfortunatamente, vittima del suo stesso successo: le risaie che orlano le scogliere si sono trasformate in alloggi e glamping. L'esplosione degli alloggi in famiglia è surreale. L'**Abdi Homestay** è stato uno dei primi ed è ancora il punto di riferimento della Valle di Harau per una serie di motivi. Il proprietario Ikbal ha assistito alla sconvolgente crescita delle strutture ricettive e ha iniziato a spingersi oltre per trovare cose interessanti da fare per i suoi ospiti.

Un'attività davvero unica è quella di assistere e partecipare alle **corse delle anatre**. La stagione delle corse delle anatre va da giugno a ottobre circa e le gare si svolgono nel pomeriggio. Gli aspiranti vincitori arrivano in scooter con le loro anatre, fanno una passeggiata con loro tenendole a testa in giù e/o accarezzandole e poi si passa all'estrazione dei numeri, dopo la quale sia il becco dell'anatra sia il petto del proprietario vengono marchiati con numeri corrispondenti. I corridori si dirigono verso la collina (si svolge in diverse località della regione: il traguardo dipinto sulla strada indica che si tratta di un circuito di gara locale), aspettano che la bandiera venga abbassata, quindi lanciano le loro anatre in aria. Le anatre raggiungono il traguardo prima dei loro proprietari, il vincitore viene identificato grazie alle riprese delle telecamere e i premi vengono assegnati. Si tratta di un'attività comunitaria amichevole a cui assistono giovani e meno giovani e un ottimo modo per frequentare la gente del posto. Ikbal combina la corsa delle anatre con un tour in scooter delle suggestive terrazze di riso di Sikabu, o per vedere il metodo di produzione del caffè locale.

IL PROBLEMA DEI RIFIUTI A SUMATRA

Molte delle mete turistiche di Sumatra sono sommerse dai rifiuti. Il boom del turismo è stato molto importante dal punto di vista finanziario, ma i turisti locali sono noti per visitare luoghi bellissimi, pranzare da asporto e lasciare dietro di sé tutti gli imballaggi di polistirolo e le bottiglie d'acqua di plastica. Il problema dei rifiuti a Sumatra riguarda sia la terra sia l'acqua: è terribile arrivare a fare snorkelling e scoprire di essere in un mare di plastica, o rendersi conto che la barca su cui si è saliti sta solcando pannolini e spazzatura che galleggiano su un fiume. Alcuni luoghi si difendono bene: Bukit Lawang è uno dei migliori. Ma finché l'atteggiamento della comunità non cambierà e gli imballaggi di plastica non saranno vietati (cosa improbabile), rimarranno un pugno nell'occhio per i viaggiatori e un incubo per la fauna selvatica.

Banda Aceh

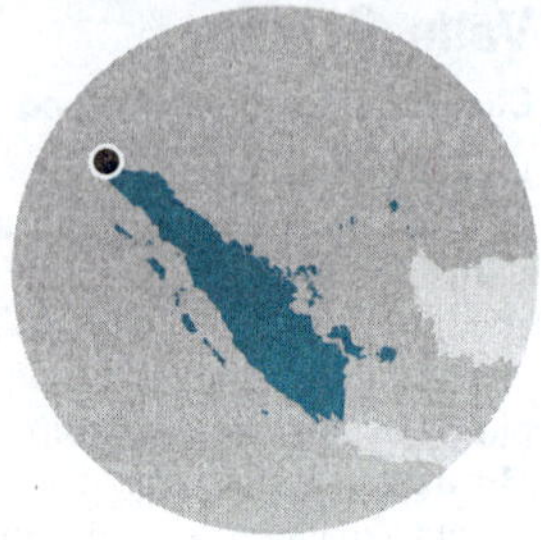

ISLAM | CAFFÈ | SURF

TRASPORTI LOCALI

I luoghi d'interesse sono vicino al Museo dello Tsunami, quindi è possibile esplorare la zona a piedi; tuttavia, i monumenti più distanti richiedono l'uso di Grab o Gojek. Per le visite guidate, potete prendere il *becak* di Little John (0813 6023 1339). L'autista Bob (0852 7786 0030) conosce i migliori ristoranti e può accompagnarvi all'aeroporto o al terminal dei traghetti. Non ci sono trasporti pubblici per Lhok Nga e Lampuuk: organizzate con la vostra struttura ricettiva. È possibile noleggiare moto con alloggio per tavola da surf.

La città di Banda Aceh, situata sull'isola principale di Sumatra, è un esempio di resilienza e ha visto più di altre realtà l'ascesa dell'Islam. Si dice che questa religione sia arrivata in Indonesia nel XII secolo proprio a partire da Banda Aceh. Durante lo tsunami del 2004, le moschee sono rimaste in piedi mentre tutto intorno veniva spazzato via dalla terribile onda di 30 m. L'evento è stato interpretato come un segno divino e la fede si è rafforzata ancora di più. Oggi, le case sono state ricostruite e sono stati istituiti numerosi monumenti legati al disastro. Con gli anni si è radicata anche un'importante cultura del caffè (la qualità gayo cresce sulle colline circostanti). Infine, Banda Aceh è un'ottima base per il surf, le immersioni e lo snorkelling al largo di Pulau Weh, raggiungibile a breve distanza con un traghetto veloce.

Ripresa dopo lo tsunami

Musei e monumenti

Dopo lo tsunami del 2004, volontari indonesiani e da tutto il mondo hanno costruito migliaia di casette per sostituire quelle distrutte dal mare. Dopo 20 anni da quel giorno devastante, i principali simboli del disastro sono il Museo dello Tsunami, la barca di Lampulo, scaraventata dall'onda sul

MANGIARE A BANDA ACEH: LA NOSTRA SCELTA

Ata Coffee: Gustate una colazione tipica a base di *lontong sayur* (noodles in zuppa) in questo locale all'aperto. Il caffè filtrato è ottimo. $

Mie & Nasi Goreng Bardi: Un'ampia scelta di *mie* (noodles), *nasi* e succhi di frutta. Molto frequentato all'ora di pranzo. $

Sate Matang Yakin Rasa: La specialità di questo affollato *warung* è il *sate*; si pagano solo i bastoncini di *sate* che si mangiano (o su cui si spreme il lime!). $

Adytia Jaya: Questo ristorante molto frequentato ha una bella vista sulle risaie e sull'aeroporto; il pollo fritto con foglie di curry è delizioso. $

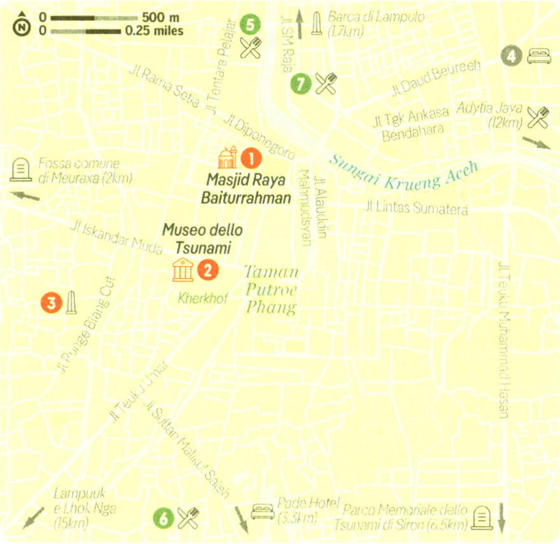

tetto di una casa, e il Museo PLTD Apung, allestito in una nave trascinata dalla potenza degli elementi fin nell'entroterra. Sebbene sembri che la città si sia ripresa, molti superstiti hanno perso familiari e amici e le cicatrici emotive sono ancora aperte. Affrontate l'argomento con sensibilità.

La **barca di Lampulo**, soprannominata 'Boat Di Atas Rumah' (barca sulla casa), è atterrata su una grande abitazione, a circa 1 km dal punto di attracco originale. Al piano superiore si trovano alcune fotografie, piuttosto crude, che ritraggono la devastazione causata dallo tsunami.

Il **Museo PLTD Apung** è una nave-generatore di 2500 tonnellate che è stata trasportata dall'onda anomala per quasi 5 km nell'entroterra. Come per la barca di Lampulo, diversi punti di osservazione permettono di vederla nel suo complesso. Tra i diversi ricordi c'è un orologio che riporta l'ora e la data esatta dell'evento. Nora, del centro visitatori, abita in zona e condivide la propria esperienza con i turisti.

Il **Museo dello Tsunami** (15.000Rp) richiede più tempo. La visita inizia con un percorso nell'oscurità attraverso una galleria dalle cui pareti gocciola acqua, a simboleggiare le onde dello tsunami. Si assiste poi alla proiezione di sconvolgenti immagini della devastazione all'interno di contenitori simili a tombe, passando quindi a una sala circolare sulle cui pareti sono incisi i nomi delle vittime. Al piano superiore viene proiettato un breve filmato di forte impatto visivo.

A Banda Aceh e dintorni si trovano fosse comuni in cui sono state seppellite le vittime. Il sito principale è il **Parco Memoriale dello Tsunami di Siron**, lungo la strada per l'aeroporto, dove ci sono i corpi di 46.000 persone mai identificate, mentre il più visitato è quello dell'ex ospedale di **Meuraxa**.

DA NON PERDERE
1 Masjid Raya Baiturrahman
2 Museo dello Tsunami

DA VEDERE
3 Museo PLTD Apung

PERNOTTAMENTO
4 Lala Hostel

PASTI
5 Ata Coffee
6 Mie & Nasi Goreng Bardi
7 Sate Matang Yakin Rasa

SPIAGGE DI BANDA ACEH

La spiaggia di **Lampuuk**, sulla costa occidentale, e quella di **Lhok Nga**, a sud, si trovano a 20 minuti di auto dal centro. Gli edifici sul mare sono stati spazzati via dallo tsunami del 2004 e, come accaduto a Banda Aceh, è rimasta intatta soltanto la moschea. Da allora, l'atmosfera balneare e la cultura del surf e del caffè sono in lenta ripresa. A differenza di altri luoghi di Sumatra, la stagione del surf qui va da novembre ad aprile.

IL CONSIGLIO

La sharia non si applica agli stranieri, ma li coinvolge. Di tanto in tanto si verificano azioni repressive; nel 2018 la comunità LGBTIQ+ è stata al centro dell'attenzione, con fustigazioni pubbliche. Ai caffè in genere aperti 24 ore su 24, molto popolari tra i giovani, è stato imposto di chiudere a mezzanotte e alle donne è stato vietato l'accesso alle aree pubbliche dopo le 23.

IL SILENZIO DELLA SHARIA

Aceh è l'unica provincia dell'Indonesia ad applicare la sharia, entrata in vigore nel 2015. Se vi chiedete perché la città sia più silenziosa di altre, è perché qui il karaoke è vietato. Fatto ancora più grave, alcuni cittadini sono stati condannati per omosessualità (ad Aceh considerata 'reato morale'), non illegale in altre zone dell'Indonesia. Il consumo di alcolici è vietato, pena la fustigazione pubblica. Vale anche per gli stranieri. I non musulmani possono scegliere se essere puniti sulla base della sharia o secondo il codice penale indonesiano.

MUHAMMAD IQBAL/SHUTTERSTOCK ©

Masjid Raya Baiturrahman

Gustarsi un caffè ad Aceh

Alla scoperta dei chicchi

Il costoso caffè arabica viene coltivato nei vicini Altopiani Gayo, ma a Banda Aceh i baristi preparano con grande maestria la varietà robusta. Recatevi da **Ata Coffee** per il vostro infuso mattutino: il caffè viene filtrato più volte, con un processo che dura circa 30 secondi. Il risultato è un caffè lattiginoso e dolce. Versato magicamente nel bicchiere, è pronto da gustare. L'alcol è vietato e Aceh ha puntato tutto sulle coltivazioni di caffè. Non potendo andare al cinema o al karaoke, le caffetterie sono uno dei pochi luoghi dove coppie e amici possono incontrarsi.

MANGIARE A LAMPUUK E LHOK NGA: LA NOSTRA SCELTA

Maha Corner: Attraente locale sulla spiaggia; serve pizze cotte in forno a legna, lasagne e altri piatti occidentali. Dispone anche di alloggi (p490). $$

Kuala Seafood Crab & Fish: Ampio menu con pesce alla brace, aragosta e calamari fritti; ideale per vedere il tramonto. $$

Saho Bayside: Bar sulla spiaggia che si distingue per il suo caffè tostato. Ricorda le atmosfere di Bali, ma senza birra. $$

Sunset Surf Cafe: Frequentato dagli abitanti del luogo per il bellissimo tramonto; serve aragosta e frutti di mare. Pancake alla banana per colazione. $$

La moschea sopravvissuta

Segno divino

Con le sue mura bianchissime e le cupole nere come l'ebano, l'ottocentesca moschea di **Masjid Raya Baiturrahman** è rimasta praticamente intatta dopo il terremoto e lo tsunami del 2004, il che è stato interpretato dagli abitanti come un segno dell'intercessione divina. Per visitarla, le donne devono coprirsi il capo (è possibile prendere in prestito un foulard presso l'ufficio nel parcheggio sotterraneo).

L'edificio risale al XII secolo, ma la parte più antica venne ricostruita dagli olandesi nel 1879. Altre cupole furono aggiunte, sempre dagli olandesi, nel 1936 e dal governo indonesiano nel 1957. Il momento migliore per visitare la moschea è il venerdì, durante la preghiera del pomeriggio, quando l'intero edificio e il cortile vengono invasi dai fedeli che pregano sotto i parasole retrattili.

Tramonti, surf e frutti di mare

Splendida vita da spiaggia

Godetevi il tramonto in prima fila assaporando deliziosi frutti di mare in uno dei tanti ristoranti sulla spiaggia di Lampuuk. A sud, oltre il promontorio, si trovano alcune sistemazioni e interessanti siti per il surf. **Joel's Bungalows** è ormai un punto di riferimento. Più a sud c'è una zona piena di caffè sulla spiaggia; se arrivate in auto, dovete tornare indietro fino al Joel's.

A Lhok Nga, alla fine della strada, la torrefazione **Saho Coffee** serve un eccellente caffè preparato con chicchi di alta qualità di provenienza locale e noleggia anche tavole da surf (da 80.000Rp a 100.000Rp). Tra i break della zona Takanori, The Left, The Peak sono perfetti per surfisti di livello intermedio e avanzato, Lampuuk Right per principianti e intermedi. Ci sono poi anche onde A-frame e il divertente break di Cement Factory (di fronte alla fabbrica di cemento).

È possibile noleggiare uno scooter con rastrelliera per le tavole da surf, in modo da spostarsi su tutta la costa. Si noti che, a causa della sharia, non è possibile nuotare in costume. Alle donne è richiesto di entrare in acqua completamente vestite.

MOVIMENTO PER LA LIBERAZIONE DI ACEH

Sulla rotta del commercio delle spezie, Aceh, visitata da mercanti e pellegrini arabi, indiani e cinesi, resistette agli olandesi che dichiararono guerra nel 1873. La guerra di Aceh fu uno dei più lunghi conflitti militari degli olandesi, fino alla resa dell'ultimo sultano, Tuanku Muhamat Dawot. Nel 1949, Aceh divenne una provincia autonoma, ma nel 1951 il governo la incorporò a Sumatra. Il contatto con i batak cristiani non piacque al partito islamico, generando conflitti.

Nel 1959, l'Indonesia concesse ad Aceh lo status di 'distretto speciale', ma nel 1976 nacque il GAM (Gerakan Aceh Merdeka; Movimento per la Liberazione di Aceh). Negli anni '80, Giacarta dichiarò la provincia, ricca di gas naturale, zona operativa militare, e migliaia di persone furono uccise. Si pensa che la decisione del governo centrale di imporre la sharia nel 1999 fosse un tentativo di sedare la ribellione, rinvigorita dopo il voto per l'indipendenza di Timor Leste. Solo dopo lo tsunami del 2004 fu firmato l'Accordo di Helsinki, che pose fine al conflitto.

Dintorni di Banda Aceh

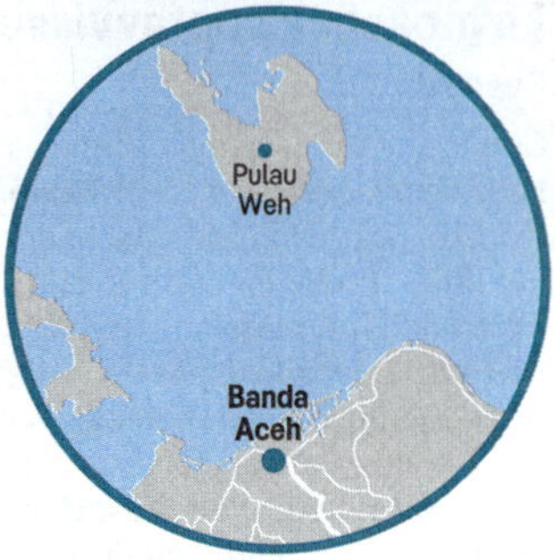

Le acque limpide di Pulau Weh e i bungalow economici sono la ricompensa per i temerari che hanno il coraggio di affrontare questa regione.

Località

TRASPORTI LOCALI

Il traghetto veloce da Banda Aceh a Pulau Weh costa 100.000Rp e parte dall'isola principale di Sumatra tre volte al giorno. Ci sono anche traghetti lenti più economici. Una volta arrivati, dovrete prendere un *becak* o un taxi privato dal porto per raggiungere la vostra sistemazione, oppure informarvi sul noleggio di una moto. Le strutture ricettive di Iboih dispongono di moli dove le barche possono attraccare per le escursioni.

Mentre Banda Aceh offre spiagge perfette per farsi il bagno e praticare surf, Pulau Weh, al largo della costa settentrionale di Sumatra, vanta eccellenti siti di immersione e snorkelling, con pesci, coralli e vulcani sottomarini. Gli appassionati di snorkelling e immersioni possono apprezzare grandi pareti di gorgonie ondeggianti, profondi canyon, pinnacoli di roccia e l'abbagliante caleidoscopio della vita marina.

Tre sono le zone dove soggiornare: il piccolo villaggio di Gapang, ideale per i subacquei; Iboih, con un'atmosfera da bungalow nella foresta; e Pantai Sumur Tiga, per la vita da spiaggia. Al Kilometer 0, in corrispondenza della punta dell'Indonesia, è possibile scattare foto interessanti. Dal punto di vista geografico, e non solo, Pulau Weh è la ciliegina sulla torta di Sumatra.

Pulau Weh

DA BANDA ACEH: **45 MIN**

Nelle splendide acque di Sabang

Su Pulau Weh ci sono numerosi centri immersioni, concentrati principalmente intorno a Iboih e Gapang, e circa 20 siti, tra cui un relitto della seconda guerra mondiale. **Iboih** è popolare tra i turisti locali e malesi, che spesso imparano a immergersi davanti ai ristoranti di pesce di **Rubiah**, un'isola vicina. **Gapang**, a 10 minuti di auto a sud di Iboih, è diventata un punto di riferimento per i viaggiatori, con una spiaggia piena di stabilimenti e ristoranti. Qui lavorano il **Freedive Weh**, l'affermato **Lumba Lumba Diving Centre** (reception aperta fino alle 20) e l'accogliente **Bubble Addict** (con alloggi). Un'uscita costa circa 350.000Rp. Assicuratevi che il centro prescelto proponga un buon briefing preimmersione.

MATTHEW OLDFIELD UNDERWATER PHOTOGRAPHY/ALAMY STOCK PHOTO ©

Pulau Weh

Snorkelling tra le bolle

Potreste pensare di vivere un'esperienza extracorporea, invece no, state facendo snorkelling sopra a un vulcano, tra bolle giganti che emergono da fessure giallo zolfo dal fondo del mare fino al pelo dell'acqua. Conclusa l'avventura, si sale in barca per andare alla ricerca di pesci e coralli (vi consigliamo di portare un cappello e chiedere un giubbotto di salvataggio). Tra coralli con caratteristiche variegate avrete la possibilità di avvistare squali pinna bianca del reef, pesci di colori vivaci, tartarughe giganti, mante e squali balena (nei periodi in cui il plancton abbonda). Lo snorkelling parte da circa 1.350.000Rp per due persone e la maggior parte delle strutture può organizzare un'uscita; se non siete subacquei esperti, è un'attività da non perdere.

Punto d'inizio

Per la maggior parte dei visitatori raggiungere l'imponente monumento che segna il **Kilometer 0** dell'Indonesia è imprescindibile. Dopo una breve passeggiata tra bancarelle di souvenir e cibo a prezzi esagerati, vi troverete davanti al

GRANDE STORIA DI UN PICCOLO VULCANO

Pulau Weh è ciò che rimane di un vulcano parzialmente collassato e poi riempito dalle acque dell'oceano. Con i suoi 617 m, la cima del vulcano, ancora attivo, è il punto più alto dell'isola. Sorgenti calde e fumarole sono visibili sia sulla terraferma sia sott'acqua. Durante la dominazione olandese, Sabang era un importante deposito di carbone e di acqua per i piroscafi. L'isola di Rubiah, al largo di Iboih, era invece porto di quarantena per i pellegrini islamici, quando la lebbra era una delle malattie più temute al mondo. Per un breve periodo, intorno agli anni '70, l'intera isola è stata un porto duty-free.

MANGIARE A PULAU WEH: LA NOSTRA SCELTA

Dee Dee's Restaurant: In questo ristorante a conduzione familiare, Dee Dee prepara piatti freschi, tra cui ottimi curry. Si trova a Iboih, in una zona tranquilla. $

Nasaka Coffee & Resto: Questa caffetteria in riva al mare si anima la sera con un'eccellente scelta di caffè. $

Pachamama Indah: Questa piccola pasticceria francese a Gapang propone torte e biscotti eccezionali e souvenir fatti a mano. $

Le Cafe Bleu: Nola gestisce questo locale sulla spiaggia di Iboih, dove il wrap di pollo è molto apprezzato. Tra le scelte vegane c'è un'ottima insalata di pomodori. $

PER ORIENTARSI

Pulau Weh è conosciuta con diversi nomi: la gente di Banda Aceh potrebbe chiedervi se siete diretti a Sabang, che è in realtà la città principale dell'isola, mentre l'isola stessa è anche chiamata Pulau We. Il traghetto arriva a Balohan, sulla costa sud-orientale. Sabang e la spiaggia di Sumur Tiga, piena di hotel, si trovano più a nord, mentre Gapang e Iboih sono situate nella foresta, a nord-ovest. Per raggiungerle non si passa per Sabang. Il Kilometer 0 si trova 7 km più a nord di Iboih, dopo una serie di piccoli resort.

Kilometer 0

monumento con le immancabili lettere rosse che indicano il nome della località. Attenzione: la zona potrebbe essere popolata da un gruppo di scimmie aggressive. Proseguite lungo il sentiero superando il monumento per una bellissima camminata in riva al mare.

Migliori siti di immersione

Nel punto in cui il Mar delle Andamane incontra l'Oceano Indiano ci sono una grande varietà di fauna selvatica e decine di centri immersioni pronti a esplorarla.

Si parte da **Rubiah Sea Garden**, un tratto di mare poco profondo dove è possibile ammirare gorgonie semplici e a frusta in bellissimi scenari, tra anguille e qualche tartaruga. **Batee Tokong**, nota anche come Central Rock, è una parete sottomarina inclinata ricoperta di gorgonie dove è possibile avvistare pesci Napoleone, pesci pappagallo e barracuda.

Shark Plateau, vicino a Batee Tokong, è l'ideale per le immersioni mattutine alla ricerca degli squali. Non da ultimo, è possibile avvicinarsi a un piroscafo tedesco di 130 m, il *Sophie Rickmers*, affondato dal suo stesso equipaggio durante la seconda guerra mondiale, oggi una bella meta per subacquei esperti.

Isole Banyak

ISOLE DESERTE | SURF | SNORKELLING

Le Isole Banyak sono magnifiche ma un po' complicate da raggiungere. Frequentate dai surfisti da anni, sono caratterizzate da acque blu iridescenti, coralli, centinaia di pesci, tartarughe e da una vita isolana idilliaca. Raggiungerle ed esplorarle è un'avventura. Sono l'ideale per rilassarsi su un'amaca e intrattenersi contando i granchi a riva, ma se volete visitare un po' di posti, assicuratevi di avere molto tempo a disposizione. Le strutture ricettive affrontano problemi di approvvigionamento di cibo e manutenzione per via della lontananza di queste isole dal resto delle terre emerse.

Durante il COVID-19 sono state riscoperte e oggi gruppi di turisti indonesiani scelgono come meta per le vacanze le isole più vicine a Pulau Banyak (dove arrivano i traghetti dalla terraferma). Purtroppo persiste anche qui il problema dell'abbandono dei rifiuti.

Snorkelling di prim'ordine

Ambiente marino da sogno

Se potete, portate la vostra personale attrezzatura per lo snorkelling, poiché quella fornita potrebbe non essere all'altezza. Le strutture ricettive organizzano escursioni giornaliere per gli ospiti: l'Ira Bungalows (p491) chiede tra i 350.000Rp e i 550.000Rp a persona, mentre l'MB Palambak Island Resort (p491) 1.200.000Rp per un massimo di quattro persone. Se alloggiate dove è già possibile fare snorkelling, come all'MB Palambak Island Resort o al Palambak Paradise (p491), risparmierete denaro e avrete un minore impatto ambientale. Tra i due resort è probabile avvistare molte tartarughe. Altri animali marini da non perdere sono delfini, balene, mante, tridacne e dugonghi. Su un paio di isole (Matahari e Tuangku) sono stati avvistati persino dei coccodrilli. Per lo snorkelling in genere si va su **Pulau Asok** o su Pulau Biawak e Pulau Pandan. È possibile trovare siti interessanti anche tra Pulau

TRASPORTI LOCALI

Le Banyak si trovano a tre ore e mezza di traghetto da Singkil. La nave parte poche volte alla settimana ed è l'opzione più sicura. Una barca in legno effettua il tragitto tutti i giorni, ma non è consigliata (per il tempo) tra maggio e settembre. Una volta arrivati su Pulau Banyak, prendete un'altra barca per raggiungere l'isola dove alloggerete. Il costo è di circa 400.000Rp per una o due persone (solo andata). Gli spostamenti tra isole si effettuano con barchette a noleggio, da 200.000Rp a 700.000Rp a persona.

IL CONSIGLIO

Al momento della stesura di questa guida, la vendita di alcolici nei resort delle Banyak era vietata; tuttavia, non è vietato portare l'alcol d'asporto.

PERNOTTAMENTO
1 Ira Bungalows
2 MB Palambak Island Resort
3 Palambak Paradise

COLLEGAMENTI TRA LE ISOLE

Le tratte in autobus per Singkil sono economiche ma lunghe e comportano cambi (tre per Tuk Tuk, sul Danau Toba). Gli autisti si tengono svegli con musica e sigarette, quindi meglio noleggiare un'auto o condividerne una. Ci vogliono sette ore da Tuk Tuk a Singkil, nove da Medan e 16 da Bukittinggi. Per Ketambe, prendete un taxi o un minibus condiviso da Singkil a Kutacane (9-10 ore). Per Banda Aceh ci vogliono 12 ore (3.700.000Rp).

Laman e Pulau Laureh e vicino alla spiaggia di Pulau Taliana. Purtroppo la struttura di Taliana era in cattivo stato al momento della scrittura di questa guida.

Surf di qualità

Lodge e charter

Appena al di sopra dell'equatore, le Banyak sono isole poco frequentate dai turisti. La maggior parte dei visitatori prenota tra marzo e ottobre nei lodge per surfisti. Ce ne sono diversi, tra cui **Pinang**, un'isola privata con alloggi destinati anche a piccoli gruppi. Un'altra possibilità è unirsi a uno dei charter che si dirigono verso le onde, di solito provenienti da Nias. Ci sono alcuni lodge per surfisti anche a **Ujung Lolok**, promontorio sulla costa meridionale di Pulau Tuangku, dove si concentrano diversi break di livello mondiale come Gunturs (Joysticks), Dindos e Lolok Point. **Pulau Bangkaru** presenta uno dei migliori break dell'Indonesia: Treasure Island. Qui si trova anche una riserva per la tutela delle tartarughe. Le Banyak sono più adatte a chi pratica a livello intermedio (o esperto).

Uova di tartaruga

Le tartarughe liuto di Pulau Bangkaru

Fermatevi su Pulau Bangkaru per scoprire l'incredibile **riserva per la tutela delle tartarughe (Turtle Conservation Project)**. L'isola è una delle ultime di Sumatra con una foresta pluviale primordiale ancora intatta e ogni notte, ogni giorno dell'anno, le tartarughe verdi vi depongono le uova. Le tartarughe liuto, che possono pesare fino a 500 kg, arrivano tra novembre e marzo. Prima di questo progetto, i bracconieri raccoglievano ogni notte tutte le uova di tartaruga dai nidi. Da quando sono stati assunti ranger per il pattugliamento, non sono state più prese.

L'MB Palambak Island Resort e l'Ira Bungalows organizzano entrambi escursioni notturne per gli ospiti; i prezzi includono il trasporto, i biglietti d'ingresso, le guide che vi porteranno a vedere le tartarughe, il cibo e le bevande (le guide portano il cibo sull'isola, dove il personale lo cucina per voi). L'MB Palambak Island Resort costa 3.500.000Rp per due persone, mentre l'Ira Bungalows 2.200.000Rp a persona, 800.000Rp a persona per una notte extra, che, data la particolare avifauna dell'isola, è un'occasione da non perdere.

Tra fari e montagne

L'isola dall'alto

Nonostante le apparenze, alle Isole Banyak si possono praticare altre attività oltre allo snorkelling, al surf e all'osservazione delle tartarughe. Tra queste, la scalata sul **Gunung Tiusa** (313 m) su Pulau Tuangku, e la visita al **faro** di Pulau Rangit, abbastanza vicina a Pulau Banyak.

Barchette si allineano sulla spiaggia bianca di Pulau Rangit, portando con sé il brusio dei turisti locali e il ronzio dei droni. Se riuscite a salire sul faro (la ringhiera è arrugginita), avrete una vista meravigliosa.

Potete anche prenotare una guida per un'escursione nella giungla di Haloban, sull'isola più grande delle Banyak. La salita sulla montagna dura circa cinque ore, andata e ritorno, e include la visita a una grotta piena di stalagmiti. Il periodo migliore è tra febbraio e ottobre.

COSA PORTARE (PER SURFISTI)

Zaino leggero: l'ideale è un bagaglio di 7 kg.

- Un leash nuovo e un leash di riserva, pinne, tropical wax e un kit di riparazione.
- Due o tre tavole da surf, una tavola da surf da 5'6" a 6'8" (non superate i 20 kg).
- Integratori per l'idratazione.
- Adattatore di corrente per spine indonesiane con prese USB.
- Traccianti ed esche per la pesca.
- Repellente per insetti per proteggersi dalla dengue e dalla malaria.
- Protezione solare e zinco (difficile da acquistare in loco).
- Kit di pronto soccorso con antisettico.
- Una carta SIM Telkomsel e un telefono registrato (i viaggiatori internazionali devono registrare il proprio telefono).
- Cappello da surf e camicia da surf (gli uomini non dovrebbero stare a torso nudo nelle aree pubbliche).
- Scarpette da surf.
- Maglia antiUV a maniche lunghe.
- Le donne devono coprire gambe e spalle nelle aree pubbliche.

Dintorni delle Isole Banyak

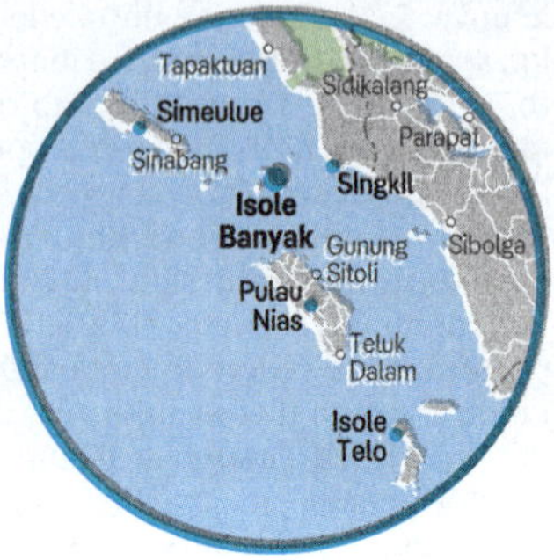

Tra zone paludose e mare, ci sono tantissime isole, più numerose di quanto si possa immaginare, che meritano settimane di esplorazione.

Località

La costa occidentale di Sumatra è il sogno dei surfisti, con le Isole Banyak e Pulau Simeulue poco più a nord, e Pulau Nias e Pulau Telo tra le Banyak e Mentawai. Le Banyak e Pulau Simeulue sono a prevalenza musulmana (conservatrici come Aceh; i viaggiatori devono rispettare le leggi e le usanze locali), mentre gli abitanti di Pulau Nias e delle Isole Telo sono per lo più cristiani. Pulau Nias ha un'antica tradizione bellica.

Pulau Telos vanta una ventina di break, tra cui alcuni di livello mondiale. Si trova a nord di Pulau Siberut.

La palude di Singkil è una meta unica di Sumatra che in pochi hanno la fortuna di ammirare.

TRASPORTI LOCALI

Familiarizzate con le imbarcazioni locali, tra cui una piccola barca per esplorare le paludi di Singkil, un traghetto per raggiungere Pulau Nias da Singkil o Sibolga (anche se la maggior parte dei viaggiatori preferisce prendere l'aereo) e alcune imbarcazioni per Pulau Telo e Pulau Simeulue. Gli orari variano in base al meteo, quindi siate flessibili. I viaggi via terra su Pulau Nias sono costosi e le strade spesso impercorribili.

Singkil

DALLE ISOLE BANYAK: **4 H**

Coccodrilli nelle paludi

Singkil è una città disordinata che i viaggiatori di solito attraversano per raggiungere le Isole Banyak o Pulau Nias. Tuttavia, è alle porte di una delle aree più importanti di Sumatra dal punto di vista ambientale: le paludi di torba della **Riserva Faunistica di Rawa Singkil**. Gli ecosistemi di questa zona protetta comprendono aree di acqua dolce, foreste, mangrovie e zone ripariali. Il fiume che la separa da Singkil ospita coccodrilli di estuario e uccelli, tra cui garzette e martin pescatori. Ci sono anche oranghi, ma li vedrete solo se il tempo è buono e gli alberi sono carichi di frutti.

Una volta saliti sulla barca (un motoscafo o una tradizionale canoa di legno, a seconda del tour operator scelto), raggiungete le acque dell'estuario, alla ricerca di coccodrilli. La pioggia li spinge nella foresta paludosa, ma è possibile individuare le loro tracce. Quando esce il sole, si avvistano più facilmente. Il conducente della barca spegne il motore e la lascia andare alla deriva, dandovi il tempo di osservarli prima che scivolino silenziosamente nell'acqua.

Gli abitanti dei villaggi locali navigano su canoe intagliate tra la vegetazione circostante, per controllare le trappole per pesci e crostacei appese alle rive. Lo tsunami del 2004 ha distrutto molti mezzi di sostentamento. Diverse case abbandonate dove il terreno si è trasformato in fango restano a testimonianza della tragedia: mangrovie e coccodrilli hanno occupato i vecchi cortili.

Durante l'uscita è possibile avvistare gruppi di bufali d'acqua, quasi invisibili finché il rumore della barca non li disturba, si alzano e si allontanano. È possibile prenotare i tour alle paludi tramite **Andang**, appassionato di coccodrilli (0852 6005 3253) o tramite **MB Singkil** (0812 6081 916).

Simeulue

DA SINGKIL: **12 H**; DA MEDAN: **1 H**

Surf nei dintorni di Simeulue

Simeulue è un affioramento vulcanico roccioso a nord delle Isole Banyak, noto per le sue spiagge sabbiose frequentate da bufali, le piantagioni di chiodi di garofano e cocco e, naturalmente, per il surf. Un terremoto di magnitudo 8,6 nel 2005 ha causato uno tsunami di 3 m e ha sollevato la costa occidentale di 2 m, influenzando le onde. Tuttavia, l'isola è ancora popolare tra i surfisti, con numerose strutture ricettive dedicate.

La spiaggia di Alus Alus Beach dispone di alcuni lodge per surfisti molto apprezzati, perfetti per visitare gli spot a sud di Dylan's Right, a 15 minuti di auto. Alcuni resort sorgono direttamente di fronte a Dylan's Right e The Peak. Il **Mahi-Mahi** propone escursioni al Centro di tutela delle tartarughe di Pulau Bangkaru (Isole Banyak): se il tempo non è ideale per fare surf, potete sostenere il programma di salvaguardia.

Noleggiare uno scooter (100.000Rp al giorno) è un buon modo per spostarsi a Simeulue e scoprire cosa offre l'isola: potete nuotare sotto bellissime cascate, attraversare foreste secolari ed esplorare mercati della frutta e del pesce a Sinabang.

Raggiungere Simeulue è semplice: Lion Air (Wings Air) effettua voli diretti da Medan (60 min). Comunicate alla compagnia aerea se avete una tavola da surf, così che possano considerare il trasporto (con un supplemento di 200.000Rp per tratta). Si può anche prendere un traghetto da Singkil a **Sinabang** (12 ore).

I bancomat in città sono molto inaffidabili, quindi portate con voi sufficienti contanti: si consigliano 5.000.000Rp (servono due prelievi per raggiungere l'importo).

Isole Telo

DA NIAS: **6 H**; DA PADANG: **1 H**

Surfare onde poco affollate

Le Telo (Nias sud) sono un gruppo di isole situate a nord delle Mentawai, appena a sud di Pulau Nias. Ci sono una ventina di break, alcuni ottimi per surfisti principianti e tanti altri per i più esperti. I surf resort, tra cui **Telo Island Surf House** e **Taha's at Telos**, occupano un'area privilegiata sulla spiaggia di **Pulau Sibaranun**, con due ottimi break, uno con onde sinistre e l'altro con onde destre.

SOPRAVVIVENZA DELLE PALUDI

Sulla riva nord del Sungai Singkil (fiume Singkil) si trova l'area protetta della Riserva di Rawa Singkil, che si collega all'ecosistema del Parco Nazionale di Gunung Leuser. Secondo le stime, ospita il 10% della popolazione mondiale di oranghi ed è l'ultimo habitat ancora intatto delle tigri di Sumatra, e di rinoceronti ed elefanti in pericolo di estinzione. Tuttavia, la deforestazione è aumentata drasticamente nel 2023, con la costruzione di nuovi canali per drenare le zone umide di torba e avviare piantagioni illegali di palme da olio. La situazione è monitorata dai gruppi ambientalisti, ma poiché quest'area è fuori dai radar turistici, la causa è poco seguita a livello mondiale.

PROBLEMI IN PARADISO

Negli ultimi anni, a Simeulue, diversi turisti stranieri sono stati arrestati, uno per 'disturbo della quiete pubblica' e l'altro per aver aggredito in stato di ubriachezza alcuni residenti nell'aprile 2023. La famiglia del ragazzo ha risolto la questione pagando un'ingente somma alla comunità locale coinvolta. Poco dopo, il governo ha inviato una lettera formale alle strutture ricettive per inasprire le norme sull'alcol. Prima di allora, erano state informalmente invitate a non vendere birra agli abitanti del luogo, ma la disposizione è stata estesa anche agli stranieri. Che le strutture scelgano o meno di infrangere la regola, l'alcol è vietato. Inoltre, al di fuori dei resort, i turisti devono coprirsi: gli uomini devono indossare la camicia e le donne coprire spalle e gambe.

BASTIAN AS/SHUTTERSTOCK ©

Museo Pusaka Nias

Pulau Sifauruasi è un'isola privata e ospita il lussuoso **Resort Latitude Zero**. Da qui è possibile raggiungere i circa 18 break più facilmente accessibili. Anche la costa sud-orientale di Pulau Sipika offre un paio di posti adatti per il surf, come Sipika Right e Rangas/GT. Su **Pulau Tanahbala** si trova il **Monkeys Resort**, che propone soggiorni di 12 notti da Padang. Verificate se ci sono sconti in bassa stagione. I due break di livello mondiale delle Isole Telo sono DC's e Pasti. I surf resort in genere chiudono in bassa stagione (da novembre a febbraio), poiché la zona attira soprattutto surfisti, non tanto gli amanti dello snorkelling né i backpacker.

Alcune imbarcazioni hanno iniziato a includere queste isole tra i loro itinerari in collaborazione con i resort. Si tratta di un approccio diverso rispetto ad altre zone di Sumatra, ma sembra funzionare; tuttavia, alcuni ospiti si sono lamentati degli orari scomodi delle prenotazioni in resort per arrivare ad alcuni break.

Pulau Nias

DA SINGKIL: **6 H** (nave); **1 H** (aereo)

Onde leggendarie

I surfisti arrivano a **Teluk Sorake** ormai da decenni per le sue onde spettacolari, che hanno mantenuto questa isola remota nel circuito internazionale. La storia di Pulau Nias è piena di racconti avventurosi di caccia, magia nera e sacrifici umani, e non si tratta di leggende antiche: i primi surfisti australiani che cavalcarono le onde di Sorake negli anni '70 furono inseguiti da uno sciamano intenzionato a riscuotere una testa umana. Oggi non si collezionano più teste, per fortuna, e il surf è il motore del turismo di quest'isola. Le onde scoperte nel 1975 dai surfisti australiani Kevin Lovett e John Giesel sono diventate più profonde, belle e forti dopo il terremoto e lo tsunami del 2004.

Un lembo di terra a forma di amo va a creare la perfetta baia di **Teluk Lagundri** e il point break di **Pantai Sorake**. La famosa onda destra di Sorake si sviluppa tra giugno e ottobre ed è considerata una delle migliori del mondo. Sebbene tra novembre e marzo le mareggiate siano ridotte e i venti meno favorevoli, si possono comunque trascorrere belle giornate con meno gente. La stagione migliore per fare surf comunque va da maggio a settembre.

Pulau Nias non è il posto ideale per imparare, non è adatta ai principianti. Fa eccezione il break di Lagundri, che è anche una bella spiaggia per nuotare.

Costa occidentale di Nias

I surfisti setacciano la costa occidentale di Pulau Nias in cerca di 'empty waves' (spiagge deserte) data la costante (e a volte eccessiva) popolarità di Sorake. Alcuni alloggiano nei *losmen* (molto basilari) intorno al villaggio di **Afulu**.

È possibile prendere un motoscafo da Sirombu alle **Isole Hinako** (30 minuti). Tra queste, **Pulau Asu** (700.000Rp a tratta) non ha strade né rete elettrica, ma vanta buone sistemazioni e line-up praticamente vuote. Più esposte di Pulau Nias, queste isole sono caratterizzate da onde più grandi e consistenti. Grazie all'onda sinistra di Asu e all'onda destra vicina **Bawa**, una buona giornata di surf è quasi garantita, indipendentemente dalla direzione del vento.

Una notte al museo

Il **Museo Pusaka Nias**, allestito in alcuni edifici in stile tradizionale, è una buona introduzione alla cultura indigena di Pulau Nias e funziona anche da albergo. Trascorrete la giornata visitando le sale e poi godetevi una notte di riposo, sperando di non pensare troppo ai reperti più raccapriccianti. Le esposizioni spaziano dai gioielli indossati dai nobili alle armi, dalle armature da combattimento in pelle di coccodrillo alle attrezzature tradizionali per la pesca e la caccia, fino alle sculture e all'armamentario per la caccia alle teste. Potete ammirare sculture in legno utilizzate nel culto degli antenati, tamburi cerimoniali, bare *nifolasara* con teste di drago (simili a barche), microliti (figure antropomorfe in pietra che si trovavano in cima ai megaliti di Pulau Nias) e bellissimi modelli in scala di case tradizionali. Le camere prevedono un allestimento *rumah adat* con letto matrimoniale, zanzariera e ventilatore, per 500.000Rp. In gruppo si possono affittare intere case.

Alla scoperta dei villaggi tradizionali

Per centinaia di anni, gli abitanti di Pulau Nias hanno costruito elaborati villaggi attorno a strade acciottolate, fiancheggiate da file di case in legno simili a navi. Alcuni sostengono che siano ispirate alle navi olandesi che trasportavano spezie. La struttura tradizionale si è dimostrata molto solida e ha resistito meglio dei moderni edifici in cemento durante il

INTORNO ALLE ISOLE TELO

Il traghetto veloce da Teluk Dalam (su Pulau Nias) alle Isole Telo impiega circa due ore e parte tre o quattro giorni alla settimana, ma gli orari cambiano spesso a causa del tempo e di questioni tecniche, quindi informatevi presso la vostra struttura ricettiva. Non fateci affidamento per i collegamenti importanti, per esempio quando dovete prendere un volo. Spostarsi può costare molto: dal porto a Pulau Sibaranun ci vogliono 250.000-300.000Rp, mentre una barca per visitare alcune isole costa circa 700.000Rp. Alcuni pacchetti sono all-inclusive e comprendono i trasferimenti; verificate per sicurezza.

CULTURA BELLICA DI PULAU NIAS

Tradizionalmente, i villaggi di Pulau Nias erano governati da un capovillaggio, che presiedeva un consiglio di anziani. Al di sotto della casta aristocratica c'era la gente comune e, ancora più in basso, gli schiavi. Fino ai primi anni del XIX secolo, il commercio degli schiavi era l'unico collegamento di Pulau Nias con il mondo esterno. A volte i villaggi si univano in federazioni in lotta tra loro. Prima della conquista olandese e dell'arrivo dei missionari, le guerre erano violente e frequenti, motivate dal desiderio di vendetta, dalla creazione di forza lavoro o dalla raccolta di teste umane necessarie per sepolture maestose, doti nuziali e per la costruzione di nuovi villaggi.

terremoto che ha colpito Nias nel 2005. Le case variano da un distretto all'altro: quelle del nord di Nias sono strutture oblunghe indipendenti costruite su palafitte, mentre quelle del sud sorgono affiancate su lunghi cortili pavimentati.

Le guesthouse di Sorake si occupano dell'organizzazione del trasferimento verso uno dei villaggi più famosi e accessibili del sud di Pulau Nias: **Bawomataluo** (Collina del Sole). Il villaggio, arroccato su una collina a circa 400 m sul livello del mare, fu costruito tra il 1830 e il 1840 ed è anche il luogo dove si svolge il famoso *lompat batu* (salto sulle pietre). Nell'ultimo tratto si devono salire 88 ripidi gradini, fiancheggiati da draghi in pietra, e le case sono disposte lungo due strade principali lastricate. In passato il 'salto sulle pietre' era una forma di addestramento alla guerra: i saltatori dovevano superare un muro di pietra alto 1,8 m sormontato da paletti appuntiti. Oggi i paletti non vengono più utilizzati e lo scopo dei salti non è più bellicoso, ma turistico.

Le due vie principali del villaggio si incrociano di fronte all'imponente **residenza del capo**, probabilmente l'edificio più grande e antico di Nias. Potete dare un'occhiata agli interni con le massicce travi in legno e ammirare il tamburo, il cui suono annuncia l'inizio e la fine delle riunioni, oltre agli originali intagli in legno e alle file di ossa di mandibole di maiale. All'esterno è visibile il trono del capo, accanto a un fallo in pietra di grandi dimensioni e ad alcune tavole di pietra dove in passato venivano lasciati decomporre i corpi dei defunti.

Spaventati dalle danze di guerra

A Bawomataluo è possibile assistere a una danza di guerra che, ancora oggi, incute timore in chi vi assiste. I colori vivaci, i costumi tradizionali, le armi (lance, spade e scudi) e l'atmosfera rendono l'evento particolarmente suggestivo. Le rievocazioni riproducono le battaglie e le tecniche di combattimento del passato: uomini di tutte le età indossano i costumi di guerra tribali e si preparano a quello che un tempo sarebbe stato un combattimento mortale. Oggi questi spettacoli per dare il benvenuto ai funzionari e per celebrare festività ed eventi regionali. Programmate la visita tenendo conto di questi eventi, oppure unitevi ad altri visitatori per prenotare uno spettacolo. Chiedete alla vostra struttura ricettiva per maggiori dettagli.

Le incredibili sculture in pietra di Pulau Nias

La pietra ha un ruolo fondamentale nella cultura di Pulau Nias (dall'acciottolato dei villaggi ai salti sulla pietra) ed è stata utilizzata anche per costruire piscine, monumenti, scale, panchine, sedute (soprattutto *osa-osa* rituali destinati ai nobili). Prendetevi una giornata per visitare gli incredibili villaggi intorno a **Gomo**, negli altopiani centrali, a circa 2 ore e mezza da Sorake, dove è possibile trovare interessanti sculture in pietra e menhir (megaliti monolitici), alcuni dei quali risalgono a 3000 anni fa. Si dice che quest'area sia il primo insediamento dell'isola, dove i primi antenati scesero dal cielo per vivere sulla Terra, ed è ancora considerata il cuore spirituale di Nias.

ADIL ARMAYA/SHUTTERSTOCK ©

Bawomataluo

Il villaggio abbandonato di **Tetegewo**, in cima alla ripida collina, 7 km a sud di Gomo, ospita circa 100 diversi megaliti. Alcuni *osa-osa* si trovano nel piccolo villaggio di **Tundrumbaho**, a 5 km da Gomo. A **Lahusa Satua**, a metà strada tra Gomo e Tundrumbaho, si trovano *osa-osa* più grandi, una casa tradizionale, alcune sculture e scrigni che custodiscono i teschi degli antenati. Se avete più di un giorno a disposizione, chiedete alla vostra struttura ricettiva di trovarvi una guida che vi accompagni sulle colline ricoperte di giungla e organizzate un pernottamento presso uno dei villaggi.

MUOVERSI A PULAU NIAS

Le strade di Pulau Nias sono in pessime condizioni da Tuluk Dalam lungo tutta la costa occidentale fino a Gunungsitoli. Non è possibile fare il giro dell'isola in auto, bisogna passare per Gunungsitoli per raggiungere il nord seguendo la costa orientale (un'auto privata da Gunungsitoli a Sirombu impiega due o tre ore e costa 700.000Rp). È possibile prendere un volo da Medan all'aeroporto Binaka di Gunungsitoli. I traghetti da Sibolga e Singkil partono a seconda delle condizioni meteo, ma sono il mezzo più utilizzato, basta verificare che la destinazione sia quella desiderata.

Parco Nazionale di Kerinci Seblat

ESCURSIONI SUL VULCANO | TIGRI | VITA DI MONTAGNA

TRASPORTI LOCALI

Da Padang, principale accesso del parco, in sei ore e mezza si raggiunge Kersik Tuo, per la salita al Gunung Kerinci e al Gunung Tujuh. Con un'altra ora si arriva a Sungai Penuh, la città più grande. Lempur Tengah è a un'ulteriore ora di distanza e da qui si parte per il Danau Kaco e per il Sumatran Tiger Trek di Wild Sumatra Adventures. Gli autobus che salgono lungo la costa occidentale da Bengkulu si fermano a Tapan, dove si può prendere un autobus per Sungai Penuh. Se avete scelto una compagnia locale, il trasporto è incluso.

IL CONSIGLIO

Prenotate prima di arrivare. La tassa giornaliera per il parco è ridotta nei giorni feriali (155.000Rp), intera nei fine settimana (230.000Rp).

Kerinci è una splendida valle d'alta quota nascosta tra i monti Bukit Barisan, sul confine occidentale della provincia di Jambi. Molte delle sue fresche e lussureggianti foreste sono protette all'interno del Parco Nazionale di Kerinci Seblat, una delle ultime roccaforti della tigre di Sumatra. I molti laghi della valle e i vulcani avvolti nella giungla richiamano un gran numero di escursionisti in cerca di avventure lontano dai percorsi battuti. A sud si trovano il pittoresco Danau Kerinci e un mosaico di fertili campi coltivati. Gran parte delle ricchezze della valle proviene dalle piantagioni di tè e cannella; le prime circondano i villaggi più elevati, mentre le seconde formano una sorta di zona cuscinetto tra le terre coltivate e la foresta pluviale. A nord del parco, domina il Gunung Kerinci (3805 m), il vulcano più alto del Sud-est asiatico e uno dei più attivi di Sumatra. Nelle giornate limpide, la cima regala una fantastica vista sul Danau Gunung Tujuh e sulle valli e le montagne circostanti.

Scalare il vulcano più alto del Sud-est asiatico

Escursione sul Gunung Kerinci

La maggior parte delle escursioni sul **Gunung Kerinci** inizia con un tratto in salita da Kersik Tua fino a Pintu Rimba, punto di partenza del sentiero (1755 m). La salita dura due giorni, con campo base vicino alla cima, a circa 3045-3036 m. La sveglia suona alle 4 del mattino, un'ora prima dell'alba, per raggiungere la cima al nascere del sole. Non è facile: il sentiero è molto ripido ed eroso e, al di sopra della linea degli alberi, i ghiaioni sono estremamente scivolosi.

La maggior parte delle escursioni organizzate comprende il trasporto da Kersik Tua, le tasse d'ingresso e i permessi, i facchini per il trasporto e il montaggio delle tende e il servizio di preparazione dei pasti (come sempre, al momento della prenotazione è bene verificare cosa è incluso nel costo). Non c'è dubbio che l'escursione all'alba fino alla cima del Gunung

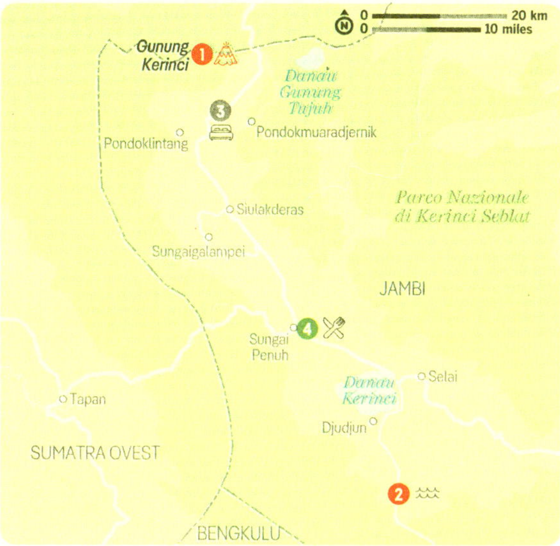

DA NON PERDERE
1 Gunung Kerinci

DA VEDERE
2 Danau Kaco

ATTIVITÀ, CORSI E TOUR
v. 2 Explore Kerinci

PERNOTTAMENTO
v. 2 Cinnamon Guesthouse
3 Labora Kerinci Homestay

PASTI
4 Korintji Heritage
v. 4 Pasar Malam
v. 4 Rm Galeri Lesehan Ikan Bakar
v. 4 Rumah Makan Dendeng Batokok

Kerinci (3805 m) sia una delle esperienze più belle da fare a Sumatra; è un privilegio poter osservare l'alba e immortalarla in tutto il suo splendore. Al ritorno si scende al campo base per fare colazione, poi servono altre cinque ore per tornare al punto di partenza.

Prima di scalare il Gunung Kerinci, ricordate che il vulcano può essere pericoloso, persino mortale. È illegale salire senza una guida e occorrono attrezzatura completa da campeggio, indumenti caldi e impermeabili e una torcia elettrica frontale (si può noleggiare tutto a Kersik Tua). Durante la notte la temperatura scende notevolmente. Non tentate la scalata in caso di pioggia.

Nella fatica, non dimenticate di guardarvi attorno. Gli appassionati di botanica e birdwatching affluiscono qui da ogni parte del mondo per ammirare la flora e la fauna locali, che comprendono specie rare come la stella alpina giavanese, la pitta di Schneider e la pernice crestata. Nepenthes (piante carnivore), scoiattoli, gechi e macachi cinomolghi popolano la parte inferiore della foresta, e si possono anche avvistare numerosi presbiti rossi dalle mani gialle. Acquistate i biglietti presso il **Pos PPA Mount Kerinci**, di fronte al Prima Coffee, sulla strada che conduce al punto di partenza.

L'INAFFERRABILE ORANG PENDEK

Il mitico *orang pendek* è stato oggetto di sporadici avvistamenti e di leggende tramandate nelle foreste del Kerinci. Gli abitanti descrivono l'*orang pendek* come una creatura alta circa 1 m, più simile alla scimmia che all'uomo, ma che cammina in posizione eretta. Le abitudini solitarie di questa creatura l'hanno trasformata in una leggenda. A quanto si dice, avrebbe i piedi rivolti all'indietro, in modo da non poter essere rintracciato.

MANGIARE A SUNGAI PENUH: LA NOSTRA SCELTA

Rumah Makan Dendeng Batokok: Gli amanti della carne devono provare la specialità regionale del *dendeng batokok* (straccetti di manzo alla brace). $

Korintji Heritage: Vista meravigliosa e incantevole atmosfera in questa impresa sociale pensata per dare spazio agli abitanti del luogo. Ottimo il caffè. $

Pasar Malam: Questo mercato serale propone le specialità della zona del Kerinci, tra cui il *sate* con salsa rossa anziché con salsa di arachidi. $

Rm Galeri Lesehan Ikan Bakar: Qui si può gustare l'*ikan bakar* (pesce alla griglia), un'altra delle specialità culinarie del luogo. Per pranzo c'è sempre il tutto esaurito. $

FORESTE DI KERINCI

Zacky Zaid, tour operator di Explore Kerinci

La gente viene al Kerinci per la sua unicità e perché la foresta tropicale offre un clima più fresco. Il parco nazionale ospita una grande varietà di fauna selvatica, tra cui sambar, tapiri, orsi e una numerosa popolazione dl tigri di Sumatra. Tuttavia, la giungla è immensa e le tigri possono spostarsi ovunque. Hanno un forte istinto e possono sentire il nostro odore da molto lontano. Forse solo lo 0,01% delle persone riesce a vederle, ma si possono osservare tracce e graffi un po' ovunque. Oltre alla foresta, la zona del Kerinci è ricca di culture, tradizioni e delizie culinarie. Provate il *dendeng batokok*, il *kantong semar* e il *gulai licit*.

ATTOMY/SHUTTERSTOCK ©

Danau Kaco

In campeggio tra le meraviglie naturali

Passeggiata alla piscina blu

Se preferite una versione 'light' del Kerinci, iscrivetevi a un trekking di 10 km (solo andata) nella foresta fino allo splendido bacino color zaffiro del **Danau Kaco**, il posto perfetto per una nuotata rinfrescante alla fine della percorso. (Al mattino, l'acqua è abbastanza fredda.) Durante la settimana c'è poca gente e i biglietti d'ingresso al Parco Nazionale sono anche più economici. Le guide di **Wild Sumatra Adventures/Explore Kerinci** predisporranno il campeggio, faranno bollire l'acqua per un caffè, vi porteranno il pranzo e la cena. Dopo aver mangiato, rilassatevi osservando le lucciole che lampeggiano intorno a voi prima dell'uscita alla scoperta della fauna notturna. Tra gli animali più osservati ci sono il nitticebo della Sonda, il presbite della Sonda di Sumatra e il macaco nemestrino. È difficile vedere la **tigre di Sumatra**; tuttavia il percorso fa parte del bel trekking di tre-cinque giorni dedicato a questo splendido animale. Nel calcolo del budget, assicuratevi di includere la tassa per le escursioni nel parco nazionale: 155.000Rp al giorno, 230.000Rp durante i fine settimana. Il sentiero comincia dal villaggio di **Lempur Tengah**.

Dintorni del Parco Nazionale Kerinci Seblat

La provincia di Jambi è ricca di sfumature, tra cascate nella foresta, surf, caffè, storia coloniale e un'antica tradizione hindu-buddhista.

Località

La provincia di Jambi si estende fino alla costa orientale di Sumatra e alle rovine hindu-buddhiste di Muaro Jambi. Bengkulu invece si affaccia sulla costa sud-occidentale (a otto-dodici ore di viaggio in auto da Kerinci). La storia coloniale di questa seconda provincia è abbastanza tragica, ma edifici e fortezze dell'epoca sono ancora in ottime condizioni. Se siete a caccia di un posto tranquillo per il surf, non perdete Pulau Enggano, a 100 km dalla costa. Nell'entroterra di Bengkulu, scoprite invece le piantagioni di caffè e le fattorie che fungono anche da sistemazione per la notte, oltre a partecipare a semplici escursioni e trekking, magari coronati da un bel bagno caldo tra le cascate.

Jambi

DA SUNGAI PENUH, KERINCI: **10 H**

Alle porte del complesso di Muaro Jambi

La maggior parte delle città di Sumatra, soprattutto quelle che si affacciano sul fiume o sulla spiaggia, hanno delle aree che, al tramonto, ospitano interessanti mercati. Dal nulla, come paguri dalla sabbia, appaiono centinaia di bancarelle di cibo, parchi avventura per bambini, e (attenzione ai piedi) minicar musicali motorizzate illuminate a LED. Quando il caldo pomeridiano si attenua, i venditori ambulanti trasportano il proprio banchetto fino al ciglio della strada, accendono i

TRASPORTI LOCALI

Curup si trova a due ore da Bengkulu. Non ci sono autobus e un'auto condivisa costa 80.000Rp. Gli autobus da Bengkulu raggiungono Krui e Bandar Lampung a sud, Padang e Bukittinggi a nord. Enggano è servita da piccoli velivoli e da traghetti. Gli autobus collegano Sungai Penuh e Jambi, ma non ci sono trasporti per Muaro Jambi (utilizzate Grab o Gojek). Una volta arrivati, noleggiate una bici.

MANGIARE A JAMBI: LA NOSTRA SCELTA

Martabak Roxy: Luogo ideale per gustare deliziosi *martabak* appena fatti (frittelle di carne, uova e verdure); tra i curry sceglıete quelli di pollo e di manzo. $

Kopi Melantjong: Di fronte alla magnifica moschea di Jambi, questo accogliente caffè vanta un eccellente caffè monorigine, aria condizionata e wi-fi. $

Taman Tanggo Rajo: Luogo d'elezione di Jambi per la passeggiata serale, situato lungo l'attraente ponte pedonale che si illumina di notte. $

Pondok Kelapo: Il pesce e i frutti di mare sono i protagonisti di questo ristorante, situato in un tranquillo giardino con gazebo. $$

GLI ORANG RIMBA DI JAMBI

Quello degli *orang rimba* è uno degli ultimi gruppi di cacciatori-raccoglitori rimasti a Sumatra. La foresta in cui vivono, nella provincia di Jambi, fa parte del loro sistema di credenze ancestrali. Da tempo immemore dipendono dalle risorse della foresta tropicale, in quanto la loro sussistenza si basa sul raccolto, sul debbio e sull'igname selvatico. Da un secolo sono in forte pericolo. Le politiche governative hanno dislocato diverse persone, provenienti da tutta l'Indonesia, nelle foreste e, a partire dagli anni '80, il disboscamento incontrollato su larga scala e la crescita delle piantagioni di palme da olio hanno fatto il resto. Sono rimasti circa 2000 *orang rimba*, ma si tratta di una cultura in via di estinzione che cerca di sopravvivere in una terra che sta scomparendo.

fornelli e cucinano qualsiasi cosa. Al **Taman Tanggo Raji** di Jambi si trovano *nanas goreng* (ananas fritti), *jagung bakar* (mais arrostito e spalmato di latte di cocco e peperoncino) e *sate*. Centinaia di sedie di plastica vengono sistemate tra i venditori e il panorama a partire dalla strada piena di odori fino alla riva del Sungai Batang Hari, il fiume più lungo di Sumatra (lungo circa 800 km) che scorre dagli Altopiani di Minangkabau fino alla foce, a circa 155 km dalla città di Jambi. Gli abitanti del luogo acquistano il cibo, prendono da bere e si siedono nelle zone destinate a ciascun venditore (di solito le sedie sono di colori diversi per evitare confusione). Gustatevi un buon manicaretto osservando le luci del ponte pedonale **Jembatan Gentala Arasy** poi unitevi agli abitanti del posto per una passeggiata.

Bengkulu

DA SUNGAI PENUH, KERINCI: **8-12 H**

Scoprire la storia di Bengkulu

Con Adrian al vostro fianco (**Wild Sumatra Tours**) potete conoscere la storia di questa interessante città. Il tour in auto inizia passando davanti alla **vecchia casa** di Thomas Stamford Raffles, l'ultimo capo britannico a Bengkulu, arrivato nel 1818. Nel 1685, dopo essere stati cacciati da Banten, a Giava, gli inglesi si erano trasferiti a Bengkulu alla ricerca di pepe. L'impresa non fu esattamente un grande successo, in quanto l'isolamento, la noia e le piogge continue fiaccarono la loro volontà e la malaria fece numerose vittime. Durante la sua breve permanenza, però, Raffles rese redditizio il mercato del pepe e impiantò coltivazioni di caffè, noce moscata e canna da zucchero.

La successiva tappa del tour è **Forte Marlborough**, costruito nel 1713 da forza lavoro indiana: nessuno, a quanto si dice, fece ritorno a casa. Qui si possono vedere le riproduzioni di interessanti lettere inviate dai colonizzatori britannici. Dopo la partenza degli inglesi, gli olandesi (più aggressivi) non si fecero molti amici: la loro politica di coltivare spezie al posto del riso portò alla fame la popolazione locale. I giapponesi costruirono in zona una breve roccaforte e il sito è famoso anche perché vi fu incarcerato il presidente indonesiano Sukarno. Il tour della città include il **Cimitero Britannico**, con tombe risalenti al 1770. Fuori città, si trova invece il **Museo di Stato della Provincia di Bengkulu** che vanta diversi oggetti interessanti tra cui il tradizionale copricapo da matrimonio, ancora spesso indossato a dispetto della sua scomodità apparente.

MANGIARE A BENGKULU: LA NOSTRA SCELTA

Bencoolen Coffee House: Ristorante di gestione tedesca che serve ottime cheesecake, lasagne e buoni drink in un vecchio edificio coloniale. $

Nick Coffee & Ayam Pringgading: Molto amato per il suo *ayam geprek* (pollo fritto spalmato di *sambal* verde piccante), questo locale è un'eccellente location. $

Marola: In questo famoso ristorante si scelgono i frutti di mare (si paga in base al peso) e la relativa salsa, il tutto viene poi cucinato sul momento. $$

Lavenrice: Se proprio non volete spendere per una bistecca di qualità, comprate un gelato gusto *kelapa* (cocco) a base di *durian*. $$

MUARO JAMBI SU DUE RUOTE

Il gruppo di dodici templi parzialmente restaurati di Muaro Jambi è il sito hindu-buddhista più importante di tutta Sumatra. Sembrano siano situati in corrispondenza dell'antica città di Jambi, capitale del regno di Malayu, risalente a 1000 anni fa. La maggior parte dei *candi* (templi) è databile al IX-XIII secolo, quando Jambi era al suo apice. Il sito ha un carattere unico reso ancor più evidente dalle recenti ristrutturazioni, alcune ancora in corso. Contattate Guntur se volete una guida (0813 6833 0882) oppure noleggiate una bicicletta all'ingresso (50.000Rp) e pedalate in libertà per scoprire la bellezza del luogo.

Iniziate con un buon *kopi* (caffè) al caffè all'aperto di 1 **Pojok Kopi Dusun**. Accompagnato da *pisang goreng* (frittelle di banana) e *tahu goreng* (tofu fritto). Proseguite poi verso nord, attraversando una piccola piantagione di alberi della gomma. Il primo tempio da visitare è il 2 **Candi Kembarbatu**, con le sue alte palme che ondeggiano al vento; si prosegue per il 3 **Candi Astano** prima di passare per il 4 **Candi Tinggi** e dirigersi a ovest per ritornare sul sentiero principale. Qui si trova il 5 **Candi Gumpung** (la maggior parte delle statue e dei tesori è conservata nei musei). Dopo 1 km si incontrano il 6 **Candi Gedong 1** e il 7 **Candi Gedong 2**. Poi c'è 8 **Menago Parit Duku**, una sezione di rovine avvolte da radici e alveari. Proseguite in bicicletta fino al 9 **Candi Kedaton**, caratterizzato da belle scale presidiate da un pozzo utilizzato per migliaia di anni. Chiedete una corda e un secchio all'ufficio all'ingresso per assaggiare l'acqua. A circa 900 m sorge infine il 10 **Candi Koto Mahligai**, ex monastero.

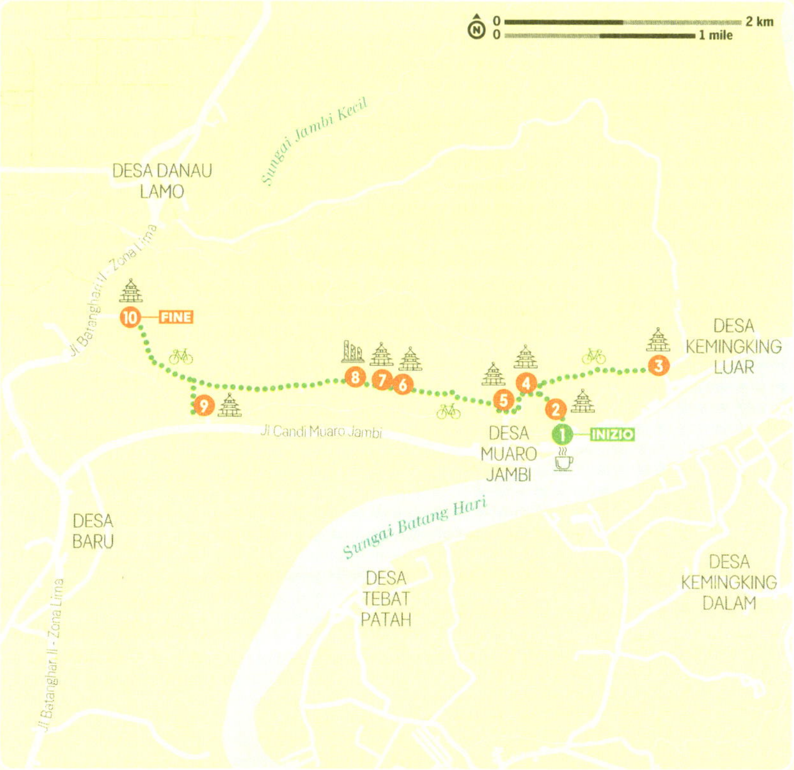

DOVE SI ALLENA LA GENTE DEL POSTO

Una delle mete di Bengkulu è la pista da jogging sulla spiaggia, un percorso che si estende per 7 km lungo la striscia di sabbia bianca di **Pantai Panjang**, ideale per camminare e correre nelle ore più fresche della giornata. In zona non si può nuotare, come segnalano i cartelli, ma ci sono alcuni break per il surf. La sera, la zona si anima grazie ai venditori di cibo e caffè; la mattina però è dedicata a chi ha uno stile di vita più attivo.

Pulau Enggano

DA BENGKULU: **12 H**

Break poco frequentati

Pulau Enggano, situata nella provincia di Bengkulu, è forse l'ultima frontiera del surf di Sumatra. Non ha veri e propri 'surf camp' (anche se ci sono le due casette del **Kahyapu Surf** su **Pulau Dua**, un'isoletta nascosta sulla costa orientale di Pulau Enggano), e le imbarcazioni trovano difficile e costoso arrivarci, ma la comunità internazionale del surf non può fare a meno di chiedersi quanto sia bello questo posto. Da quanto si dice, Martin Daly, pioniere australiano del surf, scoprì le onde di Pulau Enggano prima di quelle delle Isole Mentawai, facendo base a Bengkulu. In passato è circolata una foto del professionista australiano Tom Carroll mentre surfava un'onda mostruosa 'non si sa dove'... il diretto interessato ha confermato trattarsi di Enggano. Il fatto è che l'isola, anni dopo lo scatto, è ancora tutta da scoprire. È servita dalla rete elettrica 24 ore su 24 solo dal 2023 ed è ardua da raggiungere: c'è un traghetto bisettimanale che parte da Bengkulu, ma ci vogliono 12 ore e la navigazione è soggetta al tempo. C'è anche un aeroporto (a Banjarsari) con voli bisettimanali (le tavole da surf prevedono un supplemento, considerate di spedirle tramite nave), ma anche i voli dipendono dalle condizioni meteo. La zona di **Bengkulu** vanta break interessanti da marzo a settembre. Il Pring Gading Surfcamp (p491) propone lezioni e noleggio tavole.

Curup

DA BENGKULU: **2 H**

Una fattoria di Sumatra

Raccogliete le more, le papaye e i frutti della passione, a seconda della stagione. Conservate la frutta per la colazione: si abbinerà perfettamente alla granola fatta in casa e a una buona tazza di caffè tostato in fattoria. Joshua, il proprietario di **Wild Sumatra Tours**, ha avviato un progetto molto interessante, la **Still Waters Farm & Guesthouse**, dove gli ospiti possono immergersi nelle piantagioni di caffè e dormire in una bella struttura su due piani.

Ci sono una cucina con frigorifero comune, camere con docce calde, una dormeuse al piano inferiore e stanze matrimoniali al piano superiore in stile loft. Godetevi un buon libro, poi date da mangiare alle anatre che si trovano sotto le piante di caffè, per lo più della qualità robusta. Infine scoprite cosa significa produrre la bevanda da cui molti dipendono: raccogliete qualche chicco, setacciatelo e poi gustatelo al mattino mentre il sole sorge dietro le montagne.

Escursioni nell'entroterra di Bengkulu

Wild Sumatra Tours è stata fondata per aiutare i viaggiatori a esplorare le aree difficili da raggiungere intorno a Bengkulu. Tra le attività proposte, c'è un'escursione al **Bukit Daun** tra

Forte Marlborough (p472)

piantagioni di tè, con la possibilità di campeggiare vicino al lago circondati dalle melodie degli uccelli. Per raggiungere Kawah Tujuh Warna, vicino al Bukit Daun, si cammina per un'ora e mezza fino a un campeggio, per poi fare un percorso ad anello di tre o quattro ore che porta a sette diverse pozze di acqua bollente. Nella stagione secca, assumono diversi colori (rosso, marrone, grigio e blu). Secondo la leggenda, qui è possibile invocare lo spirito di Kawah Putrih.

Per gli appassionati di vulcani, ci sono due percorsi che conducono all'addormentato **Bukit Kaba**, dove si possono vedere (e sentire) le fumarole di zolfo. Dopo un'ora di macchina dalla guesthouse, ci si ferma per pagare il pedaggio (100.000Rp durante i giorni feriali e 250.000Rp nei fine settimana). Dopodiché si cammina nella giungla per circa un'ora e mezza oppure si segue un sentiero di ghiaia per circa due ore. Fermarsi in tenda durante la notte permette di osservare l'alba sopra le nuvole, ma è necessario un equipaggiamento adeguato contro il freddo, compresa una giacca a vento. Il tempo cambia rapidamente e non c'è protezione dalle intemperie.

Cascate e sorgenti termali

Air Terjun Trisakti è una favolosa cascata che precipita in vasche consecutive. È raggiungibile con un servizio di

UN PEZZO DI STORIA DELL'INDIPENDENZA

La **Rumah Pengasingan Bung Karno** (Casa Museo di Sukarno) è la casa in cui il primo presidente indonesiano e la sua famiglia vissero dal 1938 al 1942, durante il dominio olandese. Sukarno, leader della lotta indonesiana per l'indipendenza, trascorse più di dieci anni sotto la custodia olandese fino al rilascio da parte delle forze giapponesi durante la seconda guerra mondiale. La casa conserva gli arredi originali utilizzati da Sukarno, insieme a una collezione di libri, oggetti personali e vecchie fotografie: un tuffo nella storia della lotta per l'indipendenza contro il governo coloniale. Nei pressi del Forte Marlborough si può anche visitare l'area dove gli olandesi incarcerarono Sukarno durante l'esilio.

BOOM DEL CAFFÈ

Quando gli inglesi costruirono Forte Marlborough (p472), in Europa era di moda il caffè. Inizialmente fu piantata l'arabica, che però non crebbe abbastanza. La varietà robusta si dimostrò più adatta con il suo sapore fruttato, una nota di limone e cioccolato e un leggero sentore di erbe. Le caffetterie nella piccola città di Curup hanno avuto un boom negli ultimi anni e ora se ne contano più di 20. Una delle bevande preferite è il *gulah merah*: un espresso con latte e zucchero di canna servito caldo o freddo. Se vi trovate a Curup non perdete **The Boat** e **Sikola Kopi**.

JAYNE D'ARCY/LONELY PLANET ©

Air Terjun Trisakti

noleggio di fuoristrada (il tratto è impegnativo, anche per le moto). Una volta arrivati, scendete i gradini. A mezza altezza, arrampicatevi sulle rocce ed entrate in una delle pozze, meravigliosamente calde, che si affacciano sulla foresta circostante. Se non fosse un luogo tanto frequentato, si sentirebbero persino i siamanghi giocare tra gli alberi.

Una volta tornati in cima, prendete un altro sentiero che scende verso una piscina blu naturale più tranquilla, predisposta per la balneazione, con tanto di tubi di bambù che trasportano l'acqua calda per un piacevole massaggio alla testa. **Wild Sumatra Tours** può occuparsi del trasporto.

Isole della costa orientale

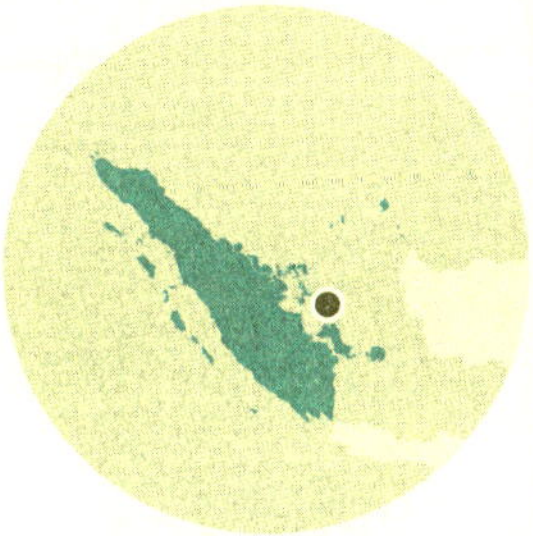

MASSI DI GRANITO | GIRO DELLE ISOLE | RESORT DI LUSSO

Le isole al largo della costa orientale di Sumatra sono caratterizzate da spiagge di sabbia bianca e da comunità di pescatori pittoresche. È possibile fare il giro delle isole o esplorare le aree di mangrovie. I turisti indonesiani hanno inserito Pulau Belitung (Belitong per la gente del posto) nell'elenco delle mete da visitare e la sua recente apparizione nella lista UNESCO è un ulteriore riconoscimento della sua bellezza. Si è ormai stabilita una forte industria turistica con diverse proposte, anche grazie a una grande presenza di relitti. Nel sottosuolo, durante gli scavi in una miniera di stagno, è stata scoperta la cosiddetta *batu satam* (pietra di satam), billitonite costituita da piccoli pezzi di meteoriti. Pulau Bintan si trova proprio di fronte a Singapore e vanta alcune delle più belle spiagge di sabbia bianca di Sumatra. Sebbene sia un paradiso per i visitatori benestanti di oltremare e non solo (soprattutto nella zona recintata di Lagoi), è possibile soggiornare sulla spiaggia a prezzi accessibili.

TRASPORTI LOCALI

È possibile raggiungere Pulau Belitung in aereo da Giacarta, Batam, Palembang e Pangkal Pinang su Pulau Bangka. I traghetti da/per Palembang partono due volte a settimana, fermandosi su una delle due coste di Bangka. Bisogna attraversare l'isola per prendere il traghetto successivo diretto a Belitung. Pulau Bintan si trova a breve distanza da Singapore; Tanjung Pinang, sul lato occidentale dell'isola, è la destinazione migliore per chi è diretto a Pulau Batam o Pantai Trikora. Se la vostra meta è la zona turistica di Lagoi, è più comodo il terminal dei traghetti di Bandar Bentan Telani (BBT). Da Giacarta partono voli diretti a Bintan.

Giro delle isole e meraviglie geologiche

Il parco giochi geologico di Pulau Belitung

La spiaggia di **Tanjung Kelayang** è un luogo pittoresco caratterizzato da sabbia bianca e rocce basaltiche sporgenti. È il punto di partenza delle barche che fanno il giro delle isole, trasportando turisti locali con giubbotti di salvataggio colorati. Partecipare a questi tour è un ottimo modo per esplorare la zona, nonostante l'intensa attività di documentazione fotografica possa far sembrare il tutto un po' finto. All'inizio potrebbe essere strano mettersi in posa, ma i risultati sono decisamente migliori dei selfie.

L'itinerario dei tour dipende dalle maree e di solito include una sosta fotografica a **Batu Garuda**, affioramento granitico a forma di volatile visibile dalla spiaggia di Tanjung

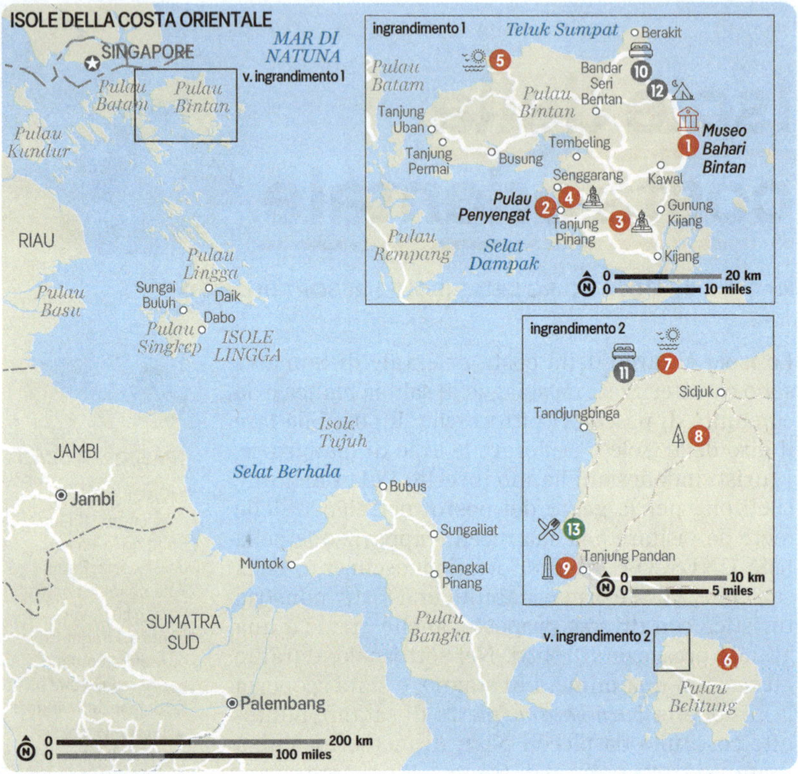

DA NON PERDERE
1 Museo Bahari Bintan
2 Pulau Penyengat

DA VEDERE
3 Tempio 500 Lohan
4 Banyan Tree Bintan
5 Lagoi
6 Geoparco di Nam Salu
7 Pantai Tanjung Tinggi
8 Collina di Peramun
9 Satam Square
v. 4 Vihara Dharma Sasana

DA VEDERE
v. 7 Watersport & Cafe

PERNOTTAMENTO
v. 5 ANMON Resort
v. 5 Banyan Tree Bintan
10 Mutiara Beach Resort
11 Rock & Wreck Resort
12 Trikora Beach Glamping

PASTI
v. 9 Mie Belitung Atep
v. 11 Rock & Wreck Resort
13 The Well

LOCALI E VITA NOTTURNA
v. 9 Kong Djie Coffee

TRASPORTI
v. 9 Visit Belitung

IL CONSIGLIO

Pulau Belitung non è servita da trasporto pubblico; considerate uno scooter. Melvin di Visit Belitung parla inglese e organizza tour (0852 6852 6490). Le strade di Pulau Bintan sono talmente belle che ogni anno vi si svolgono il Bintan Triathalon e una Gran Fondo di ciclismo.

Kelayang. Si possono avvistare le stelle marine su una lingua di sabbia, anch'essa dipendente dalle maree, e visitare il **faro** di Pulau Lengkuas, costruito dagli olandesi nel 1882 e ancora in funzione. Attualmente, la salita al faro è vietata a causa dei gradini arrugginiti. Nelle vicinanze del faro ci sono un piccolo impianto di arrampicata su roccia e un buon sito per lo snorkelling. Le barche del tour si fermano in vari punti, ma non aspettatevi grandi coralli né troppi pesci. Tenete d'occhio la terraferma per avvistare martin pescatori e varani.

Un'altra tappa è Pulau Kelayang, dove si pranza con deliziose pietanze a base di pesce fresco e dove è possibile partecipare alla liberazione di piccoli di tartaruga (costo: tra le 25.000 e le 50.000Rp). Le tartarughe sono conservate in contenitori di plastica e le uova vengono acquistate dagli abitanti del luogo a prezzi di mercato.

Momento culminante del tour è la breve passeggiata dietro la zona dei ristoranti di Pulau Kalayang fino a una grotta con una pozza d'acqua poco profonda protetta da lastre di granito. È un luogo davvero rilassante: non perdetevi un tuffo rinfrescante in questo tranquillo paradiso.

Pescato del villaggio di Tanjung Binga

Piccola industria ittica

Belitung è considerata la più grande produttrice di pesce sotto sale del paese. I pescatori escono di sera e rimangono in mare per giorni. Al ritorno, consegnano il pescato a chi si occupa di separare le acciughe dagli altri pesci, bollirle e stenderle sui *parak*, strutture di legno costruite appositamente, per farle asciugare al sole. Durante la notte e quando piove, le acciughe vengono coperte con grossi pannelli di plastica. I piccoli pesci argentati brillano al sole creando uno spettacolo straordinario. Lungo il *parak* si trovano anche le postazioni di imballaggio, dove è possibile osservare le operazioni di vaglio e inscatolamento dei pesci in grandi contenitori pronti per essere venduti e spediti. Nonostante la presenza occasionale di vermi, si tratta di un processo affascinante e la gente del posto è felice di accogliere i visitatori. L'impianto si affaccia sull'acqua, dietro una fila di case. Per raggiungerlo è necessario superarle. Vale davvero la pena dare un'occhiata a questa attività tradizionale e al lavoro che c'è dietro.

Camminare sulle acque

Paddle sulla spiaggia di Tanjung Tinggi

Un ottimo modo per immergersi tra gli affioramenti di granito, sulle acque turchesi di **Pantai Tanjung Tinggi**, nel nord-ovest di Belitung, è utilizzare uno stand-up paddle. Tedi, campione in competizioni internazionali, ha fondato insieme ad alcuni amici il **Watersport and Cafe Belitung**, una piccola attività che affitta tavole e biciclette d'acqua in una piccola baracca sulla spiaggia.

Per iniziare, potete noleggiare una tavola da paddle per 250.000Rp e fare un giro nella baia. Quando vi sentite più sicuri, potete esplorare un'isola vicina. Se siete fortunati ad avere Tedi come guida, chiedetegli di mostrarvi alcuni dei suoi trucchi con la tavola. Al tramonto, potreste trovarvi a

ESTRAZIONE DELLO STAGNO

Se il nome Belitung vi suona familiare, sappiate che è stato il gigante minerario australiano BHP Billiton nel 1851 a dare il nome a questa piccola isola dell'Indonesia, allora chiamata Billiton (da cui Belitung). La zona, ricca di stagno, vanta alcuni giacimenti aperti, tra cui il **Geoparco di Nam Salu**. Per visitarlo raggiungete in auto le pendici del Gunung Kik Karak e preparatevi a una camminata di circa 400 m in salita. Dai crateri formati dall'estrazione mineraria (proprio BHP ha formato il grande cratere visibile sulla cima della montagna durante un'operazione di scavo tra il 1971 e il 1985) sono state portate alla luce rocce interessanti, tra cui la tectite (derivata dall'impatto di un meteorite). È possibile partecipare a visite organizzate. Da non perdere il monumento Batu Satam situato a Tanjung Pandan.

MANGIARE A BELITUNG: LA NOSTRA SCELTA

The Well: Questa caffetteria di proprietà straniera vende pane a lievitazione naturale (da ordinare), propone barbecue all'aperto, toast e gelati. $$

Kong Djie Coffee: Il tempo si ferma in questo caffè vicino a Piazza Satam (datato 1943 circa). L'acqua viene fatta bollire sul carbone, per ottenere una miscela perfetta. $

Mie Belitung Atep: Il miglior piatto di noodles di Belitung è servito su una foglia insieme a uova, gamberi, tofu, cetrioli e patate. $

Rock & Wreck Dive Resort: Bar frequentato da diportisti in cerca di hamburger e Bintang fredde. La vista sulla spiaggia è spettacolare. $$

NAUFRAGARE (LA NAVE)

Per via dei massi di granito che emergono dal mare e della frequente presenza dei pirati, la zona Belitung è stata particolarmente soggetta ai naufragi. Nel 1998 alcuni pescatori del posto hanno scoperto il relitto di un dhow arabo affondato nel 830 d.C. di ritorno dalla Cina. Il **Tang Shipwreck**, noto anche come 'Belitung Shipwreck' o *Batu Hitam* (Roccia Nera), si trova nelle vicinanze di Tanjung Kelayang. È stato uno dei più grandi ritrovamenti al mondo insieme alla scoperta di centinaia di manufatti della dinastia Tang. Oggi il Museo della Civiltà asiatica di Singapore ospita parte della collezione.

godere di una bella atmosfera festaiola davanti a un frigo pieno di Bintang fredde in vivace compagnia.

Alla ricerca di creature rare

Trekking alla scoperta dei tarsi

La **Collina di Peramun**, vicino al **villaggio di Aik Selumar**, è una zona ricoperta di alberi con formazioni granitiche risalenti a circa 200.000 anni fa. Nel tempo, l'acqua ha eroso il calcare, creando grotte usate in passato dagli abitanti del posto per nascondersi dai colonizzatori. Oggi ci vivono i tarsi di Belitung, primati dagli occhi grandi in via di estinzione. Si pensa siano migrati dalle Filippine circa 10.000 anni fa e presentano occhi, testa e denti più grandi rispetto alle altre specie. Sono carnivori e producono veleno in una ghiandola situata all'altezza delle braccia, mescolato poi con la saliva. Preferiscono le foreste vergini, ma su Belitung si sono adattati a foreste residuali e a piantagioni con un rado sottobosco, a causa dello sviluppo umano che ha limitato gli habitat originari.

Sulla Collina di Peramun si svolgono visite guidate per avvistare questi animali (prenotabili online, 150.000Rp a persona, minimo quattro partecipanti). Prima dell'uscita serale alla ricerca dei tarsi, è possibile fare un'escursione sulla collina, una passeggiata di 40 minuti fino alla cima. Nelle giornate limpide, la vista è spettacolare, e si comprende perché venisse usata come punto di avvistamento delle navi provenienti dalla Cina meridionale. Oggi è il posto ideale per ammirare l'alba e il tramonto.

Rilassatevi al Sumatra 'Lite' di Pulau Bintan

Il resort recintato di Lagoi

L'area recintata di **Lagoi**, su Pulau Bintan, è un'oasi di tranquillità e ordine, con strade impeccabili e nessun rifiuto, animale o baracca in vista. Se è la vostra prima esperienza a Sumatra, potreste farvi un'idea sbagliata di ciò che quest'isola ha da offrire. L'area è recintata, con un cancello all'ingresso che la separa dal resto del territorio. Gli abitanti originari sono stati costretti a trasferirsi oltre il cancello quando Lagoi è stata designata come zona di villeggiatura.

È possibile raggiungere Lagoi in traghetto da Singapore, rimanendo inconsapevoli della vera Sumatra. La maggior parte dei viaggiatori non si ferma più di due o tre notti, ma se avete intenzione di trascorrervi qualche giorno sappiate che stanno sorgendo ovunque nuovi resort, in concorrenza con quelli già esistenti. Sebbene sia datato, il **Banyan Tree Bintan** conserva un certo fascino, con splendidi panorami all'alba e al tramonto. All'**Anmon** si respira un'atmosfera diversa, con tende dotate di aria condizionata (una delle quali accessibile per sedie a rotelle) tutto intorno a una grande piscina, la più grande del Sud-est asiatico.

OAKLAND IMAGES/SHUTTERSTOCK ©

Tarsio, Pulau Belitung

Visita a un museo marittimo

Conoscere gli orang laut di Bintan

Il **Museo Bahari Bintan**, allestito in un edificio a forma di nave in mezzo al nulla, è specializzato nel settore marittimo. Sulle prime può sembrare abbandonato, ma se riuscite a trovare il custode, potete farvi un'idea della storia marittima di Pulau Bintan. Particolarmente interessanti sono i *kelong* (edifici galleggianti per la pesca): la sera all'orizzonte è possibile vedere queste barche illuminare il mare da molte spiagge di Sumatra. Il museo offre anche un'interessante panoramica sullo stile di vita delle tribù nomadi orang laut; salite al piano superiore per vedere le bellissime mostre fotografiche dedicate a questo popolo.

Monastero buddhista di Bintan

Visita al tempio delle 500 statue

Il **500 Lohan** (Vihara Ksitigarbha Bodhisattva) è un tempio dedicato al Bodhisattva Ksitigarbha. Entrando, si passa attraverso un imponente arco sorvegliato dal generale Heng e dal generale Ha. Attraversate il tunnel per vedere le 500 sculture di *arhat* (persone che hanno raggiunto il nirvana) disposte in file ordinate. Sono nominate una per una, ma ciò che le rende straordinarie è che ogni scultura sembra avere un'espressione facciale diversa. Sono molto realistiche, nella postura e nelle espressioni; giocate a trovare somiglianze con ogni membro della vostra famiglia. Il complesso si trova vicino a Tanjung Pinang ed è chiuso il lunedì.

SICUREZZA IN SPIAGGIA A PULAU BINTAN

Le spiagge di Pulau Bintan attraggono i turisti, ma non sono le migliori di Sumatra. Negli ultimi anni, i residui di greggio scaricati dalle imbarcazioni si sono riversati sulle coste e hanno causato la morte di alcuni ecosistemi marini. I rifiuti di plastica che affliggono la maggior parte delle spiagge di Sumatra e Pulau Bintan non è da meno. Nella stagione dei monsoni, le spiagge di Pulau Bintan sono troppo pericolose per le attività acquatiche, compreso il nuoto, e il numero di annegamenti è in aumento. Inoltre, la puntura dei minuscoli moscerini della sabbia di Bintan può essere incredibilmente pruriginosa e irritante. Portate un repellente per insetti contenente DEET e ricordate di riapplicarlo dopo il bagno. Una lozione alla calamina è utile a trattare le punture in modo che non si infettino.

Pulau Bintan (p480)

Una notte tra le mangrovie

In barca a caccia di lucciole

Trascorrete una serata indimenticabile su una piccola imbarcazione, navigando lungo un fiume tra mangrovie illuminate dalle *kenung kenung* (lucciole) cercando di avvistare le stelle cadenti. Il tour inizia con una descrizione delle diverse imbarcazioni tipiche. Avete poi l'opportunità di vedere le tribù nomadi degli orang laut, che vivono sull'acqua. Nonostante i tentativi del governo di trasferirli sulla terraferma, hanno trovato un compromesso stabilendosi su palafitte e continuano a dipendere dalle loro imbarcazioni. Durante il tour, è possibile conoscere anche alcuni progetti di rigenerazione delle mangrovie, che un tempo venivano bruciate per ottenere carbone da esportazione.

A un certo punto, la barca cambia direzione, tornando indietro lungo il Sungai Sebung, sulle cui sponde potreste avvistare granchi, scimmie e serpenti, occasionalmente qualche coccodrillo; ma l'attrazione principale del tour sono le lucciole, che lampeggiano a diverse velocità a seconda del sesso e della necessità di accoppiarsi. Dopo l'atto sessuale, il maschio viene mangiato dalla femmina, che a sua volta muore dopo aver partorito i piccoli. A ogni modo, è impossibile pensare a questo piccolo mondo crudele mentre si è sdraiati sulla barca, immersi nell'osservazione del cielo alla ricerca di stelle cadenti.

TEMPLI DI SENGGARANG

L'insolito tempio **Banyan Tree Bintan** si trova in un edificio risalente agli inizi del XIX secolo. Originariamente appartenente a un ricco cittadino cinese, che si ritiene sia sepolto qui, l'edificio è stato avvolto nel tempo dalle radici di un grande albero di fico baniano. Poco distante, il complesso ben conservato del **Vihara Dharma Sasana** ospita tre templi principali, i più antichi risalenti a 200-300 anni fa. Da allora sono stati ridipinti e restaurati più volte. Qui potete trovare anche statue che raffigurano i personaggi della serie *Monkey Magic*.

Un villaggio unico nel suo genere

Palafitte sull'acqua

Sulla strada per il tempio di Banyan Tree Bintan e il Vihara Dharma Sasana basta fare una deviazione a sinistra per ritrovarsi nel piccolo villaggio cinese di **Senggarang**, meta dell'immigrazione continentale fin dal Settecento. Camminando per le stradine, è possibile vedere le abitazioni su palafitta tradizionali e assistere alla vita delle famiglie che le abitano: i nonni seduti sulle verande osservano i passanti, mentre le massaie tagliano le verdure. Le passerelle sull'acqua collegano il villaggio alla terraferma e sono percorse da diversi mezzi, anche motorizzati.

Grandi palazzi in rovina

L'ex capitale del sultanato

Con un breve viaggio in barca da 9000Rp dal più piccolo dei porti dei traghetti di Tanjun Pinang si raggiungono **Pulau Penyengat**, una piccola isola verde di fronte al capoluogo di Pulau Bintan, e la sua grande moschea illuminata. Penyenget era la capitale del sultanato di Riau-Johor e ora è costellata delle rovine dei palazzi e delle tombe dei governanti malesi. Anche alcune delle strade sono piuttosto danneggiate, quindi potrebbe essere necessario muoversi un po' a piedi. Da non perdere la moschea giallo-verde di **Masjid Raya Sultan-Riau**, costruita nel 1832. Si tratta di un luogo di culto nonostante abbia l'aspetto di un castello da fiaba: i visitatori sono i benvenuti, ma è richiesto un abbigliamento adeguato.

Dopo aver visitato la moschea, chiedete a un autista di *becak* in attesa di farvi fare un giro; con 50.000Rp potete raggiungere i luoghi più interessanti, tra cui l'ex palazzo di raja Ali e le tombe e i cimiteri di raja Jaafar e raja Ali. Alcuni cartelli sono tradotti in inglese; utile, visto che le guide non sono molto preparate. I palazzi possono rappresentare una tregua dal caldo della città. Concludete il giro dell'isola assaggiando le specialità di pesce in vendita lungo il molo. L'*ikan sotong*, piatto a base di seppie, è davvero delizioso (assaggiatene il ripieno, leggermente piccante).

COLLEGAMENTI CON PULAU BATAM

Pulau Batam si trova accanto a Pulau Bintan. I suoi golf resort e casinò attirano turisti da Singapore e dalla Cina continentale. Per il resto dei viaggiatori, Batam non è altro che uno snodo di collegamento aereo e marittimo per molte zone del paese, per Singapore, la Malaysia e Dumai (Sumatra). Batam ha un aspetto piuttosto squallido tra centri massaggi, bar e hotel a tariffa oraria. Se siete alla fine del vostro soggiorno in Indonesia, è meglio passare la notte su Bintan.

Dintorni delle Isole della costa orientale

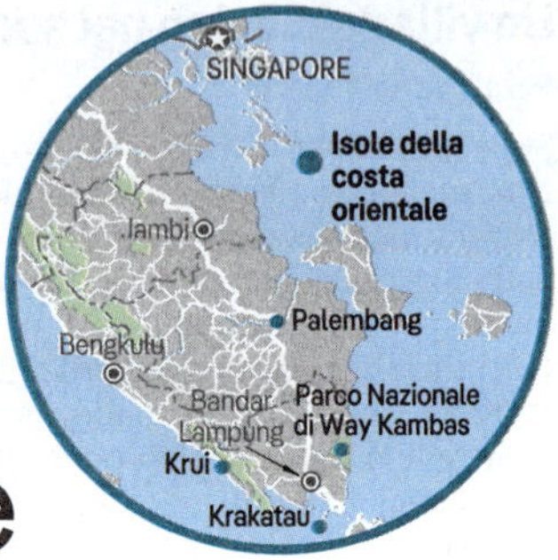

Praticate del buon surf, dedicatevi alle escursioni nei parchi nazionali e godetevi un ottimo pasto in città dopo aver ammirato splendide sculture megalitiche.

Località

Il sud-est dell'isola di Sumatra negli ultimi anni ha dovuto affrontare diverse problematiche: la chiusura del Parco Nazionale di Way Kambas, l'aria irrespirabile a Palembang durante la stagione secca a causa degli incendi boschivi e l'instabilità dell'Anak Krakatau, il vulcano gemello del Gunung Krakatau, che è parzialmente crollato nel 2018 causando uno tsunami mortale a Sumatra e Giava. Sebbene la qualità dell'aria a Palembang resti un problema e l'Anak Krakatau continui a fumare, Palembang è una meta perfetta per gli amanti della buona cucina e il Parco Nazionale Way Kambas ha riaperto dopo la chiusura imposta dal COVID-19. Da aprile a ottobre, i surfisti sbarcano a Bandar Lampung per dirigersi a Krui, una delle migliori destinazioni per il surf in Indonesia.

TRASPORTI LOCALI

C'è un treno che collega Palembang a Bandar Lampung, un'alternativa più interessante rispetto all'autobus. I surfisti da Bandar Lampung a Krui spesso optano per trasferimenti in auto, che costano circa 1.200.000Rp. L'autobus costa 100.000Rp, ma potreste dover viaggiare in piedi e con la tavola sul tetto. Se alloggiate al Satwa Elephant Ecolodge, prendete l'autobus da Bandar Lampung al mercato (Pasar Tridatu).

Palembang

DALLE ISOLE DELLA COSTA ORIENTALE: **1 H**

La cultura culinaria della grande città

All'aeroporto di **Palembang**, è comune vedere viaggiatori indonesiani con sgargianti scatole piene di *pempek*, una torta salata a base di tapioca, sago e pesce. Le fette vengono immerse nella *kuah cuka*, una salsa all'aceto. Tra le catene più note che producono questo manicaretto ci sono Pempek Candy e Pempek Nony, ma per un'esperienza più locale, compratelo nei piccoli *warung* come **Pempek Mei Hwa Cinde**.

Se volete il non plus ultra, il **Rumah Makan Pindang Musi Rawas** è imperdibile. Sebbene possa sembrare un normale *warung*, è rinomato per la *pindang patin*, una zuppa di pesce piccante amata dalla gente del posto e dai visitatori. Come capita a Padang, viene servito un assortimento di piatti, tra cui pesce fermentato ricoperto di durian (avvolto in una foglia), ma si paga solo ciò che si consuma. Il durian è molto diffuso a Palembang e viene utilizzato in vari piatti come l'*ikan brengkas* e il *pempek*. Per accompagnare i pasti, ci sono il *sambal buah*, strisce di frutta a fette come mango o ananas, e il *sambal tempoyak*, che contiene ancora più durian.

HUNG CHUNG CHIH/SHUTTERSTOCK ©

Tigre di Sumatra

Sculture megalitiche

Una delle principali attrattive di **Balaputra Dewa** sono le antiche sculture megalitiche dell'Altopiano di Pasemah. Nascosto tra i Monti Bukit Barisan a ovest di Lahat, è famoso per i misteriosi monumenti megalitici che punteggiano il paesaggio. Le pietre sono state datate a circa 3000 anni fa, ma poco altro si sa sulla civiltà che le ha realizzate. Nel museo di Palembang ne sono esposte diverse; alcune sono all'aperto, altre costeggiano una vasca con pesci dopo l'ingresso. La più nota è la *batu gajah* (pietra dell'elefante), che raffigura una persona con un elefante. Per vederne alcune, raggiungete l'altopiano con un breve volo Susi Air da **Palembang** o con un lungo viaggio in autobus fino a Pagaralam. La guida **Yayan Andriawan** (0822 7921 5310) può accompagnarvi in moto e prenotarvi un alloggio a partire da 500.000Rp per una notte.

Parco Nazionale di Way Kambas

DA BANDA LAMPUNG:
1H + 2H

Alla ricerca di elefanti, rinoceronti e tigri

Il **Parco Nazionale di Way Kambas** è uno dei più noti di Sumatra e, nonostante in passato sia stato gravemente colpito dal disboscamento, ospita molti degli animali più a rischio di Sumatra. Qui ha sede il **Santuario del rinoceronte di Sumatra**, che ha allevato con successo due rinoceronti, uno dei quali nato nel 2016. Nel santuario ci sono tre coppie da riproduzione già 'collaudate', il che fa ben sperare per queste creature in via d'estinzione (ne sono rimaste meno di 40). Il parco ospita anche il siamango, il macaco cinomolgo,

GLI INCENDI CONTROVERSI DI SUMATRA

Dopo una tregua di tre anni per il COVID-19, a Sumatra sono ripresi gli incendi, con un aumento di infezioni respiratorie a Palembang. Questa città, la più grande del sud di Sumatra, è circondata da piantagioni di palme da olio coltivate su estese torbiere. Da anni si gioca a scaricabarile, con i paesi vicini, Malaysia e Singapore, che puntano il dito contro l'Indonesia per lo smog che li avvolge; tuttavia, l'Indonesia afferma che molti degli incendi si verificano su terreni utilizzati da filiali di aziende malesi produttrici di palme da olio. Si chiede ripetutamente che le compagnie responsabili degli incendi vengano punite, ma la situazione attuale dimostra che si sta facendo poco per affrontare il problema della deforestazione e dei roghi nelle piantagioni.

MASCHERE DI LAMPUNG

La provincia di Lampung vanta una lunga tradizione nella fabbricazione e nell'uso delle maschere, un tempo utilizzate in battaglia per nascondere i volti agli avversari che spesso erano parenti. Oggi, le maschere vengono indossate per celebrare l'inizio del Ramadan e l'Idul Fitr. L'arte tradizionale delle maschere di Lampung, nota come *tupping*, comprende 12 diverse maschere di legno con varie espressioni. Si dice che emanino un potere magico e sono considerate oggetti da venerare, nonché un complemento essenziale alla danza e alle cerimonie. Si possono ammirare anche durante il **Krakatau Festival** (K-fest), un evento che ogni anno ricorda l'esplosione del Krakatau.

RUDI-BUDIANTO/SHUTTERSTOCK ©

Krakatau Festival

il presbite della Sonda di Sumatra, l'agile gibbone, il macaco nemestrino, il presbite argentato e il loris lento della Sonda. Contattate il Parco Nazionale di Way Kambas per maggiori informazioni sulle novità: le esperienze con gli animali saranno più etiche (niente più cavalcate sugli elefanti).

Satwa Elephant Ecolodge

Fate base al **Satwa Elephant Ecolodge** per esplorare il Parco Nazionale di Way Kambas e Way Kanan, l'area 'cuscinetto' che circonda il parco nazionale. Quando il Parco Nazionale di Way Kambas è stato chiuso durante la pandemia di COVID-19, l'ecolodge è rimasto aperto, orientandosi maggiormente verso **Way Kanan**, con tour di più giorni nella natura e gite sul fiume in un'area che conta oltre 400 specie di uccelli, tra cui l'anatra alibianche, la cicogna di Storm e il bucero. Queste uscite hanno dimostrato che non è necessario trovarsi nel Way Kambas per avvistare gli animali: sono stati visti persino branchi di elefanti selvatici. Se è la vostra prima tappa a Sumatra, è un'ottima partenza. Visitare il mercato locale vi preparerà per il resto del viaggio, consentendovi di conoscere i cibi tipici. Il Satwa Elephant Ecolodge è una struttura spaziosa, con grandi ville immerse in un parco e un'area centrale per i pasti in comune. Una lavagna dona speranza agli ospiti, elencando i luoghi in cui sono stati avvistati diversi animali, compresa una tigre di Sumatra che ha attraversato il fiume nel 2008. Nonostante il nome, l'ecolodge si trova più vicino alla città che alla foresta. I tour dal Satwa Elephant Ecolodge partono da 2.800.000Rp a persona per tre giorni e due notti.

Krakatau

Avvicinarsi a un vulcano esplosivo

Oggi il Krakatau (spesso scritto erroneamente Krakatoa) consiste in una catena di quattro isole, tra cui l'**Anak Krakatau** (Figlio del Krakatau), un vulcano attivo (e spesso mutevole). I tour in motoscafo che partono da Carita, nella vicina Giava, permettono di scalare il cono esterno per circa 5.000.000Rp, compreso il costo del motoscafo, il permesso di visita e il pranzo. Da Giacarta si paga un supplemento di 1.000.000Rp. Di solito non si parte da Sumatra, ma l'uscita si può organizzare con un tour operator con sede a Giava per circa 7.500.000Rp. Si tenga presente che, quando il vulcano rumoreggia, è proibito salire. Verificate autonomamente se il Krakatau è inaccessibile chiedendo alla gente del posto, tenendo d'occhio i notiziari o visitando il sito volcanodiscovery.com per avere informazioni aggiornate sull'attività sismica. I tour di solito portano gli ospiti su alcune delle isole vulcaniche vicine, tra cui **Rakata** (Grande Krakatau), residuo dell'esplosione del 1883, oggi inattivo.

In quest'area si poteva fare del buon snorkelling, ma gran parte del corallo è stato distrutto nel 2018, quando una scossa vulcanica dell'Anak Krakatau ha causato una frana sottomarina e ha generato uno tsunami. Anche **Canti** è una città cambiata dopo l'evento; la punta del molo è stata distrutta dall'onda. Nel tentativo di 'proteggere il futuro' di Canti, si sta costruendo un muro di roccia intorno alla zona costiera popolata. La sicurezza è stata privilegiata rispetto alla possibilità di mantenere la vista che i ristoranti del posto avevano.

Nonostante non siano molti i viaggiatori che ci provano, è ancora possibile avvicinarsi in autonomia al Krakatau. È necessario prendere una barca dal molo di Canti a Pulau Sebesi, e poi un'altra barca lenta per Krakatau. Il viaggio da Canti dura dalle tre alle quattro ore. Il tempo variabile può comportare cancellazioni e, poiché il mare è spesso agitato, è bene munirsi di un giubbotto di salvataggio. Se vi trovate a Bandar Lampung, visitate il **Monumento del Krakatau**, un'enorme boa marittima in acciaio del XIX secolo arrivata a terra durante lo tsunami del 1883 che seguì l'eruzione.

ALTRI TOUR AL KRAKATAU

Per informazioni sui tour al Krakatau da Carita a **Giava**, v. p174.

CULTURA BALINESE A SUMATRA

Lampung è stata una delle prime destinazioni per i migranti balinesi a partire dalla fine degli anni '50, quando il governo indonesiano iniziò a trasferire le popolazioni dalle loro terre d'origine. Sulla strada da Bandar Lampung al Parco Nazionale di Way Kambas, non perdetevi i grandi e intricati templi che abbelliscono le case private. Gli immigrati mantengono una forte fede e un grande orgoglio per la loro cultura e la loro lingua. Altre 'miniBali' si trovano vicino a Krui, tra cui il **Bali Village**, noto non solo per la sua comunità balinese, ma anche per una famosa onda che porta lo stesso nome.

OSPITARE I SURFISTI

Le strutture ricettive di Krui sono molto varie. Ci sono ancora semplici (e deliziosi) bungalow in legno, ma la gente del posto e gli emigrati (gruppo che ha 'trovato' qui il proprio posto più di dieci anni fa e non se n'è più andato) sanno che i surfisti spesso viaggiano in compagnia, amano le comodità e vogliono una sistemazione senza fronzoli per periodi più lunghi rispetto al viaggiatore medio. Diversi ristoranti in città dispongono di alloggi al piano superiore, tra cui il **Lani's Resto**, che soddisfa tutte queste esigenze con un'enorme stanza progettata per i surfisti. Non dimenticate che Krui chiude durante la stagione dei monsoni, ma alcuni locali potrebbero rimanere aperti.

Krui

DA BANDAR LAMPUNG: **6 H**

Surf a sud di Sumatra

Krui è diventata una destinazione di successo per il surf: gli appassionati arrivano a Bandar Lampung dall'Australia, dall'Europa e da Bali via Giacarta per raggiungere 12 break di livello mondiale. Sebbene Krui sia conosciuta da più di dieci anni (il campionato Krui Pro è iniziato solo nel 2018), ora vive un vero boom e nessuno sembra preoccuparsi delle sei ore di viaggio necessarie per raggiungere i break dall'aeroporto: fa parte dell'avventura. Fare surf a Krui è più economico rispetto alle esperienze sulle Isole Mentawai: non ci sono tasse da pagare né traghetti costosi né servono costose gite in barca per raggiungere le onde. Basta noleggiare uno scooter, percorrere la strada e fermarsi per entrare in acqua quando si vedono onde adatte. Inoltre ci sono ancora diversi bungalow economici sulla spiaggia.

Krui è il nome della città principale, ma pochi viaggiatori si avventurano fin lì. I surfisti si recano principalmente a **Tanjung Setia**, dove strutture ricettive e ristoranti costeggiano l'acqua, e a **Mandiri Beach**, una zona nuova in cui si stanno costruendo lussuosi boutique hotel. La città di Krui si trova a nord di Mandiri. Lungo la strada tra Mandiri e Krui ci sono altri posti per surfisti, e nuove sistemazioni stanno aprendo accanto a quelle storiche. Gli alloggi si trovano spesso di fronte ai break più popolari; a Krui si può scegliere tra Krui Right, Krui Left e Krui Bowl (livello intermedio). Bisogna essere più esperti per affrontare The Peak, The Leftovers e The Slab. Mandiri attira una ristretta cerchia di persone, mentre a Tanjung Setia si trova l'**Ujung Bocur**, tra i break preferiti, a pochi passi dalla riva. Krui è ottima per il surf da aprile a novembre, anche se può avere lunghi periodi di calma piatta. Per il resto del tempo, le persiane sono abbassate per proteggere gli edifici dai venti provenienti dall'oceano.

Tra cascate e parchi nazionali

Se non praticate il surf, a Krui ci sono comunque diverse alternative per tenervi occupati. Per esempio, potete prenotare un'avventura di mezza giornata da **Bendungan Waybiha**, a circa 9 km dalla spiaggia: Edi di **Waybiha Ecotourism** (0822 8240 0102) verrà a prendervi (è richiesto un minimo di cinque persone) e vi porterà in crociera sul fiume Way Biha, dove potete esplorare la giungla e fare trekking fino a una

MANGIARE A KRUI: LA NOSTRA SCELTA

Leafy's Cafe: Leafy's dispone di tre punti vendita di prima scelta. La colazione spazia da quella in stile inglese alle rinfrescanti ciotole di smoothie. **$$**

Lani's Resto: La Bintang esce direttamente dal freezer e, nelle serate più movimentate, nachos, pizze e altri piatti forti spuntano a ripetizione dalla cucina. **$**

Asha's Pizza: Le migliori pizze della città le trovate qui; per amanti della mozzarella e di altri strambi condimenti. **$**

Damai Bungalows: Popolare tra i surfisti, propone un ottimo barbecue domenicale a buffet, e vanta personale cordiale e una piscina. **$$**

JAYNE D'ARCY/LONELY PLANET ©

Mandiri Beach

cascata. La mattinata si conclude con un'escursione in piccole imbarcazioni sul fiume per poi tornare. Edi organizza anche trekking nella giungla al poco frequentato **Parco Nazionale di Bukit Barisan Selatan**. Sarà lieto di aiutarvi a prenotare i biglietti presso l'ufficio del parco e vi accompagnerà per due giorni alla ricerca di tigri di Sumatra, tapiri, elefanti, varani, uccelli e farfalle. Il costo del tour è di 1.500.000Rp a persona per due giorni e una notte (si dorme in tenda).

Il Parco Nazionale di Bukit Barisan Selatan si unisce al Kerinci e al Leuser a formare la **Foresta pluviale tropicale**, sito del Patrimonio Mondiale UNESCO. Nel 1935 il parco è stato proclamato riserva faunistica dagli olandesi ma, come molti dei parchi nazionali di Sumatra, perde terreno ogni anno per diverse ragioni, tra cui l'espansione delle piantagioni di palma da olio. Esplorerete una delle ultime foreste di pianura di Sumatra. Il World Wildlife Fund lo ha classificato come uno degli habitat biologicamente più importanti del pianeta e sostiene i ranger che proteggono i rinoceronti rimasti nel parco. Purtroppo, gli esemplari rimasti sono così pochi (meno di 40 in totale, in tutta Sumatra) che le loro possibilità di sopravvivenza a lungo termine sono molto basse. Sebbene sia improbabile avvistare un rinoceronte, è possibile vedere alcune specie di uccelli che prediligono il clima pedemontano.

CACCIA ALLE ONDE

I surfisti di solito noleggiano scooter per spostarsi lungo la strada che costeggia la spiaggia, alla ricerca delle onde migliori della giornata, sia a nord sia a sud. Villaggi come Tanjung Setia sono ancora abbastanza tranquilli da permettere alla gente del posto di offrire passaggi ai viaggiatori se vanno nella stessa direzione: è difficile dire di no, anche se ci si sta godendo la passeggiata. Sebbene Krui sia una destinazione per surfisti in fuga dalla folla di Bali, c'è comunque una buona affluenza, per cui molti si spostano 60 km a nord di Tanjung Setia per fare surf ai break di Jennys Right, Honeysmacks e Jimmys Left e Right vicino a Walur e Karbang. I più intrepidi prendono una barca per **Pulau Pisang** (Isole Banana) per cavalcare le onde destre e sinistre dell'isola.

Sistemazioni consigliate

$** Prezzi economici **$$** Prezzi medi **$$$ Prezzi elevati

Bukit Lawang p424 (Cartina p425)

Green Hill $$ Le camere della casa sull'albero, ben arredate, si affacciano sul fiume di Bukit Lawang e sulla foresta circostante. Il proprietario Andrea è un'ottima fonte di informazioni sulla natura.

On the Rocks Bungalow $$ Dall'altra parte del fiume, lontano dalla zona principale di Bukit Lawang; le capanne hanno belle verande e vasche incassate.

Kuta Langis Ecolodge $$ A 30 minuti dal caos di Bukit Lawang, questi bungalow ben arredati si trovano ai margini della foresta pluviale vergine.

Medan p429

Hotel Deli River $$ Questo rifugio in stile coloniale olandese è composto da incantevoli cottage e camere ombreggiate da alberi da frutto vicino al Sungai Deli.

Berastagi p431

Kaesa Homestay $$ Camere moderne dall'ottimo rapporto qualità-prezzo, alcune con balcone condiviso e vista su Berastagi. Colazione inclusa.

Nachelle Homestay $$ Mery e Abdy forniscono informazioni di prim'ordine sulla zona. Le camere sono pulitissime e confortevoli, anche se la struttura non è in centro.

Danau Toba p435

Tabo Cottages $$ Annette ha chiamato questo posto 'casa' per decenni; una struttura tentacolare in riva al lago.

Romlan Guesthouse $$ Scegliete tra una camera in stile occidentale con doccia calda e veranda, una delle due case tradizionali batak o una camera economica.

Padang p438 (Cartina p439)

Kokos Hostel $ Questo ritrovo per backpacker e surfisti ha un tavolo da biliardo, una piscina a sfioro, un bar al piano superiore e ampie brande.

Bat & Arrow $ Più un art hotel che una guesthouse, con camere caratterizzate da tocchi creativi e aria condizionata. Pensato per il divertimento; rumoroso il sabato sera.

Rimba Ecolodge $$ Struttura intima a gestione franco-indonesiana con bungalow vicino alla spiaggia rinfrescati dalla brezza. Raggiungibile solo in barca.

Tua Pejat, Isole Mentawai p444

Mentawai Bagus Local Homestay $$ Una scelta eccellente per i viaggiatori indipendenti che desiderano raggiungere i migliori break e soggiornare a Tua Pejat.

Crow's Nest $$ Situata sulla spiaggia di Jati, questa guesthouse offre una vista fantastica e un'atmosfera tipica con pareti in legno bianco. Personale disponibile.

Bukittinggi p447

Hello Guesthouse $ Questa luminosa guesthouse è gestita dalla premurosa proprietaria Ling, che sa tutto e vi aiuta a muovervi.

Valle di Harau p451

Abdi Homestay $$ Gli abitanti del luogo gestiscono questi adorabili bungalow con tetto di paglia ai margini delle risaie. Le scogliere a picco creano uno scenario spettacolare.

Banda Aceh p452 (Cartina p453)

Lala Hostel $ Ostello costruito ad hoc con personale disponibile, docce calde, cucina e cuccette dotate di tutti i comfort e di tende per la privacy.

Padé Hotel $$$ Le risaie da cui prende il nome sono state inghiottite dal suo centro congressi, ma le camere sono eccezionali e la piscina è bellissima.

Lhok Nga p453

Maha Corner $$ Camere pulite e confortevoli vicino alla spiaggia di Lhok Nga. È stato costruito con legno riciclato e si rivolge idealmente ai surfisti amanti del comfort.

Saho Coffee & Rooms $$ Un paio di camere e un caffè sulla spiaggia con altre sistemazioni vicino alla torrefazione; cucina in comune.

Palau Weh p456

Bubble Addict $ Questa struttura situata sulla spiaggia di Gapang dispone di bungalow puliti e di uno spazioso dormitorio con sei posti letto, tra i più economici di tutta l'isola.

Lumba Lumba $$
I bungalow hanno camere che all'occorrenza possono essere collegate. Le più economiche hanno una splendida vista sul retro della proprietà.

Santi Garden Bungalows $
Sviluppati intorno al giardino e non al mare, a differenza di altri nella zona di Iboih, questi bungalow sono ben costruiti.

Isole Banyak p459 (Cartina p460)

Ira Bungalows $$ I quattro semplici bungalow si affacciano sulla barriera corallina: vi sembrerà di essere alla fine del mondo! Ma il wi-fi c'è.

Palambak Paradise $$
Ottimo cibo e bungalow puliti, così come la spiaggia. Godetevi la vista dall'amaca del vostro balcone.

MB Palambak Island Resort $$ Dieci graziosi bungalow con bagni in comune vicino alla spiaggia. C'è un bel ristorante con libri e giochi da tavolo.

Pulau Nias p464

SaltyDog Hostel $ Ottimo ostello con letti in dormitorio, forno a legna per la pizza e spazi comuni per fare yoga e stare insieme.

Museum Nias Lodges $
Per qualcosa di diverso, trascorrete una notte al museo. Scegliete tra intere case tradizionali o semplici camere.

Parco Nazionale di Kerinci Seblat p468 (Cartina p469)

Cinnamon Guesthouse $
Struttura situata a Lempur Tengah, ottima per gli escursionisti. Le camere sono pulite e confortevoli; le foto di Zacky della fauna selvatica arredano la zona pranzo.

Labora Kerinci Homestay $
Una buona opzione economica a Kersik Tua, con cuccette, colazione gratuita e docce calde. La vista del Gunung Kerinci è impagabile.

Bengkulu p472

Pring Gading Surfcamp $$
Pareti bianche e cactus caratterizzano questo ambiente elegante: 12 camere, piscina, cucina all'aperto e padroni di casa gentili.

Curup p474

Still Waters Farm & Guesthouse $$ Camere costruite con amore che si affacciano su una piantagione di caffè fuori Curup. Raccogliete la frutta, leggete un libro e rilassatevi, godendovi la vita della fattoria.

Isole della costa orientale p477 (Cartina p478)

Rock & Wreck Dive Resort $$
I proprietari Jeff e Linda hanno recuperato case tradizionali da tutta l'isola e le hanno ricostruite a bordo piscina. Ottima posizione sulla spiaggia di Pulau Belitung.

Trikora Beach Glamping $$
Il bar è realizzato con il legno riciclato di un *kelong* (edificio galleggiante per la pesca) e le tende glamping sono fornite di tutto il necessario. Su Pulau Bintan.

Mutiara Beach Resort $$
Questo rifugio di Pulau Bintan offre incantevoli albe sulla spiaggia, numerose attività, un bar sulla spiaggia e un eccellente centro massaggi raggiungibile in barca.

Krui p488

Rumah Radja Losmen $
Bungalow da sogno godono della brezza, con una doccia all'aperto condivisa (e bagni privati). Una delizia vecchia scuola.

Rumah Nalu Surfcamp $$$
Mylan e Megan hanno costruito piccole camere per surfisti con letto a castello, con una vista impareggiabile dal rilassante balcone condiviso fornito di amache.

Amy's Place $$$
L'americana Amy ha mantenuto Krui sul radar del turismo per oltre un decennio. Struttura perfetta, con un'area comune e una piscina con vista.

Abdi Homestay, Valle di Harau

Kalimantan

ORANGHI, FORESTE PLUVIALI E FIUMI

Il Kalimantan è un paradiso selvaggio: ospita una fauna incredibile, parchi nazionali poco conosciuti, i fiumi più lunghi dell'Indonesia, vaste distese di giungla, montagne sconosciute e spiagge remote.

Il Kalimantan è la meta ideale per chi vuole uscire dalle rotte turistiche. Occupa quasi tre quarti dell'isola del Borneo ed è caratterizzato da una foresta pluviale accessibile principalmente attraverso tortuosi corsi d'acqua. Gli intrepidi visitatori possono scoprire una vasta varietà di flora e fauna, tra cui il nobile orango, l'unica grande scimmia dell'Asia. Chi ha tempo e risorse non può perdersi il Cross-Borneo Trek, un'avventura epica, tra le più affascinanti al mondo, ma esistono infinite opportunità di esplorare la foresta pluviale in modo meno faticoso e di avvistare la fauna selvatica in alcuni dei parchi nazionali meno visitati dell'Indonesia. Le escursioni fluviali conducono ai villaggi della popolazione indigena dayak, le cui abitazioni tradizionali sono tuttora presenti nelle zone interne del Kalimantan.

Questa regione ha un'atmosfera da frontiera: divisa in cinque province, è relativamente poco sviluppata rispetto ad altre parti del paese. La maggior parte dei visitatori arriva in aereo per i rapidi tour dedicati agli oranghi e i viaggiatori occidentali restano una novità per i locali, anche nelle città costiere. Al largo si trovano le idilliache isole dell'Arcipelago di Derawan, che ospitano alcuni dei migliori siti di immersione e snorkelling.

Il Kalimantan orientale è stato scelto come sede della nuova capitale dell'Indonesia, Nusantara, e lo sfruttamento delle abbondanti risorse naturali della regione continua a porre problemi ambientali. Tuttavia, per il momento, è ancora un luogo perfetto per le avventure.

AREE PRINCIPALI

KALIMANTAN OCCIDENTALE
Cultura dayak e cinese, eredità coloniale.
p498

KALIMANTAN CENTRALE
Oranghi e parchi nazionali.
p510

KALIMANTAN MERIDIONALE
Mercati galleggianti, trekking e rafting.
p516

KALIMANTAN ORIENTALE
Viaggi epici sul fiume, immersioni e spiagge.
p522

KATESALIN PAGKAIHANG/SHUTTERSTOCK ©

Sopra: Oranghi, Parco Nazionale di Tanjung Puting (p512).
A sinistra: Mercato galleggiante, Banjarmasin (p516)

Per orientarsi

Le cinque province del Kalimantan coprono un'area immensa e i trasporti sono generalmente più costosi che altrove. Le strade collegano le principali località, così come i voli regionali, ma molte sono accessibili solo in barca.

Kalimantan occidentale, p498

Fulcro della cultura dayak e cinese, il Kalimantan occidentale vanta anche il fiume più lungo dell'Indonesia, parchi nazionali sperduti e alcune belle spiagge.

Kalimantan centrale, p510

Gli oranghi del Parco Nazionale di Tanjung Puting sono la principale attrattiva del Kalimantan e si possono ammirare durante un viaggio lungo il fiume.

Kalimantan orientale, p522

Navigate nel cuore del Borneo sull'imponente Sungai Mahakam o fate immersioni e snorkelling con le mante nell'Arcipelago di Derawan.

Kalimantan meridionale, p516

La vivace Banjarmasin vanta fotogenici mercati galleggianti, mentre il villaggio di montagna di Loksado seduce con splendide escursioni e la possibilità di praticare il rafting.

BARCA

Diverse imbarcazioni solcano i fiumi del Kalimantan e collegano la terraferma alle isole. Si va dai grandi traghetti alle case galleggianti, dagli angusti motoscafi alle imbarcazioni simili a canoe motorizzate. Non aspettatevi troppo in termini di comfort.

AUTOBUS, AUTO E TAXI

Le strade del Kalimantan sono per lo più mediocri arterie a due corsie e i tempi di percorrenza sono lunghi. Gli autobus sono sempre più spesso sostituiti da minivan e taxi condivisi. Noleggiare un'auto con autista è relativamente economico per gli standard occidentali. Utilizzate Grab e Gojek – le versioni locali di Uber – per spostarvi nelle città.

AEREO

Numerose compagnie aeree (Wings Air, Lion Air, Super Air Jet e Citilink) collegano le città del Kalimantan e la regione con il resto dell'Indonesia. I voli sono diventati più costosi, ma spesso sono l'unica alternativa ai lunghi viaggi su strada.

Ritmi di viaggio

Osservare gli oranghi è un'esperienza imperdibile, ma immergersi o fare snorkelling tra la fauna marina dell'Arcipelago di Derawan è altrettanto meraviglioso. Se avete più tempo a disposizione, risalite il fiume nella giungla per assaporare il selvaggio Borneo.

DH SARAGIH/SHUTTERSTOCK ©

Parco Nazionale di Tanjung Puting (p512)

Se fate una cosa sola

- Dirigetevi verso il **Parco Nazionale di Tanjung Puting** (p512) nel Kalimantan centrale, dove case galleggianti vi condurranno nella foresta pluviale per incontrare alcuni degli oranghi del parco. Sicuramente vedrete molti altri primati, tra cui esemplari di nasiche, macachi e gibboni, oltre a buceri, martin pescatori multicolori e forse anche qualche coccodrillo.

- Fate un'escursione notturna per incontrare i serpenti e i ragni che popolano la giungla. Rilassarsi sul ponte della propria casa galleggiante al calar delle tenebre e poi essere svegliati al mattino presto dal fermento della giungla è un'esperienza indimenticabile, quasi quanto l'avvistamento della fauna selvatica.

Le stagioni

Da giugno ad agosto è alta stagione nel Kalimantan, con tempo asciutto e buona visibilità per le immersioni. Gli oranghi sono più difficili da avvistare nella stagione delle piogge, che va da novembre a febbraio.

GENNAIO

Il **Capodanno cinese** ha luogo a gennaio o febbraio. La comunità di Singkawang festeggia in modo stravagante.

FEBBRAIO

Il **Ramadan** cade spesso in questo periodo, molti negozi e ristoranti chiudono e gli hotel sono al completo.

APRILE

Ci sono meno visitatori, ma gli oranghi affamati si muovono di più e la visibilità è buona per le immersioni.

JULIUS BRAMANTO/SHUTTERSTOCK ©, KARRRTINKI/SHUTTERSTOCK ©, YUSNIZAM/GETTY IMAGES ©

Con una settimana a disposizione

- Dopo aver ammirato gli oranghi, volate verso la vivace città fluviale di **Banjarmasin** (p516), nel Kalimantan meridionale, dove case su palafitte e moschee si affacciano sui corsi d'acqua.

- Partite presto e raggiungete in barca a coda lunga i divertenti **mercati galleggianti** di Banjarmasin (p516), appena spunta l'alba. È probabile che siate tra i pochi visitatori.

- Poi guidate per qualche ora in direzione nord-est da Banjarmasin fino al grazioso villaggio fluviale di **Loksado** (p520), ai piedi dei Monti Meratus, dove potete fare trekking fino alle cascate e ai villaggi dayak più remoti, oppure navigare lungo il fiume su una zattera di bambù.

Con più di una settimana

- Preferite le spiagge bianche dell'**Arcipelago di Derawan** (p530), al largo della costa del Kalimantan orientale. Fate base nell'**Atollo di Maratua** (p532), un paradiso tropicale nel Mar di Celebes, dove le tartarughe nuotano al largo e le mante e gli squali di barriera circondano le isole, le cui barriere coralline colorate sono tra le più spettacolari dell'Indonesia.

- In alternativa, da **Samarinda** (p523) potete partire in barca lungo il **Sungai Mahakam** (p526), un viaggio sul fiume che vi porterà a visitare villaggi dayak e insediamenti lacustri su palafitte, mentre le scimmie nasiche dondolano tra gli alberi e i buceri volano sopra di voi.

MAGGIO

Pontianak è il luogo ideale per partecipare al **Gawai Dayak** (p499), il festival del raccolto dayak. I villaggi remoti festeggiano per giorni.

AGOSTO

Banjarmasin celebra la **Festa dell'Indipendenza** il 17 agosto con una gara di barche sul Sungai Martapura.

SETTEMBRE

A Tenggarong, nel Kalimantan orientale, l'**Erau International Folk & Art Festival** (p526) valorizza le culture locali.

NOVEMBRE

Con l'inizio della stagione delle piogge e l'abbondanza di frutta, gli oranghi e gli altri animali selvatici diventano più sfuggenti.

Kalimantan occidentale

PARCHI NAZIONALI | CULTURA DAYAK | TRADIZIONE CINESE

TRASPORTI LOCALI

Pontianak è il principale snodo, con voli per Putussibau e altre località del Kalimantan e dell'Indonesia. Autobus collegano Pontianak a Putussibau, Pangkalan Bun, e Kuching, in Malaysia, ma i tempi sono lunghi. Per Singkawang, è più facile viaggiare in taxi condiviso. Due motoscafi collegano Pontianak a Sukadana. I trasporti nelle città e nei dintorni sono scarsi. Utilizzate Grab o Gojek per mototaxi e auto a Pontianak e Singkawang.

IL CONSIGLIO

Se avete intenzione di visitare i parchi nazionali, è bene avvisare i guardaparco in anticipo, per organizzare guide e trasporti. La maggior parte dei parchi ha uffici nelle città più vicine (aperti dal lun al ven), quindi è bene informarsi prima.

Il Kalimantan occidentale è poco visitato, persino considerando gli standard già bassi del Kalimantan. I viaggiatori che riescono ad arrivare fin qui possono ammirare il fiume più lungo dell'Indonesia, il Sungai Kapuas, che si snoda attraverso la provincia, oltre ai remoti parchi nazionali al confine con la Malaysia. Più a sud, sulla costa, la sonnolenta Sukadana è la porta d'accesso al Parco Nazionale di Gunung Palung, dove vivono gli oranghi selvatici.

La capitale fluviale Pontianak si trova proprio sull'equatore e ospita ogni maggio il memorabile Festival del raccolto dayak. Anche il nord della provincia è un luogo ideale per esplorare la cultura dayak, con le longhouse tradizionali costruite nella zona di Putussibau. Il Kalimantan occidentale ospita anche grandi comunità di etnia cinese. Singkawang, in particolare, è un centro della cultura cinese, con molti templi e ristoranti, oltre a essere uno degli unici luoghi del Kalimantan in cui si trovano edifici coloniali olandesi.

Pontianak: città sull'equatore

Diversità culturali sul fiume

A Pontianak piace vantarsi di essere una città equatoriale, ma ha molto di più da offrire. Divisa a metà dal Sungai Kapuas, Pontianak è uno dei principali crocevia del Kalimantan. Quasi un terzo della popolazione è di etnia cinese, ma ci sono anche una significativa comunità dayak, malesi e immigrati da tutta l'Indonesia.

La città celebra il proprio patrimonio misto con esuberanti festival. Per esempio, è un luogo ideale per assistere al Festival del raccolto dayak, ma la varietà è subito evidente per via delle molte lingue parlate e dei numerosi templi e chiese. Il **Museo Provinsi Kalimantan Barat** (chiuso il lunedì) fornisce informazioni sui popoli di Pontianak e sulle loro culture.

Un tempo la città era un sultanato indipendente e il suo quartiere storico più suggestivo rimane **Kampung Beting**, zona fluviale con case a palafitta sulla riva orientale del Sungai Kapuas. Prendete un canoa-taxi per attraversare il fiume a

PHOTOPANKPL/SHUTTERSTOCK ©

Istana Kadriah

sud del **mercato centrale** ed esplorate l'area, con l'obiettivo di ammirare la gloria passata dell'**Istana Kadriah**, l'antico palazzo del Sultano, e la **Masjid Jami' Sultan Syarif Abdurrahman**, una bella moschea in legno del 1821che prende il nome dal primo sultano.

Circa 3 km a nord di Kampung Beting, sulla stessa sponda del fiume, si trova **Tugu Khatulistiwa**, un monumento che segnala il passaggio della linea equatoriale. Grazie alla deriva dei continenti, però, dovrete camminare per 117 m più a nord se volete provare l'ebrezza di stare con un piede in un emisfero e uno in un altro.

Festeggiare come un dayak

Festival del raccolto

Ogni maggio Pontianak ospita la più grande celebrazione dayak del Kalimantan: la popolazione locale si riunisce per il **Gawai Dayak**: il Festival del raccolto (*gawai* significa 'festival'). Si tratta di una grande festa che riunisce i rappresentanti di oltre 200 diversi gruppi etnici del Kalimantan e del

VITA DA SPIAGGIA IN BORNEO

A sud di Singkawang si trova una serie di spiagge lambite dal Mar di Giava. Anche se sarebbe azzardato definire idilliache queste strisce di sabbia, in una giornata di sole non sono male. Durante il fine settimana la gente del posto si ingozza di frutti di mare nei *warung* che costeggiano le spiagge e canta al ritmo della musica trasmessa direttamente dai cellulari, facendo paddle o galleggiando su materassini ad aria.

Pantai Pasir Panjang è la spiaggia più facilmente raggiungibile da Singkawang, circa 12 km a sud della città. Come per molti altri lidi, l'ingresso è a pagamento (25.000Rp).

MANGIARE A PONTIANAK: LA NOSTRA SCELTA

Warung Kopi Asiang: Rinomata caffetteria gestita dalla leggenda locale Asiang. Sempre affollato, ma più divertente al mattino. $

Mie Tiaw Apollo: Apollo serve deliziosi noodles e piatti di riso dal 1968 ed è sempre pieno di gente. $

A Hin Chai Kue Siam: Locale di lunga data specializzato in ravioli (al vapore o fritti) e altri piatti della cucina cinese. Numerose opzioni vegetariane. $$

Abang Kepiting: Rivendita con un'ampia scelta tra granchi, aragoste, gamberi, calamari e pesci. I prezzi variano a seconda del peso. $$$

KALIMANTAN OCCIDENTALE
Teluk Datu
Kuching
Sambas
Tebedu
Entikong
Singkawang (v. ingrandimento)
11
Sungai Kapuas
Sanggau
Sintang
Bukit Kelam
Pontianak (v. ingrandimento)
Sungai Kapuas
KALIMANTAN OCCIDENTALE
Pulau Padangtikar
Pulau Maya
Parco Nazionale di Gunung Palung
Sukadana
12
6
9
Gunung Palung
Pulau Karimata
Teluk Sukadana
Ketapang
Riam
Pangkalan Bun
Sukamara
Kumai
Parco Naziona di Tanjur Puting
MAR DI GIAVA
Singkawang
0 200 m
0 0.1 miles
Jl Yos Sudarso
Jl Dwi Warna
Jl Amat Tanggok
Jl Merdeka
Jl Pemuda
20
13
26
Jl Hermansyah
Jl Yusuf Saad
14
Jl Budi Utomo
Jl Dwi Tunggal
Jl Said Harun
Jl Ahmed Yani
Jl Sejahtera
Jl Niaga
Setia Budi
Jl GM. Situt
23
22
Jl S.M. Tsafioddin
Jl Kepol Makmur
Swiss-Belinn Singkawang (2.6km);
Villa Bukit Mas (2.8km)

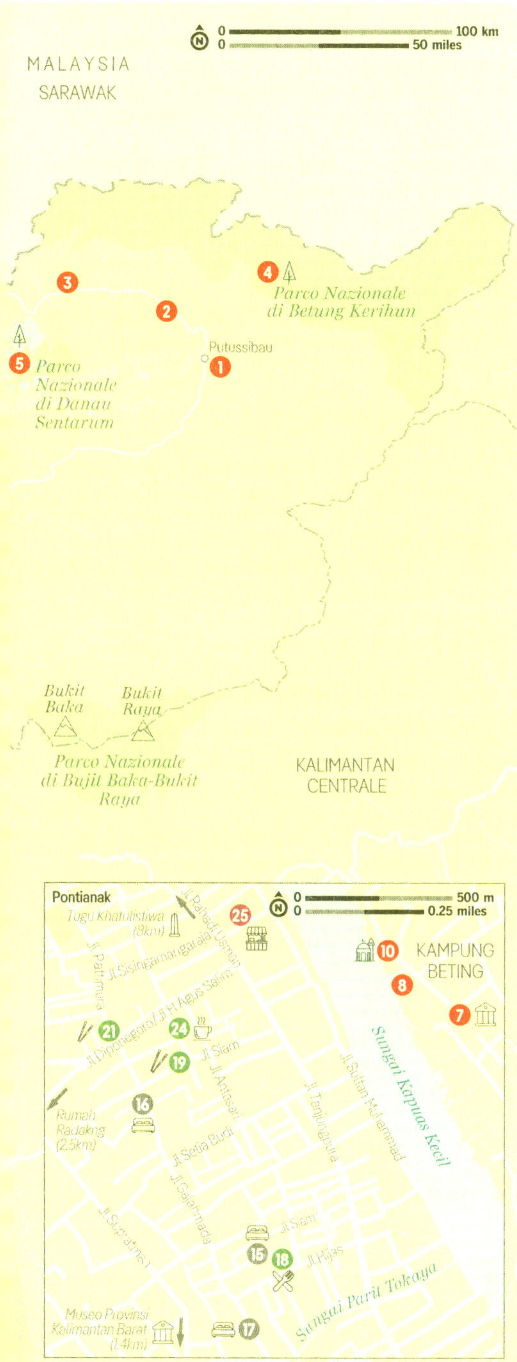

DA VEDERE
- 1 Ariung Mandalam
- 2 Betang Banua Tengah
- 3 Betang Sadap
- v. 1 Betang Sauwes Tunggan
- 4 Parco Nazionale di Betung Kerihun
- 5 Parco Nazionale di Danau Sentarum
- 6 Parco Nazionale di Gunung Palung
- 7 Istana Kadriah
- 8 Kampung Beting
- 9 Masjid Agung Oesman Al-Khair
- v. 1 Melapi 1
- 10 Masjid Jami' Sultan Syarif Abdurrahman
- 11 Pantai Pasir Panjang
- v. 9 Pantai Pulau Datok
- 12 Sedahan
- 13 Tjhia Family House
- 14 Vihara Tri Dharma Bumi Raya

ATTIVITÀ, CORSI E TOUR
- v. 9 ASRI – Alam Sehat Lestari
- v. 1 Kompakh Adventure

PERNOTTAMENTO
- 15 Aston Pontianak
- v. 1 Hotel Grand Banana Putussibau
- 16 Hotel Green Leaf
- v. 1 Hotel Multi 88
- 17 Hotel Neo Gajah Mada
- v. 9 Mahkota Kayong Hotel
- v. 9 Penginapan Family

PASTI
- 18 Abang Kepiting
- 19 A Hin Chai Kue Siam
- 20 Choi Pan Tho Ce
- v. 1 Fanhaus
- v. 1 Imecca House Cafe & Resto
- 21 Mie Tiaw Apollo
- 22 Pizza Mom
- 23 Restoran Vegetarian Maitreya
- v. 9 Rumah Makan Citra Minang
- v. 1 Rumah Makan Dua Putri
- v. 9 Rumah Makan Pondok Bakau
- v. 9 Rumah Makan Simpang Tugu
- v. 26 San Kheu Jong

LOCALI E VITA NOTTURNA
- v. 9 Container Cafe
- v. 1 Income Cafe
- 24 Warung Kopi Asiang

SHOPPING
- 25 Mercato centrale
- 26 Pasar Malam Hong Kong

RAGGIUNGERE LA MALAYSIA DA PONTIANAK

Due autobus Damri al giorno partono al mattino per un viaggio di nove ore da Pontianak a Kuching, in Malaysia, passando per Entikong-Tebedu, 245 km a nord-est di Pontianak. Si tratta del principale valico di frontiera tra il Kalimantan e lo stato malese di Sarawak. Acquistate i biglietti presso l'ufficio Damri di Pontianak su Jl Pahlawan. L'attraversamento è aperto dalle 7 alle 16 sul lato indonesiano e dalle 8 alle 17 su quello malese (il Sarawak è un'ora avanti rispetto al Kalimantan occidentale) e di solito non presenta problemi. I visitatori provenienti da Stati Uniti, Canada, Australia e dalla maggior parte dei paesi europei ottengono un visto di tre mesi all'arrivo. Autobus e aerei collegano Kuching con il resto della Malaysia.

Borneo – conosciuti collettivamente come dayak – per ringraziare le divinità tradizionali per il raccolto del riso.

Oggi, la maggior parte dei circa tre milioni di dayak del Kalimantan sono cristiani o musulmani, ma il Gawai Dayak ricorda le antiche religioni animiste che un tempo predominavano nel Borneo.

Il festival è una potente celebrazione dell'identità e della cultura dayak. Si svolge normalmente a fine maggio al **Rumah Radakng** di Pontianak, un'enorme struttura a ovest del centro, che funge da sede principale. Per le decine di migliaia di spettatori sono i balli l'attrazione principale: le diverse delegazioni sfilano in elaborati costumi tradizionali e poi inscenano una gara, sfidandosi a ritmo di danze tipiche che sono rievocazioni di antiche battaglie tra gruppi dayak rivali. Si tengono anche competizioni con la cerbottana e in cucina, oltre a spettacoli musicali, attività di intaglio del legno e pittura degli scudi. Inoltre sono in vendita molti oggetti di artigianato dayak.

I villaggi del Kalimantan occidentale organizzano le proprie celebrazioni, alcune delle quali iniziano già ad aprile. Queste sono più tradizionali: le abitazioni vengono pulite e decorate in modo speciale, si fanno sacrifici e offerte, i pasti sono accompagnati da abbondante vino di riso e si svolgono gare di tiro alla fune e di braccio di ferro. Spesso i festeggiamenti si protraggono per giorni. Quando siete a Pontianak chiedete quando sono previste le celebrazioni nei villaggi vicini.

Cultura cinese nel Kalimantan

Il patrimonio unico di Singkawang

Singkawang è unica nel suo genere nella regione: è centro della cultura cinese e ospita diversi edifici risalenti all'epoca coloniale. Situata a tre ore di auto a nord di Pontianak, tra colline boscose e il Mar di Giava, era un villaggio dayak fino a quando, nel XVII secolo, non iniziarono ad arrivare commercianti cinesi hakka e cercatori d'oro dalla Cina meridionale.

Oggi, circa il 40% della popolazione è di etnia cinese. Mille templi sono sparsi per le strade, ma ci sono anche tante chiese e case coloniali olandesi. La maggior parte dei luoghi di interesse si trova vicino a **Pasar Malam Hong Kong**, la principale zona commerciale. Potete visitare il **Vihara Tri Dharma Bumi Raya**, un tempio del 1878 sormontato dai draghi dorati che sono il simbolo della città di Singkawang, e la **Tjhia Family House**, una residenza in legno a due piani del

MANGIARE A SINGKAWANG: LA NOSTRA SCELTA

Choi Pan Tho Ce: Oggi esistono due sedi di questo locale, famoso per i suoi deliziosi e delicati ravioli vegetariani. $

Restoran Vegetarian Maitreya: Uno dei tanti ristoranti che propongono piatti vegetariani in stile cinese in un ambiente semplice. Meglio a pranzo. $

San Kheu Jong: Arredato in stile tradizionale cinese, è una buona scelta per i dim sum e i piatti a base di noodles e riso. Serve anche birra. $$

Pizza Mom: Pizza e pasta discreti in un locale vicino alla zona commerciale principale. Consegnano anche in hotel. $$

PASSATO CINESE E COLONIALE DI SINGKAWANG

La passeggiata nel quartiere più suggestivo di Singkawang dovrebbe durare tre ore. Iniziate presto per evitare il caldo, partendo dalla **1 Chiesa di San Francesco d'Assisi** in Jl Ahmed Yani. Costruita nel 1905 in stile coloniale olandese, presenta un caratteristico campanile, una guglia in metallo e un altare in legno. Proseguite verso nord su Jl Ahmed Yani, girando a destra su Jl Said Harun. Camminate verso est fino a **2 Tugu Naga Emas**, un fotogenico drago d'oro, simbolo della città di Singkawang, avvolto intorno a un pilastro nero. Tornate indietro per 50 m, girate a destra su Jl Sejahtera e poi proseguite attraversando il quartiere dei negozi, dove le strade sono fiancheggiate da botteghe, alcune con balconi e persiane in legno. In cima a Jl Sejahtera si trova il **3 Vihara Tri Dharma Bumi Raya**, il tempio cinese più antico di Singkawang. Dal tempio dirigetevi a nord su Jl Merdeka, dove si vedono gli alti minareti della **4 Masjid Raya Singkawang**, la principale moschea della città. Proseguendo verso nord su Jl Merdeka, sulla destra si trova il **5 Taman Burung**, un piccolo parco lungo il fiume. Accanto al parco c'è la vecchia **6 casa dell'amministratore olandese**, un bungalow in legno bianco del 1920 con il tetto di tegole rosse. Proprio di fronte, sull'altro lato di Jl Merdeka, si trova un altro **7 edificio di epoca coloniale** dal tetto rosso, risalente al 1902, oggi utilizzato come ufficio del governo locale. Tornate al Vihara Tri Dharma Bumi Raya e dirigetevi su Jl Budi Utomo fino alla **8 Tjhia Family House**, l'edificio residenziale più antico di Singkawang, prima di concludere la visita con un meritato pranzo a base di ravioli presso la vicina sede di **9 Choi Pan Tho Ce**.

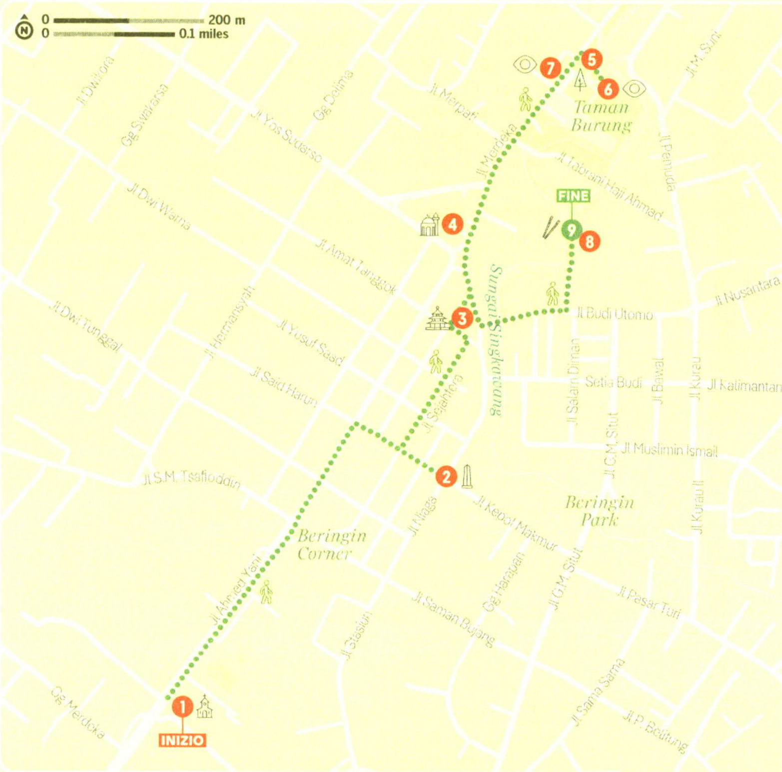

JULIUS BRAMANTO/SHUTTERSTOCK ©

Tjhia Family House (p502)

XIX secolo con ampie verande, ancora in parte abitata. Era l'antica dimora di un importante mercante cinese.

La sonnolenta Singkawang si anima durante il Capodanno cinese, che di solito cade a gennaio o febbraio, quando arrivano visitatori dalla Malaysia e dall'intera Indonesia e le strutture ricettive fanno registrare il tutto esaurito. I templi vengono decorati per l'occasione e si appendono le lanterne rosse. Durante il 15° e ultimo giorno del festival, noto come **Cap Goh Meh**, si tiene l'insolito spettacolo dei *tatung* (santoni posseduti dagli spiriti), che compiono atti di automutilazione e sacrifici animali e cavalcano tra draghi e leoni in sfilata.

Visita alle abitazioni di Putussibau

Cultura dayak e parchi nazionali

Nel nord del Kalimantan occidentale si trova **Putussibau**, una città fluviale che è la base ideale per esplorare alcune delle **longhouse dayak** meglio conservate del Kalimantan. Putussibau funge anche da trampolino di lancio per le escursioni ai due parchi nazionali e a Tanjung Lokan, punto di partenza o conclusivo dell'epico Cross-Borneo Trek.

Tagliata a metà dal Sungai Kapuas, Putussibau era un tempo il ritrovo dei cacciatori di teste dayak, prima di diventare un avamposto coloniale alla fine del XIX secolo. La parte principale della città occupa la riva settentrionale del fiume. Oggi è l'ultimo grande insediamento sul Sungai Kapuas, popolato per lo più da vari gruppi dayak. La maggior parte delle persone vi si reca per le superbe *betang* (le tradizionali case lunghe dei dayak) disseminate nell'area. Alcune sono ancora occupate e ospitano 30 o più famiglie. Le longhouse possono variare notevolmente: alcune strutture storiche sono costruite

DAYAK

I dayak sono la popolazione indigena del Borneo composta da 4,5 milioni di persone di oltre 200 gruppi etnici diversi che parlano 170 lingue e dialetti. Tradizionalmente, erano abitanti della foresta animisti che vivevano in edifici a un piano abbastanza grandi da ospitare un villaggio, le longhouse, ed erano noti per la caccia alle teste, le micidiali cerbottane, i numerosi tatuaggi e i lobi delle orecchie allungati. Oggi la maggior parte dei dayak è cristiana o musulmana e tutti hanno un telefono cellulare. Nonostante l'impatto del mondo moderno, l'identità tribale dayak persiste e alcuni vivono e cacciano ancora nelle zone più remote del Borneo. Vale soprattutto per il Kalimantan occidentale, dove circa un terzo della popolazione è dayak.

su pilastri di legno, altre assomigliano a vecchie caserme con tetti di ferro ondulato arrugginiti.

Le più vicine a Putussibau sono la **Betang Sauwes Tunggan**, che ospita 30 famiglie, 7 km a sud-est dal centro, e l'autentica **Ariung Mandalam**, 8 km a est di Putussibau, vicino al villaggio di **Nanga Sambus**. Nelle vicinanze si trova anche **Melapi 1**, la prima delle cinque case lungo il Kapuas a monte di Putussibau. Si trova a 10 km di navigazione verso sud-est dalla città.

Più lontano ci sono anche la storica **Betang Banua Tengah**, una casa del 1864, circa 50 km a nord-ovest di Putussibau, e la **Betang Sadap** (93 km a nord-ovest), che ha la reputazione di ospitare una delle comunità più amichevoli.

La maggior parte delle *betang* accoglie i visitatori e volendo è possibile pernottarci, ma è bene avvisare in anticipo le abitazioni più lontane, soprattutto se si vuole rimanere o assistere a uno spettacolo di danza. Chiedete sempre il permesso prima di entrare o di scattare foto. Sarete presentati al capo locale o al responsabile dei visitatori, che vi chiederà di unirvi per un tè o un caffè, l'equivalente moderno di una cerimonia di benvenuto. A meno che non parliate un po' di bahasa indonesia, sarà molto più facile e istruttivo in compagnia di una guida o di un traduttore. **Kompakh Adventure** (p511), un'associazione locale di ecoturismo, può occuparsi di guide e trasporti.

A nord-est di Putussibau e al confine con la Malaysia si trova il **Parco Nazionale di Betung Kerihun**, un'area selvaggia di 8000 kmq fatto di colline scoscese e foresta pluviale dove si aggirano oranghi, gibboni e altri primati. Il parco è il più remoto del Kalimantan occidentale e vi si accede per lo più con lunghe imbarcazioni. A circa 60 km a ovest di Putussibau si trova il **Parco Nazionale di Danau Sentarum**, una vasta zona umida formata da laghi e paludi che è un paradiso per gli amanti del birdwatching. Gli spostamenti in barca in entrambi i parchi sono costosi e le guide sono obbligatorie.

Alcuni voli settimanali collegano Putussibau a Pontianak (anche se spesso vengono cancellati). Due autobus giornalieri effettuano il viaggio di 14 ore da Pontianak. È possibile spezzare il tragitto pernottando nella città fluviale di Sintang, da cui è possibile accedere al Parco Nazionale di Danau Sentarum.

SUNGAI KAPUAS

Il Sungai Kapuas, o fiume Kapuas, è il corso d'acqua più lungo dell'Indonesia. Nasce ai piedi dei Monti Muller, nel cuore del Borneo, e serpeggia per 1143 km verso ovest fino a Pontianak, prima di sfociare nel Mar di Giava. Il suo corso superiore ospita vivaci comunità dayak, oltre ai laghi e alle zone umide del Parco Nazionale di Danau Sentarum.

A differenza del Sungai Mahakam nel Kalimantan orientale, il secondo fiume più lungo dell'Indonesia, il Kapuas, non è solcato da imbarcazioni di linea. Se però si ha tempo, è possibile contrattare un passaggio sulle barche da carico che compiono un viaggio di sette giorni lungo il fiume da Pontianak a Putussibau, con molte fermate lungo il percorso. Le barche partono a nord del mercato centrale di Pontianak.

MANGIARE A PUTUSSIBAU: LA NOSTRA SCELTA

Rumah Makan Dua Putri: Popolare ristorante padang vicino al fiume, dove il cibo è esposto. Buoni anche i succhi di frutta. $

Income Cafe: Locale semiaperto sulla riva meridionale del Kapuas che offre caffè, tè e piatti semplici. $

Imecca House Cafe & Resto: Situato in una bella casa di legno e dal design eccentrico, ha un'atmosfera accogliente. $

Fanhaus: Nella zona nord della città, vicino agli hotel; ha una sala interna climatizzata e posti a sedere all'aperto. Piatti tipici a base di pollo e pesce. $

COSTI DEL PARCO NAZIONALE

Gli otto parchi nazionali del Kalimantan sono tra i più remoti, incontaminati e poco visitati dell'Indonesia. Accedervi, però, non è economico. Le tariffe d'ingresso sono di 150.000Rp al giorno durante la settimana, 225.000Rp il fine settimana e le guide con vitto costano almeno 300.000Rp al giorno. Anche raggiungere i parchi può essere costoso e il trasporto interno, spesso in barca, è altrettanto caro. Se si aggiunge anche l'alloggio, il costo di una visita a un parco nazionale diventa davvero elevato, soprattutto per chi viaggia da solo.

Scegliete con cura il parco giusto e condividete una guida con altri viaggiatori. La visita in tour è talvolta la scelta più economica.

Sukadana: dove il Borneo incontra Bali

Spiagge e templi hindu

La sonnolenta Sukadana era un tempo considerata solo la porta d'accesso al vicino Parco Nazionale di Gunung Palung, ma questa cittadina poco conosciuta, situata su un dolce lembo di costa del Kalimantan occidentale, è una destinazione degna di nota. Accoccolata in una piega del litorale, dietro la quale si stagliano in lontananza colline ricoperte di foreste pluviali, Sukadana offre tramonti superbi, una spiaggia incantevole e un villaggio che è un mix unico di cultura balinese e del Kalimantan.

È un'avventura arrivarci. I motoscafi compiono un percorso panoramico di cinque ore da Pontianak attraverso il delta del Sungai Kapuas, poi lungo un affluente e infine in un tratto del Mar di Giava. A chilometri di distanza è visibile l'enorme **Masjid Agung Oesman Al-Khair** di Sukadana, completamente bianca e affacciata sul mare, dono di uno degli uomini più ricchi dell'Indonesia.

Circa 3 km a sud della città si trova **Pantai Pulau Datok**, una delle spiagge più belle della costa del Kalimantan. Ombreggiata da alberi di casuarina equisetifolia, con la giungla ai lati, è adatta per nuotare e per lo più vuota durante la settimana.

Chiedete al vostro alloggio un mototaxi o un'auto per andare a **Sedahan**, 10 km a nord-est di Sukadana, un grazioso villaggio circondato da risaie che si trova ai piedi del Gunung Palung. Sedahan ha un'atmosfera unica grazie ai migranti che si sono stabiliti qui, con templi hindu e persone in abiti tradizionali balinesi. Nei pressi del villaggio si trovano sentieri escursionistici e cascate. È possibile organizzare semplici soggiorni in famiglia contattando Yayat presso l'ufficio ASRI di Sukadana.

Visita al Parco Nazionale di Gunung Palung

Oranghi e foresta pluviale primaria

Il Parco Nazionale di Gunung Palung, con i suoi 900 kmq, è una delle principali destinazioni di trekking nella foresta pluviale del Kalimantan, grazie ai suoi splendidi paesaggi e alla diversità della fauna selvatica. Con una popolazione di circa 2500 oranghi, è uno dei pochi luoghi al mondo in cui i visitatori hanno buone possibilità di vedere da vicino queste maestose scimmie. Ma c'è anche molta altra fauna. Il parco

MANGIARE A SUKADANA: LA NOSTRA SCELTA

Rumah Makan Pondok Bakau: Ristorante di pesce a prezzi modici su una piattaforma di legno sopra le mangrovie. Provate la zuppa di pesce. $

Rumah Makan Simpang Tugu: Situato vicino al monumento al durian, nel centro della città. Posti a sedere all'aperto e menu tipico indonesiano. $

Rumah Makan Citra Minang: Buon ristorante padang sulla strada che dal monumento al durian va verso est. Carne, pesce e proposte vegetariane. $

Container Cafe: Punto di riferimento per i giovani di Sukadana, offre caffè, tè, succhi di frutta e piatti a base di riso e noodles. Chiude più tardi di qualsiasi altro posto. $

TOMMY JOHANSSON/SHUTTERSTOCK ©

Orango

ospita gibboni, scimmie nasiche, orsi malesi, cervi, leopardi nebulosi, coccodrilli e una straordinaria varietà di uccelli.

Altrettanto varia è la flora, in quanto il parco comprende otto habitat diversi, tra cui la foresta di mangrovie, le paludi e la foresta pluviale di montagna. Dopo aver sofferto per il disboscamento illegale e la cattiva gestione, negli ultimi anni il parco si è ripreso. Qui si trovano alcune delle ultime grandi aree di foresta pluviale primaria del Borneo; ci sono alberi così grandi che quattro persone insieme non riescono ad abbracciarli.

I visitatori percorrono gli stessi sentieri, a volte ripidi, degli oranghi, attraversando la fitta foresta e costeggiando ruscelli e cascate; calcolate circa cinque ore di cammino al giorno. Nel cuore del parco è possibile anche spostarsi in barca. Poiché molte zone sono chiuse per attività di ricerca, una o due notti sono sufficienti. All'interno del parco sono disponibili sistemazioni essenziali, oppure si può prenotare un alloggio in famiglia nel villaggio di Sedahan, a pochi minuti di moto dall'ingresso. Sebbene diversi operatori propongano tour costosi, questo è uno dei parchi nazionali del Kalimantan più conveniente.

È essenziale contattare l'ufficio del parco a Sukadana in anticipo per ottenere una guida, un mezzo di trasporto e i permessi. Non aspettatevi di entrare nel parco il giorno stesso.

ASRI

L'associazione per la tutela della natura **ASRI** (Alam Sehat Lestari; alamsehat lestari.org) conduce un progetto unico nel suo genere, che ha avuto un successo sorprendente nella lotta al disboscamento illegale nel Parco Nazionale di Gunung Palung. L'ASRI gestisce una clinica medica a Sukadana, dove le comunità che scelgono di preservare la foresta e denunciare il disboscamento illegale ricevono cure a prezzi scontati. È l'unica clinica al mondo in cui i pazienti possono pagare barattando piantine, prodotti artigianali e persino compost. Dall'inizio dell'attività dell'ASRI, nel 2007, si è registrata una riduzione dell'89% del disboscamento illegale nel parco.

L'ASRI accoglie volontari qualificati per soggiorni di sei settimane. Yayat lavora nell'ufficio dell'ASRI, parla inglese e può anche organizzare soggiorni in famiglia nel villaggio di Sedahan. Contattatelo su WhatsApp al numero +62 895 3563 02026.

LA VETTA PIÙ ALTA DEL KALIMANTAN

Il Kalimantan non è solo foresta pluviale. Ci sono anche molte montagne, la più alta delle quali è il **Bukit Raya**, di 2278 m, quasi al confine tra il Kalimantan occidentale e quello centrale, nel **Parco Nazionale di Bukit Baka-Bukit Raya**. La montagna è considerata un luogo sacro dai dayak del posto e, forse di conseguenza, anche i costi per scalarla sono elevati. Si tratta di una spedizione di almeno nove giorni, con Sintang come punto di partenza, che comprende un paio di gite in barca e un trekking impegnativo lungo sentieri infestati dalle sanguisughe. Inoltre, prima della scalata gli escursionisti sono obbligati a partecipare a un rituale dayak, che prevede il sacrificio di un paio di polli.

RED IVORY/SHUTTERSTOCK ©

Bucero

Trekking attraverso il Borneo

Foresta pluviale, fiumi e montagne

Tra gli itinerari più avventurosi del mondo, il **Cross-Borneo Trek** offre ai viaggiatori intrepidi la possibilità di attraversare la terza isola più grande del mondo da oriente a occidente (o viceversa), lungo fiumi remoti e con un'impegnativa escursione di una settimana tra le montagne ricoperte di giungla. Non è un viaggio da affrontare alla leggera. Ci sono molti rischi durante il percorso, dalle rapide mortali al trekking intensivo attraverso la fitta foresta pluviale. Inoltre l'ospedale più vicino è a giorni di distanza. Poche persone possono dire di aver attraversato il Borneo a piedi. Come per la scalata dell'Everest, questo trekking si compie per soddisfare ambizioni personali e per i ricordi che resteranno impressi per tutta la vita.

Il percorso collega **Pontianak**, nel Kalimantan occidentale, a **Samarinda**, nel Kalimantan orientale, passando per i **Monti Muller**, che si ergono al centro del Borneo e sono la fonte delle sorgenti dei due fiumi più lunghi dell'isola: il Kapuas e il Mahakam. Il Kapuas attraversa il Kalimantan occidentale fino a Pontianak, mentre il Mahakam serpeggia fino a Samarinda, sulla costa orientale. Risalendo un fiume, attraversando i Monti Muller e scendendo poi lungo l'altro fiume, è possibile quindi attraversare il Borneo.

SUL FIUME MAHAKAM

Non è necessario tentare il Cross-Borneo Trek per navigare sul **Sungai Mahakam** (p526) e visitare le città e i villaggi lungo il fiume. Risalire e scendere il Mahakam da Samarinda è già di per sé un'avventura.

Si discute su quale direzione scegliere. Sembra che partire da Samarinda e viaggiare da est a ovest sia più facile dal punto di vista logistico, mentre viaggiare da ovest a est da Pontianak sia meno faticoso dal punto di vista fisico. In qualunque modo si proceda, si devono attraversare i Monti Muller, di gran lunga il tratto più difficile del viaggio.

La maggior parte degli escursionisti parte da Samarinda, sulle rive del Sungai Mahakam. Da qui si può risalire il fiume con una serie di barche, grandi e piccole, passando per laghi, zone umide e piccole città fluviali dove sarete gli unici stranieri; è la parte migliore del viaggio per avvistare la fauna selvatica: è quasi certo che vedrete scimmie nasiche dondolare tra gli alberi lungo il fiume, oltre a buceri e martin pescatori multicolori.

La parte finale lungo il fiume prevede l'utilizzo di una barca veloce per attraversare rapide impetuose fino a **Tiong Ohang**, un villaggio ai piedi dei Monti Muller, da dove si prosegue per altre due ore fino al punto di partenza del trekking. È possibile trovare guide e facchini a Tiong Ohang, ma consigliamo vivamente di prendere accordi in anticipo con un tour operator affidabile.

Una volta arrivati sui Monti Muller, si affronta la fitta foresta pluviale con un trekking di cinque o sei ore al giorno. Non è come percorrere un sentiero in un parco nazionale: si tratta di attraversare la giungla infestata dalle sanguisughe con un machete, seguendo sentieri appena percorribili (è qui che la guida si guadagna il suo compenso). Ci sono numerosi corsi d'acqua da guadare (alcuni alti fino al petto), pendenze ripide da scalare e molti insetti. Di notte, si dorme in uno spiazzo coperto da un telone e si cucina su un fuoco all'aperto. Alcuni trekker superdotati, in grado di camminare per otto ore al giorno, riescono ad attraversare le montagne in cinque giorni. In genere ci si mette dai sette ai 10 giorni.

Dopodiché si sbuca al villaggio di **Tanjung Lokan**, sulle rive del Sungai Kapuas. Da qui si parte per un'esaltante discesa in barca di sette ore fino a **Putussibau**, immergendosi tra gole e rapide. Nessuna nave passeggeri di linea effettua il lungo viaggio da Putussibau lungo il fiume Kapuas fino a Pontianak (anche se è possibile negoziare un passaggio su una barca da carico), quindi quasi tutti prendono l'aereo o l'autobus.

Di solito ci vogliono almeno 17 giorni per completare il viaggio e il costo è di circa US$4.000 per due persone (alcune guide non accettano viaggiatori solitari). I tour operator del Kalimantan possono trovarvi guide, facchini e mezzi di trasporto. Per affrontare questo trekking assicuratevi di essere in forma, determinati e di avere un po' di esperienza.

TREKKING NELLA GIUNGLA

Rustam, guida di Samarinda, ci parla del Cross-Borneo Trek.

La giungla è la mia vita. Ho fatto il Cross-Borneo Trek 46 volte. Viaggio sempre con abitanti dayak come facchini. Oggi sono cambiati: hanno tutti il cellulare. Ma i telefoni non funzionano nella giungla profonda e sono ancora abili cacciatori, quindi abbiamo sempre pesce fresco e carne da mangiare.

La giungla non è cambiata affatto, però bisogna andare sui Monti Muller per trovare la foresta primaria. I Monti Muller sono la parte più difficile del trekking, ma quella più pericolosa è percorrere le rapide del fiume, soprattutto nella stagione delle piogge. Molti residenti (e anche qualche straniero) sono morti.

Kalimantan centrale

ORANGHI | CROCIERE FLUVIALI | VITA DI CITTÀ

Il Kalimantan centrale è la provincia più visitata della regione, soprattutto perché ospita gli oranghi del Parco Nazionale di Tanjung Puting, raggiungibili con un viaggio di più giorni su una casa galleggiante. Nel parco c'è quasi la certezza di vedere gli oranghi e altri animali selvatici (al di fuori della stagione delle piogge che va da novembre a febbraio), quindi chi vuole vedere le scimmie non si perde questo posto, nonostante la popolazione di oranghi selvatici più grande al mondo (oltre 6000 esemplari) si trovi nel Parco Nazionale di Sebangau, molto meno visitato, a sud del Kalimantan centrale. Nei pressi di Sebangau si trova anche Palangka Raya, la città più singolare della regione.

Circa l'80% del Kalimantan centrale è costituito da foreste, mangrovie e paludi. È la provincia più grande dell'Indonesia, circa una volta e mezzo Giava, quindi i viaggi in auto sono lunghi. È un territorio dayak e quasi la metà della popolazione è indigena del Borneo.

TRASPORTI LOCALI

Pangkalan Bun è lo snodo dei trasporti diretti al Parco di Tanjung Puting, con voli per altre zone del Kalimantan (a volte via Giacarta o Surabaya) e dell'Indonesia. A Palangka Raya c'è un aeroporto. A 30 minuti di auto a sud-est di Pangkalan Bun, partono le barche per Tanjung Puting. Gli autobus Damri collegano Pangkalan Bun con Pontianak, mentre PT Yessoe (a Palangka Raya) collega Banjarmasin e Pangkalan Bun.

IL CONSIGLIO

Il periodo di punta del Parco Nazionale di Tanjung Puting va da giugno ad agosto, ma il momento migliore per vedere gli oranghi è tra marzo e aprile, quando riemergono in cerca di frutta dopo la stagione delle piogge e ci sono pochi turisti.

Animali del Parco Nazionale di Sebangau

Paludi, fauna selvatica e gite in barca

Il **Parco Nazionale di Sebangau**, che occupa una grossa fetta del Kalimantan centrale, è poco visitato, nonostante ospiti la più grande popolazione al mondo di oranghi selvatici: più di 6000 esemplari. Il parco, che si estende su una superficie di oltre 5600 kmq, è costituito da una foresta di torba e paludi, attraversata dal Sungai Sebangau. Come molti parchi nazionali indonesiani, ha avuto una storia travagliata ed è stato devastato dal disboscamento (legale e illegale) negli anni '80 e '90. Oggi, solo il 15% circa del parco è ricoperto di foreste. È comunque più che sufficiente per perdersi e c'è molta fauna da vedere. Migliaia di gibboni vivono qui insieme agli oranghi e ci sono anche diverse specie di uccelli in via di estinzione, tra cui alcune cicogne molto rare. Camminare sulla torba

DA NON PERDERE
1 Parco Nazionale di Tanjung Puting

DA VEDERE
2 Parco Nazionale di Sebangau

ATTIVITÀ, CORSI E TOUR
3 Liesa Tanjung Puting
4 Wow Borneo

PERNOTTAMENTO
5 Arsela Hotel
v. 5 Asoka Guesthouse
v. 4 Bukit Raya Guesthouse
6 Flora Homestay
v. 4 Hotel Neo Palma
v. 3 Hotel Majid
v. 6 Rimba Lodge

PASTI
v. 4 Felicità
v. 4 Kampung Lauk
v. 4 Rumah Tjilik Riwut

SHOPPING
v. 4 Toko Hai Tuah

spugnosa è difficile – i piedi tendono a sprofondare nel sentiero – quindi il modo migliore per visitare Sebangau è in barca. Ci si può organizzare e trovare una guida presso l'ufficio del parco nazionale, situato nel villaggio di Bankirai. **Wow Borneo** propone crociere anche in questa zona.

Ci sono poche strutture all'interno del parco e sono costose, ma **Palangka Raya**, capoluogo del Kalimantan centrale, non è tanto lontana. Originariamente candidata per diventare la nuova capitale dell'Indonesia, – con i suoi ampi viali alberati – è stata costruita alla fine degli anni '50. Non c'è molto da visitare ma sono disponibili diverse strutture e ristoranti ed è quindi un'ottima base.

MIGLIORI TOUR DEL KALIMANTAN

Borneo Eco Adventure
Nel Kalimantan meridionale, organizza tour in tutto il Kalimatan, dall'avvistamento degli oranghi, ai parchi nazionali fino al Cross-Borneo Trek.

De'Gigant Tours
Agenzia di Samarinda, specializzata in escursioni sul Sungai Mahakam e alla scoperta della fauna; organizza tour in tutto il Kalimantan.

Kompakh Adventure
Con sede a Putussibau, può portarvi alle longhouse e ai parchi del Kalimantan occidentale.

Liesa Tanjung Puting
Liesa dispone di 12 case galleggianti ed è la migliore scelta per tour economici alla scoperta degli oranghi nel Parco di Tanjung Puting.

Wow Borneo
Crociere fluviali di fascia alta nel Kalimantan centrale, avvistamenti degli oranghi, della fauna selvatica e visite ai villaggi dayak su imbarcazioni.

MANGIARE E BERE A PALANGKA RAYA: LA NOSTRA SCELTA

Rumah Tjilik Riwut: Piatti locali dayak, come il pesce con latte di cocco e germogli di rattan, serviti in un piacevole ristorante con giardino. $$

Kampung Lauk: Locale famoso per il pesce alla griglia, i menu fissi a buon prezzo e la musica dal vivo. Si trova dall'altra parte del fiume rispetto al centro. $$

Felicità: Raro ristorante occidentale che vale la pena di consigliare; propone pizza, pasta, insalate e dolci squisiti. $$

Toko Hai Tuah: Non ci sono veri e propri bar a Palangka Raya, ma questo negozio di liquori offre ai viaggiatori assetati un'ampia scelta di alcolici d'importazione.

AL CARRERA/SHUTTERSTOCK ©

Orango

Biglietti
150.000Rp giorni feriali, 225.000Rp fine settimana

Orari di apertura
24 ore su 24

DA NON PERDERE

Parco Nazionale di Tanjung Puting

Il Parco Nazionale di Tanjung Puting è la destinazione turistica più popolare del Kalimantan, perché i visitatori hanno quasi la garanzia di incontrare i magnifici oranghi e altri primati. Il viaggio per vederli lungo tortuosi corsi d'acqua attraverso la giungla conferisce a questa avventura un fascino da cartolina. I bambini in particolare amano la combinazione scimmie-imbarcazioni, ma l'esperienza piace a tutte le età.

IN PRIMO PIANO

- Pondok Tanggui
- Campo Leakey
- Tanjung Harapan
- Trekking in notturna
- Pondok Ambung
- Pasalat
- Villaggio di Sekonyer

Villaggio di Sekonyer

La maggior parte delle persone prenota tour di due o tre giorni del parco. I *klotok* partono ogni mattina dal porto fluviale di Kumai, a breve distanza da Pangkalan Bun, e si dirigono lungo il Sungai Kumai prima di immettersi nel Sungai Sekonyer ed entrare nel Parco Nazionale di Tanjung Puting. A bordo del *klotok* ci sono la guida, obbligatoria per il parco, il cuoco e l'equipaggio della barca. Il Sungai Sekonyer è di colore marrone fangoso, per via dell'inquinamento prodotto dalle vicine piantagioni di palma, ed è fiancheggiato da fitte mangrovie la cui vegetazione si protende sul fiume.

Il villaggio di Sekonyer, sulla riva sinistra del fiume, è il primo insediamento del parco. Una scultura in legno raffigurante un orango accoglie i visitatori sul molo delle barche. Si tratta di un villaggio modesto che ospita i guardaparco e

PAULHARDING00/SHUTTERSTOCK ©

Imbarcazione *klotok*, Parco Nazionale di Tanjung Puting

le persone che lavorano nelle piantagioni di olio di palma. Il **Flora Homestay**, vicino al molo della barca, offre camere essenziali ma costose in riva al fiume.

Tanjung Harapan

Tanjung Harapan è la prima postazione di nutrizione degli oranghi, a monte del fiume, dal villaggio di Sekonyer. Per raggiungerla bisogna fare una passeggiata di 700 m attraverso la foresta dal molo della barca. Le scimmie che arrivano qui intorno alle 15, come in tutte le postazioni, sono per lo più oranghi che sono stati riabilitati e rilasciati a Tanjung Puting dopo aver vissuto in cattività. La postazione di nutrizione è una piattaforma di legno carica di frutta e di secchi di bevanda di soia, poco distante dai visitatori.

Vedrete gli alberi circostanti tremare quando le scimmie si avvicinano, anche se alcuni oranghi camminano nel fogliame a livello del suolo e si aggirano con nonchalance tra la folla per poi salire alla piattaforma. È molto comune vedere madri con piccoli aggrappati mentre il maschio alfa occupa il centro della piattaforma. Alcune scimmie si interessano alle persone; altre succhiano non curanti manghi e banane. In ogni caso, avrete ottime occasioni per fotografarle. Le barche attraccano per la notte a Tanjung Harapan; si fermano prima che cali il buio e che la giungla si faccia silenziosa.

Trekking in notturna

La prima o la seconda notte avrete la possibilità di fare un trekking in notturna con un guardaparco. Le escursioni, della durata di una o due ore, si svolgono normalmente a Pondok Ambung, a Pondok Tanggui o a Tanjung Harapan. Con una torcia elettrica in testa, potete vivere un'esperienza davvero

CONSIGLI

- La durata ideale di un tour è di tre giorni e due notti. Sono possibili anche tour di due giorni, ma significa saltare una delle postazioni. Per un'escursione di tre giorni si spendono circa US$350.
- In teoria, i viaggiatori possono assumere una guida e prendere un *klotok* a Kumai organizzandosi in autonomia. In pratica, è molto complicato e non si risparmia molto.
- Se siete a corto di tempo, potete noleggiare un motoscafo (4.500.000Rp) a Kumai per andare e tornare da Campo Leakey in un giorno.
- Non indossate le infradito nella giungla: ci sono le formiche rosse e le sanguisughe.

VIAGGIARE IN KLOTOK

Risalire il Sungai Sekonyer in *klotok*, una casa galleggiante aperta sui lati, è uno dei piaceri del viaggio. Le barche possono essere piccole, con spazio sul ponte per un paio di materassi, un tavolo e un'area di osservazione, o lussuose, con cabine con aria condizionata e docce calde. Aspettatevi pasti eccellenti, una guida esperta nell'avvistamento della fauna selvatica e notti tranquille trascorse ad ascoltare i rumori della foresta.

'illuminante' e osservare la fauna notturna. Incontrerete le vipere del Borneo appese ai rami degli alberi, mentre le tarantole escono dai loro cunicoli e formiche giganti della foresta si muovono in superficie. Avrete anche la possibilità di vedere i pitoni. Se siete veramente fortunati, potrete avvistare i tarsi: piccoli e timidi primati con occhi enormi che si nutrono di insetti e ragni.

Pasalat

Risalendo il fiume, la fauna selvatica diventa sempre più visibile. Scimmie nasiche saltano tra gli alberi lungo le rive del fiume e, soprattutto al mattino, si possono vedere gli oranghi selvatici, i buceri e i martin pescatori; a volte si intravedono anche i coccodrilli. Non tutte le barche si fermano a Pasalat, un campo di riforestazione gestito da una ONG indonesiana: dal 2000, circa 50 ettari di questa zona sono stati riforestati con alberelli di casuarina ed è stato allestito un orto di piante medicinali. Da Pasalat è possibile fare un'escursione di cinque ore verso la postazione di nutrizione degli oranghi di Pondok Tanggui.

Pondok Tanggui

Questa è la seconda postazione di nutrizione degli oranghi. È la migliore perché i visitatori possono avvicinarsi molto alle scimmie, a soli 10 m. Si inizia alle 9 del mattino con una passeggiata di 1 km nella foresta; portate acqua potabile perché fa caldo. Gli oranghi si avvicinano da tutte le direzioni, scendono dagli alberi o percorrono lo stesso sentiero utilizzato dai turisti. Spesso le scimmie rimangono anche dopo aver fi-

Oranghi, Parco Nazionale di Tanjung Puting

MEPSTOCK/SHUTTERSTOCK ©

nito la frutta e il latte, come fanno in tutte le postazioni, arrampicandosi su un albero vicino per osservare i visitatori o semplicemente rimanere in compagnia, il che significa che c'è molto tempo per ammirarle. Le mangiatoie di Pondok Tanggui sono spesso animate da branchi di macachi, che amano razziare la piattaforma e portare via tutta la frutta, con grande disappunto degli oranghi.

Pondok Ambung

Stazione di ricerca gestita dalla ONG Orangutan Foundation International, Pondok Ambung utilizza telecamere a infrarossi per monitorare la fauna notturna del parco, grazie alle quali sono stati avvistati gli sfuggenti tarsi e i leopardi nebulosi. È il luogo ideale per le escursioni alla ricerca di ragni, serpenti, insetti e strani funghi luminescenti. In zona vivono anche primati e orsi malesi.

Campo Leakey

Mentre il *klotok* si dirige verso Campo Leakey, l'ultima tappa dei tour, il Sungai Sekonyer si restringe drasticamente, il colore dell'acqua cambia e diventa nero come l'inchiostro, la giungla si chiude e la linea dei telefoni cellulari scompare. I primati sono dappertutto: macachi che scalpitano e si nutrono lungo le rive del fiume e scimmie nasiche che saltano da un albero all'altro. Potreste vedere oranghi selvatici appollaiati sui rami più alti.

Campo Leakey è la stazione di ricerca storica di Tanjung Puting e il luogo in cui si trova la terza postazione di nutrizione degli oranghi. È stato chiamato così in onore del defunto paleoantropologo Louis Leakey, tra i cui assistenti c'erano le famose primatologhe Jane Goodall, Dian Fossey e Biruté Galdikas, che fondarono questo posto nel 1971. Il campo è un insieme di edifici in legno, con la piattaforma situata a 1 km dal molo delle barche.

L'orario di alimentazione è alle 14 e la postazione attira gibboni dalla barba bianca, che siedono sugli alberi sopra la piattaforma pronti a dondolarsi e ad afferrare un po' di frutta prima dell'arrivo degli oranghi. I gibboni sono incredibilmente rapidi tra gli alberi e si muovono molto più velocemente di altri primati. Di solito ci sono anche molti macachi, alcuni accovacciati sul molo della barca a guardare l'arrivo dei *klotok*.

Dopo aver visitato Campo Leakey, le barche tornano indietro – una manovra non facile quando il fiume è stretto e intasato dai *klotok* – e si dirigono a valle per gettare l'ancora per la notte. Alcuni tour offrono la possibilità di andare in canoa lungo il fiume il mattino seguente, prima che le barche tornino a Kumai e il tour si concluda.

ORANG-UTAN

Quattro grandi scimmie appartengono alla famiglia degli ominidi: oranghi, scimpanzé, gorilla ed esseri umani. Gli oranghi, il cui nome in malese significa 'umano (*orang*) della foresta (*utan*)', condividono il 97% del nostro DNA. Un'antica leggenda dayak narra che questi cugini dai capelli color dell'aurora erano originariamente esseri umani che si arrampicavano sugli alberi e che abbandonarono il linguaggio. Le somiglianze tra oranghi e umani sono evidenti, soprattutto nel legame tra madre e piccoli, che rimangono insieme per sette anni imparando a sopravvivere nella foresta pluviale. Per ulteriori informazioni, visitate il sito web della Orangutan Foundation International (orangutan.org).

Kalimantan meridionale

MERCATI GALLEGGIANTI | TREKKING | RAFTING

TRASPORTI LOCALI

30 km a sud-est del centro di Banjarmasin si trova l'aeroporto della zona meridionale. Il taxi costa circa 165.000Rp. Il nuovo terminal degli autobus di Banjarmasin è invece 17 km a sud-est del centro. Due autobus giornalieri si dirigono a Loksado alle 8 e alle 9 (cinque ore di viaggio). Alle 10 partono gli autobus per Palangka Raya, Pangkalan Bun, Balikpapan e Samarinda, ma i tempi sono lunghi. A Banjarmasin utilizzate Grab o Gojek. A Loksado, gli hotel provvedono al trasporto.

IL CONSIGLIO

Banjarmasin è molto estesa e il traffico è intenso. Prevedete molto tempo per raggiungere l'aeroporto e il terminal degli autobus. Cercate di evitare Loksado nei fine settimana e nei giorni festivi.

Il Kalimantan meridionale offre la possibilità di esplorare l'animata Banjarmasin, la città più vivace della regione, e di fare trekking e rafting nella tranquilla Loksado, un'attraente località sui Monti Meratus. I fotogenici mercati galleggianti di Banjarmasin sono il simbolo della città, ma i visitatori possono anche visitare i più grandi giacimenti di diamanti dell'Indonesia, a sud dell'abitato. Le cascate, i sentieri escursionistici e la fresca aria di montagna di Loksado rappresentano una fuga rinvigorente dalla giungla di pianura.

La più piccola delle cinque province del Kalimantan è la patria del popolo banjar, o banjarese, un gruppo etnico del Borneo con lingua e cucina proprie. Il *soto banjar*, una deliziosa zuppa di pollo sminuzzato con noodles e cannella, è oggi un piatto popolare in tutta l'Indonesia, ma il Kalimantan meridionale è il posto giusto per provarlo. Circa tre quarti della popolazione è composta da banjaresi, ma sulle montagne si trovano alcuni villaggi dayak.

Mercati galleggianti di Banjarmasin

Vita sul fiume

Banjarmasin si estende per chilometri su entrambi i lati del Sungai Martapura e sono proprio il fiume e i suoi canali a caratterizzare la città. Le case in legno, le moschee, i negozi e i ristoranti costeggiano i corsi d'acqua, simbolo suggestivo della vita fluviale tradizionale di Banjarmasin, anche se in altre zone sorgono centri commerciali e condomini.

Visitare i **mercati galleggianti** quotidiani di Banjarmasin è il modo migliore per scoprire questo mondo acquatico. Il viaggio inizia alle 4.30 del mattino (portatevi una giacca, fa freddo di prima mattina). Incontrate la guida e il barcaiolo e partite lungo il Sungai Martapura; mentre le luci delle case sul fiume proiettano misteriosi riflessi sull'acqua, residenti mattinieri si stendono sulle verande delle case e le moschee richiamano alla preghiera.

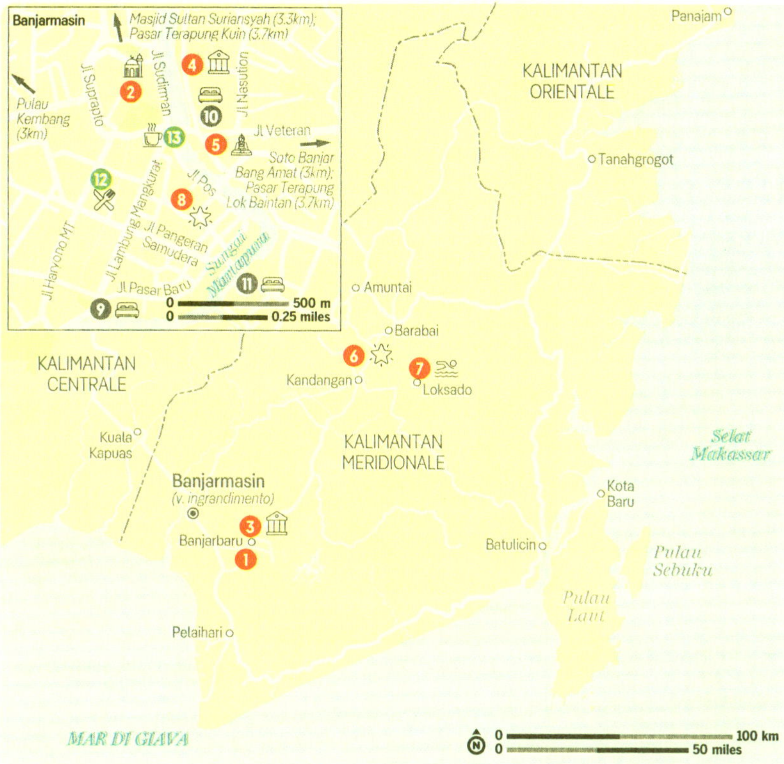

DA VEDERE
1 Giacimenti di diamanti di Cempaka
2 Masjid Raya Sabilal Muhtadin
3 Museo Lambung Mangkurat
v. 3 Penggosokkan Intan
4 Rumah Anno 1925
5 Kalenteng Soetji Nurani

ATTIVITÀ, CORSI E TOUR
6 Borneo Eco Adventure
7 River Tubing Loksado
8 Tailah

PERNOTTAMENTO
9 Hotel Victoria River View
v. 7 Mountain Meratus Resort
v. 7 Penginapan Pesona Meratus
10 Summer B&B
11 Swiss-Belhotel Borneo Banjarmasin

PASTI
12 Rumah Makan Cinto Raso

LOCALI E VITA NOTTURNA
13 101 Coffee
v. 10 People's Place

Ci vogliono 75 minuti per raggiungere **Pasar Terapung Lok Baintan**, alla periferia nord-orientale di Banjarmasin. Al sorgere del sole, la vostra barca sarà circondata da venditori, per lo più donne, che remano su barche cariche di prodotti freschi, mentre i clienti dei negozi e dei ristoranti della città cercano le offerte migliori. Vengono venduti ananas, litchi, rambutan, noci di cocco, banane, jackfruit, zucche, pesce essiccato e verdure di ogni tipo; le barche e le operazioni di baratto sono un vero spettacolo. Prendete un caffè e una ciambella del Kalimantan

GRANDE CATASTROFE DEL RISO

Negli anni '90 l'allora presidente Suharto cercò di incrementare la produzione di riso con il Mega Rice Project, per convertire un milione di ettari di foresta palustre in campi di riso. Una vasta area fu disboscata prima che ci si rendesse conto che non sarebbe cresciuto nulla. Gli incendi hanno rilasciato enormi quantità di CO_2 e oggi tra Banjarmasin e Palangka Raya c'è una terra desolata.

MIGLIORI GUIDE DEL KALIMANTAN

Abdullah
Guida del Kalimantan orientale specializzata in escursioni di più giorni lungo il Sungai Mahakam da Samarinda (WhatsApp +62 821 5772 0171).

Jenie Subaru
Guida affidabile per il Kalimantan centrale; organizza escursioni nei parchi nazionali di Tanjung Puting e Sebangau (WhatsApp +62 857 6422 0991 o jeniesubaru@gmail.com).

Joe Yas
Guida di lungo corso con sede a Banjarmasin; organizza escursioni in tutto il Kalimantan centrale, meridionale e orientale (WhatsApp +62 812 5182 8311).

Rustam
Rustam, con sede a Samarinda, è raccomandato per il Cross-Borneo Trek e il Kalimantan orientale (WhatsApp +62 812 585 4915).

Tailah
L'esperto Tailah può portarvi ai mercati galleggianti di Banjarmasin o a fare trekking intorno a Loksado (WhatsApp +62 858 2103 5791).

SONY HERDIANA/SHUTERSTOCK ©

Mercato galleggiante, Banjarmasin

dalle barche che fungono da bar galleggianti e fate pratica di bahasa indonesia con le venditrici, un gruppo di allegre signore che amano chiacchierare con i pochi visitatori stranieri.

Il momento migliore per il mercato è tra le 6 e le 7 del mattino, quando il fiume è pieno di barche e la luce è morbida e piacevole per le foto. Alle 8.30 la contrattazione è terminata e i venditori sono già tornati alle loro tenute. Durante il viaggio di ritorno a Banjarmasin si può deviare verso **Pulau Kembang**, un'isola con un lungo molo e numerosi macachi. Nelle vicinanze si trova **Masjid Sultan Suriansyah**, una splendida moschea in legno del 1746 costruita sul sito del primo luogo di culto islamico del Borneo. In alternativa, fermatevi al **Soto Banjar Bang Amat**, un ristorante in riva al fiume famoso per la sua *soto banjar* (zuppa di pollo e noodles).

Lungo un canale a ovest del centro, c'è un altro mercato galleggiante giornaliero, più turistico, il **Pasar Terapung Kuin**, mentre la domenica uno più piccolo viene allestito a lato del Ponte Merdeka nel centro di Banjarmasin. Qualsiasi hotel può trovare una guida e un barcaiolo per visitare i mercati, ma noi consigliamo di affidarsi a **Tailah**, che parla bene inglese e conosce Banjarmasin. È possibile visitare il mercato anche senza guida, raggiungendo il Ponte Merdeka, dove i barcaioli aspettano i clienti.

Tra le altre cose da vedere sul fiume c'è la **Masjid Raya Sabilal Muhtadin**, una grande moschea a cupola piatta nel centro di Banjarmasin che sembra uscita da un film di fantascienza, soprattutto la sera quando è illuminata. Durante il Ramadan, all'esterno della moschea viene allestito un mercato dei dolci, il **Pasar Wadai**. Lì di fronte, sull'altra sponda del fiume, si trova **Rumah Anno 1925**, una bella casa tradizionale banjarese in legno del 1925 che a volte è aperta al pubblico. Tornando verso il Ponte Merdeka, si trova il **Kalenteng Soetji Nurani**, un tempio cinese del 1898 situato in quello che era il cuore della Chinatown di Banjarmasin. Negli ultimi anni l'area è stata riqualificata. Il tempio è aperto ai visitatori durante il giorno.

I più grandi giacimenti di diamanti dell'Indonesia

Alla ricerca di pietre preziose

I **giacimenti di diamanti di Cempaka**, conosciuti dalla gente del posto come Desa Pumpung, sono uno dei luoghi storici più strani dell'intero Kalimantan. Qui si estraggono diamanti da 600 anni e, nonostante si tratti dei più grandi giacimenti dell'Indonesia, si utilizzano ancora metodi di estrazione tradizionali. Il paesaggio è disseminato di crateri in cui i minatori hanno scavato per trovare l'acqua carica di sedimenti, che viene poi pompata a monte tramite tubi e setacciata in sgangherati marchingegni di legno, prima di essere svuotata in una fossa in cui un minatore se ne sta immerso fino alla vita per cercare i tesori.

Si tratta di un'attività mineraria che ricorda più la corsa all'oro del 1849 in California che il XXI secolo. I visitatori che sono disposti a sporcarsi le mani possono provare a loro volta. I circa 1000 minatori lavorano in piccoli gruppi, molti dei quali appartengono a famiglie che fanno questo lavoro da generazioni. Sono amichevoli e sono felici di spiegare il loro lavoro ai turisti. La maggior parte dei diamanti sono piccoli, tra 0,5 e 1 carato, ma è frequente trovare anche agata, ametista e oro. Le miniere si trovano a circa 40 km a sud-est di Banjarmasin e sono chiuse il venerdì. È necessaria una guida.

Per raggiungere le miniere si passa per Banjarbaru, 35 km a sud-est di Banjarmasin, che è il capoluogo del Kalimantan meridionale, sebbene sia molto più piccola di Banjarmasin. Il **Museo Lambung Mangkurat** su Jl Ahmed Yani (la strada principale di Banjarbaru) è una sosta degna di nota grazie ad alcune esposizioni sulla cultura e la storia banjar di qualità superiore alla media (chiuso il lunedì). Nelle vicinanze si trova anche il **Penggosokkan Intan**, un centro governativo dove i visitatori possono vedere diamanti e altre pietre preziose già sottoposti ai test di purezza, tagliati e lucidati, e acquistarli.

SCAVARE IN CERCA DI DIAMANTI

Supian Suri, minatore, racconta l'estrazione dei diamanti e altre pietre preziose nei giacimenti di Cempaka.

Sono nato a Cempaka e faccio il minatore da quando ho lasciato la scuola. Anche mio padre e mio nonno erano minatori, quindi è una professione che faccio in modo naturale. Può essere rischioso se c'è una frana; l'anno scorso uno del nostro gruppo è rimasto ucciso, ma non mi preoccupo. Preghiamo sempre prima di iniziare a scavare in un nuovo sito. Ho fiducia in Allah. Guadagno bene ma, ovviamente, dipende da quello che troviamo. I diamanti sono piccoli, però ogni giorno troviamo dell'agata e spesso anche oro, che possiamo vendere a 700.000Rp al grammo.

MANGIARE E BERE A BANJARMASIN: LA NOSTRA SCELTA

Soto Banjar Bang Amat: Locale sgangherato in riva al fiume che propone specialità locali. Prepara un gustoso pollo *sate* (satay). $

Rumah Makan Cinto Raso: Locale padang meritatamente popolare nel centro di Banjarmasin, dove il cibo è in bella mostra. $

101 Coffee: Caffetteria con una bella atmosfera in riva al fiume e molti posti a sedere all'aperto, illuminati la sera. Piatti a base di noodles e riso. $

People's Place: Bar-ristorante sul tetto, con vista sul fiume, musica dal vivo, birra fresca e un menu di specialità occidentali e indonesiane. $$

BANJAR

Circa 4,1 milioni di persone in Indonesia si identificano come banjar. La stragrande maggioranza vive nel Kalimantan meridionale, con comunità più piccole nel Kalimantan centrale e orientale. In origine un popolo di etnia austronesiana, è salito alla ribalta nel XVI secolo con la fondazione del sultanato di Banjar, nell'attuale Kalimantan meridionale. Il sultanato si arricchì producendo e commerciando pepe, ma fu sospeso dalle autorità coloniali olandesi a metà del XIX secolo dopo una breve guerra. Oggi, molti banjaresi sono mescolati con i dayak o i giavanesi, ma la lingua banjar continua a essere diffusa, mentre la cucina – in particolare le zuppe e i dolci tipici – si è diffusa anche al di fuori del Kalimantan ed è diventata un must sulla scena gastronomica indonesiana.

Vita di montagna a Loksado

Trekking, rafting e cowboy delle paludi

La graziosa **Loksado** è un ottimo rifugio dalle pianure del Kalimantan meridionale. Situato ai piedi dei Monti Meratus, questo insediamento in parte dayak rappresenta un vero e proprio paradiso nel Kalimantan. L'ultimo tratto delle cinque ore di viaggio da Banjarmasin è una strada in continua salita che attraversa colline boscose, ruscelli e cascate nascoste. Loksado è un piccolo villaggio la cui strada principale segue la curva del Sungai Amandit. L'aria fresca di montagna è un sollievo dopo il caldo e l'umidità della pianura; è il centro ideale per il trekking e il rafting, con numerosi sentieri da esplorare e fiumi per gite in barca su zattere di bambù.

Le escursioni nei dintorni di Loksado valgono la pena soprattutto perché offrono numerose opportunità di avvistare la fauna selvatica – macachi, pitoni, iguane, aquile e gufi – e anche di visitare i villaggi dayak, dove è possibile dormire nelle longhouse e salire su traballanti ponti sospesi. Ci sono anche numerose cascate e, se si cammina abbastanza a lungo, si raggiungono la foresta primaria incontaminata e alcuni picchi montani.

La camminata varia da tratti in piano e tratti in salita su pendii scoscesi. Si possono scalare i 1901 m del **Gunung Besar** (la vetta più alta dei Monti Meratus), con un'escursione di tre o quattro giorni. Le guide sono essenziali: a Banjarmasin o in loco chiedono 400.000Rp.

I turisti indonesiani che si recano a Loksado sono sempre più attratti dalla possibilità di divertirsi sul **Sungai Amandit**. Navigare sul fiume in canoa è una delle esperienze più gettonate, superata soltanto dalla navigazione su zattere di bambù guidate da barcaioli dayak. A seconda del livello dell'acqua, l'esperienza può essere rilassante o movimentata. Tutto intorno la foresta avvolge il fiume e si sentono gli animali selvatici, anche se non si vedono. Tutte le strutture ricettive di Loksado possono organizzare uscite di rafting o canottaggio. Per praticare rafting per due o tre ore, con ritorno a Loksado in mototaxi, si spendono 300.000Rp.

Da Banjarmasin a Loksado partono un paio di autobus mattutini; un taxi costa 800.000Rp. Loksado è molto affollata durante i fine settimana e nei giorni festivi, ma c'è una scelta sempre più ampia di posti in cui alloggiare, per lo più lungo il fiume, con la maggior parte delle sistemazioni nella parte più a sud del villaggio. Non mancano semplici ristoranti e negozi, ma la maggior parte chiude prima delle 20.

La visita a Loksado può essere combinata con un'avventura nelle vaste zone umide a nord della vicina **Kandangan**. Si tratta di una delle esperienze più insolite del Kalimantan: potrete osservare i **cowboy delle paludi** che allevano bufali d'acqua dalle canoe invece che a cavallo. Le piatte pianure alluvionali e la palude a nord di Kandangan rendono quasi impossibile l'agricoltura tradizionale. La regione ospita invece enormi allevamenti: le mandrie di bufali d'acqua sono

Loksado

condotte in recinti sopraelevati durante la notte e lasciate libere di nuotare verso le loro aree di pascolo durante il giorno. I mandriani delle paludi usano le canoe per condurre i bufali al pascolo o alle loro pozze di fango preferite, prima di ricondurli ai recinti al tramonto. È uno spettacolo incredibile, soprattutto al mattino presto o nel tardo pomeriggio. Se volete raggiungere le zone umide, prendete un taxi per la città fluviale di **Negara**, 30 km a nord-est di Kandangan, lungo una strada sopraelevata fiancheggiata da villaggi a palafitta. Da Negara, noleggiate una barca al molo vicino al mercato principale (250.000Rp) per raggiungere le mandrie (un'ora di viaggio). È possibile arrivare alle zone umide anche da **Amuntai**, 55 km a nord di Kandangan. A Negara ci sono alcune guesthouse molto spartane, ad Amuntai e Kandangan si trovano hotel migliori.

MONTI MERATUS

I Monti Meratus incombono su Loksado. La cima più alta, il Gunung Besar, è una delle poche montagne del Kalimantan che offre una bella vista. La catena montuosa taglia in due il Kalimantan meridionale e ospita villaggi remoti popolati dalle popolazioni seminomadi dei meratus dayak, da rari uccelli e da alcuni esemplari di oranghi. Tuttavia, le montagne hanno subito danni ambientali a causa del disboscamento estensivo. Nella parte finale del viaggio verso Loksado, i visitatori possono vedere cumuli di legname ai lati della strada e colline disboscate. Tuttavia, i tratti montani più distanti sono ancora ricoperti di foresta primaria, ormai sempre più rara nel Kalimantan.

Kalimantan orientale

VIAGGI SUL FIUME | ISOLE IDILLIACHE | CITTÀ IN ESPANSIONE

TRASPORTI LOCALI

Spostarsi in questa provincia remota richiede pazienza. Nonostante gli aeroporti ben collegati di Balikpapan e Samarinda, le barche restano il mezzo principale. Alcune collegano Samarinda all'interno del Borneo, con viaggi fluviali di più giorni, mentre motoscafi da Berau raggiungono l'Arcipelago di Derawan. Gli autobus collegano Balikpapan e Samarinda, ma altrove i taxi condivisi hanno sostituito il trasporto pubblico.

IL CONSIGLIO

Prenotate i biglietti per le imbarcazioni con un giorno di anticipo: i posti si riempiono in fretta anche nelle località isolate. Il Kalimantan orientale segue l'ora solare dell'Indonesia centrale, quindi è un'ora avanti rispetto a Giacarta e al Kalimantan occidentale e centrale.

Il Kalimantan orientale è il luogo ideale per realizzare il sogno esotico di addentrarsi nel cuore del Borneo e immergersi con mante e squali balena nelle acque cristalline delle sublimi isole tropicali dell'Arcipelago di Derawan. Nonostante la sua remota posizione, il Kalimantan orientale ospita anche Balikpapan e Samarinda, due delle città più grandi e vivaci della regione, che offrono ai viaggiatori un'opportunità di riposo dopo viaggi estremi.

Con centinaia di fiumi che attraversano le foreste pluviali, l'entroterra del Kalimantan orientale può essere esplorato solo in barca. Il viaggio di più giorni lungo il Sungai Mahakam da Samarinda è una delle grandi avventure del Borneo e porta i viaggiatori ad attraversare piccole città, laghi e giungle ricche di fauna selvatica. I più coraggiosi possono proseguire e tentare il Cross-Borneo Trek. In alternativa, l'Arcipelago di Derawan vanta alcuni dei migliori siti per immersioni e snorkelling dell'Indonesia, oltre a splendide spiagge di sabbia bianca, straordinariamente tranquille.

Balikpapan, porto in piena espansione

Spiagge e progetti di tutela

Balikpapan è un fiorente porto marittimo grazie alla produzione di petrolio e gas offshore. Seduti sulla sabbia di **Kemala Beach**, una delle numerose spiagge cittadine, potete vedere le petroliere ormeggiate nello Stretto di Makassar e le piattaforme petrolifere in lontananza. Un tempo Balikpapan aveva una consistente popolazione di lavoratori stranieri: ora sono molto meno, ma la città conserva ancora un'atmosfera vagamente cosmopolita, soprattutto rispetto alle altre città del Kalimantan. Ci sono persino alcuni bar e ristoranti in stile occidentale.

Fuori Balikpapan, sulla strada per Samarinda, si trovano diversi siti di tutela che possono essere visitati in giornata. Il principale è **Samboja Lestari**, 45 km a nord di Balikpapan, che ospita oranghi e orsi malesi. A sud si trova il **KWPLH Sun Bear Conservation Center**, dove i visitatori possono osservare gli orsi residenti. Sempre vicino a Balikpapan si trova la **Sungai Wain Protection Forest**, che ospita 90 oranghi.

La maggior parte delle persone che arrivano nel Kalimantan orientale passano per Balikpapan: è un buon luogo dove ricaricarsi. Jl Jenderal Sudirman è la via principale, dove si concentrano alberghi, banche, centri commerciali, caffè e ristoranti. Anche il **Pasar Kebun Sayur**, un mercato 5 km a nord del centro città, merita una visita per acquistare oggetti di artigianato, souvenir e rimedi tradizionali dayak. Utilizzate le app Grab o Gojek per spostarvi in mototaxi e auto.

Samarinda, città fluviale del Kalimantan orientale

Verso l'entroterra del Borneo

Samarinda, il capoluogo del Kalimantan orientale, si trova alla foce del possente Sungai Mahakam. La sua posizione strategica è il principale motivo per visitarla, poiché è il punto di partenza per epici viaggi nel cuore del Borneo. Il **Centro Islamico** della città, con la più grande moschea del Kalimantan, è splendido quando illuminato e offre una bella vista sul fiume dalla torre di osservazione. Non c'è molto altro da vedere, a parte l'affollato mercato di **Pasar Pagi**.

La maggior parte dei viaggiatori si prepara per il viaggio di più giorni lungo il Sungai Mahakam che attraversa anche Samarinda. Vicino al vivace lungofiume si trovano numerosi alloggi, ristoranti e negozi.

Se non siete diretti nell'entroterra, la città funge anche da porta d'accesso al **Parco Nazionale Kutai**, situato a cinque ore di auto più a nord, passando per la città di Sangatta. Abbandonato negli anni '90, il Kutai è oggi in piena ripresa: si stima che qui vivano 2000 oranghi selvatici, oltre a scimmie nasiche, gibboni, langur, leopardi nebulosi, grandi varani e numerose specie di orchidee. Le guide di Samarinda e del parco possono accompagnare i visitatori lungo i numerosi sentieri della foresta, che offrono quasi sempre l'opportunità di avvistare la fauna selvatica. È anche possibile esplorare il parco in barca.

LA CITTÀ PIÙ VIVIBILE DELL'INDONESIA

Negli ultimi dieci anni Balikpapan è stata più volte eletta la città più vivibile dell'Indonesia. Anche se l'atmosfera marittima della città è piacevole, sono il petrolio e il gas il vero motivo del boom di questo centro. Il petrolio al largo di Balikpapan è stato scoperto per la prima volta nel 1890 e ha trasformato quello che allora era un sonnolento villaggio di pescatori popolato da immigrati bugis provenienti da Sulawesi in uno dei principali centri economici del Borneo. Durante la seconda guerra mondiale, australiani e giapponesi si contesero il controllo del petrolio. Oggi l'industria petrolifera e del gas di Balikpapan è ancora il settore più redditizio dell'economia del Kalimantan e da tutta l'Indonesia continuano ad affluire immigrati.

MANGIARE E BERE A BALIKPAPAN: LA NOSTRA SCELTA

Warung Kuin Abduh: Il posto migliore per il *soto banjar*, una zuppa di pollo e noodles aromatizzata alla cannella, e per il *sate* di pollo. Affollato. $

Open House: Ristorante in cima alla collina, distribuito su due suggestivi spazi all'aperto. Serve piatti dayak, oltre a specialità indonesiane. $$

Ocean's Resto: Ristorante sul lungomare nel cuore della vita notturna di Balikpapan. I frutti di mare sono costosi, ma ci sono anche altri piatti. $$$

RPM Cafe: Bar accogliente con birra fredda e musica dal vivo. Nelle vicinanze si trovano altri locali e karaoke. $

KALIMANTAN ORIENTALE
Parco Nazionale di Kayan Mentarang
Sungai Kayan
MALAYSIA
SARAWAK
Sungai Kayan
KALIMANTAN SETTENTRIONALE
Parco Nazionale di Betung Kerihun
Sungai Mahakam
KALIMANTAN ORIENTALE
23
4
Parco Naziona di Kuta
Sungai Balayan
2
15
22
21
8
Tenggarong
17
6
Samarinda
(v. ingrandimento)
KALIMANTAN CENTRALE
Samboja Lestari
1
5
12
Balikpapan
(v. ingrandimen
Panajam
Tanahgrogot
KALIMANTAN MERIDIONALE
Balikpapan
Pasar Kebun Sayur (5km)
Jl Martadinata
27
Jl P Tendean
Jl Ahmad Yani
Jl Tanjung Pura
13
Jl Suparjan
Jl Pranoto
20
Kemala Beach (1km)
Open House (1.6km)
Jl Sudirman
30
18
25
Selat Makassar
0 400 m
0 0.2 miles

DA NON PERDERE
1 Samboja Lestari

DA VEDERE
2 Bala Keselamatan
3 Keraton Sambaliung
4 Parco Nazionale Kutai
5 KWPLH Sun Bear Conservation Center
6 Mancong Longhouse
7 Atollo di Maratua
8 Museo Mulawarman
v. 3 Museo Batiwakkal
9 Pulau Derawan
10 Pulau Kakaban
11 Pulau Sangalaki
12 Sungai Wain Protection Forest

ATTIVITÀ, CORSI E TOUR
v. 9 Scuba Junkie Sangalaki
v. 9 Tasik Divers (Derawan Dive Lodge)

PERNOTTAMENTO
v. 7 Borneo Cottage Maratua
v. 9 Derawan Fisheries Cottage
v. 8 Grand Elty Singgasana Hotel
13 Hotel Gran Senyiur
14 Hotel Grand Kartika
15 Hotel Monita
v. 3 Hotel Palmy
16 Kost Guesthouse
17 Louu Taman Jamrud
v. 7 Maratua Guest House
v. 7 Maratua Paradise Resort
18 Maryam Guest House 2
19 Mercure Samarinda
v. 7 Nabucco Dive Resort
v. 7 Nouri Cottages
20 Novotel Balikpapan
21 Penginapan Abadi
v. 7 Ananda Maratua Teluk Harapan
22 Penginapan Mukjizat 2
23 Penginapan Polewali
v. 9 Reza Cottages
v. 3 Rumah Kedaung

PASTI
24 Ayam Goreng Banjar
25 Ocean's Resto
26 Rumah Makan Amado
27 Warung Kuin Abduh

LOCALI E VITA NOTTURNA
28 Kedai Kofi
29 Muse Cafe
30 RPM Cafe

SHOPPING
31 Pasar Pagi

Il Sungai Mahakam a Samarinda

Biglietto *kapal biasa* per Long Bagun
200.000Rp

Guide
600.000Rp al giorno

DA NON PERDERE

Viaggio lungo il Sungai Mahakam

Percorrere il Sungai Mahakam è un'esperienza unica nella vita che porta i viaggiatori nelle profondità del Borneo tra minuscole città fluviali e villaggi dayak, lungo corsi d'acqua fiancheggiati dalla giungla e ricchi di fauna selvatica. Sentirete parlare pochissimo inglese e non aspettatevi grandi comodità. Un'avventura in cui il viaggio è importante quanto la destinazione.

IN PRIMO PIANO

- Tenggarong
- Kota Bangun
- Regione dei Laghi
- Muara Muntai
- Melak
- Tering
- Long Bagun

Tenggarong

Due *kapal biasa* partono ogni giorno alle 7 del mattino da un molo sul fiume, di fronte alla stazione degli autobus di Samarinda. Acquistate i biglietti a bordo. Il viaggio verso Tenggarong è breve e si snoda lungo il Mahakam, ampio e marrone come il fango che si porta dietro. L'affollata città si estende lungo le rive del fiume è a prima vista non sembra un granché ma è l'antica capitale (risalente al IV secolo d.C.) del sultanato di Kutai, ritenuto il più antico di tutti i regni indonesiani. Il palazzo del sultano è parzialmente visitabile, mentre l'adiacente **Museo Mulawarman** (in fase di ristrutturazione al momento della stesura della guida) racconta la cultura e la storia del regno Kutai e conserva alcune interessanti ceramiche della dinastia Yuan e Ming. L'ideale è visitare Tenggarong durante l'**Erau International Folk & Art Festival**: di solito si tiene in agosto o a settembre ed è una celebrazione annuale delle culture locali, con grandi eventi al palazzo e in città. Prenotate una camera per tempo.

MR. DONNI/SHUTTERSTOCK ©

Erau International Folk & Art Festival

Kota Bangun

A poche ore di navigazione da Tenggarong si trova Kota Bangun. Il basso Mahakam è il tratto meno interessante dal punto di vista paesaggistico: il fiume è pieno di chiatte giganti che trasportano il carbone dalle miniere a monte verso la costa. Alcuni scelgono di percorrere questo pezzo in autobus o in auto, prendendo la barca a Kota Bangun. È una buona idea, poiché Kota Bangun è il punto in cui ci si lascia alle spalle le grandi città per entrare in un mondo di sonnolenti insediamenti fluviali. Kota Bangun si assopisce al sole del pomeriggio, con le sue case basse dominate dalla moschea sul fiume. Ci sono un paio di semplici alloggi e alcuni ristoranti. Tutti chiudono prima delle 21. Gli stranieri attirano l'attenzione.

Se arrivate in *kapal biasa*, vale la pena scendere e proseguire con le *ces*, imbarcazioni di legno simili a canoe con motori che sembrano tosaerba e hanno un telo come copertura. Dopo Kota Bangun ci sono infiniti affluenti, frequentati dalla fauna selvatica, che portano a villaggi affascinanti che non si vedono dai grandi traghetti. I barcaioli locali sono appostati sul molo in riva al fiume. Negoziate il prezzo per un viaggio di un giorno per raggiungere la città successiva, Muara Muntai, attraverso i laghi e le zone umide della regione dei laghi. Il costo di una *ces* è di circa 1.500.000Rp al giorno.

Regione dei Laghi

Salendo a bordo di una *ces*, ci si avvicina alla natura. Se parlate un po' di bahasa indonesia, i barcaioli possono anche farvi da guide. Sono veloci nell'avvistare buceri e scimmie e vi porteranno nei luoghi in cui è più probabile incontrarli. Poco dopo aver lasciato Kota Bangun, il villaggio di Muara Pela appare sulla sinistra del fiume, con laghi e zone umide visi-

BARCHE DEL MAHAKAM

Sul Sungai Mahakam navigano diverse imbarcazioni.

Kapal biasa
Queste navi a due piani, principali imbarcazioni sul Sungai Mahakam, effettuano viaggi di più giorni da Samarinda a Long Bagun. Il ponte inferiore aperto è destinato ai viaggiatori a corto raggio, alle merci, al carburante e alle moto. I passeggeri a lungo raggio viaggiano sul ponte superiore chiuso.

Motoscafi
Conosciuti come *spid*, sono potenti motoscafi che sfrecciano sul Mahakam alla velocità di 80 km all'ora. Gli *spid* sono rumorosi e angusti, soprattutto per le persone alte o di grossa statura.

Ces
Sono la versione indonesiana delle barche a coda lunga che si trovano in tutto il Sud-est asiatico. Sono perfette per esplorare le strette vie d'acqua della giungla e per avvistare la fauna selvatica.

ULTIMI DELFINI DEL SUNGAI MAHAKAM

Nel Sungai Mahakam sono rimasti meno di 70 delfini di fiume. Geneticamente diversi dai delfini dell'Irrawaddy, che si trovano negli altri fiumi del Sud-est asiatico, questi esemplari grigio-azzurri affrontano la duplice minaccia delle reti da pesca e dei motori delle imbarcazioni, oltre che un fiume sempre più inquinato dagli scarichi delle miniere di carbone e delle piantagioni di palma da olio. L'ONG **YK-RASI**, con sede a Samarinda, lavora per proteggere queste incantevoli creature.

bili già in lontananza. È il luogo ideale per avvistare i delfini di fiume del Mahakam. In seguito, la *ces* finirà sulla grande distesa del **Lago Semayang** sulle cui sponde si trova Melintang, un villaggio su palafitte collegato alla terraferma da un precario ponte di bambù. Da qui, i barcaioli si dirigono verso gli stretti affluenti del Mahakam, circondati dalla giungla, superando piccoli centri in direzione di Muara Muntai.

Muara Muntai

Muara Muntai è collegata da una rete di passerelle in legno di casuarina, lungo le quali sfrecciano in continuazione mezzi e motociclette. Questa città a prevalenza musulmana vanta guesthouse e ristoranti ed è un'ottima base per esplorare il **Lago Jempang**, il più grande della regione, e i villaggi dayak circostanti.

Il Jempang è un paradiso per gli amanti del birdwatching tra martin pescatori, buceri e cicogne. Sugli alberi si muovono inoltre gruppi di scimmie nasiche, primati dal naso grosso e dalla coda lunga che giocano lungo la riva del fiume e, a volte, nuotano.

Su una delle due sponde si trova Tanjung Isay, un piccolo villaggio dayak che ospita una famosa longhouse sorvegliata da totem, la **Louu Taman Jamrud**. Nel villaggio di Mancong, sorge invece la Mancong Longhouse, risalente agli anni '30, oggi finemente restaurata. Se il livello dell'acqua lo consente, si può raggiungere Mancong in barca, altrimenti si sale su una moto a Tanjung Isay e si percorre un tratto di 10 km via terra.

Scimmia nasica

YUSNIZAM YUSOF/SHUTTERSTOCK ©

Melak

Il viaggio di quattro ore in *ces* da Muara Muntai a Melak è un'esperienza affascinante. Le imbarcazioni girano intorno ai vasti ammassi di giacinti d'acqua sul Lago Jempang, per poi svoltare lungo un canale tortuoso fiancheggiato da giganteschi alberi di banian. Qui, le scimmie sono a pochi metri di distanza, insieme a macachi e varani, mentre uccelli dai colori vivaci volano nel cielo e gli insetti della giungla creano un incessante sottofondo sonoro. Le barche si reimmettono nel Mahakam raggiungendo **Muara Pahu**, un insediamento su palafitte, prima di dirigersi verso Melak.

Intorno a Melak, la città più grande del Mahakam dopo Tenggarong, ci sono diversi villaggi dayak e qualche longhouse. Gli assetati troveranno anche un paio di negozi di liquori. Se volete evitare di prendere un *kapal biasa*, due motoscafi al giorno partono da Melak diretti a Samarinda verso le 9 del mattino, percorrendo il fiume in sei ore.

Tering

Immerso nella terra delle miniere d'oro, Tering è un centro composto da due villaggi separati dal fiume Mahakam. **Tering Baru**, sulla riva sud, è un insediamento malese dove attraccano i *kapal biasa*. Molto più interessante però è la comunità dayak di **Tering Lama**, situata sulla riva nord. Attraversate il fiume per ammirare la magnifica **chiesa cattolica** di Tering Lama, una struttura interamente in legno con un campanile sospeso su imponenti pilastri e totem scolpiti all'ingresso.

Tering, a un'ora di macchina da Melak, è spesso la tappa finale per i *kapal biasa*, a seconda del livello dell'acqua. Se il *kapal* non può proseguire, i viaggiatori possono prendere un motoscafo la mattina e intraprendere un viaggio di quattro ore verso Long Bagun.

Long Bagun

I viaggiatori che arrivano a Long Bagun possono esserne fieri: è l'ultima tappa del *kapal biasa*. C'è solo un altro insediamento a monte del fiume ed è il villaggio di **Tiong Ohang**, a sei ore di motoscafo, da dove i viaggiatori del Cross-Borneo si dirigono verso i Monti Muller. Long Bagun è un piccolo ma interessante villaggio a maggioranza dayak con una bella longhouse. Se il livello dell'acqua è favorevole, i *kapal biasa* attraccano 3 km a sud del villaggio, a Ujoh Bilang. Altrimenti i motoscafi scendono lungo il fiume fino a Tering.

CONSIGLI

- Le guide non sono fondamentali. Tuttavia, vi renderanno la vita molto più facile se non parlate indonesiano.
- A Muara Muntai e Melak ci sono dei bancomat, ma non fateci troppo affidamento: portate con voi molti contanti.
- I motoscafi partono normalmente tra le 8 e le 9 del mattino. Acquistate i biglietti il giorno prima.
- I *kapal biasa* attraccano e partono a tutte le ore. Non aspettatevi che siano puntuali.
- De'Gigant Tours, con sede a Samarinda, propone tour di più giorni del Mahakam in comode case galleggianti *klotok*.

CROSS-BORNEO TREK

Il viaggio da Samarinda sul Sungai Mahakam è anche la prima tappa della variante est-ovest del **Cross-Borneo Trek** (p508). Una volta arrivati nel villaggio di Tiong Ohang, è il momento di iniziare il trekking sui Monti Muller.

NUSANTARA: NUOVA CAPITALE

Palangka Raya avrebbe dovuto prendere il posto di Giacarta come capitale dell'Indonesia. Non è mai accaduto, ma ora, trascorsi 60 anni, il Kalimantan è stato scelto come sede della capitale del paese. Dopo decenni di lamentele sul fatto che l'Indonesia è troppo incentrata su Giava e che Giacarta sta letteralmente affondando sotto il peso di infrastrutture sovraccariche, una nuova capitale chiamata Nusantara è stata costruita nel Kalimantan orientale. Con un costo stimato di 34 miliardi di dollari, si trova più o meno nel centro geografico dell'arcipelago indonesiano. Sarà costruita in cinque fasi su un'estensione di 2560 kmq, con il completamento dei lavori previsto per il 2045, nonostante sia già stata inaugurata il 17 agosto 2024.

La storia di Berau

Tra isole e grotte

Berau, un tempo centro di un sultanato che ha governato l'area per circa 300 anni, è oggi un importante snodo commerciale sul fiume Berau, nel nord del Kalimantan orientale. Il famoso scrittore Joseph Conrad vi trascorse un periodo come marinaio negli anni '80 del XIX secolo e il suo primo romanzo, *La follia di Almayer*, è ambientato in una versione romanzata di questa località. Tecnicamente, Berau è il nome della reggenza, mentre Tanjung Redeb è il nome della città, ma la maggior parte della gente del posto la chiama 'Berau'. Oggi è nota soprattutto come snodo di transito grazie ai battelli giornalieri per le isole dell'Arcipelago di Derawan e al suo aeroporto, che risparmia ai visitatori un viaggio di 15 ore da Samarinda.

Il **Museo Batiwakkal**, situato nel punto in cui sorgeva il palazzo del sultano, offre una panoramica sulla storia del suo regno. È possibile visitare anche il **Keraton Sambaliung**, un palazzo reale risalente a 200 anni fa, situato quasi di fronte al museo, sull'altra sponda del fiume. Dopo il tramonto, lungo Jl Pangeran Antasari, aprono i ristoranti di pesce più frequentati.

Un'altra ragione per visitare Berau è esplorare le frastagliate formazioni carsiche calcaree e la foresta intorno a **Merabu**, un villaggio dayak situato a cinque-sei ore di auto più a sud. Non si vede molta fauna selvatica, l'attrattiva principale sono le grotte, in particolare **Goa Beloyot**, una caverna piena di impronte di mani risalenti a migliaia di anni fa, raggiungibile con un'escursione di mezza giornata. È possibile intraprendere una faticosa camminata di due ore fino a **Puncak Ketepu**, da cui si gode di una vista panoramica. Tutte le sistemazioni a Merabu sono a conduzione familiare; i visitatori devono pagare una tassa obbligatoria. Presentatevi al capovillaggio al vostro arrivo.

Isole tropicali del Borneo

Diving al largo di Pulau Derawan

Le 31 isole dell'**Arcipelago di Derawan**, situate nel Mar di Celebes al largo della costa del Kalimantan orientale, sono un autentico paradiso tropicale. Per lo più disabitate, sono circondate da barriere coralline vivaci e acque turchesi che lambiscono spiagge di sabbia bianca bordate da palme e alberi di casuarina. L'arcipelago si trova nel Triangolo dei Coralli,

MANGIARE E BERE A SAMARINDA: LA NOSTRA SCELTA

Ayam Goreng Banjar: Gli abitanti del luogo amano il pollo dalla pelle croccante e il *sambal* piccante di questo locale banjarese a pochi passi dal lungofiume. $

Rumah Makan Amado: Altro ristorante banjarese che serve *soto banjar* e pollo *sate*. $

Kedai Kofi: Accogliente caffetteria vecchio stile situata in una delle ormai rare case di legno di Samarinda. I chicchi provengono da Sulawesi. $

Muse Cafe: Complesso di intrattenimento su otto piani con discoteca, karaoke, un pub e un ristorante sul tetto con una buona selezione di birre. $

Pulau Derawan

uno degli ambienti marini più ricchi e diversificati al mondo, e offre immersioni e snorkelling di prim'ordine.

Pulau Derawan è una delle due isole abitate, la più vicina alla costa. La sua popolarità è aumentata tra i turisti indonesiani e i subacquei cinesi. Per far fronte all'afflusso di visitatori, il villaggio di pescatori originario si è espanso con passerelle di legno sull'acqua che ospitano abitazioni su palafitte, permettendo agli ospiti di fare snorkelling direttamente sotto l'alloggio. Le tartarughe marine qui sono una presenza frequente.

Pulau Derawan è il punto di partenza per le escursioni di numerosi centri diving. I migliori siti di immersione si trovano intorno all'**Atollo di Maratua**, **Pulau Sangalaki** e **Pulau Kakaban**, raggiungibili in 70-80 minuti di motoscafo. In queste acque, si possono osservare mante, barracuda, squali balena e squali volpe. La stagione secca, da marzo a ottobre, è il periodo migliore per le immersioni. Tuttavia, non è una destinazione adatta ai principianti: le correnti sono forti e alcuni siti richiedono esperienza in acque libere. Un'uscita di un giorno o due costa circa 2.000.000Rp.

Sebbene Pulau Derawan non sia remota né idilliaca come l'Atollo di Maratua, è più economica. L'isola offre diverse sistemazioni, ma solo pochi ristoranti, ed è percorribile a piedi in 15 minuti. Alcune barche collegano Pulau Derawan al porto

NIDI DI RONDONI

Il Kalimantan orientale ha la sua colonna sonora: un cinguettio acuto che sembra non fermarsi mai. Assordanti richiami vengono emessi dai megafoni sui tetti e hanno lo scopo di convincere le colonie di rondoni a costruire nidi nelle alte strutture di cemento che popolano tutta la provincia.

I nidi sono infatti l'ingrediente base della zuppa di nidi d'uccello, una prelibatezza proteica che si crede rafforzi il sistema immunitario, molto popolare in Cina e nel Sud-est asiatico. Potete vedere (e sentire) colonie di rondoni in tutto il Kalimantan, ma sono particolarmente diffusi nelle città e nei villaggi lungo il Sungai Mahakam.

MIGLIORI CENTRI IMMERSIONI DI DERAWAN

Borneo Cottage Maratua
L'affabile Arief si immerge al largo dell'Atollo di Maratua da 20 anni e parla bene l'inglese. Può anche organizzare escursioni di snorkelling.

Maratua Paradise Resort
Questo centro immersioni di lunga data dispone di divemaster esperti e si affaccia su una scintillante spiaggia di sabbia bianca sull'Atollo di Maratua.

Nabucco Island Resort
Questa attività sull'Atollo di Maratua ottiene sempre buone valutazioni. Propone corsi SSI e PADI.

Scuba Junkie Sangalaki
Un valido centro con sede su Pulau Derawan; offre pacchetti di immersioni di più giorni.

Tasik Divers
Situato sulla migliore spiaggia di Pulau Derawan, nel nord dell'isola, Tasik dispone di due moderne barche e di molta esperienza.

Tartaruga, Arcipelago di Derawan (p530)

di Tanjung Betu, 110 km a est di Berau. Portate molti contanti, perché l'unico bancomat sull'isola non accetta carte straniere.

Nuotare con le mante

Immersioni e snorkelling all'atollo di Maratua

L'Atollo di Maratua è un paradiso tropicale. Caratterizzata da spiagge di sabbia bianca per lo più vuote e con un entroterra selvaggio popolato da macachi e varani, è l'isola più grande dell'Arcipelago di Derawan e si trova vicino ai principali punti di immersione della zona. La visibilità dell'acqua è generalmente migliore rispetto a Pulau Derawan (da 15 a 25 m) e il mare è così ricco di vita marina che, nuotando a soli 20 m al largo, si incontrano già tartarughe che sguazzano placidamente. A un'ora di barca si trova il leggendario Manta Point, dove si riuniscono le mante, mentre altri punti di immersione nelle vicinanze ospitano squali, banchi di barracuda, meduse non irritanti uniche nel loro genere, coralli duri e molli multicolori e tonnellate di pesci del reef.

Un tempo Maratua era il ritrovo degli 'zingari del mare' da cui discende la maggior parte dei 3000 abitanti. I due insediamenti principali sono i villaggi di **Teluk Harapan**, dove arriva e parte la maggior parte dei motoscafi, e **Payung-Payung**, nel sud dell'isola, vicino all'aeroporto. Entrambi i villaggi hanno ristoranti, guesthouse e alloggi a conduzione familiare. Sparsi su e giù per la costa si trovano inoltre molti resort all inclusive.

Maratua non è una destinazione economica: noleggiare una barca per lo snorkelling costa 1.500.000Rp al giorno. Tutte le sistemazioni offrono questo servizio: Arief (del Borneo Cottage Maratua) e Rivi (dei Nouri Cottages), entrambi a sud di Teluk Harapan, possono trovarvi un barcaiolo e noleggiare maschera e pinne.

Come prima tappa visitate **Pulau Kakaban**, 30 minuti a sud-ovest di Maratua. Una passeggiata di 10 minuti lungo una passerella porta i visitatori a un lago che ospita quattro bizzarre specie di meduse, diventate non urticanti dopo aver vissuto per generazioni in un ambiente privo di predatori. Nel lago ci sono migliaia di esemplari, di dimensioni variabili. Per evitare di danneggiarle, non fate snorkelling con le pinne e non seguite l'esempio di alcuni turisti che prendono in mano le meduse per scattare foto.

A sud-ovest si trova la piccola **Pulau Sangalaki**, circondata da una superba barriera corallina e da spiagge di sabbia bianca dove le tartarughe marine depongono e covano le uova e dove i piccoli muovono i primi passi. Sangalaki è considerato il principale luogo di nidificazione delle tartarughe verdi nel Sud-est asiatico. Le barche possono accedere a queste spiagge solo con l'alta marea, altrimenti dovrete guadare fino alla spiaggia. Per visitare Sangalaki si paga una tassa di 150.000Rp, ma lo snorkelling alla barriera corallina è gratuito ed è un'esperienza straordinaria. Il corallo ha un colore vivace e attira un'enorme varietà di pesci, l'acqua è cristallina.

Il sito migliore di tutti, però, è il fantastico **Manta Point** al largo della costa occidentale di Sangalaki, uno dei pochi posti al mondo in cui subacquei e amanti dello snorkelling possono incontrare le mante tutto l'anno. Le acque poco profonde offrono a questi animali una grande quantità di plancton e, spesso, le loro pinne sono già visibili dalla barca. Una volta in acqua, i giganti gentili vi circondano ed è uno spettacolo vederli muoversi con le grandi bocche aperte.

Raggiungere Maratua richiede un certo sforzo. C'è un volo settimanale il sabato da Tarakan, nel Kalimantan settentrionale, che poi arriva fino a Berau, ma si tratta di un piccolo aereo a elica e i posti si esauriscono in fretta. In alternativa, due motoscafi giornalieri partono da Berau alle 11 e impiegano tre ore per arrivare a Maratua, passando per Pulau Derawan. Le barche tornano a Berau alle 9 dal molo di Teluk Harapan. C'è anche un motoscafo settimanale per Tarakan alle 8 di domenica, con partenza da Payung-Payung. È poi possibile noleggiare un motoscafo; ma si calcoli un prezzo di circa 3.000.000Rp da/per Berau.

TUTELA DELLE TARTARUGHE

Nell'Arcipelago di Derawan le tartarughe marine sono ovunque; quelle embricate e quelle verdi si possono vedere ogni giorno al largo delle spiagge di Pulau Derawan e dell'Atollo di Maratua. Tuttavia, queste creature sono ancora minacciate dai bracconieri e dai varani, interessati in particolare alle uova. Il governo del Kalimantan orientale è intervenuto con un progetto di tutela, con sede su Pulau Sangalaki. Si stima che ogni anno quasi 4000 tartarughe si rechino a Sangalaki per deporre. I ranger dell'isola ora proteggono i siti di nidificazione e monitorano il numero di tartarughe. Chi è interessato può visitare il piccolo centro di conservazione di Sangalaki.

Dintorni del Kalimantan orientale

Il nord del Kalimantan è una vera e propria terra di frontiera: ospita alcune delle foreste pluviali più incontaminate e inesplorate del Borneo.

Località

TRASPORTI LOCALI

L'aeroporto di Tarakan è collegato a Balikpapan e all'Atollo di Maratua. Il sabato mattina c'è anche un motoscafo da Tarakan a Maratua via Pulau Derawan. Long Bawan è l'aeroporto più vicino al Parco Nazionale di Kayan Mentarang e prevede un volo giornaliero per Balikpapan. Al momento della stesura della guida, non esistevano traghetti diretti tra Tarakan e Tawau in Malaysia, ma Tarakan è collegata a Nunukan, da dove è possibile raggiungere Tawau con una nave che parte ogni giorno alle 9.

Il Kalimantan settentrionale è la più recente delle cinque province del Kalimantan, separatasi dal Kalimantan orientale nel 2012. È una delle regioni meno popolate e meno visitate dell'Indonesia. Sono pochi gli stranieri che arrivano fin qui: in genere si dirigono per lo più verso il vicino stato malese di Sabah, oltre la frontiera, o verso Tarakan, l'unica città di una certa dimensione del Kalimantan settentrionale. I viaggiatori più determinati e con molto tempo a disposizione possono raggiungere il Parco Nàzionale di Kayan Mentarang, un'enorme distesa di foresta pluviale vicino al confine con la Malaysia. Il parco ospita una grande quantità di fauna selvatica ed è così remoto che ancora vi si scoprono nuove specie. Da Tarakan è inoltre possibile arrivare alle isole dell'Arcipelago di Derawan.

Parco Nazionale di Kayan Mentarang

All'avventura nel parco

Esteso su un'area di circa 13.600 kmq, il Parco Nazionale di Kayan Mentarang si trova di fronte allo stato malese di Sarawak e occupa una grossa fetta del Kalimantan settentrionale. Grazie al suo isolamento, contiene la più grande area ininterrotta di foresta pluviale del Borneo e ospita una gran quantità di animali selvatici, tra cui rari pangolini, tarsi, nitticebi della Sonda e una varietà di scimmie, gibboni e orsi. All'interno e nei dintorni del parco si trovano anche comunità dayak.

Raggiungere tutta questa natura non è facile. L'aeroporto più vicino si trova fuori **Long Bawan**, un villaggio a nord del Parco Nazionale di Kayan Mentarang. In alternativa, è necessario un viaggio di due giorni su strada e via fiume da Tarakan. È infine possibile accedere al parco da sud-est attraversando **Long Punjungan**, raggiungibile con un lungo viaggio in barca da **Tanjung Selor**, nel.sud del Kalimantan settentrionale. In passato sono stati avviati diversi progetti di ecoturismo all'interno del parco nazionale, ma la maggior

TADAPHOTOGRAPHER/SHUTTERSTOCK ©

Gibbone

parte è ormai inattiva, anche se è ancora possibile soggiornare nei villaggi dayak. Alcuni operatori, tra cui **De'Gigant Tours** (p511), possono organizzare tour in queste zone. Se non si parla il bahasa indonesia, è il modo più realistico per visitare il parco.

Tarakan

Unica città del Kalimantan settentrionale

Tarakan è l'unica città del Kalimantan settentrionale e ospita circa un terzo della popolazione della provincia. Situata su Pulau Tarakan, appena al largo della costa del Kalimantan, Tarakan è poco appariscente, ma i suoi collegamenti aeroportuali e navali, nonché una discreta offerta di hotel, la rendono la base perfetta per chiunque voglia esplorare il Kalimantan settentrionale. Alloggi, ristoranti e banche si concentrano nel centro intorno al **Grand Tarakan Mall**, circa 3 km a nord del porto. L'aeroporto si trova 3,5 km a nord del centro. La maggior parte dei viaggiatori passa di qui per recarsi al confine con la Malaysia o per raggiungere l'Arcipelago di Derawan in motoscafo

RAGGIUNGERE LA MALAYSIA DA TARAKAN

Quando leggerete queste righe, il traghetto diretto da Tarakan alla Malaysia potrebbe essere stato ripristinato. In caso contrario, ci sono cinque o sei collegamenti giornalieri garantiti (280.000Rp) dal porto di Tarakan a **Nunukan** (100 km a nord), dove alle 9 del mattino parte un'imbarcazione (350.000Rp) che raggiunge **Tawau**, nello stato malese di Sabah, in 90 minuti. L'ufficio immigrazione sul lato indonesiano si trova all'interno del terminal internazionale dei traghetti di Nunukan; qui è possibile cambiare le rupie indonesiane in ringgit malesi. Una volta arrivati a Tawau, i visitatori provenienti da Stati Uniti, Canada, Australia e dalla maggior parte dei paesi europei possono ottenere un visto di tre mesi.

Da Tawau ci sono collegamenti aerei e in autobus con il resto del Sabah, compresa la città Kota Kinabalu.

Sistemazioni consigliate

$ Prezzi economici $$ Prezzi medi $$$ Prezzi elevati

Pontianak p498 (Cartina p500)

Hotel Green Leaf $
Sistemazione economica. Le camere più convenienti sono senza finestre e molto piccole, ma hanno l'aria condizionata e la posizione è buona.

Hotel Neo Gajah Mada $$
Hotel di fascia media in centro città con camere pulite, moderne e confortevoli. Il bar-ristorante sul tetto propone musica dal vivo ogni sera.

Aston Pontianak $$$ L'hotel più elegante di Pontianak; con piscina, palestra, ristoranti e bar. Le camere sono grandi e ben tenute.

Singkawang

p502 (Cartina p500)

Swiss-Belinn Singkawang $$
La scelta migliore di Singkawang, con camere grandi e moderne. È collegato al Singkawang Grand Mall.

Villa Bukit Mas $$ Lontano dal centro città e in una tranquilla posizione collinare ha camere grandi ma non banali.

Putussibau

p504 (Cartina p500)

Hotel Multi 88 $ Struttura bassa nella zona nord della città. Le camere con aria condizionata e ventilatore sono pulite; bagni essenziali.

Hotel Grand Banana Putussibau $$ Hotel di nuova costruzione, il migliore di Putussibau, con un ristorante sul tetto e camere moderne e confortevoli, anche se semplici.

Sukadana p506 (Cartina p500)

Penginapan Family $
La scelta più economica. Le grandi camere sono dotate di aria condizionata, ma senza wi-fi, bagni con acqua fredda e servizi igienici alla turca.

Mahkota Kayong Hotel $$
Hotel fronte mare con camere dalle tonalità tenui, alcune con balcone e una splendida vista sul tramonto.

Parco Nazionale di Tanjung Puting

p512 (Cartina p511)

Hotel Majid $ La migliore soluzione economica a Kumai, a pochi metri dalla partenza dei *klotok*. Se avete prenotato un tour con Liesa Tanjung Puting, soggiornate qui gratuitamente.

Asoka Guesthouse $
Struttura economica in una tranquilla strada di Pangkalan Bun con ampie camere, aria condizionata e bagni spartani.

Arsela Hotel $$ Piacevole hotel di Pangkalan Bun con camere spaziose, moderne e ben tenute e personale che parla inglese. Dispone anche di caffetteria e ristorante.

Rimba Lodge $$$ Una delle due sole possibilità di alloggio nel parco. I bungalow in legno sono piuttosto spartani, ma si trovano in riva al fiume immersi nella fauna selvatica.

Palangka Raya

p511 (Cartina p517)

Bukit Raya Guesthouse $$
Costruita intorno a un giardino alberato, è una delle strutture più rilassanti del Kalimantan. È possibile organizzare gite al Parco Nazionale di Sebangau.

Hotel Neo Palma $$
Camere accoglienti e moderne in centro città. Il personale è più abituato agli stranieri rispetto ad altri hotel della zona.

Banjarmasin

p516 (Cartina p517)

Summer B&B $ Gli alloggi più caratteristici di Banjarmasin, con un design retrò anni '80 e un mix di camere economiche e di fascia media, semplici ma spaziose.

Hotel Victoria River View $$
Situato sul lungofiume in posizione centrale, è comodo per prendere la barca la mattina presto per visitare i mercati galleggianti. Le camere più economiche sono prive di finestre.

Swiss-Belhotel Borneo Banjarmasin $$$
Sta un po' invecchiando, ma questo hotel sul fiume ha una piscina e un ristorante ed è ancora la migliore soluzione di fascia alta nel centro della città.

Loksado p520 (Cartina p517)

Penginapan Pesona Meratus $$ La migliore tra le strutture economiche del villaggio, con camere spaziose, ventilatore e servizi igienici occidentali. I prezzi sono convenienti.

Mountain Meratus Resort $$
La scelta migliore a Loksado, con grandi camere in legno, bagni open air, wi-fi e una posizione tranquilla lungo il fiume. Organizzano trekking.

Balikpapan p522 (Cartina p524)

Maryam Guest House 2 $ Le camere sono prive di finestre ma pulite e con letti accettabili; e sono migliori di altre soluzioni economiche di Balikpapan.

Hotel Gran Senyiur $$ Questo caratteristico hotel dispone di ampie camere con pavimenti in legno e arredamento vecchio stile. Lo sky bar sul tetto offre una splendida vista.

Novotel Balikpapan $$$ Soluzione elegante e centrale con camere confortevoli e ben tenute. Ci sono una piscina e una palestra.

Samarinda p523 (Cartina p524)

Kost Guesthouse $$$ Alloggio allegro ed economico con camere piccole ma pulite e docce e servizi igienici in comune. Si possono noleggiare moto.

Hotel Grand Kartika $$$ Locale moderno con letti decorosi vicino al fiume e ai ristoranti. Il bar serve la birra più economica della città.

Mercure Samarinda $$$ L'hotel più nuovo e confortevole di Samarinda offre il miglior servizio della città e dispone di un bar e un ristorante sul tetto con una splendida vista sul fiume.

EYESWIDEOPEN/GETTY IMAGES ©

Rimba Lodge,
Parco Nazionale di Tanjung Puting

Sungai Mahakam p526 (Cartina p524)

Penginapan Mukjizat 2 $ A 15 minuti a piedi dal molo delle barche di Kota Bangun, le camere sono prive di finestre ma pulite e dispongono di wi-fi.

Penginapan Abadi $ Accogliente pensione familiare a Muara Muntai con camere piccole e bagni in comune. La gentile proprietaria Nisa può prenotarvi una barca per Melak.

Hotel Monita $ Le camere di questo hotel di Melak sono un po' datate, ma c'è l'acqua calda – una rarità da queste parti – oltre al wi-fi.

Penginapan Polewali $ Guesthouse spartana di fronte al fiume a Long Bagun. Camere piccole e bagni in comune, di tipo *mandi* e alla turca.

Grand Elty Singgasana Hotel $$ La scelta numero uno di Tenggarong ha una piscina, ma le camere sono semplici in rapporto al prezzo. Si trova su una collina che domina la città.

Berau p530 (Cartina p524)

Rumah Kedaung $$ La sistemazione più bucolica di Berau prevede una serie di bungalow in legno con piccoli balconi immersi in un giardino. A 4 km dal centro.

Hotel Palmy $$ Moderno albergo di fascia media poco lontano dal fiume e a 1 km dal molo per i motoscafi diretti all'Arcipelago di Derawan.

Pulau Derawan p530 (Cartina p524)

Derawan Fisheries Cottage $$ Confortevoli casette in legno su un pontile.

Reza Cottages $$ Bungalow sul mare di dimensioni compatte con acqua calda e aria condizionata. Un buon posto per lo snorkelling e l'osservazione delle tartarughe.

Atollo di Maratua p532 (Cartina p524)

Ananda Maratua Teluk Harapan $ Questa struttura a conduzione familiare dispone di camere pulite con servizi igienici all'occidentale. È la migliore tra le scelte economiche di Teluk Harapan.

Nouri Cottages $$ Questi bungalow in legno sulla spiaggia a sud di Teluk Harapan si esauriscono in fretta.

Maratua Guest House $$$ Camere in legno ampie e ben arredate, appollaiate sopra una bella spiaggia. I gentili proprietari Junaid e Anna parlano inglese.

Tarakan p535

Hotel D'Calia $$ Questo alloggio di Tarakan offre camere convenienti con cassette di sicurezza; è equidistante dal porto e dall'aeroporto.

Swiss-Belhotel Tarakan $$$ Interessante soluzione con bar e ristorante. È possibile che si parli anche un po' di inglese.

PAUL HARDING/LONELY PLANET ©

 Sopra: Ke'te Kesu' (p561). A destra: *Tau tau* (statuette di legno intagliate), Tampang Allo (p562)

Sulawesi

IMMERSIONI ALL'ISOLA DEL MISTERO

Dagli altopiani alla barriera corallina, dai torajan che vivono in montagna ai bugis che vivono in mare, Sulawesi offre ai viaggiatori mistero e avventura.

La complessa Isola di Sulawesi riserva molte sorprese. I viaggiatori sono attratti dalla cultura degli altopiani di Tana Toraja, dalle remote Isole Togean e dalle immersioni intorno a Bunaken o allo Stretto di Lembeh, ma pochi conoscono gli antichi megaliti della Valle di Bada, i crateri vulcanici degli Altopiani di Minahasan, il paesaggio carsico di Rammang Rammang o le isole intorno a Pulau Selayar.

PAUL HARDING/LONELY PLANET ©

Così come quest'isola tropicale dalla conformazione bizzarra si è formata grazie al complesso e talvolta violento incontro di placche tettoniche, il suo affascinante tessuto sociale è il risultato del difficile e talvolta cruento scontro tra gruppi etnici, religioni ed ecosistemi. L'isola è circondata da acque e barriere coralline rigogliose, mentre l'entroterra è montagnoso, avvolto da una fitta giungla. Qui sopravvivono specie rare come i tarsi notturni e gli sgargianti uccelli maleo, così come culture antiche, a lungo lontane dagli assalti della modernità a causa della topografia impenetrabile. Conoscete gli abitanti degli Altopiani Toraja, le loro elaborate cerimonie funebri e la loro splendida architettura; i minahasan del nord preparano piatti piccanti a base di qualsiasi cosa, dal pesce al kebab di pipistrello; i bugis della pianura e della costa sono i più famosi navigatori dell'Indonesia. Ci sono anche minoranze come i 'nomadi del mare' bajau che hanno svolto un ruolo fondamentale nella storia dell'isola. Gli olandesi si impadronirono del lucroso commercio delle spezie nel XVII secolo, stabilendo la loro fortezza a Makassar (Ujung Padang), fino all'occupazione giapponese del 1942. Sulawesi entrò a far parte della Repubblica indonesiana nel 1950.

AREE PRINCIPALI

MAKASSAR
Moschee sull'acqua nel capoluogo costiero. **p542**

PENISOLA DI BIRA
Spiagge e immersioni a sud. **p551**

TANA TORAJA
Cultura e popoli tradizionali degli altopiani. **p559**

ISOLE TOGEAN
Isole paradisiache e remote. **p570**

MANADO E PULAU BUNAKEN
Immersioni e avventure al nord. **p576**

Per orientarsi

Le zone centrali e meridionali di Sulawesi sono ben servite dalla strada, ma le distanze possono essere lunghe e i trasporti lenti. Isole come le Togean e le Bunaken sono raggiungibili in barca. Makassar e Manado sono i principali scali aeroportuali.

Isole Togean, p570

Trascorrete le giornate nuotando e facendo snorkelling in questa remota isola paradisiaca nel Golfo di Tomini.

Manado e Pulau Bunaken, p576

Godetevi la migliore vita notturna di Sulawesi nord a Manado; immersioni subacquee e avventure vi aspettano sulle isole al largo.

AUTOBUS E TAXI

Lussuosi autobus con aria condizionata collegano Makassar a Rantepao. Altrove sono disponibili autobus, *bemo* (minibus) a lunga percorrenza o taxi a noleggio. I taxi condivisi hanno sostituito del tutto gli autobus su alcune tratte; pur essendo più veloci e costosi, non sono per forza più comodi.

AEREO

Makassar e Manado sono i principali snodi aeroportuali; i voli giornalieri tra le due località rendono comoda l'esplorazione del nord e del sud del paese. Per il resto, i collegamenti non sono eccellenti. Ci sono aeroporti a Palu, Poso, Gorontalo e Luwuk.

Makassar, p542

Capoluogo costiero con una bella moschea sul mare, un porto e moderni centri commerciali.

Isole Togean (p570)

Ritmi di viaggio

Sulawesi è molto estesa, quindi è necessario organizzarsi in anticipo e suddividere il viaggio in parti. Il sud e il nord sono comodamente collegati in aereo da Makassar a Manado e ritorno.

Se avete poco tempo

Se il tempo a disposizione è poco, trascorrete uno o due giorni a **Makassar** (p542) visitando **Rammang Rammang** (p548), quindi salite a bordo di un lussuoso autobus notturno per raggiungere la regione degli altopiani di **Tana Toraja** (p559). Da **Rantepao** (p559), dedicate tre giorni all'esplorazione dei villaggi collinari e delle grotte funerarie muovendovi in moto, in auto o a piedi; quasi di certo assisterete a una cerimonia funebre tradizionale.

Una settimana o più

Isole tropicali, spiagge e immersioni sono una grande attrattiva per i viaggiatori diretti a Sulawesi. A sud, visitate **Bira** (p551) e le isole intorno a **Selayar** (p557), dove le immersioni sono eccellenti. Per chi fa il giro lungo dell'isola, è consigliabile una sosta di ristoro nelle remote **Isole Togean** (p570). A nord, **Pulau Bunaken** (p576) è il luogo ideale per l'esplorazione subacquea.

Le stagioni

DA APRILE A OTTOBRE
L'umidità inizia a diminuire; stagione di punta per le immersioni, le escursioni e i festival.

DA GIUGNO AD AGOSTO
La stagione delle cerimonie funebri a Tana Toraja. Ad agosto ci sono il Toraja Coffee Festival e quello dei fiori.

DA NOVEMBRE A MARZO
Bassa stagione turistica, anche se è il periodo migliore per le immersioni nello Stretto di Lembeh.

NATALE
Il Natale viene celebrato nelle regioni a maggioranza cristiana, soprattutto nel nord di Sulawesi e a Tana Toraja.

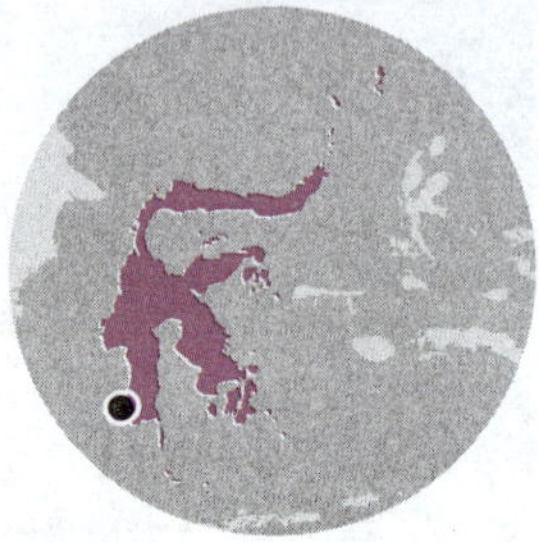

Makassar

MONUMENTI | FRUTTI DI MARE | CENTRI COMMERCIALI

TRASPORTI LOCALI

La maggior parte dei viaggiatori arriva a Makassar in aereo; un taxi dall'aeroporto al centro costa circa 200.000Rp. Gli autobus di lusso per Tana Toraja arrivano e partono dai parcheggi delle rispettive compagnie a est del centro. I *pete-pete* (minivan) blu servono generalmente le destinazioni intorno alla città (5000Rp), mentre quelli rossi vanno più lontano (da 10.000Rp). I taxi Bluebird sono affidabili e confortevoli e operano 24 ore su 24. Le app come Grab e Gojek funzionano bene e sono più economiche dei taxi. Per brevi spostamenti in città, i *becak* (risciò) si aggirano fuori dagli hotel e dai luoghi turistici: provate a negoziare, ma la maggior parte dei brevi spostamenti parte da circa 10.000Rp.

Makassar è un capoluogo fiero e vivace, desideroso di definirsi il 'centro dell'Indonesia', sia dal punto di vista geografico sia da quello culturale. Il monumento a forma di globo e l'abbagliante moschea a 99 cupole dimostrano l'orgoglio civico della città e conferiscono al lungomare un certo fascino, alimentato dai resti dell'architettura coloniale olandese, come il Forte Rotterdam. Grintosa ma energica, Makassar è uno dei porti principali dell'Indonesia, con una popolazione poliglotta di residenti makassaresi, bugis e cinesi. Le attrazioni sono poche, ma prendetevi un giorno o due per esplorare il lungomare, il porto delle barche *pinisi*, i rinomati ristoranti di pesce e i centri commerciali moderni, un'ottima premessa del viaggio a Sulawesi. Makassar è stata per secoli la porta d'accesso all'Indonesia orientale e da qui gli olandesi controllavano gran parte del commercio tra Occidente e Oriente.

Moschee e musei

Islam moderno e passato coloniale

Makassar presenta un interessante mix di architettura coloniale olandese e moschee contemporanee, oltre a una nuova ondata di progetti che enfatizzano il patrimonio culturale, come le case toraja e le barche *pinisi*.

Sul lungomare bonificato di fronte a Pantai Losari, la splendida ed enorme moschea **Masjid 99 Kubah Asmaul Husnah** (con 99 cupole) di colore bianco e arancione brillante, completata nel 2019, si erge come un faro, visibile da ogni punto del litorale. La si raggiunge passando davanti alla scultura del globo e a un ponte sorretto da cavi a forma di *tongkonan* (casa tradizionale dei toraja). I non musulmani sono i benvenuti, ma bisogna togliere le scarpe e le donne devono indossare il velo.

Prima della costruzione della Asmaul Husnah, la piccola ma elegante **Masjid Amirul Mukminin** a due cupole (detta

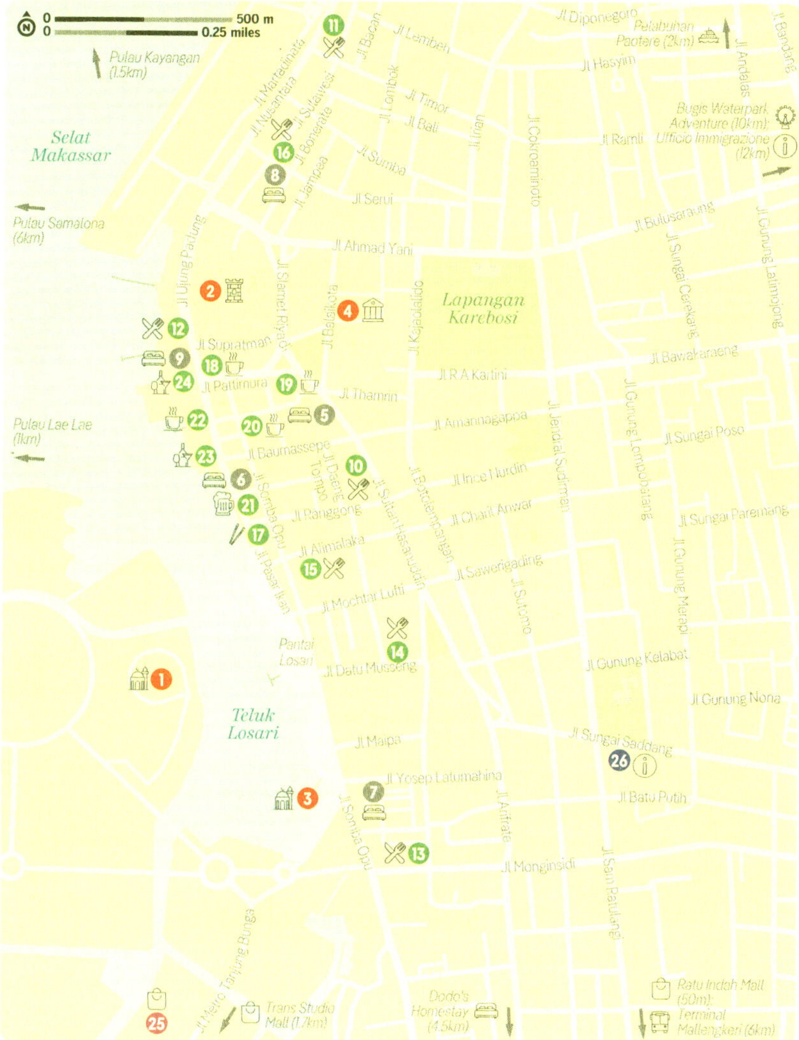

DA VEDERE
1 Masjid 99 Kubah Asmaul Husnah
2 Forte Rotterdam
3 Masjid Amirul Mukminin
v. 2 Museo La Galigo
4 Museo di Makassar

PERNOTTAMENTO
5 Aston Makassar
6 Expressia
7 Ge JacMart
8 Legenda Beril Hostel
9 Swiss-Belhotel Makassar

PASTI
10 Bistropolis
11 Coto Nusantara
12 Warung di pesce
13 La Piccola Italy
14 RM Lae Lae
15 RM Nelayan
16 Rumah Makan Patene
17 RM Sentosa

LOCALI E VITA NOTTURNA
18 Cafe dan Dapoer Sulawesi
19 Fireflies Coffee Pattimura
v. 9 Gravity Sky Lounge
20 Jokka Coffee
21 Kafe Kareba
22 Noice Coffee Roaster
23 Pier 52
24 Zona Cafe

SHOPPING
25 Phinisi Point Mall

INFORMAZIONI
26 SSTIC Ufficio del turismo di Sulawesi sud

IL CONSIGLIO

La maggior parte dei punti di interesse si trova lungo Jl Ujung Pandang, che diventa Jl Penghibur a sud dell'incrocio di Pattimura: entrambe le vie corrono in direzione nord-sud sul lungomare. Dal 1972 al 1999 il nome ufficiale di Makassar è stato Ujung Pandang.

COTO MAKASSAR

Il piatto forte del sud di Sulawesi è il *coto makassar,* un brodo di manzo e frattaglie, con pepe, cumino e citronella. La rivendita di *coto* più famoso della città è Coto Nusantara, di fronte alla zona portuale su Jl Nusantara e circa 1 km a nord di Forte Rotterdam; ma ci sono molti concorrenti, tra cui Coto Gagak e Coto Daeng Sirua. Il *coto* si mangia a colazione o a pranzo, quindi i ristoranti seri non restano aperti fino a tardi. La zuppa viene preparata in una pentola gigante e servita in una ciotola insieme a *ketupat* (riso al vapore in foglie di palma). Una variante del piatto è il *konro,* con costine.

PAUL HARDING/LONELY PLANET ©

Masjid 99 Kubah Asmaul Husnah

anche 'moschea galleggiante') era il principale luogo di culto sul lungomare. È ancora molto frequentata ed è interessante da fotografare, soprattutto al tramonto quando è illuminata.

Il Museo La Galigo di Forte Rotterdam fornisce una panoramica della storia e della cultura di Sulawesi sud attraverso mostre, modelli ed esposizioni.

Il **Museo di Makassar** (gratuito), più modesto, si trova in un altro edificio coloniale olandese e tratta aspetti della storia della città attraverso vecchie fotografie, costumi e arte. Ben poco è spiegato in inglese, ma le guide volontarie si offriranno di aiutarvi gratuitamente.

Patrimonio coloniale olandese

Esplorare le mura del forte

Forte Rotterdam, una delle opere architettoniche olandesi meglio conservate dell'Indonesia, fu costruito sul sito di una fortezza gowanese, a sua volta edificata per respingere la Compagnia Olandese delle Indie Orientali. Non essendo riuscita a tenere lontani gli *orang belanda*, fu ricostruita dai

MANGIARE A MAKASSAR: LA NOSTRA SCELTA

Coto Nusantara: Assaggiate la ricca zuppa di manzo locale in questo famoso ristorante a nord di Forte Rotterdam. **$**

RM Nelayan: Gli aromi del barbecue si diffondono in questo ristorante molto frequentato, dove il pesce fresco viene cucinato alla brace. **$$**

Bistropolis: Elegante bistrò climatizzato che serve piatti internazionali, tra cui pasta e pizza, oltre a gelato e caffè espresso. **$$**

Warung di pesce: I *warung* di pesce sulla riva di fronte a Forte Rotterdam servono un economico *ikan bakar* (pesce alla griglia). **$**

nuovi signori di Makassar dopo la loro conquista nel 1667. L'ingresso al forte è gratuito e comprende ancora oggi pregevoli strutture coloniali: si può camminare lungo i robusti bastioni e vedere sezioni delle mura originali. Il **Museo La Galigo** è ospitato all'interno del forte e raccoglie un vasto assortimento di oggetti, tra cui manufatti paleolitici, ciotole di riso di Tana Toraja, statue polinesiane e buddhiste, strumenti musicali e costumi tradizionali, la maggior parte dei quali accompagnati da descrizioni in inglese mal tradotte. È una collezione modesta, ma vale il biglietto d'ingresso (10.000Rp) e mezz'ora di attenzione.

I turisti indonesiani considerano il forte un simbolo nazionale perché fu l'ultima residenza del principe Diponegoro, che guidò la ribellione a Giava contro l'occupazione olandese. Vi rimase imprigionato per 25 anni fino alla sua morte, avvenuta nel 1855.

Al porto

Barche bugis e mercato del pesce

Pelabuhan Paotere, 4 km a nord del centro città, è un grande porto operativo dove attraccano i velieri bugis. La gente del posto è abituata ai turisti che si aggirano nei dintorni con le macchine fotografiche (l'ingresso costa 10.000Rp). Anche il vicino mercato del pesce è suggestivo da fotografare, con un odore molto penetrante la mattina presto, quando si commerciano tonni giganti e ogni creatura marina immaginabile. A metà mattina diventa incredibilmente affollato.

Un *tuk-tuk* andata e ritorno costa circa 50.000Rp, compreso il tempo di attesa. In alternativa, prendete un *bemo* blu fino all'angolo tra Jl Cakalang e Yos Sudarso. Da qui il porto dista 1 km a piedi.

Isole Ahoy

Gita in barca

Al largo della costa di Makassar ci sono diverse isole dove le barche saranno liete di accompagnarvi. Nessuna può essere considerata idilliaca, ma sono mete gettonate e possono offrire una pausa dalla città.

La migliore è **Pulau Samalona**, con sabbia bianca, acque limpide e una distanza sufficiente da Makassar per eliminare la maggior parte dei rifiuti e dell'inquinamento (ma non del tutto). Al largo ci sono macchie di corallo (degradato), alcuni

IL CAFFÈ MIGLIORE

A Makassar ci sono alcune caffetterie che meritano un salto. La maggior parte serve il *kopi* (caffè) dei toraja.

Jokka Coffee
Questo locale sulla strada principale utilizza chicchi macinati del posto e serve frappé e caffè aromatizzati. Il negozio di souvenir adiacente vende il caffè toraja.

Cafe dan Dapoer Sulawesi
In un grande edificio d'angolo di fronte allo Swiss-Belhotel (p584), questo locale propone ottimo caffè, cibo indonesiano e talvolta musica dal vivo.

Fireflies Coffee Pattimura
Atmosfera ricercata, un po' più da 'lounge aeroportuale' rispetto alla maggior parte dei caffè di Makassar.

Noice Coffee Roaster
Caffè espresso, croissant e pasticcini caratterizzano questa caffetteria della via principale.

Rumah Makan Patene: Qui vengono serviti classici locali e indonesiani freschissimi, dai sapori autentici e a prezzi economici. $

La Piccola Italy: La gente del posto lo considera il miglior ristorante italiano della città, con pizza, pasta e tovaglie a quadretti. $$

RM Lae Lae: Rinomato ristorante senza fronzoli, che serve pesce alla griglia cotto in una brace sulla strada e servito con riso e verdure. $$

RM Sentosa: Serve una popolare zuppa di noodles e *bakso* (polpette) sulla via principale di fronte a Pantai Losari. $

pesci di barriera ed è possibile noleggiare attrezzatura per lo snorkelling. Ristoratevi con bevande fredde e pesce fresco. Un giro in barca costa 400.000Rp (andata e ritorno) per un massimo di sei persone e dura circa mezz'ora.

La piccola **Pulau Kayangan**, a 10 minuti di navigazione dal porto di Makassar, consiste in una piccola spiaggia e in un resort abbandonato. La gente del posto ci viene nel fine settimana, dato che si tratta di un viaggio breve.

Pulau Lae Lae è l'isola abitata proprio di fronte al porto, uno stretto labirinto di vicoli di cemento e case di borgata da un lato e una distesa di sabbia grezza dall'altro.

Le barche per le isole partono da due piccoli porti, uno di fronte a Forte Rotterdam e uno più a sud vicino al Makassar Golden Hotel.

Brividi in famiglia

Rilassarsi in centri commerciali mostruosi

I moderni centri commerciali di Makassar, dotati di aria condizionata, rappresentano una fuga dal caldo opprimente della città e molti offrono una sorprendente gamma di attività per famiglie, dai cinema alle piste di pattinaggio, dai videogiochi ai punti di ristoro, tra cui diverse gelaterie. In cima alla lista c'è il **Trans Studio Mall** (10-21), un gigantesco parco a tema/centro commerciale al coperto che ospita il **Trans Snow World** (transentertainment.com) con piste innevate, minimotoslitte e persino seggiovie. I biglietti partono da 180.000Rp.

Nelle vicinanze, appena a sud del monumento del globo, il **Phinisi Point Mall** (phinisipoint.com; 8-23) è un'altra meta per famiglie, con un cinema a otto schermi (anche in 3D), un parco giochi per bambini gratuito, una pista da bowling e una pista di pattinaggio.

Il **Mal Ratu Indah** (8-22) è più dedicato ai negozi che all'intrattenimento, ma offre comunque un cinema e un parco giochi per bambini.

Un'alternativa all'intrattenimento al coperto è il **Bugis Waterpark Adventure** (9-17), con scivoli giganti, piscine e giochi acquatici per tutti, dai più piccoli agli adulti. Si trova circa 12 km a est del lungomare, a un'ora di taxi.

INFORMAZIONI TURISTICHE

South Sulawesi Tourism
Qui sono disponibili alcune informazioni stampate in lingua inglese e il personale è entusiasta. La cosa più utile è l'elenco delle compagnie di autobus che servono Tana Toraja.

Ufficio immigrazione
Situato a 14 km dal centro della città, sulla strada per l'aeroporto, gestisce l'estensione del visto in modo abbastanza efficiente, ma è ancora più facile chiedere a Rina del Legenda Beril Hostel (p584) di occuparsi di tutto.

Dodo Mursalim
La guida freelance Dodo (Whatsapp +62 812 412 9913) può aiutarvi con i trasporti, i tour e piccole cose come l'acquisto di una carta SIM locale. Affidabile, parla correntemente l'inglese e può mettervi in contatto con altre guide competenti al di fuori di Makassar.

BERE A MAKASSAR: LA NOSTRA SCELTA

Kafe Kareba: Birreria all'aperto di lunga data con un palco per la musica affacciato sul lungomare; serve anche cibo.

Zona Cafe: Club che attira una giovane folla fedele grazie ai DJ, ai gruppi musicali provenienti da Giacarta e alle promozioni sui drink.

Pier 52: Il bar-caffetteria all'aperto del Makassar Golden Hotel è un buon posto per una birra con vista sul lungomare.

Gravity Sky Lounge: Elegante bar sul tetto con cocktail, musica dal vivo e splendida vista sulla città, sul lungomare e sul forte.

PASSEGGIATA SUL LUNGOMARE DI MAKASSAR

Makassar si estende molto all'interno, ma la maggior parte dei luoghi di interesse si trova sul lungomare. Questa passeggiata panoramica di 3 km da Forte Rotterdam alla Masjid 99 Kubah Asmaul Husnah può essere fatta in appena un'ora, ma si può tranquillamente trascorrere mezza giornata ammirando l'architettura ed esplorando la promenade di Pantai Losari.

Iniziate dal ❶ **Forte Rotterdam**, l'imponente e ben conservato forte coloniale di Makassar, e dal suo museo, dove potete passeggiare tra le mura e fare una visita guidata. Attraversate la strada superando le bancarelle di pesce e camminate verso sud fino al lungomare vero e proprio.

Il lungomare di ❷ **Pantai Losari** inizia appena a sud del Makassar Golden Hotel: non c'è più la spiaggia, ma le barche attraccano sulla riva e c'è una bella vista sulla moschea. A partire dalle 17, vengono allestiti tavoli e bancarelle di cibo e bevande, e la gente del posto inizia ad affollarsi per i selfie al tramonto e per lo street food. L'intera strada è gremita la maggior parte delle sere, soprattutto nei fine settimana, quando si respira un'atmosfera quasi carnevalesca. Osservate le sculture e i monumenti dedicati alla cultura del posto (come le barche *pinisi* e le case toraja) e a personaggi famosi.

All'estremità meridionale del lungomare si trova la ❸ **Masjid Amirul Mukminin** (p542). Continuate a girare intorno al lungomare, passando davanti a case toraja e alla scultura del ❹ **monumento al globo**, al centro di una grande rotatoria.

Attraversando il ponte si raggiungono il nuovo lungomare e la ❺ **Masjid 99 Kubah Asmaul Husnah**, la moschea dalle 99 cupole, aperta ai non musulmani. Ricordatevi di togliervi le scarpe prima di entrare.

Dintorni di Makassar

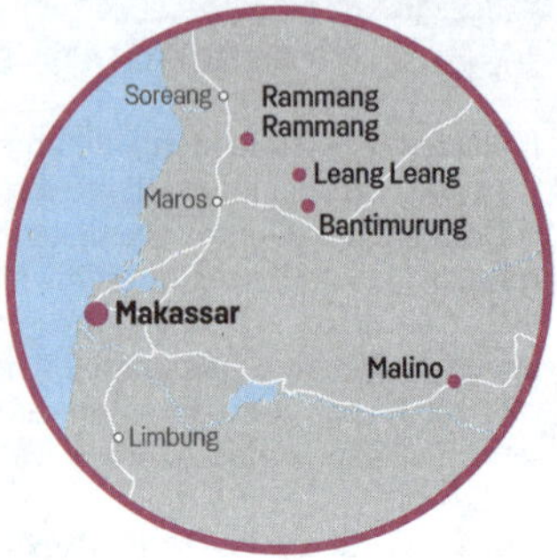

Ci sono alcune aree di straordinaria bellezza naturale a breve distanza dall'agglomerato urbano di Makassar.

Località

TRASPORTI LOCALI

Da Makassar a Rammang Rammang si può noleggiare un'autista per un'intera giornata a un costo di circa 600.000Rp. Con un piccolo extra, è possibile includere soste a Leang Leang e Bantimurung. Si può noleggiare un *ojek* o una moto *becak* per circa 300.000Rp. La nuova stazione ferroviaria di Rammang Rammang dovrebbe essere completata entro il 2026 con la linea per Makassar. Per raggiungere Malino, prendete i minibus che al mattino si radunano lungo Jl Malino.

Quando i viaggiatori si avventurano oltre Makassar, solitamente prendono un autobus notturno per Tana Toraja. Tuttavia, a breve distanza in auto a nord e a est della città, c'è un'area panoramica fatta di foreste, grotte, cascate e montagne carsiche. La meta più popolare è Rammang Rammang, una valle incantevole con villaggi, palmeti e un fiume serpeggiante circondato da imponenti montagne carsiche. La maggior parte delle persone la visitano in giornata, ma volendo ci si può fermare per godersi la zona. A est di Makassar, c'è una fresca cittadina d'altura, Malino, circondata da cascate e sentieri. Sebbene l'interesse per le mountain bike stia crescendo, ci sono ancora poche infrastrutture turistiche.

Rammang Rammang

DA MAKASSAR: **1 H**

Sulle alture

Rammang Rammang (rammangrammang.com), circa 45 km a nord di Makassar, è una zona panoramica fatta di montagne carsiche. L'avventura inizia al molo (Dermaga 1) vicino al villaggio di Salenrang, dove barche di legno multicolori che sembrano gondole tropicali attendono i passeggeri. Noleggiate una barca (a partire da 200.000Rp per un massimo di quattro persone) e iniziate a navigare lungo lo stretto fiume fiancheggiato da palme e mangrovie fino al villaggio di **Berua** (10.000Rp). Il villaggio, trasformato in centro ecoturistico, è racchiuso in una conca con laghetti carsici; un sentiero ad anello di 3 km vi porterà a una serie di *gua* (grotte) segnalate e a punti panoramici. Alcune pozze di forma quadrata, per lo più asciutte, un tempo erano allevamenti di pesce e risaie, ma negli ultimi anni il turismo è diventato più redditizio e le attività sono state quasi del tutto abbandonate. Il villaggio dispone di due strutture a conduzione familiare, oppure potete soggiornare al Rammang Rammang Eco Lodge (p584), a metà strada.

Altre tappe sono il **Taman Batu Kampung Latu**, dove un abitante del posto vi guiderà attraverso un labirinto di formazioni rocciose e la **Foresta di Pietra**, dove altre formazioni basse si ergono come sentinelle in una risaia. Nel tardo pomeriggio, chiedete informazioni sulle **grotte dei pipistrelli**. Al

PAUL HARDING/LONELY PLANET ©

Fiume Rammang Rammang

tramonto, migliaia di esemplari escono per il pasto, ma devono fare i conti con le aquile, affamate.

Leang Leang

DA MAKASSAR: 1 H

Antiche pitture rupestri

Le grotte (*gua*) del **Parco Archeologico di Leang Leang** sono note per le antiche pitture e le impronte di mani. Recenti studi condotti nelle grotte vicine hanno stimato che risalgono a oltre 40.000 anni fa, il che le rende le più antiche pittografie del mondo. Nel distretto di Maros attualmente si conoscono circa 60 grotte con più buchi di un formaggio svizzero. Le principali impronte si trovano in una caverna che si raggiunge salendo alcuni gradini.

Combinate la visita a Gua Leang Leang con una gita di un giorno nella zona di Rammang Rammang. In alternativa, potete prendere un *pete-pete* da Maros fino alla deviazione per Taman Purbakala e Leang Leang sulla strada per Bantimurung e percorrere gli ultimi 2 km a piedi.

GEOLOGIA CARSICA

Si dice che le colline e le formazioni carsiche del distretto di Maros, a nord di Makassar, ospitino i bacini carsici più grandi del mondo (dopo quello della Cina meridionale). Le colline e le formazioni rocciose sono costituite da calcare e marmo poroso e costellate da sistemi di grotte. Il carsismo è caratterizzato dalla presenza di infiltrazioni d'acqua che dissolvono la roccia, creando grotte sotterranee, doline e strane e meravigliose formazioni superficiali, come la Foresta di Pietra a Rammang Rammang. La regione intorno a Maros è stata oggetto di un'intensa attività estrattiva di tufo e marmo fino a circa dieci anni fa, quando le associazioni ambientali hanno convinto il governo a creare un geoparco protetto e un'area turistica.

MANGIARE NELLA ZONA DI RAMMANG RAMMANG

Rammang Rammang Cafe: Al Rammang Rammang Eco Lodge, fermatevi per una bibita fresca o un piatto di *nasi goreng* sul fiume. $

RM Amory: Il pesce è la specialità di questo moderno ristorante di Maros, aperto nel 2023, che serve tonno alla griglia e zuppa di pesce. $

Restoran Delima: Specializzato in cibo padang, è situato sulla strada principale che attraversa Maros e a quanto pare è aperto 24 ore su 24. $

Berua Village Homestays: Le due strutture ricettive di Berua sono attive a pranzo e cena e lungo il sentiero si trovano bancarelle di street food e cocco. $

I CONSIGLI DI DODO

Dodo Mursalim, leggendaria guida turistica locale, condivide consigli sulla zona di Rammang Rammang e sulla sua città natale, Makassar.

Sono una guida da oltre 20 anni e negli ultimi tempi la zona di Rammang Rammang è diventata la meta più gettonata da Makassar. Il percorso sul fiume è molto suggestivo. Si comincia dal molo 1 con qualche sosta lungo il percorso. La banchina del villaggio di Berua è bellissima e ci si può anche fermare per la notte. A Makassar, tutti dovrebbero visitare il Forte Rotterdam (p544), il porto delle barche (*pinisi*) e le moschee sull'acqua. Un buon locale per un pranzo economico a base di pesce è Patene, nella zona di Chinatown. I migliori punti di ristoro sono RM Nelayan, Ratu Gurih Seafood e RM Seafood Losari.

Bantimurung

DA MAKASSAR: **1 H**

Cascate e farfalle

Situate nel **Parco Nazionale di Bantimurung Bulusaraung** (indonesiani: 25.000Rp; stranieri: 255.000Rp), le **Cascate di Bantimurung**, a 42 km da Makassar, sono circondate da pareti calcaree dalla vegetazione lussureggiante. Guardando in alto, si vedono centinaia di farfalle svolazzare e sembra di essere in *Jurassic Park*, ma abbassando la testa ci si ricorda subito di essere in un classico *objek wisata* (sito turistico), affollato di persone in gita nei fine settimana. A monte della cascata principale ce ne sono un'altra più piccola e una più bella, ma insidiosa (munitevi di una torcia per attraversare la grotta lungo il percorso). Il parco è noto per il gran numero di farfalle, con almeno 250 specie censite. Alcuni viaggiatori sono scoraggiati dal prezzo d'ingresso elevato, ma è un luogo suggestivo dove trascorrere un paio d'ore e può essere facilmente combinato con un'escursione di un giorno a Gua Leang Leang e Rammang Rammang.

Il modo più semplice per arrivare è in auto da Makassar; il più economico è unire un minibus per Maros e un altro per Bantimurung.

Malino

DA MAKASSAR: **2 H 30 MIN**

Alla ricerca delle cascate

Malino è una cittadina collinare piacevolmente verde e fresca, circondata da cascate, piantagioni di tè e terrazzamenti di riso, situata circa 70 km a est di Makassar. In città e sulle colline circostanti ci sono diversi lodge e hotel, quindi conviene rimanere a dormire considerato il lungo viaggio da Makassar. Per visitare le cascate della zona, noleggiate un taxi o un *ojek*: la maggior parte degli autisti sa dove andare. Tra le più spettacolari della regione c'è l'**Air Terjun Takapala**, un salto di 100 m immerso nelle risaie 4 km a sud della città. Da qui è possibile camminare fino all'Air Terjun Ketemu Jodoh, un'altra cascata panoramica con una pozza adatta al nuoto. Più vicino alla città, **Bahagia** e **Parang Bugisi** sono due delle cascate più famose.

Qualsiasi agente di viaggio e guida di Makassar può organizzare una gita di un giorno a Malino. I *pete-pete* partono da Jl Malino, vicino al terminal Sungguminasa.

Penisola di Bira

SPIAGGE | IMMERSIONI | CULTURA

Bira è un pittoresco villaggio costiero situato nel punto più meridionale di Sulawesi, con una serie di spiagge sabbiose e alcuni dei migliori siti per le immersioni e lo snorkelling del sud dell'isola. Fate un breve giro in barca fino alla vicina Isola di Liukang Loe per vedere gli abitanti del luogo che confezionano i famosi sarong di seta di Bira, osservate gli abili carpentieri e artigiani che costruiscono enormi barche *pinisi* direttamente sulla spiaggia e ammirate l'alba e il tramonto dallo spettacolare belvedere spazzato dal vento che si protende nel Mar di Flores.

Bira ha un'atmosfera rilassata, anche se nei fine settimana si riempie di gente in fuga dalla città. Ci sono diversi alloggi nel villaggio e lungo la vicina spiaggia di Bara, diversi centri di immersione professionali e molti locali dove assaggiare i famosi frutti di mare. È anche il punto di partenza dei traghetti per Pulau Selayar e delle navi a lungo raggio per l'isola di Flores.

TRASPORTI LOCALI

A Bira non ci sono mezzi di trasporto pubblici, solo qualche *ojek*. Diversi locali, guesthouse e Warung Bamboo noleggiano motociclette. È possibile raggiungere a piedi le spiagge di Bira e Bara. Dal terminal Mallengkeri di Makassar, alcuni minibus portano a Pantai Bira (5-6 ore). Un autobus diretto a Selayar parte a mezzanotte da Makassar e può lasciarvi a Bira la mattina presto. I minibus che tornano da Bira a Makassar partono al mattino.

Pantai Bara (p553)

IL CONSIGLIO

L'accesso alle spiagge di Bira e Bara costa 40.000Rp per gli stranieri (una tantum), da pagare al primo ingresso. Se siete a piedi o in moto, gli addetti non vi fermeranno, presumendo che abbiate già pagato, ma il costo è destinato alla manutenzione delle spiagge, quindi pagate.

DA VEDERE
1 Jembatan Kaca
2 Panorama Titik Nol
3 Pantai Bara
4 Pantai Bira
5 Pantai Panrang Luhu

ATTIVITÀ, CORSI E TOUR
6 Blue Planet Dive Resort
v. 9 South Sulawesi Divers

PERNOTTAMENTO
7 Bara Coco
8 Cosmos Bungalows
9 Mangga Lodge
10 Nusa Bira Indah
11 Phinisi Hostel
v. 8 Tevana House Reef

PASTI
12 Akasha Beach Club
13 D'Perahu Resto
14 Piniseafood
15 RM Claudya
16 Salassa Guesthouse
v. 8 Seascapes

TRASPORTI
17 Warung Bamboo

Spiagge di Bira

Distese perfette

La regione di Bira è benedetta da ampie distese di morbida sabbia bianca. Tenete presente che gli abitanti del luogo sono piuttosto conservatori e le donne indossano maglie a maniche lunghe e pantaloni. Il bikini è accettabile (solo sulle spiagge), ma potreste essere guardate male. Dove non c'è sabbia, scogliere calcaree si ergono sull'acqua, offrendo numerosi punti panoramici, soprattutto intorno al promontorio.

Pantai Bira, la spiaggia principale del villaggio, è una discreta mezzaluna di sabbia bianca fiancheggiata da bancarelle di souvenir e da caffè. Il gran numero di barche a remi e di centri per sport acquatici che affollano il litorale non la rende un luogo ideale per nuotare. Molto meglio **Pantai Bara**, una mezzaluna di sabbia bianca più tranquilla e più bella, circondata da basse scogliere e palme. Si può raggiungere a piedi lungo la spiaggia da Bira in 30 minuti, quando la marea è bassa. Il tratto migliore è quello orientale, più vicino al villaggio; man mano che ci si dirige verso ovest iniziano ad apparire bancarelle di cibo e alloggi.

Dall'altra parte della città, dopo il porto dei traghetti, **Pantai Panrang Luhu** è un'altra lunga spiaggia bordata da palme con una serie di alloggi molto frequentati dai turisti che arrivano da Makassar per il fine settimana. I costruttori di navi *pinisi* lavorano sotto le scogliere all'estremità nord.

Contattate **Anjas**, guida e autista affidabile per la zona di Bira e dintorni, compresa Selayar (WhatsApp +62 822 5009 1987). Lo trovate al cottage Nusa Bira Indah (p584).

Gita di un giorno su un'isola

Nuotare e fare snorkelling a Liukang Loe

A soli 15 minuti di motoscafo da Bira, la piccola **Pulau Liukang Loe** ospita due minuscoli villaggi di pescatori. La maggior parte delle persone viene per fare snorkelling sulla barriera corallina poco profonda che si estende per circa 1 km al largo della costa settentrionale fino a Shark Point. Trascorrete un'ora o due a girovagare per i viottoli sabbiosi del villaggio di Ta'Buntuleng (dove attraccano le barche), vedrete gli abitanti mentre tessono pesanti stoffe colorate su telai a mano tradizionali seduti nelle loro case rialzate. Sebbene si parli poco inglese, gli artigiani sono felici di mostrare ai visitatori la loro tecnica di tessitura, gli scialli, i sarong di cotone e l'ambito sarong di seta bira, indossato dagli uomini in occasioni speciali (come le nozze) e valutato 1.500.000Rp. A seconda del modello, la produzione di un sarong può richiedere fino a un mese.

Sebbene l'isola sia facilmente raggiungibile in giornata, a Liukang Loe ci sono un paio di sistemazioni in cui è possibile rilassarsi e trovare un po' di pace. La migliore è **Ocean Holiday**, gestita dal capovillaggio Jafar, con camere confortevoli di fronte alla spiaggia, a est del piccolo centro. In alternativa, fermatevi al Wisma Ramli. Le barche per lo snorkelling a

COSTRUTTORI DI BARCHE

I costruttori utilizzano tecniche antiche per realizzare le tradizionali imbarcazioni *pinisi*: potete vederli all'opera sulla spiaggia di Kaluku, circa 2 km a nord del villaggio di Bira, e a Tanah Beru (in una zona di produzione più grande) sulla strada per Bulukumba. Le barche sono di varie dimensioni e in diversi stadi di completamento, sostenute da impalcature di legno e pronte per essere tirate in mare con l'argano a mano, una volta completate. L'unica vera concessione alla modernità è l'uso di utensili elettrici, ma si vedono ancora molti seghetti e martelli. Le barche *pinisi* erano tradizionalmente velieri a due alberi, ma al giorno d'oggi molte sono attrezzate come imbarcazioni per il settore delle immersioni o per altre attività turistiche, come le gite in barca.

IMMERSIONI ECOFRIENDLY

Gaia One Boutique Diving
Questo centro ha sede presso la Tevana House Reef (p584) ed è attento all'ambiente (tevanahousereef.com/gaiaonediving), impegnato in progetti di salvaguardia della barriera corallina e di piantumazione dei coralli, oltre che di pulizia della spiaggia nella cornice dell'iniziativa Eco Bira.

Blue Planet Dive Resort
Ci sono un paio di bungalow e camerate in questa struttura; Blue Planet (blueplanetdiveresort.com) è coinvolto in progetti di tutela della barriera e di raccolta dati nell'ambito dell'Indo Ocean Project (indooceanproject.org).

South Sulawesi Divers
Centro immersioni ben gestito (south-sulawesi-divers.com) fondato da Elvis, esperto sub tedesco che opera da tempo nella regione. Ha sede presso il **Mangga Lodge**.

Pulau Liukang Loe costano circa 400.000Rp e partono da Pantai Bira; la maggior parte delle guesthouse e degli hotel organizza le uscite. Se volete solo visitare l'isola, potete negoziare andata e ritorno con un'ora o due di attesa per 250.000Rp. L'attrezzatura (maschera e pinne) può essere noleggiata per circa 50.000Rp al giorno presso gli hotel e i chioschi su Pantai Bira.

Immersioni con gli squali

All'Isola delle Capre

Famosa come una delle località dell'Indonesia in cui ci sono più squali, Bira offre immersioni spettacolari quando le condizioni sono favorevoli. Le isole al largo, situate all'estremità sud di Sulawesi, si trovano alla convergenza delle correnti oceaniche che portano acqua fredda dalle profondità e una ricca fauna marina.

Il mare può essere agitato al largo di Pantai Bira e non è sempre possibile raggiungere isole come Kambing ('capra' in indonesiano), situata circa 7 km a sud, e i suoi rinomati siti di immersione. Tuttavia, ci sono punti più riparati e più vicini alla costa, dove è possibile avvistare la fauna, tra cui nudibranchi, cavallucci marini e pesci di barriera.

La **Great Wall of Goat**, sul lato orientale di Kambing, presenta una notevole parete verticale brulicante di specie tipiche della barriera corallina, dove solitamente si incontrano squali (tra cui squali martello e squali volpe), razze, mante e diavoli di mare. **Cap Bira** è un sito al largo della punta estrema di Sulawesi sud, con un bel tratto balneabile; si avvistano facilmente squali pinna bianca, gamberi e pesci ago. **Fish Market** è una montagna sottomarina riservata ai sub esperti ed è ricchissima di fauna, tra cui enormi cernie, carangidi e pesci Napoleone: garantisce un'immersione straordinaria. **Mola-Mola Point**, sul versante occidentale di Pulau Kambing, permette di ammirare pesci luna giganti ed è più adatto ai sub con esperienza. **Shark Point**, infine, è un'immersione più facile, con profilo inclinato sul lato orientale di Pulau Liukang Loe. Qui trovate bellissimi coralli, tartarughe, serpenti d'acqua e ovviamente moltissimi squali, tra cui squali pinna bianca lunghi fino a 2 m e squali pinna nera, oltre a occasionali squali leuca.

Alba e tramonto dal promontorio

Punto zero di Sulawesi

Il suggestivo promontorio roccioso a est della spiaggia di Bira segna il punto più meridionale di Sulawesi, e da qui è possibile vedere l'alba, il tramonto e il sorgere e il calare della luna

MANGIARE A BIRA: LA NOSTRA SCELTA

Tevana House Reef: La cucina vegetariana malese è la specialità di questo boutique hotel/ristorante; il venerdì c'è il popolare buffet indiano. **$$**

Akasha Beach Club: Sapori asiatici e occidentali si incontrano nell'elegante ristorante sulla scogliera. Pizza, pasta e noodles a buffet. **$$**

Seascapes: Uno dei migliori ristoranti gestiti da guesthouse sulla scogliera, affacciato sulla spiaggia di Bara e aperto ai non ospiti; cucina locale e non solo. **$$**

D'Perahu Resto: Situato presso l'Anda Beach Hotel, questo ristorante molto apprezzato a forma di barca tradizionale ha un ponte affacciato sulla spiaggia di Bir. **$$**

Panorama Titik Nol

quando le condizioni sono favorevoli. Nel 2020 le autorità locali hanno deciso che si trattava di un'opportunità turistica troppo ghiotta per lasciarsela sfuggire e hanno costruito la **Panorama Titik Nol**, un'elaborata serie di passerelle colorate e gradini sulla scogliera rivolta a est, che culmina in una minireplica di una mezza nave *pinisi* che si affaccia sull'oceano sottostante e rappresenta il 'punto zero' di Sulawesi, la punta più meridionale dell'isola. Quella di **Jembatan Kaca**, sul lato occidentale, è un'altra serie di passerelle per ammirare il tramonto a livello del mare, con un camminamento in vetro che conduce a una piattaforma sull'acqua.

Entrambi i punti panoramici sono gratuiti, a soli 5 minuti di auto dal villaggio di Bira o 30 minuti di passeggiata (2,5 km) attraversando l'Amatoa Resort.

BARCHE DA BIRA

Dal porto di Bira i traghetti per Pulau Selayar partono due volte al giorno (alle 8 e alle 13), con arrivo al porto di Pamatata. La tariffa base per i passeggeri è di 23.000Rp; a bordo c'è un chiosco dove si possono acquistare snack e bevande. Esiste anche una combinazione giornaliera diretta di autobus e traghetto da Makassar a Selayar. Gli autobus di lusso dell'Aneka Transport partono dal terminal Mallengkeri a mezzanotte (solo autobus: 250.000Rp; con cuccetta: 300.000Rp, incluso il traghetto). Arrivano a Bira la mattina presto, dove li attende la coincidenza con il traghetto delle 8 per Selayar.

RM Claudya: Tra i tanti *warung* che si trovano a ridosso della spiaggia, questo offre una valida, economica e fresca rivisitazione di piatti indonesiani. $

Nusa Bira Indah: Questo accogliente caffè vicino alla spiaggia di Bira è annesso al cottage Nusa Bira Indah (p584); gestito dalla disponibile Anjas. $

Piniseafood: Moderno ristorante a due piani, un po' insolito rispetto ai *warung* tradizionali, ma la cucina vegetariana indonesiana è gustosa. $

Salassa Guesthouse: Nei giorni buoni, Salassa è uno dei migliori ristoranti economici in circolazione; serve sia i clienti sia gli ospiti che pernottano. $

Dintorni della Penisola di Bira

A sud di Bira si trovano alcune isole remote che stanno iniziando a entrare nei radar dei turisti.

Località

Pulau Selayar p557
Isole Taka Bonerate p558

Mentre Bira e Bara attraggono i viaggiatori da anni, Pulau Selayar e le isole poco visitate che si trovano nei dintorni sono state più lente a conquistare i turisti. Un numero relativamente ridotto di persone si avventura fin qui, ma è proprio l'atmosfera poco turistica a rendere queste zone così affascinanti.

Selayar, un'isola lunga e stretta, ha diversi villaggi di pescatori e agricoltori, alcune belle spiagge sulla costa orientale e un vivace capoluogo sulla costa occidentale, Benteng, ma sono le isole deserte più lontane, raggiungibili solo noleggiando una barca, a stupire gli amanti delle spiagge.

Ancora più remote, le Isole Taka Bonerate premiano i più intrepidi con le loro bellezze.

TRASPORTI LOCALI

Due traghetti partono alle 8 e alle 13 da Bira diretti a Pamatata, su Pulau Selayar (ritorno agli stessi orari). Un autobus porta i passeggeri del traghetto del mattino a Benteng. In alternativa, un taxi per la città costa 300.000Rp. Per chi preferisce volare, Susi Air offre voli diretti due volte alla settimana tra Makassar e l'aeroporto di Aroeppala, 10 km a sud di Benteng. È consigliabile organizzare il tragitto aeroporto-hotel con la struttura in cui alloggiate. Una volta a Selayar, noleggiate una moto per esplorare l'isola (circa 100.000Rp al giorno).

Pulau Selayar

Pulau Selayar

DA BIRA: **2 H**

Esplorare le isole e le spiagge di Selayar

A sole due ore di barca da Bira, la lunga e stretta Isola di **Selayar** è abitata dai bugis, dai makassaresi e dai konjo, la maggior parte dei quali risiede lungo la costa occidentale e a Benteng, la città principale, e si dedica alla pesca o all'agricoltura. Lungo la costa occidentale di Selayar corre la strada principale ma le spiagge sono afflitte da tonnellate di plastica e rifiuti portati a riva dal mare. Molto meglio, ma di difficile accesso, sono i lidi del versante sud-orientale, come **Pantai Pinang**, dove si trovano un paio di resort per immersioni.

Le immersioni e lo snorkelling sono eccezionali, tra pareti a strapiombo e barriere di frangenti, ma sono molto soggette alla stagionalità, meglio venirci da ottobre-novembre ad aprile, quando il mare è calmo e l'isola riparata dai venti occidentali.

Noleggiare una moto è un buon modo per visitare parte dell'isola, considerando che le strade migliori sono sulla costa occidentale. Da nord a sud sono quasi 90 km. Una gita molto apprezzata per ammirare l'isola e i suoi tramonti è quella a **Puncak Tanadoang**, sulle colline dell'entroterra, circa 12 km a est di Benteng.

Pulau Pasi, la grande isola di fronte a Benteng, è un'ottima meta per fare snorkelling, nuotare e visitare le spiagge. Le migliori si trovano nella zona meridionale, quindi è molto più semplice ed economico arrivarci con una barca dal porto di Padang, vicino all'aeroporto, circa 12 km a sud di Benteng.

Tra le tappe più gettonate ci sono Pantai Liang Kareta, Pantai Balo Jaha, Pantai Liang Tarrusu e la grotta di Balo Jaha. Se volete giocare a Robinson Crusoe, organizzate una gita in barca di un'intera giornata verso le splendide spiagge incontaminate di **Pulau Bahuluang** e **Pulau Tambolongan**.

Sebbene l'offerta turistica di Selayar sia ancora agli albori, una piccola ma crescente schiera di guide freelance sarà felice di darvi consigli, organizzare uscite in barca e altre attività. Una guida consigliata con sede a Benteng è **Sulvi Sabinez** (WA +62 852 4070 2970, sulvisabinez@gmail.com). Parla bene l'inglese, è entusiasta, conosce Selayar e può aiutarvi a predisporre ogni tipo di escursione sulle isole circostanti.

TRAMONTI E STREET FOOD

La sera, sulla costa occidentale di Selayar, è tradizione guardare il sole affondare nel Mar di Flores: per molti giovani e famiglie di Benteng significa fermarsi per uno spuntino a base di *pisang goreng* (frittelle di banana) e *sarabba*, un tè al cocco infuso con zenzero, cannella, chiodi di garofano e zucchero di palma, originario di Makassar ma molto apprezzato anche qui. Sul lungomare, nel tardo pomeriggio, vengono allestite rivendite improvvisate vicino al Selayar Beach Hotel. Oltre al *sarabba*, propongono caffè e altri spuntini.

Tra i locali consigliati ci sono **Disorenya Sarabba** e **RM Panorama**, entrambi fronte mare a nord del porto.

MANGIARE SU SELAYAR: LA NOSTRA SCELTA

Wisata Kuliner: Semplici *warung* vicino al porto di Benteng, ideali per gustare i frutti di mare freschi. $

Oriental Resto & Cafe: Cibo cinese e indonesiano a buon prezzo in uno storico ristorante di Benteng. $

Dierra Cafe & Resto: Allestito in uno spazio simile a una cattedrale, è il miglior caffè-ristorante di Benteng; piatti indonesiani, giapponesi e occidentali. $$

Sunari Beach Resort: Affacciato sulla spiaggia, 13 km a sud di Benteng, il ristorante del Sunari accoglie su prenotazione ed è un ottimo posto per cenare. $$

RESORT PER IMMERSIONI ECOFRIENDLY

Selayar Eco Resort (selayar-eco-resort.sitew.fr) È aperto tutto l'anno, ma sposta la sede stagionalmente dalla costa orientale (da novembre ad aprile) a quella occidentale (da maggio a novembre). Da Pantai Pinang si raggiungono alcuni dei migliori siti di immersione dell'isola. Dispone di tre bungalow.

Selayar Dive Resort (selayar-dive-resort.com) Serio resort per immersioni aperto solo da ottobre ad aprile sulla costa orientale, offre un soggiorno minimo di una settimana in bungalow con tetto di paglia affacciato su una bella spiaggia.

Pearl Beach Cottages (pearlbeachcottage.com) Resort elegante e appartato, situato su una splendida spiaggia della costa orientale, con quattro ville di ispirazione balinese. Offre varie attività: immersioni e snorkelling, paddle e massaggi.

Taka Bonerate

Isole Taka Bonerate

DA BIRA: **8 H**

Remoti atolli corallini

A sud-est di Pulau Selayar e a nord di Pulau Bonerate si trova **Taka Bonerate**, che con i suoi 2220 kmq è il terzo atollo corallino del mondo per dimensioni (il più grande, quello di Kwajalein nelle Isole Marshall, ha una superficie maggiore soltanto del 20%), con circa 500 kmq di barriera corallina. Alcune delle isole e delle vaste barriere oggi fanno parte del Parco Nazionale di Taka Bonerate (Taman Nasional Taka Bonerate), una riserva che ospita una ricca varietà di creature marine e avifauna. Chi non visita l'atollo a bordo di un'imbarcazione con pernottamento a bordo, sarà costretto ad acquistare un pacchetto che include la visita e lo snorkelling o le immersioni intorno a **Pulau Tinabo** – un'isola che probabilmente condividerete solamente con le tartarughe marine e i piccoli di squalo che perlustrano il mare al largo della spiaggia di sabbia bianca. È possibile arrivare alle Taka Bonerate in modo indipendente con la barca lenta settimanale, in otto ore dal porto di Benteng, ma i funzionari del parco nazionale ammettono che è un mezzo inaffidabile. In alternativa si può noleggiare una barca in gruppo (circa 3.000.000Rp). Contattate Sulvi (p557), che fa base a Selayar. Barche pubbliche per Pulau Bonerate partono a intervalli irregolari da Selayar; per informazioni chiamate l'ufficio del **Parco Nazionale di Taka Bonerate** a Benteng, anche se il personale non parla molto bene inglese e non si occupa delle prenotazioni.

DOVE BERE CAFFÈ E SARABBA

Rayhan Resto & Coffee: Di fronte all'omonimo hotel nella parte orientale di Benteng, Rayhan serve caffè, tè e prodotti indonesiani a partire dalle 9.

Disorenya Sarabba: Uno dei luoghi più frequentati del lungomare di Benteng per godersi il tramonto davanti a una tazza di *sarabba* e a un piatto di *pisang goreng*.

Mr Yess Coffee & Cafe: Gli abitanti del luogo apprezzano questo tranquillo bar-ristorante, che serve un buon caffè e cibo indonesiano fino a tardi, con musica dal vivo.

Coffee House Selayar: Caffè semplice ma accogliente nel cuore della città di Benteng.

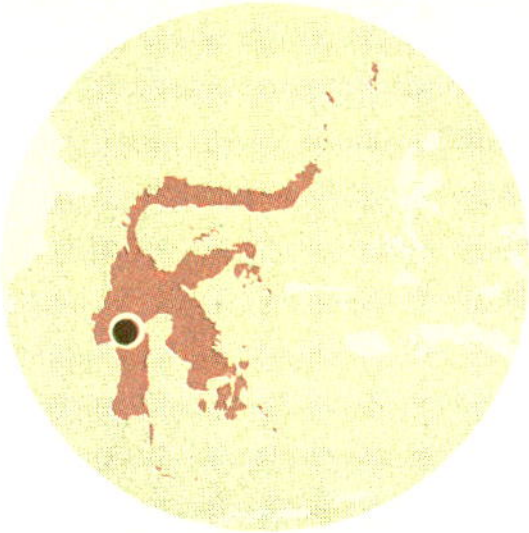

Tana Toraja

CULTURA | CERIMONIE FUNEBRI | TREKKING

Tana Toraja è il motivo principale per cui molti viaggiatori scelgono di visitare Sulawesi. Ci si può muovere a piedi, in bicicletta o in moto in un paesaggio sempreverde.

Trascorrete qualche giorno esplorando la risaie a perdita d'occhio, ammirando le scogliere a strapiombo, i *tau tau* (effigi di legno intagliate), le grotte sospese e le svettanti *tongkonan* (le case tradizionali toraja). I toraja sono un gruppo etnico con una delle culture tradizionali più riconoscibili e affascinanti dell'Indonesia.

La cultura di questo popolo è sopravvissuta alla minaccia secolare dei bugis, provenienti da sud-ovest. Tuttavia, nel 1905 gli olandesi avviarono una sanguinosa campagna per conquistare la parte centrale di Sulawesi, portandosi dietro missionari desiderosi di convertire la popolazione.

A metà Novecento molte delle grandi cerimonie toraja (ad eccezione delle *tomate*, le celebrazioni funebri) stavano già rapidamente scomparendo.

Cuore urbano dei toraja

Una base sulle colline

Rantepao è il cuore della cultura toraja e ottima base per le escursioni sulle colline, con un'ampia scelta di alloggi, ristoranti e interessanti mercati.

La città deve la propria esistenza agli olandesi, che cercarono (con moderato successo) di portare la società incentrata sulla famiglia degli abitanti degli altopiani di Toraja sotto un'amministrazione centralizzata, creando due nuove sedi di governo: a Rantepao e a Makale.

Mentre il governo si spostava da una località all'altra – e a volte si scioglieva del tutto – Rantepao divenne un piccolo centro del commercio per le comunità toraja del nord. Anche se il traffico può essere intenso lungo Jl Ahmad Yani e

TRASPORTI LOCALI

Rantepao e Makale sono i centri nevralgici di Tana Toraja, con autobus regolari e taxi condivisi che coprono le rotte principali, a sud verso Makassar e a nord verso Tentena e Palu. Per spostarsi è consigliabile noleggiare un'auto con conducente o una moto a Rantepao (da 100.000Rp al giorno). Alcuni tratti collegano i villaggi ed è possibile percorrerli con le mountain bike. Il trasporto pubblico prevede fermate nel centro di Rantepao e al terminal Bolu, a nord della città. *Bemo* e *kijang* frequenti collegano i villaggi.

IL CONSIGLIO

La maggior parte dei siti turistici intorno a Tana Toraja, come Lemo e Londa, prevede una tassa d'ingresso compresa tra 20.000 e 30.000Rp. Di solito c'è una biglietteria aperta dalle 7 del mattino al tramonto.

DA NON PERDERE
1 Ke'te Kesu'

DA VEDERE
2 Objek Wisata Kalimbuang Bori
3 Buntu Pune
4 Buntu Singki
5 Lemo
6 Lo'ko Mata
7 Lolai To' Tombi
8 Londa
9 Sangkombong
10 Tampang Allo

PERNOTTAMENTO
11 Mentirotiku
12 Pia's Poppies Hotel
13 Rosalina Homestay
14 Santai Toraja Resort
15 Sulawesi Castle
16 Glamping & Cafe Kapitoo

PASTI
17 Ayam Penyet Ria
18 Cafe Aras
19 Monika Cafe
v. 12 Pia's
v. 20 Rimiko Restoran
20 Rumah Makan Saruran
21 Sop Ubi Ma Uni

LOCALI E VITA NOTTURNA
22 Djong Coffee Roastery
23 Kaana Toraya Coffee
24 Kopi Toraja ToRi Coffee
25 Logikaa Coffee House

SHOPPING
26 Pasar Rakyat Bolu

INFORMAZIONI
27 Ufficio del turismo

AUTOBUS DI LUSSO

La tratta in autobus da Makassar a Tana Toraja (Makale o Rantepao) è molto battuta e famosa a Sulawesi, grazie ai lussuosi mezzi notturni (e ai meno popolari pullman diurni). Vi operano diverse compagnie, tra cui Metro Permai e Bintang Prima. Dite all'autista dove volete scendere: se è lungo il percorso si fermerà nel punto esatto, anche all'aeroporto di Makassar. Prenotate con almeno un giorno di anticipo.

intorno alla stazione degli autobus, è una città facile da girare. In periferia si estendono lunghi campi coltivati dove non si è mai lontani dal canto di un gallo.

Appena a ovest del fiume, sorge **Buntu Singki** (930 m) una ripida collina sovrastata da una grande croce bianca visibile dalla città. Un sentiero pedonale con circa 300 gradini (30.000Rp) conduce alla cima e alla vista panoramica su

Rantepao e sulla campagna circostante. Circa 2 km a nord del centro, vicino alla stazione degli autobus, si trova il **Pasar Rakyat Bolu**, un grande mercato coperto dove i toraja comprano e vendono merci ogni giorno. Poco più a sud si trova il più famoso mercato di bufali d'acqua, il **Pasar Hewan**, che, a quanto si dice, è il più grande del mondo. Si svolge ogni sei giorni (chiedere in zona per gli orari). Da tutta Sulawesi vengono esposti e venduti bufali d'acqua destinati per lo più alla macellazione durante le cerimonie funebri. I capi di bestiame sono molto costosi: i prezzi partono da 30.000.000Rp e arrivano a 100.000.000Rp. Nei giorni in cui non c'è il mercato, la zona è molto meno caotica.

Tongkonan e tau tau

Itinerario a sud: Lemo e Londa

Alcune delle mete culturali più famose di questa regione sono facilmente raggiungibili in auto o in moto sulla strada principale a sud di Rantepao. In direzione est, il primo luogo degno di nota è la collina di **Buntu Pune**, con due belle case *tongkonan* e quattro granai per il riso, alcuni con vecchi tetti ricoperti di vegetazione. Secondo la leggenda locale, una delle case fu costruita da Pong Maramba, un nobile del primo Novecento. Durante la dominazione olandese, fu nominato capo del distretto locale, ma intendeva ribellarsi e fu quindi esiliato ad Ambon (nelle Maluku), dove morì. Il suo corpo fu poi riportato a Tana Toraja e sepolto sulla collina a nord di Buntu Pune.

A circa 2 km di distanza, **Ke'te Kesu'** è uno spettacolo impressionante. I quattro imponenti *tongkonan* e i numerosi granai che costituiscono Ke'te Kesu' furono trasferiti in questo pittoresco sito nel 1927, dopo che una sagace famiglia locale aveva notato che il governo olandese non era minimamente interessato a ciò che avveniva lontano dai centri amministrativi.

In seguito, per avere condiviso l'eredità culturale con il resto del mondo e dimostrato il valore di preservare la tradizione, gli abitanti di Kesu videro eleggere il loro villaggio come primo *obyek wisata* (sito turistico) ufficiale di Toraja, e hanno insistito molto (e con successo) per richiamare sul sito l'attenzione dell'UNESCO. Superate le bancarelle di souvenir fino alla parete rocciosa dietro il villaggio per raggiungere alcune tombe rupestri e tombe pensili molto antiche, alcune delle quali vecchie oltre 500 anni.

Poi tornate indietro fino a Jl Pongtiku, la strada principale a sud di Makale, e percorrete altri 5 km fino a **Londa**, una

BALOK, IL VINO DEI TORAJA

Il *balok* o 'ballo' (vino di palma; noto anche come *tuak* o toddy) è l'infuso alcolico casalingo dei toraja, spesso venduto in brocche di plastica o tubi di bambù nei piccoli negozi della città e nei villaggi. Spillato dalle palme e fermentato naturalmente (ma non distillato), è disponibile in una varietà di gradazioni, sapori (da dolce ad amaro) e colori (da chiaro a rosso scuro, colore ottenuto con l'aggiunta di corteccia, perché di solito è bianco pallido e lattiginoso). I mercati di Rantepao e Makale hanno sezioni dedicate alla bevanda, che si consuma a temperatura ambiente. Bere alcolici non è un tabù a Toraja, in gran parte cristiana. Birra e alcol sono disponibili nei supermercati, nei negozi e in alcuni ristoranti.

MANGIARE A RANTEPAO: LA NOSTRA SCELTA

Monika Cafe: Ristorante accogliente che serve piatti indonesiani e toraja, tra cui bistecca di bufalo e *pa'piong* (carne servita in canne di bambù). $

Ayam Penyet Ria: I clienti vengono per l'*ayam penyet* (pollo schiacciato), anche se non mancano le specialità indonesiane, come il *gado gado*. $

Pia's: Rinomato per l'atmosfera, la birra fresca e il cibo toraja tra cui il *pa'piong*; ordinate in anticipo (almeno due ore). $$

Cafe Aras: Locale pensato per palati occidentali; il mix di piatti locali e internazionali è delizioso. Ha due sedi sulla stessa strada. $$

delle grotte funerarie più spettacolari di Toraja, situata ai piedi di una monumentale parete rocciosa. È possibile scendere, attraverso una scenografica distesa di terreni agricoli, fino all'ingresso sorvegliato da una balconata di *tau tau*, ma per entrare nella grotta è necessario essere accompagnati da una guida munita di lanterna (50.000Rp). All'interno della cavità si trovano numerose bare, molte delle quali ormai marce, con le ossa sparse o ammassate per terra. I membri della classe alta sono posti in bare che pendono dalla parete rocciosa, alcune ad altezze vertiginose, mentre la gente comune è sepolta nelle grotte, spesso senza bara.

Circa 4,5 km più a sud (cercate i cartelli e girate a est su Jl Buntang) si trova **Lemo**, un vero e proprio villaggio di *tau tau* che osservano i passanti con sguardo fisso e braccia spalancate da un'impressionante parete rocciosa verticale costellata di tombe. I *tau tau* simboleggiano la prosecuzione della vita dopo la morte ed è vietato toccarli al di fuori di certe cerimonie. Purtroppo la regola non ha impedito ai saccheggiatori di rubarne alcuni, per cui molte famiglie adesso li tengono in casa. La parete rocciosa a strapiombo di Lemo presenta una serie di sporgenze con diverse statue di defunti. Secondo la leggenda, queste tombe sono riservate ai discendenti di un capo toraja che costruì la propria casa in cima alla parete in cui ora si trovano i loculi.

Tra le bancarelle di souvenir e di bevande, esperti artigiani intagliano nuovi *tau tau*. È affascinante osservarli all'opera. Se siete alla ricerca di un souvenir fuori dagli schemi, procuratevi una riproduzione di dimensioni comode per il trasporto.

CAFFÈ TORAJA

Famoso per il suo gusto terroso e corposo, il caffè toraja è uno dei prodotti regionali più apprezzati dell'Indonesia. Tana Toraja è una delle poche aree in cui prevale il chicco arabica, che rappresenta il 96% della coltivazione locale. Il caffè fu introdotto a Toraja a metà del XIX secolo dagli olandesi, che ne gestivano la produzione. Nel 1890, con l'aumento esponenziale del valore, scoppiò una 'guerra del caffè' tra i bugis e i toraja per il controllo delle rotte commerciali.

Oggi la maggior parte del caffè toraja è biologico e prodotto da coltivatori indigeni: il suolo vulcanico, il clima relativamente fresco e l'altitudine (da 1400 a 1900 m) sono perfetti per la produzione di arabica di alta qualità. Il caffè della cooperativa Petani Kopi Organik Toraja è certificato per il commercio equo e solidale.

Grotte dei morti

Bare e ossa appese

L'usanza dei toraja di seppellire i propri morti nelle grotte è una pratica che si può osservare di persona esplorando i siti aperti ai visitatori. I toraja credono che sia possibile portare con sé i propri averi nell'aldilà, quindi i defunti sono generalmente ben equipaggiati per il viaggio. Poiché questa pratica ha storicamente attirato i saccheggiatori di tombe, i toraja hanno iniziato a nascondere i morti nelle grotte, scavate da costruttori specializzati. Le bare vengono portate in profondità e i *tau tau* vengono posti su balconi nella parete rocciosa di fronte, a memoria dei defunti.

Due dei luoghi migliori per ammirare teschi, ossa e bare appese sono Londa e **Tampang Allo**, nel villaggio di Sangalla,

MANGIARE A RANTEPAO: LA NOSTRA SCELTA

Rumah Makan Saruran: Questo vivace ristorante situato sulla via principale propone un'infinità di noodles fritti e un'ottima cucina cinese in stile indonesiano. $

Rimiko Restoran: Locale di lunga tradizione che serve piatti tipici, tra cui le specialità di Toraja come bufalo, maiale, anguilla in salsa nera e *pa'piong* (è necessario prenotare). $

Sop Ubi MaUni: Buon ristorante che serve un'ottima zuppa di *ubi* (manioca) fritta. $

Santai Toraja: L'elegante ristorante di questo boutique hotel a ovest del fiume vale la pena di essere provato per i suoi gustosi piatti indonesiani. $$

PAUL HARDING/LONELY PLANET ©

Bare sospese e *tau tau*, Londa

un po' più lontano da Rantepao (45 minuti di auto) e quindi meno visitato. Una breve passeggiata dal villaggio, superando alcune *tongkonan*, porta alla grotta, circondata da risaie. Non ci sono bancarelle di souvenir intorno al sito, che con i *tau tau* e una grotta facilmente accessibile piena di teschi e ossa è uno dei posti più suggestivi di Tana Toraja. Si dice che le tombe appartengano ai capi di Sangalla, discendenti del mitico essere divino Tamborolangiq, che introdusse il sistema delle caste e i rituali funebri nella società toraja.

Altopiani del nord: sopra le nuvole

La vista da Batutumonga

A nord di Rantepao, colline, valli e villaggi disseminati di tradizionali *tongkonan* offrono panorami spettacolari sulla città e sui campi coltivati. Uno dei centri più noti dell'altopiano è **Batutumonga**, rinomato per le sue viste panoramiche e per la presenza di caffetterie con alloggio, come la guesthouse **Mentirotiku**, situata sulla collina. Batutumonga occupa un ampio pendio sul lato del Gunung Sesean (3,5 km

TROVARE UNA GUIDA

Molte guide di Tana Toraja possiedono una licenza approvata dal governo, ottenuta frequentando un corso di cultura, lingua e galateo. È possibile procurarsi una guida automunita (per un massimo di quattro persone) per circa 500.000Rp al giorno, ed è inclusa la partecipazione a un funerale, ma sappiate che gran parte della regione è accessibile soltanto a piedi o in moto. Per i trekking, le guide chiedono circa 500.000Rp al giorno. Le tariffe sono leggermente negoziabili, ma le guide della zona cercano di mantenere le tariffe fisse. Chiedete presso la vostra sistemazione di consigliarvene una oppure provate all'**Ufficio del turismo** (aperto dal lunedì al sabato).

MIGLIORI CAFFÈ A RANTEPAO

Kaana Toraya Coffee: Uno dei migliori boutique caffè di Rantepao, nascosto vicino a Pia's (p584). Ottimo caffè tostato in casa e buon cibo.

Kopi Toraja ToRi Coffee: Locale moderno ed elegante situato sulla strada principale, dove il caffè è accompagnato da un buon servizio, buon cibo e musica dal vivo.

Djong Coffee Roastery: Fate un salto in questo locale di fronte al fiume, dove troverete il proprietario tostare o preparare un ottimo caffè toraja.

Logikaa Coffee House: Situato sula strada che porta al mercato dei bufali, questo bar pulito e accogliente serve caffè tostato in loco.

CREDENZE TORAJA

Prima dell'arrivo del cristianesimo, i toraja credevano in molte divinità e veneravano Puang Matua, dio della famiglia, del clan o della tribù. Il cristianesimo ha minato alcune credenze tradizionali, ma le cerimonie sono ancora una parte fondamentale della società. Secondo la mitologia toraja, gli antenati arrivarono in barca da sud, risalirono il fiume Sa'dan e si stabilirono nella regione di Enrekang prima di essere spinti sulle montagne dall'arrivo di altri gruppi.

I bufali rivestono un'importanza fondamentale in diverse cerimonie religiose e sono molto ambiti quelli albini, a volte venduti per più di US$8000. Alcuni ritengono che il tetto curvo delle *tongkonan* rappresenti le corna del bufalo.

Vista da Batutumonga

di cammino per raggiungere la cima) e offre viste sublimi su Rantepao e sulla valle di Sa'dan.

Situato circa 15 km a nord di Rantepao, è raggiungibile in auto o in moto in 30 minuti, tramite un interessante giro ad anello. Arrivando da est, si può visitare il villaggio di tessitori di **Sangkombong**, a circa 12 km da Rantepao, dove gli abitanti lavorano coperte, sciarpe e scialli toraja a mano su telai tradizionali davanti a file di *tongkonan*. Tornate a Pangli e dirigetevi verso ovest, attraversando terreni agricoli e villaggi, fino a Bori, dove si trova **Objek Wisata Kalimbuang Bori**, un bel sito con 102 pietre verticali, ognuna delle quali rappresenta un diverso funerale svolto nel luogo. Da qui, la strada inizia a salire e a zigzagare fino a Batutumonga.

Scendendo dall'altra parte, in circa 10 minuti si raggiunge **Lo'ko Mata**, con affascinanti tombe rupestri scavate nei fianchi di un gigantesco masso rotondo. Tornando indietro, si trova la strada che scende a Rantepao. All'uscita della città, deviate lungo Jl Penanian per fare un percorso panoramico tra risaie e case tradizionali, prima di attraversare il fiume Sadan appena a nord dell'Hotel Luta Resort.

Circa 10 km a nord-ovest di Rantepao, **Lolai** propone un altro punto panoramico favoloso, all'altezza del suo slogan. Dal 'villaggio sopra le nuvole' potete godere di viste incredibili al mattino presto, quando la valle sottostante è ricoperta da uno strato di nebbia. Ci sono numerosi punti panoramici, ma il migliore è quello di Tongkonan Lempe, dove si trovano un hotel e una terrazza con la riproduzione della prua di una nave che si staglia tra le nuvole, come un *Titanic* volante.

Celebrazione dei defunti

Cerimonie funebri

Di tutte le cerimonie toraja, la più importante è il *tomate* (funerale; letteralmente 'deceduto'). Si crede che senza un adeguato rito funebre, l'anima del defunto causerà disgrazie alla famiglia.

I toraja celebrano due cerimonie: una subito dopo la morte e un secondo elaborato funerale dopo aver predisposto alcuni preparativi. I riti più grandi sono programmati durante i mesi asciutti di luglio e agosto, ma ci sono funerali tutto l'anno, di solito quando i membri della famiglia che vivono e lavorano fuori da Tana Toraja possono tornare a casa. Fino al momento del secondo funerale, il defunto rimane nella casa di famiglia. Essere invitati a vegliare il corpo è un onore. Se accettate, ricordatevi di ringraziare il defunto e di chiedergli il permesso di andarvene, come fareste se fosse in vita.

Il secondo funerale può durare diversi giorni e prevedere centinaia di invitati, danze tradizionali, cibo in abbondanza e sacrifici rituali di animali. I toraja credono che le anime degli animali debbano seguire i padroni nella vita successiva, da qui l'importanza dei sacrifici. I festeggiamenti possono includere una sorta di corrida con i bufali d'acqua, che di solito si tiene il terzo giorno, e dopo la quale vengono uccisi. Il numero di bufali da sacrificare viene patteggiato con cura e dipende dallo status della famiglia e dai mezzi a disposizione. La carne viene poi divisa nella comunità come simbolo di ridistribuzione una tantum della ricchezza. Sebbene sia parte integrante di molte cerimonie funebri, alcuni potrebbero trovare il sacrificio e la successiva macellazione molto cruenti e traumatici.

Chi partecipa a un funerale dovrebbe indossare abiti neri o di colore scuro e portare doni come dolci o sigarette per la famiglia del defunto. Le guide sapranno dove e quando si svolgono tali eventi; se avete un mezzo di trasporto privato, chiedete presso il vostro alloggio.

TREKKING

Un'escursione a piedi è il modo migliore per raggiungere le zone isolate e per farsi un'idea della campagna toraja e della sua gente. Storicamente, gli insediamenti ruotano intorno alle case piuttosto che ai 'villaggi', il che significa che l'abitato è sparso e che non si è mai lontani da altri gruppi familiari. Prendete una cartina, scegliete due punti e probabilmente troverete un sentiero che li unisce. Visto il rapido sviluppo, oggi molti trekking si svolgono su strade asfaltate.

È consigliabile munirsi di una buona cartina o affidarsi a una guida. Tra i tragitti più brevi e gettonati ci sono la passeggiata di 8 km da Rantepao a Londa, passando per i villaggi di Siguntu' e Alang Alang-Londa, e l'escursione sul Gunung Sesean da Batutumonga.

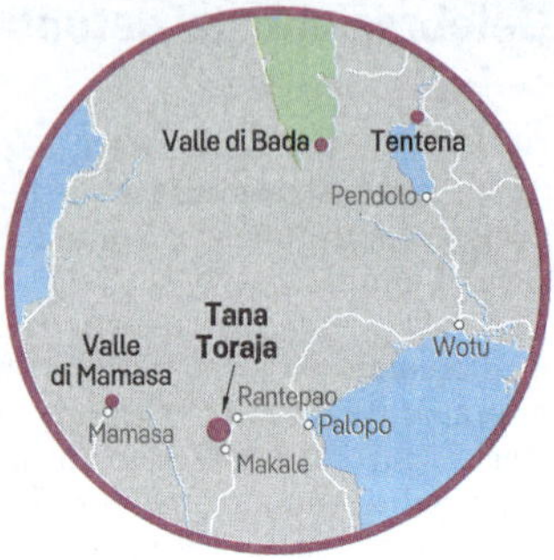

Dintorni di Tana Toraja

La strada verso nord fino a Tana Toraja è lunga, ma oggi la maggior parte dei turisti affronta volentieri il lento viaggio nelle zone centrali di Sulawesi in direzione delle Isole Togean.

Località

TRASPORTI LOCALI

La maggior parte dei viaggiatori attraversa il centro di Sulawesi in autobus o in taxi da Toraja ad Ampana via Tentena. Per noleggiare un'auto da Rantepao a Tentena si devono sborsare 2.000.000Rp (il viaggio richiede dalle 10 alle 12 ore). Gli autobus diretti a Palu vi lasciano alla periferia della città, di solito a tarda notte. Un'alternativa è tornare a Makassar e prendere un volo fino a Luwuk (per le Togean), Gorontalo o Manado. Mamasa è raggiungibile in taxi condiviso da Makale in circa otto ore.

La zona centrale di Sulawesi è una vasta regione montuosa che è stata quasi abbandonata dal turismo a causa di un periodo di violenti scontri religiosi, ma che oggi è regolarmente attraversata da molti viaggiatori che si spostano tra Tana Toraja e le Isole Togean. Gli insediamenti sulle rive del Danau Poso sono ideali per spezzare il lungo viaggio in autobus. La tranquilla Tentena è il luogo più facile per organizzare escursioni nel Parco Nazionale di Lore Lindu o nella Valle di Bada, con i misteriosi megaliti e la giungla ricca di fauna selvatica. A ovest di Tana Toraja (Sulawesi ovest), la Valle di Mamasa ospita un'analoga cultura e tante bellezze naturali. Nel settembre del 2018, un violento terremoto ha colpito il centro di Sulawesi, facendo abbattere un devastante tsunami nella Baia di Palu.

Valle di Mamasa

DA TANA TORAJA: **8 H**

Rifugio remoto sulle montagne

La Valle di Mamasa vanta meravigliosi paesaggi di alta montagna e tradizioni tribali, ma la sua reputazione di luogo remoto e la mancanza di infrastrutture turistiche rispetto a Toraja l'hanno tenuta in gran parte fuori dalle rotte turistiche: un'opportunità per tutti quei viaggiatori che amano l'avventura.

Dal punto di vista culturale ci sono somiglianze e differenze con la vicina terra dei toraja. Nella valle di Mamasa sopravvivono cerimonie in stile toraja, ma in genere sono molto meno ostentate. Come le case tradizionali dei toraja, le *tongkonan* di Mamasan hanno tetti sporgenti scolpiti con raffigurazioni di animali e umani.

Gli abitanti hanno abbracciato il cristianesimo con entusiasmo: in tutta la valle si riuniscono regolarmente per la preghiera. L'arte del *sambu* è ancora fiorente: lunghe strisce di tessuto pesante vengono cucite insieme per creare coperte, che offrono riparo nelle fredde notti montane. Mamasa è l'unica vera città della valle e propone diverse sistemazioni

FABIO LAMANNA/SHUTTERSTOCK ©

Valle di Mamasa

e molti ristoranti. Nei villaggi, chiedete se sono disponibili case vacanza.

Visita al villaggio di Mamasa

Uno o due giorni di esplorazione del distretto di Balla, a sud-ovest di Mamasa, vi permetteranno visitare un po' di villaggi. Da Pena, dirigetevi a nord passando per il cimitero di **Tedong Tedong Minanga**, con una serie di bare in legno a forma di barche e di bufali, proseguite poi per **Ballapeu'**, un villaggio tradizionale di tessitori pieno di case belle da fotografare. Si rientra passando per **Osango**, dove si trovano i *tedong-tedong* (piccole strutture sopra le tombe che sembrano case), che pare risalgano a 200 anni fa. Ci sono molti sentieri e il villaggio è piuttosto esteso, quindi chiedete indicazioni lungo il tragitto.

A nord di Mamasa, superando risaie e vallate fluviali, si raggiunge il villaggio tradizionale di **Taupe**, con sentieri nella giungla e vedute panoramiche, circa 5 km a nord-ovest di Mamasa. Con le guide locali si possono fare trekking più lunghi, soggiornando nelle case dei villaggi.

TERREMOTO

Il 28 settembre 2018, verso le ore 18 locali, un forte terremoto di magnitudo 7,4 ha colpito la regione di Donggala nel 'collo' della Penisola di Minahasa, dando origine a uno tsunami che si è rovesciato nello Stretto di Makassar poco tempo dopo. Incanalandosi nella Baia di Palu, l'onda anomala ha raggiunto i 6 m di altezza e si è abbattuta sulla città, mietendo oltre 1200 vittime nella sola Palu e lasciando senza un tetto 60.000 persone. La mancanza di infrastrutture, la lenta risposta delle autorità e la paura di scosse successive hanno aggravato il problema. È stata colpita anche Donggala, dove sono crollati molti edifici e molti altri sono diventati inabitabili, le barche sono state spinte sulla terraferma e ci sono state grosse perdite di vite umane.

SCONTRI RELIGIOSI

Nel 1998, dopo la caduta del presidente Suharto, le zone centrali di Sulawesi hanno attraversato un periodo buio di violenza tra cristiani e musulmani che ha portato a dieci anni di chiusura ai turisti, in particolare per le aree di Tentena e Poso. Non è ancora chiaro cosa abbia portato le comunità a combattere tra loro dopo generazioni di convivenza pacifica.

Un afflusso di immigrati musulmani da Giava, a seguito dell'avviamento di un programma di trasmigrazione, ha sconvolto gli equilibri di potere nella regione, ma probabilmente i fattori più importanti sono stati il vuoto di potere conseguente alla caduta di Suharto e l'impatto incendiario delle milizie estremiste.

Oggi la regione è di nuovo pacifica e Tentena è una tappa turistica popolare situata tra Toraja e le Togean.

PAUL HARDING/LONELY PLANET ©

Palindo, Valle di Bada

Tentena

DA TANA TORAJA: **10–12 H**

Sosta sul Lago Poso

Il viaggio via terra tra Tana Toraja e le Togean è lungo, lento e faticoso (sia per i passeggeri sia per gli autisti!), quindi la maggior parte dei viaggiatori programma una sosta notturna a Tentena, a un giorno intero di macchina da Rantepao.

Tentena è un'interessante cittadina all'estremità settentrionale del Lago Poso, il terzo lago più profondo dell'Indonesia, alla foce del Sungai Poso. Oltre ad avere alcuni buoni alloggi economici, Tentena è un'ottima base per escursioni ai megaliti della Valle di Bada e al Parco Nazionale di Lore Lindu. È inoltre possibile visitare la favolosa cascata a più livelli di **Air Terjun Saluopa**, 15 km a ovest di Tentena, nella foresta pluviale. In città si trova un ponte coperto sul fiume Poso, da cui si possono ammirare le trappole di bambù a forma di V che attirano le **anguille giganti** (fino a 2 m) per le quali la città è famosa.

Un'alternativa è la città di **Pendolo**, all'estremità meridionale del lago (e quindi un paio d'ore più vicina a Rantepao). Qui si trovano alcune spiagge di sabbia bianca e buone sistemazioni e di solito è possibile noleggiare una barca per attraversare il lago fino a Tentena.

Valle di Bada

DA TANA TORAJA: **3-4 H**

Antichi megaliti

Sparsi apparentemente a caso nelle colline e nelle valli intorno al remoto **Parco Nazionale di Lore Lindu**, si trovano circa 400 antichi megaliti di origine sconosciuta, che potrebbero avere più di 5000 anni. Un bel gruppo si può raggiungere, con una guida, nella Valle di Bada, 60 km a ovest di Tentena. Spicca il Palindo, una statua alta 4 m, anatomicamente corretta. Sebbene sia possibile vedere molte statue in un'unica giornata partendo da Tentena, diversi villaggi tra cui Bomba, Gintu e Tuare dispongono di case vacanza per gli ospiti.

Per un'esperienza ancora più avventurosa, considerate un trekking di due giorni attraverso il parco nazionale fino all'enclave di **Behoa**, dove si trovano ancora più megaliti, con la possibilità di proseguire il viaggio verso Palu o Poso. La valle intorno al villaggio di Bariri è ricca di megaliti: statue di forme umane, imponenti *kalamba* (vasi di pietra) e *tutu'na*.

I resti preistorici più spettacolari sono però i megaliti dell'Età del Bronzo, diffusi in tutta la zona centrale di Sulawesi, anche se nessuno sa chi li abbia creati. La maggiore concentrazione di questi reperti si trova lungo il Sungai Lariang nella Valle di Bada, ma ve ne sono altri in tutta la regione, fino a Tana Toraja nel sud di Sulawesi.

Il Parco Nazionale di Lore Lindu, con i suoi 2500 kmq, è una Riserva della Biosfera UNESCO poco frequentata dai turisti e ospita tarsi, buceri, bufali pigmei e altri animali selvatici. Le guide sono indispensabili per visitare il parco e sono altamente raccomandate per esplorare le aree dei megaliti al di fuori del parco.

GUIDE PER IL TREKKING

Per i trekking più lunghi è obbligatoria una guida, utile anche a individuare i megaliti. Una visita organizzata di un giorno da Tentena con guida e veicolo (per un massimo di quattro persone) costa circa 2.200.000Rp. Le guide di Tentena parlano inglese.

Se viaggiate da soli, invece, potete trovare una guida a Wuasa, Bomba, Badu o presso l'ufficio turistico o l'ufficio del Parco Nazionale di Palu. Qui le guide partono da 250.000Rp per le escursioni giornaliere, di più per il trekking e poche parlano inglese.

MANGIARE A TENTENA: LA NOSTRA SCELTA

Ongga Bale: La posizione sulla riva del fiume è l'aspetto più attraente di questo ristorante specializzato in pollo e pesce. $

Kayaku Foodshop: Per i migliori *mie goreng* (noodles fritti) e *nasi goreng* (riso fritto) della città, provate questa piccola tavola calda. $

Dolidi Ndano Towale: In questo cottage in riva al lago, 6 km a sud della città, c'è un ottimo ristorante. $$

Bukit Pamona: Sul lato ovest del fiume è difficile non notare questo ristorante in posizione dominante che serve piatti indonesiani. $$

Isole Togean

GIRO DELLE ISOLE | SPIAGGE | IMMERSIONI

Situate nel vasto Golfo di Tomini, le remote Isole Togean sono difficili da raggiungere, ma ancora più difficili da lasciare. Non c'è un aeroporto, non ci sono wi-fi e ricezione telefonica, non ci sono automobili, l'elettricità è limitata ai generatori e l'acqua potabile è un bene prezioso. Ci sono soltanto una serie di isole naufraghe, splendide spiagge dorate e deserte, acque cristalline e amache che dondolano dai bungalow in riva al mare.

La varietà di vita marina e le sorprendenti formazioni coralline sono una grande ricchezza per i sub e gli amanti dello snorkelling. Diversi professionisti propongono corsi e immersioni. Circa sette gruppi etnici abitano nella regione e tutti sono eccezionalmente ospitali e felici di accogliere i visitatori.

TRASPORTI LOCALI

Utilizzate i traghetti tra Ampana e Malenge, o prenotate una barca privata sul posto. Un motoscafo parte da Ampana diretto a Wakai via Bomba ogni giorno alle 9, con ritorno alle 13. Il traghetto pubblico, più lento, parte alle 10 il lunedì, il mercoledì e il sabato, con ritorno da Pulau Papan il martedì, il giovedì e la domenica. Per gli orari consultare il sito infotogian.weebly.com. Trovare un charter è facile a Wakai, Bomba e Kadidiri, è più difficile nei centri piccoli. Le tariffe sono fisse (circa 500.000Rp da Wakai/Kadidiri a Bomba). Chiedete informazioni.

A zonzo per le Isole Togean

Trovare la propria isola paradisiaca

La scelta dell'isola su cui soggiornare è fondamentale per chi vuole visitare le Togean, ma qualunque sia la vostra decisione, è facile noleggiare una barca per raggiungere le altre isole e, con più tempo a disposizione, potete utilizzare anche il traghetto pubblico. La più grande e accessibile è **Pulau Batu Daka**, con i due villaggi Wakai e Bomba. Bomba è famoso per la vicinanza alla costa, le spiagge e le buone strutture ricettive, mentre Wakai è il porto principale, dove in genere si sosta provenendo da Ampana o Gorontalo. Qui si trovano anche un mercato e alcuni negozi di generi vari.

A 30 minuti di barca da Wakai sorge **Kadidiri**, la piccola isola dove negli anni '90 ha preso piede per la prima volta il turismo alle Togean. Qui ci sono quattro resort molto

MANGIARE E DORMIRE SU KADIDIRI: LA NOSTRA SCELTA

Pondok Lestari: Buona struttura che condivide la spiaggia con il Black Marlin. Le camere più economiche hanno il bagno condiviso, i pasti sono in comune. $

Kadidiri Paradise Resort: Un originale resort togiano con molo privato, centro immersioni, bungalow confortevoli, ristorante e cocktail. $$

Black Marlin Dive Resort: Resort per immersioni tranquillo, con bungalow affacciati sul mare e buona cucina. $$

Harmony Bay Kadidiri: Il resort più appartato, con eleganti bungalow sulla spiaggia, pasti eccellenti, corsi di yoga e un centro immersioni. $$$

DA VEDERE
1 Danau Mariona
v. 1 Karina Beach

ATTIVITÀ, CORSI E TOUR
2 Sera Beach Dive Resort

PERNOTTAMENTO
3 Araya Dive Resort
v. 2 Bahia Tomini Eco Resort
4 Black Marlin Dive Resort
5 Bolilanga Island Resort
6 Fadhila Cottages
v. 4 Harmony Bay Kadidiri
7 Island Retreat
v. 4 Kadidiri Paradise Resort
8 Poki Poki Cottages
v. 4 Pondok Lestari
v. 3 Poya Lisa Cottages
9 Pristine Paradise Dive Resort
10 Reconnect Island Resort
v. 9 Sanctum Una Una
v. 2 Sandy Bay Resort

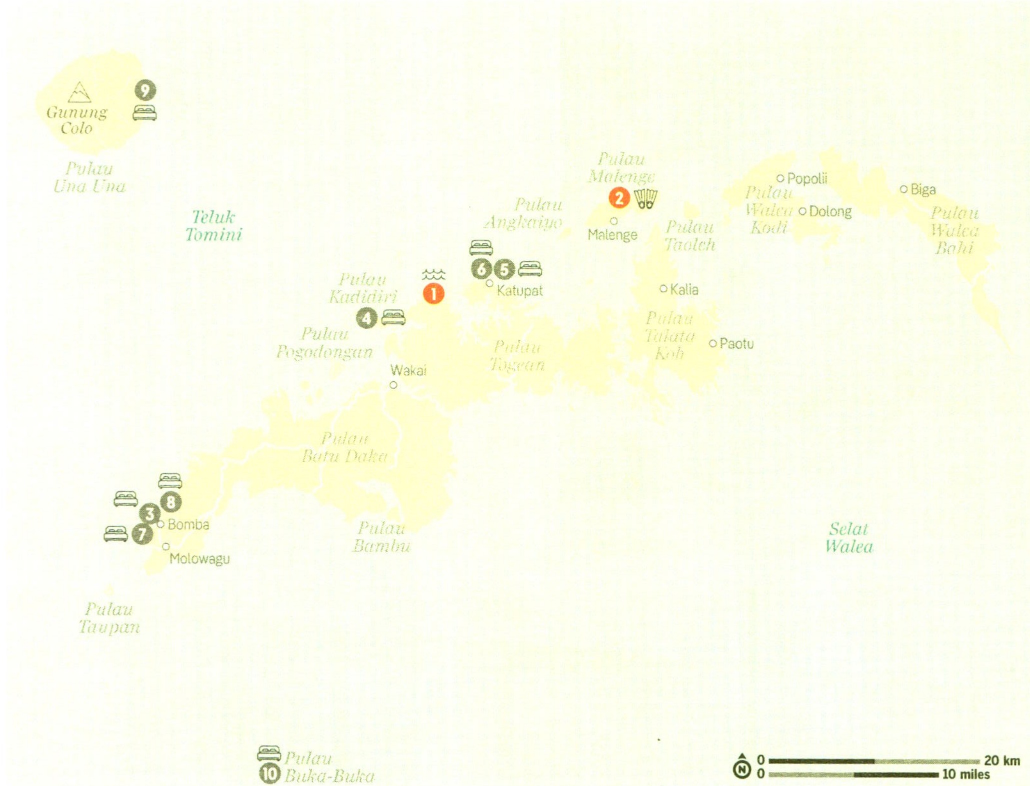

IL CONSIGLIO

Sulle isole non c'è wi-fi e la ricezione del telefono è scarsa. Alcuni resort offrono internet satellitare a pagamento. Portate molti contanti perché non ci sono bancomat. L'ingresso al parco nazionale prevede una tassa di 150.000Rp per gli stranieri.

VILLAGI BAJAU

Gli 'zingari del mare' ancora oggi si immergono alla ricerca di *trepang* (cetrioli di mare), perle e altri prodotti, come hanno fatto per migliaia, di anni. I bajau sono cacciatori-raccoglitori che trascorrono gran parte della vita sulle barche, viaggiando con la famiglia. Ci sono insediamenti bajau alle Isole Togean e villaggi di palafitte sulle scogliere al largo, ma il carattere itinerante della cultura sopravvive. I novelli sposi vengono messi su una canoa e spinti al largo perché trovino il loro posto nel mondo. I padri si immergono con i bambini appena nati per iniziarli al mare.

Kadidiri

noti, che rappresentano una buona base per i sub o per organizzare gite in barca alle altre isole. Kadidiri offre anche un buon sito per lo snorkelling proprio di fronte alla spiaggia, e dai resort è possibile camminare nella giungla e raggiungere alcune calette appartate come la Spiaggia di Barracuda.

Situata a circa un'ora di barca a nord-ovest di Kadidiri, **Pulau Una Una** è un'isola suggestiva dominata dal Gunung Colo (506 m), un vulcano attivo. L'isola è stata distrutta in seguito a un'eruzione avvenuta nel 1983, ma oggi offre eccellenti punti d'immersione con barracuda, pesci Napoleone, branchi di sgombri e grandi razze. Per arrivarci, noleggiate una barca da Wakai o Kadidiri oppure organizzate il trasporto con il vostro resort, dal momento che non ci sono traghetti pubblici.

Proseguendo a est di Kadidiri, si incontra **Pulau Togean**, un'isola grande e boscosa, circondata da mangrovie. Il traghetto fa scalo nel piccolo villaggio di pescatori di Katupat, a breve distanza in barca da due eccellenti resort.

Infine, a nord c'è **Pulau Malenge**, una delle tappe del traghetto pubblico, che si ferma nel villaggio principale e a **Pulau Papan**, un interessante insediamento bajau con un famoso ponte lungo 1 km. Malenge offre la possibilità di fare dell'ottimo snorkelling (il Reef 5 è il migliore per i coralli e la vita marina) oltre che splendidi sentieri per passeggiate nella giungla. La maggior parte dei resort e delle sistemazioni si trova

MANGIARE E DORMIRE NEI DINTORNI DI BOMBA: LA NOSTRA SCELTA

Poya Lisa Cottages: Situato su una stretta isola privata, questo piccolo paradiso offre due spiagge perfette e alcuni dei migliori piatti delle Togean. $

Poki Poki Cottages: Accoglienti bungalow in legno e bambù su una spiaggia sabbiosa della costa sud-occidentale di Batu Daka; i pasti sono inclusi. $$

Araya Dive Resort: La scelta migliore della zona per i sub; i cottage sono progettati con cura e il cibo indonesiano è eccellente. $$

Island Retreat: Potete salutare i traghetti di passaggio dal vostro cottage sulla spiaggia; cucina locale e internazionale inclusa. $$

sul lato nord dell'isola dove si trovano alcuni dei migliori siti per immersioni e snorkelling delle Togean.

Immersioni e snorkelling

Tra atolli e coralli

Le Togean sono l'unica area dell'Indonesia in cui si trovano tutti e tre i principali tipi di ambiente corallino: atolli, barriere e piattaforme coralline. Due atolli, con profonde lagune, sono situati a nord-ovest di Pulau Batu Daka. Le barriere coralline circondano molte isole a una profondità di 200 m (da 5 a 15 km al largo), mentre le scogliere a frange delimitano l'intero perimetro delle coste, mescolandosi con alghe e mangrovie. Su questi con fondali giace anche il relitto ben conservato di un bombardiere B-24 della seconda guerra mondiale, situato a una profondità compresa tra 14 e 22 m. L'insieme di coralli e forme di vita marina è spettacolare e insolitamente vario.

In passato alcune barriere sono state gravemente danneggiate dalla pesca con esplosivi e cianuro, ma ora si stanno riprendendo e molti siti rimangono ancora inviolati. Eccezionale, inoltre, è la topografia sottomarina in mare aperto, caratterizzata da gole di coralli, pareti sommerse a strapiombo e gorgonie in alcuni casi davvero gigantesche. Le barriere sono popolate da centinaia di pesci tropicali, nonché da piccole e bizzarre creature quali cavallucci marini, pesci rana dipinti e scorfani foglia. Molte isole hanno una barriera corallina accessibile direttamente dalla spiaggia.

Nuotare con le meduse

Un giro al lago

Danau Mariona, noto come Lago delle Meduse, si trova a metà strada tra Kadidiri e Katupat. Qui potete nuotare e fare snorkelling con meduse non urticanti. Le barche vi porteranno al molo principale, da cui si può raggiungere il lago a piedi. Un pontile di gomma galleggiante con una scaletta permette di accedere all'acqua in modo sicuro (non tuffatevi). Le meduse spesso nuotano vicino al pontile, quindi non dovete andare lontano per vederle. La maggior parte ha le dimensioni di un pugno ed è affascinante osservarle. Anche se sono innocue, evitate di toccarle per non danneggiarle e non usate le pinne mentre nuotate. Le gite al lago di solito includono una sosta per lo snorkelling nella vicina **Karina Beach**, una piccola e incantevole baia sabbiosa con coralli e vita marina in acque poco profonde, a circa 20 m dalla riva.

MIGLIORI DIVE-RESORT

I dive resort si concentrano intorno a Una Una, Kadidiri e Bomba.

Kadidiri Paradise Resort (kadidiriparadise.com) Pulau Kadidiri. Il primo resort subacqueo delle Togean.

Black Marlin (facebook/com/blackmarlindive/) Pulau Kadidiri. Resort per immersioni PADI di lunga data sulla spiaggia di fronte al Kadidiri Paradise.

Pristine Paradise (pristine-paradise.com) Pulau Una Una. Inaugurato nel 2017, ha una buona scuola di immersione e wi-fi.

Sanctum (sanctumdiveunauna.com) Pulau Una Una. Il primo resort subacqueo di Una Una con tutti i servizi e bungalow sul mare.

Sera Beach (serabeachdiveresort.com) Pulau Malenge. Si trova in posizione privilegiata sulla spiaggia, dove è possibile organizzare uscite di snorkelling.

Araya Dive Resort (arayadiveresort.com) Bomba. La base migliore.

MANGIARE E DORMIRE SULLE TOGEAN E A MALENGE: LA NOSTRA SCELTA

Bolilanga Island Resort: Su un isolotto di sabbia bianca di fronte al villaggio di Katupat, questa struttura offre tranquillità e pasti fatti in casa. $$

Fadhila Cottages: I bungalow in legno con terrazza si affacciano su una spiaggia ombreggiata da palme, verso Katupat o l'oceano. Pasti inclusi. $$

Sandy Bay Resort: I bungalow in legno sono allineati sulla lunga spiaggia sabbiosa e orlata di palme dell'isola di Malenge, un paradiso tropicale. $$

Bahia Tomini Eco Resort: Affacciato su una spiaggia isolata di Malenge, offre quattro splendidi bungalow affacciati sul mare e un ristorantino intimo. $$$

Dintorni delle Isole Togean

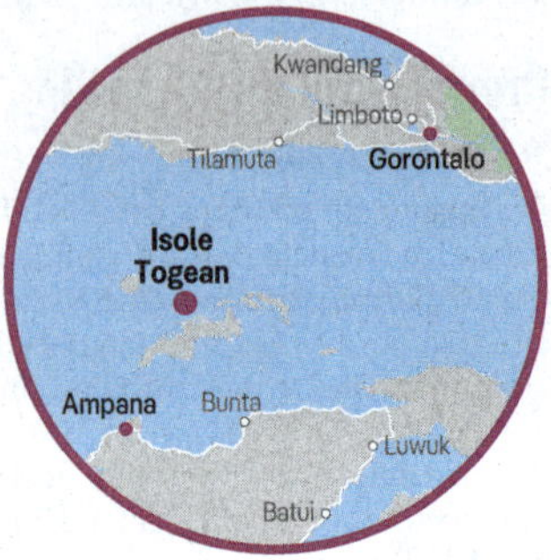

Le Isole Togean sono raggiungibili solo in barca. I porti dei traghetti si trovano ad Ampana e Gorontalo.

Località

TRASPORTI LOCALI

Sono disponibili minibus condivisi tra Ampana e Luwuk o Poso. Per il tragitto tra Tentena e Ampana è necessario noleggiare un taxi. Ad Ampana e Gorontalo, i *becak* (risciò a motore) lungo il porto possono portarvi fino al vostro alloggio. Da Gorontalo ci sono voli giornalieri per Makassar e minibus e taxi condivisi per Manado (circa 10 ore di viaggio). Da Ampana parte un motoscafo giornaliero per Wakai (nelle Togean) e un traghetto pubblico lunedì, mercoledì e sabato. Per informazioni, infotogian.weebly.com.

Il viaggio dal centro al nord di Sulawesi è impegnativo e molto lungo: 850 km e quasi 20 ore lungo la strada costiera. Per questo motivo i traghetti che partono da Ampana e Gorontalo, collegando le Isole Togean, sono fondamentali per i viaggiatori. Ampana è facilmente raggiungibile in quattro o cinque ore da Tentena, Poso o Luwuk. Tra Gorontalo e le Togean è necessario un viaggio notturno in traghetto.

Il motoscafo Hercules parte per Wakai ogni mattina alle 9, ma trasporta solo 22 passeggeri, quindi è necessario prenotare con almeno un giorno di anticipo, soprattutto in alta stagione. Il traghetto pubblico, più lento, parte alle 10 il lunedì, il mercoledì e il sabato.

Ampana

DALLE ISOLE TOGEAN: **2-4 H**

Porta di accesso alle Isole Togean

Ampana è la principale porta d'accesso alle Isole Togean, una cittadina costiera affollata ma di per sé poco interessante, che non sarebbe considerata dai viaggiatori se non fosse un punto di snodo così essenziale. È abbastanza distante dalle città vicine, quattro ore da Poso, cinque da Tentena e da Luwuk, e per questo motivo la maggior parte dei viaggiatori vi trascorre almeno una notte, soprattutto se ha come meta finale le isole.

Per fortuna, Ampana è una città tranquilla, con buone strutture ricettive. Per informazioni aggiornate sulle isole e sui trasporti da e per Ampana, contattate Dadang di Triple R Homestay (che gestisce l'eccellente sito web infotogian.weebly.com) o Edy di Marina Cottages. Al porto c'è una sorta di ufficio informazioni, aperto solo al mattino prima della partenza delle barche per le Togean, dove è possibile registrarsi e pagare la tassa per il parco nazionale (150.000Rp).

Gorontalo

Gorontalo

DALLE ISOLE TOGEAN: **13 H**

Porta settentrionale delle Togean

Gorontalo ha una bella atmosfera coloniale e alcune delle case olandesi meglio preservate di Sulawesi. La maggior parte dei viaggiatori ci passa per raggiungere l'aeroporto, il porto dei traghetti o Manado, ma la cittadina vanta buoni alloggi e soprattutto tra giugno e settembre vale la pena fermarsi almeno una notte, perché è il periodo di migrazione degli squali balena.

Il governo protegge questi giganti del mare, limitando il numero di barche e nuotatori. Potete noleggiare una barca 10 km a sud-est della città. I *tuk-tuk* sanno dove andare.

TRAGHETTO PER GORONTALO

Il traghetto notturno tra Gorontalo e Wakai (nelle Togean) opera solo due volte a settimana, con una durata di viaggio di 13 ore. Il *KM Tuna Tomini* parte alle 17 da Gorontalo verso Wakai il martedì e il venerdì e torna a Gorontalo il lunedì e il giovedì alle 16.

Sono disponibili la classe economica e la business (con aria condizionata) con posti a sedere, a un costo rispettivamente di 63.000Rp e 89.000Rp. È possibile anche prenotare un materasso (*tatami*) per dormire, effettuando un upgrade al momento dell'acquisto del biglietto per 500.000Rp. Il personale del traghetto spesso vende agli stranieri un letto in cabina anche a bordo. Sono inoltre presenti un chiosco, un bar, un DJ e un karaoke per l'intrattenimento.

MANGIARE AD AMPANA: LA NOSTRA SCELTA

Warung Pangkep: Pesce grigliato alla perfezione di fronte al locale; buono anche il *coto makassar* (zuppa di manzo piccante). $

Marina Cottages: Il ristorante all'aperto offre una splendida vista ed è il luogo ideale per la colazione, una birra o per pranzo. $

Triple R Cafe: Bar tranquillo situato in un vicolo laterale dell'omonima casa vacanze (p585). Gestito dal bravo Dadang. $

Lawaka Coffee: Situato presso l'omonimo hotel (p585), questo caffè-ristorante all'aperto propone piatti indonesiani tipici. $$

Manado e Pulau Bunaken

CIBO E VITA NOTTURNA | IMMERSIONI E SNORKELLING | VITA ISOLANA

La regione settentrionale di Sulawesi copre una vasta superficie, ma per la maggior parte dei viaggiatori si riduce alla punta nord-orientale e alle isole e alle barriere coralline circostanti. Manado, la vivace città costiera di Sulawesi e seconda città dell'isola, è il cuore di questa zona, un importante crocevia aereo e marittimo e punto di partenza per Pulau Bunaken e le isole gemelle. Prima di partire per le isole, molti viaggiatori non rinunciano a una notte in un comodo hotel, un po' di shopping, e a esplorare la discreta proposta di ristoranti e la vita notturna della città.

Il cristianesimo è la religione dominante (i centri commerciali iniziano a vendere decorazioni natalizie già a ottobre!) e l'influenza olandese è più forte che in qualsiasi altra parte del paese: la lingua olandese è ancora parlata tra le generazioni più anziane e le famiglie benestanti spesso mandano i figli a studiare nei Paesi Bassi.

TRASPORTI LOCALI

I *mikrolet* (piccoli taxi; 5000Rp) sono ovunque a Manado. Quelli con l'insegna 'Wanea' sul finestrino, diretti a sud su Jl Sam Ratulangi, vanno al terminal Karombasan. In città funziona anche il servizio Grab. Per un taxi tradizionale, chiamate Bluebird: le auto hanno tutte il tassametro.

Una barca pubblica parte ogni giorno alle 14 (tranne la domenica) dal Dermaga Kalimas di Manado per il villaggio di Bunaken e per Pulau Siladen (50.000Rp, un'ora). Il ritorno è previsto per le 8-9 del giorno successivo.

Durante il giorno partono motoscafi più piccoli che trasportano gli ospiti verso le strutture ricettive delle isole (di solito chiedono 100.000Rp, per 30 minuti).

Centri commerciali e vita notturna

Le luci di Manado

Il fascino di Manado non è immediatamente evidente. Non c'è molto da vedere, eccezion fatta per alcune chiese e il **Kienteng Ban Hin Kiong**, un tempio buddhista risalente al XIX secolo, il più antico dell'Indonesia orientale. Il **Museo di Sulawesi Nord** (chiuso la domenica) è una tappa interessante per la collezione sulla cultura minahasan.

Il lungomare del centro è un susseguirsi di centri commerciali, simbolo della relativa ricchezza della città, e le strade sono spesso intasate dal traffico. Jl Piere Tendean, la principale arteria, è costeggiata da grandi strutture che la separano dal mare e che offrono un po' di sollievo dal caldo dando ai turisti la possibilità di fare shopping, mangiare e godersi la

DA VEDERE
1 Klenteng Ban Hin Kiong
2 Museo di Sulawesi Nord

PERNOTTAMENTO
3 Bastianos Bunaken Dive Resort
4 Bunaken Oasis Dive Resort
5 Hotel Minahasa
6 Ibis City Center Boulevard
7 Istanaku Hotel
8 Manado Green Hostel
9 Panorama Backpackers
10 Panorama Dive Resort
11 Two Fish Resort

PASTI
12 Arto Moro Bunaken
13 Carpediem
14 Tuna House Mega Mas
15 Warung di Liang
v. 8 Maminon Kitchen
16 Raja Sate

LOCALI E VITA NOTTURNA
17 Blue Castle
18 Daebaq Resto & Korean Bar
19 Deco Stop Bar

SHOPPING
20 Manado Town Square
21 Vinyard Wine Shop

TRASPORTI
22 Majestic Kawanua

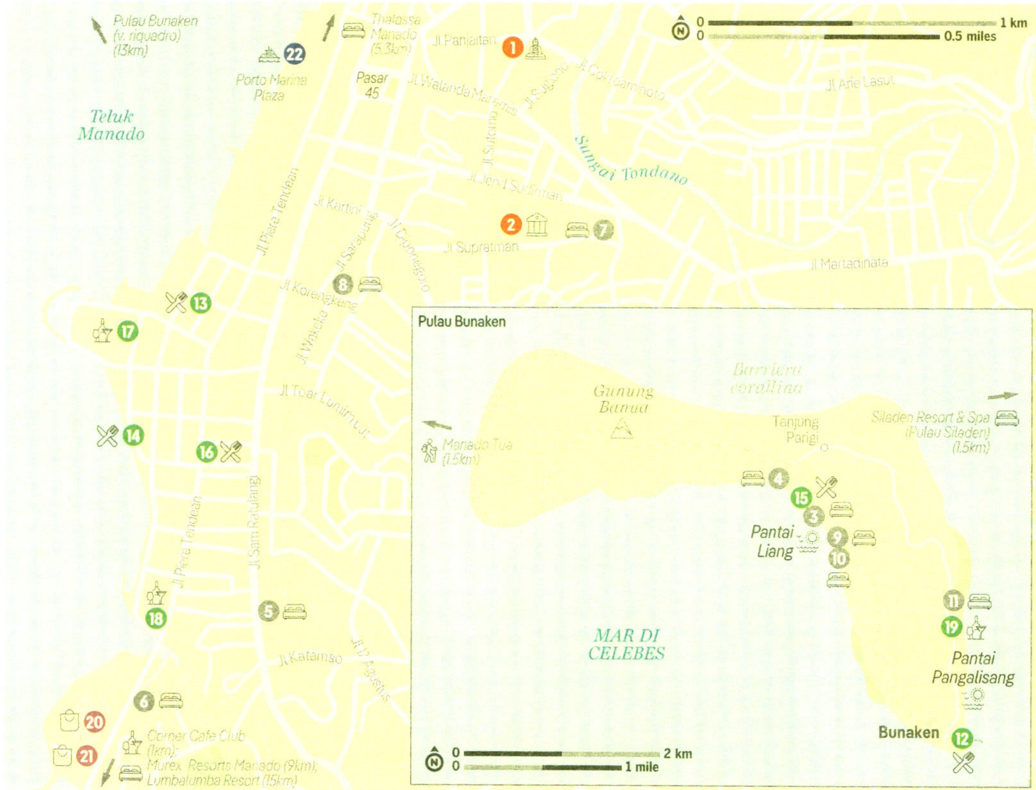

IL CONSIGLIO

Zero Point è un monumento simbolo del centro di Manado, dove si riuniscono i *mikrolet*. A circa 700 m, parte il traghetto pubblico per Bunaken.

DIVE-RESORT A MANADO

Lumbalumba Resort
I sub apprezzeranno il personale competente, i non appassionati potranno godere della piscina a sfioro con vista. Il resort (lumbalumba diving.com) è 17 km da Manado.

Thalassa Dive Resort
Questo resort (thalassamanado.com), 6 km a nord di Manado, vanta un'atmosfera accogliente e un centro PADI a cinque stelle. Rilassatevi nella piscina quando non fate immersioni.

Murex Dive Resort
Con i cottage lussuosi, una piscina, un ristorante e una scuola di immersione, il Murex (murexresorts.com/murex-manado-resort) offre un'esperienza di qualità 10 km a ovest del centro.

vita notturna di Manado. Tra i centri commerciali più grandi c'è il **Manado Town Square**, con un soffitto ad arco dipinto come un cielo pieno di nuvole.

La popolazione in prevalenza cristiana e la presenza di numerosi studenti contribuiscono a vivacizzare la vita notturna di Manado. Si trovano karaoke, pub e grandi discoteche che rimangono aperte fino a tarda notte, concentrati soprattutto intorno al lungomare e appena fuori Jl Laksda John Lie.

Vita isolana

Alla scoperta di Bunaken

La minuscola **Pulau Bunaken**, a meno di un'ora di barca da Manado, è la principale meta per sub e amanti dello snorkelling di Sulawesi nord. Nonostante il turismo, l'isola mantiene un'atmosfera rilassata, con pochi resort a basso costo. La maggior parte degli abitanti vive nel villaggio di Bunaken, a sud, dove attraccano le barche e le famiglie propongono sistemazioni a prezzi contenuti.

L'isola fa parte del **Parco Nazionale Marino di Bunaken Manado Tua** (Taman Laut Bunaken Manado Tua), che copre 891 kmq e include anche **Manado Tua** (Vecchia Manado) e **Pulau Siladen**, su cui sono situati alcuni resort per immersioni. Manado Tua è un bellissimo cono vulcanico che è possibile scalare con una guida. Per informazioni, visitate gunungbagging.com/manado-tua. Le barche che portano a Manado Tua si prenotano tramite le strutture ricettive o nel villaggio di Bunaken.

Gli amanti dello snorkelling fai-da-te possono approfittare del tratto di mare davanti ai Lorenso's Cottages, sulla costa orientale. Sul lato ovest, cercate la spettacolare parete di corallo di Likuan appena fuori Pantai Liang. Bunaken è raggiungibile con il traghetto pubblico (tutti i giorni tranne la domenica) con partenza dal porto principale intorno alle 14. In alternativa, è possibile prenotare un passaggio in barca dal Bahowo Mangrove Park, il punto più vicino alla costa di Bunaken.

Migliori siti di immersione

Intorno a Bunaken

La maggior parte delle persone visita Pulau Bunaken per fare immersioni o snorkelling. Le immersioni partono da 450.000Rp e sono disponibili anche corsi PADI. Gli amanti dello snorkelling possono unirsi sulle barche per sub per

MANGIARE A MANADO: LA NOSTRA SCELTA

Raja Sate: Rinomato per il suo *sate*, non si può sbagliare con un piatto misto di gamberi, calamari, pollo, carne di manzo e di capra. $

Maminon Kitchen: Pulizia impeccabile e ospitalità contraddistinguono questo delizioso ristorante *minahasan*. $

Carpediem: Locale elegante sul mare; serve piatti indonesiani e internazionali. Cocktail bar e musica dal vivo nei fine settimana. $$

Tuna House Mega Mas: Tra le bancarelle di *ikan bakar* (pesce alla griglia); popolari in questo tratto di lungomare, la Tuna House è la migliore. $

Pulau Bunaken e Manado Tua

circa 80.000Rp a persona. In ogni caso, tutti devono pagare una tassa unica di 150.000Rp per il parco nazionale, riscossa dai centri diving.

Pulau Bunaken è circondata da acque profonde con forti correnti ricche di nutrienti e da un ecosistema di mangrovie che protegge gran parte delle spiagge e dei coralli dall'erosione. La biodiversità del parco marino è straordinaria, con oltre 300 tipi di corallo e 3000 specie di pesci, spugne e magnifiche pareti verticali. Superati i drop-off si trovano grotte e avvallamenti pieni di spugne dai colori vivaci, coralli e un numero impressionante di pesci. Quasi sempre si vedono le grandi tartarughe embricate e quelle verdi, razze e squali. Il punto d'immersione migliore dipende dalle correnti e dalle condizioni meteo.

Likuan è una spettacolare scogliera corallina che dalle acque basse si inoltra nell'abisso. Ci sono poi tre siti di immersione molto gettonati a sud di Pantai Liang, dove in genere si incontrano squali di barriera e tartarughe. Il più vicino alla costa, **Celah Celah** è l'ideale per vedere pesci ago, nudibranchi e cavallucci marini pigmei. Più a ovest, invece, ci sono **Fukui Point**

DIVE-RESORT SULLE ISOLE

Bunaken Oasis
Il più lussuoso dei resort di Bunaken (bunakenoasis.com), con molo privato, ville sfarzose, piscina a sfioro, giardini lussureggianti e una scuola di immersioni professionale (p585).

Bastianos Bunaken
Bastianos (bastianos.com) è un centro immersioni di alta qualità, oltre che un resort e un ristorante di livello, con piscina.

Panorama
La struttura a conduzione familiare (bunakendiving.co) organizza immersioni e snorkelling. Si rivolge anche ai viaggiatori che soggiornano al Panorama Backpackers (p585).

Siladen Resort & Spa
Lussuoso resort (siladen.com) con 17 ville e un centro immersioni PADI di prim'ordine.

Two Fish Resort
Uno dei migliori del nord di Sulawesi; cottage circondati da giardini curati e una piscina (p585).

BERE UN DRINK A MANADO: LA NOSTRA SCELTA

Corner Cafe Club: All'angolo di Bahu Mall, è uno dei club più grandi di Manado; i DJ suonano quasi tutte le sere.

Vinyard Wine Shop: Per acquistare vino, liquori e birra da asporto a prezzi ragionevoli, visitate questo negozio all'interno del centro commerciale Town Square.

Daebaq Resto & Korean Bar: Il bar-ristorante sul tetto è il luogo ideale per ammirare il tramonto sul Mar di Celebes.

Blue Castle: Birreria all'aperto frequentata da giovani, tra boccali di Bintang e Prost.

SALVAGUARDIA DELLA VITA MARINA

I sub che desiderano esplorare oltre l'isola di Bunaken possono dirigersi verso le più grandi Isole Bangka, raggiungibili dalla città di Likupang. Le Bangka sono state al centro di una controversa operazione mineraria nel 2012, ma un'associazione ambientalista ha fatto sì che il permesso di scavare venisse revocato. Nell'area ci sono diversi resort per immersioni, tra cui **Bastianos** e **Mimpi Indah**, sull'isola principale, e **Blue Bay Divers** su Pulau Sahaung.

Per chi vuole raggiungere zone ancora più remote, le isole vulcaniche di Sangihe-Talaud nel Mar di Celebes si trovano dalle due alle sei ore di barca a nord di Manado. La compagnia **Majestic Kawanua** (majestickawanua.com) garantisce traghetti veloci giornalieri da Manado alle principali isole dell'arcipelago.

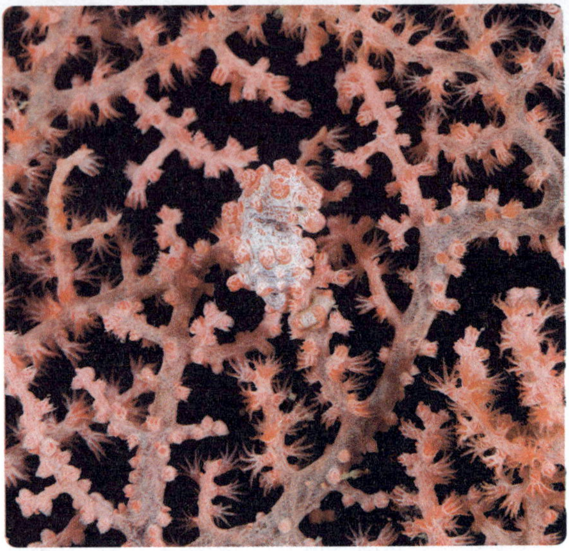

CHANWIT POLPAKDEE/SHUTTERSTOCK ©

Cavalluccio marino pigmeo

e **Mandolin**, straordinarie per il numero spropositato di pesci e una selva di gorgonie a frusta; cercate i pesci Napoleone!

Avvicinandosi alla terraferma, si può raggiungere il **relitto del Molas**, una grande nave da carico olandese coperta di coralli morbidi e spugne. Data la profondità (da 30 a 40 m) è un'immersione adatta soltanto ai sub esperti. Sul lato nord di Manado Tua, **Tanjung Kopi** attira gli appassionati per i banchi di barracuda, i pesci pipistrello e i carangidi; anche questa è un'immersione difficile a causa delle forti correnti.

Infine, l'**isola di Montehage**, circa 10 km a nord di Bunaken, richiede una gita di un'intera giornata ed è quindi meno frequentata, ma vi si possono trovare siti d'immersione da sogno come Barracuda Point, con banchi di barracuda, razze, squali, pesci Napoleone e pesci pappagallo.

MANGIARE E BERE A BUNAKEN: LA NOSTRA SCELTA

Deco Stop Bar: Bar all'aperto a nord del villaggio dove stare a piedi nudi sulla sabbia, ottimo per un drink. Durante i fine settimana c'è musica dal vivo. $

Arto Moro Bunaken: Situato fronte mare, l'Arto Moro è ottimo per il pollo al curry e il kebab di pesce. $$

Bastianos: Il bar-ristorante del Bastianos si affaccia su Pantai Liang e si distingue da tutti gli altri. $$

Warung di Liang: Tra le bancarelle di souvenir e ninnoli vicino al molo di Pantai Liang ci sono diversi *warung* che servono prodotti indonesiani, snack e bevande. $

Dintorni di Manado e Pulau Bunaken

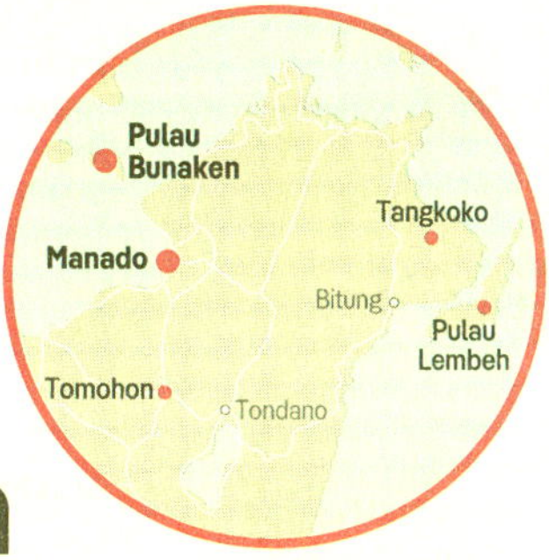

Spingetevi tra le alture di Minahasa, per scalare vulcani e praticare altre attività avventurose.

Sulla punta nord-orientale di Sulawesi, a breve distanza da Manado, c'è molto da vedere e da fare. La regione dell'altopiano di Tomohon è circondata da vulcani particolarmente belli, laghi, risaie e terreni agricoli. Conosciuta per il bizzarro mercato della carne minahasan, Tomohon (800 m) offre favolosi trekking e punti panoramici.

Sull'altro versante la Riserva Naturale di Tangkoko-Batuangas Dua Saudara lambisce la costa di sabbia nera e ospita numerosi uccelli e animali. Bitung, la città principale, è il punto di partenza per Pulau Lembeh e per le immersioni nello Stretto di Lembeh.

Località

Tomohon

DA MANADO: 1 H

Alti vulcani

Le imponenti cime vulcaniche del Gunung Mahawu e del Gunung Lokon sovrastano Tomohon e le valli sottostanti. Sebbene siano entrambi attivi, possono essere scalati in sicurezza quasi sempre: informatevi in loco sulle condizioni e sull'attività recente. Il **Gunung Mahawu** (1320 m) è il più facile da esplorare, in quanto è possibile percorrere quasi tutta la strada fino alla cima tramite gradini. Un sentiero fa il giro del cratere, profondo 140 m, in meno di un'ora, con una bella vista su Lokon e la città sottostante.

Il cono perfetto del **Gunung Lokon** (1580 m) è visibile da diversi punti di Tomohon. La maggior parte delle escursioni sul bordo del cratere dura circa un'ora (non fino alla cima). Il sentiero principale inizia appena dopo il punto panoramico Taman Wisata Pelangi, sul versante est della montagna, a circa 3 km dal centro di Tomohon. Si tratta di un vulcano molto attivo, quindi è bene verificare le condizioni prima di mettersi in cammino e, preferibilmente, affidarsi a una guida.

Per una splendida vista su Lokon e sui villaggi e terreni agricoli circostanti, recatevi al **Kai'Santi Flower Garden** (30.000Rp, aperto dalle 9 alle 19), situato in cima alla collina,

TRASPORTI LOCALI

I taxi (e i Grab) vi porteranno volentieri da Manado a Tomohon, Tangkoko e Bitung. Tra Manado e Bitung c'è una strada a pedaggio (30.000Rp) che riduce di circa mezz'ora il viaggio. A Tomohon si trovano diversi minibus, mentre a Bitung circolano autobus e taxi condivisi. Gli hotel e i resort di Tomohon noleggiano moto per 200.000Rp al giorno, carburante incluso: un ottimo modo per visitare la zona. Per raggiungere Lembeh in barca rivolgetevi al porto dei traghetti.

circa 6 km a sud-ovest del centro di Tomohon. I giardini terrazzati e le zone per sedersi vantano una bella veduta.

Situato vicino a Lahendong, il **Danau Linau** è un piccolo lago sulfureo che cambia colore in base alla luce e ospita numerosi uccelli. Non è possibile nuotare nelle sue acque, ma si può noleggiare un kayak dall'approdo principale. Ci sono infine altri due vulcani che possono essere esplorati con una guida e un mezzo di trasporto: il **Gunung Soputan**, a circa un'ora di auto a sud di Tomohon, e il **Gunung Klabat**, a un'ora in direzione Bitung.

Mercato macabro

Si dice che i minahasa riescano a mangiare qualsiasi cosa che abbia quattro zampe, a parte tavoli e sedie, e il **mercato giornaliero** di Tomohon (proprio accanto alla stazione dei *mikrolet*) ne è la prova. Visitandolo vi sembrerà di entrare in un mattatoio, con cani, maiali, topi e pipistrelli morti e vivi in esposizione.

Purtroppo, il mercato è noto per la crudeltà con cui vengono trattati gli animali e potrebbe impressionare i visitatori a cui sta a cuore anche solo minimamente il benessere degli animali.

PIENA FIORITURA

Il clima degli altopiani della regione di Tomohon è ideale per i fiori, tra cui *krisan* (crisantemo), aster, calendule e orchidee. Il **Festival internazionale dei fiori di Tomohon** si tiene all'inizio di agosto ed è uno dei più grandi di Sulawesi, se non di tutta l'Indonesia. La cittadina è coperta quasi interamente di fiori e invasa da venditori di fiori per quattro giorni, con bancarelle di cibo, musica e festeggiamenti. Il momento clou è la parata, con carri decorati con milioni di fiori freschi in sfilata lungo Jl Raya Tomohon. Prenotate l'alloggio con largo anticipo oppure sfidate il traffico muovendovi da Manado.

Tangkoko

DA MANADO: 2 H

Perdersi nella natura

Con 88 kmq di foresta delimitati da un tratto sabbioso di litorale e da ricche barriere coralline al largo, quella di **Tangkoko** è una delle riserve naturali più straordinarie e facilmente accessibili dell'Indonesia. Tra i vari animali, la riserva ospita cinopitechi, cuschi, tarsi, uccelli maleo e una specie endemica di bucero caruncolato (o bucero di Sulawesi), e protegge rari esemplari di flora della foresta pluviale. Tangkoko è popolata anche da una miriade di moscerini chiamati *gonones*, il cui morso provoca un forte prurito per diversi giorni; vi suggeriamo quindi di indossare pantaloni lunghi, calze e scarpe chiuse e portare con voi grandi quantità di repellente contro gli insetti.

L'ingresso al parco (100.000Rp) prevede una passeggiata guidata al mattino presto (ideale per osservare l'avifauna e i macachi) e nel tardo pomeriggio-sera, quando è quasi certo avvistare tarsi, tarantole e altre creature notturne. Sebbene sia possibile organizzare escursioni giornaliere al parco da Manado, Tomohon e altre località del nord di Sulawesi, lungo la strada per Batuputih si trovano guesthouse con un buon

MANGIARE E BERE A TOMOHON: LA NOSTRA SCELTA

Kanzo Resto & Cafe: Birra fredda e musica dal vivo in un locale fatto di bambù sulla via principale. Serve gustosi fritti. $

Rumah Makan MTV: Ristorante pulito e affollato con un'ampia scelta di specialità tradizionali, tra cui *bakso* (zuppa di polpette) e noodles. $

Kobong Cafe: Bar della Lanosa Guest House (p585), un luogo rilassato dove gustare piatti a base di *nasi* (riso) e birra fresca. $

Cinnamon Cafe & Eatery: Elegante ristorante sulla strada principale; propone classici indonesiani e alcuni piatti occidentali. $$

NATURE PICTURE LIBRARY/ALAMY STOCK PHOTO ©

Cusco, Tangkoko-Batuangas Dua Sandara

rapporto qualità-prezzo, dotate di ristoranti e guide, perciò conviene trascorrervi una o due notti.

La spiaggia di sabbia nera di Batuputih si trova a pochi passi dall'ingresso del parco. Presso le strutture ricettive è possibile organizzare altre attività come snorkelling, birdwatching, pesca e uscite alla ricerca dei delfini.

Pulau Lembeh

DA MANADO: **1 H 30 MIN**

Centro internazionale per il muck diving

Mentre il parco marino di Bunaken è noto per le immersioni alla ricerca di coralli e tartarughe, lo **Stretto di Lembeh**, situato tra il porto industriale di Bitung e la grande Isola di Pulau Lembeh, è famoso in tutto il mondo per il muck diving, e oggi conta più di dieci centri immersioni. Lembeh tendenzialmente richiama gli appassionati di fotografia subacquea e chi trascorre molto tempo a spuntare da lunghe liste tutte le creature bizzarre che ha avvistato nelle profondità marine. Ci sono però anche alcune barriere coralline e cinque relitti ed è possibile fare immersioni in notturna con luce fosforescente.

La maggior parte dei centri immersioni si trova sul lato occidentale di Pulau Lembeh. È abbastanza facile noleggiare una barca da Bitung, ma in genere le strutture si occupano del trasporto. Oltre ai nudibranchi e alle lumache di mare, nello Stretto di Lembeh si possono vedere alcune strane forme di vita come il pesce rana striato (*Antennarius striatus*), il polpo mimetico (*Thaumoctopus mimicus*) – in grado di assumere le sembianze di altri 15 animali, tra cui serpenti d'acqua, granchi, razze e meduse – e il minuscolo cavalluccio marino pigmeo (*Hippocampus bargibanti*).

DIVE RESORT A LEMBEH

Lembeh Resort
Questo resort in stile balinese (lembehresort.com) vanta molti clienti abituali. L'area della piscina, disseminata di lettini e sedie a sdraio, è splendida. Non perdete la spa e le numerose escursioni nella natura.

NAD
Posto tranquillo (nad-lembeh.com), molto ben organizzato e perfetto per chi è interessato alla fotografia subacquea, in quanto assegna una guida ogni due sub. Le immersioni alla barriera corallina sono gratuite.

Bastianos Froggies
Questa joint venture di Bunaken (bastianos .com/bastianos-lembeh) ha stabilito a Lembeh bungalow eleganti e un ottimo centro immersioni.

Sistemazioni consigliate

$ Prezzi economici $$ Prezzi medi $$$ Prezzi elevati

Makassar p542 (Cartina p543)

Legenda Beril Hostel $ Struttura economica di lunga data con una buona gestione, situata nel quartiere cinese, vicino a Forte Rotterdam. Adatto ai backpacker.

Dodo's Homestay $ L'alloggio della guida turistica locale Dodo si trova 7 km a sud del centro, ma è molto accogliente.

Ge JacMart $$ Luminosa casa di campagna imbiancata a calce in una tranquilla stradina vicino al mare. Le nove spaziose camere al 1° piano sono eleganti ed estremamente confortevoli.

Swiss-Belhotel Makassar $$ Il migliore degli hotel di fascia media con piscina e bar sul tetto, l'unico sul mare.

Expressia $$ Boutique hotel con camere piccole ma confortevoli e un'ottima posizione fronte mare.

Aston Makassar $$$ Un albergo di fascia alta con camere spaziose, una piscina, una palestra, una spa e un bar-ristorante sul tetto.

Rammang Rammang p548

Berua Village Homestays $ Due alloggi essenziali in case familiari nel villaggio di Berua, nel cuore della regione di Rammang Rammang.

Rammang Rammang Eco Lodge $$ Proprio sul fiume, con accesso in barca; gli splendidi cottage con struttura ad A sono il luogo ideale per rilassarsi.

Penisola di Bira p551 (Cartina p552)

Nusa Bira Indah $ Bungalow economici situati alla fine della strada che porta alla spiaggia; con aria condizionata e bagno.

Phinisi Hostel $ Propone anche due dormitori comuni, ma si tratta di una pensione economica a tema nautico con camere private, dotate di aria condizionata e bagno.

Cosmos Bungalows $$ Bungalow rustic-chic ben realizzati (alcuni con doccia all'aperto); scendono lungo una stretta striscia fino alle scogliere e alla spiaggia.

Bara Coco $$ Robusti bungalow in legno con ventilatori e docce con acqua fredda affacciati su una piantagione di cocco a sud della spiaggia di Bara.

Tevana House Reef $$$ Danno molta attenzione ai dettagli, dal giardino paesaggistico sulla scogliera ai quattro bungalow in legno, fino al solarium sul tetto e al ristorante vegetariano.

Pulau Selayar p557

Hotel Baruga $ Opzione economica alla periferia nord di Benteng; camere pulite con aria condizionata e bagno.

Sunari Beach Resort $$ Resort fronte spiaggia sulla costa occidentale, 13 km a sud di Benteng, con bungalow in legno e un buon ristorante.

Quina Paradise $$ Luogo appartato di fronte alla spiaggia, 16 km a sud di Benteng, con cottage privati e un'accoglienza calorosa.

Tana Toraja p559 (Cartina p560)

Rosalina Homestay $ Alla periferia sud della città, con vista sulle risaie dalla terrazza. Bella casa vacanze a gestione familiare; offrono molti consigli e noleggiano motociclette.

Pia's Poppies Hotel $ Accogliente lodge popolare tra i viaggiatori zaino in spalla per le camere ordinate, i giardini e le aree comuni.

Sulawesi Castle $$ Stravagante 'castello' di colore arancione brillante con camere moderne e confortevoli e personale disponibile.

Santai Toraja Resort $$ L'ultimo boutique hotel di Rantepao, con tocchi moderni, camere pulitissime, gestione cordiale, un buon ristorante e una posizione tranquilla.

Kapitoo Glamping & Cafe $$$ Sulle terrazze di riso dell'altopiano vicino a Sawa Kalimbuang, le eleganti tende di tela, rialzate su piattaforme, sono dotate di moderni bagni in camera, riscaldamento e idromassaggio!

Tentena e Lago Poso p568

Pendolo Cottages $ Cottage rustici nel villaggio di Pendolo, all'estremità meridionale del Lago Poso; è possibile noleggiare una barca.

Victory Hotel $ Struttura accogliente a conduzione familiare con molte camere; noleggiano moto e offrono consigli su tour e guide.

Dolidi Ndano Towale $$ Splendidi cottage in riva al lago affacciati su una spiaggia 6 km a sud di Tentena.

Danau Poso Resort $$ Hotel moderno e colorato, con zona pranzo ventilata e piscina.

Isole Togean

p570 (Cartina p571)

Per i resort e le guesthouse dell'isola, consultare la sezione dedicata alle Togean.

Reconnect Island Resort $$$ Ecoresort su Pulau Buka-Buka, a mezz'ora di barca da Ampana, con ville rustiche e pasti inclusi.

Ampana

p574

Marina Cottages $ Piccolo villaggio di cottage in legno ben curati accanto a una spiaggia di ciottoli levigati su cui si affacciano le sistemazioni deluxe. Buon ristorante.

Triple R Homestay $$ Comodo alloggio in famiglia: l'affascinante padrone di casa Dadang è una leggenda del settore turistico.

Lawaka Hotel $$ Situato nella zona periferica di Ampana, il Lawaka è un moderno albergo di medie dimensioni con camere pulite, arredi creativi e un buon caffè; si affaccia su un giardino centrale.

Gorontalo

p575

Harry & Mimin Homestay $ Vero e proprio alloggio in famiglia. Le camere sono semplici ma pulite (alcune con bagno in comune) e Harry è una guida esperta.

New Melati Hotel $ Sistemazione di lunga data per backpacker, ha un aspetto un po' datato ma alcuni membri del personale parlano inglese e forniscono informazioni.

Manado

p576 (Cartina p577)

Manado Green Hostel $ L'unico vero ostello di Manado, con dormitori da quattro letti (cuccette), armadietti, bagni in comune e cucina.

Istanaku Hotel $ Sistemazione economica e colorata a diversi isolati a est del pontile; di fronte c'è un hotel gemello leggermente migliore.

Ibis City Center Boulevard $$ Confortevole albergo di medie dimensioni ben posizionato di fronte al centro commerciale.

PAUL HARDING/LONELY PLANET ©

Rammang Rammang Eco Lodge

Hotel Minahasa $$ Villa in posizione centrale in cima alla collina con piscina lussuosa, vista sulla città e molte scale.

Pulau Bunaken

p576 (Cartina p577)

Panorama Backpackers $$ La struttura più economica nella parte ovest di Liang; semplici bungalow con balcone e pasti inclusi.

Two Fish Resort $$ Resort per immersioni ben gestito con cottage incantevoli distribuiti in un parco curato con piscina.

Bunaken Oasis Dive Resort $$$ Il resort più elegante dell'isola vanta un molo privato, ville di lusso e una posizione appartata.

Tomohon

p581

Highland Resort $$ Bungalow in legno ben attrezzati a nord della città; organizzano attività e trekking.

Mountain View Resort $$ Appena dopo l'Highland Resort, Mountain View offre uno standard simile e dispone anche di un dormitorio in stile ostello per i viaggiatori con un budget limitato.

Lanosa Guest House $$ Sulla strada principale a sud della città, Lanosa propone camere in stile hotel disposte attorno a un giardino e a un caffè.

Tangkoko

p582

Tangkoko Ranger Homestay $ Struttura conveniente e pulita, proprio all'ingresso del parco; staff amichevole.

Tangkoko Hill $$ Camere spaziose e pulite disposte intorno a un giardino e a un ottimo ristorante.

Tangkoko Lodge $$ Struttura accogliente e moderna, con camere pulitissime, materassi di qualità, scrivanie e TV. Il geniale proprietario, Franky, parla bene l'inglese.

Gunung Agung (p236), Bali

DA SAPERE

I capitoli di questa sezione trattano gli argomenti più importanti che dovrete conoscere in Indonesia. Sono ricchi di informazioni pratiche e di spunti preziosi che vi aiuteranno a orientarvi in Indonesia e a trarre il massimo dal vostro viaggio.

Arrivo

Gran parte dei visitatori arriva all'aeroporto internazionale Soekarno-Hatta di Giacarta o all'aeroporto internazionale Ngurah Rai di Bali (noto anche come Denpasar). I voli dall'Asia arrivano anche a Balikpapan, Lombok, Makassar, Manado, Medan, Padang e Surabaya. Le frontiere terrestri e marittime sono tra Sumatra, il Kalimantan e la Malaysia, e tra Papua e Papua Nuova Guinea.

Visti

I cittadini italiani possono ottenere un visto di 30 giorni all'arrivo (VOA), che è possibile estendere per altri 30 giorni presso i principali aeroporti e porti (ma non nei punti di confine via terra). Il costo è di 500.000Rp.

Documenti

Passaporto con validità residua minima di sei mesi al momento dell'arrivo (non deve essere danneggiato e deve avere almeno una pagina libera per il visto). Biglietto aereo di andata e ritorno o di proseguimento del viaggio.

Wi-fi

Quasi tutti gli aeroporti indonesiani offrono la connessione wi-fi gratuita. Alle frontiere terrestri, per navigare su internet, dovrete trovare un caffè o un ristorante.

Carta SIM

Le carte SIM locali e i pacchetti dati sono economici. Si possono acquistare in tutti gli aeroporti con arrivi internazionali, nei negozi di telefonia e nei minimarket. Assicuratevi che il telefono sia sbloccato e portate con voi il passaporto.

Distanza dagli aeroporti al centro città

	Aeroporto internazionale Soekarno-Hatta di Giacarta	Aeroporto internazionale Ngurah Rai di Bali	Aeroporto internazionale Juanda di Surabaya
TAXI	180.000–250.000Rp **60–90 min**	120.000–300.000Rp **30 min–2h**	120.000Rp **40–60 min**
TRENO	70.000Rp **45min**	N/D	N/D
AUTOBUS	50.000Rp **30 min**	4000–8000Rp **30 min–2h**	25.000Rp **50 min**

TAXI IN AEROPORTO

Evitate i taxi senza licenza che si aggirano negli aeroporti più trafficati dell'Indonesia e fate attenzione alle compagnie all'interno dei terminal, che spesso applicano tariffe eccessive.
Se avete intenzione di prendere un taxi dagli aeroporti di Giacarta, Bali o Surabaya, la compagnia più sicura e affidabile è **Bluebird**. Vi consigliamo di scaricare le app **Grab** e **Gojek**; sono la miglior risorsa per taxi e mototaxi (con casco) nella maggior parte delle città indonesiane. Entrambe si trovano nei principali aeroporti e le app hanno versioni in lingua inglese facili da usare. Non aspettatevi però che l'autista parli inglese.

Trasporti locali

Aerei, imbarcazioni e autobus sono i principali mezzi di trasporto, a Giava e in alcune zone di Sumatra e Sulawesi sono disponibili anche linee ferroviarie.

COSTI DI VIAGGIO (MIN. AL GIORNO)

noleggio auto
800.000Rp

noleggio motociclo
80.000Rp

noleggio bicicletta
30.000Rp

autobus Giacarta-Bali
550.000-665.000Rp

Aereo

L'aereo è il mezzo più rapido e conveniente per spostarsi in Indonesia, talvolta l'unico. Numerose compagnie aeree nazionali operano con diversi livelli di efficienza e i biglietti sono relativamente economici. I voli per le destinazioni più remote sono soggetti a cancellazione, soprattutto in caso di maltempo; i ritardi sono comuni in tutto il paese.

Imbarcazioni

Molti tipi di imbarcazioni diverse solcano le acque indonesiane. I viaggi aerei low-cost hanno ridotto il numero di viaggiatori sulle navi Pelni che attualmente servono 71 porti. Traghetti lenti per trasporto auto collegano alcune grandi isole e i motoscafi raggiungono destinazioni come Bali e Lombok. Traghetti e barche con cabina solcano i fiumi del Kalimantan. Le piccole imbarcazioni a coda lunga si trovano ovunque.

IL CONSIGLIO

Oggi i taxi sono meno numerosi. Utilizzate le app Grab o Gojek per spostarvi nelle città e nei maggiori centri abitati.

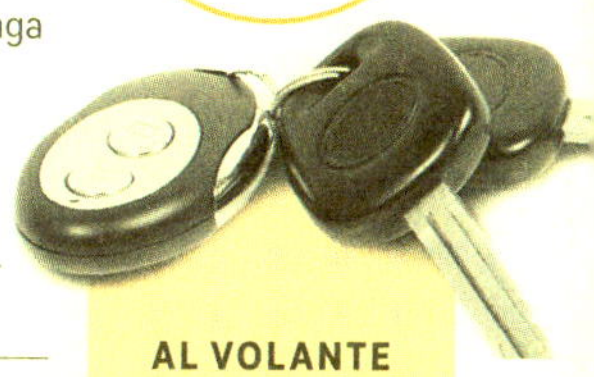

SICUREZZA STRADALE

Le strade sono caotiche, spesso in cattive condizioni e le regole vengono spesso disattese. A Bali potete noleggiare una moto, ma se non siete abituati non è il posto migliore per imparare. Indossate il casco – per evitare la multa – e aspettatevi ogni tipo di imprevisto.

AL VOLANTE

Guida a sinistra

60

I limiti di velocità sono 60-100 km/h su strade a scorrimento veloce e autostrade, 50 km/h in città e 40-80 km/h altrove.

21+

L'età minima per noleggiare un'auto è di 21 anni; alcune agenzie applicano tariffe più elevate sotto i 25 anni.

Autobus e taxi condivisi

Gli autobus sono sempre più sostituiti da taxi e minibus condivisi, soprattutto nelle località più distanti. I trasporti tendono a essere lenti e scomodi, ma alcune tratte, come la Giacarta-Bali, utilizzano autobus express, con aria condizionata. Prenotate in anticipo.

Treni

I viaggi in treno sono limitati a Giava, a una parte di Sumatra e a un tratto di Sulawesi. A Giava, il servizio è economico, comodo e veloce. La linea ad alta velocità Giacarta-Bandung, inaugurata nel 2023 (la prima nel Sud-est asiatico), sarà estesa fino a Surabaya.

Auto e moto

Si possono noleggiare auto e moto in tutta l'Indonesia, ma gli autisti non si fanno pagare molto. Per guidare un'auto o una moto è necessaria una patente internazionale. In caso di incidente, potreste non essere coperti dall'assicurazione di viaggio.

Moneta

VALUTA: RUPIA INDONESIANA (RP); €1 = 17.637RP

Pagamenti digitali

Le banche locali e i wallet digitali hanno introdotto il pagamento tramite telefono, ma Apple Pay e Google Wallet non sono accettati in Indonesia.

Carte di credito

Visa e Mastercard sono le carte di credito più accettate, ma non sono molto utilizzate al di fuori delle grandi città e delle aree a forte presenza turistica.

Bancomat

La maggior parte dei bancomat indonesiani accetta carte di credito internazionali. Vi verrà addebitata una piccola commissione sia dalla banca indonesiana sia dalla vostra banca. I bancomat erogano denaro in banconote da 50.000Rp o 100.000Rp. Il limite massimo per un singolo prelievo varia da 500.000Rp a 3.000.000Rp.

Mance

La mancia non è obbligatoria in Indonesia – molti ristoranti e la maggior parte degli hotel includono una tassa di servizio nel conto – ma lasciare qualche spicciolo è sempre apprezzato. È consuetudine lasciare una mancia alle guide turistiche, al personale delle terme, ai massaggiatori e ai facchini.

QUANTO COSTA...

risciò
25.000Rp

metro a Giacarta
3000–14.000Rp

musei
5000–25.000Rp

parchi nazionali
150.000Rp

COME **Usare i bancomat**

Il limite di prelievo ai bancomat indonesiani può variare molto. Alcuni hanno un limite di 500.000Rp, non molto in termini di valuta estera. Scegliete sempre un bancomat che eroga banconote da 100.000Rp, anziché uno che ne eroga in tagli da 50.000Rp (di solito c'è un adesivo sulla macchina che indica quali banconote dispensa). La Bank Central Asia (BCA) è affidabile e ha un limite di prelievo di 2.500.000Rp.

IL CONSIGLIO

Portate con voi una discreta quantità di banconote di taglio pari o inferiore a 50.000Rp, poiché ottenere il resto per banconote da 100.000Rp può essere un problema, soprattutto nelle zone rurali.

RIDENOMINAZIONE DELLA RUPIA

Bank Indonesia, la banca centrale indonesiana, ha passato l'ultimo decennio a valutare se ridefinire la rupia eliminando tre cifre dalla valuta. L'idea è quella di semplificare in modo che, per esempio, la banconota da 20.000Rp diventi una banconota da 20Rp, pur mantenendo lo stesso valore di quella vecchia. Al momento della lavorazione della guida nessuna decisione era stata ancora presa in merito, ma potrebbe cambiare. In tal caso, si tratterà di un processo lungo e complesso, che avrà indubbiamente ripercussioni sui viaggiatori.

Strutture ricettive

Boutique hotel

A Bali, Lombok e Giava, si trovano sempre più boutique hotel, resort di fascia media e a quattro stelle. Al di fuori delle aree turistiche, gli standard sono molto variabili, la manutenzione carente e il servizio discontinuo, anche se il personale è gentile. Gli hotel indonesiani di norma sono economici.

Alloggio in villa

A Bali affittare una villa è una soluzione gettonata, anche se non è esente da costi ambientali in termini di utilizzo dell'acqua e per il fatto che molte si trovano in mezzo a campi di riso un tempo incontaminati. In genere le ville sono dotate di piscina, spiagge e personale. Le tariffe variano da circa US$200 per una villa modesta a oltre 2000 a notte. Se si condivide una villa con più persone, il prezzo può essere più accessibile.

Alloggio in famiglia

Nei villaggi e in alcune città è possibile alloggiare in famiglia. Chiedete al *kepala desa* – il capovillaggio – di trovarvene una (i pasti sono inclusi). È una scelta economica, meno commerciale e un modo per vivere da vicino la vita indonesiana. Spesso è più sostenibile di altre tipologie di alloggio, oltre ad aiutare la gente del posto.

Budget limitato

Nelle mete più visitate si trovano ostelli e hotel economici, ma le sistemazioni a gestione familiare rimangono la principale scelta per risparmiare. Spesso includono le parole *losmen*, *penginapan* o *pondok* nel nome. L'aria condizionata è ormai la norma, ma alcune strutture sono ancora piuttosto spartane, con bagni angusti e una grande cisterna d'acqua al posto della doccia.

QUANTO COSTA UNA NOTTE IN...

boutique hotel
2.000.000Rp

ostello
175.000–250.000Rp

alloggio in famiglia
150.000–200.000Rp

Campeggio

Il campeggio è molto diffuso nei parchi nazionali, anche se elettricità e altri servizi sono rari. Al di fuori dei parchi, non viene praticato; gli abitanti dei villaggi non lo vedono di buon occhio. Alcuni trekking nel Kalimantan e a Papua prevedono qualche notte in tenda, così come i trekking in montagna e sui vulcani, come sul Gunung Rinjani a Lombok. In genere, le guide e i tour operator forniscono l'attrezzatura necessaria.

PRENOTAZIONI

È consigliabile prenotare le camere con largo anticipo nelle destinazioni più popolari durante i mesi di alta stagione, in particolare a luglio e agosto, quando il numero di visitatori aumenta in tutta l'Indonesia e le tariffe possono crescere del 50%. A Bali, Lombok e alle Isole Gili, anche novembre e dicembre sono mesi di grande affluenza, soprattutto a Natale e Capodanno. Per trovare le migliori offerte, viaggiate in bassa stagione, da ottobre ad aprile. Piove quasi ogni giorno, ma potete viaggiare senza prenotare le camere in anticipo e i prezzi sono molto più bassi.

DENIS MOSKVINOV/SHUTTERSTOCK ©

Viaggio in famiglia

Gli indonesiani amano i bambini e interagiscono con loro, dando ai genitori la possibilità di conoscere molto più in fretta la vita locale. Tra fauna e flora di prim'ordine, spiagge e templi misteriosi da esplorare, le attività per i più piccoli non mancano. È una buona idea imparare l'età e il sesso di vostro figlio in bahasa indonesia.

Attività e attrattive

Bali è di gran lunga la destinazione indonesiana più adatta alle famiglie, con spiagge a volontà e luoghi ideali per chi si avvicina per la prima volta allo snorkelling e al surf, oltre a numerose strutture ricettive adatte ai bambini. Le isole della provincia di Nusa Tenggara – Lombok, le Gili e Flores – sono destinazioni più avventurose e offrono la possibilità di vedere gli straordinari draghi di Komodo. Anche Giava è adatta ai bambini, con numerosi parchi a tema, templi e spiagge.

Trasporti

I marciapiedi in Indonesia sono spesso stretti e sconnessi, o semplicemente inesistenti, il che può essere un ostacolo per carrozzine e passeggini. Portare i più piccoli in un marsupio è una buona idea. Se noleggiate un'auto, tenete presente che i seggiolini sono di rado disponibili. Alcuni esercizi di Bali e Lombok noleggiano biciclette e caschi per bambini.

Animali

I bambini amano vedere da vicino le scimmie di Bali, ma ricordate che sono animali selvatici e mordono. Nel 2008 a Bali scoppiò una forte epidemia di rabbia e continuano a verificarsi casi ogni anno. Sentite il parere del medico sull'opportunità di vaccinarvi prima della partenza, anche perché spesso il vaccino non è disponibile sull'isola.

MIGLIORI METE PER FAMIGLIE

Foresta delle scimmie di Ubud (p218)
Una delle attrattive più emozionanti di Bali, tra le preferite dai bambini.

Parco Nazionale di Komodo, Nusa Tenggara (p284)
Vedere i draghi di Komodo è facile e sicuro.

Parco Nazionale di Tanjung Puting, Kalimantan (p512)
I bambini amano risalire il fiume sulle case galleggianti per vedere gli oranghi.

Bukit Lawang, Sumatra (p424)
Canoe, facili escursioni nella giungla e ottime possibilità di avvistare gli oranghi.

Yogyakarta, Giava (p80)
Templi, palazzi, musei e altre attività culturali.

SALUTE E SICUREZZA

Le strutture, le misure di sicurezza e i servizi per bambini che i genitori occidentali considerano normali spesso non sono presenti, ma con le dovute precauzioni i più piccoli possono viaggiare tranquilli. Il traffico intenso e i marciapiedi malmessi sono un rischio sia per i bambini sia per gli adulti. Considerate inoltre con attenzione le proposte turistiche: il fatto che una società di rafting venda biglietti per famiglie non significa che tenga conto delle necessità dei bambini. Monitorate la situazione sanitaria, soprattutto per la malaria e la febbre dengue. Farmaci, creme solari, repellenti per zanzare e prodotti per bambini come pannolini usa e getta, salviette e latte in polvere sono facilmente reperibili nelle città e nei grandi centri abitati, ma non altrove.

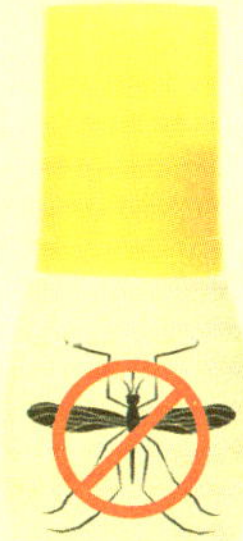

Cibo, bevande e vita notturna

Orari dei pasti

Colazione (6-8) *Bakso* (zuppa di polpette), *bubur ayam* (porridge di riso con pollo) e *nasi kuning* (riso giallo con contorni) sono le scelte più gettonate.

Pranzo (11-14) Spesso è il pasto principale della giornata. Di solito prevede riso al vapore, pesce o pollo, una zuppa, verdure e tempeh.

Cena (16-21) Tra le alternative, *mie goreng* (noodles) e *nasi campur* (versione indonesiana del piatto del giorno).

Dove mangiare

Warung Locali semplici che servono pochi piatti essenziali. Spesso si dedicano a un particolare tipo di pietanza.

Rumah Makan Letteralmente 'case del cibo', questi ristoranti sono un gradino più in alto rispetto ai *warung* e servono una scelta più ampia di cibo. Conosciuti anche come *restoran*.

Masakan padang Questi ristoranti servono piatti già cotti a base di carne, pesce e verdure. È tutto esposto, quindi basta scegliere quello che si desidera.

Mercati Il posto migliore per acquistare deliziosa frutta tropicale, oltre a snack dolci e salati.

LEGGERE IL MENU

air acqua
arak alcol distillato di palma o di riso
ayam pollo
ayam goreng pollo fritto
bakar alla brace o arrosto
bir birra
daging sapi manzo
gado gado germogli di fagioli al vapore e varie verdure con salsa di arachidi
ikan pesce
kopi caffè
lezat delizioso
lombok peperoncino
mie goreng noodles di farina di grano saltati in padella e serviti con verdure o carne
nasi riso
nasi campur riso al vapore servito con verdure, carne o pesce, gamberi fritti, arachidi e uova
nasi goreng riso saltato in padella
rendang carne a cottura lenta, di solito manzo
roti pane quasi sempre bianco e dolce
sambal salsa piccante servita come accompagnamento alla maggior parte dei pasti
sate spiedino di carne con salsa di arachidi
soto brodo di carne e vegetale
tahu tofu
teh tè
telur uova

COME

Mangiare tipico

L'ospitalità è un valore molto importante in Indonesia. Se siete abbastanza fortunati da essere invitati a casa di una persona del posto, sarete trattati calorosamente. Ecco alcuni consigli per rendere l'esperienza più piacevole per tutti. **Aspettate che il padrone di casa vi inviti** a mangiare o bere, prima di mettervi a tavola. **Gli indonesiani difficilmente mangiano seduti a tavola**, preferiscono sedersi su una stuoia, per terra, con i piatti intorno. Se siete invitati a casa di qualcuno, **non sorprendetevi se siete gli unici a mangiare**. È il modo in cui il padrone di casa vi dimostra che siete speciali. Non mangiate troppo: gli stessi piatti saranno condivisi dall'ospite e dalla sua famiglia in seguito. **Molti indonesiani preferiscono mangiare con la mano destra** piuttosto che usare le posate. Tuttavia, non c'è nulla di male a chiedere forchetta e cucchiaio.

QUANTO COSTA...

zuppa di noodles in una bancarella di strada
15.000Rp

pasto semplice in un *warung*
20.000–30.000Rp

cena di pesce per due
da 300.000Rp

cena gourmet per due
da 750.000Rp

caffè
15.000–45.000Rp

cocktail
80.000–150.000Rp

bottiglia piccola di birra Bintang
20.000–40.000Rp

COME Rendere felici i bambini

Molti genitori temono che il peperoncino contenuto nei piatti possa scontentare i bambini, ma il cibo indonesiano non è così piccante come quello di altre cucine del Sud-est asiatico e il *sambal* (veramente piccante) viene quasi sempre servito a parte. I ristoratori spesso mettono in guardia sulla piccantezza del piatto. È comunque buona cosa imparare le frasi: *Tidak pedas* (letteralmente 'non piccante') e *Makanan tidak pedas ada?* ('c'è del cibo non piccante?').

I bambini apprezzano *nasi goreng*, *mie goreng*, *bakso* (zuppa di polpette), *mie rebus* (zuppa di noodles), *sate ayam* (spiedino di pollo con salsa di arachidi) e *pisang goreng* (frittelle di banane). Nelle grandi città e nelle destinazioni più turistiche, come Bali, ci sono fast food, supermercati e minimarket che vendono cibo internazionale. Le bevande ghiacciate e i succhi di frutta venduti nelle bancarelle di strada sono utili armi segrete quando i livelli di energia sono bassi e ci sono molte proposte in fatto di gelati e dolci (accertatevi sul ghiaccio e sul latte, che potrebbero causare diarrea). Quello che non troverete, al di fuori di Bali, sono seggioloni e menu per bambini. In ogni caso, quasi tutti i ristoratori sono felici di accoglierli e il personale si fa in quattro per farli sentire a proprio agio.

Bacchette

Le bacchette non sono molto usate in Indonesia, nonostante i numerosi ristoranti cinesi. È possibile vedere qualcuno che mangia i noodles con le bacchette, ma anche nei ristoranti giapponesi o coreani la gente del posto utilizza forchetta e cucchiaio.

FESTEGGIARE CON IL CIBO

Tutte le occasioni di incontro in Indonesia comportano abbondanti quantità di cibo. Per i momenti speciali il pezzo forte è il *tumpeng*: una piramide di riso giallo circondata da contorni, la cui punta viene tagliata e offerta all'ospite importante.

Ma le celebrazioni più significative per l'87% degli indonesiani di religione musulmana sono il Ramadan e l'Idul Adha, le due principali festività islamiche. Durante il Ramadan, i musulmani si alzano prima dell'alba per consumare l'unico pasto della giornata fino a dopo il tramonto. Può essere un periodo impegnativo anche per i viaggiatori, poiché molti ristoranti chiudono e si rischia di dover saltare il pranzo. Tuttavia, quando arriva il tramonto, ritorna l'entusiasmo per il cibo.

La prima cosa che si mangia dopo aver digiunato tutto il giorno è il *kolak* (frutta nel latte di cocco), pensato per riabituare il corpo al cibo. Dopo le preghiere, si consuma il tanto atteso pasto serale. In alcune località, come Bukittinggi, nella parte occidentale di Sumatra, il cibo si prepara per strada e si consuma in compagnia. Gli stranieri sono sempre i benvenuti.

Dopo il Ramadan, gran parte dell'Indonesia si mette in viaggio per raggiungere la famiglia d'origine e celebrare l'Idul Fitri. In questo periodo è comune vedere i *ketupat*, dolci di riso avvolti in foglie di palma, appesi ovunque come ornamenti tradizionali. Settanta giorni dopo Idul Fitri arriva l'Idul Adha: nelle città, nei paesi e nei villaggi capre sfortunate vengono legate in attesa di essere sacrificate. La carne viene poi distribuita ai bisognosi.

Viaggio responsabile

Cambiamento climatico e viaggi

È impossibile ignorare l'impatto ambientale dei nostri viaggi e l'importanza di cambiare le cose dove possibile. Lonely Planet esorta tutti i viaggiatori a essere responsabili. Molti siti web mettono a disposizione i 'carbon calculators' (misuratori di anidride carbonica) che consentono di calcolare le emissioni prodotte da un viaggio; provate resurgence.org/resources/carboncalculator.html. Molte compagnie aeree e siti di prenotazione offrono la possibilità di compensare l'impatto delle emissioni di gas serra sostenendo iniziative a difesa del clima in tutto il mondo. Lonely Planet provvede alla compensazione di tutti i viaggi effettuati dal suo staff, pur riconoscendo che si tratta di una riduzione dell'impatto più che di una soluzione.

Diventare eroi dei rifiuti

Unitevi ai volontari di Trash Hero (trashhero.org) che raccolgono i rifiuti in tutta l'Indonesia e collaborano con le comunità in progetti di educazione e sostenibilità che mirano a ridurre i rifiuti, soprattutto quelli di plastica.

Scegliere un alloggio in famiglia

Considerate la possibilità di alloggiare in una casa vacanza a gestione familiare anziché in un hotel o in una guesthouse. I soggiorni in famiglia sono la scelta più sostenibile, oltre a favorire la popolazione locale, e sono un ottimo modo per conoscere da vicino la vita indonesiana.

Stay Raja Ampat (p389) a Papua aiuta gli abitanti del luogo ad aprire case vacanza nel paradiso delle immersioni di Raja Ampat, sostenendo l'economia locale e consentendo ai papuani di preservare l'ambiente e lo stile di vita tradizionale.

Alcune tenute per la produzione di tè sull'altopiano di Dieng, a Giava, come Kebun Teh Panama (p121), sono state trasformate in destinazioni di viaggio responsabile; i visitatori possono godere dei panorami mozzafiato dell'altopiano.

Partecipare alla tutela della fauna selvatica

Aiutate a curare oranghi e orsi malesi al **Samboja Lestari** (p523) nel Kalimantan orientale, un centro di riabilitazione gestito dalla Borneo Orangutan Survival Foundation (orangutan.or.id), uno dei tanti progetti di tutela della fauna selvatica che accoglie volontari.

L'Indonesia vanta alcuni dei più bei siti di immersione ed è un'ottima meta per gli amanti delle avventure subacquee. Ciò comporta però un rischio maggiore di danneggiare coralli e barriere coralline e di disturbare la vita marina: fate attenzione!

Lasciare in pace gli elefanti di Sumatra

A Sumatra, dove i pachidermi sono minacciati dalla perdita di habitat, operano diversi 'santuari degli elefanti', ma nessuno può dirsi davvero etico. Evitate qualsiasi luogo che proponga il lavaggio, le cavalcate o gli spettacoli.

Allontanarsi dai percorsi turistici

L'overtourism è un problema serio in alcune zone: Bali, Lombok e le Gili subiscono l'effetto negativo della presenza di milioni di visitatori. Scegliere destinazioni poco note è un modo per contrastare il fenomeno.

Rispettare le culture tradizionali dell'Indonesia

Sperimentare culture diverse è un punto di forza di ogni viaggio in Indonesia, che si tratti di soggiornare in un'abitazione dayak o di visitare Tana Toraja. È importante rispettare le popolazioni. Chiedete alla guida.

Viaggiare in treno

I treni di Giava (e Sumatra) sono economici, efficienti e veloci. È in corso un ampliamento della rete dal momento che l'uso del treno riduce le emissioni rispetto a un volo o agli autobus.

Volontari

Ci sono molte opportunità di volontariato in Indonesia, che vanno dalla tutela della fauna selvatica e dell'ambiente marino ai progetti di agricoltura sostenibile fino all'insegnamento nelle regioni rurali. Prima di aderire, assicuratevi di entrare a far parte di un'organizzazione rispettabile.

Simolap Wild Adventures (p428) nel nord di Sumatra è un'associazione che propone trekking a basso impatto ambientale.

L'associazione ASRI (p507) opera nel Parco Nazionale di Gunung Palung, nel Kalimantan occidentale, ricco di fauna selvatica, e accetta volontari.

Silvicoltura sociale

L'Indonesia ha avviato un ambizioso programma di silvicoltura sociale che conferisce alle comunità dell'arcipelago diritti legali su 12,7 milioni di ettari di foresta, da gestire in modo sostenibile a beneficio della popolazione locale e dell'ambiente.

RISORSE

Aliansi Masyarakat Adat Nusantara (AMAN)
Lavora al fianco delle comunità indigene.

Fondazione IDEP
Gestisce progetti ambientali e di miglioramento della comunità.

Profauna
Protegge le foreste e combatte il commercio illegale di animali selvatici.

Salute e sicurezza

ASSICURAZIONE

Un'assicurazione di viaggio che copra furto, smarrimento e spese mediche è essenziale. Accertatevi che includa l'evacuazione d'emergenza in aereo. Alcune polizze escludono specificamente le 'attività pericolose', che possono essere immersioni subacquee, noleggi moto e persino trekking. Se la polizza prevede che paghiate direttamente i medici o gli ospedali e che facciate richiesta di risarcimento in seguito, conservate la documentazione pertinente.

Malattie trasmesse dalle zanzare

La malaria e la dengue sono due malattie potenzialmente mortali portate dalle zanzare e presenti in molte zone dell'Indonesia. La migliore protezione consiste nell'evitare le punture, quindi usate il repellente e indossate abiti lunghi la sera. I casi di malaria e dengue aumentano durante la stagione delle piogge (da ottobre ad aprile).

Droghe illegali

L'Indonesia ha una politica di tolleranza zero nei confronti degli stupefacenti illegali. Nell'ultimo decennio a Bali diversi stranieri sono stati puniti per reati legati alla droga e alcuni sono nel braccio della morte. Il possesso di uno spinello di marijuana comporta una pena detentiva obbligatoria di quattro anni e chiunque venga sorpreso con cinque grammi o più di cocaina o eroina rischia l'ergastolo.

Proteggersi dal caldo

La maggior parte delle persone necessita di un paio di settimane per adattarsi al caldo e all'umidità dell'Indonesia. I bambini sono particolarmente a rischio di disidratazione e insolazione. Bevete molta acqua ed evitate di dedicarvi ad attività faticose nelle ore centrali della giornata. Il sole è forte, anche se è nuvoloso, quindi applicate una protezione con fattore 50 o più e indossate un cappello a tesa larga.

SERPENTI VELENOSI

In Indonesia ci sono oltre 70 specie di serpenti velenosi e il morso di un serpente è una causa comune di morte nelle zone rurali, anche per via della carenza di siero antiveleno. Quasi tutti i serpenti velenosi sono schivi e si muovono di notte e i viaggiatori li incontrano di rado. Se fate trekking nella foresta pluviale, è probabile che vediate vipere e pitoni.

ACQUA DI RUBINETTO

La gente del posto non beve l'acqua del rubinetto. Preferite l'acqua in bottiglia o filtrata. Il ghiaccio nei locali è in genere sicuro.

VACCINAZIONI

Per l'elenco delle vaccinazioni raccomandate e per consigli e approfondimenti sulla salute in viaggio consultate il sito ilgirodelmondo.it, alla destinazione 'Indonesia'.

Al posto dell'alcol

Le tasse sugli alcolici hanno dato vita a un mercato illegale in forte espansione. In destinazioni popolari come Bali, Lombok e le Gili, gli alcolici importati vengono talvolta sostituiti con *arak* di produzione locale. Ma l'*arak* può contenere metanolo velenoso se non è distillato correttamente e alcuni turisti sono morti o sono stati ricoverati in ospedale. Siate prudenti quando bevete cocktail e liquori.

Truffe

A Bali sono comuni le frodi, in particolare in seguito a strisciamento delle carte. Fate attenzione quando pagate con la carta e utilizzate sempre gli sportelli bancomat delle banche, non le apparecchiature stand-alone. Alcuni cambiavalute raggirano i clienti. Limitatevi ai grandi negozi o agli sportelli di cambio presso le banche. Evitate i cambiavalute che offrono tassi di cambio troppo vantaggiosi o quelli che si trovano in luoghi malfamati: ogni giorno decine di viaggiatori vengono truffati.

VIAGGIATORI LGBTIQ+

In Indonesia non esiste una legge che vieti le relazioni e l'attività sessuale tra persone dello stesso sesso, ma non esistono nemmeno leggi che proteggano le persone LGBTIQ+ dalla discriminazione e dai crimini d'odio. I viaggiatori LGBTIQ+ in Indonesia dovrebbero comportarsi come i viaggiatori etero ed evitare manifestazioni pubbliche di affetto. Sebbene la violenza contro le persone LGBTIQ+ sia rara, bisogna tenere presente che le relazioni tra persone dello stesso sesso sono illegali ad Aceh, nella regione di Sumatra, dove vige la sharia islamica e i rapporti sessuali tra persone dello stesso sesso sono puniti con la fustigazione pubblica o con la prigione. Pochi indonesiani LGBTIQ+ prenderebbero in considerazione l'idea di dichiararsi a parenti e amici e gli abitanti sono conservatori quando si tratta della comunità LGBTIQ+. Un sondaggio del Pew Research Center di Washington DC del settembre 2023 ha rivelato che il 95% degli indonesiani è contrario al matrimonio tra persone dello stesso sesso. Negli ultimi anni, si è imposta una campagna per l'accettazione delle persone LGBTIQ+, ma i gruppi religiosi continuano a opporsi a ogni riconoscimento legale dei diritti. Bali è la destinazione più LGBTIQ+friendly, con una manciata di bar e club LGBTIQ+ a Seminyak e Kuta. GAYa Nusantara (gayanusantara.or.id) è un'utile risorsa per la comunità LGBTIQ+ indonesiana. Gaya Dewata, con sede a Bali, offre consulenza e supporto medico.

NUOTARE IN SICUREZZA

Bandiera gialla
Potenziale pericolo in acqua

Bandiera verde
Nuoto sicuro

Bandiera rossa
Nuoto non sicuro

Bandiera bianca e nera
Zona riservata alle tavole da surf e alle moto d'acqua

Bandiera gialla e rossa
Bagnini in servizio

Viaggio accessibile

L'Indonesia è una destinazione difficile per i viaggiatori con mobilità limitata, problemi di vista o di udito. Pochi edifici sono dotati di accesso per i disabili e i trasporti pubblici sono per lo più impossibili da utilizzare per le persone in sedia a rotelle, ma la gente del posto è disponibile a dare una mano.

In strada

I marciapiedi in Indonesia sono inesistenti o sconnessi, pieni di buche e ingombri di ogni sorta di attività. Per le persone in sedia a rotelle è più facile utilizzare la carreggiata.

Aeroporti

L'aeroporto internazionale Soekarno-Hatta di Giacarta e l'aeroporto internazionale Ngurah Rai di Bali dispongono entrambi di strutture per le persone con disabilità, tra cui ascensori, servizi igienici accessibili e ponti aerei per l'imbarco/sbarco (informatevi in anticipo).

Strutture ricettive

Alcuni resort e hotel di Bali sono adatti ai viaggiatori con disabilità, ma la maggior parte delle strutture ricettive indonesiane non dispone di accesso per sedie a rotelle né di camere adeguate. Tuttavia, il personale farà del proprio meglio per soddisfare le vostre esigenze.

RISORSE

Accessible Indonesia (accessibleindonesia.org) Propone tour di Bali, Giava e Sulawesi per persone in sedia a rotelle.

Bali Access Travel (baliaccesstravel.com) Si occupa di trasporti, alloggi e tour a Bali e Lombok accessibili alle sedie a rotelle.

Difa Bike (difabike.com) Unica nel suo genere in Indonesia, Difa Bike utilizza moto con sidecar adattati per tour e trasporto di persone con disabilità a Yogyakarta e dintorni.

RAGGIUNGERE LE ISOLE

La sfida più grande per accedere a molte isole è salire e scendere in sicurezza dalle imbarcazioni che attraccano ai moli, a volte pericolanti. Scegliere un'isola con un aeroporto è l'opzione più semplice.

Massaggi

Formarsi come massaggiatori è una scelta comune per le persone con disabilità visive in Indonesia. Esistono centri massaggio gestiti da non vedenti in tutte le principali destinazioni e vale la pena sostenerli.

Centri diving

Alcuni centri di Bali e delle Gili propongono immersioni ai viaggiatori con disabilità. Se non soddisfate i requisiti fisici per superare un corso PADI o SSI, potete fare immersioni divertenti.

Taxi

La maggior parte dei taxi non è adatta alle persone disabili. Tuttavia, a Giacarta e Surabaya, Bluebird (la più affidabile compagnia di taxi indonesiana) dispone di una piccola flotta di veicoli accessibili alle sedie a rotelle. Le vetture possono essere prenotate soltanto per telefono.

CENTRI COMMERCIALI

A Giacarta e nelle principali città sorgono di continuo nuovi centri commerciali, dove è possibile fare acquisti e mangiare in tutta tranquillità, oltre che trovare una toilette accessibile.

SYAHRUL HILDA/SHUTTERSTOCK ©

Nusa Penida (p209)

COME Viaggiare sicuri via mare

La sicurezza delle imbarcazioni è un aspetto importante in Indonesia, dove gli incidenti mortali sono tristemente comuni. Solo nel 2022 si sono verificati 89 sinistri. I viaggiatori si trovano spesso di fronte a imbarcazioni che sembrano a malapena in grado di navigare, ma che sono d'altronde l'unica opzione per spostarsi tra le isole.

Le trafficate rotte che collegano Bali, Nusa Lembongan, Lombok e le Gili sono state teatro di incidenti che hanno coinvolto imbarcazioni turistiche veloci e traghetti pubblici per auto. Date le norme di sicurezza poco rigorose, è essenziale che vi assumiate la responsabilità della vostra sicurezza, poiché nessun altro lo farà. Considerate i seguenti aspetti.

Trasporti improvvisati

Fate attenzione ai pescherecci trasformati in motoscafo con l'aggiunta di un paio di motori a poppa: è un tentativo di sfruttare il boom turistico. Utilizzate sempre barche gestite da società serie piuttosto che chiedere un passaggio a caso sulla spiaggia.

Le dimensioni contano

Viaggiare su un'imbarcazione grande è sempre più sicuro, anche se il viaggio potrebbe essere più lento, in quanto in mare aperto i motoscafi piccoli sono particolarmente inclini a rovesciarsi in caso di onde alte.

Sovraffollamento

Nei periodi di maggiore affluenza, come durante l'Idul Fitri, le imbarcazioni possono avere più persone a bordo che posti a sedere e i passaggi intasati dai bagagli. Cercate di evitare le festività e i periodi di punta per ridurre al minimo la possibilità di trovarvi su una barca sovraccarica.

Attrezzature e uscite di sicurezza

Assicuratevi che la barca sia dotata di giubbotti di salvataggio e che sappiate come trovarli e usarli. Non aspettatevi che un equipaggio in preda al panico ve li distribuisca in caso di emergenza. Sulle imbarcazioni più grandi accertatevi che ci sia un numero sufficiente di scialuppe di salvataggio. Accertatevi di sapere dove si trova l'uscita più vicina: alcune imbarcazioni hanno una sola uscita, il che può trasformarle in trappole mortali in caso di incidente.

NAVI PELNI

Le grandi navi Pelni (Pelayaran Nasional Indonesia, la compagnia di navigazione nazionale) collegano i principali porti dell'arcipelago con viaggi di più giorni e sono di gran lunga le imbarcazioni più sicure; dal 1981 non si è mai verificato un incidente mortale che abbia coinvolto una Pelni. Tuttavia, hanno degli svantaggi. Sono spesso sovraccariche di passeggeri, stipati in ogni spazio disponibile, compresi i ponti, i passaggi e le scale, e le condizioni – soprattutto quelle dei bagni – possono essere pessime. Non ci sono armadietti, quindi i viaggiatori devono tenere sempre sotto controllo il bagaglio; il cibo a bordo si limita per lo più a noodles istantanei; ma soprattutto, fate attenzione ai borseggiatori durante imbarco e sbarco.

Vulcani

Gran parte dell'Indonesia ospita dei vulcani, 129 dei quali attivi e 65 classificati come pericolosi. Gli spettacolari coni sovrastano le foreste e gli oceani e attirano gli escursionisti sulle cime fumanti, sui laghi dai mille colori e nelle pozze di fango.

Vulcani attivi

Il 3 dicembre 2023 il Gunung Marapi di Sumatra ha eruttato, uccidendo 23 escursionisti che facevano trekking vicino al cratere. Il Marapi è il vulcano più attivo di Sumatra, insieme al Gunung Kerinci e al Gunung Sinabung, ma non è il vulcano più attivo del paese. L'onore spetta al quasi omonimo Gunung Merapi a Giava, che erutta regolarmente dal 1548. È comune vedere il fumo fuoriuscire dalla bocca. Il Gunung Semeru, sempre a Giava, è un altro vulcano molto attivo ed è in eruzione quasi continua dal 1967.

Salire su un vulcano

La salita ai vulcani è un'attività molto gettonata sia tra gli abitanti del luogo sia tra i viaggiatori, nonostante la minaccia di eruzioni. Il Gunung Agung a Bali, il Gunung Rinjani a Lombok e il Gunung Bromo a Giava est sono tra i vulcani più esplorati. Ma pochi sono più piccoli o hanno coni più perfetti del Gunung Api (p370; nella foto), un Monte Fuji in miniatura alto appena 656 m, che domina il porto naturale delle Isole Banda e può essere scalato in tre ore di duro cammino.

Eruzioni storiche

Alcune eruzioni vulcaniche in Indonesia hanno avuto effetti devastanti a livello mondiale. Le ceneri dell'eruzione catastrofica del Gunung Tambora a Sumbawa nel 1815 uccisero 71.000 persone e causarono la perdita dei raccolti in Europa. L'eruzione del Krakatau nel 1883, tra Giava e Sumatra, provocò esplosioni udibili fino in Australia e generò tsunami che causarono la morte di decine di migliaia di persone. Quando il supervulcano Toba, a Sumatra, eruttò 74.000 anni fa, la temperatura globale scese tra i 3 e i 5°C.

Simboli religiosi

I vulcani svolgono un ruolo fondamentale nella maggior parte delle culture indonesiane e quasi tutti sono associati ad antiche divinità. A Bali, Lombok e Giava, i principali luoghi di culto si trovano alle pendici dei coni vulcanici più importanti e le eruzioni sono considerate manifestazioni di disappunto e rabbia divina. Forse il vulcano più venerato è il Gunung Bromo, a Giava. Ogni anno, migliaia di abitanti salgono sul Bromo per gettare offerte nel cratere ed esprimere la loro gratitudine alle divinità.

CINTURA DI FUOCO

L'Indonesia si estende lungo parte della Cintura di Fuoco del Pacifico, una cintura tettonica nota per il suo alto livello di attività vulcanica e sismica. Due terzi delle eruzioni terrestri e il 90% di tutti i terremoti si verificano in questa regione. Lo tsunami del 2004 a Sumatra è stato causato da un terremoto in mare aperto, il terzo più grande mai registrato, che ha generato onde alte fino a 10 m. Ha ucciso oltre 160.000 indonesiani e sfollato mezzo milione di persone.

In breve

ORARI DI APERTURA

Possono variare durante il Ramadan.

Banche 8-15 dal lunedì al venerdì, 8-13 il sabato

Negozi 7-21 dal lunedì alla domenica, centri commerciali 10-22

Ristoranti 11-22 dal lunedì alla domenica

Uffici governativi 8-16 dal lunedì al venerdì

Fumo

Circa un terzo degli adulti fuma; le sigarette *kretek* al gusto di chiodi di garofano sono le preferite. Il fumo è vietato negli alberghi e nei ristoranti, così come in altri ambienti chiusi, ma la legge non viene sempre applicata. Anche la sigaretta elettronica è molto diffusa.

Bagni

Kamar kecil è il termine per indicare la toilette, ma si sente anche 'way-say' (WC). Nelle aree non turistiche o rurali i servizi sono alla turca e si scarica con acqua prelevata da una cisterna. La carta igienica è in un cestino a lato. I centri commerciali, le stazioni di servizio e i minimarket hanno servizi igienici pubblici.

Accesso a internet

La maggior parte delle strutture ricettive offre la connessione wi-fi gratuita. L'accesso a internet può essere discontinuo o inesistente in aree remote.

Pesi e misure

L'uso del sistema metrico è obbligatorio dal 1938.

BUONO A SAPERSI

Fuso orario
GMT/UTC+7-9
6-8 h avanti rispetto all'Italia

Prefisso del paese
+62
Dall'Italia 0062; per l'Italia 001/008 +39

Numero di emergenza
112

Popolazione
283,4 milioni

Elettricità

220-230V/50Hz

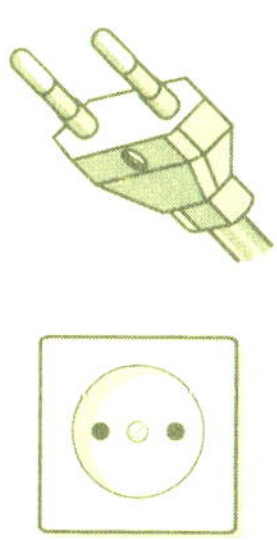

Tipo C
220V/50Hz

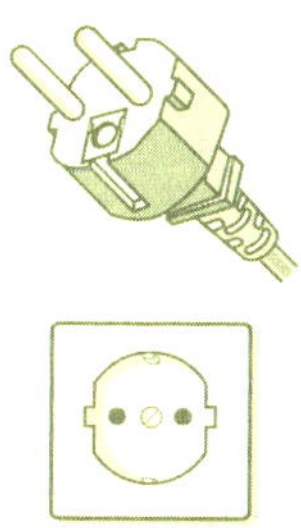

Tipo F
230V/50Hz

FESTIVITÀ NAZIONALI

Tahun Baru Masehi (Capodanno) 1° gennaio

Isra Miraj Nabi Muhammad (Ascensione del profeta Maometto) 27 gennaio 2025, 16 gennaio 2026

Tahun Baru Imlek (Capodanno cinese) 29 gennaio 2025, 17 febbraio 2026

Nyepi (Capodanno hindu balinese) 29 marzo 2025, 19 marzo 2026

Idul Fitri (Lebaran) 30-31 marzo 2025, 20-21 marzo 2026

Wafat Yesus Kristus (Venerdì Santo) 18 aprile 2025, 3 aprile 2026

Hari Buruh (Festa del Lavoro) 1 maggio

Hari Waisak (Festività buddhiste) 12 maggio 2025, 31 maggio 2026

Kenaikan Yesus Kristus (Ascensione di Cristo) 29 maggio 2025, 14 maggio 2026

Idul Adha (Festa del sacrificio islamica) 7 giugno 2025, 27 maggio 2026

Muharram (Capodanno islamico) 6 luglio 2025, 26 giugno 2026

Hari Proklamasi Kemerdekaan (Festa dell'Indipendenza) 17 agosto

Maulud Nabi Muhammad (Compleanno del profeta Maometto) 5 settembre 2025, 25 agosto 2026

Hari Natal (Natale) 25 dicembre

Lingua

L'indonesiano, o bahasa indonesia, è la lingua ufficiale. È parlata da circa 220 milioni di persone, anche se è la lingua madre solo per circa 20 milioni. La maggior parte della popolazione parla anche la propria lingua indigena.

Le basi

Ciao. Salam.
Arrivederci. Selamat jalan.
Sì. Ya.
No. Tidak.
Per favore. Tolong.
Grazie. Terima kasih.
Scusi. Permisi.
Mi perdoni. Maaf.
Come si chiama? Siapa namanya?
Mi chiamo ... Nama saya ...
Parla inglese?
Anda bisa Bahasa Inggris?
Non capisco.
Saya tidak mengerti.

Indicazioni

Dov'è (la stazione)?
Di mana (stasiun)?
Qual è l'indirizzo?
Apa alamatnya?
Può indicarmi (sulla cartina)?
Bisa tunjukkan kepada saya (di peta)?

Insegne

Buka Aperto
Tutup Chiuso
Dilarang Vietato
Masuk Entrata
Keluar Uscita
Kamar Kecil Bagni
Pria Uomini
Wanitai Donne
Polisi Polizia
Rumah Sakit Ospedale

Indicazioni di tempo

Che ore sono? Jam berapa?
Sono le (10). Jam (sepuluh).
Sono le (9) e mezza. Setengah (sepuluh).
mattina pagi
pomeriggio sore
sera malam
ieri kemarin
oggi hari ini
domani besok

Emergenze

Aiuto! Tolong!
Vai via! Pergi!
Chiamate ...! Panggil ...!
  un dottore dokter.
  la polizia polisi.

Mangiare e bere

Che cosa mi consiglia?
Apa yang Anda rekomendasikan?
Salute! Bersulang!
Era squisito. Ini enak sekali.

NUMERI

1 **satu**
2 **dua**
3 **tiga**
4 **empat**
5 **lima**
6 **enam**
7 **tujuh**
8 **delapan**
9 **sembilan**
10 **sepuluh**

PRESTITI DALL'INDONESIANO
Orango, dugongo, bambù, papaya, satay, sarong, gong

PRONUNCIA

La pronuncia indonesiana è facile da imparare. Ogni lettera rappresenta sempre lo stesso suono e la maggior parte delle lettere viene pronunciata come in italiano.

Origini

L'indonesiano e il suo parente più prossimo, il malese, derivano entrambi dal malese antico, una lingua austronesiana parlata nel regno di Srivijaya, sull'isola di Sumatra.

Lingua ufficiale

Con la dichiarazione di indipendenza del 1942, il bahasa indonesia è stato proclamato lingua ufficiale del paese.

Espressioni colloquiali

Mescolatevi tra i giovani grazie alle seguenti espressioni.

Ada apa Che si dice?
Bule Straniero
Gila Pazzo
Goblog Idiota
Jutek Malmostoso
Keren Figo
Pelit Taccagno

CHI PARLA INDONESIANO?

Il bahasa indonesia è la lingua ufficiale della Repubblica di Indonesia. Viene utilizzato nell'amministrazione, nell'istruzione, negli affari e nei media, anche se meno del 10% della popolazione lo considera la propria lingua madre. Per la maggior parte dei parlanti è una seconda lingua, ma rappresenta un forte collegamento per centinaia di gruppi etnici sparsi nel più grande arcipelago del mondo.

STORIA E SOCIETÀ

I nostri autori approfondiscono i diversi aspetti della vita in Indonesia

Pura Besakih (p236)

STORIA DELL'INDONESIA IN 15 LUOGHI

La storia dell'Indonesia è una danza colorata di migranti e invasori, ribelli e religioni, regni e imperi, messa in scena in un paese situato lungo le millenarie rotte commerciali asiatiche. È anche una storia di resilienza: tra guerre, disastri naturali e dominio coloniale, gli indonesiani hanno resistito a tutto.
Di Regis St Louis.

NEL CORSO DEI MILLENNI, gli esseri umani hanno lasciato il segno in innumerevoli modi sulle isole dell'Indonesia. Circa 40.000 anni fa, ignoti artisti crearono dipinti realistici – tra i più antichi della Terra – nelle grotte di Sumatra, isola che ospita anche alcuni dei megaliti più impressionanti del Sud-est asiatico. Giava, invece, potrebbe essere un paese a se stante. Qui, nel 1891, un paleoantropologo portò alla luce le ossa del cosiddetto 'Uomo di Giava', fossili di un ominide vissuto un milione di anni fa, che condussero a una scoperta rivoluzionaria nella storia dell'evoluzione umana. L'isola più popolosa del mondo è stata l'epicentro di importanti eventi storici: dalla costruzione di magnifici templi da parte di potenti regni hindu e buddhisti alla sanguinosa lotta per l'indipendenza nel secondo dopoguerra. Altre zone dell'arcipelago hanno visto l'ascesa e la caduta di diversi imperi. A Bali, siti sacri secolari punteggiano le montagne e le valli, mentre le cosiddette 'Isole delle spezie' (le Maluku) ospitano ancora le rovine di fortezze del XVII secolo, a ricordo di oltre tre secoli di brutale dominio olandese. La posizione dell'Indonesia sulla Cintura di Fuoco del Pacifico ha influenzato profondamente la nazione, a causa di devastanti terremoti, eruzioni vulcaniche e tsunami.

1. Gua Leang Leang

PITTURE RUPESTRI PREISTORICHE

Sull'isola di Sulawesi, tra le montagne carsiche a nord di Makassar, i popoli preistorici hanno lasciato segni visibili della loro presenza in centinaia di grotte. Decine di migliaia di anni fa, queste pareti rocciose sono diventate una tela per la realizzazione di impronte e immagini di animali. Le opere sono state individuate per la prima volta negli anni '50. Nel 2017, i ricercatori si sono imbattuti in una rappresentazione sorprendentemente realistica del cinghiale dalle verruche di Celebes; il dipinto, di colore porpora, è stato realizzato con ocra polverizzata mescolata con acqua. In seguito è stato stimato avere più di 45.000 anni: l'esempio di arte figurativa più antico al mondo.

Su Leang Leang, v. p549

2. Valle di Bada

TERRA DI MEGALITI

Nascoste tra le dolci colline delle zone centrali di Sulawesi, le sculture preistoriche suscitano meraviglia come poco altro. Tra centinaia di megaliti, una ventina hanno caratteristiche umane: teste rotonde sovradimensionate, mani e persino genitali prominenti. La datazione precisa di queste opere si è rivelata difficile, con stime che vanno da 1000 a 5000 anni fa. Poco si sa su chi le abbia create. Ricordano vagamente i moai polinesiani e le statue dol hareubang coreane, non hanno nulla a che vedere con l'arte preistorica trovata altrove in Indonesia e sono il simbolo di una civiltà misteriosa che non ha lasciato altre tracce della sua presenza.

Sui megaliti della Valle di Bada, v. p569

3. Pura Besakih

ANTICO LUOGO SACRO

Situato sulle pendici del Gunung Agung, il Pura Besakih è rimasto in piedi per secoli, sopravvivendo a terremoti, eruzioni vulcaniche e a un gran numero di pellegrini attratti da quello che è uno dei luoghi più sacri di Bali. Alcuni studiosi credono sia stato fondato nel IX secolo da Mpu Kuturan, un sacerdote giavanese che portò l'hinduismo a Bali. Altri paragonano le basi di pietra su cui si erge questo complesso a sei livelli a siti megalitici preistorici di oltre 2000 anni fa. Il cosiddetto 'tempio madre' non è in realtà un unico tempio, sono più di 20 templi separati con sculture in pietra, imponenti cancelli e santuari dedicati alle divinità hindu.

Su Pura Besakih, v. p236

Valle di Bada (p569)

PAUL HARDING/LONELY PLANET ©

4. Borobudur

IL BUDDHISMO A GIAVA

Alla periferia di Yogyakarta, il tempio buddhista più grande del mondo testimonia il sorprendente regno della dinastia Sailendra, che costruì questa colossale meraviglia nell'VIII secolo. Borobudur fu progettato secondo la visione buddhista del cosmo: dall'alto, la struttura assomiglia a un mandala tantrico tridimensionale attraverso il quale i pellegrini buddhisti possono percorrere un cammino dalla quotidianità (rappresentata da sculture di pietra) verso la contemplazione del nirvana (nello stupa che corona il monumento). Oltre al viaggio spirituale verso l'illuminazione, i corridoi conducono a sequenze ricche di dettagli che possono essere interpretate come un libro della cultura giavanese e della dottrina buddhista.

Su Borobudur, v. p93

5. Prambanan

SECOLI DI DOMINIO HINDU

Il magnifico complesso di templi di Prambanan risale al IX secolo, circa 50 anni dopo Borobudur. Poco altro si sa delle sue origini, anche se è possibile sia stato costruito da Rakai Pikatan per commemorare il ritorno al potere di una dinastia hindu a Giava. L'intera pianura di Prambanan fu abbandonata quando i re giavanesi si trasferirono a Giava est e, a metà del XVI secolo, un grande terremoto fece crollare molte strutture. Oggi la maggior parte degli oltre 240 templi è stata restaurata, evidenziando l'incredibile abilità artistica di secoli fa, con pregevoli decorazioni di Vishnu, Brahma e altre importanti divinità hindu.

Su Prambanan, v. p82

6. Masjid Tua Wapauwe

LA DIFFUSIONE DELL'ISLAM

I commercianti musulmani arrivarono in Indonesia nel VII secolo e nel XIII secolo gli arabi avevano già stabilito insediamenti nei principali porti indonesiani. Fu allora che i primi governanti adottarono l'islam. Nei due secoli successivi, gradualmente e poi più in fretta, altri porti indonesiani con comunità musulmane si convertirono. Sull'isola di Ambon, la Masjid Tua Wapauwe, con il suo tetto di paglia, testimonia la diffusione dell'islam anche negli angoli più remoti delle Maluku. Costruita originariamente nel 1414, la moschea è stata spostata più volte nel corso dei secoli ed è ancora oggi utilizzata dalla comunità locale.

Su Masjid Tua Wapauwe, v. p362

7. Pura Rambut Siwi

LEGGENDARIO LUOGO DI PELLEGRINAGGIO

A Bali, l'hinduismo ha radici che risalgono a più di sei secoli fa, quando il religioso shivaita e famoso viaggiatore Nirartha giunse sull'isola nel 1537. Aveva lasciato le corti reali di Blambangan, a Giava, ed era diventato consigliere di Dalem Baturenggong, che regnava durante l'età d'oro del regno balinese di Gelgel. Nirartha istituì anche una serie di templi, tra cui Pura Rambut Siwi, che vanta un magnifico panorama costiero con vista su una spiaggia di sabbia nera. Molti miracoli sono stati attribuiti al celebre santone. Secondo una leggenda, Nirartha riparò Pura Rambut Siwi dopo un devastante terremoto, utilizzando una ciocca dei suoi capelli.

Sui templi marini come Pura Rambut Siwi, v. p265

8. Kota Tua

VESTIGIA EUROPEE AI TROPICI

All'inizio del XVII secolo, gli olandesi e gli inglesi si contendevano il potere nell'attuale Giacarta. Gli olandesi alla fine ne uscirono vincitori e nel 1619 iniziarono a costruire le robuste mura e le torri che avrebbero protetto Batavia, la capitale delle Indie Orientali Olandesi appena battezzata. Le vestigia di quell'insediamento europeo sopravvivono a Kota Tua (Città Vecchia), compreso il Kali Besar, un canale del XVIII secolo costruito lungo il Sungai Ciliwung (fiume Ciliwung) che collega il porto all'antica città di Batavia. La stretta via d'acqua un tempo era un territorio di scambi commerciali, in quanto le barche trasportavano le merci da e verso il porto passando davanti alle case dei più facoltosi.

Su Kota Tua, v. p64

9. Benteng Hollandia

BATTAGLIE PER IL COMMERCIO DELLE SPEZIE

La noce moscata, il macis e i chiodi di garofano un tempo crescevano esclusivamente in alcune isole delle Maluku. Quando gli europei scoprirono queste rarità, si scatenò il caos: Portogallo, Spagna, Inghilterra e Paesi Bassi si contesero il controllo delle 'Isole delle spezie'. Come in altre parti dell'Indonesia, gli olandesi ebbero la meglio, grazie alla costruzione di enormi fortezze come Benteng Hollandia nel XVII secolo. Gli inglesi resistettero fino agli anni '60 e si convinsero a lasciare definitivamente le Maluku scambiando la piccola Isola di Run con un'isola del Nord America, chiamata Manhattan.

Su Benteng Hollandia, v. p370

10. Kebun Raya (Orto botanico di Bali)

FIORITURE TROPICALI DEL XIX SECOLO

Fondato nel 1817 dal botanico di origine tedesca Caspar Georg Carl Reinwardt, il fiore all'occhiello di Bali è il più antico orto botanico del Sud-est asiatico. Oltre a coltivare una miriade di specie da fiore, ha svolto un ruolo fondamentale nello sviluppo di specie economicamente redditizie e nella coltivazione di nuove varietà di caffè, riso, caucciù e persino china, utilizzata nella produzione di chinino per il trattamento della malaria. Il Museo Zoologico, aggiunto nel 1894, ospita una suggestiva collezione di specie, dalle farfalle iridescenti a una replica dell'Uomo di Giava, che ha rappresentato una svolta nello studio dell'evoluzione umana quando è stato scoperto nel 1891.

Su Kebun Raya, v. p247

11. Krakatau

ERUZIONE CHE HA CAMBIATO LA STORIA

Nel maggio 1883, il Krakatau, situato al largo della costa occidentale di Giava, causò uno dei più potenti eventi vulcanici della storia. Le eruzioni continuarono per mesi culminando in una grande esplosione in agosto, così potente da essere udita a migliaia di chilometri di distanza. Oltre 36.000 persone persero tragicamente la vita e decine di villaggi furono distrutti dagli tsunami che si crearono sulla scia dell'eruzione. Il fenomeno interessò tutta la Terra: nubi di polvere circondarono il globo, creando un inverno vulcanico, e le temperature in tutto il mondo scesero in media di 1,2°C per i cinque anni successivi.

Sul Krakatau, v. p174 e p487

12. Pantai Base G

TRAUMI DELLA SECONDA GUERRA MONDIALE

Quando nel 1942 il Giappone invase le Indie Orientali Olandesi, gli indonesiani inizialmente accolsero i giapponesi come

Museo PLTD Apung (p453)

liberatori. I sentimenti cambiarono quando i nuovi occupanti li sottoposero al lavoro forzato e alla fame portando a una perdita di vite umane impressionante: secondo alcune stime, morirono circa quattro milioni di persone. Gli alleati fecero pochi tentativi per allontanare i giapponesi da Giava e Sumatra. Il generale statunitense Douglas MacArthur si concentrò piuttosto sulla Nuova Guinea e nel 1944 guidò lo sbarco di 80.000 truppe alleate vicino a Jayapura durante la battaglia di Hollandia. Il quartier generale amministrativo era Pantai Base G, oggi un panoramico tratto di spiaggia.

Su Pantai Base G, v. p398

13. Monumento nazionale

LOTTA PER L'INDIPENDENZA

Dopo la resa giapponese nel 1945, gli indonesiani colsero il momento e dichiararono l'indipendenza dai Paesi Bassi. Gli olandesi schierarono oltre 200.000 soldati per stroncare la ribellione. La guerra infuriò per quattro anni e si stima che vi morirono circa 100.000 indonesiani. Nel 1954, Sukarno, uno dei leader dell'indipendenza indonesiana e primo presidente della nazione, indisse un concorso per la progettazione di un monumento commemorativo dell'indipendenza dell'Indonesia. I lavori di costruzione iniziarono nel 1961, ma la mancanza di fondi causò anni di ritardi e solo nel 1975 fu finalmente inaugurato e oggi viene chiamato scherzosamente 'l'ultima fatica di Sukarno'.

Sul monumento nazionale Monas, v. p66

14. Museo Konferensi

UNIRE L'ASIA E L'AFRICA

Il passato abita ancora nelle strade di Bandung, con gli edifici in stile art déco che un tempo ospitavano grandi alberghi, ristoranti di alto livello e cinema realizzati ad arte. Questi palazzi, per lo più risalenti agli anni '20 del Novecento, hanno avuto una nuova vita dopo l'indipendenza dell'Indonesia. La sala da ballo Concordia del 1926 fu ribattezzata Gedung Mederka (Palazzo della Libertà) quando Sukarno vi ospitò la Conferenza afroasiatica, un evento innovativo che riunì i paesi appena liberati dal colonialismo e quelli che ancora lottavano contro regimi stranieri oppressivi.

Sulla Conferenza afroasiatica, v. p163

15. Museo PLTD Apung

IL PEGGIOR DISASTRO NATURALE DELL'INDONESIA

Il 26 dicembre 2004, la città di Banda Aceh fu colpita da un terremoto di magnitudo 9,1 al largo della costa occidentale di Sumatra. Circa 15 minuti dopo, un imponente muro d'acqua – la prima di tre onde – travolse la città. Nella sola Banda Aceh morirono oltre 60.000 persone (un quarto della popolazione). Il PLTD Apung è un ricordo visibile dell'orribile evento: una nave di 2500 tonnellate trasportata per diversi chilometri nell'entroterra dallo tsunami, successivamente trasformata in un museo per documentare la devastazione che ha ucciso più di 160.000 indonesiani e oltre 230.000 stranieri.

Sul museo della PLTD Apung, v. p453

CONOSCERE GLI INDONESIANI

Con 17.000 isole, questa nazione si caratterizza per le affascinanti differenze culturali e culinarie. Leyla Rose presenta il suo popolo.

NONOSTANTE SIA la quarta nazione più popolosa del pianeta, l'Indonesia è rimasta a lungo in ombra. Tuttavia, questa percezione potrebbe cambiare.

È facile riconoscere un nome indonesiano: i registri delle nascite sono pieni di 'Budi' e 'Ayu', nomi molto comuni per maschi e femmine, soprattutto tra le generazioni più anziane. Sono facili da ricordare, ma così trovare il 'Budi' o la 'Ayu' che si sta cercando può essere una sfida. Esistono alcune varianti in base alle isole. Per esempio, a Bali il primogenito si chiama sempre Wayan, Putu o Gede; il secondogenito e il terzogenito hanno anche loro nomi ricorrenti. Gli appellativi onorifici continuano a essere usati e ogni regione ha i propri, a seconda che ci si rivolga a persone più anziane o più giovani, maschi o femmine. Come regola generale, si usa 'pak' (padre) per salutare educatamente un uomo più anziano e 'ibu' (madre) per le donne, anche se non sono i genitori di chi parla.

Negli ultimi anni il tasso di natalità è in costante calo mentre l'emigrazione di manodopera è cresciuta: molti indonesiani cercano opportunità di lavoro più redditizie in altri paesi asiatici e in Medio Oriente.

Ci sono 1340 gruppi etnici in Indonesia e si parlano oltre 700 lingue, per cui le differenze regionali sono sorprendenti. Chi viene dall'ovest di Lombok farà fatica a capire chi vive a sud: le due lingue sono completamente diverse, nonostante la vicinanza. Non sorprende che l'Indonesia abbia la più alta percentuale di trilingui al mondo. L'accento indonesiano 'standard' che si sente in TV o nei film è quello di Giacarta, ma a seconda dell'isola può cambiare. L'indonesiano formale e quello colloquiale sono quasi due lingue diverse.

Ci sono inoltre molte differenze religiose. L'Indonesia è la più grande nazione musulmana del mondo: circa l'87% della popolazione è di fede islamica. Bali è l'unica provincia a maggioranza hindu, e vi si pratica l'induismo balinese. Più si va verso est, più il cristianesimo domina.

Nonostante queste differenze, ci sono molti punti in comune: il principale è il cibo, fulcro di ogni momento di socialità. Spesso ristoranti e bancarelle di street food sono aperti fino a tardi. 'Hai già mangiato?' è una domanda molto diffusa, un po' come dire 'Come stai?', quindi non stupitevi se qualcuno appena conosciuto vi invita a casa sua per pranzo.

In Indonesia si muove tutto molto lentamente (è il 'tempo isolano') ed è normale che le persone si presentino in ritardo. Molto in ritardo. Ma non c'è da arrabbiarsi, perché gli indonesiani sono tra le persone più generose che si possano incontrare. Nel 2023 il paese era in prima posizione nel World Givin Index (che misura quanto le persone sono caritatevoli), per il sesto anno consecutivo.

Popolazione

L'Indonesia ha una popolazione di 283.487.931 abitanti. Ci sono 1340 gruppi etnici riconosciuti e il più grande è quello giavanese, che rappresenta il 40% del totale. Pur non essendo l'isola più estesa, Giava è la più popolata e ospita il 56% della popolazione del paese.

Nella foto in senso orario da sinistra in alto: uomo balinese; donna in hijab; donna giavanese in abito da sposa; uomo della tribù mentawai, a Pulau Siberut (p445)

SONO INDONESIANO, MA COSA SIGNIFICA?

Sono nata a Lombok. Mia madre naturale era di Sumbawa e mio padre naturale era tedesco. Sono stata adottata e mia madre adottiva è inglese, mentre mio padre adottivo è di Sumatra. Questa situazione mediana mi ha fornito una prospettiva unica per comprendere la lingua e la cultura del paese, senza contare che sono costantemente esposta alle influenze del mondo esterno per via dei turisti che soggiornano all'hotel dei miei genitori. I matrimoni misti sono comuni, sia tra persone provenienti dalle diverse isole sia dall'estero. È normale muoversi tra le isole per vivere e lavorare. Su quelle molto turistiche, come Bali e Lombok, ci sono immigrati dall'Australia e dall'Europa. Alcuni hanno avviato attività commerciali oppure svolgono lavori a distanza. Allo stesso modo, sono molti gli indonesiani che scelgono di partire (oltre nove milioni di persone) e Malaysia, Paesi Bassi, Australia e Cina sono le destinazioni più comuni.

Plastica nel mare al largo di Giacarta
YUNAIDI JOEPOET/GETTY IMAGES ©

UNA SFIDA AMBIENTALE

I problemi ambientali affliggono l'Indonesia da sempre, causando disagi agli abitanti e grattacapi ai leader del paese. Di Jason Lee.

QUANDO SI PARLA di danni ambientali, non si tratta solo di occasionali eruzioni vulcaniche. I visitatori che arrivano in Indonesia capiscono presto che qui si combatte una battaglia costante. Basta prendere il treno dall'aeroporto al centro di Giacarta per notare subito i problemi legati alla gestione dei rifiuti, uno dei temi che più affliggono la città e che il governo cerca di affrontare al meglio delle sue possibilità, ma non è semplice trovare una soluzione. Giacarta è classificata come la città più inquinata del mondo, ed è difficile cambiare la mentalità di oltre 11 milioni di persone da un giorno all'altro. Gli sforzi a breve termine danno un po' di sollievo, ma raramente si trasformano in soluzioni durature.

Giacarta riflette i problemi ambientali dell'intero paese. Su scala più ampia, le stesse questioni si presentano oltre i confini del centro urbano. Dalla gestione dei rifiuti al contenimento di pratiche industriali su larga scala che distruggono gli habitat naturali, le iniziative di salvaguardia dell'ambiente richiedono la partecipazione di tutti, a tutti livelli, per poter fare la differenza.

Un nuovo inizio

Quando nel 2018 si sono svolti i Giochi Asiatici, il governo ha fatto di tutto per ripulire la città e presentarla al meglio. La massiccia operazione di pulizia dei fiumi e di riordino delle strade si è rivelata un successo, così come, del resto, i Giochi. Tuttavia, Giacarta è tornata rapidamente alle vecchie abitudini: i rifiuti sono ricomparsi e i fiumi sono diventati nuovamente delle trappole mortali. Ciò non significa che non sia possibile avere qualche speranza per il futuro. Sotto la guida del presidente Joko Widodo, il governo ha deciso di spostare la capitale nel Kalimantan, a 1500 km da Giacarta. La nuova capitale Nusantara (anche se non ancora del tutto operativa) è stata inaugurata il 17 agosto 2024, giorno dell'indipendenza indonesiana, e data scelta per sottolineare il messaggio di rinascita ambientale che l'Indonesia vuole dare al mondo.

Come si potrà raggiungere l'obiettivo di sostenibilità che il paese si prefigge in breve tempo? Secondo le aspettative, Nusantara dovrebbe essere una città totalmente 'green', una proposta interessante per uno stato che soffre enormemente per via dell'inquinamento e presenta diversi

problemi di sovrappopolazione. Tuttavia, siamo solo a uno stadio iniziale. I rendering degli artisti e le bozze degli architetti mostrano una città piena di verde, con strade fiancheggiate da alberi, giardini e tetti traboccanti di foreste, una città futuristica, che si pone l'obiettivo di limitare e, sul lungo periodo, addirittura eliminare il traffico veicolare, promuovendo l'utilizzo di autobus elettrici, tram e biciclette. I condizionatori d'aria saranno ridotti al minimo, grazie a progetti che favoriscono il massimo afflusso d'aria, mantenendo gli edifici al fresco in modo naturale.

L'obiettivo di Nusantara è affidarsi totalmente all'energia rinnovabile e cancellare le emissioni di anidride carbonica entro il 2045, ma c'è chi si chiede: 'A che prezzo?'. Per costruire la città sono state distrutte ampie fasce di foresta pluviale. In un paese dove la deforestazione è una delle più grandi piaghe ambientali, costruire una nuova metropoli nel Kalimantan orientale, ora densamente boscoso, sembra a dir poco controproducente.

La questione della deforestazione

Il Kalimantan è il principale bersaglio della deforestazione: si tagliano alberi per far posto alle colture, per lo sviluppo urbano e per l'estrazione mineraria. La produzione di olio di palma è la causa primaria del disboscamento, contro cui ormai da anni si combatte una strenua battaglia. Fuori dall'Indonesia non si comprende appieno la portata del problema, perché spesso le notizie vengono insabbiate o addirittura non riportate, come per molte altre questioni ambientali. Tagliare gli alberi secolari della foresta pluviale per piantare palme non può che essere nocivo per l'ambiente. Forse vedere dall'alto una piantagione di palme può essere un'esperienza affascinante per un turista, ma è devastante per gli ecosistemi. Centinaia di habitat naturali vengono distrutti, costringendo la fauna selvatica a spostarsi altrove per sopravvivere. Interi sistemi biologici su cui si basano gli equilibri di flora e fauna vengono cancellati da un giorno all'altro. Inoltre, le foreste funzionano normalmente da barriere naturali contro le inondazioni e gli smottamenti del terreno. Se si danneggiano le radici che tengono compatto il suolo, si aggrava il problema dell'erosione e il dilavamento di contaminanti nei sistemi idrici locali peggiora la situazione.

Miniera, Kalimantan

Il governo sta combattendo su diversi fronti e i sondaggi mostrano che l'indonesiano medio inizia a essere consapevole dei problemi legati alla deforestazione e alla produzione di olio di palma. L'introduzione di alcune leggi potrebbe rappresentare un primo baluardo di speranza. Tuttavia, per ora, gli incendi forestali causati dalle operazioni di disboscamento continuano a imperversare, provocando inquinamento atmosferico in tutto il Sud-est asiatico. A Kuala Lumpur, per esempio, i residenti subiscono la costante presenza di nubi causate dagli incendi boschivi. Giacarta, già considerata la città più inquinata del mondo, è avvolta da una foschia che non si dirada mai; da queste parti, vedere il cielo blu è una rarità.

Molti puntano il dito contro il governo e sovrappopolazione, smog costante, fiumi pieni di rifiuti e fognature intasate sono argomenti all'ordine del giorno. La costruzione di una nuova città a migliaia di chilometri di distanza dà adito all'idea che i funzionari stiano tentando di ignorare i problemi reali del paese. Si dice: 'Lontano dagli occhi, lontano dal cuore'.

IL RISCALDAMENTO GLOBALE, L'INNALZAMENTO DEL LIVELLO DEL MARE E L'INTASAMENTO DEI FIUMI FANNO DI GIACARTA UNA DELLE CITTÀ CHE STA AFFONDANDO PIÙ RAPIDAMENTE AL MONDO

Alluvione, Giacarta

DANI DANIAR/SHUTTERSTOCK ©

Che ne sarà di Giacarta?

La capitale è stata spostata anche perché Giacarta è una città destinata a essere inghiottita dalle acque. Il riscaldamento globale, l'innalzamento del livello del mare e l'intasamento dei fiumi ne fanno una delle città che sta affondando più rapidamente al mondo. Entro il 2050, un terzo sarà sommerso e non si può sfuggire a questa realtà.

Il centro urbano presenta senz'altro problemi di gestione dei rifiuti, ma alcuni derivano da questioni indipendenti dall'amministrazione della metropoli. Anche se i fiumi venissero ripuliti con regolarità, ciò che accade a monte continuerà a causare problemi a valle. Si tratta di un problema ancora più pressante durante la stagione umida, quando i temporali che si scatenano sulle montagne intorno a Bogor causano grandi piene e la spazzatura si sposta lungo i corsi d'acqua per chilometri e chilometri, fino ad arrivare a Giacarta e a intasare fiumi e canali in città. Le inondazioni sono frequenti e i cittadini ne ricavano ingenti danni.

Esiste una soluzione? Per cominciare si potrebbero aumentare gli sforzi diretti all'educazione ambientale. È sempre stato un problema dell'Indonesia, ma ogni anno si assiste a un piccolo miglioramento. I risultati si vedono, soprattutto a livello locale, nei villaggi e in diversi centri urbani del paese.

Seguire l'esempio di piccole località

Non c'è modello migliore del villaggio di Penglipuran, sull'isola di Bali, quando si parla di educazione ambientale. Per anni, questa piccola località della reggenza di Gianyar ha mantenuto immacolate strade e abitazioni. Tutti gli abitanti sono consapevoli fin dalla più tenera età di come le questioni ambientali influenzino il quotidiano. Hanno implementato un sistema di riciclo che è diventato uno stile di vita e sono orgogliosi del fatto che nel villaggio non ci siano rifiuti. Così Penglipuran è diventata una delle principali destinazioni turistiche di Bali e anche i visitatori sono stati incoraggiati a non gettare rifiuti e a non fumare, se non in apposite aree. Penglipuran è tra i primi tre villaggi più puliti del mondo, un traguardo notevole per un centro abitato sito in uno dei paesi più inquinati della Terra.

A ogni modo, la stessa mentalità si può ritrovare in diversi altri villaggi e città indonesiani. Si tratta di un processo lento, ma costante. Un numero crescente di giovani va a studiare all'estero e torna con nuove idee, più progressiste, il che fa sperare in un futuro migliore.

Un esempio di tale evoluzione lo si può trovare in un piccolo quartiere di Malang, a Giava est: Kampung Warna Warni, un tempo la peggior baraccopoli della città, tanto che il governo aveva deciso di demolirla. Centinaia di famiglie però avrebbero perso le loro case, così alcuni studenti universitari hanno avuto l'idea di dipingere le abitazioni con colori vivaci e trasformare la località in una destinazione turistica. Ora il fiume è pulito, le strade sono prive di rifiuti e l'intera comunità è orgogliosa di un luogo che un tempo era fonte di vergogna per tutti.

NON CI SONO, QUINDI, SOLO CATTIVE NOTIZIE. BASTA IMPEGNARSI PER RENDERE IL FUTURO PIÙ SOSTENIBILE.

Un altro esempio edificante è rappresentato dalla città di Semarang, che nel 2020 è stata eletta destinazione turistica più pulita del Sud-est asiatico.

Non ci sono quindi solo cattive notizie. Basta impegnarsi per rendere il futuro più sostenibile.

L'educazione è la chiave

Tutto si riduce all'educazione ambientale, perché il più delle volte il problema è da risolvere a monte. Se un villaggio pulisce i propri fiumi e i corsi d'acqua, ma altri non fanno lo stesso, continueranno ad accumularsi problemi. Bisogna puntare sulla consapevolezza e sulla tutela ambientale. Ci vorrà tempo, perché è necessario intervenire su tutti i fronti e il governo può fare solo fino a un certo punto; gran parte della responsabilità ricadrà sui *banjar* e sulle autorità locali. Servono leggi severe che vietino l'abbandono dei rifiuti, per esempio; una pratica abitudinaria per molti indonesiani e non solo per i turisti: i *warung* che buttano la spazzatura fuori dal locale e le famiglie che gettano i contenitori di noodles istantanei e il cibo da asporto nel fiume devono diventare un ricordo del passato.

A Nusa Dua, sull'isola di Bali, il *banjar* è sempre stato un esempio per tutti. Una volta al mese organizza una giornata di raccolta differenziata e premia i residenti che praticano la suddivisione dei rifiuti in pile di plastica e materiali riciclabili. Il Kawah Ijen, nell'est di Giava, una delle mete escursionistiche più frequentate del paese, chiude una volta alla settimana per permettere a Madre Natura di 'riprendersi'. È un piccolo passo ma nella giusta direzione per la salvaguardia dell'Indonesia.

Inoltre, il governo ha iniziato a imporre alcune sanzioni contro la deforestazione illegale, un segno che fa ben sperare. Il futuro degli ecosistemi indonesiani appare oggi più roseo. Con una maggiore assunzione di responsabilità da parte delle comunità locali, si spera che un giorno questo bellissimo paese diventi un miracolo ambientale di cui il resto del mondo possa andare fiero.

Kampung Warna Warni (p130)

ANIDAARIPIN/SHUTTERSTOCK ©

IL CONFLITTO CON PAPUA

Le comunità indigene papuane, originarie della Melanesia ed etnicamente distinte dagli indonesiani, hanno da tempo un rapporto difficile con il governo indonesiano. Negli ultimi anni, scrive Mark Johanson, il conflitto è arrivato al culmine.

CI VOGLIONO QUASI sei ore di volo da Giacarta a Jayapura, la città più grande dell'est dell'Indonesia. Forse è per questo che atterrando a Papua sembra di entrare in un paese completamente diverso, come del resto molti papuani preferirebbero fosse. Papua si trova nella metà occidentale dell'isola della Nuova Guinea e condivide un lungo confine con Papua Nuova Guinea. Metà dell'isola è un paese indipendente e l'altra metà fa parte dell'Indonesia, perché Papua era un territorio olandese che ha dichiarato la propria indipendenza soltanto nel 1961 (dopo una breve amministrazione provvisoria delle Nazioni Unite), ma nel 1963 è stata consegnata all'Indonesia con l'Accordo di New York, e ufficialmente incorporata nella nazione con un referendum ampiamente criticato ma approvato dalle Nazioni Unite nel 1969 (un gruppo selezionato di circa 1000 uomini papuani fu scelto per votare sotto stretto controllo dell'esercito indonesiano). Da notare che, solo due anni prima, l'Indonesia aveva concluso un lucroso accordo con la società mineraria statunitense Freeport-McMoRan per aprire la miniera di Grasberg vicino alla città papuana di Timika, che vanta una delle più grandi riserve di oro e rame al mondo.

Si sono esacerbati così i conflitti su questioni come la natura dell'acquisizione di Papua, la distribuzione dei suoi vasti giacimenti minerari e la censura governativa (ai papuani, per esempio, è vietato issare la bandiera Morning Star, un simbolo di resistenza che risale al breve esperimento di indipendenza della regione). Nonostante il settore minerario sia redditizio, Papua presenta i più alti livelli di povertà e i più bassi tassi di alfabetizzazione di tutto il paese.

A lungo trascurata dal governo federale, è stata di recente destinataria di ingenti finanziamenti. Il presidente indonesiano Joko Widodo ha promesso di portare prosperità a Papua attraverso una serie di progetti di sviluppo, tra cui strade, aeroporti, scuole e cliniche. I critici sostengono che la maggiore attenzione sia solo un altro modo per Giacarta di stringere la propria morsa su una regione in crisi.

Scontri violenti

Fin dagli anni '60, Papua è stata terreno di frequenti insurrezioni, principalmente guidate dal Tentara Pembebasan Nasional Papua Barat (Esercito di Liberazione Nazionale della Papua Occidentale; TPN-PB), l'ala militante dell'Organisasi Papua Merdeka (Organizzazione per la Papua Libera; OPM). Le proposte contro le compagnie minerarie e di disboscamento e contro le forze militari indonesiane sono sfociate talvolta nella violenza e la situazione negli ultimi anni è peggiorata. Nel

2018, uomini armati del TPNPB hanno ucciso 31 lavoratori di un'impresa edile statale nella regione di Nduga, da sempre focolaio di attività insurrezionali. Di contro, nel 2019, una folla ha fatto irruzione in un dormitorio studentesco nella città giavanese di Surabaya, picchiando 43 papuani e definendoli 'scimmie', perché avevano gettato la bandiera nazionale in un canale di scolo. Invece di disperdere la folla, i poliziotti antisommossa hanno sparato lacrimogeni e arrestato i papuani, scatenando proteste di massa durate più di un mese, che hanno riaperto ferite profonde e causato almeno due dozzine di morti a Jayapura e nella città di Wamena.

Papua Lives Matter

Quando nel 2020 George Floyd è stato ucciso da alcuni agenti di polizia americani, le proteste di Black Lives Matter hanno avuto eco anche in Indonesia. I papuani e alcuni altri indonesiani si sono uniti attorno all'hashtag #PapuaLivesMatter. Da tempo gli abitanti di Papua lamentavano discriminazioni sistematiche e un'evidente assenza nelle posizioni di potere sia nel governo locale sia nel mondo degli affari. Il movimento #PapuaLivesMatter ha rappresentato una rara situazione in cui la società indonesiana ha potuto discutere apertamente della questione. In precedenza, anche solo accennare ai papuani significava rischiare di essere accusati di sostenere i separatisti. Tuttavia, l'insolito momento di dialogo non è durato a lungo.

Crisi degli ostaggi

Le tensioni hanno raggiunto un nuovo apice all'inizio del 2023, quando un pilota neozelandese, Philip Mark Mehrtens, è stato rapito all'aeroporto di Nduga dai militanti del TPNPB. Il gruppo ha utilizzato Mehrtens come merce di scambio, minacciando ripetutamente di giustiziarlo se i governi internazionali non avessero sostenuto i negoziati per l'indipendenza papuana (al momento di andare in stampa Mehrtens era stato liberato). Sempre nel 2023, alcuni disordini a Wamena, scatenati da voci infondate sul rapimento di un bambino, hanno visto almeno 10 papuani

Popolazione dani, Valle del Baliem (p405)

GUDKOV ANDREY/SHUTTERSTOCK ©

ANNA_PLUCINSKA/SHUTTERSTOCK ©

Protesta per l'indipendenza di Papua

uccisi e altri 23 feriti quando le forze di sicurezza hanno aperto il fuoco. Amnesty International ha chiesto l'apertura di indagini, affermando che lo stato continua a fare un uso eccessivo della forza nel rispondere alle proteste nella regione.

Nonostante nel 2021 abbia concesso a Papua un maggiore livello di autonomia, il governo indonesiano mantiene una pesante presenza militare sia nelle principali città costiere sia nelle remote città dell'altopiano. Nell'entroterra, i visitatori sono costretti a fermarsi in posti di blocco militari mostrando il permesso di viaggio *surat jalan* (non necessario per le principali città o per le destinazioni più popolari sulla costa, come le Raja Ampat). Il governo crede serva a proteggere i turisti dalla minaccia dei separatisti, ma i critici sostengono invece che lo scopo sia limitare l'accesso agli operatori umanitari, ai diplomatici e ai giornalisti stranieri, rendendo difficile al mondo farsi un'idea di ciò che sta realmente accadendo.

Diritti umani

Gli esperti in materia di diritti umani delle Nazioni Unite hanno richiesto l'accesso umanitario alla regione per rispondere alle gravi preoccupazioni sugli abusi contro i papuani. La dichiarazione delle Nazioni Unite cita 'uccisioni di bambini, sparizioni, torture e sfollamenti di massa'. Il numero complessivo di sfollati papuani tra il 2018 e il 2022 è stimato tra le 60.000 e le 100.000 persone. Nel frattempo, i separatisti continuano a presentare petizioni alle Nazioni Unite sperando in un nuovo voto per l'indipendenza, sebbene le prospettive sembrino sempre meno probabili con il passare del tempo. Tra gli anni '60 e il 2015, decenni di politiche di trasmigrazione sponsorizzate dal governo hanno sostenuto gli indonesiani provenienti da regioni ad alta densità di popolazione, soprattutto Giava, che volevano reinsediarsi nella Papua rurale, con l'obiettivo di arrivare a una completa integrazione della regione nella società indonesiana. Oggi si stima che le comunità indigene siano una minoranza.

COLTURE TRADIZIONALI DELL'INDONESIA

Una possibile soluzione per creare sistemi alimentari sicuri si trova nel passato dell'Indonesia. Di Elizabeth Sinclair.

UN TEMPO L'INDONESIA vantava sistemi alimentari vari e diversi quanto le sue numerose isole e culture. Secondo l'organismo di ricerca WRI Indonesia, nell'arcipelago crescono 389 frutti, 228 ortaggi diversi e oltre 150 piante, ottima fonte di carboidrati e proteine. Alcuni resti archeologici dimostrano che riso e miglio erano coltivati nell'arcipelago già nel 3000 a.C. Il nome di Giava (Jawa) potrebbe derivare dalla parola giavanese *jewawut*, che indica il miglio. Un tempo era una coltura basilare su molte isole, mentre il riso era considerato un cibo adatto alle cerimonie.

Bisogna però considerare che l'Indonesia è sempre stata un centro di importazione e gli alimenti provenienti da altre culture sono stati man mano incorporati nella cucina. Il sorgo, cereale a grana piccola, fu importato dall'India. La soia, introdotta nel X secolo dalla Cina meridionale, divenne un alimento molto diffuso e la produzione di tempeh (soia fermentata) era ben consolidata già nel XVI secolo. In seguito ai primi contatti con l'Europa, vennero introdotte piante del Nuovo Mondo, tra cui mais, melanzane, peperoncini, arachidi e pomodori. Inoltre, durante il periodo coloniale, gli olandesi diffusero il grano e la coltivazione del riso.

Passaggio alle monoculture

In Indonesia, la sparizione degli alimenti originari è iniziata con la colonizzazione olandese ed è stata aggravata dai programmi agricoli della 'Rivoluzione verde' degli anni '80; promossi dall'allora presidente Suharto, hanno favorito la monocoltura del riso a crescita rapida e a basso contenuto nutritivo. Anche se alcune regioni ancora puntano su mais, sago, manioca e patate dolci, il riso è diventato la coltura di base nella maggior parte del paese e il miglio è ora considerato un alimento per poveri. La maggior parte degli indonesiani mangia piatti a base di riso e grano e la diversificazione regionale si è persa.

Il problema è che non si riesce a produrre abbastanza riso per soddisfare la domanda e non si coltiva il grano, quindi bisogna importare entrambi. Il passaggio a una dieta meno varia e la dipendenza dalle importazioni minacciano ora la sicurezza dei sistemi alimentari; senza contare che i cambiamenti climatici stanno sconvolgendo sempre di più l'agricoltura.

Ritorno alla diversificazione e alla sostenibilità

Il presidente indonesiano Joko Widodo, riconoscendo i limiti del ricorso alle

importazioni di riso e grano, ha puntato su una maggiore diversificazione alimentare e sul ritorno ai cibi tradizionali. Secondo WRI Indonesia, questo cambiamento accorcerà le catene di trasporto degli alimenti, ridurrà le perdite alimentari e le emissioni di gas serra, e favorirà i mercati locali, a beneficio di produttori e consumatori. Miglio e sorgo sono riapparsi in fretta tra le colture grazie alla loro capacità di prosperare a temperature elevate e di resistere a lunghe stagioni secche. Il sorgo, in particolare, sta guadagnando popolarità perché privo di glutine, ricco di fibre e nutrienti, e utile per combattere l'impoverimento nutrizionale.

Il governo ha avviato una diffusa semina di prova del sorgo nella semiarida provincia del Nusa Tenggara Est, che comprende le Isole di Flores, Sumba e Timor. Il sorgo ha un potenziale economico anche per l'esportazione e potrebbe risollevare le comunità rurali impoverite, fornendo una nuova fonte di reddito.

LA 'RIVOLUZIONE VERDE' HA CAUSATO LA SCOMPARSA DI MIGLIAIA DI VARIETÀ INDONESIANE, MA MOLTE PER FORTUNA SONO STATE PRESERVATE DAI PICCOLI AGRICOLTORI.

Secondo il professor Dwi Andreas Santosa dell'Istituto Agrario Indonesiano di Bogor, anche le colture di riso originarie sono importanti per il futuro dell'Indonesia. La monocoltura della 'rivoluzione verde' ha causato la scomparsa di migliaia di varietà indonesiane, ma per fortuna sono state preservate dai piccoli agricoltori. Santosa conserva una collezione di oltre 600 varietà di riso presso il Centro per la Biodiversità e la Biotecnologia Indonesiano. Le colture vengono testate per trovare piante in grado di resistere agli effetti del cambiamento climatico e all'incursione dell'acqua salata nelle falde acquifere a seguito dell'innalzamento del livello del mare, e si sono trovate alcune varietà in grado di crescere nelle paludi e nelle aree costiere paludose.

Il Ministero degli Affari Interni ha esortato gli indonesiani a consumare meno riso, scegliendo tra patate dolci, sago, sorgo, taro e igname, anche per combattere obesità e diabete, aggravati da una dieta a base di grano e riso bianco. Secondo la Federazione Internazionale di Diabetologia, l'Indonesia è il quinto paese al mondo per numero di diabetici. I cibi tradizionali contengono più fibre, vengono digeriti più lentamente e aiutano a stabilizzare i livelli di zucchero nel sangue, migliorare i valori del diabete e regolare il peso.

Il ruolo dell'impresa privata

Javara, azienda fondata da Helianti Hilman, gioca un ruolo cruciale nel ripristino della diversità delle colture in Indonesia. Hilman, ex consulente per lo sviluppo rurale, durante i suoi viaggi nel paese ha visto comunità remote e piccoli agricoltori lottare per preservare le colture tradizionali e i relativi mezzi di sostentamento. Consapevole del fatto che l'Indonesia stava perdendo 500.000 agricoltori ogni anno, ha capito che la perdita delle colture tradizionali avrebbe avuto effetti economici e sociali devastanti sulle comunità. Ha quindi deciso di creare Javara per garantire un mercato diretto ai piccoli agricoltori e diffondere la coltivazione di alimenti tradizionali. Oggi l'azienda vende quasi 1000 prodotti attraverso punti vendita al dettaglio e supporta 50.000 fornitori. Propone inoltre agli agricoltori programmi di formazione su marketing e competenze commerciali (perché si trasformino in veri e propri imprenditori), coinvolge i giovani nel settore agricolo e promuove l'imprenditorialità rurale giovanile: il 40% dei suoi fornitori ha meno di 35 anni.

Altre aziende contribuiscono al ripristino della diversità alimentare. Piattaforme di e-commerce come Sayur Box e Tani Hub mettono in contatto i produttori regionali con gli acquirenti, promuovendo una dieta più sana e varia basata su alimenti tradizionali, e OkeJeck, a Papua, aiuta i produttori locali a vendere i prodotti nelle aree boschive, dove i trasporti sono limitati.

Un ritorno all'origine potrebbe rendere i sistemi alimentari indonesiani più sicuri e sostenibili, anche in relazione ai cambiamenti climatici. La riscoperta dei cibi tradizionali permette infine di affrontare le problematiche sanitarie nazionali e dare potere economico ai piccoli agricoltori e alle comunità rurali.

Sorgo

DWI SETIJO WIDODO/SHUTTERSTOCK ©

La cantante *dangdut* Via Vallen

DANGDUT: LA MUSICA DEL POPOLO

Gli indonesiani sono sempre pronti a ballare al ritmo ipnotico e allegro del loro genere musicale preferito. Di Tiara Maharani

SE AVETE TRASCORSO anche solo qualche giorno in Indonesia, è probabile che abbiate sentito il *dangdut* risuonare dallo stereo di una casa, da una radio portatile o da un telefono cellulare. Molto amato dagli indonesiani, è la colonna sonora della vita quotidiana in tutto il paese, dai piccoli villaggi del sud di Sulawesi alle grandi città come Giacarta. Il nome *dangdut* richiama i suoni prodotti suonando il *kendang dan tabla*, un tamburo tradizionale, ma questo genere include anche altri strumenti tra cui flauti, piccole chitarre e sassofoni, che creano una miscela irresistibile. Impossibile non muoversi a ritmo sui mezzi pubblici, alle bancarelle di cibo, nei caffè e ai terminal degli autobus. La musica *dangdut* è ormai parte integrante di tutte le feste indonesiane: compleanni, matrimoni, campagne elettorali e festival musicali. I palcoscenici possono variare. Si va da piccoli concerti con poche persone a eventi con centinaia di migliaia di spettatori. Ciò che non cambia è il potere di questa musica di riunire le persone.

L'evoluzione del dangdut

Il *dangdut* ha origine negli anni '30 a Sumatra, a partire dalla musica del gruppo etnico Deli Malay. Negli anni '50, i ritmi indonesiani e malesi subirono l'influenza dei popolari film di Bollywood e della cultura araba, sempre più diffusa. Negli anni '70 questo mix subì un'ulteriore evoluzione a contatto con la cultura occidentale. Strumenti moderni come chitarre elettriche, tastiere e trombe iniziarono a comparire sulla scena musicale indonesiana, con musicisti creativi che esploravano nuovi stili.

Una figura chiave di questo periodo fu Rhoma Irama, che decise di combinare il *dangdut* con il rock. Soprannominato il re del *dangdut* indonesiano, fu il primo a coniare la parola che poi ha finito per connotare il genere con la sua canzone *Viva Dangdut*. Inoltre rese popolare uno stile canoro, chiamato *goyang dangdut*.

Dal 1998, la crisi monetaria influenzò la produzione discografica nazionale. I musicisti iniziarono a creare versioni locali del *dangdut* e nacquero alcuni sottogeneri come il *dangdut pantura* (sulla costa settentrionale di Giava), il *dangdut jaipong* (Giava ovest) e il *koplo*, con un ritmo più incalzante.

Con il tempo, la musica *dangdut* ha continuato a evolversi e modernizzarsi. Grazie ai ritmi orecchiabili e alla sua natura flessibile è facilmente mixabile con altri generi come pop, hip-hop, rap, house e musica dance elettronica. I sottogeneri hanno accresciuto ulteriormente la sua popolarità.

L'innegabile fascino del dangdut

Uno dei motivi per cui il *dangdut* è tanto popolare è che invita gli ascoltatori a interagire, attraverso testi facili da ricordare che si riferiscono alla vita quotidiana. A prima vista, le parole possono sembrare semplici, ma hanno un significato velato: spesso veicolano le speranze delle persone e le critiche sociali con un linguaggio diretto. Forse i testi non saranno poetici ma hanno un che di filosofico. Per esempio, la canzone *Sasaran Emosi* di Rita Sugiarto affronta il tema della violenza domestica, e *Hak Asasi Manusia* (Diritti umani) di Rhoma Irama critica il governo autoritario del presidente Suharto.

Un altro motivo del successo del *dangdut* è il suo ritmo orecchiabile, un ritmo semplice e naturale, generato dai *gendang* (tamburi). È quasi impossibile rimanere fermi, indipendentemente dalla tristezza del testo. A volte le persone ballano anche se non ne conoscono le parole: si perdono nella musica alla ricerca di un momento di serenità.

Al *dangdut* è associata anche una danza: gli artisti eseguono movimenti coreografici che stupiscono il pubblico e riflettono la gioia e l'entusiasmo delle canzoni.

Dalla musica popolare alla scena politica

L'evoluzione del *dangdut* è legata anche alla politica, che ne ha sfruttato a lungo la popolarità per trasmettere i propri messaggi. Secondo varie ricerche, il *dangdut* è stato uno strumento di campagna elettorale fin dalle elezioni del 1977. In occasione delle elezioni del 2024, il governo ha creato un jingle elettorale per incoraggiare il pubblico a esercitare il proprio diritto di voto ed è stato un successo. Inoltre è dimostrato che la combinazione tra il ritmo ipnotico e l'appeal di massa rende questo genere la colonna sonora perfetta per l'affermazione di un partito o di una figura politica.

La particolare relazione tra *dangdut* e politica spesso funziona in entrambi i sensi: le canzoni utilizzate nelle campagne dei partiti contribuiscono ad aumentare la popolarità degli artisti *dangdut* che, oltre a ricevere un compenso per gli spettacoli, talvolta vengono candidati alle elezioni legislative, nei distretti, nei collegi elettorali, come sindaci e perfino alle presidenziali, spesso soltanto sulla base della loro popolarità. La prossima volta che sentirete suonare il *dangdut*, unitevi alla gente del posto e lasciatevi trasportare dal ritmo della musica preferita in Indonesia.

Chicchi di caffè, Bali

LA CULTURA INDONESIANA DEL CAFFÈ

La produzione di caffè in Indonesia risale a secoli fa. Negli ultimi anni, l'industria sta assistendo a una sorta di rivoluzione. Di Leyla Rose.

LA CULTURA DEL CAFFÈ è intrecciata inestricabilmente con il tessuto sociale indonesiano. Tutto inizia con questa bevanda, dalle riunioni di famiglia agli incontri di lavoro: si dice 'ngopi dulu', 'prima il caffè'. Non si tratta tanto del gesto in sé, quanto di unire le persone e coltivare relazioni.

La produzione di caffè in Indonesia ebbe inizio tra la fine del Seicento e l'inizio del Settecento, durante il periodo coloniale, quando la Compagnia Olandese delle Indie Orientali introdusse chicchi e metodi di coltivazione. Nel 1696 furono trasportate dallo Yemen a Batavia (l'attuale Giacarta) delle piantine di arabica, che però non riuscirono a crescere a causa di un'alluvione. Si ritentò con una seconda spedizione e, intorno al 1875, piantagioni di arabica erano già molto diffuse su isole come Sumatra, Sulawesi, Bali e Timor.

Negli anni '50, cinque anni dopo l'indipendenza dell'Indonesia, le piantagioni di caffè di proprietà olandese a Giava furono nazionalizzate. Oggi sono gestite come aziende agricole statali. L'arcipelago è il quarto esportatore mondiale di caffè, dopo Brasile, Vietnam e Colombia.

Varietà dei chicchi di caffè

L'Indonesia è ideale per la coltivazione del caffè grazie alla posizione e alle regioni montuose che creano il microclima perfetto per la crescita e la lavorazione di queste piante. Oltre il 90% del caffè del paese è coltivato da circa due milioni di piccoli proprietari in aziende agricole che occupano in media un ettaro. Citiamo alcune tra le varietà più diffuse.

Sumatra Mandheling

Considerato uno dei migliori caffè dell'Indonesia, il mandheling proviene dalla zona di Mandailing, nel nord di Sumatra. È corposo, di media acidità, con note terrose di cioccolato ed erbe e sentori di nocciola.

Bali Kintamani

Coltivato negli altopiani della regione di Kintamani, a Bali, è un caffè di media corposità con acidità intensa e note fruttate. Sul margine occidentale della grande caldera del Gunung Batur, il terreno vulcanico contribuisce alle caratteristiche distintive di questa produzione.

Aceh Gayo

Originario della provincia di Aceh, a Sumatra, il gayo è corposo e terroso, con note erbacee e fruttate. Ha una bassa acidità e viene spesso utilizzato come ingrediente per le miscele di caffè fatte in casa. La coltivazione a 1000 m sul livello del mare contribuisce al suo sapore unico. Gayo è certificato Fairtrade™ dal 2010.

Sulawesi toraja

Coltivato negli altopiani del sud di Sulawesi, il caffè toraja è cremoso e corposo, con sfumature fruttate e sentori di spezie. È prodotto con il metodo della decorticazione a umido, un processo unico in Indonesia, inventato per essiccare i chicchi in un ambiente umido.

Java Arabica

Il caffè di Giava è così noto che 'Java' è diventata una denominazione. Si è diffuso nel corso dell'Ottocento, quando la maggior parte delle forniture mondiali di caffè proveniva proprio dalla città indonesiana. L'isola produce caffè arabica, una miscela di media corposità con un sapore morbido e un sentore di nocciola, con note di cedro e spezie come cannella e chiodi di garofano.

Kopi luwak (Caffè dello zibetto)

Sebbene il *luwak* non sia una varietà specifica, è uno dei caffè più costosi al mondo: raggiunge i US$100 al chilo per i chicchi da coltivazione. In parte è dovuto al lungo metodo di produzione tradizionale. Le bacche di caffè vengono mangiate dallo zibetto asiatico (una creatura simile alla donnola) e fatte fermentare attraverso il suo apparato digerente. I chicchi vengono poi raccolti dalle feci prima di essere lavorati. Come in ogni altro settore agricolo, c'è chi cerca di risparmiare: molti produttori sono passati a metodi di produzione in gabbia per soddisfare la domanda, sollevando preoccupazioni relative alla crudeltà usata sugli animali.

IL CONSUMO DI CAFFÈ IN INDONESIA È CRESCIUTO RAPIDAMENTE NEL CORSO DEGLI ANNI, GRAZIE A UNA CLASSE MEDIA IN ESPANSIONE E A UNA POPOLAZIONE GIOVANE E NUMEROSA.

Il consumo di caffè

Il consumo di caffè in Indonesia è cresciuto rapidamente nel corso degli anni, grazie a una classe media in espansione e a una popolazione giovane e numerosa: il 52% della popolazione ha un'età compresa tra i 18 e i 39 anni. Le grandi catene internazionali come Starbucks e The Coffee Bean & Tea Leaf hanno sedi in ogni città indonesiana. Tuttavia, è possibile trovare anche un buon numero di marchi locali, da aziende affermate come Excelso ai nuovi arrivati come Kopi Kenangan e Janji Jiwa. Il prezzo è interessante. I marchi indonesiani sono infatti molto più accessibili rispetto a quelli internazionali: una tazza costa in media US$1,50 contro i US$4 di Starbucks.

Come si beve il caffè in Indonesia

Le caffetterie tradizionali indonesiane, chiamate *warkop* o *warung kopi*, sono luoghi in cui la gente si riunisce per socializzare davanti a un caffè, spesso accompagnato da spuntini tradizionali come i *pisang goreng* (frittelle di banana). In Indonesia si utilizzano vari metodi di preparazione del caffè, tra cui il syphon brewing, il pour-over e il French press. Tuttavia, il metodo tradizionale più diffuso è il *kopi tubruk*: il caffè macinato finemente viene mescolato con acqua bollente e lasciato riposare finché non si deposita sul fondo della tazza. Gli indonesiani amano il caffè zuccherato, quindi non stupitevi se viene servito dolce. Se preferite il caffè nero, potete chiedere un *kopi hitam*. Sebbene il *kopi tubruk* non preveda l'aggiunta di panna o latte, potete comunque chiedere un *kopi susu*, il 'caffè latte'. Ad Aceh, è più comune il *kopi tarik*: il caffè appena preparato viene versato da un contenitore all'altro usando un colino di cotone, generando un sapore ricco e una consistenza densa e schiumosa; un metodo introdotto dai commercianti del subcontinente indiano. A Giava è molto popolare il *kopi jahe*, il caffè allo zenzero, spesso commercializzato anche come infuso terapeutico a base di erbe. A Yogyakarta, il cuore culturale di Giava, è famoso invece il *kopi joss*: durante la preparazione, un pezzo di carbone ardente viene aggiunto al caffè, a creare un suono sfrigolante e un sapore affumicato.

Caffetteria tradizionale, Bogor (p149)

INDICE

Cartine **000**

L

M

T

U

Cartine **000**

Finito di stampare presso Grafica Veneta S.p.A. - Trebaseleghe (PD)

Ristampa — Anno
1 2 3 4 5 6 — 2024 25 26 27 28

"La terza classe sulla nave Pelni da Ambon a Bandaneira è un supplizio, ma a bordo ho conosciuto tante persone straordinarie."

REGIS ST LOUIS

"Giuro di aver sentito il ruggito di una tigre di Sumatra provenire dalla foresta, mentre facevo un'escursione su un vulcano prima dell'alba."

JAYNE D'ARCY

"La visita alle Isole Togean è un'esperienza unica, non importa quante ore ci vogliano per arrivarci."

PAUL HARDING

"Quando sono scivolato da un ponte scricchiolante, sospeso sul Mugi, la guida mi ha detto che Dio vegliava su di me."

MARK JOHANSON

A SINISTRA: FABIO LAMANNA/SHUTTERSTOCK ©, A DESTRA: NATALY REINCH/SHUTTERSTOCK ©

QUESTA GUIDA

Traduzione La Matita Rossa
Responsabile redazione guide Silvia Castelli
Coordinamento generale Angelica Taglia
Coordinamento guida Antonia Mastrolacasa
Aggiornamenti e adattamenti Luciana Defedele
Editing La Matita Rossa
Impaginazione Anna Dellacà, La Matita Rossa
Rielaborazione grafica cartine Guido Mittiga
Rielaborazione copertina Sara Gasparini *supervisione* Sara Viola Cabras
Produzione Alberto Capano

Indonesia
10ª edizione italiana – Dicembre 2024
Tradotto dall'edizione originale inglese:
Indonesia (14th edition, July 2024)

ISBN 978-88-5929-086-5

Tradotto e pubblicato da EDT srl su licenza esclusiva di Lonely Planet Global Limited.
Per informazioni relative al contenuto di questa pubblicazione contattare EDT srl.

EDT srl
17 via Pianezza, 10149 Torino, Italia
☎ (39) 011 5591 811 – fax (39) 011 2307 034
edt@edt.it, lonelyplanetitalia.it

Stampato da Grafica Veneta S.p.A. - Trebaseleghe (PD)